나정희

정보관리기술사, 프로젝트 관리, PMO 전문가로 활동하고 있다. 동국대학교에서 컴퓨터공학, 아주대학교에서 정보통신경영학 석사 학위를 취득했다. 대우정보시스템, 넥스젠엔씨지(대표)를 거쳐 현재 ㈜씨에이에스에서 컨설팅사업 부문장(전무)으로 일하고 있다. 정보통신산업진흥원, 국방기술진흥연구소 등에서 총괄 PMO를 수행했다. 또한 대우자동차, 쌍용자동차, 행정안전부, 산림청, 한국석유공사, 중앙선거관리위원회에서 PM 및 컨설팅을 수행했다. 현재는 우리나라 PMO의 발전을 위해 방법론 개발, 지식화, 인력양성 등 많은 활동을 하고 있다.

원선기

프로젝트 관리, PMO 전문가로 활동하고 있다. 경기대학교에서 전자계산학을 전공하였고, 국민은행, 국민데이터시스템, 대신정보통신, SK C&C 등을 거쳐 현재 ㈜씨에이에스에서 PMO사업본부장으로 PMO 산업 발전을 위해 일하고 있다. 국제방송교류재단(아리랑국제방송), 중소기업중앙회, 금융감독원 등에서 총괄 PMO를 수행했다. 또한 국민은행, 기업은행, 대구은행, 동화은행, 산업은행, 서울은행, 수출입은행, 하나은행, 한국은행, 한미은행, 국민기술금융, 국민렌털, 국민카드, 대구영남상호신용금고, 한국증권금융, 한일신탁운영, SK증권에서 개발, 컨설팅 및 PM을 수행했다.

이창희

정보시스템 통제 및 보안 전문가로 활동하고 있다. 고려대학교에서 경영학을 전공하고 한국과학기술원(KAIST)에서 공학 석사학위를 취득했다. 플러스커리어코리아, 다이즈하이미디어를 거쳐 현재 ㈜씨에이에스에서 기업전략, IT전략, IT거버넌스, 내부통제(GRC, ESG) 등의 일을 하고 있다. 한국전력공사, 한국항공우주산업(KAI), 한국해양경찰청, 문화재청, 인천시청, 감사원, 신용보증기금, 한양증권, 휴니드테크놀러지스, 제주국제자유도시개발센터(JDC) 등에서 PM 및 컨설팅을 수행했다. 저서로는 『Cafe에서 끝내는 CISA』, 『Cafe에서 끝내는 PMP』 등이 있다.

정보화사업 성공을 위한
Enterprise PMO 실무가이드

vol.2

Project
Management
Office

정보화사업 성공을 위한

Enterprise
PMO 실무 가이드 vol. 2

은서기, 전영하, 박호순, 나정희, 원선기, 이창희 지음

파톤치드

PMO를 위한 서문

인류 역사에서 가장 오랜 프로젝트는 의식주와 관련된 활동들입니다. 생존을 위한 집단 사냥부터 우주개발을 위한 문샷에 이르기까지 사람들은 끊임없이 사업을 추진해 왔습니다. 컴퓨터를 활용한 정보화 혁명도 프로젝트를 통하여 눈부신 속도로 신문명을 창조하고 있습니다.

최근 제4차 산업혁명에는 글로벌 빅테크기업부터 ICT 스타트업기업의 업무까지 프로젝트로 추진되고 있습니다. 이에 우리는 효과적이고 효율적인 프로젝트 추진이 생존경쟁은 물론 조직발전의 핵심이라는 사실을 봅니다. 이러한 시대적 요구에 부응하기 위해 이 책은 실무 경험자의 축적된 지식과 경험을 공유하고자 추진되었습니다. 집필에 참여한 분들은 ICT 현장 경험과 전문적 지식을 지닌 전문가 그룹입니다. 은서기 박사를 중심으로 집필진들은 ICT 프로젝트 추진 전 과정에 필요한 실무내용을 집대성하였습니다. 그 결과물이 『정보화 사업 성공을 위한 Enterprise PMO 실무가이드』라는 이름으로 세상에 나오게 되었습니다.

본 저서의 주요 집필 목적 중 하나는 프로젝트와 관련된 다양한 이해당사자들에게 실무에 직접적인 도움을 주기 위함입니다. 사업 발주자, 개발 주체, PMO 수행자, 나아가 PMO를 학문적으로 입문하는 대상도 염두에 두었습니다.

빠르게 변하는 시대적 흐름을 고려하여 본 저서는 달 정복을 위한 문샷의 발사와 같이 출간 이후에도 지속적으로 발전할 것입니다. 기술 및 환경변화에 따른 실무내용의 보충과 함께 실효성 가치 추구에 기초하여 다양한 방식으로 쉽게 접근될 수 있도록 개선할 것입니다.

㈜씨에이에스 대표이사

전 영 하

프롤로그

정보화사업이 대형화되고 복잡화되면서 투입인력과 구축 비용이 커지는 등 프로젝트 수행에 있어 위험도가 증가하고 있다. 또한 공공기관 정보화사업 추진 환경의 변화(IT 대기업에서 중소기업 중심으로)로 위험과 이슈관리 등 발주기관의 사업관리 역량과 수행사의 수행역량 부족으로 많은 프로젝트가 일정 지연, 품질 이슈, 부실 등으로 이어지고 있는 형편이다. 한마디로 대한민국의 소프트웨어 개발 생태계가 위기다.

이런 문제를 해결하기 위해 사업관리 수행전문가(PMO: Project Management Office)를 통해 노력하고 있으나 그 효과는 미미한 실정이다. 이는 PMO에 대한 전문적이고 체계적인 방법론과 지식 없이 경험에 기반한 개인기에 의존하고 있기 때문이다.

이 책은 이런 문제에 답변하기 위해 집필되었다. PMO는 프로젝트 수행을 일관성 있게 관리하고, 성공적인 완료를 위하여 지원, 감독, 통제 등의 제반 활동을 수행하는 조직이다. 초기에 PMO의 도입은 사업관리 효율을 향상하는 방법의 하나로 인식되었다. 특히 과거 프로젝트 성공이나 실패에 대한 지식을 효과적으로 전달하거나, 프로젝트 팀에게 프로젝트 수행과 관련된 지원 서비스를 제공한다는 점에서 효율적인 방식으로 인식되었다.

그러나 오늘날 PMO는 단순히 사업관리만이 아니라, 컨설팅, 감리 등이 통합된 형태로 발전하고 있다. 사업관리는 위험·이슈관리를 중심으로, 컨설팅은 업무와 기술 영역을 중심으로, 감리는 품질을 중심으로 PMO를 수행한다. 이 역시 문제가 있는데, PMO를 수행하는 주체가 컨설팅회사, 전문사업관리 수행(PMO)사, 감리법인 등으로 고객의 요구사항을 맞추는 데 초점을 둔다는 점이다.

한편 공공기관의 PMO 도입 형태를 보면 대부분 단일 프로젝트에 단일 PMO를 도입하고 있다. 그러나 PMO 도입의 역사가 오래된 대기업의 경우는 전사 차원의 PMO(EPMO: Enterprise PMO)를 도입하여 운영하고 있다. 향후 PMO는 'PMO → EPMO

→ UPMO(Union PMO)' 형태로 발전될 것으로 본다. PMO는 단일 프로젝트에 단일 발주기관이 기획·집행·사후관리 단계 업무를 수행하는 것이다. 그러나 EPMO는 단일기관이 다수 프로젝트를 통합적, 전사적으로 수행하는 것이다. 한편 UPMO는 다수의 기관이 다수의 프로젝트를 연합적으로 수행하는 개념이다.

PMO는 위기에 처한 대한민국 소프트웨어 개발 생태계의 문제를 해결하는 데 중요한 역할을 하게 될 것이다. 또한 발주기관의 PMO에 대한 요구사항 수준도 높아지며, PMO 시장도 점점 확대될 것이다. 그러나 소프트웨어 생태계 현장에서 발주기관, 수행사, PMO 수행자 등이 실질적으로 활용할 수 있는 방법론, 가이드, 사례 등이 부족한 것이 현실이다.

이 책을 집필하게 된 동기는 첫째, 대한민국의 IT 현장에서 도움이 되는 콘텐츠를 담은 PMO 실무 가이드를 제공하는 것이다. 둘째, 발주기관, 수행사 및 PMO 수행자에게 필요한 PMO 방법론을 제시하는 것이다. 셋째, 위기에 처한 대한민국 소프트웨어 개발 생태계의 문제를 해결하는 데 역할을 하고자 하는 것이다. 마지막으로 PMO를 체계적으로 공부하고 싶은 예비 PMO, 대학생 등에게도 도움을 주는 것이다.

이 책은 3부로 구성되었다. 1부에서는 'PMO란 무엇인가'에 대해서 근원적으로 답변했다. 왜 PMO를 도입하는지, 무엇이 PMO를 움직이는지, PMO 도입의 핵심 성공 요인은 무엇인지 등 PMO의 이론적 배경을 이야기하고 있다.

2부에서는 PMO 도입에 관해서 기술했다. PMO는 기획단계, 집행단계, 사후관리단계로 이뤄진다. 또한 PMO 집행단계는 사업관리 영역과 기술관리 영역, 기술지원 도구 영역으로 나눠진다. 기획단계에서는 정보화 기획, 계획수립, 사업자 선정·계약의 전 과정에 대해서 절차와 사례 중심으로 기술하였다. 집행단계의 사업관리는 통합관리, 이해관계자 관리, 범위관리, 자원관리, 일정관리, 위험·이슈관리, 품질관리, 성과관리, 조달관리, 의사소통 관리, 변화관리, 보안관리 등을 위한 이론적 배경, 기준, 측정지표, 절차, 사례를 중심으로 실무에서 직접 사용할 수 있도록 접근했다. 집행단계의 기술관리 영역은 프로젝트 단계별 응용, 데이터베이스, 아키텍처, 보안 등 점검하고 검토해야 할 내용을 이론적 배경, 기준, 측정지표, 절차, 사례 중심으로 기술하였다. 기술지원 도구 영역은 소프트웨어 소스코드 Inspection, 소프트웨어 개발 보안 약점 진단, 보안 진단(웹 취약점 진단), 인프라 보안 진단, 테스트, 데이터베이스 컬럼 무결성 진단, 데이터베이스 품질진단, 성능진단, 웹 표준(UI/UX), 웹 호환성, 웹 접근성, 개인정보 보호 등에 대해 이들이 무엇이고, 어떤 절차로 활용되며, 사례와 툴(Tool)에 대한 소개를 하였다. 사후관리단계는 PMO대상사업의 하자관리, 변화관리, 성과관리를 어떻게 하는지 기술하였다.

마지막 3부에서는 PMO 응용에 관해서 기술하였다. PMO는 단순히 사업관리, 기술관리, 기술 도구의 적용을 넘어 조직 전체에서 PMO가 어떤 역할을 하는지가 중요하다. CBD 방법론과 PMO, IT 거버넌스와 PMO, EA와 PMO, BPR과 PMO, ISP와 PMO, ISMP와 PMO, IT 아웃소싱과 PMO, 정보화사업 성과와 PMO, 디지털 전환과 PMO, 데이터 거버넌스와 PMO, 정부 클라우드 서비스와 PMO 등 PMO가 각각의 핵심 도메인에서 어떤 역할을 하는지 가이드를 제시했다.

이 책은 공공기관의 정보화사업 관련 법령, 규정, 가이드 등의 많은 내용을 인용해 집필하였다. 그중에 대한무역투자진흥공사(KOTRA), 특허청, 한국지능정보사회진흥원(NIA), 기획재정부, 행정안전부, 환경부, 정보통신산업진흥원(NIPA), 과학기술정보통신부, 조달청, 한국인터넷진흥원, 중소기업중앙회, 한국소프트웨어산업협회 등에서 만들어진 사례와 가이드를 인용한 것에 대해 미리 양해를 구하며, 이를 미리 밝혀둔다.

이 책은 ㈜씨에이에스 전영하 대표의 제언으로 2여 년간의 기획과 집필 과정을 거쳐 세상에 나오게 되었다. 물심양면으로 아낌없는 지원을 주신 것에 감사드린다. 또한 박호순 소장 등 집필에 참여한 모든 분께도 감사드린다.

마지막으로 주 저자로서 위기에 처한 대한민국의 소프트웨어 생태계에 이 책이 조금이나마 도움이 되길 바란다. 이 책은 정보화사업에 관련된 발주기관, 수행사, PMO, 감리사업자, 컨설팅사 등에 종사하는 사람들을 위한 책이다. 대한민국의 소프트웨어산업의 발전을 생각하는 모든 사람들에게 이 책을 바친다.

2023년 가을
사이경영연구원 대표(경영학 박사, PMP)
은서기

추천사

세상은 급속하게 디지털화되어 가며 기존 일자리가 사라지고, 새로운 일자리가 생겨나고 있다. 기업은 생존과 성장을 위해 지금까지 운영되던 비즈니스를 없애고 새로운 형태의 디지털 비즈니스로 전환하고 있다. 하루가 다르게 디지털 경제, 디지털 사회로 성큼성큼 세상이 빠르게 바뀌고 있다.

대한민국 정부도 IT 강국으로 전자정부를 구축한 경험을 토양 삼아 대국민서비스를 근간으로 하는 '디지털 플랫폼 정부'로 대전환 중이다. 전자정부 추진사업이 인프라 구축 등 공급자 중심이었다면, 디지털 플랫폼 정부 계획은 대국민서비스 향상을 지향하는 수요자 중심의 패러다임 전환이 이루어진다. 다시 말해 디지털 플랫폼 정부는 데이터와 인공지능 기술 등을 활용하여 한층 더 깊고 넓게 신뢰할 수 있는 서비스를 쉽고 편리하게 제공하는 정부 서비스 체계이다.

각 행정기관과 공공기관에서는 디지털 플랫폼 정부를 만들기 위해서 '차세대'라는 이름으로 많은 예산을 투입하여 정보화사업을 추진하고 있다. 그렇다 보니 프로젝트 양상도 대형화되고, 중장기 구축 계획을 바탕으로 발주되고 있다. 더불어 AI, 빅데이터, 초거대언어모형, 클라우드, MSA(Micro Service Architecture) 등 새로운 기술의 활용과 접목으로 프로젝트의 복잡도도 높아지고 있다.

이런 변화 가운데 공공 소프트웨어 개발은 전(全) 단계에 걸쳐 여전히 많은 개선 과제를 안고 있다. 예를 들면 예산수립단계에서는 요구사항 정의 및 규모 산정이 쉽지 않다. 제안요청단계에서는 요구사항 상세화, 기능점수 산정, 제안요청서 작성 등이 변경되고 고도화할 필요가 있다. 기술협상단계에서는 기술성 평가에 높은 전문성이 필요하고, 각종 제도의 적용 또한 녹록하지 않다. 사업수행단계에서는 요구사항 및 과업 변경 등 사업관리 및 기술관리역량이 부족하고, 종료단계에서는 결과물 검증과 성과평가가 미흡하다. 결론적으로 공공기관에서 추진하는 소프트웨어 개발 생태계에 경고의 빨간 불이 들어왔다는 얘기다. 이는 일정 지연, 품질 저하, 부실 등의 프로젝트 위협으로 이어질 수 있는 위험에 노출되고 있다는 뜻이다. 과연 이런 근본적인 문제를 해결하고 개선할 방법은 없는가?

『정보화 사업 성공을 위한 Enterprise PMO 실무가이드』가 종합적인 관점에서 문제 진단과 전략적 분석을 통해 해결 방안을 제시한다. 정보화사업의 프로세스인 기획, 계획수립, 사업자 선정과 계약, 사업수행, 검사·운영, 성과·평가 등 세부 분야에서 실무 경험자들이 자신만의 축적된 지식과 경험 등을 기술하였다. PMO의 이론과 실제가 총망라된 프로젝트 매니지먼트 완결판이라 할 수 있다. 대한민국 공공 및 민간 소프트웨어 개발 현장에 있는 사업 발주자, 개발 주체, PMO 수행자 등 모든 분께 이 책을 적극 추천한다.

김범수
(연세대학교 정보대학원 원장, 바른ICT연구소 소장, 한국지식경영학회 회장)

이 책은 국내 및 해외에 나온 책 중 Enterprise PMO에 대한 이론과 실무를 가장 제대로 파악한 책이다. 정보화 현장에서 바로 활용할 수 있는 프로젝트 관리기법을 실질적으로 가이드하고 있다. 무엇보다도 처음으로 PMO를 접하는 사람도 쉽게 이해하고 현장에서 바로 활용할 수 있도록 직관적이며 구체적으로 기술되어 있다.

권호열
(정보통신정책연구원 원장, 강원대학교 교수)

앞으로 PMO는 개별 프로젝트가 아닌 전체 프로젝트를 아우르는 '전사적(Enterprise) PMO'가 될 것이다. 이 책의 목적은 분명하다. 실무 중심의 Enterprise PMO 가이드로 참고할 만한 실전 매뉴얼을 제공하는 것이다. 프로젝트를 성공으로 이끌고 싶다면, 이 책은 선택이 아닌 필수다.

김종협
(법무부 정보화 담당관)

PMO의 조직과 역량에 따라 프로젝트의 효율과 성과가 달라진다. 이 책은 프로젝트 매니저가 달성해야 하는 목표, 예산과 일정 수립, 이해당사자 간의 소통 등 전체 직무를 관리하기 위한 스킬을 친절하게 가르쳐준다. 프로젝트 매니저에게 최고의 사수가 될 책이다.

이 책을 가까이하면 프로젝트의 성공적 수행에 필요한 전 분야를 꼼꼼하게 배울 수 있을 것이다.

조명연

((전)KPMG, 베어링포인트 본부장)

기업의 성공은 프로젝트의 성패에 달려 있다. 오늘날 프로젝트는 점점 대형화되고 고도화되고 있다. 그렇기에 기업 성공의 핵심 전략은 프로젝트를 성공적으로 관리하는 것이 되어야 한다. 이 책에서는 PMO 전문가들이 최소한의 시간과 비용을 투자하여 최고의 성과를 내는 프로젝트 관리 기법을 소개하고 있다. 당신이 CEO라면 전 부서 직원에게 선물해야 할 책이다.

조병휘

((사)정보시스템감리협회 부회장)

이 책은 ICT 현장 경험과 전문지식을 지닌 전문가 그룹이 ICT 프로젝트 추진 전 과정에 필요한 실무내용을 집대성하였다. 특히 PMO 기획 단계부터 집행 단계, 사후관리 단계까지 필요한 제반 사항을 안내하고 있어 이 분야의 좋은 가이드북이 될 것으로 기대된다. 사업 발주자, 개발 주체, PMO 수행자, PMO 입문자 등 프로젝트와 관련된 다양한 이해관계자들에게 적극 추천한다.

최정일

(한국품질경영학회 회장, 숭실대학교 교수)

프로젝트 추진은 과학적이고 효율적이어야 한다. 그래야 기업이 살고 조직이 발전한다. 이 책에서는 프로젝트 매니지먼트의 실무 경험자들이 자신들의 축적된 지식과 경험을 아낌없이 공개하고 있다. 적시에 필요한 산출물과 의사소통의 절차, 사례 등 실무경험이 없다면 담을 수 없는 내용이다. 성공적인 프로젝트 완수를 원한다면, 책장에 꽂아놓지 말고 데스크에 놓아 필요할 때마다 펼쳐 읽어서 참고하길 바란다.

황경태

(동국대학교 경영정보학과 교수)

(추천사는 가나다 순입니다)

vol. 1

제1부 PMO란 무엇인가?　　　　　　　　28

제1장 왜 PMO를 도입하는가?　　　　　　30

제2장 무엇이 PMO를 움직이는가?　　　　36

제5장 PMO 집행단계   268

제6장 PMO 기술지원 영역　　　　　　　　　　　　　　28

제14장 ISMP와 PMO　　　　　　　　　　　572

제15장 IT 아웃소싱과 PMO　　　　　　　　　598

제6장 PMO 기술지원 영역

PMO는 <그림 180>과 같이 'PMO대상사업 집행단계 기술지원 항목'에 따라 PMO대상사업의 진행단계별로 기술부문 전반에 대한 검토·조정 업무를 수행한다.

<그림 180> PMO대상사업 집행단계 기술지원 항목

프로세스	분석	설계	구현	시험·전개
응용 시스템	• 현행 업무기능 분석내역 검토 및 조정 • 기능 요구사항 정의 내역 검토 및 조정 • 기능 정의 내역 검토 및 조정 • 총괄시험 계획 검토 및 조정	• 아키텍처 설계 내역 검토 및 조정 • 시스템 설치/검증 계획 검토 및 조정	• 시스템 도입 설치 결과 검토 및 조정 • 시스템 구성요소 검증 결과 검토 및 조정 • 시스템 시험계획 검토 및 조정 • 시스템 개발환경 점검 및 조치사항 지시	• 시스템시험결과 검토 및 조정 • 기술적용결과표 검토 및 조정 • 시스템 및 업무환경 결과 검토 및 조정
데이터 베이스	• 현행 업무관련 데이터 분석 내역 검토 및 조정 • 데이터 요구사항 정의 내역 검토 및 조정 • 데이터 모델 정의 결과 검토 및 조정	• 데이터베이스 테이블 설계 내역 검토 및 조정 • 데이터베이스 성능설계 내역 검토 및 조정 • 데이터 백업 및 복구대책 검토 및 조정 • 초기 데이터 구축 및 기존 데이터 전환 계획 검토 및 조정	• 데이터베이스 구현결과 검토 및 조정	• 초기 데이터 구축 및 전환결과 검토 및 조정

프로세스	분석	설계	구현	시험·전개
아키텍처	•현행 시스템 분석 결과 검토 및 조정 •아키텍처 요구사항 정의 내역 검토 및 조정 •아키텍처 정의 결과 검토 및 조정 •기술적용계획 검토 및 조정	•아키텍처 설계 내역 검토 및 조정 •시스템 설치/검증 계획 검토 및 조정	•시스템 도입 설치 결과 검토 및 조정 •시스템 구성요소 검증 결과 검토 및 조정 •시스템 시험계획 검토 및 조정 •시스템 개발환경 점검 및 조치사항 지시	•시스템시험결과 검토 및 조정 •기술적용결과표 검토 및 조정 •시스템 및 업무환경 결과 검토 및 조정
보안	•보안 요구사항 검토 및 조정 •보안 분석 검토 및 조정	•보안 설계 결과 검토 및 조정	•보안 구현 결과 검토 및 조정	

출처: 전자정부 사업관리 위탁(PMO) 도입·운영 가이드 2.1

1 분석단계

1.1 응용시스템

1.1.1 현행 업무기능 분석내용 검토 및 조정

현행 업무기능 분석내용 검토 및 조정은 '현행 업무 분석'과 '현행 시스템 분석'을 대상으로 업무 분석과 운영 중인 시스템에서 제공되는 기능에 대한 분석이 적절하게 이루어졌는가를 검토하는 것이다. 응용시스템 개발에 앞서 현행 업무와 현행 시스템의 충분한 분석을 통해 현행 업무처리 전반에 대한 문제점 및 개선사항을 파악하고 제시한다. 또한 현행 시스템의 업무기능, 인터페이스 사항 등의 분석을 통해 신규 시스템 개발에 필요한 문제점과 개선사항을 반영할 수 있도록 현행 업무기능이 적절하게 분석되었는지 검토하는 데 목적이 있다.

이 단계에서 현행 업무에 대한 체계적 분석 없이 신규 시스템이 개발되는 것은 현행 업무에 대한 문제점을 정확하게 분석하지 못하여 사용자 요구사항이 제대로 반영되지 않을 수 있다. 따라서 PMO는 현행 업무에 대한 체계적인 업무 분석을 통해 도출된 문제점과 개선사항이 사용자 관점에서 충분하고 적절한지를 검토하고 조정해야 한다. 또한 시스템 관점에서도 현행 시스템 분석이 적절히 이루어지지 않으면 현행 시스템의 문제점에 바탕을 둔 실질적 요구사항 반영이 누락 될 가능성이 크다. 따라서 PMO는 현행 시스템에 대한 체계적인 분석을 통해 도출된 문제점과 개선사항이 사용자 관점에서 충분하고 적절한지 검토하고 조정해야 한다.

1) 기준

현행 업무기능 분석내용 검토 및 조정의 기준은 '현행업무분석서', '사용자인터뷰결과서', '사용자요구사항정의서', '현행시스템분석서'이다. 현행 업무처리 전반에 대한 문제점 및 개선사항 파악을 통해 사용자 관점의 실질적 요구사항 반영이 누락 없이 도출되고, 도출된 문제점과 개선사항이 사용자 관점에서 적절하게 반영되었는지 점검한다. 이를 통해 현행 업무의 분석과 현재 운영 중인 시스템에서 제공되는 기능 분석이 적절하게 이루어졌는가를 검토하고 조정한다.

2) 측정지표(* 점검항목: 체크리스트)

PMO는 현행 업무기능 분석내용 검토 및 조정을 위한 측정지표로 현행 업무 및 시스템 전반의 충분한 조사 여부, 현행 시스템과 사용자 불만 사항 등 문제점의 충분한 도출 여부, 문제점을 토대로 한 업무처리 개선사항의 적절하고 명확한 도출 여부 등을 점검항목으로 활용한다. 점검항목은 <표 159>와 같이 점검항목별 점검결과(적합(O), 수정/보완(△), 누락(X), 제외(N/A))를 지표로 하여 점검한다.

<표 159> 현행 업무기능 분석 내용검토 및 조정에 대한 측정지표

번호	점검항목	점검결과(○, △, ×, N/A)				PMO 검토 의견
1	• 현행 업무 내용 전반에 대한 충분한 조사가 이루어졌는가? 1) 조직의 현행 업무 파악을 위해 수행사가 수행한 절차, 방법의 적절성 여부 - 분석을 위한 계획/절차 수립 및 수행 - 작성 내용의 신뢰성 있는 자료 참조 여부 - 인터뷰, 설문조사 시 관련 담당자 포함 여부 - 추진 중인 유사 사업을 참조한 영향 요인 파악 여부 2) 조직의 현행 업무기능 및 업무 흐름이 모두 도출되고 체계적으로 분류 여부 - 부서 활동의 육하원칙에 따른 처리 방법 및 예외 사항 도출 여부 - 부서의 정보 송수신 필요성과 정보형식, 적시성, 빈도수 등 데이터 고려사항 파악 여부 - 부서별 담당 업무 파악으로 구현 시각에서 파악할 수 있도록 정리 여부					
2	• 업무, 사용자 불만사항 등 문제점이 충분히 도출되었는가? 1) 현행 업무에 대한 분석을 통하여 현행 업무 처리상의 문제점 도출 여부 - 비효율적 업무절차 도출 여부 - 중복 업무, 자동화가 필요한 수작업 업무 도출 여부 - 서비스 예외적인 상황 기술 여부 - 법/제도/규정 등 문제점 파악 여부 2) 현행 업무 수행 시 사용자가 느끼는 문제점 및 불만사항 등 도출 여부 - 사용자가 느끼는 문제점 도출 여부 - 업무개선 요구사항과 시스템 개선 요구기능으로 구분정리 여부 - 법/제도, 절차, 타 부서와 협의 필요사항 등의 명확한 정의 여부					

번호	점검항목	점검결과(○, △, ×, N/A)				PMO 검토 의견
3	• 문제점을 토대로 업무처리 개선사항이 적절하고 명확히 도출되었는가? 1) 현행 업무절차 분석에서 발견된 문제점에 대한 개선사항이 적절하고 명확하게 도출되었는지 여부 　- 업무절차 개선 대상의 명확한 파악 여부 　- 개선사항의 사용자가 참여, 실현 가능성 등 실질적 개선 효과가 있도록 도출되었는지 여부 2) 업무처리 개선사항은 향후 업무절차의 작업 흐름과 가능하다면 향후 조직구조, 향후 부서 담당 업무, 향후 부서의 정보교환 및 공통작업 결정 방법 등도 포함되었는지 여부 　- 향후 변화되는 업무절차, 조직구조, 부서 담당 업무, 조직/부서 간 정보교환 및 공통작업 등 정의 여부 　- As-Is와 To-be 간 차이 분석을 통해 향후 업무절차의 작업 흐름 파악 여부 　- 개선사항이 신규 시스템 개발과정에서 활용될 수 있도록 정리 여부 　- 신규 시스템 개발로 인해 변화되는 업무절차가 관련 법/제도/규정 등의 제약사항 파악 여부 3) 업무처리 개선사항에 대하여 발주기관의 검토/확인 절차가 수행되었는지 여부 　- 발주부서에 의해 검토/확인되었는지 여부 　- 개선사항이 '요구사항정의서'에 반영되었는지 여부					
4	• 현행 시스템 전반에 대한 조사, 분석이 충분히 이루어졌는가? 1) 현행 시스템의 충분한 조사가 되었는지 확인 　- 업무 및 기능, 흐름의 명확한 정의 여부 　- 업무와 기능의 사용자 그룹별 정리 여부 　- 현재 업무절차 지원 정도의 명확한 파악 여부 　- 조직 단위, 사용자 그룹, 업무기능, 데이터베이스의 관계를 도표화(매트릭스) 등의 방법으로 상세하게 정리 여부 　- 자동 및 수작업 업무 흐름을 파악할 수 있도록 문서화 여부 　- 예외 사항 표시와 조치 사항 등 정리 여부 2) 인터페이스의 충분한 조사 정리 여부 　- 외부 시스템과 연계 기관, 시스템명, 송수신 여부, 정보 내역, 전제조건, 방법, 주기, 프로토콜 등의 파악 여부					
5	• 현행 시스템의 전반적 문제점이 충분히 도출되었는가? 1) 사용자 불만사항의 충분한 도출 여부 　- 현행 시스템 특징과 문제점 조사가 적절하게 수행되었는지 여부 　- 사용자 문제점 및 불만사항의 충분한 도출 여부 　- 사용자의 개선 요구사항의 구체적 도출 여부 2) 신규 시스템이 개선 기회를 확보했는지 여부 　- 현행 시스템에서 통제 결핍, 중복 활동, 자동화가 가능한 수작업 활동 등 문제점 파악 여부 　- 시스템 성능의 병목 원인 프로세스 식별 여부 　- 입력통제, 처리통제, 출력통제 등 응용 통제 미흡 사항의 파악 여부					
6	• 문제점을 토대로 업무/기능의 개선사항이 적절하고 명확히 도출되었는가? 1) 현행 시스템의 개선사항이 도출되었는지 여부 　- 개선사항으로 도출된 결과가 사용자와 면담 등을 통한 확인 절차가 수행되었는지 검토 　- 차이 분석을 통해 신규 시스템에 대한 요구사항이 현행 시스템과 대조적으로 파악되고 있는지 검토					

3) 절차

PMO는 수행사가 제출한 '현행업무분석서', '사용자인터뷰결과서', '사용자요구사항정의서', '현행시스템분석서' 등을 기준으로 현행 업무기능 분석내용 협의 및 확정, 현행 업무기능 분석내용, 현행 업무기능 분석내용 조정작업 등을 <그림 181>과 같이 현행 업무기능 분석내용 검토 및 조정절차에 따라 검토하고 조정작업을 한다.

<그림 181> 현행 업무기능 분석내용 검토 및 조정절차

Input	절차	Output
현행업무분석서 사용자인터뷰결과서 사용자요구사항정의서 현행시스템분석서	① 현행 업무기능 분석내용 협의 및 확정 ② 현행 업무기능 분석내용 검토 ③ 현행 업무기능 분석내용 조정작업	PMO 검토보고서 (조정) 현행업무분석서 (조정) 현행시스템분석서

① 현행 업무기능 분석내용 협의 및 확정

PMO는 수행사가 작성한 현행 업무기능 분석내용을 검토하여 현행 업무 및 시스템 전반의 충분한 조사, 현행 시스템과 사용자 불만사항 등 문제점의 충분한 도출, 문제점을 토대로 업무처리 개선사항의 적절하고 명확한 도출에 대하여 관련 산출물을 대상으로 검토하고 발주기관 및 수행사와 조정작업을 한다.

<사례 62> 현행 시스템 분석 작성 사례

시스템 명	Web Server	WAS	DBMS	시스템사양	비고
제공용 시스템	없음	Tomcat5.5	MySQL4.0	모델명 : IBM p650, CPU : 1.45GHz 4개 메모리 : 4GB, Disk : 900GB, O/S : Aix5L 5.1	대국민서비스
내부용 시스템	없음	Tomcat5.5	MySQL4.0	모델명 : IBM p570, CPU : 1.90GHz 8개 메모리 : 32GB, Disk : 3TB, O/S : Aix5L 5.3	2005 인구주택총조사 분석시스템과 자원 공유

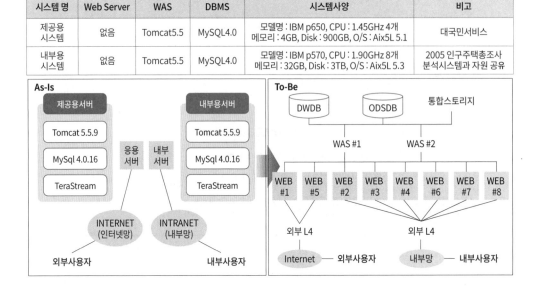

또한 현행업무흐름도 작성 시, 문제점과 개선사항 등이 도출되는지 검토한다.

<사례 63> 현행업무흐름도 작성 사례

현행업무흐름도						
시스템	OOO 시스템	서브시스템	OOO 기반시스템	작성일	Yyyy-mm-dd	작성자 홍길동
업무명	OOO 업무			부서명	A센터	

흐름도	수행절차	문제점
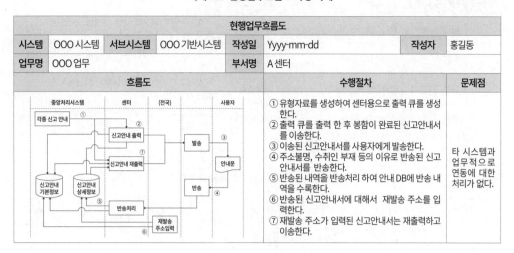	① 유형자료를 생성하여 센터용으로 출력 큐를 생성한다. ② 출력 큐를 출력 한 후 봉함이 완료된 신고안내서를 이송한다. ③ 이송된 신고안내서를 사용자에게 발송한다. ④ 주소불명, 수취인 부재 등의 이유로 반송된 신고안내서를 반송한다. ⑤ 반송된 내역을 반송처리 하여 안내 DB에 반송 내역을 수록한다. ⑥ 반송된 신고안내서에 대해서 재발송 주소를 입력한다. ⑦ 재발송 주소가 입력된 신고안내서는 재출력하고 이송한다.	타 시스템과 업무적으로 연동에 대한 처리가 없다.

<사례 64> As-Is 기능 분해 작성 사례

업무명	대분류	중분류	소분류	프로세스ID	프로세스(EP)	프로세스설명	구분
방카	화면	신계약	심사관리		방카슈랑스 철회 접수내역	방카슈랑스 청약철회 접수 내역에 대하여 리스트로 조회하는 기능으로 …	온라인
	화면	요금	입금관리		입금조회(직납/수납)	조회기간, 증권번호, 제휴기관의 조건으로 제휴사를 통하여 직접 입금된 내용에 대한 내역 조회	온라인
	화면	요금	BA연체관리		BA연체관리	제휴기관,증권번호, 계약상태의 조건으로 연체된 고객에 대한 내역 조회	온라인
	화면	보전	부활조회		부활내역조회	기간별 부활일자, 해당지점, 부활종류, 이미지 첨부여부, 부활상태 에 대한 조회조건으로 부활 신청한 내역에 대해 조회하며 조회 항목에 대하여 정렬을 한다.	온라인
	화면	보전	추가납입		수시추가 납입내역조회	기간별 입금일자, 해당지점, 싱품구분, 증권번호, 처리상태의 조건으로 수시 추가 납입한 내역 조회	온라인
	화면	지급	지급접수		방카슈랑스 접수 현황조회	접수기간별, 청구사유별, FAX수신여부별, 접수상태별 조건으로 방카슈랑스 전문으로 접수된 내역을 조회함, 조회된 내역 건별로 FAX수신여부, 예금주 확인여부, 접수취소에 대한 내역을 수정할 수 있다.	온라인
	화면	인사	방카슈랑스관리		텔러관리	제휴기관의 판매인에 대한 정보를 건별로 입력하는 기능	온라인
	화면	인사	방카슈랑스관리		설계사 주소변경	제휴기관의 판매인에 대한 주소 및 연락처 정보를 수정하는 기능	온라인
	화면	인사	방카슈랑스관리		텔러조회	제휴기관별로 판매인에 대한 내역 조회하는 기능	온라인
	화면	인사	방카슈랑스관리		지점관리	제휴기관에 대한 지점 기본정보 및 주소 정보 입력 및 건별 조회하는 기능, 담당 AM 및 해당 지점 텔러에 대한 내역도 같이 표시함	온라인

업무명	대분류	중분류	소분류	프로세스ID	프로세스(EP)	프로세스설명	구분
	화면	인사	방카슈랑스관리		지점조회	제휴기관별로 지점에 대한 내역을 리스트로 조회	온라인
	화면	인사	방카슈랑스관리		판매자조회	제휴기관별로 판매인에 대한 내역 조회하는 기능	온라인
	화면	인사	방카슈랑스관리		파일업로드	제휴기관 판매인에 대한 파일을 시스템에 업로드 처리하는 기능	온라인
	화면	인사	방카슈랑스관리		SMS대상관리	조회입금 및 조회입금 취소 시점에 SMS 발송하는 대상자에 대하여 등록 및 조회하는 기능	온라인

<사례 65> As-Is 인터페이스 목록 작성 사례

Level 1	Level 2	인터페이스 ID	대내외 구분	인터페이스 방향	대상 시스템							인터페이스명	인터페이스 상세 설명	전문 유형	거래 유형	발생 유형	발생 주기	일일 발생 건수	비고
					송신 시스템	송신담당자			수신 시스템	수신담당자									
						소속	전화번호	성명		소속	전화번호	성명								
		061000	대외		KB				PCA				개시	개시			온라인	수시		
		061100	대외		KB				PCA				재개시	재개시			온라인	수시		
		062000	대외		KB				PCA				업무종료예고	업무종료예고			온라인	수시		
		063000	대외		KB				PCA				업무종료	업무종료			온라인	수시		
		064000	대외		KB				PCA				시스템장애통보	시스템장애통보			온라인	수시		
		065000	대외		KB				PCA				시스템장애회복통보	시스템장애회복통보			온라인	수시		
		066000	대외		KB				PCA				회선상태검증 (TEST CALL)	회선상태검증 (TEST CALL)			온라인	수시		
		230010	대외		KB				PCA				입금 초회납	입금 초회납			온라인	수시		
		230018	대외		KB				PCA				입금 보험료/약대상환 예비조회	입금 보험료/약대상환 예비조회			온라인	수시		
		230019	대외		KB				PCA				입금 보험료/약대상환 입금처리	입금 보험료/약대상환 입금처리			온라인	수시		
		230022	대외		KB				PCA				입금 보험료/약대상환 입금취소(초회납)	입금 보험료/약대상환 입금취소(초회납)			온라인	수시		
		230013	대외		KB				PCA				입금 자동이체미납내역조회	입금 자동이체미납내역조회			온라인	수시		
		230021	대외		KB				PCA				입금 보험료/약대상환 입금내역조회	입금 보험료/약대상환 입금내역조회			온라인	수시		
		430010	대외		KB				PCA				입금 초회납	입금 초회납			온라인	수시		
		430018	대외		KB				PCA				입금 보험료/약대상환 예비조회	입금 보험료/약대상환 예비조회			온라인	수시		
		430019	대외		KB				PCA				입금 보험료/약대상환 입금처리	입금 보험료/약대상환 입금처리			온라인	수시		
		430022	대외		KB				PCA				입금 보험료/약대상환 입금취소(초회납)	입금 보험료/약대상환 입금취소(초회납)			온라인	수시		
		430021	대외		KB				PCA				입금 보험료/약대상환 입금내역조회	입금 보험료/약대상환 입금내역조회			온라인	수시		
		230011	대외		KB				PCA				지급 청약철회조회	지급 청약철회조회			온라인	수시		

Level 1	Level 2	인터페이스 ID	대내외 구분	인터페이스 방향	대상 시스템								인터페이스명	인터페이스 상세 설명	전문 유형	거래 유형	발생 유형	발생 주기	일일 발생 건수	비고
					송신 시스템	송신담당자			수신 시스템	수신담당자										
						소속	전화번호	성명		소속	전화번호	성명								
		230032	대외		KB				PCA				지급 해약환급금 조회	지급 해약환급금 조회			온라인	수시		
		230033	대외		KB				PCA				지급 배당금조회	지급 배당금조회			온라인	수시		
		230034	대외		KB				PCA				지급 분할보험금 조회	지급 분할보험금 조회			온라인	수시		
		230035	대외		KB				PCA				지급 만기보험금 조회	지급 만기보험금 조회			온라인	수시		

한편 기능 개선을 목표로 추진하는 프로젝트의 경우, As-Is 시스템 입력 방식 분석 시 To-Be 개선방안이 동시에 도출되는지 검토한다.

<사례 66> 현행 시스템 분석 작성 사례 1

구분	As-Is 기능 분석	To-Be 적용 방안
입력 방식		
자료 수집		
데이터 분석		
다양한 채널 제공	다양한 채널을 지원	현재 웹 입력, 인터넷 조사 채널만 지원하는 시스템을 고려하고 있으나 추후 확장성을 고려하여 다양한 채널을 적용 할 수 있는 방안을 고려
로그분석	시간을 로그로 남김으로 각 항목별 진행시간 모니터링이 가능	전체 입력 시간 또는 각 항목 입력 시간을 로그로 생성하여 추후 분석 할 수 있는 데이터로 활용

<사례 67> 현행 시스템 분석 작성 사례 2

항목	현행 시스템 문제점	개선요구사항	관련 요구사항ID
항목 기준	•기준에 대한 기준 변경이 세부화 되어 있지 않아서 등급별 관리가 되고 있지 않다.	•항목 기준에 대한 세부적인 관리가 필요(등급별, 채널별 등)	Req-001
항목 자료	•항목을 위한 제공 자료가 기초자료로 구성되어 의사 결정에 많은 시간이 소요된다. •정기 항목 등으로 자료 요청시 항목에서 갖고 있는 정보가 미흡하여 계정계에 의뢰하고 있다.	•많은 분석된 자료를 통한 처리 소요시간 단축 필요 •각종 항목 자료 및 보고서 출력 기능 강화	Req-002
LOG	•은행은 LOG가 존재하지 않고 있어서 각 업무팀에서 항목에 대해서 조립하고 있다.	•LOG 데이터에 대한 정합성 검증 필요 장애 시 처리방법 제시 요망	Req-006
관리 항목	•관리되는 항목이 적어서 다양한 항목이 요구된다.	•전자금융 및 인터넷뱅킹 항목기능 강화 •LOG 조립과 관련하여 일정 고려 및 항목 조기 도출 요망	Req-007 Req-008
일일 항목	•일일항목 항목 선정 고려	•일일 항목의 '조기경보' 연계 방안을 구체적으로 제시	Req-003

항목	현행 시스템 문제점	개선요구사항	관련 요구사항ID
추적/조회	• 추적조회 시 관련 프로그램의 링크와 기간계 거래를 별도로 거래하고 있지만 경험위주로 처리를 하고 있고, ….	• 전화자동걸기 장비 및 기능 반영 • 신용정보조회시 개인신용도에 대한 해결방안(은행 사례중심으로 파악) • 사고내역관리, 추후 사후관리의 징계… 등 록 자료 협조요망 • 시스템 연계 관련 장비 및 소프트웨어 구체적인 제시	Req-005 Req-010 Req-012 Req-018 Req-020
지표 분석	• 현행에서는 지표 분석이 없다.	• 취약부분의 항목에 대해서 지표항목으로 설정 관리	Req-017

② 현행 업무기능 분석내용 검토

PMO는 발주기관과 협의 및 확정한 내용을 바탕으로 검토보고서를 작성한다. 검토된 내용이 기준에 부합하지 않거나 아래 사항 등의 경우 신중하게 검토하여 의견을 제시한다.

• **관련 법령 반영 검토:** 법/제도/지침 등 개선을 요구하는 사항

• **프로세스 개선 검토:** 절차 등 프로세스 개선이 필요한 사항

• **이해관계부서 협의 검토:** 이해관계부서와 협의가 필요한 사항

• **인터페이스 누락 검토:** 연계 대상 식별이 미흡하거나 추가할 내용이 고려되지 않은 경우

• **개선사항 식별 검토:** 사용자 요구사항, 문제점 등의 식별로 개선사항 파악 여부

③ 현행 업무기능 분석내용 조정작업

PMO는 발주기관 및 수행사에 PMO 검토보고서 작성 내용을 설명하고, 잘못 검토된 내용이 있는지 확인한다. 검토된 내용이 기준에 부합하지 않거나 발주기관의 수정 요청이 있는 경우에는 내용을 조정한다.

1.1.2 기능 요구사항 정의 내용 검토 및 조정

'기능 요구사항 정의 내용'은 사용자 요구사항이 적절하게 도출되고 분석되었는가를 검토하는 것이다. 기능 요구사항 정의 내용 검토 및 조정은 신규 시스템에 대한 사용자 요구사항이 사업 특성에 맞는 절차와 사용자(발주기관)의 확인을 거쳐서 명확하고 적절하게 도출되었고, 외부 환경 연계 및 향후 사용자 활용성, 시스템 효과성 등의 측면에서 충분한 고려가 되었는지 점검하는 데 목적이 있다.

사용자 요구사항 도출 및 분석이 불충분하거나 부적절하다는 것은 시스템 개발에 대한

가장 기본적인 목표가 불충분하거나 빠진 상태에서 프로젝트를 진행하는 것과 같다. 이는 구현단계 이후에 추가 요구사항 발생으로 인한 비용 및 일정 등의 증가로 프로젝트 자체가 실패할 가능성을 높게 한다. 무엇보다도 사용자가 만족하는 고품질의 시스템 개발을 저해할 수 있다.

따라서 이 단계의 PMO 중점 관리사항은 사용자 요구사항이 적절하게 도출되고 분석되었는지 체계적으로 점검하고 조정하는 것이다.

1) 기준

현행 기능 요구사항 정의 내용 검토 및 조정의 기준은 계약문서이다. 'RFP', '제안서', '기술협상서'와 같은 계약문서에서 정한 과업 내용을 중심으로 사용자 요구사항이 명확하고 적정하게 도출됐는지, 외부환경과의 연계 및 향후 사용자 활용성, 시스템 효과성 등 사용자 요구사항이 적절하게 도출되고 분석되었는지 체계적으로 점검하기 위하여 '요구사항정의서', '요구사항추적표' 등을 검토한다.

2) 측정지표(*점검항목: 체크리스트)

PMO는 기능 요구사항 정의 내용 검토 및 조정을 위한 측정지표로 요구사항 수집 대상 그룹 정의, 시스템 특성에 따른 요구사항 도출방법 및 절차 정의, 이해관계인 참여와 충분한 의견 반영, 기능적/비기능적 요구사항의 명확하고 구체적 도출, 업무적 범위의 누락 없는 도출, 연계 및 인터페이스에 대한 도출 및 분석 여부 등을 점검항목으로 활용한다. 점검항목은 <표 160>과 같이 점검항목별 점검결과(적합(O), 수정/보완(△), 누락(X), 제외(N/A))를 지표로 하여 점검한다.

<표 160> 기능 요구사항 정의 내용 검토 및 조정에 대한 측정지표

번호	점검항목	점검결과(O, △, ×, N/A)				PMO 검토 의견
1	• 응용시스템의 특성에 맞게 요구사항 수집 대상 그룹이 명확히 정의되었는가? 　1) 응용시스템의 특성에 맞게 요구사항 수집 대상 그룹의 명확한 정의 여부 　　- 현행업무분석서 등에 요구사항 관련 담당자 지정 여부 　　- 사용자 인터뷰 결과서 등에 요구사항 수렴 관련 사용자 그룹의 대표성 여부 　　- 불특정 다수를 고려한 사용자 그룹 정의 여부 　2) 요구사항 수집 대상 그룹과 개발자와의 요구사항 도출을 위한 채널의 명확한 설정 여부 　　- 현행업무분석서 등에 사용자 집단과 개발자 간 채널의 설정 여부 　　- 현행업무분석서 등에 사용자 집단 간의 이견이 있는 경우 충돌되는 요구사항을 조정할 수 있는 장치 마련 여부					

번호	점검항목	점검결과(○, △, ×, N/A)				PMO 검토 의견
2	• 응용시스템의 특성에 따라 사용자 요구사항의 도출방법 및 절차(전략이나 프로젝트 계획문서 검토, 면담방식, 조사 대상 그룹(focus group) 방식, JAD 세션 방식 등)이 적절하게 결정되어 요구사항이 도출되었는가? 　1) 사용자 요구사항의 도출을 위한 접근방법은 프로젝트의 특성과 범위를 고려한 정의 여부 　　- 프로젝트 성격에 따라 요구사항 도출 접근방법 선정 여부 　　- 요구사항을 도출하기 위한 다양한 방법 선정 및 계획수립 여부 　2) 사용자 요구사항 도출은 요구사항 도출 기법에 따른 수행 여부 　　- 요구사항 도출 기법 및 절차에 따른 수행 여부 　　- 이슈 사항, 결정 사항 등 정의 여부 　　- 프로토타입의 기능 범위, 시험 및 검토대상자, 기대치, 시험 결과 등의 문서화 여부					
3	• 사용자 요구사항 도출 시 사용자, 고객(의사결정자), 관련 전문가 등의 이해관계자가 참여하였고 이들의 의견이 충분히 반영되었는가? 　1) 사용자 요구사항을 도출하기 위해 목표시스템에 대한 이해관계자 참여 여부 　　- 이해관계자 참여 여부 　　- 이해관계자와 공식적인 의사소통 여부 　　- 개발팀에서 주도한 접근방법의 문서화 기반 근거성/타당성 확보 여부 　2) 사용자 요구사항을 도출하기 위해 참여한 이해관계자 의견의 충분한 반영 여부 　　- 이해관계자 의견 반영 여부 　　- 요구사항에 대한 발주기관 담당자의 검토·검증 여부 　　- 충돌되는 요구사항 조정 및 확정 여부					
4	• 응용시스템에 대한 기능적 요구사항이 명확하고 구체적으로 도출되고 분석되었는가? 　1) 응용시스템에 대한 기능적 요구사항이 명확하고 구체적으로 도출 여부 　　- 요구사항이 관련 산출물에 모두 반영 여부 　　- 기능적 요구사항이 명확하고 구체적으로 기술 여부 　　- 사용자 요구사항은 너무 세분화하지 않고 기능적으로 적절하게 식별 여부 　2) 응용시스템에 대한 기능적 요구사항의 검증 가능성, 품질, 추적 가능성 등 분석 여부 　　- 시험 요구사항에 대하여 문서화 여부 　　- 요구사항추적표 작성 및 추적성 확보 여부 　　- 기능품질 요구사항의 명시 여부 　　- 통합시험에서 기준자료로 활용될 수 있도록 품질 특성 정의 여부					
5	• 응용시스템에 대한 운용제약, 성능, 신뢰성, 보안성 등의 비기능적 요구사항이 정량적이거나 명확하게 도출되고 분석되었는가? 　1) 응용시스템에 대한 성능, 신뢰성, 내부통제 등 비기능 요구사항의 명확한 도출 여부 　　- 시스템 특성, 품질, 제약사항 등 비기능적 요구사항의 도출 여부 　　- 환경적 조건을 포함한 기능 기술 여부 　　- 응용시스템 성능 목표의 구체적 설정 여부 　　- 응답시간(Response Time), 데이터 처리량(Throughput), 자료 전송 속도 등 목표 설정 여부 　　- 정확성, 완전성, 견고성, 신뢰성 등 특별한 요구사항 파악 여부(예: 금융권의 계정계 시스템, 인터넷뱅킹 등의 경우 응용시스템의 처리 결과에 대한 신뢰성이 매우 중요함) 　2) 응용시스템에 대한 비기능적 요구사항의 추적성, 명확한 정량적인 품질목표 도출 여부 　　- 요구사항추적표를 통하여 추적 가능 여부 　　- 표준화가 중요한 경우, 표준화 대상의 제시 여부 　　- 비기능적 요구사항의 정량적인 품질목표 정의/검증 가능 여부					
6	• 응용시스템의 업무 범위가 요구사항을 통해서 명확히 도출되었는가? 　1) 응용시스템에 대한 요구사항의 출처 확인 여부 　　- 관련 문서에 기술된 요구사항과 일치 여부 　　- 요구사항추적표를 활용한 요구사항의 누락 여부 　　- 현행 업무 분석과 현행 시스템 분석 결과, 개선사항의 포함 여부 　　- 도출한 요구사항의 사용자 피드백 수행 여부 　　- 요구사항의 출처가 불분명·중복된 경우 담당자나 조직과 협의를 통해 조정 여부 　　- 제안서 및 제안요청서 등의 요구사항 불일치 항목에 대한 타당성 확보 여부 　2) 사용자 요구사항은 제안요청서 및 제안서의 내용을 충분히 반영하였는지 여부 　　- 관련 문서(제안요청서/제안서, 사업수행계획서 등)의 범위 내에서 도출 여부					

번호	점검항목	점검결과(○, △, ×, N/A)				PMO 검토 의견
6	- 예측/계획 대비 요구사항의 양적인 차이가 있는 경우 발주기관의 승인 여부 - 변경된 부분에 담당자 승인이나 이를 증명할 수 있는 문서 존재 여부 3) 구현될 응용시스템의 업무 범위가 충분히 도출된 후 응용시스템 요구사항의 발주기관 담당자 확정 및 승인 여부 - 관련자(고객, 사용자, 개발자 등)의 검토 여부 - 발주기관 관련 사용자 검토 여부 - 발주기관 승인 절차 수행 여부 - 발주기관 담당자 승인 여부					
7	• 타 시스템과의 연계 및 인터페이스에 대한 요구사항이 적절히 도출되고 분석되었는가? 1) 타 시스템과의 연계 및 인터페이스에 대한 요구사항을 도출하기 위한 절차의 적절성 여부 - 모든 인터페이스 요구사항 정의 여부 - 연계 기관 및 시스템의 명확한 정의 여부 - 연계될 기관과 연계 관련 합의/협약/계약 등 체결 여부 - 내/외부 인터페이스 요구사항이 요구명세서에 포함 여부(이 경우, 별도로 인터페이스 요구명세서로 작성될 수도 있음을 고려하여 검토) 2) 타 시스템과의 연계 및 인터페이스에 대한 요구사항의 도출 여부 - 구성 항목들이 인터페이스 요구사항에 적합하도록 연결 여부 - 인터페이스 주기, 방법, 제공자, 요청자 등이 명확하게 정의 여부 - 제약사항(시스템 인터페이스, 프로토콜 등) 및 조건 기술 여부					
8	• 사용자 요구사항이 사용자의 활용성 및 시스템의 효과성을 확보하도록 도출되었는가? 1) 사용자 요구사항이 사용자의 활용성을 확보하도록 도출 여부 - 타 시스템의 해당 시스템 활용 관련 요구사항 도출 여부 - 소외계층(장애인, 저사양 컴퓨터 사용자 등)을 고려한 도출 여부 - 콘텐츠 관련 디지털저작권 보호 방안의 마련 여부 - 타 시스템 연계 확대로 정보 활용성이 증대될 수 있는지 검토 여부 2) 사용자 요구사항이 응용시스템의 효과성을 확보하도록 도출 여부 - 구축 완료 후에 변경된 비즈니스 프로세스의 개선 효과가 나타날 수 있도록 반영되었는지의 검토 여부 - 변경된 비즈니스 프로세스에 대한 적응성이 확보되도록 요구사항의 도출 여부 - 직접 효과로서, 생산성 향상(1인당 처리량 증가)과 서비스의 질적 수준의 향상 등 목표 수준 정의 여부 - 간접효과로서 이미지 향상(정확성, 신뢰성) 및 신인도 제고, 조직 구성원의 의식에 미치는 효과(합리적, 체계적 사고) 등이 확보될 수 있도록 요구사항 도출 여부					

3) 절차

PMO는 수행사가 제출한 요구사항정의서, 요구사항추적표 등을 기준으로 기능 요구사항 정의 기준 협의 및 확정, 기능 요구사항 정의 내용 검토, 기능 요구사항 정의 내용 조정작업 등 <그림 182>와 같이 기능 요구사항 정의 내용 검토 및 조정절차에 따라 검토하고 조정작업을 한다.

<그림 182> 기능 요구사항 정의 내용 검토 및 조정절차

Input	절차	Output
RFP, 제안서, 사업수행계획서 현행업무분석서, 현행시스템분석서 사용자인터뷰결과서, 요구사항정의서/추적	① 기능 요구사항 정의 기준 협의 및 확정 ② 기능 요구사항 정의 내용 검토 ③ 기능 요구사항 정의 내용 조정작업	PMO 검토보고서 (조정) 요구사항정의서 (조정) 요구사항추적표

① 기능 요구사항 정의 기준 협의 및 확정

요구사항정의서는 소프트웨어 요구사항 품질 평가항목(TTAK.KO-110103, 2010.12.23.)에서 정의하고 있는 소프트웨어 요구사항 품질 매트릭 6개 항목을 참고하여 사업 특성에 맞추어 작성될 수 있도록 검토한다. 요구사항 품질 평가항목은 아래와 같으며 아래 항목 중, 4개 항목(완전성, 정확성, 검증가능성, 추적성)을 중심으로 검증한다.

<표 161> 소프트웨어 요구사항 품질특성

품질특성	내용	적용 여부
완전성(Completeness)	요구사항명세서상에 식별된 요구사항 중 사용자가 제시한 요구사항에서 빠진 기능 요구사항이 존재하는지 여부	적용
정확성(Correctness)	요구사항명세서상에 식별된 요구사항 중 논리적으로 정확하게 기술한 명세의 작성 비율	적용
명확성(UN/Ambiguousness)	요구사항 산출물에 기술한 용어가 이해당사자들에게 모호하지 않고 명확하게 의미 전달되는지 여부	
일관성(Consistency)	요구사항명세서의 식별된 요구사항 항목 및 요구사항명세서와 관련된 산출물 항목의 연관 및 종속관계가 있는 항목 간에 불일치 존재 여부	
특이성(Peculiarity)	요구사항명세서 내에 중요도, 난이도 및 변경 가능성(옵션 여부)을 표기하였는지 여부	
검증 가능성(Verifiability)	요구사항명세서상에 명세에 대한 검증 기준 및 방법의 제시 여부	적용
수정 용이성(Modifiability)	요구사항명세 항목이 쉽게 식별되고 원하는 수정이 쉽게 반영되며 수정에 대한 영향도 분석의 용이성 여부	
추적성(Traceability)	요구사항명세서의 식별된 요구사항 항목 및 요구사항명세서와 관련된 산출물 항목의 연관 및 종속관계가 있는 항목 간에 추적 관계를 식별하였는지 여부	적용
이해가능성 Understandability)	요구사항 산출물에 기술한 문장이 표준 형식을 따르며 적절한 문법을 따르고 있으며 다중문장을 배제하여 쉽게 이해할 수 있는지	

출처: TTAK.KO-11.0103 소프트웨어 요구사항 품질 평가항목, 2010,
출처: 정보화사업 감리수행가이드

상기 4개 항목을 재분류하면 완전성 2항목, 정확성 2항목, 검증 가능성 1항목, 추적성 1항목 등 6개 항목을 적용한다.

<표 162> 요구 정의 단계에 적용 가능한 소프트웨어 요구사항 품질 매트릭

번호	품질특성	평가항목의 목적	측정대상 산출물
1	완전성	요구사항명세서상에 식별된 요구사항 중 빠진 기능 요구사항이 존재하는지 여부	RFP, 과업수행계획서, 회의록, 요구사항 목록, 요구사항명세서
2	완전성	요구사항명세서상에 식별된 요구사항 중 빠진 비기능 요구사항이 존재하는지 여부	RFP, 과업수행계획서, 회의록, 요구사항 목록, 요구사항명세서
3	정확성	요구사항명세서상에 식별된 기능 요구사항 중 논리적으로 정확하게 기술한 명세의 작성 비율	요구사항 목록, 요구사항 분할도, 요구사항명세서

4	정확성	요구사항명세서상에 식별된 비기능 요구사항 중 논리적으로 정확하게 기술한 명세의 작성 비율	요구사항 목록, 요구사항 분할도, 요구사항명세서
5	검증가능성	요구사항명세서상에 명세에 대한 검증기준 및 방법을 제시하였는지 여부	요구사항명세서
6	추적성	요구사항명세서와 요구 명세 이전단계의 산출물 간의 연관 항목 중 추적관계를 식별하였는지 여부	RFP, 과업수행계획서, 회의록, 요구사항목록, 요구사항명세서

출처: TTAK.KO-11.0103 소프트웨어 요구사항 품질 평가 항목, 2010
(참고: 요구사항명세서는 요구사항정의서, 과업수행계획서는 사업수행계획서와 동일)

요구사항정의서는 목록 형태로 작성 또는 세부 명세서 형태로 작성할 수 있다. 통상 요구사항목록과 요구사항명세서로 분리하여 작성하는 것이 원칙이나, 요구사항 품질관리 항목 즉, 완전성, 추적성, 정확성, 검증 가능성이 충분한 수준으로 정의되었는지가 중요한 검토사항이다.

요구사항 목록은 요구사항이 단순 목록 수준에서 작성되는 경우는 세부 요구사항 항목이 과업 내용과 일치하는지 확인할 수 없고, 너무 자세히 기술되면 설계 수준의 기능 중심으로 작성될 수 있다. 따라서 요구사항은 논리적으로 정확하고 의미가 잘 전달될 수 있도록 작성되어야 한다.

<**사례 68**> 요구 정의 목록 사례(기능)

단위 업무명	요구사항ID	요구사항명	설명	중요도	우선순위	제약사항	출처	수용여부	비고
OO시스템	R001						대비표ID		수용불가사유
	R002						수용불가사유		확정예정시기

<**사례 69**> 요구사항정의서 사례(기능)

사업명		단위시스템	
요구사항ID		요구사항명	
설명	요구사항정의서 기능 설명		
구분	설명		참고사항
입력조건			
기본흐름			
대안흐름			
예외처리조건			
출력조건			
검증기준			
사용권한			

<사례 70> 요구사항정의서 사례(비기능)

프로젝트명	업무시스템	문서명	요구사항정의서			작성자		작업일자	
시스템명	비기능 요구사항관리	서번호				문서번호		Version	1.0

요구사항 ID	대분류 (업무분류)	중분류	유형	요구사항명	요구사항 내용	전제조건/제약사항	수용여부	변경상태	변경승인자	중요도	관련근거/출처	요청일자	요청부서 및 성명	비고
NF-PER-001	성능	N/A	비기능	성능 검사	○ 시스템 구축 후 성능 보장을 위한 성능테스트 실시 및 성능 개선에 필요한 계획을 제시해야 합니다. ○ 테스트 결과를 보고하고, 보완사항을 조치해야 합니다. ○ 성능시험 결과를 보고하고, 확인 받아야 합니다.		확정			중	PER-001	-	RFP	
NF-PER-002	성능	N/A	비기능	성능 사항	○ 시스템 운영시 적절한 응답시간을 보장해야 합니다. - 검색 요청시 1초 이내에 응답률 90% 이상 - 대량의 데이터 로딩/실시간 통계 류의 경우에는 예외 ○ 시스템 메모리는 최대처리 시험에서도 90% 이상 사용되지 않아야 합니다. ○ 시스템은 정상 상태에서 백그라운드 작업을 위하여 CPU 50% 이하로 사용해야 합니다.		확정			중	PER-002	-	RFP	
NF-SIR-001	인터페이스	N/A	비기능	시스템 인터페이스	○ 연계를 위한 신규 인터페이스 구축 전략 ○ 사용자의 사용성 및 편의성을 극대화 할 수 있는 인터페이스 방안 제시 ○ 1단계 통합 시스템의 완성도를 높이는 legacy 시스템과의 인터페이스 방안 ○ 대상 시스템 - 전자결재, 모바일 시스템 - 하자/보수/점검, 시설/설비		확정			중	SIR-001		RFP	

② 기능 요구사항 정의 내용 검토

PMO는 발주기관과 기능 요구사항 정의 기준 협의 및 확정한 내용을 바탕으로 기능 요구사항 정의 내용을 검토한다. 검토된 내용이 기준에 부합하지 않거나 아래 사항 등의 경우 신중하게 검토하여 의견을 제시한다.

- **누락 여부 검토**: 제안요청서, 제안서, 기술협상서 등을 기준으로 중요한 사항의 누락 여부
- **추가 사항 검토**: 제안서를 중심으로 사업자가 제시한 추가 제안 등에 대한 실효성 등을 검토하여 반영 여부 검토
- **변경 근거성 검토**: 요구사항 삭제/변경에 대하여 범위 변경으로 인한 사업비 변경 폭등을 검토하고 이해관계자의 참여/승인 등과 함께 결과를 회의록 또는 공문 등의 형태로 확보하여 근거성 확보 여부 검토
- **내용 충분성 검토**: 정의된 요구사항의 내용의 구체적 사항 확보 여부
- **검증 가능성 검토**: 정의된 요구사항 달성 여부를 검증이 가능한 체계 확보를 위하여 추적관리 체계와 검증 방법의 구체성 확보 여부
- **추적성 확보 검토**: 기능과 비기능으로 나누어서 요구사항의 추적관리 가능 여부

③ 기능 요구사항 정의 내용 조정작업

PMO는 발주기관 담당자 및 수행사에 기능 요구사항 정의 내용에 대한 PMO 검토보고서를 설명하고, 잘못된 검토 내용이 있는지 확인한다. 검토된 내용이 기준에 부합하지 않거나 발주기관의 수정 요청이 있는 경우 내용을 조정한다.

1.1.3 기능 정의 내용 검토 및 조정

기능 정의 내용은 요구사항을 기반으로 한 응용시스템의 모델링이 적정한가를 검토하는 것이다. 기능 정의 내용 검토의 목적은 외부의 트랜잭션이나 이벤트에 대하여 응용시스템 내부의 반응으로 나타나는 프로세스가 사용자 요구사항에 맞게 모두 정확히 도출되고, 프로세스별 입출력 데이터가 정확히 작성되었는지를 점검하는 것이다. 또한 외부 환경에 대한 응용시스템의 요구사항을 이벤트 모델로 적절히 명세화하였는지 점검하는 것이다.

특히 응용시스템 모델은 사용자 요구사항을 바탕으로 프로세스 및 이벤트를 도출하여 명확하고, 체계적으로 정의하고, 프로세스를 계층적으로 기능구성도를 작성한 후 프로세스 간의 구조적 연관 관계와 흐름을 알 수 있도록 하는 것이다. 따라서 PMO는 이벤트 모델의 적정성, 프로세스 모델의 적정성, 모델(이벤트, 프로세스, 데이터) 간의 상호 일관성이 있는지 검토하고 조정한다.

1) 기준

현행 기능 정의 내용 검토 및 조정의 기준은 '프로세스정의서', '기능구성도'이다. 응용시스템의 요구사항을 이벤트 모델로 적절히 명세화하기 위하여 산출물이 적정하게 작성되었는지 검토한다. 이를 통해 요구사항을 기반으로 한 응용시스템 모델링이 적정하게 기술하였는지를 점검한다.

2) 측정지표(*점검항목: 체크리스트)

PMO는 기능 정의 내용 검토 및 조정을 위한 측정지표로 이벤트 도출의 충분성 및 이벤트 모델링의 완전성, 사용자 요구사항 반영 여부, 모델의 일관성 및 완전성, 프로세스와 데이터·프로세스와 이벤트 모델 간의 상호 일관성 등을 점검항목으로 활용한다. 점검항목은 <표 164>와 같이 점검항목별 점검결과(적합(O), 수정/보완(△), 누락(X), 제외(N/A))를 지표로 하여 점검한다.

<표 163> 기능 정의 내용 검토 및 조정에 대한 측정지표

번호	점검항목	점검결과(○, △, ×, N/A)				PMO 검토 의견
1	• 이벤트 도출의 충분성 및 이벤트 모델링의 완전성은 확인되었는가? 　1) 사용자 요구사항을 기초로 개발 대상 범위(응용시스템)의 외부적, 시간적 관점에서 발생하는 사건이나 행위가 이벤트로 적절히 도출되었는지 　　- 이벤트 고유의 이름 부여 여부 　　- 이벤트가 외부환경과 시간적 흐름 표현 여부 　　- 기능적 요구사항을 중심으로 도출되었는지 여부 　　- 이벤트가 최소한 하나 이상의 요구사항과 관련 여부(특히, 하나의 요구사항에 대해 다수의 이벤트가 존재하는 경우, 요구사항이 세분화하여 정의되었는지 여부) 　2) 이벤트별 자극을 결정하고 발생빈도와 자극에 대한 데이터의 반응을 적절하게 표현하였는지 여부 　　- 이벤트를 발생시키는 주체인 엔티티 정의 및 적정성 여부 　　- 개별 이벤트가 하나의 기본 프로세스를 발생시키는지 여부(상호 프로세스가 상호 참조의 용이성 여부) 　　- 이벤트 시나리오에서 주기 내에 이벤트가 발생하는 횟수의 정의 여부 　　- 이벤트 자극에 대한 데이터 반응을 적절하게 표현 여부					
2	• 프로세스 모델링이 사용자 요구사항을 반영하여 적절하게 이루어졌는지 확인되었는가? 　1) 프로세스 모델링이 사용자 요구사항에 근거하여 작성되었는지 여부 　　- 프로세스정의서의 모든 요구사항 반영 여부 　　- 개별 프로세스와 요구사항정의서 내 기능요구가 상호 일치되는지 여부 　　- 데이터흐름도 프로세스들의 정의 여부 　　- 시스템 운영(사용자 관리, 백업 등)과 관련 프로세스의 누락 여부 　2) 요구사항 추적을 통해 프로세스 모델링의 충분성 점검 여부 　　- 기능 요구사항이 하나 이상의 프로세스로 기술되어 정의되었는지 여부 　　- 개별 프로세스가 요구사항을 반영하였는지 여부					
3	• 프로세스 모델의 일관성 및 완전성은 확인되었는가? 　1) 프로세스 모델은 일관성 있게 표현 여부 　　- 프로세스 명은 동일한 규칙 정의 여부 　　- 기능구성도 내용이 프로세스 정의에 수행 여부 　　- 표준 준수 여부 　　- 서브 시스템별로 프로세스 모델이 수행된 경우, 통합성 고려 여부 　2) 프로세스 모델의 완전성을 검증 여부 　　- 기능구성도에서 업무기능 분할 시 하위기능이 상위기능과 중복되지 않았는지, 요구사항과 비교하여 구조적으로 업무 프로세스의 흐름을 이해할 수 있을 정도로 충분히 분할이 이루어졌는지 　　- 기능구성도에서 프로세스의 계층성과 의존성을 분석하여 프로세스를 정의 여부 　　- 엔티티를 사용하는 프로세스 구분 정의 여부 　　- 프로세스별로 세부 작성 항목을 누락 없이 표현 여부 　　- 연관된 프로세스를 통합적으로 기술할 경우는 중복되거나 추가로 발생하는 프로세스가 파악되었는지 여부 　　- 통합된 프로세스 중에서 빠진 기능의 프로세스가 있는지 불필요한 프로세스 존재로 여부 　　- 업무 처리상 동시 처리되어야 할 프로세스가 순차적으로 처리 여부 　　- 프로세스정의서와 현행업무분석서 등이 일관성 있게 표현되었는지 여부					
4	• 프로세스와 데이터, 프로세스와 이벤트 모델 간의 상호 일관성은 확인되었는가? 　1) 프로세스 모델과 데이터 모델 간의 상호 일관성 여부 　　- 프로세스/엔티티 매트릭스 내, 관련 입출력정보 반영 여부 　　- 프로세스/엔티티 매트릭스 내, 엔티티 관련 기능 반영 여부 　　- 프로세스/엔티티 매트릭스 내, CRUD(생성, 조회, 수정, 삭제) 프로세스 부존재 여부 　　- 프로세스/엔티티 매트릭스 내, 엔티티와 관계없는 프로세스가 존재하는지 확인 여부 　　- 프로세스/엔티티 매트릭스 내, 데이터흐름도와 일치 여부					

번호	점검항목	점검결과(○, △, ×, N/A)	PMO 검토 의견
4	2) 프로세스 모델과 이벤트 모델 간의 상호 일관성 여부 　- 이벤트 시나리오가 기능 차트 또는 프로세스정의서에 정의 여부 　- 프로세스정의서에 정의하고 있는 기본 프로세스가 관련 이벤트에 의해 활성 　　화되어 종결 여부 　- 이벤트 시나리오에서 이벤트 자극 및 응답에 관여한 데이터가 프로세스별 입 　　출력 데이터와 일치하는지 여부		

3) 절차

PMO는 수행사가 제출한 요구사항정의서, 기능구성도, 프로세스정의서를 기준으로 프로세스정의서 협의 및 확정, 프로세스정의서 검토, 프로세스정의서 조정작업 등을 <그림 183>과 같이 기능 정의 내용 검토 및 조정절차에 따라 검토하고 조정한다.

<그림 183> 기능 정의 내용 검토 및 조정절차

Input	절차	Output
요구사항정의서 현행업무분석서 이벤트시나리오 기능구성도 프로세스정의서	① 기능 정의 내용 협의 및 확정 ② 기능 정의 내용 검토 및 검토보고서 작성 ③ 기능 정의 내용	PMO 검토보고서 (조정) 프로세스정의서

① 기능 정의 내용 협의 및 확정

기능 정의 내용 협의 및 확정을 위해서는 첫째, 기능정의서 작성 기준 측정지표는 이벤트 모델링, 프로세스 모델링, 그리고 모델(이벤트, 프로세스, 데이터) 간 일관성을 주요 측정지표로 하고 있다. 그러나 현실적으로 프로젝트에서 기능 정의 관련 검토 대상 산출물로 프로세스정의서를 적용한다. 물론 프로젝트별 방법론에 따라 프로세스정의서 작성 방법과 수준 등의 차이가 있을 수 있다. 측정지표에서 제시하는 사용자 요구사항의 반영 충분성과 함께 내외부 이벤트가 프로세스상에 적절히 반영되었는지, 프로세스 세분화 수준 등이 중요 검토 대상이다. 둘째, 데이터흐름도가 작성되어 추진되는 프로젝트의 경우, 데이터흐름도상에 송수신되는 프로세스가 누락 없이 표현되고 있는지 검토한다. 셋째, 기능 정의 내용 검토는 요구사항의 활동을 거쳐서 향후 구축될 기능을 구체화하는 과정이며 통상 프로세스정의서/기능정의서 등의 이름으로 작성된다.

업무명	1차 기능명	기능ID	2차 기능명	기능개요	비고
개인화 정보 통합	개인화 정보	KH_PN_076	마일리지	마일리지를 조회,수정,삭제한다.	
개안화 정보 통합	개인화 정보	KH_PN_077	나의 게시물	나의 게시물을 조회, 수정, 삭제한다.	
개인화 정보 통합	개인화 정보	KH_PN_078	나의 강의실	나의 강의실 정보를 조회, 수정 삭제한다.	
개인화 서비스	홈페이지	KH_FN_061	회원정보	회원정보를 조회, 등록,수정,삭제한다.	
개인화 서비스	홈페이지	KH_FN_061	기업정보	기업정보를 조회, 등록,수정,삭제한다.	
개인화 서비스	홈페이지	KH_FN_061	맞춤서비스	맞춤서비스를 조회한다.	
개인화 서비스	홈페이지	KH_FN_061	Q&A	Q&A를 조회, 등록,수정,삭제한다.	
개인화 서비스	홈페이지	KH_FN_061	전시참여	전시참여를 조회, 등록,수정,삭제한다.	
개인화 서비스	홈페이지	KH_FN_061	업체방문	업체방문 정보를 조회, 등록,수정,삭제한다.	

넷째, ERP 사업에서 프로세스는 매우 중요한 의미가 있다. 통상 packaged Solution 형태로 추진되는 특성을 가지며, As-Is 분석 이후 적용하게 될 프로세스정의서는 구축될 시스템의 기능적인 내용과 흐름을 제시할 수 있는 형태로 작성되어야 한다.

기호	정의	설명
시작　종료	Start / End Point	프로세스리스트(Level 3)상의 시작과 종료를 표시한다.
HR-01.01 조직관리	타 Pocess	프로세스리스트상의 타 프로세스를 나타낸다. 프로세스흐름도의 시작, 중간, 끝에 올 수 있다.
Sales Call	Event	해당 프로세스의 시작 또는 끝이 되는 이벤트를 나타낸다.
1.전표 입력	Function	프로세스에서의 단위 업무(task)기능을 나타낸다.
결재 승인?	판단	프로세스내의 논리적 판단을 나타낸다.
2. 내역관리	Manual Processing	프로세스의 기능(function)중 수작업으로 처리되는 기능을 나타낸다.
재무제표	출력물	해당 프로세스에서의 주요 출력물을 나타낸다.
A	Pointer	프로세스흐름도가 한 장에 정리되기 어려운 경우 다음 장과 연결을 위한 Pointer
OO 시스템	System	프로세스와 관련된 주요 시스템을 나타낸다(필요시 기재). 시스템 이름 및 해당 모듈이나 메뉴 등을 비교적 상세히 지정한다.

다섯째, 프로세스정의서는 상위 프로세스를 기준으로 프로세스를 정의하고 관련된 흐름도(참조 <그림 184>) 및 상세 활동(Activity, 참조 <사례 74>)이 작성되어야 한다.

<사례 73> To-Be 프로세스정의서 작성 사례

산출물ID	IS2140	산출물명	To-Be 프로세스정의서	모듈	재무회계(FI)	작성자	
						검토자	
프로세스ID	FI.01.01	프로세스명	기준정보관리		Variant	공통	
프로세스 정의	계정과목을 생성, 변경, 조회합니다.				소요시간/주기	수시	
					프로세스Owner	재무회계부	

운영 원칙	Open Issue
• 새로운 비즈니스 및 시산/예산 구분 필요시 수행합니다. • 세목 계정일 경우 적절한 계정과목 상위 Level 번호체계를 확인하여 체계 內 번호로 신규 계정과목을 생성합니다.- 기획조정실과 협의하여 예산항목이 있는지 확인하고 필요시 예산항목 생성을 선행하고 매핑하여 생성합니다. • 세목이 아닌 신규 계정과목체계 추가인 경우,- 업무적인 정의: 별도 Excel or 재무제표버전으로 번호체계 관리- 일반적으로 신규 예산항목이 필요하기 때문에 예산항목 생성을 검토함- 시스템 변경: 재무제표 버전을 수정함 • 채권/채무/고정자산 또는 시스템 자동결정 계정과목 신설 시 IMG 수정이 동반되므로 시스템 요건을 검토/반영합니다.- 사용자 편의 목적 사용 가능 계정을 제한하는 메뉴 검토 (e-accounting 등) • 계정 속성 변경이 필요한 경우 변경 수행합니다. • 계정 속성을 개별/일괄 조회합니다.	• 계정과목은 모든 시스템 오픈시 가장 최초로 등록되는 Migration 항목이므로 오픈 전 미리 확정이 필요합니다.
	업무변화 내용
	• 계정과목 생성 및 재무제표작성의 기본 구조인 재무제표전의 관리 주체는 재무회계부로 변경합니다. • 계정과목에 예산항목을 직접 매핑하여 회계와 예산실적이 실시간으로 연동되고 차이가 없도록 합니다. • 거래처/자산/임대 등에서 사용하는 자동화 계정은 특별한 사유 없이 추가/변경하지 않으며, 시스템적 검토를 선행합니다.
운영 주체	**관련부서 수행업무**
•재무회계부	• 예산항목 변경 필요시 기획조정실 생성 검토를 선행합니다. • 시스템 자동화 계정은 시스템 관련 부서 검토를 선행합니다.

<그림 184> To-Be 프로세스흐름도 작성 사례

산출물ID	IS2140	산출물명	To-Be 프로세스정의서	모듈	재무회계(FI)	작성자	
						검토자	
프로세스ID	FI.01.01.01	프로세스명	계정과목 생성		Variant	공통	

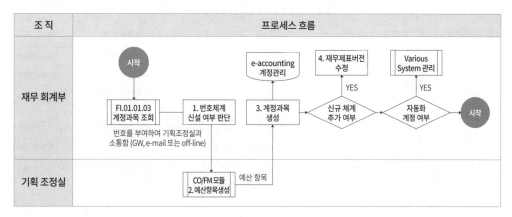

산출물ID	IS2140	산출물명	To-Be 프로세스 정의서	모듈	재무회계(FI)	작성자	
						검토자	
프로세스ID	FI.01.01.01	프로세스명	계정과목 생성	Variant	공통		

Activity	설명	작업부서	Input Data	Output Data
1. 번호체계 신설 여부 판단(수작업)	새로운 사업이나, 업무가 생겼을 때 시산 또는 예산통제 목적 신규 계정과목이 필요한지 판단해야 함. 이 때 기존 계정과목체계를 검토하여 번호체계(Numbering Rule)에 맞게 생성하고, 새로운 Numbering 체계가 필요한지 검토하여, 필요시 신규로 구성/관리해야 함	재무회계부	재무회계부 판단	신규 CoA Number (시스템 생성 전)
2. 예산항목생성(CO/ FM 모듈 시나리오에 따름)	재무회계부로부터 신규 CoA Number를 수취하여 기존 예산항목을 사용할 것인지, 신규로 생성할 것인지 판단하며 신규 생성이 필요한 경우 생성하여 적절한 예산항목 번호를 재무회계부로 회신함	기획조정실	재무회계부로부터 신규 CoA Number 수취(시스템 생성 전)	예산항목 (필요시 시스템에 생성)
3. 계정과목 생성 (FS00)	CoA를 Numbering Rule에 따라 채번하고 속성을 정의하여 생성함. 유사한 계정과목이 존재할 경우 복사(Template)하여 변경이 필요한 부분(예: N/Ame)만 수정 후 저장	재무회계부	신규 CoA Number 및 계정과목 속성(예산항목 코드 매핑 포함)	신규 CoA
4. 재무제표버전 수정(FSE2)	신규 Numbering 체계가 생긴 경우 재무제표 항목 및 항목 명을 지정하고, 대상이 되는 CoA Number를 개별 또는 Range로 입력하여 시산 잔액이 재무제표에 표시되도록 함. 기존 Range에 존재하는 CoA는 자동으로 대상 항목에 포함	재무회계부	신규 Numbering 체계가 만들어진 경우 항목 추가 및 CoA 매핑	신규 CoA 포함 재무제표 버전

여섯째, 프로세스정의서 작성을 통하여 설계 및 구현하게 될 프로세스/프로그램의 단위를 식별할 수 있으며, 이를 정리하여 프로세스리스트를 작성하여 메뉴 방식의 구조화된 내역으로 정리할 수 있다.

To-Be Process List										
Level1		Level2		Level3		Level4		수행시스템	Description	주관부서
ID	메가프로세스	ID	프로세스 그룹	ID	프로세스	ID	Sub 프로세스			
FI	재무회계	FI.01	총계정원장	FI.01.01	기준정보 관리	FI.01.01.01	계정과목 생성	SAP-FI	계정과목 생성	재무회계부
						FI.01.01.02	계정과목 변경	SAP-FI	계정과목 변경	재무회계부
						FI.01.01.03	계정과목 조회	SAP-FI	계정과목 조회	재무회계부
				FI.01.02	전표관리	FI.01.02.01	전표생성	SAP-FI	전표전기, 인터페이스 전표, 결산조정전표 등	재무회계부
						FI.01.02.02	전표결재 및 증빙첨부	그룹웨어	그룹웨어에서 결재	재무회계부
						FI.01.02.03	전표 조회	SAP-FI	전표 조회 출력	재무회계부
				FI.01.03	결산조정	FI.01.03.01	대손충당금 설정	SAP-FI	회수 불능 채권 산정 및 전표 처리	재무회계부

To-Be Process List										
Level1		Level2		Level3		Level4		수행시스템	Description	주관부서
ID	메가프로세스	ID	프로세스 그룹	ID	프로세스	ID	Sub 프로세스			
						FI.01.03.02	가지급금 정리	SAP-FI	가지급금 연말 정리를 위한 업무 처리	재무회계부
						FI.01.03.03	선급비용 관리	SAP-FI	선급비용 계산을 수행 전 표처리	재무회계부
						FI.01.03.04	금융비용 자본화	SAP-FI	공사 목적 차입금에 따른 이자비용의 자산화	재무회계부
						FI.01.03.05	공통매입 세액 불공제 자본화	SAP-FI	공통매입 세액불공제 건 중 공제가능 금액을 분할하여 자본화 함	재무회계부
						FI.01.03.06	외화평가	SAP-FI	외화 채권/채무 잔액에 대한 외화평가를 수행함	재무회계부
						FI.01.03.07	계정대체	SAP-FI	반복적으로 발생하는 계정 대체를 자동으로 수행함	재무회계부
				FI.01.04	공기업 결산서	FI.01.04.01	공기업결산서	Excel	다트 Template에 맞게 공기 업결산서를 작성하여 등록	재무회계부
				FI.01.05	결산리포트	FI.01.05.01	장부조회	SAP-FI	재무제표 출력 및 보고	재무회계부
						FI.01.05.02	회계연도 차기 이월	SAP-FI	총계정원장 기말잔액 채권 채무 거래처별 잔액이월	재무회계부
		FI.02	채권 관리	FI.02.01	고객 관리	FI.02.01.01	고객 정보 관리	e-Accounting	매출세금계산서 발행 목 적으로 사업자등록번호, 주소, 연락처, 대표자, 업 종/업태, 전자세금계산서, e-mail 주소 관리	재무회계부

② 기능 정의 내용 검토 및 검토보고서 작성

PMO는 발주기관과 협의 및 확정한 내용을 바탕으로 검토보고서를 작성한다. 검토된 내용이 기준에 부합하지 않거나 아래 사항 등의 경우 신중하게 검토하여 의견을 제시한다.

- **누락 여부 검토:** 요구사항정의서의 중요한 사항 누락 여부/ 데이터흐름도에 표현된 주요 프로세스 누락 여부
- **중복성 수준 검토:** 표현된 프로세스의 중복 여부
- **일관성 여부 검토:** 기능구성도, 프로세스정의서, 요구사항정의서 등의 명칭 등이 일관성 등 완전성의 확보 여부
- **추적성 확보 검토:** 요구사항추적표를 기준으로 프로세스 외 기능의 추적관리 가능 여부

③ 기능 정의 내용 조정작업

PMO는 발주기관 및 수행사에 PMO 검토보고서 작성 내용을 설명하고, 잘못된 검토 내용이 있는지 확인한다. 검토된 내용이 기준에 부합하지 않거나 발주기관의 수정 요청이 있

는 경우 내용을 조정한다.

1.1.4 총괄시험 계획 검토 및 조정

총괄시험 계획검토 및 조정은 프로젝트의 총괄적인 시험 계획과 프로젝트 기간 중 수행할 모든 테스트 활동의 범위, 절차, 지원 및 일정 등이 적절하게 수립되었는지 검토하고 미흡한 경우 조정하는 과정이다. 이 단계에서 PMO의 중점 관리사항은 다음과 같다. 첫째, 프로젝트 정보와 테스트 요소를 식별할 수 있는가? 둘째, 테스트 요구사항을 지원하는 내용이 기술되었는가? 셋째, 필요한 자원과 테스트 수행에 필요한 결과들이 정의되었는가? 마지막으로 테스트 행위들에 대한 구분 가능한 요소 항목들이 기술되었는가?

1) 기준

총괄시험 계획검토 및 조정의 기준은 '총괄시험계획서'이다. 총괄시험계획서에 프로젝트 단계별 단위테스트, 통합테스트, 성능테스트, 호환성 테스트, 제3자테스트, 인수테스트 등이 적절하게 수립되어 있는지 검토한다. 기능(Function), 사용성(Usability), 성능(Performance), 신뢰성(Reliability), 보안(Security), 호환성(Compatibility)을 확보할 수 있는지 점검한다.

2) 측정지표(*점검항목: 체크리스트)

PMO는 총괄 시험 계획검토 및 조정을 위한 측정지표로 테스트 대상 시스템, 제약사항, 총괄테스트 전략, 테스트 실행계획, 테스트 일정, 테스트 산출물, 기준 및 절차 준수 여부 등을 점검항목으로 활용한다. 점검항목은 <표 164>와 같이 점검항목별 점검결과(적합(O), 수정/보완(△), 누락(X), 제외(N/A))를 지표로 하여 점검한다.

<표 164> 총괄 시험 계획검토 및 조정에 대한 측정지표

번호	점검항목	점검결과(○, △, ×, N/A)				PMO 검토 의견
1	• 테스트 대상 시스템이 기술되었는가? 　1) 하드웨어구성도 작성 여부 　2) 응용 목표시스템구성도 작성 여부					
2	• 테스트 시 고려되어야 할 제약사항이 기술되었는가? 　1) 시스템 범위에 대한 제약사항 기술 여부 　2) 대외 연계 시스템에 대한 제약사항 기술 여부 　3) 단계별 테스트에 대한 제약사항 기술 여부					

번호	점검항목	점검결과(○, △, ×, N/A)			PMO 검토 의견
3	• 총괄테스트 전략이 적절한가? 1) 테스트 범위의 명확화 여부 2) 단계별 수행할 테스트 종류의 기술 여부(단위테스트, 통합테스트, 시스템테스트(가용성, 성능, 보안), 제3자테스트, 사용자/인수테스트) 3) 유형별 테스트 기술 여부(사용자 인터페이스 테스트, 기능테스트, 상용SW테스트, 웹표준/웹 접근성 테스트, 시스템테스트, 성능테스트, 개발소스 점검 및 보안 테스트(소스코드 인스펙션, 보안 약점 진단, 웹 취약점 진단))				
4	• 테스트 실행계획이 적절한가? 1) 테스트 수행 절차 작성 여부(단위/통합/시스템/사용자 테스트 절차 기술 여부) 2) 발견된 결함에 대한 수정 절차 작성 여부 3) 테스트 툴(Tool) 사용계획 작성 여부 4) 테스트 환경 기술 여부(테스트 장소, 하드웨어구성도, 소프트웨어구성도, 테스트 대상 목표시스템구성도의 적절성 여부) 5) 테스트 추진체계(조직, 역할 및 책임)의 기술 여부 6) 테스트 유형별 승인기준, 제약조건, 완료 조건, 수행 절차 제시 여부				
5	• 테스트 유형별 일정이 적절한가? 1) WBS의 마일스톤 및 일정의 일치 여부 2) 테스트별 세부 테스트(시나리오 작성·실시·결함 조치) 작성 여부 3) 테스트에 따른 산출물 기술 여부				
6	• 테스트 유형별 산출물 종류 및 작성 시점이 적절한가?				
7	• 발주기관과 PMO의 총괄 시험의 기준을 포함하였는가? 1) 단위테스트, 통합테스트, 성능테스트, 호환성 테스트, 제3자테스트, 인수테스트 기술 여부 2) 테스트 종류별 테스트 대상, 목적, 테스트 기준선, 테스트 도구, 테스트 환경의 정의 여부				

3) 절차

PMO는 사업자가 제출한 총괄시험계획서를 기준으로 총괄시험 계획 기준 협의 및 확정, 총괄시험계획서 검토 및 검토보고서 작성, 총괄시험 계획 조정작업 등의 절차에 따라 검토하고 조정작업을 한다.

<그림 185> 총괄 시험 계획검토 및 조정절차

Input	절차	Output
총괄시험계획서 WBS	① 총괄시험 계획 기준 협의 및 확정 ② 총괄시험계획서 검토 및 검토보고서 작성 ③ 총괄시험 계획 조정작업	PMO 검토보고서

① 총괄시험 계획 기준 협의 및 확정

PMO는 사업자가 총괄시험계획서를 작성하기 전에 발주기관 및 사업자와 협의하여 총괄시험 관리 기준을 만들어야 한다. 총괄시험 관리 기준은 테스트 대상 시스템, 제약사항,

총괄테스트 전략, 테스트 실행계획, 테스트 유형별 일정, 테스트 유형별 산출물 등을 기반으로 작성하는 것이 중요하다. 주요 기준으로는 시험유형별 목적, 시험유형별 점검 사항, 단계별 시험기준, 테스트케이스, 단위테스트 수행 절차, 통합테스트 수행 절차, 사용자테스트 수행 절차, 결함 조치 절차, 시작 조건, 승인조건, 완료 조건, 테스트 조직 및 역할, 테스트 툴(Tool) 사용계획 등이 있다.

<사례 76> 테스트 유형별 목적 기준 사례

구분	목적
단위테스트	• 프로그램의 코딩 완료 시 해당 프로그램의 기능완성 여부를 확인하는 테스트로 개발과 병행하여 실시함 • 단위테스트는 총괄테스트 계획서에 따라 수행하며, 업무기능 검증, 개발 담당자의 사전 검증, 그리고 단위테스트 기간 중 발주기관 및 현업의 테스트 참여를 통하여 철저한 테스트 활동이 보증되도록 함
통합테스트	• 연관성이 있는 업무 시스템간 인터페이스 및 관련 외부 기관과의 인터페이스 수행여부를 검증하여 전체 시스템의 업무 흐름이 반영되었는지에 대한 테스트를 진행하며, 인터페이스 간의 데이터 정합성 여부도 확인
시스템테스트	• 시스템 성능 및 부하에 대한 측정으로 운영 시 발생할 수 있는 문제점을 사전에 예측 및 개선하여 시스템테스트를 통해 사전에 시스템 성능 및 부하로 인한 위험을 예방
사용자테스트	• 사용자테스트는 실무담당자가 실시하여 시스템의 기능이 요구사항을 충족하는지 판단하여 시스템 수용 여부를 결정하는 테스트를 고객의 업무요건이 시스템에 반영 및 정확하게 처리되는지를 확인

■ 테스트 유형별 목적 기준 사례: 테스트 목적은 시스템의 기능이 요구사항에 부합되도록 구성되었는지 검증(Verification)하며 시스템에 존재하는 결함을 사전에 발견하여 시스템의 신뢰성(Reliability)을 높이는 데 있다. PMO는 발주기관과 협의하여 테스트 유형별 목적 기준을 명확히 하는 것이 필요하다.

■ 테스트 시 주요 점검 사항 기준 사례: 구축되는 시스템의 신뢰성을 확보하기 위해서는 단계별 테스트에서 무엇을 점검할지에 대한 기준을 마련해야 한다. 테스트별 테스트 항목은 무엇이고, 테스트 내용이 무엇인지 기준을 정한다.

<표 165> 테스트 시 주요 점검 사항 기준 사례

구분	테스트 항목	테스트 내용
단위테스트	프로그램 표준	• 표준 준수하여 프로그램과 화면 개발여부 확인
	처리결과	• 처리결과에 따라 정상/에러에 따른 결과가 정확히 처리되는지 점검
	기능 구현(요구사항)	• 기능 구현 점검(요구사항정의서, 화면정의서 기준)
	개발소스 점검	• 시큐어코딩, 보안 약점 코드진단, Code Inspection 점검

구분	테스트 항목	테스트 내용
통합테스트	데이터 점검	• 프로세스 내 DATA 흐름 점검
	프로세스 점검	• 프로세스 실행 결과에 대한 유효성 점검
	인터페이스 점검	• 내외부 연계 시스템 간 인터페이스 및 데이터 적합성 검증
시스템테스트	보안 / 보안 취약점	• 보안의 취약점이 존재할 수 있는 각 항목에 대한 검증 실행
	성능 / 시스템 성능	• 영역별 속도를 측정하고 정해진 시간 안에 실행되는지 점검(부문/전체 데이터 적재, 산출 처리시간 점검)
	시스템 안전성	• CPU A및 DISK I/O 상태 점검을 통한 안정적인 서비스의 가능 여부
사용자테스트	사용자 검증	• 사용자 참여 • 구현된 화면 및 기능에 대한 사용성 점검 및 데이터 검증

■ 단계별 테스트에 대한 기준(사례): 단계별 테스트에 따른 테스트 대상, 목적, 완료 기준, 테스터 등 테스트의 기준을 정의한다.

<사례 77> 단계별 테스트 기준 사례

구분	단위테스트	통합테스트	시스템테스트			사용자테스트
			가용성	성능	보안	
대상	화면, 프로그램	전체 시스템	고객 협의 후 선정	고객 협의 후 선정	고객 협의 후 선정	고객 협의 후 선정
목적	단위 모듈이 프로그램 명세서, 사용자 인터페이스 설계서의 기능에 부합되는지를 검증	인터페이스 검증, 업무프로세스 검증	이중화 구성된 중요 서버의 가용성 검증(협의)	성능 요구사항 부합여부 검증	보안에 문제점이 없는지 확인	시스템 인수여부 결정
완료기준	케이스 Pass	시나리오 Pass	시나리오 Pass	시나리오 & 성능 목표달성	보안 약점 & 취약 점 진단 Pass	시나리오 Pass
테스터	개발담당자, 업무PL, QC		테스트팀	테스트팀	테스트팀	사용자 또는 승인담당자

■ 테스트케이스 기준 사례: 테스트의 효율성과 효과성을 높이기 위해 테스트 유형에 따라 적절성, 다양성, 커버리지 측면의 테스트케이스 기준을 정의한다.

• **다양성**: 시스템의 정상적 사용 및 비정상적인 사용의 테스트케이스 도출
• **적절성**: 업무 프로세스의 중요도/복잡도에 따라 도출되어야 할 테스트케이스가 모두 식별되어야 함
• **커버리지**: 개발 산출물에 따라 시스템의 테스트 커버리지 측정이 가능하도록 테스트케이스가 식별되어야 함

<사례 78> 테스트케이스 기준 사례

개발 문서명	테스트 커버리지
검사기준서	각 요구사항에 대해 1개 이상의 테스트케이스 도출(100% 요구사항 커버리지)
화면설계서(프로그램명세서)	각 화면(프로그램)에 대하여 1개 이상의 테스트케이스 도출(100% 화면(프로그램) 커버리지)

■ 테스트 수행 절차 사례: 프로젝트의 특성에 맞게 테스트 종류별 테스트 수행 절차 기준을 수립한다.

<사례 79> 테스트 수행 절차 기준 사례

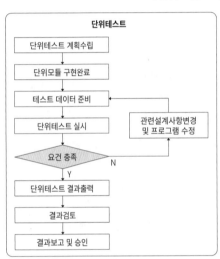

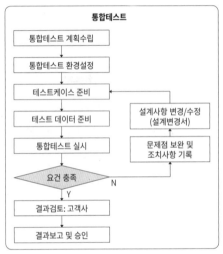

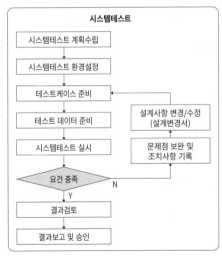

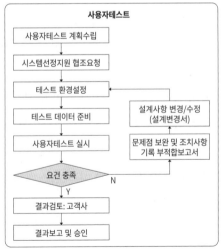

■ 결함 조치 절차 기준 사례: 테스트 수행 중에 발견된 결함에 대한 조치 절차의 기준을
수립한다.

<사례 80> 결함 조치 절차 기준 사례

	테스트 담당자	개발자	산출물
테스트	테스트 수행		테스트케이스/시나리오
결함 식별	결함관리대장 등록 ↓ 결함 수정 요청		결함관리대장
결함 조치		결함 수정 및 완료 처리	결함관리대장
결과 보고	결함 수정 확인 ↓ 결함 종료처리		결함관리대장

■ 시작 조건 사례: 통합테스트는 유스케이스 모델을 기반으로 시나리오를 작성하여 테
스트를 수행한다. 내부적으로 추진하는 통합테스트는 시나리오 검증을 하며 최종적으로
프로젝트팀과 테스트를 진행한다.

<사례 81> 시작 조건 기준 사례

구분	점검항목	검토결과
테스트계획서 및 설계서	• 통합테스트계획서와 설계서가 작성 및 검토 완료되었는가?	
	• 통합테스트설계서에 테스트 데이터가 정의되었는가?	
테스트 환경	• 테스트 환경이 구축되었는가(하드웨어, 소프트웨어)?	
테스트 조직	• 테스트 조직에 명시된 테스트 담당자들이 지정되고 각각의 역할이 공지되었는가?	
	• 테스트 조직별 역할에 대한 사전교육이 실시되었는가?	
테스트 범위	• 단위 프로그램을 모두 테스트 하였는가?	
	• 요구기능에 대한 일반적인 테스트 항목이 설정되었는가?	
	• 테스트 데이터의 입출력 정보가 있고 또 적절한가?	
테스트 절차	• 단위테스트 계획에 따라 절차를 준수하고 있는가?	
	• 조치 사항에 대한 시정조치가 적절하게 이루어졌는가?	
	• 해당 파트의 PL의 확인이 이루어졌는가?	
	• 테스트한 결과를 확인할 수 있는 증빙자료를 모두 첨부하였는가?	
	• 단위테스트 목록과 단위테스트결과서가 일치하는가?	
	• 단위테스트 결과물이 객관성 있게 점검 완료하였는가?	

■ 승인조건 사례 : 통합테스트에서는 다음의 조건을 모두 만족할 경우는 테스트를 완료한다.

<사례 82> 승인조건 기준 사례

구분	점검항목	검토결과
테스트	•통합테스트설계서에 따라 모든 항목에 대한 테스트를 하였는가?	
	•통합테스트설계서의 내용이 정상적으로 수행되어 목표수준(테스트 항목별 승인기준)을 만족하는가?	
오류 조치	•오류사항에 대한 시정조치 요구가 문서화되어 이루어졌는가?	
	•오류사항에 대한 재테스트가 정상적으로 수행되어 목표수준(테스트 항목별 승인기준)을 만족하는가?	
결과 보고	•테스트한 결과가 정리되어 보고되었는가?	

② 총괄시험계획서 검토 및 검토보고서 작성

PMO는 발주기관과 총괄 시험에 대한 기준 협의 및 확정한 내용을 바탕으로 총괄시험
계획서를 검토하고 검토보고서를 작성한다. 아래 <사례 83>처럼 총괄 시험의 검토는 발주
기관의 총괄 시험 기준, 테스트 목적, 테스트 전략, 테스트 유형별 수행방안, 테스트 환경 구
성, 테스트 일정, 결함수정 절차, 제약사항 등이 적절하게 작성되었는지 점검한다. 그리고
점검항목별 점검결과(적합(O), 수정/보완(△), 누락(X), 제외(N/A))를 판정하고 검토 의견을
기술한다. 검토 의견은 실증할 수 있는 산출물을 기반으로 구체적으로 작성한다.

<사례 83> 총괄시험계획서 검토 및 PMO 검토보고서 사례

번호	점검항목	점검결과 O	△	X	N/A	PMO 검토 의견
1	•테스트 대상 시스템이 기술되었는가? - 하드웨어구성도 작성 여부 - 응용 목표시스템구성도 작성 여부			X		테스트 대상 시스템(하드웨어구성도, 응용 목표시스템구성도) 기술이 안 됨(내용 추가 필요)
2	•테스트 시 고려되어야 할 제약사항이 기술되었는가? - 시스템 범위에 대한 제약사항 기술 여부 - 대외 연계 시스템에 대한 제약사항 기술 여부 - 단계별 테스트에 대한 제약사항 기술 여부			X		테스트 수행 시 고려되어야 할 '제약사항'에 대한 기술이 없음(시스템 범위에 대한 제약사항, 단계별 테스트 수행에 따른 제약사항 등을 파악 후 기술 바람)
3	•총괄테스트 전략이 적절한가? - 테스트 범위의 명확화 여부 - 단계별 수행할 테스트 종류의 기술 여부(단위테스트, 통합테스트, 시스템테스트(가용성, 성능, 보안), 제3자테스트, 사용자/인수테스트) - 유형별 테스트 기술 여부(사용자 인터페이스테스트, 기능테스트, 상용SW테스트, 웹 표준/웹 접근성 테스트, 시스템테스트, 성능테스트, 개발 소스 점검 및 보안 테스트(Code Inspection), 보안 약점 진단, 웹 취약점 진단)		△			단계별 테스트 종류(단위테스트, 통합테스트, 시스템테스트, 보안성 테스트, 인수테스트)는 기술되어 있음 단, 보안성 테스트(p3~)에 대해서 명확화가 필요함(Code Inspection, 보안 약점 진단, 웹 취약점 진단 수행 여부 명확화 필요(표준용어 사용 필요) 웹 표준/웹 접근성 테스트는 대상에서 제외되는 것인지 조정필요 시스템(성능)테스트(p6~p7)에 제안요청서의 성능 요구사항: 처리 속도 확보(PER-002) 내용 추가 요망(처리 속도 확보(PER-002))

번호	점검항목	점검결과				PMO 검토 의견
		○	△	X	N/A	
3						• 사용자 직접사용 프로그램의 경우, 사용자가 요청한 시각으로부터 3초 내에 디스플레이 되는 것을 원칙으로 함 <예외 사항> - Dats 연계/연동 및 등록일 경우 - 대량의 데이터에 대한 질의, 다운로드가 있을 경우 - 한 개 이상의 큰 이미지(이미지 500KB 이상)를 가지고 있는 경우 - 시스템을 사용하는 사용자 숫자가 동시 사용자 용량의 90%를 초과하는 경우 • 사용자 요청(입력) 작업은 평균 3초 이내에 처리 되어야 함. 평균 시간 초과 응답 시 성능향상과 추가적인 성능향상 방안을 강구하여야 함. 단, 첨부파일 업로드 시간은 제외함 • 단순 데이터 입력이 아닌, 대량의 입력을 기초로 하여 별도의 계산 로직으로 수행한 배치성 작업에 대해서는 업무 담당자와 협의한 목표 시간 내에 처리가 완료되어야 함 - 단일 Batch Job의 경우 10분 이내 처리함을 원칙으로 함 - 순차적인 Batch Job의 경우 1시간 이내 처리하는 것을 원칙으로 함 - Batch Job의 경우 업무 특성에 따라 고려하며, 최대 업무 종료 후 3시간, 시작 전 1시간 이내 처리 가능해야 함 * 단, 시스템테스트(성능)계획서를 별도 제출하는 경우는 시스템테스트계획서에 포함 요망
4	• 테스트 실행계획이 적절한가? - 테스트 수행 절차 작성 여부(단위/통합/시스템/사용자 테스트 절차 기술 여부) - 발견된 결함에 대한 수정 절차 작성 여부 - 테스트 툴 사용계획 작성 여부 - 테스트 환경 기술 여부(테스트 장소, 하드웨어구성도, 소프트웨어구성도, 테스트 대상 목표시스템구성도의 적절성 여부) - 테스트 추진체계(조직, 역할 및 책임)의 기술 여부 - 테스트 유형별 승인기준, 제약조건, 완료 조건, 수행 절차 제시 여부	○				

③ 총괄시험 계획 조정작업

PMO는 발주기관 및 사업자에 PMO 검토보고서 작성 내용을 설명하고, 잘못된 검토 내용이 있는지 확인한다. 그리고 발주기관의 정보화사업 표준가이드와 총괄시험 계획 점검항목을 기반으로 검토된 내용이 총괄시험을 하는 데 맞지 않거나 발주기관의 수정 요청이 있는 경우는 총괄시험 계획 내용을 조정한다.

• 테스트 대상 시스템
• 제약사항

- 총괄시험 전략
- 테스트 실행계획
- 테스트 유형별 일정
- 테스트 유형별 산출물

단, 사업 초기에 만들어지는 총괄시험 계획의 기준과 측정지표는 프로젝트 수행과정에서 적합하지 않은 경우가 있다. 이런 상항이 발생하면 사업자 프로젝트 관리자는 조정할 내용에 대해서 발주기관과 PMO와 타당성을 협의 후 변경 작업을 한다.

1.2 데이터베이스

1.2.1 현행 업무 관련 데이터 분석 내용 검토 및 조정

현행 업무 관련 데이터 분석 내용 검토 및 조정은 현행 업무와 관련된 데이터의 식별 여부와 현재 운영 중인 시스템의 데이터 현황 분석의 적절성을 검토하는 것이다. 현행 업무와 관련된 입력데이터와 출력데이터를 정확하게 파악하고, 현행 업무와 관련된 데이터 식별을 통해 시스템에서 처리될 데이터에 대한 정확한 분석에 근거한 접근 여부를 파악해야 한다. 또한 현재 운영 중인 시스템 데이터의 속성과 데이터베이스의 구조 등 데이터 현황 파악을 통해서 현행 시스템의 데이터 현황이 상세히 분석되었는지를 확인해야 한다. 이를 통해 기존 시스템의 전환 또는 신규로 구축하는 시스템의 데이터베이스가 일관성 있게 구축되었는지를 검토하는 것이 목적이다.

현행 업무 관련 데이터 식별의 경우 정확한 데이터 분석과 모델링이 이루어지기 위해서는 데이터에 대한 명확한 식별이 선행되어야 한다. 데이터에 대한 식별이 명확하게 이루어지지 않으면 잘못된 업무 분석 및 모델링으로 이어진다. 이는 다음 단계에서 잦은 요구사항 변경이 발생되거나, 잘못된 시스템 설계 및 개발로 인한 일정 지연, 추가 비용 등이 발생할 수 있다. 또한 데이터베이스 구축 및 시스템 구현에 많은 문제를 발생시킬 수 있다. 따라서 PMO는 이러한 문제 발생을 최소화할 수 있도록 사용자 면담이 적절히 이루어지고, 업무 관련 자료를 충분히 검토하여 입출력 데이터 및 연계 데이터에 대한 분석이 적절히 되었는지 확인해야 한다.

운영 중인 데이터 분석의 경우 전환 또는 신규로 시스템을 구축하기 전에 현행 시스템의 데이터 유형, 속성, 연계 데이터의 속성, 데이터베이스의 구조 등에 대한 현황을 파악하는 것이 필수이다. 현행 시스템의 데이터 현황에 대한 정확한 분석이 없는 상태에서 데이터 분석과 모델링을 하면 데이터 처리의 일관성을 보장할 수 없다. 따라서 PMO는 현재 운영 중인 시스템의 데이터 유형, 속성, 데이터 형태, 공통코드, 연계 데이터 속성 등을 파악해 시스템별 데이터베이스 구조에 대한 심도 있는 분석이 이루어졌는지 확인해야 한다.

1) 기준

현행 업무 관련 데이터 분석 내용 검토 및 조정의 기준은 '현행업무흐름도', '현행시스템분석서', '현행 데이터베이스분석서' 등이다. 잘못된 업무 분석과 모델링으로 데이터 처리 일관성 등의 문제를 예방하기 위해 산출물이 적정하게 작성되었는지 검토한다. 이를 통해 현행 업무와 관련된 데이터 식별과 운영 중인 시스템의 데이터 현황 분석이 적절하게 이루어졌는가를 파악한다.

2) 측정지표(*점검항목: 체크리스트)

PMO는 현행 업무 관련 데이터 분석 내용 검토 및 조정을 위한 측정지표로 현행 업무와 관련된 입출력 데이터의 식별 여부, 현행 업무와 관련된 연관업무에 대한 파악과 연계 데이터의 식별 여부, 새로운 데이터에 대한 범위, 항목의 도출 여부, 현재 운영 중인 시스템별 데이터베이스의 유형·규모·설계 구조 등 기술적인 현황의 파악 여부, 데이터 속성·공통코드·연계 데이터 속성 등 정의 및 분류에 대한 분석 여부, 현행 시스템의 데이터 처리량·빈도수·갱신주기 등 현황 파악 및 전환 방안 분석 여부 등을 점검항목으로 활용한다. 점검항목은 <표 166>과 같이 점검항목별 점검결과(적합(O), 수정/보완(△), 누락(X), 제외(N/A))를 지표로 하여 점검한다.

<표 166> 현행 업무 관련 데이터 분석 내용 검토 및 조정에 대한 측정지표

번호	점검항목	점검결과(O, △, ×, N/A)	PMO 검토 의견
1	• 시스템 개발을 위한 현행 업무와 관련된 입출력 데이터가 명확히 식별되었고, 이에 대해 사용자와 충분한 검토가 되었는가? 　1) 개발 대상업무에 대한 이해 및 현행 시스템의 입출력 데이터에 대한 분석 여부 　　- 조직구조에 따라 생성되는 데이터 종류 및 속성, 이용부서 및 이용 형태의 파악 여부 　　- 기존 시스템의 산출물, 장표, 보고서 등의 조사 여부 　　- 기개발되어 운영되고 있는 시스템의 입력, 삭제 및 갱신에 해당하는 온라인 또는 배치 프로그램에 대한 조사 여부 　2) 식별된 데이터에 대해 사용자와 충분한 협의 여부 　　- 식별된 데이터가 적정한 것인지에 대해 사용자와 충분한 협의 여부		

번호	점검항목	점검결과(○, △, ×, N/A)				PMO 검토 의견

2	• 현행 업무와 관련된 연관업무에 대한 파악이 이루어졌고, 연계 데이터가 명확히 식별되었는가?
	1) 업무규정, 처리 절차, 업무 간 관계 등 인터페이스 대상의 식별 여부
	  - 단위 시스템 간, 또는 업무 간 연관 관계의 분석 여부
	  - 업무 간, 단위 시스템 간 업무 흐름에 따른 연계 데이터의 조사 여부
	  - 조사된 연계 데이터에 대해 현업 담당자들과 확인 및 확정 여부
	  - 조사된 연계 데이터 요구사항이 사용자 요구사항정의서에 기재 여부					

3	• 개발하고자 하는 업무와 관련된 새로운 데이터에 대한 범위 및 항목이 정의되었고, 도출되었는가?
	1) 현행 시스템에서 사용되고 있는 입출력 데이터 이외에 별도 관리되고 있는 데이터가 식별되었는지 확인
	  - 현업에서 사용하고 있는 장표 및 서식에 대한 조사 여부
	  - 개인용 컴퓨터에 있는 데이터 및 보고서 등의 조사 여부
	  - 새로운 정보에 대한 요구사항의 조사 여부
	  - 조사된 내용이 사용자 요구사항정의서에 기재 여부					

4	• 현재 운영 중인 시스템별 데이터베이스의 유형, 규모, 설계 구조 등에 대한 기술적인 현황이 파악되었는가?
	1) 신규 시스템의 데이터베이스 구조를 결정하기 위하여 현행 시스템의 데이터베이스 구조, 데이터 처리방식, 용량 등에 대한 조사 여부
	  - 현행 데이터베이스 구조(분산, 계층, 관계 등)의 조사 여부
	  - 데이터 처리방식, 데이터베이스 용량 등의 조사 여부
	  - 데이터베이스 구축 방향의 분석 여부					

5	• 현재 운영 중인 시스템의 데이터 속성, 공통코드, 연계 데이터 속성 등 정의 및 분류에 대한 검토 및 분석이 수행되었는가?
	1) 현행 시스템 분석을 통하여 업무영역별, 사용계층별 사용하고 있는 데이터 및 외부 연계 데이터가 분류되고 속성에 대한 조사 여부
	  - 업무별 사용 데이터의 종류 및 속성의 조사 여부
	  - 업무 간 연관 관계 데이터 발생 주체의 파악 여부
	  - 외부 연계가 필요한 데이터의 연계 방법의 파악 여부
	2) 코드가 식별되고 정의되어 있는지 확인
	  - 기존에 사용되고 있는 코드의 식별 여부
	  - 식별된 코드는 업무별 공통으로 사용할 수 있는 정보의 포함 여부
	  - 신규 시스템에서 재사용할 코드의 조사 여부
	  - 코드 체계는 향후 확장성 고려 여부					

6	• 현행 시스템의 데이터 처리량, 빈도수, 갱신주기 등 현황이 파악되었고 전환 또는 신규 개발에 맞게 분석되었는가?
	1) 엔티티별 데이터 보관량, 처리 빈도, 처리유형, 갱신주기 등이 조사되었는지 확인
	  - 엔티티별 자료량, 보관 주기 등 용량 산정 정보의 조사 여부
	  - 엔티티 특성의 조사 여부
	  - 데이터 처리유형 및 발생빈도 등의 조사 여부
	2) 현행 시스템의 데이터베이스로부터 전환 대상 엔티티의 식별 여부
	  - 업무의 연속성을 위해 보전이 필요한 데이터의 조사 여부
	  - 조사된 데이터가 현행 데이터베이스에 있는 자료인지, 수작업 자료인지의 조사 여부
	  - 업무적인 요건의 상관관계를 고려하여 변환 방법 및 우선순위의 고려 여부					

3) 절차

PMO는 수행사가 제출한 산출물을 기준으로 현행 데이터베이스분석서 협의 및 확정, 현행 업무 관련 데이터 분석 내용 검토, 현행 업무 관련 데이터 분석 내용 조정작업 등을 <그림 186>과 같이 현행 업무 관련 데이터 분석 내용 검토 및 조정절차에 따라 검토하고 조정작업을 한다.

Input	절차	Output
현행 업무흐름도 현행시스템분석서 사용자 요구사항정의서 사용자 인터뷰계획서/결과서 회의록 현행 데이터베이스분석서	① 현행 데이터베이스분석서 협의 및 확정 ② 현행 업무 관련 데이터 분석 내역 검토 ③ 현행 업무 관련 데이터 분석 내역 조정작업	PMO 검토보고서(*) (조정) 현행 데이터베이스분석서

① 현행 데이터베이스분석서 협의 및 확정

PMO는 수행사가 작성한 현행 데이터베이스분석서를 기준으로 입출력 데이터와 연계 데이터를 명확히 식별, 새로운 데이터에 대한 범위 및 항목의 도출, 데이터베이스의 유형·규모·설계 구조에 대한 기술적인 현황 파악, 데이터 속성·공통코드·연계 데이터 속성 정의 및 분류에 대한 분석, 데이터 처리량·빈도수·갱신주기 현황 파악 등의 항목을 검토하고 발주기관 및 수행사와 협의하고 확정 작업을 한다.

현행 데이터베이스분석서를 작성하기 위해서는 첫째, 업무 프로세스상 데이터 관련 내용이 식별되고 있는지 검토한다. 또한 업무 프로세스상 데이터 관련 개선사항 등이 시사점을 식별하고 있는지 검토한다.

<사례 84> 현행 업무흐름도 작성 사례

현행업무흐름도							
시스템	OOO 시스템	서브시스템	OOO 기반시스템	작성일	년 월 일	작성자	홍길동
업무명	OOO 업무			부서명	A센터		

흐름도	수행절차	문제점
	① 유형 자료를 생성하여 우편물센터용으로 출력 큐를 생성한다(봉입봉합, 반송 바코드). ② 출력큐를 출력 한 후 봉함이 완료된 신고안내서는 우편집중국으로 이송한다. ③ 이송된 신고안내서를 납세자에게 발송한다. ④ 주소불명, 수취인 부재 등의 이유로 반송된 신고안내서를 우편물전담센터에 반송한다. ⑤ 반송된 내역을 반송처리 하여 우편신고안내 DB에 반송 내역을 수록한다 ⑥ 반송된 신고안내서에 대해서 세무서 담당자는 재발송 주소를 입력한다. ⑦ 재발송 주소가 입력된 신고안내서는 재출력하고 봉함이 완료된 신고안내서는 우편집중국으로 이송한다.	타 시스템과 업무적으로 연동에 대한 처리가 없다.

둘째, 현재 운영 중인 시스템의 구성 현황 분석을 통해 현행 시스템을 이해하고 요구사항 정의 및 신시스템 구축을 위한 기초자료인 현행 애플리케이션 구조, 현행 데이터베이스 구조, 현행 기술 구조를 파악한다. 특히 현행 데이터베이스를 구성하고 있는 파일(테이블) 목록과 각 파일(테이블)이 다루고 있는 데이터의 컬럼 수, 건수 등을 파악했는지 검토한다. 또한 현행시스템분석서 작성 시, As-Is 문제점과 개선사항 등이 도출되는지도 검토한다.

<사례 85> 현행 테이블 현황 작성 사례

테이블명	테이블명(한글)	컬럼수	건수
TB_DATA_PROC_BSS_ITM	자료처리 기본항목	163	4,322,438
TB_SCHD_BIZ_KIND	조사표 사업종류	11	
TB_SURB_INDST_PRPT	조사대상 산업특성	190	
TB_SURV_OBJ	조사대상	137	
TB_SURV_OBJ_BIZ_ACMT	조사대상 사업실적	7	
TB_SURV_OBJ_WOKE	조사대상 종사자	27	
TB_DATA_PROC_WHCT_ESTM	자료처리 전국 사업체유지	18	
TB_DATA_PROC_WHCT_ESTM_KEEP	자료처리 전국 사업체보관	51	

셋째, 현행 데이터베이스를 구성하고 있는 파일(테이블) 목록과 각 파일(테이블)이 다루고 있는 데이터의 컬럼 수, 건수 등이 파악되었는지 검토한다. 또한 현행 데이터 모델, 현행 데이터 구성의 특징적인 내용 등이 파악되었는지 검토한다. 그리고 현행데이터분석서 작성 시 데이터에 대한 As-Is 문제점과 개선사항 등이 도출되는지도 검토한다.

<사례 86> 현행데이터분석서 작성 사례 1

현행 테이블 목록

현행 테이블 목록												
시스템 구분	시스템명	주제영역	테이블 한글명	테이블 영문명	사용여부	비고	DW이행 대상여부	레코드 사이즈	총 건수	Tablespace	Partition	Owner

현행 테이블/컬럼 목록

현행 테이블 목록												
시스템 구분	시스템명	주제영역	테이블 한글명	테이블 영문명	사용여부	비고	DW이행 대상여부	레코드 사이즈	총 건수	Tablespace	Partition	Owner

<사례 87> 현행데이터분석서 작성 사례 2

Data 사용현황

[Storage 사용현황]

구분	대외포털 Storage
기종	NetApp FAS3020 IPSAN1
전체 용량	8.4TB
사용 용량	7.6TB

Storage 중 대외포털 사용현황

Raid	전체용량	사용량
DP	50G	41GB
DP	30G	21GB
DP	100M	0.057GB
DP	120M	0.098GB
DP	90M	-
DP	400G	5GB
DP		308GB

Storage 중 대외포털 DB 사용현황

Raid	전체용량	사용량
DP	200G	97GB

[자원별 Data 사용현황]

구분	자원	Data Size
대외포털	Source	460MB
대외포털	File	318GB
대외포털	Contents	54MB
대외포털DB	Data	197GB

[연도별 주요 Data 증감 현황]

구분	2008년	2009년	2010년	2011년	2012년
Data Size	38.7GB	46.4GB	75.8GB	72.2GB	##.#GB

※ 주요 Data: 사업신청 파일
※ 2012년: 1월~4월 10일까지(작성일 기준)

넷째, 사용자 인터뷰를 통해 데이터 관련 요구사항과 문제점, 개선사항 등이 식별되고 있는지 검토한다. 식별된 데이터 관련 개선사항 등이 요구사항정의서 등에 연결되어 반영되었는지도 검토한다.

인터뷰결과서				
사업명	OOO자료제공 시스템 구축사업	**인터뷰 대상기관**	OOO서비스팀, OOO팀, OOO청	
업무/세부업무명	**질문사항**	**요청자/응답자**	**응답 및 요구사항**	**비고**
DB업로드	DB업로드 프로그램에 대한 요구사항	OOO연구원	- OOO시스템에서 제공하는 CSV 파일 포맷이 일정하지 않아서, 일일이 수작업으로 보정한 후에 DB에 입력하고 있어서 애로사항이 많음. DB업로드 프로그램을 개발할 때 이러한 부분을 고려해서 개발해야 함 - CSV파일 업로드는 개발원에서 하고 검증 결과는 시도에서 바로 받을 수도 있고 또는 메일로 결과만 시도로 전송할 수 있게 구상 중 - OOO에서 다운로드 한 자료를 받고 잘못된 자료는 수정한 후 그 결과를 다시 개발원으로 전송하는 형식임. 현재 OOO에서 다운로드를 하면 데이터 폼이 다르기 때문에 필드명이 바뀌거나 콤마도 붙게 되어 컴퓨터를 모르는 사람도 어떤 파일이 오든 ….	
OECD통계	OECD 국제통계에 대한 요구사항	OOO청	1. OECD통계 데이터는 시도에서 사용 필요성을 느낌	출장인터뷰 결과 참조
	EGA 부문	OOO연구원	- DB설계 및 구현 방안 DB화 시 각 엑셀 데이터에 대한 개별 정보 보다는 표 단위(Sheet) 정보를 관리함에 따라 UI 및 출력 시 Image로 취급하여 관리 - OOO별 사용자에게 제공 필요시 E-BOOK 및 PDF로 제공	

② 현행 업무 관련 데이터 분석 내용 검토

PMO는 발주기관과 협의 및 확정한 내용을 바탕으로 현행 업무 관련 데이터 분석 내용을 검토하고 검토보고서를 작성한다. 검토된 내용이 기준에 부합하지 않거나 아래 사항 등의 경우 신중하게 검토하여 의견을 제시한다.

- **관련 법령 반영 검토**: 법/제도/지침 등 개선을 요구하는 사항
- **데이터 개선 검토**: 절차 등 데이터 개선이 필요로 하는 사항
- **타 부문 협의 검토**: 타 부서와 협의가 필요한 사항
- **인터페이스 누락 검토**: 연계 대상 식별이 미흡하거나 추가할 내용이 고려되지 않은 경우
- **개선사항 식별 검토**: 사용자 요구사항에서 데이터 관련 문제점 등의 식별로 개선사항 파악 여부

③ 현행 업무 관련 데이터 분석 내용 조정작업

PMO는 발주기관 및 수행사에 PMO 검토보고서 작성 내용을 설명하고, 잘못된 검토 내

용이 있는지 확인한다. 검토된 내용이 기준에 부합하지 않거나 발주기관의 수정 요청이 있는 경우 내용을 조정한다.

1.2.2 데이터 요구사항 정의 내용 검토 및 조정

데이터 요구사항 정의 내용 검토는 데이터베이스에 대한 사용자 요구사항이 도출되고 분석되었는가를 검토하는 것이다. 현행 업무와 관련하여 구축될 목표 데이터베이스의 저장 볼륨, 제약조건, 백업/복구 및 전환 등에 대한 사용자의 요구사항을 도출하고, 요구사항을 만족시킬 수 있도록 충분히 분석되었는지 확인하는 것이 목적이다.

데이터베이스는 실제 업무처리와 관련된 데이터를 저장하고 관리하는 것이다. 데이터의 저장 볼륨, 데이터베이스 구조, 제약조건(무결성, 보안성 등), 백업 및 복구, 데이터 전환 등 제반 사항에 대해서 충분한 분석이 이뤄져야 한다. 데이터베이스에 대한 사용자 요구사항 분석이 충분하지 않을 경우는 데이터베이스의 구조 및 처리 과정이 업무와 일관적이지 않고 잘못된 데이터 처리로 인한 시스템 장애, 오류발생 등 비즈니스 활동에 악영향을 미치게 된다. 따라서 PMO는 사용자 요구사항을 충분히 도출하고 관련 데이터에 대한 적절한 분석이 이뤄졌는지 점검해야 한다.

1) 기준

데이터 요구사항 정의 내용 검토 및 조정의 기준은 계약문서(제안요청서, 제안서, 기술협상서 등)이다. 계약문서에서 정한 과업 내용을 중심으로 사용자 요구사항이 명확하고 적정하게 도출되었는지 그리고 데이터의 저장 볼륨, 데이터베이스 구조, 제약조건(무결성, 보안성 등), 백업 및 복구, 데이터 전환 등이 분석되었는지 체계적으로 점검하기 위하여 산출물(현행시스템분석서, 데이터저장소 목록, 요구사항정의서/요구사항추적표, 엔티티관계도, 데이터흐름도, 전환데이터분석서)이 적절하게 작성되었는지도 검토해야 한다. 이를 통하여 데이터베이스에 대한 사용자 요구사항이 적절하게 도출되고 분석되었는가를 검토한다.

2) 측정지표(*점검항목: 체크리스트)

PMO는 데이터 요구사항 정의 내용 검토 및 조정을 위한 측정지표로 데이터베이스의 기술적 환경에 대한 분석의 적절성 여부, 연계 데이터에 대한 범위, 인터페이스 방법 및 데이터 포맷 등에 대한 분석 여부, 데이터베이스 백업/복구정책에 대한 분석의 적절성 여부,

데이터베이스의 전환 계획에 대한 분석의 적절성 여부 등을 점검항목으로 활용한다. 점검 항목은 <표 167>과 같이 점검항목별 점검결과(적합(O), 수정/보완(△), 누락(X), 제외(N/A))를 지표로 하여 점검한다.

<표 167> 데이터 요구사항 정의 내용 검토 및 조정에 대한 측정지표

번호	점검항목	점검결과(O, △, ×, N/A)			PMO 검토 의견
1	• 데이터베이스의 기술적 환경에 대한 분석이 적절하게 되었는가? 1) 데이터베이스의 저장데이터 볼륨, 분산구조, 제약조건 등 데이터베이스의 기술적 환경에 대한 분석의 적절성 여부 - 현행 시스템의 테이블명, 속성 등 데이터 구조와 현황분석 내용의 현행시스템 분석서에 반영 여부 - 현행/목표 데이터베이스 기술 요건이 분석 여부 - 필요시 목표 데이터베이스에 대한 분산 요건 및 분산정책에 대한 분석내용 반영 여부				
2	• 데이터베이스의 타 시스템 연계 관련하여 연계 데이터에 대한 범위, 인터페이스 방법 및 데이터 포맷 등에 대한 분석이 되었는가? 1) 연계 데이터에 대한 범위, 인터페이스 방법 및 데이터 포맷 등에 대한 분석이 되었는지 확인 여부 - 입출력 데이터에 대한 연계성 및 범위를 분석한 내용의 요구사항정의서에 정의 여부 - 연계 또는 인터페이스 데이터에 대해 분석 및 인터페이스정의서에 정의 여부				
3	• 데이터베이스 백업/복구정책에 대한 분석을 적절하게 하였는지 검토하였는가? 1) 데이터베이스의 백업 및 복구계획, 방법, 주기 등 데이터베이스 백업/복구정책 요구사항에 대한 분석을 적절하게 하였는지 확인 검토 여부 - 데이터베이스 백업/복구에 대한 정책 수립 여부 - 백업 대상, 범위, 방법 및 절차 정의와 정책 수립 여부 - 무손실, 무장애에 대한 정책이 수립되었는지 반영 여부 - 데이터에 대한 무결성, 데이터 보안(물리적/논리적)에 대한 계획 및 정책 수립/반영 여부				
4	• 데이터베이스의 전환 계획에 대한 분석이 적절하게 되었는가? 1) 데이터 전환과 관련하여 기존 데이터에 대한 대상 자료, 전환 시기, 방법 등 전환 계획에 대한 분석 여부 - 전환 대상 데이터가 도출되고, 현황분석이 되었는지 확인 여부 - 전환 계획 및 전략(대상, 방법, 일정 등)이 수립되고, 수행 절차가 적절한지를 확인 여부 - 전환/이행시 에러 데이터에 대한 방안(처리 및 결과의 확인 등)이 마련되어 있는지 확인 여부				

3) 절차

PMO는 수행사가 제출한 산출물을 기준으로 데이터 요구사항 정의 협의 및 확정, 데이터 요구사항 정의 검토, 데이터 요구사항 정의 조정작업 등을 <그림 187>과 같이 검토보고서 작성 및 데이터 요구사항 정의 내용 조정 작업절차에 따라 검토하고 조정작업을 한다.

Input	절차	Output
RFP, 제안서, 사업수행계획서 현행시스템분석서 데이터저장소 목록 엔티티관계도 데이터흐름도 전환데이터분석서 요구사항정의서/추적표	① 데이터 요구사항 정의 협의 및 확정 ② 데이터 요구사항 정의 검토 ③ 데이터 요구사항 정의 조정작업	PMO 검토보고서 (조정) 현행시스템분석서 (조정) 데이터저장소 목록 (조정) 엔티티관계도 (조정) 데이터흐름도 (조정) 전환데이터분석서 (조정) 요구사항정의서/추적표

① 데이터 요구사항 정의 협의 및 확정

PMO는 수행사가 작성한 데이터 요구사항 정의 관련 산출물을 기준으로 데이터베이스의 기술적 환경에 대한 분석, 연계 데이터에 대한 범위, 인터페이스 방법 및 데이터 포맷 등에 대한 분석, 백업/복구정책에 대한 분석, 전환 계획에 대한 분석 등의 항목을 검토하고 발주기관 및 수행사와 협의하고 확정 작업을 한다.

데이터 요구사항을 정의하기 위해서는 첫째, 요구사항정의서는 제안요청서, 제안서, 사업수행계획서, 기술협상서를 포함하여 요건이 빠지지 않도록 충분한 수준으로 정의되었는지 검토한다. 특히 데이터 요건인 현행시스템분석서, 데이터 목록, 엔티티관계도, 데이터흐름도, 전환데이터분석서의 데이터 요구사항 정의가 논리적으로 정확하고 의미가 전달될 수 있도록 작성되었는지 검토한다.

<사례 89> 요구사항정의서 도출 절차 사례

<사례 90> 요구사항정의서 작성 사례

OOO 관리시스템 구축 용역

단위 업무명	업무영역	요구사항명	요구사항	대응방안	구분	작성일	유형	난이도	중요도	상태	출처	비고

둘째, 현행시스템분석서이다. 데이터 개선을 목표로 추진하는 프로젝트의 경우, As-Is 시스템 문제점 분석 시 데이터가 To-Be 개선방안이 동시에 도출되는지 검토한다.

<사례 91> 현행시스템분석서 작성 사례

항목	현행 시스템 문제점	개선요구사항	관련 요구사항ID
항목 기준	• 기준에 대한 기준 변경이 세부화 되어 있지 않아서 등급별 관리가 되고 있지 않다.	• 항목 기준에 대한 세부적인 관리가 필요(등급별, 채널별 등)	Req-001
항목 자료	• 항목을 위한 제공 자료가 기초자료로 구성되어 의사 결정에 많은 시간이 소요된다. • 정기 항목 등으로 자료 요청시 항목에서 갖고 있는 정보가 미흡하여 계정계에 의뢰하고 있음	• 분석된 많은 자료를 통한 처리 소요시간 단축 필요 • 각종 항목 자료 및 보고서 출력 기능 강화	Req-002
LOG	• 현행은 LOG가 존재하지 않고 있어서 각 업무 팀에서 항목에 대해서 조립하고 있다.	• LOG 데이터에 대한 정합성 검증 필요 • 장애 시 처리방법 제시 요망	Req-006
관리 항목	• 관리되는 항목이 적어서 다양한 관리 항목이 요구된다.	• 전자금융 및 인터넷뱅킹 항목기능 강화 • LOG 조립과 관련하여 일정 고려 및 항목 조기 도출 요망	Req-007 Req-008
일일 항목	• 일일항목 항목 선정 고려	• 일일항목의 '조기경보' 연계 방안을 구체적으로 제시	Req-003
추적/조회	• 추적조회 시 관련 프로그램의 링크와 기간계 거래를 별도로 거래하고 있지만 경험위주로 처리를 하고 있고 ….	• 전화자동걸기 장비 및 기능 반영 • 신용정보조회시 개인신용도에 대한 해결방안(은행 사례중심으로 파악) • 사고내역관리, 추후 사후관리의 징계… 등록 자료 협조요망 • 시스템 연계 관련 장비 및 소프트웨어 구체적인 제시	Req-005 Req-010 Req-012 Req-018 Req-020
지표 분석	• 현행에서는 지표 분석이 없다.	• 취약부분 항목에 대해서 지표항목으로 설정 관리	Req-017

<사례 92> 데이터 목록 작성 사례

현행 데이터베이스 구조
ooo 데이터 목록

No	엔티티ID	엔티티 유형명	비고
1	ACCESS_LGO	접속통계	
2	ADD_ARTICLE	추가게시판	
3	ADD_MENU	메뉴관리	
4	ADVANCE_COMPANY	현지 진출업체	
5	ARTICLE	게시물	

<사례 93> 인터페이스정의서(설계서) 작성 사례

인터페이스설계서-EAI(DBtoDB)(업무명)
○○○○○○○○○○○○정보시스템구축

| 문서번호 | CTIS_OOO_인터페이스설계서_EAI | | | | | | | | | | | | | | 쪽 | 1.0 |

| 시스템 명 | 사업관리-사업정보 | 작성일 | 2022-09-10 | 작성자 | 홍 | 인터페이스ID | | 인터페이스명 | |

번호	SOURCE							TARGET							MAP RULE
	시스템 명	사업관리-○○○○					시스템 명	사업관리-○○○○							
	DBMS 종류	Oracle 11g					DBMS 종류	Oracle 11g							
	테이블	컬럼	PK	TYPE	SIZE	NULL	설명	테이블	컬럼	PK	TYPE	SIZE	NULL	설명	
1	TB_BBI_IFBZDST_S	EAI_CNNT_NO	Y	CHAR	17	N	EAI연계번호	TB_BBS_BBIBZDST_R	EAI_CNNT_NO	Y	CHAR	17	N	EAI연계번호	
2	TB_BBI_IFBZDST_S	EAI_CNNT_SS_CD	N	VAR2	1	Y	EAI연계상태코드	TB_BBS_BBIBZDST_R	EAI_CNNT_SS_CD	N	VAR2	1	Y	EAI연계상태코드	
3	TB_BBI_IFBZDST_S	EAI_CNNT_RQS_DTTM	N	DATE		Y	EAI연계신청일시	TB_BBS_BBIBZDST_R	EAI_CNNT_RQS_DTT	N	DATE		Y	EAI연계신청일시	RULE1
4	TB_BBI_IFBZDST_S	EAI_CNNT_PRC_DTTM	N	DATE		Y	EAI연계처리일시	TB_BBS_BBIBZDST_R	EAI_CNNT_PRC_DTTM	N	DATE		Y	EAI연계처리일시	
5	TB_BBI_IFBZDST_S	EAI_CNNT_DS_CD	N	CHAR	1	Y	EAI연계구분코드	TB_BBS_BBIBZDST_R	EAI_CNNT_DS_CD	N	CHAR	1	Y	EAI연계구분코드	
6	TB_BBI_IFBZDST_S	BZ_DST_CD	N	VAR2	6	Y	사업지구코드	TB_BBS_BBIBZDST_R	BZ_DST_CD	N	VAR2	6	Y	사업지구코드	
7	TB_BBI_IFBZDST_S	BZ_DST_NM	N	VAR2	100	N	사업지구명	TB_BBS_BBIBZDST_R	BZ_DST_NM	N	VAR2	100	N	사업지구명	
8	TB_BBI_IFBZDST_S	BZ_TP_CD	N	VAR2	3	Y	사업유형코드	TB_BBS_BBIBZDST_R	BZ_TP_CD	N	VAR2	3	Y	사업유형코드	
9	TB_BBI_IFBZDST_S	ZC	N	VAR2	6	Y	우편번호	TB_BBS_BBIBZDST_R	ZC	N	VAR2	6	Y	우편번호	
10	TB_BBI_IFBZDST_S	LCT_ARA_NM	N	VAR2	100	Y	소재지역명	TB_BBS_BBIBZDST_R	LCT_ARA_NM	N	VAR2	100	Y	소재지역명	
11	TB_BBI_IFBZDST_S	PLTT_AR	N	NUMBER	15,5	N	대지면적	TB_BBS_BBIBZDST_R	PLTT_AR	N	NUMBER	15,5	N	대지면적	

전환 규칙	RULE NAME	전환 RULE 상세
	RULE1	TO_CHAR(EAI_CNNT_RQS_DTTM,'YYYYMMDDHHMISS')
	RULE2	DECODE(EGNR_STATUS,'9','N','Y')
SOURCE 테이블 조회 조건	1:1 전환	
첨부 파일		

<사례 94> 엔티티 관계도 작성 사례

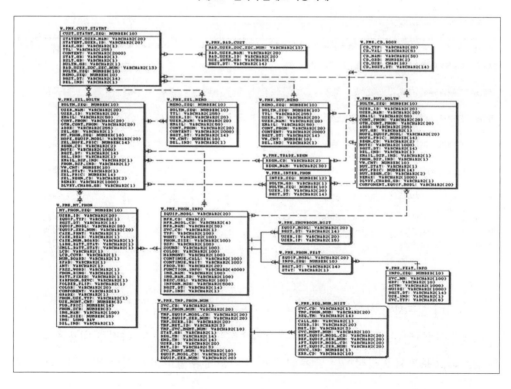

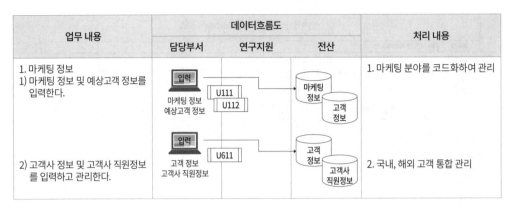

<사례 95> 데이터흐름도 작성 사례

업무 내용	데이터흐름도			처리 내용
	담당부서	연구지원	전산	
1. 마케팅 정보 1) 마케팅 정보 및 예상고객 정보를 입력한다. 2) 고객사 정보 및 고객사 직원정보를 입력하고 관리한다.	입력 마케팅 정보 예상고객 정보 입력 고객 정보 고객사 직원정보	U111 U112 U611	마케팅 정보 고객 정보 고객 정보 고객사 직원정보	1. 마케팅 분야를 코드화하여 관리 2. 국내, 해외 고객 통합 관리

셋째, 전환 데이터 대상을 파악하여 전환 범위를 확정하였는지 검토한다. 또한 해당 소스(Source) 테이블과 타깃(Target) 테이블 간 매핑, 하위 내용인 컬럼 매핑, 검증 방법 등이 적절한지 검토한다,

<사례 96> 전환데이터분석서 작성 사례

Target										Source									
D/B Name	Table Name	Entity Name	구	S	Column Name	Attribute Name	K	D-Type	Li	System	D/B	Table Nam	Entity	Column Name	Attribute Name	D-Type	Li	Business/T	비고
DW(Teradata)	FMT_TBG/ME10	oooo비용인수청구서	T	1	DATA_LDN_DTTM	적재일시		CHAR	14			Database		DATA_LDN_DTTM	적재일시	CHAR	14	DB	
DW(Teradata)	FMT_TBG/ME10	oooo비용인수청구서	S	2	FILE_NM	파일명		VARCHAR	30			ooo File		FILE_NM	파일명	VARCHAR	30	원본과 동일	
DW(Teradata)	FMT_TBG/ME10	oooo비용인수청구서	S	3	RECV_NO	접수번호	Y	CHAR	7			ooo File		RECV_NO	접수번호	CHAR	7	원본과 동일	
DW(Teradata)	FMT_TBG/ME10	oooo비용인수청구서	S	4	RECV_YYYY	접수년도	Y	CHAR	4			ooo File		RECV_YYYY	접수년도	CHAR	4	원본과 동일	
DW(Teradata)	FMT_TBG/ME10	oooo비용인수청구서	S	5	BRCH_CD	지원코드	Y	CHAR	2			ooo File		BRCH_CD	지원코드	CHAR	2	원본과 동일	
DW(Teradata)	FMT_TBG/ME10	oooo비용인수청구서	S	6	BILL_SEQ_NO	청일련	Y	CHAR	3			ooo File		BILL_SEQ_NO	청일련	CHAR	3	원본과 동일	
DW(Teradata)	FMT_TBG/ME10	oooo비용인수청구서	S	7	YYYYMM_TYPE	년월구분(심사년월)	Y	CHAR	6			ooo File		YYYYMM_TYPE	년월구분(심사년월)	CHAR	6	원본과 동일	
DW(Teradata)	FMT_TBG/ME10	oooo비용인수청구서	S	8	DMD_TYPE_CD	청구형태코드		CHAR	1			ooo File		DMD_TYPE_CD	청구형태코드	CHAR	1	원본과 동일	
DW(Teradata)	FMT_TBG/ME10	oooo비용인수청구서	S	9	DD_TYPE	일구분		CHAR	2			ooo File		DD_TYPE	일구분	CHAR	2	원본과 동일	

② 데이터 요구사항 정의 내용 검토

PMO는 데이터 요구사항 정의 내용에 대해 발주기관과 협의 및 확정한 내용을 바탕으로 검토하고 보고서를 작성한다. 검토된 내용이 기준에 부합하지 않거나 아래 사항의 경우

신중하게 검토하여 의견을 제시한다.

- **누락 여부 검토:** 제안요청서, 제안서, 사업수행계획서, 기술협상서 등을 기준으로 중요한 사항의 누락 여부
- **추가 사항 검토:** 제안서를 중심으로 사업자가 제시한 추가 제안 등에 대한 실효성 등을 검토하여 반영 여부 검토
- **변경 근거성 검토:** 요구사항 삭제/변경에 대하여 범위 변경으로 인한 사업비 변경 폭등을 검토하고 이해관계자의 참여/승인 등과 함께 결과를 회의록 또는 공문 등의 형태로 확보하여 근거성 확보 여부 검토
- **내용 충분성 검토:** 정의된 요구사항의 데이터 내용의 구체적 사항 확보 여부
- **검증 가능성 검토:** 정의된 요구사항 달성 여부를 검증이 가능한 체계로 확보하기 위하여 데이터 내용이 추적 관리 체계와 검증 방법의 구체성 확보 여부
- **추적성 확보 검토:** 데이터 요건을 기능과 비기능으로 나누어서 요구사항의 추적 관리의 가능 여부

③ 데이터 요구사항 정의 내용 조정작업

PMO는 발주기관 및 수행사에 PMO 검토보고서 작성 내용을 설명하고, 잘못된 검토 내용이 있는지 확인한다. 검토된 내용이 기준에 부합하지 않거나 발주기관의 수정 요청이 있는 경우 내용을 조정한다.

1.2.3 데이터 모델 정의 결과 검토 및 조정

데이터 모델 정의 결과 검토 및 조정은 데이터베이스 설계 기준 설정 및 데이터 모델링이 충분하고 적절하게 수행되었는가와 엔티티/프로세스 간 연관 관계가 명확하게 확인되었는가를 검토하는 것이다.

데이터베이스 설계 품질은 데이터베이스 지침들이 적합하게 작성되었는지, 개발 대상업무와 관련된 엔티티와 속성 도출-엔티티 간 관계 설정-무결성 고려 등 물리적 수준의 데이터 모델링을 적절히 하였는지 그리고 엔티티와 업무 프로세스 간 연관 관계가 정확하여 데이터 무결성을 유지하고자 하는 데 목적이 있다.

먼저 데이터베이스 설계 시 가장 기본적인 설계 지침조차 없이 설계가 진행될 경우는 일

관성과 가독성 및 이해관계자 의사소통에 차질을 가져오는 문제점이 있다. 따라서 PMO는 이러한 문제점을 해결하기 위해서 기본적으로 필요한 설계 표준지침이 적절히 작성되었는지 검토해야 한다. 다음으로 데이터 모델링 시 논리 데이터 모델링이 적절한 절차, 방법에 따라 이루어지지 않으면 시스템의 무결성 결여 및 비효율성으로 시스템 운영에 악영향을 끼칠 수 있다. 따라서 PMO는 데이터 모델링의 수행 절차 및 적용 방법, 데이터 모델의 문서화 등을 검토해야 한다. 또한 엔티티/프로세스 간 연관 관계 시 업무 프로세스 대 엔티티 상관관계 분석이 이루어지지 않으면 데이터 정확성이 떨어지고 업무처리 오류를 발생시킨다. 따라서 PMO는 각 엔티티와 업무 프로세스별 관계를 명확히 파악하고 업무기능별로 데이터의 생성, 조회, 수정, 삭제 등 실제 업무에 맞도록 정확하게 매트릭스 관계를 정의하고 분석하였는지 확인해야 한다.

1) 기준

현행 데이터 모델 정의 결과 검토 및 조정의 기준은 관성과 가독성 및 이해관계자의 의사소통 문제점, 시스템의 무결성 결여 및 비효율성, 데이터의 정확성과 업무처리의 오류발생을 예방하기 위한 산출물(데이터베이스 표준설계 지침서, 현행업무분석서, 사용자 요구사항정의서, 데이터흐름도, 프로세스/이벤트정의서, 업무규칙정의서, 엔티티/속성/관계정의서, 엔티티/프로세스 매트릭스 등)이다. 산출물들이 적정하게 작성되었는지 검토한다. 이를 통해 데이터베이스 설계 기준 설정 및 데이터 모델링이 충분하고 적절하게 수행되었는가와 엔티티/프로세스 간의 연관 관계가 명확하게 확인되었는가를 검토한다.

2) 측정지표(*점검항목: 체크리스트)

PMO는 데이터 모델 정의 결과 검토 및 조정을 위한 측정지표로 데이터베이스 및 데이터 모델 설계 지침, 업무 범위 및 요구사항에 부합한 엔티티 및 속성 도출, 엔티티 간 관계 정의, 엔티티/프로세스 간 연관 관계 등을 점검항목으로 활용한다. 점검항목은 <표 168>과 같이 점검항목별 점검결과(적합(O), 수정/보완(△), 누락(X), 제외(N/A))를 지표로 하여 점검한다.

번호	점검항목	점검결과(○, △, ×, N/A)				PMO 검토 의견
1	• 데이터베이스 및 데이터 모델 설계 지침의 작성 여부 및 지침은 적정한가? 　1) 데이터베이스 표준설계 지침의 작성 여부 및 적정성 여부 　　- 데이터베이스 표준설계지침서에서 데이터베이스 객체(데이터베이스, 테이블, 컬럼 등)의 표준 명칭 부여 규칙이 누락 없이 작성되어 있는지 확인 　　- 작성된 데이터베이스 객체의 표준 명칭 부여 규칙이 적정한지를 확인 　　- 데이터베이스 표준설계지침서에 데이터 사전, 속성도메인, 코드 구성의 표준지침이 제시되어 있고, 그 내용이 적정한지를 확인 　2) 데이터 모델 표준설계 지침의 작성 여부 및 적정성 여부 　　- 데이터베이스 표준설계지침서에 데이터 모델 표준 작성 표기법이 제시되어 있고, 그 내용이 적정한지를 확인 　　- 데이터베이스 표준설계지침서에 정규화(Normalization) 및 비정규화(De-Normalization) 수준 및 기준이 제시되어 있고, 그 내용이 적정한지를 확인 　　- 데이터베이스 표준설계지침서에 참조 무결성을 데이터베이스의 외래키 기능을 이용하여 수행할지 아니면 데이터베이스의 기능으로 수행할지에 대하여 제시되어 있고, 그 내용이 적정한지를 확인 　　- 데이터베이스 표준설계지침서에 엔티티 간의 관계 무결성을 위한 입력 및 삭제 규칙의 기준이 제시되어 있고, 그 내용이 적정한지를 확인					
2	• 데이터 모델의 엔티티 및 속성이 업무 범위 및 요구사항에 부합하도록 충분하게 도출 및 정의되었는가? 　1) 개발 대상업무 및 사용자 요구사항 적절한 반영 여부 　　- 현행업무분석서 및 사용자 요구사항정의서의 이해를 통하여 의미있는 명사가 엔티티 또는 속성으로 도출되었는지 여부 　　- 데이터흐름도의 자료저장소가 엔티티로 적절히 도출되었는지 여부 　2) 도출된 모든 엔티티 및 속성이 규칙을 준수하여 정의되었는지 여부 　　- 목표 엔티티관계도와 엔티티정의서의 모든 엔티티가 명칭 부여 규칙이 준수되고, 엔티티를 대표하는 명사로서 고유하고 업무상 의미 있는 이름이 부여되었는지 여부 　　- 목표 엔티티관계도 내의 모든 엔티티가 엔티티정의서에 빠짐없이 정의와 설명이 명료하고 적절하게 기술되었는지 　　- 속성은 정의, 업무상 중요성 등에 대하여 엔티티정의서 혹은 속성 설명서에 기술 여부 　　- 목표 엔티티관계도와 엔티티정의서의 모든 엔티티는 기본 식별자를 가지며, 그 식별자의 값이 엔티티의 출현을 고유하게 식별하도록 정의 여부					
3	• 데이터 모델은 데이터 무결성이 보장되고, 엔티티 간 관계가 업무 규칙에 부합하도록 정확하게 정의되었는가? 　1) 데이터 모델이 정규화를 통한 데이터 무결성이 보장되고, 객체(엔티티, 식별자, 속성)의 정확성 유지 여부 　　- 목표 엔티티관계도에서 반복그룹이나 복수의 값을 갖는 속성이 별도의 엔티티로 분리되었는지 여부 　　- 목표 엔티티관계도에서 기본 식별자에 완전 함수적 종속이 아닌 일반속성이 별도로 분리되었는지 여부 　　- 목표 엔티티관계도에서 기본 식별자가 아닌 속성에 종속적인 속성이 별도로 분리되었는지 여부 　　- 목표 엔티티관계도, 엔티티정의서, 속성설명서의 엔티티, 속성, 기본 식별자의 이름 및 설명이 자료사전 또는 문서에 기록 여부 　2) 엔티티 간 관계가 업무 규칙에 부합하여 참조 무결성의 보장 여부 　　- 목표 엔티티관계도의 엔티티 간 관계 및 관계 차수(CadiNnality), 선택성(Optionality) 여부가 데이터 모델 표준 작성 표기법에 따라 업무 규칙에 부합되도록 설정되어 있고, 관계설명서에 정의 여부 　　- 목표 엔티티관계도에서 부모 엔티티의 기본 식별자와 같은 자식 엔티티의 외부 식별자가 결정 여부 　　- 목표 엔티티관계도에서 엔티티 간 관계에서 다 대 다(M:N) 관계가 해소됐는지 여부 　　- 목표 엔티티관계도에서 서브 타입의 기본 식별자는 슈퍼타입의 기본 식별자와 같은 것이 선정되었는지 여부 　　- 목표 엔티티관계도의 관계, 외부 식별자의 이름 및 설명이 자료사전 또는 문서에 기록 여부					

번호	점검항목	점검결과(○, △, ×, N/A)			PMO 검토 의견
4	• 엔티티/프로세스 간 생성, 조회, 수정, 삭제(CRUD) 매트릭스 관계가 정확하고 연관관계는 적정한가? 1) 엔티티/프로세스가 적절하게 정의 여부 　- 개발대상 범위에 포함된 모든 데이터에 대한 엔티티가 정의되어 있는지 엔티티정의서를 확인 　- 프로세스 모델링에 따라 분석된 프로세스 업무처리 흐름에 맞게 정의되어 있는지 프로세스정의서를 확인 　- 정의된 프로세스가 업무처리 기능의 논리적 흐름에 따라 분해되어 있는지 업무기능분해도 확인 2) 엔티티/프로세스 관계의 생성, 조회, 수정, 삭제(CRUD) 처리규칙이 정확히 표시되어 있는지 확인 　- 엔티티/프로세스 매트릭스의 모든 엔티티에 CRUD가 한 번 이상 표시되었는지 확인 　- 모든 엔티티에 'C'가 한 번 이상 존재하는지 확인 　- 모든 엔티티에 'R'이 한 번 이상 존재하는지 확인 　- 모든 단위 프로세스는 하나 이상의 엔티티에 표시되어 있는지 확인 　- 두 개 이상의 단위 프로세스가 하나의 엔티티를 생성하고 있는지 확인 3) 엔티티/프로세스 간 상관관계가 적절하게 매핑 여부 확인				

3) 절차

PMO는 수행사가 제출한 산출물을 기준으로 데이터베이스 표준설계지침서 협의 및 확정, 현행업무분석서 협의 및 확정, 사용자 요구사항정의서 협의 및 확정, 데이터흐름도 협의 및 확정, 프로세스/이벤트정의서 협의 및 확정, 업무규칙정의서 협의 및 확정, 엔티티/속성/관계정의서 협의 및 확정, 엔티티/프로세스 매트릭스 협의 및 확정, 데이터 모델 정의 결과 검토, 데이터 모델 정의 결과 조정작업 등을 <그림 188>과 같이 데이터 모델 정의 결과검토 및 조정절차에 따라 검토하고 조정작업을 한다.

<그림 188> 데이터 모델 정의 결과 검토 및 조정절차

Input	절차	Output
데이터베이스 표준설계지침서 현행업무분석서 사용자 요구사항정의서 데이터흐름도 프로세스/이벤트정의서 업무규칙정의서 엔티티/속성/관계정의서 엔티티/프로세스 매트릭스	① 데이터베이스 표준설계지침서 협의 및 확정 ② 현행업무분석서 협의 및 확정 ③ 사용자 요구사항정의서 협의 및 확정 　·데이터흐름도 협의 및 확정 　·프로세스/이벤트정의서 협의 및 확정 　·업무규칙정의서 협의 및 확정 ④ 엔티티/속성/관계정의서 협의 및 확정 ⑤ 엔티티/프로세스 매트릭스 협의 및 확정 ⑥ 데이터 모델 정의 결과 검토 ⑦ 데이터 모델 정의 결과 조정 작업	PMO 검토보고서(*) (조정) 데이터베이스 표준설계 지침서 (조정) 현행업무분석서 (조정) 사용자 요구사항정의서 (조정) 데이터흐름도 (조정) 프로세스/이벤트정의서 (조정) 업무규칙정의서 (조정) 엔티티/속성/관계정의서 (조정) 엔티티/프로세스 매트릭스

① 데이터베이스 표준설계지침서 협의 및 확정

PMO는 사업자가 데이터베이스에 대한 설계 품질을 개선하고 조직 내에서 데이터 모델의 유용성을 높이기 위하여 데이터베이스의 기초 구축에 가장 중요하다고 느끼는 지침들이 적합하게 작성되었는지 검토하여야 한다.

가장 기본적인 설계 지침조차 없이 데이터베이스 및 데이터 모델에 대한 설계가 진행되는 사례가 빈번하게 발생하고 있다. 이는 일관성과 가독성 및 이해관계자의 의사소통에 차질을 가져오는 문제가 있으므로 이러한 문제점을 해결하고 높은 기대 사항을 충족시키기 위해서 기본적으로 필요한 설계 표준지침이 적절히 작성되었는지에 대한 검토 및 조정 등의 활동을 해야 한다. 업무 규칙을 반영한 테이블 설계는 데이터베이스 표준화 지침 준수를 기반으로 수행되어야 한다.

<사례 97> 표준단어, 표준용어, 표준도메인 관계도

<표준단어 작성 기준 정의 - 사례 >

- **표준단어명**: 업무용어에 기반한 원자단위의 명사형 단어
- **영문 약어명**: 표준단어에 대한 영문 약어명을 기재
- **형식단어 여부**: 해당 표준단어가 도메인 특성을 가진 형식 단어(분류어)인지 여부를 기재
- **도메인 분류명**: 형식단어(분류어)는 해당 표준도메인의 분류명을 기재

- **이음동의어:** 소리는 다르나 의미가 동일 단어를 등록(한글명만 관리)

<사례 98> 표준단어정의서 사례

표준단어명	영문명	영문 약어명	단어설명	형식단어 여부	도메인 분류명	관리부서명	이음동의어 목록	금칙어 목록
처리	Process	PRCS	절차에 따라 정리하여 치루거나 마무리를 지음	N	-	기획부	-	-
일자	YEAR MONTH DAY	YMD	어느날이라고 정한날로 연월일로 나타냄	Y	연월일	기획부	-	일자
번호	Number	NO	차례를 나타내는 숫자	Y	번호	기획부	넘버	-

<사례 99> 표준단어 구성 및 선정

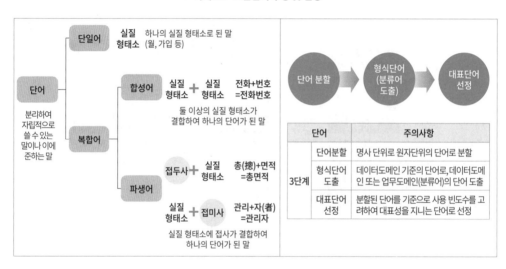

표준도메인 작성 기준 정의시 아래 내용을 고려한다.

- **표준도메인 그룹명:** 표준도메인의 상위 구분을 기재
- **도메인 분류명:** 표준도메인의 세부 구분을 기재
- **도메인명:** 형식은 '도메인 분류명+데이터타입+길이' 형태로 정의하는 것으로 데이터형식과 허용되는 값의 영역표준을 정의한 것
- **데이터 타입:** 문자형(CHAR, VARCHAR), 숫자형(NUMERIC), 날짜형(DATETIME) 등
- **데이터 길이:** 해당 도메인이 가지는 데이터 값의 길이, 소수점이 존재하면 소수점 자리까지 포함한 길이(Byte 단위)

<사례 100> 표준도메인정의서 사례

표준도메인 그룹명	도메인 분류명	도메인명	도메인설명	데이터 타입	데이터 길이	소수점 길이	저장형식	표현형식	단위	허용값
날짜/시간	연월일	연월일C8	특정한 날짜를 연,월,일로 정하여 표현	CHAR	8	-	YYYYMMDD	YYYY-MM-DD	연월일	YYYY: 0001~9999, MM:01~12, DD:01~31
번호	계좌번호	계좌번호 V20	개인명의나 법인명의 계좌에 부여하는 식별번호	VARCHAR	20	-	20자리이내 문자			

<사례 101> 공통표준도메인 그룹명

공통표준도메인 그룹명	공통표준도메인 분류명	공통표준도메인 그룹명	공통표준도메인 분류명	공통표준도메인 그룹명	공통표준도메인 분류명
금액	가격	번호	건물번호	번호	운전면허번호
	금액		건물본번		일련번호
	비용		건물부번		자동차등록번호
	요금		계좌번호		주민등록번호
날짜/시간	연도		구우편번호		전화번호
	연월		번호		차대번호
	연월일		법인등록번호		팩스번호
	연월일시분초		본번	수량	경도
	월		부번		면적
	시분초		사업자등록번호		수
내용	내용		여권번호		위도
명칭	명		외국인등록번호	코드	여부
	주소		우편번호		코드

표준용어 작성 기준 정의시 아래 내용을 고려한다.

- **표준용어명**: 업무단어와 형식단어의 조합으로 생성하며, 형식단어는 필수적으로 포함되어 구현됨
- **영문 약어명**: 해당 표준용어에 대한 영어 약어명을 기재하는 것으로서, 표준단어 영문명을 연결 구분자(_)를 붙여서 결합한 유일한 용어임
- **표준도메인명**: 도메인정의서에 정의된 용어의 경우 해당 도메인을 기재
- **허용값**: 해당 도메인이 가질 수 있는 최대/최소값이나 유효값 기재

<사례 102> 표준용어정의서 사례

표준용어명	영문명	영문 약어명	용어설명	표준도메인명	허용값	관리부서명	표준코드명	업무분야
계약일자	CONTRACT DATE	CTRT_YMD	계약한 날짜	연월일C8	YYYY:0001~9999, MM: 01~12, DD: 01~31	계약부	-	공통영역
구매금액	PURCHASE AMOUNT	PRCHS_AMT	물건 따위를 사들인 돈의 액수	금액N15	9999999999	재정부	-	-
결재여부	APPROVAL STATUS	ATRZ_YN	결재허가, 미허가 여부	여부C1	Y : 여(예), N : 부(아니오)	기획부	-	공통영역

<사례 103> 표준용어 구성 및 적용

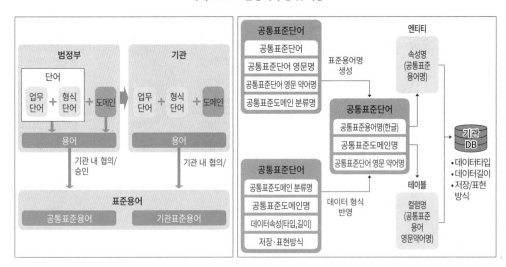

② 현행업무분석서 협의 및 확정

PMO는 데이터베이스 테이블 설계가 현행 데이터베이스 구조, 속성, 코드, 백업, 데이터 처리량/처리방식, 갱신주기, 백업정책, 외부 연계 데이터 등 현황을 충분히 파악하고 데이터베이스 구축 방향 설정이 진행되었는지에 대하여 사업자의 프로젝트 산출물에 대한 검토 및 조정 등의 활동을 한다. 현행 데이터 분석을 통한 운영시스템의 데이터 현황분석을 아래 관점에서 수행되었는지 검토할 필요가 있다.

• 현재 운영 중인 시스템별 데이터베이스의 유형, 규모, 설계 구조 등에 대한 기술적인 현황이 파악되었는지 점검
• 현재 운영 중인 시스템의 데이터 속성, 공통코드, 연계 데이터 속성 등 정의 및 분류에

대한 검토 및 분석이 수행되었는지 점검
- 현행 시스템의 데이터 처리량, 빈도수, 갱신주기 등 현황이 파악되었고 전환 또는 신규 개발에 맞게 분석되었는지 점검

현행 데이터 분석에 대한 작성 기준은 아래 내용을 고려한다.
- 데이터베이스 구조(분산형, 계층형, 관계형 등) 분석 여부
- ISP가 선행된 경우, ISP 내용 반영 여부
- 업무별 사용 데이터 종류 및 속성 파악 여부
- 데이터 처리방식, 용량 파악, 수작업 데이터 파악 여부
- 백업 및 복구정책, 백업 대상, 범위 및 시기, 방법 및 절차, 복구 방법
- 엔티티 특성(데이터 처리 유형, 온라인성/코드성 엔티티 등) 파악 여부
- 동일 속성에 다른 속성명, 도메인명을 사용한 엔티티가 존재하는지 파악 여부
- 업무 간 연관 관계, 데이터 발생 주기/주체 파악 여부
- 외부 연계 데이터의 연계 방법/주기 파악 여부
- 기존 코드 현황과 재사용할 수 있는 코드 분석 여부
- 엔티티의 특성(트랜잭션 발생 및 수정/삭제 발생빈도 등) 조사 여부
- 현행 데이터베이스로부터 전환 대상 데이터 식별 여부

<사례 104> 현행 데이터 분석 사례 1

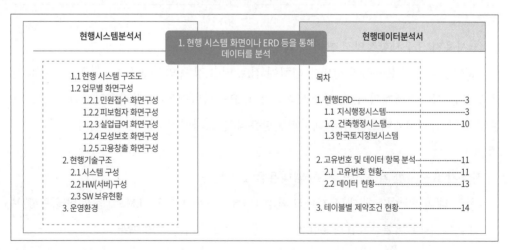

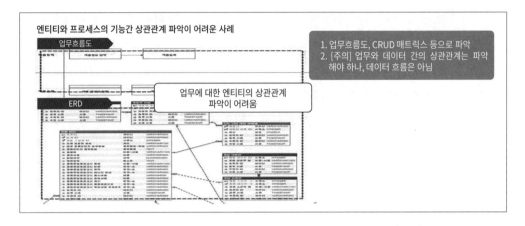

<사례 106 > 현행 데이터 분석 사례 3

가. 현행 테이블 수

구분	업무명	현행 테이블 수	비고
통합	전자소송결재	10	
	통합	-	현행 비 분석(산출물 없음)
	특허	-	본 사업 관련 없음
	재산조회	35	
	송달	50	

> 1. 업무별 현행 데이터베이스 테이블 미분석

나. 현행 코드 내역

구분	업무명	현행 코드내역	비고
통합	전자소송결재	공람 상태 등 16개	현행유지
전자제출	전자제출	사건구분 등 20개	사업 신규 발생
	전자접수	당사자 구분 등 8개	현행유지
	가상계좌 연계	은행코드 1개	현행유지
	통합	-	현행 미 분석
	특허		본 사업 관련 없음

> 1. 업무별 현행코드 미분석

③ 사용자 요구사항정의서 협의 및 확정

PMO는 데이터 요구사항 정의에 대하여 검토 및 조정 등의 활동을 한다. 주요 점검대상 산출물은 사업수행계획서, 현행시스템분석서, 요구사항정의서, 아키텍처정의서, 유스케이스정의서, 인터페이스정의서, 데이터전환분석서, 초기데이터분석서 등이다.

사용자 요구사항 기준 정의 시 아래 내용을 고려한다.
- 목표 데이터베이스에 대한 기술적 환경(DB서버 사양 및 수량, DBMS 제품 및 버전, 수량, 분산구조, 제약조건, 분산 요건 및 분산정책 등) 분석 및 요구사항 반영 여부
- 외부 연계 시스템이 유스케이스 다이어그램의 액터로 도출되었는지(외부 시스템의 정확

성, 명확성 확보) 파악 여부

- 외부 연계 자료에 대한 CRUD 기술 여부, 연계 데이터 범위, 연계 방법, 데이터 포맷(송수신 정보, 정보 내용, 정보제공 방법, 파라미터 등) 정의 여부
- 백업 대상, 범위, 방법 및 절차, 백업정책 수립 등 분석 여부
- To-Be 데이터베이스의 백업, 복구, 소산 등 데이터 무결성 확보 방안 수립 여부, 데이터의 물리적/논리적 보안 계획 및 정책 수립 여부
- 초기 데이터 및 기존 데이터 등 대상 데이터 도출 및 분석 여부
- 사업수행계획서, 인터뷰, 회의록 등을 통한 데이터베이스 무결성 및 보안 요구사항 반영 여부

<사례 107> 데이터 요구사항 정의 점검사례 1

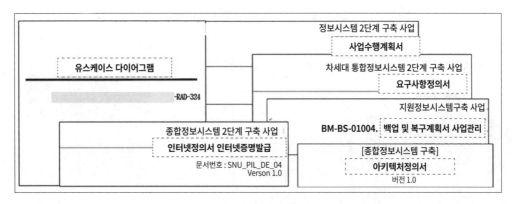

<사례 108> 데이터 요구사항 정의 점검사례 2

[도표 3-1-1] 데이터베이스 부문 요구사항 반영의 적정성 점검결과 사례

구분	누락된 요구사항	출처
인사/ 급여	1. 인사관리시스템의 변동내역이 모든 기간 시스템에 연계-연동 되도록 구축하여 중복입력 최소화 2. 통계관리에서는 학생 수, 교원 수, 조교 수, 직원 수 등 인력개발팀, 교무처에서 관리하는 직종에 대한 통계자료가 관리되어야 하며 특정시점에서 통계자료를 산정한 기준 RAW DATA도 함께 저장 관리 되어야 함	RFP
	퇴직정산이 좀더 깔끔하고 디테일하게 이루어지도록 퇴직발령코드 체계 정리 필요	회의록(인사급여 오버뷰 사전질의)
	급여작업전 사전준비 사항으로서 사교원 강의료는 사교원에서 정해진 규칙에 따라 입력하면 이관 작업처리 필요	회의록(인사급여 급여 강의료)

1. 누락된 데이터 요구사항 식별
2. RFP, 사업수행계획서, 회의록, 인터뷰 결과서 등으로 부터 식별

(바) AS-IS 데이터에 대한 현황 분석과 아울러, 아래 사항에 대하여 주관기관의 추가적인 요구사항을 식별하여 추진해야 함

[도표 3-14] 추가적으로 요구사항 도출이 필요한 경우 예시

구분	추가적으로 요구사항 도출이 필요한 경우	비고
데이터 전환 및 클리징	• 정비 대상(클린징) 데이터에 대한 방법/추진 주체/일정 등	
DB보안	• DB보안툴 적용 테이블 및 필드(패스워드, 주민등록번호 등) • 적용 필드 중 예외사항 목록 및 사유조사 • 평문(13자리)필드, 암호화 필드 사용시 데이터 전환/응용프로그램과 관계	
TO-BE 모델링	• 개별 업무팀에서 작성하는 모델링에서 향후 ERD 통합시 검토 및 조장 인력(전문 모델러 참여 여부)	
기타	• 응용 화면 중 주민등록번호에 대한 표시방법 • 각 업무 담당자별 표시방법 및 권한	

1. 요구사항으로 도출되지 않은 사항에 대한 파악 필요
2. 일반적으로 RFP 내용만 기술하는 경우가 많으므로 사업 특성 파악하여 누락된 요구사항을 식별해야 함

<사례 109> 데이터 요구사항 정의 점검사례 3

요구사항 ID	요구사항명	해결방안	분석 단계 산출물	감리 점검의견
RD-008-Q_001	통합데이터 아키텍처 관리체계 및 모델링_데이터관리체계수립	○ 데이터 관리 체계 수립 - data.go.kr 의 데이터베이스표준화 관련 제공자료 검토하여 분석설계에 반영 . 참고자료 : "공공데이터 관리지침", "공공기관의 데이터베이스 표준화 지침 일부개정 (안) 전문", "공공데이터 품질관리 매뉴얼 v2.0" - 데이터 관리 원칙, 프로세스 체계 및 계획을 수립. 데이터 표준/구조/품질 관리 상세방안 제시 . 데이터표준 : 표준단어,표준도메인,표준용어,코드표준 . 데이터구조 : 데이터모델, 데이터베이스 객체 생성 및 변경 . 데이터품질 : 데이터모델 품질관리, 데이터모델 일치도 품질관리	008_데이터관리체계_v0.9.pptx	- 데이터 관리 원칙, 프로세스 체계 데이터 표준 등 제시 - 요구사항 참고자료 중 '공공데이터 관리지침' 및 '공공데이터 품질관리 매뉴얼 v2.0' 를 해당 산출물 (데이터관리체계)에 제시 필요. - 주관기관에 보고/검토 필요 (사업수행기관의 PM은 100% 확인함)

1. 데이터베이스 각 요구사항에 대한 검토의견 제시

<사례 110> 데이터 요구사항 정의 점검사례 4

[도표 3-15] 데이터 모델링 부문

단계명	산출물	인도 단계
분석	현행 물리모델	분석 단계
	현행 DB 문제점 정의서	
	요구사항 정의서	
	요구정보 정의서	
	요구사항 관계 정의서	
설계	영역별 데이터 개념 모델	설계 단계
	통합 데이터 개념 모델	
	영역별 데이터 논리 모델	
	실체 정의서	
	실체 속성 정의서	
	데이터 물리 모델	
	테이블 정의서	
	테이블 컬럼 정의서	
	요구사항 반영결과 정의서	
	실체/요구정보 관계 정의서	
	Sequence 정의서	
	Index 정의서	
구축	테이블 스키마	구축 단계
	스토리지 정의서	

1. 개발 방법론 검토를 통한 추가/삭제 산출물 제시

④ 엔티티/속성/관계정의서 협의 및 확정

엔티티는 구별 가능한 사물(thing), 개념(concept) 또는 객체(object)이다. 이에 대한 자료 및 정보가 보존되는 것으로 엔티티 도출의 완전성은 정확성과 더불어 데이터 모델의 핵심 사항이다. PMO는 이해관계자의 요구사항을 포함하는 개발 대상업무가 데이터 관점에서 빠짐없이 데이터 모델의 엔티티 및 속성으로 충분하게 도출되고 정의되었는지 파악하고, 논리 데이터 모델에서 누락되어 데이터 관점에서 관리되지 않는 업무가 발생하지 않도록 검토 및 조정 등의 활동을 해야 한다.

<사례 111> 논리 ERD(ER-Diagram) 작성 사례

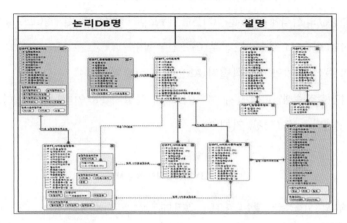

<사례 111> 논리 ERD(ER-Diagram) 작성 사례

논리 ERD(ER-Diagram) 작성 기준 정의 시 아래 내용을 고려한다.

- **포함 요소:** 엔티티명, 속성, 식별자, 관계 등을 표시
- **엔티티명:** 표식 최상단에 기술
- **속성:** 일반속성(*), 주식별자(#), 참조 식별자(FK)
- **관계:** 두 개 이상의 엔티티 간의 관계 표시(관계명 기술)

엔티티정의서 작성 기준 정의 시 아래 내용을 고려한다.

- **논리DB명:** 엔티티가 설계된 논리 데이터베이스 명칭
- **엔티티명:** 엔티티 이름, 표준용어정의서에 등록된 용어를 사용하여 한글로 기재
- **엔티티 설명:** 엔티티에 대한 설명을 기재
- **주식별자:** 엔티티에서 집합의 유일성을 나타내는 속성(주식별자는 #으로 표기되며 복수 개로 구성('+'로 연결))
- **수퍼타입 엔티티명:** 해당 엔티티가 수퍼-서브타입 경우 상위에 존재하는 수퍼타입 엔티티 기술

<사례 112> 엔티티정의서 작성 사례

논리DB명	엔티티명	엔티티 설명	주식별자	수퍼타입 엔티티명
학교시스템	과목	학교에서 강의할 과목	과목번호	-
학교시스템	수강신청	학생이 신청한 강좌	개설강좌번호+수강생ID	-
학교시스템	개설강좌	학교에서 개설한 강좌	개설강좌번호	-

속성정의서 작성 기준 정의 시 아래 내용을 고려한다.

- **속성유형:** 속성값의 성격에 따라 결정(기본형(업무로부터 직접 도출), 설계형(코드 성격), 추출형)
- **필수 입력 여부:** 필수(M, 필수), 조건부(C, 조건부 필수)
- **식별자 여부:** 주식별자(PK), 부식별자(AK), 외래 식별자(FK)
- **참조 엔티티명(참조 속성명):** 식별자 여부가 외래 식별자(FK)인 경우 참조하고 있는 대상 엔티티명(엔티티 속성의 명칭) 기재

<사례 113> 속성정의서 작성 사례

엔티티명	속성명	속성유형	필수 입력 유무	식별자 여부	참조 엔티티명	참조속성명	속성설명
과목	과목번호	설계형	필수	주식별차	-	-	과목 일련번호
과목	과목명	기본형	-	-	-	-	학교에서 지정한 과목번호
개설강좌	개설과목번호	설계형	-	외래식별자	과목	과목번호	개설 과목번호

ERD(ER-Diagram)는 엔티티 간 관계가 업무분석서 등을 통해서 도출된 업무 규칙에 부합하도록 정의되어 있는지를 검토하는 데 목적이 있다. 또한 자료 저장에 필요한 공간의 최소화, 자료의 불일치 위험의 최소화, 갱신 및 삭제의 이상 현상의 최소화, 자료구조 안정화를 위한 정규화(Normalization) 과정을 통하여 데이터 무결성을 보장하고, 간결하고 명료한 규칙의 적용을 통하여 거대하고 복잡한 데이터 모델의 해석을 명확히 하며, 데이터 모델의 유용성을 높이는 데 필요하다.

<사례 114> 엔티티 클래스 정제 및 상세설계 점검사례 1

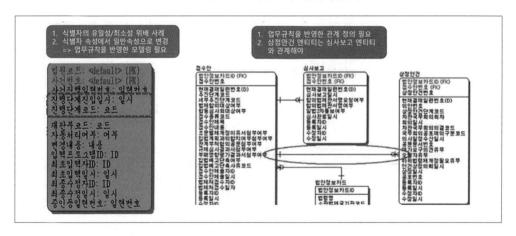

<사례 115> 엔티티 클래스 정제 및 상세설계 점검사례 2

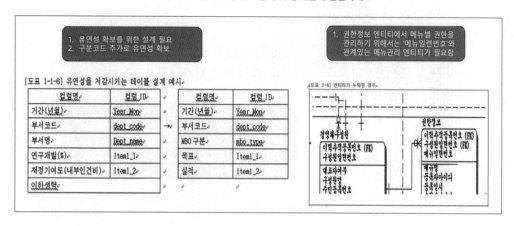

<사례 116> 엔티티 클래스 정제 및 상세설계 점검사례 3

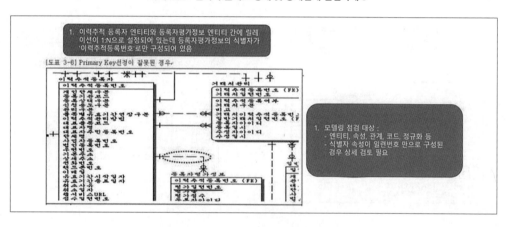

<사례 117> 엔티티 클래스 정제 및 상세설계 점검사례 4

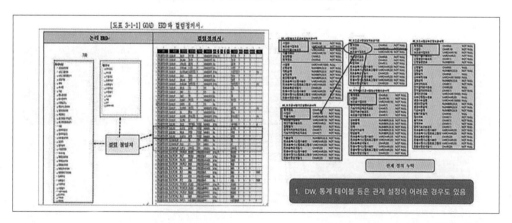

<사례 118> 엔티티 클래스 정제 및 상세설계 점검사례 5

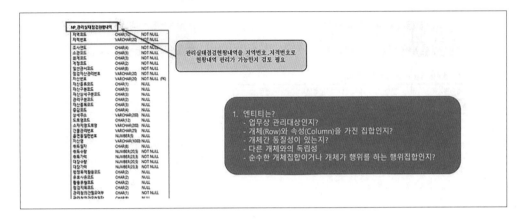

<사례 119> 엔티티 클래스 정제 및 상세설계 점검사례 6

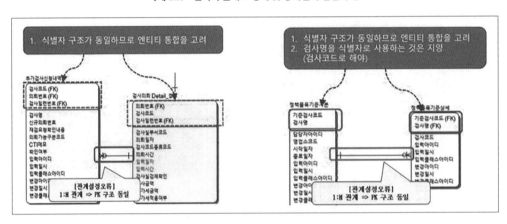

<사례 120> 엔티티 클래스 정제 및 상세설계 점검사례 7

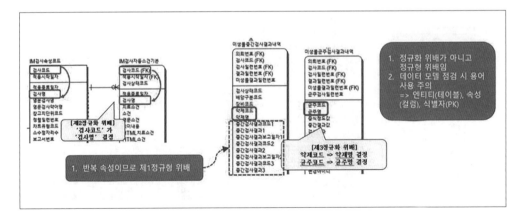

<사례 121> 엔티티 클래스 정제 및 상세설계 점검사례 8

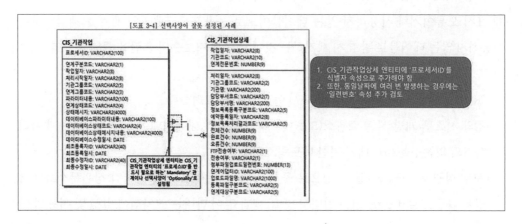

<사례 122> 엔티티 클래스 정제 및 상세설계 점검사례 9

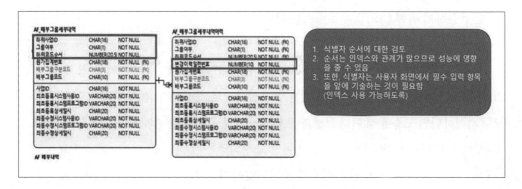

⑤ 엔티티/프로세스 매트릭스 협의 및 확정

엔티티/프로세스 매트릭스는 엔티티/프로세스 간 연관 관계의 정확성과 적절성을 확인하여 업무처리 기능별 데이터의 관계를 명확히 하는 데에 목적이 있다. 엔티티/프로세스 간 연관 관계에 있어 정확성 및 일관성이 없으면 프로세스에 대한 엔티티의 누락이 발생하고 프로세스 모델링에 대한 엔티티의 정의를 검증할 수 없다. 시스템 설계 및 구현에 있어 정확한 개발이 이루어질 수 없으므로, 프로세스 모델링과 데이터 모델링 간의 검증이 가능하도록 엔티티/프로세스 간 연관 관계에 대하여 검토 및 조정을 해야 한다.

CRUD 상관 모델링은 프로세스와 엔티티의 연관 관계를 기반으로 응용프로그램과 테이블에 대한 상관관계를 데이터의 생성, 조회, 수정, 삭제 형태로 기술함으로써 상호 검증을 통한 일관성 및 정확성을 확보하는 것이다. 이를 통해 응용 및 데이터베이스 설계의 완전성과 타당성의 검증이 목적이다. 매트릭스에서 상호관계 표시가 없는 테이블의 경우, 관계 표시 오류이거나 사용하지 않는 테이블이므로 응용프로그램과의 관계를 재검토하여 사용하지 않는 테이블로 판명 시 제거하는 것이 향후 유지보수의 혼란을 줄일 수 있다.

CRUD 상관 모델링 작성 기준 정의 시 아래 내용을 고려한다.
- **정의:** 시스템 개발 시 프로세스(또는 메소드, 클래스)와 데이터베이스에 저장되는 데이터 사이의 의존성을 나타내기 위한 매트릭스
- **구성:** 상관분석표, 행, 열, 속성으로 구성. 업무 프로세스와 데이터 간 상관분석표에서 행은 업무 프로세스로, 열은 엔티티 타입. 행과 열이 만나는 교차점에 발생 및 이용에 대한 생성(Create), 이용(Read), 수정(Update), 삭제(Delete) 상태를 표시
- **활용:** 정보시스템 구축 시 업무 분석 과정에서 데이터 모델링과 프로세스 모델링을 상호 검증하기 위해 CRUD 매트릭스를 활용

데이터 모델링과 프로세스 모델링은 밀접한 관련이 있고 연관 관계 분석을 통해 상호 간의 검증이 가능하므로, 누락 부분이 없는지 중점적으로 점검한다. 검증 방법은 아래 사항이 모두 적절하다면 도출된 데이터 모델과 프로세스 모델은 적절한 관계에 있다고 할 수 있다.
- 모든 엔티티에 대해 CRUD가 한 번 이상 표시되었는지
- 모든 엔티티에 대해 한 번 이상 C가 표시되었는지
- 모든 엔티티에 대해 R이 한 번 이상 존재하는지
- 모든 단위 프로세스는 하나 이상의 엔티티와 관련이 있는지
- 두 개 이상의 엔티티가 같은 엔티티 생성 여부

<사례 123> CRUD 상관 모델링 개념

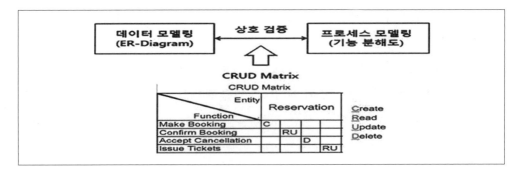

⑥ 데이터 모델 정의 결과 검토

PMO는 발주기관과 협의 및 확정한 내용을 바탕으로 검토보고서를 작성한다. 데이터베이스 및 데이터 모델 설계 지침, 업무 범위 및 요구사항에 부합한 엔티티 및 속성 도출, 엔티티 간 관계 정의, 엔티티/프로세스 간 연관 관계 여부를 검토하고 검토된 내용이 기준에 부합하지 않거나 아래 사항 등의 경우 신중하게 검토하여 의견을 제시한다.

- **누락 여부 검토:**
  - 현행업무분석서 및 사용자 요구사항정의서의 이해를 통하여 의미 있는 명사가 엔티티 또는 속성으로 도출되었는지 여부
  - 도출된 엔티티 클래스는 적절한 절차와 기법을 이용해 충분하게 도출되었으며 개발할 시스템의 도메인을 명확하게 표현되었는지 여부
  - 목표 엔티티관계도 내의 모든 엔티티가 엔티티정의서에 빠짐없이 정의와 설명이 명료하고 적절하게 기술되었는지 여부
  - 엔티티/프로세스 매트릭스의 모든 엔티티에 CRUD가 한 번 이상 표시되었는지 여부
  - 엔티티/프로세스 매트릭스 상에 빠진 엔티티 및 프로세스 여부
- **일치 여부 검토:**
  - 데이터 모델이 정규화를 통한 데이터 무결성이 보장되고, 객체(엔티티, 식별자, 속성)의 정확성 유지 여부
- **관련 연계 검토:**
  - 데이터베이스 표준설계지침서에 데이터 사전, 속성도메인, 코드 구성의 표준지침이 제시되고, 그 내용의 적정성 여부
  - 데이터베이스 표준설계지침서에 데이터 모델 표준 작성 표기법이 제시되어 있고, 그 내용의 적정성 여부
  - 목표 엔티티관계도, 엔티티정의서, 속성 설명서의 엔티티, 속성, 기본 식별자의 이름 및 설명이 자료사전 또는 문서에 기록 여부
- **추가 사항 검토:**
  - 논리모델과 물리모델 간의 일관성, 충족성 여부

⑦ 데이터 모델 정의 결과 조정작업

PMO는 발주기관 및 수행사에 PMO 검토보고서 작성 내용을 설명하고, 잘못된 검토 내용이 있는지 확인한다. 검토된 내용이 기준에 부합하지 않거나 발주기관의 수정 요청이 있는 경우 내용을 조정한다.

1.3 아키텍처

1.3.1 현행 시스템 분석 결과 검토 및 조정

현행 시스템 분석 결과는 현행 시스템 및 신규 시스템에 대한 운영환경이 충분히 분석되었는가를 검토하는 것이다. 현행 시스템 분석 결과 검토 목적은 시스템 설치 및 운영을 위한 기반 환경을 확인하고, 현재 조직에서 운영 중인 현행 시스템과 신규 시스템의 연관성 및 운영환경을 분석하여 최적의 상태로 시스템이 구축, 운영될 수 있도록 하는 것이다.

현행 시스템 분석은 향후 구축될 시스템의 안정적인 운영을 위해 필수적인 사항으로, 운영환경 분석 미수행으로 인한 신규 시스템 오픈 시 네트워크 트래픽 폭주(현행 시스템 성능 현안 등)나 PC 운영체계 차이로 인한 기능 장애 등의 문제 등을 예방할 수 있다. 따라서 PMO는 시스템의 환경적인 제약사항 등이 분석되었는지를 확인해야 하며, 또한 현행 시스템의 주요 정보자원 현황 조사 등을 통하여 신규 시스템 구축 시 기존자원 재활용 등의 자원 낭비 문제를 사전에 대응하도록 현행 주요 정보자원 현황이 분석되었는지를 확인해야 한다.

1) 기준

현행 시스템 분석 결과 검토 및 조정의 기준은 '시스템환경분석서', '아키텍처설계서'이다. 신규 시스템 오픈 시 네트워크 트래픽 폭주(현행 시스템의 성능 현안 등)나 PC 운영체계 차이로 인한 기능 장애 발생을 예방하고, 신규 시스템 구축 시 기존자원 재활용 등의 자원 낭비 문제를 예방하기 위하여 산출물이 적정하게 작성되었는지 검토한다. 이를 통해 현행 시스템 및 신규 시스템에 대한 운영환경이 충분히 분석되었는지를 검토하는 것이다.

2) 측정지표(*점검항목: 체크리스트)

PMO는 현행 시스템 분석 결과 검토 및 조정을 위한 측정지표로 신규 하드웨어 통신 장비 등을 설치하기 위한 기반 환경 준비 계획 적정성, 현행 시스템 및 신규 시스템에 대한 구성 및 운영현황의 충분한 조사분석, 현행 및 신규 시스템의 주요 정보자원 현황에 대한 분석의 충분성 등을 점검항목으로 활용한다. 점검항목은 <표 169>와 같이 점검항목별 점검결과(적합(O), 수정/보완(△), 누락(X), 제외(N/A))를 지표로 하여 점검한다.

<표 169> 현행 시스템 분석 결과 검토 및 조정에 대한 측정지표

번호	점검항목	점검결과(O, △, X, N/A)	PMO 검토 의견
1	• 신규 하드웨어 통신 장비 등을 설치하기 위한 기반 환경이 준비되어 있는가? 1) 장비 설치를 위한 기반 환경 준비 상태 확인 - 신규 서버, 통신 장비 등을 설치하기 위한 공간, 전원, 부대설비 등 환경 준비 여부 - 장비가 설치될 전산실을 방문하여 설계대로 되어있는지 확인		
2	• 현행 시스템 및 신규 시스템에 대한 구성 및 운영현황이 충분히 조사, 분석되었는가? 1) 조직에서 현행 시스템(외부 연계 포함)의 각종 정보자원(하드웨어, 소프트웨어, 네트워크 등)에 대한 운영현황 조사, 분석 여부 - 현행정보시스템분석서에 계약문서에서 요구한 용량, 성능 등 요구사항의 조사 분석 여부 2) 신규 도입 시스템의 구성 요소별 제약사항 검토, 분석 여부 - 제안서 등을 참조하여 솔루션이 요구하는 제약조건의 검토, 분석 여부		
3	• 현행 시스템의 주요 정보자원 현황과 신규 시스템 구축 시 정보자원 소요 현황이 조사 분석되었는가? 1) 현행 시스템 주요 정보자원 현황 조사, 분석 여부 - 현행 시스템 구성요소인 하드웨어, 소프트웨어, 통신 장비, 단말기 등의 목록화 여부 - 기존 장비의 재활용 검토 여부 2) 신규 시스템 구축 시 주요 정보자원 현황의 조사, 분석 여부 - 신규 시스템 오픈 시 필요한 정보자원 현황의 조사 여부 - 정보자원 현황에 빠진 자원 유무		

3) 절차

PMO는 수행사가 제출한 산출물을 검토하여 신규 하드웨어 통신 장비 등을 설치하기 위한 기반 환경 준비 여부 확인, 시스템환경분석서 확인, 현행 시스템 분석 결과 검토, 현행 시스템 분석 결과 조정작업 등을 <그림 189>와 같이 현행 시스템 분석 결과 검토 및 조정 절차에 따라 검토하고 조정작업을 한다.

<그림 189> 현행 시스템 분석 결과 검토 및 조정절차

Input	절차	Output
제안요청서/제안서/계약서/사업 수행계획서 시스템환경분석서 (정보자원 조사서, 조사현황 등) 아키텍처설계서(Site Preparation 포함)	① 기반 환경 준비 여부 확인 ② 시스템환경분석서 확인 ③ 현행 시스템 분석 결과 검토 ④ 현행 시스템 분석 결과 조정작업	PMO 검토보고서(*) (조정) 아키텍처설계서 (조정) 시스템환경분석서

① 기반 환경 준비 여부 확인

신규 서버, 통신 장비 등을 설치하기 위한 기반 설비 환경이 준비되어 있는지를 아키텍처설계서 또는 기반 환경 준비 문서를 검토하여 기반 환경 준비의 적정성을 검토한다.

- 물리적인 공간
- 전원 용량(접지, 이중화), 무정전 전원장치(UPS)
- 항온항습기 용량, 소화설비 등

가능한 장비가 설치될 전산실을 방문하여 조사 결과를 확인한다.

<사례 124> 기반 설비현황 점검결과 – 사례

구분	점검항목	심사결과	비고
전산실	Rack 설치 가능 유무	설치 가능	Rack: 26000Size 기존 Rack 1200
	분전반 위치/용량	Main 100A/없음	신규 UPS 설치 경우, ELB 공사 필요여부 확인
	분전반 누전차단기 유/무	없음	
	기본 UPS전원 사용량	10K	기존 사용중인 UPS 용량 확인
	UPS 분전반 위치 유무	없음	10A차단기 최소 1개 최대6개 설치
	통신장비 배치도		스위치 구성도
	L3 스위치 수량	2개	기존 Rack실장
	L2 스위치 수량	6개	Dummy 연결 포함
	LAN Port 인식표 유무	있음	
	장비별 인식표 유무	있음	기존 Rack Self
	L2 스위치 Port 사용	기존 L2 스위치별 각 8포트 이상 여유포트 확인	L2_스위치_N(포트 수)
자사환경	자가 or 임대 사옥	6F, 7F층	사용 층 표시
	지사 이전계획 유무	없음	이전 시기 포함
	L2 LAN 연결 구성도	없음	
	좌석배치도	있음	Hard Copy로 제출

② 시스템환경분석서 확인

시스템환경분석서(정보자원조사서, 조사 현황 등)에 현행 시스템 및 신규 시스템에 대한 구성 및 운영현황과 자원 소요 현황이 충분히 조사, 분석되었는지를 제안요청서, 제안서, 사업수행계획서 등 계약문서와 대조하여 누락 사항이 없는지, 다른 점이 없는지 검토한다.

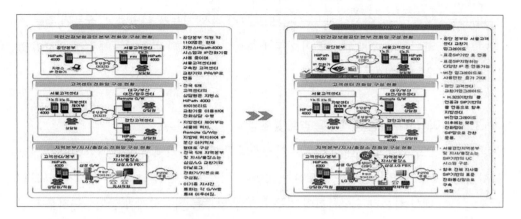

③ 현행 시스템 분석 결과 검토

PMO는 발주기관과 협의 및 확정한 내용을 바탕으로 현행 시스템 분석 결과를 검토하여 검토보고서를 작성한다. 검토된 내용이 기준에 부합하지 않거나 아래 사항 등의 경우 신중하게 검토하여 의견을 제시한다.

누락 여부 검토:

- 시스템환경분석서에 현행 정보자원 현황과 신규 자원 현황 누락 여부
- 정확성 여부 검토: 정보자원의 현황과 일치하는지 여부
- 주요 업무 시간대별 동시 사용자(Active Users) 수 산정
- 시간대별 일일 트랜잭션 처리량
- 일괄처리 업무처리량
- 데이터 크기
- 데이터 연동 주기(실시간, 근접 실시간, 시간대별, 일/월별)
- 네트워크 트래픽 형태
- 서버 자원 사용량
- 회선 사용량
- 라우터, 스위치 사용량
- WAN, LAN 네트워크 구성 분석 내용

④ 현행 시스템 분석 결과 검토 조정작업

PMO는 발주기관 및 수행사에 PMO 검토보고서 작성 내용을 설명하고, 잘못된 검토 내용이 있는지 확인한다. 검토된 내용이 기준에 부합하지 않거나 발주기관의 수정 요청이 있는 경우 내용을 조정한다.

1.3.2 아키텍처 요구사항 정의 내용 검토 및 조정

아키텍처 요구사항 정의 내용 검토는 시스템의 구성 및 아키텍처 등에 대한 사용자 요구사항이 충분히 도출되었는지를 검토하는 것이다. 이는 시스템 성능, 가용성, 확장성, 보안 및 안정성에 대한 사용자 요구사항이 업무 특성에 맞도록 적절하게 도출되었는지를 확인하여 목표시스템 아키텍처 설계에 반영되도록 하는 데 목적이 있다.

성능, 가용성, 확장성, 보안 및 안정성에 대한 사용자 요구사항 도출은 아키텍처를 설계하는데 필수적인 사항이다. 사용자 요구사항이 도출되지 않은 상태에서 아키텍처가 설계되고 시스템 구축이 진행될 경우, 응답시간에 대한 불만족이나 시스템 용량의 과부족이 발생할 수 있다. 또한 가용성, 보안 및 안정성 측면에서 시스템이 안정적이지 못하거나 필요 이상의 과잉투자가 일어날 수 있다. 따라서 PMO는 반드시 사용자 요구사항이 충분히 도출되었는지를 확인해야 한다.

1) 기준

아키텍처 요구사항 정의 내용 검토 및 조정의 기준은 '사용자 요구사항정의서', '아키텍처설계서', '품질보증계획서'이다. 시스템 성능, 용량, 가용성, 보안 및 안정성 측면에서 발생할 수 있는 문제를 예방하기 위하여 산출물이 적정하게 작성되었는지 검토한다. 이를 통해 시스템의 구성 및 아키텍처 등에 대한 사용자 요구사항이 충분히 도출되었는지 검토할 수 있다.

2) 측정지표(* 점검항목: 체크리스트)

PMO는 아키텍처 요구사항 정의 내용 검토 및 조정을 위한 측정지표로 응답시간 요구, 가용성, 확장성, 서비스 및 데이터 복구시간, 운영자/사용자 측면의 보안 요구사항, 운영관리 용이성, 유연성, 기능적 요구사항과 구성요소와 런타임 서비스 및 통제 요소 등을 점검항목으로 활용한다. 점검항목은 <표 170>과 같이 점검항목별 점검결과(적합(O), 수정/보완

(△), 누락(X), 제외(N/A))를 지표로 하여 점검한다.

<표 170> 아키텍처 요구사항 정의 내용 검토 및 조정에 대한 측정지표

번호	점검항목	점검결과(○, △, ×, N/A)				PMO 검토 의견
1	• 서비스별로 최종사용자 응답시간에 대한 요구사항이 적정하게 도출되었는가? 　1) 서비스별로 최종사용자 응답시간에 대한 요구사항 도출 여부 　　- 응답시간에 대한 사용자 요구사항정의서 기술 여부 　　- 품질보증계획서에 응답시간 관련 품질목표 정의 여부 　　- 응답시간 품질목표가 발주기관과 사업자 간 상호협의 여부 　2) 최종사용자 응답시간 목표 및 시험환경에 대한 적정성 검토 　　- 사용자 요구사항정의서 또는 품질보증계획서에 정의되어있는 응답시간 목표 및 시험환경에 대한 적정성 검토 　　- 시스템/업무 특성에 맞게 설정 여부 확인					
2	• 가용성에 대한 사용자 요구사항이 시스템의 업무 특성에 맞도록 적절하게 도출되었는가? 　1) 가용성에 대한 요구사항이 도출되었는지를 확인 　　- 가용성에 대한 사용자 요구사항정의서 기술 여부 　　- 품질보증계획서에 가용성 관련 품질목표 정의 여부 　　- 가용성 품질목표가 발주기관과 사업자 간 상호협의 여부 　　- 가용성에 대한 계산 시, 부분적인 서비스 중단시간을 장애의 등급에 따라 서비스 가동시간에 포함할 것인지에 대해 사전 협의 여부 　2) 가용성 목표에 대한 적정성 및 경제성을 검토 　　- 사용자 요구사항정의서 또는 품질보증계획서에 가용성 목표에 대해 정의되어있는 경우, 이에 대한 적정성 검토 　　- 시스템/업무 특성에 맞게 설정 여부 확인					
3	• 시스템 확장성에 대한 사용자 요구사항이 도출되었고, 분석 내용이 적정한가? 　1) 시스템 확장성에 대한 사용자 요구사항정의서 기술 여부 　　- 확장성에 대한 요구사항의 사용자 요구사항정의서 기술 여부 　　- 계획된 업무량 및 사용자 증가, 업무 범위 확대 등이 예정되어 있는지 확인 　　- 발주기관과 사업자 간 상호협의 여부 　2) 시스템 확장성에 대한 적정성 및 경제성을 검토 　　- 사용자 요구사항정의서에 확장성에 대해 분석되어있을 경우 이에 대한 적정성 검토 　　- 시스템 확장성에 대한 요구사항이 하드웨어, 소프트웨어, 네트워크 등의 아키텍처 기반 요소에 미치는 범위 확인 　　- 시스템 확장성에 대한 요구사항이 업무량 및 사용자 증가나 업무 범위 확대 등을 고려했을 때 적정한지 비용 대비 효과 측면에서 검토					
4	• 서비스 및 데이터 복구시간 요구사항이 도출되었고, 분석 내용이 적정한가? 　1) 서비스 및 데이터에 대한 복구시간 요구사항이 도출되었는지 확인 　　- 복구시간 확장성에 대한 요구사항의 사용자 요구사항정의서 기술 여부 　　- 품질보증계획서에 복구시간 관련 품질목표 정의 여부 　　- 발주기관과 사업자 간 상호협의 여부 　2) 복구시간 요구사항에 대한 적정성을 검토 　　- 사용자 요구사항정의서 또는 품질보증계획서에 복구시간 목표에 대해 정의되어 있을 경우는 이에 대한 적정성 검토 　　- 업무 특성과 비용 대비 효과 측면을 고려하여 복구시간에 대한 적정성 검토 　　- 요구되는 데이터 복구시간이 백업 데이터 크기, 복구 관련 기반 요소(백업 장비, 미디어, I/O 채널 등)의 성능, 복구방안 등을 고려했을 때 적정한지 검토					
5	• 시스템 운영자 및 최종 사용자 측면에서 보안 요구사항이 충분히 도출되었는가? 　1) 관리적, 물리적, 기술적 분야에 대한 사용자 보안 요구사항이 도출되었는지 확인 　　- 사용자 보안 요구사항에 대한 심층적인 분석 활동 수행 여부 　　- 분석된 요구사항을 종합하여 보안에 관한 사용자 요구사항정의서 작성 여부 확인 　　- 계약문서에 명시된 보안 요구사항의 사용자 요구사항정의서 기술 여부 확인 　2) 도출된 사용자 보안 요구사항에 대한 적정성 및 경제성을 검토 　　- 시스템보안정책서의 보안 목표를 참조하여 각 분야에 대한 사용자 보안 요구사항이 적합한지 검토 　　- 도출된 사용자 보안 요구사항이 목표시스템의 비용 대비 효과 측면에서 적정한지 검토					

번호	점검항목	점검결과(○, △, ×, N/A)				PMO 검토 의견
5	3) 도출된 사용자 보안 요구사항에 대한 지속적인 관리를 위한 절차 정의 여부 확인 - 발주기관과 사업자 간 상호협의 여부 - 보안 요구사항을 추적할 수 있도록 사용자 보안 요구사항 추적성 확보 여부					
6	• 시스템 운영관리의 용이성 측면에서 요구사항이 충분히 도출되었고, 그 내용이 적정한가? 1) 하드웨어 및 네트워크, 시스템 소프트웨어의 구성은 관리적 요소를 최소화할 수 있도록 요구사항을 도출하였는지 검토 - 설치환경을 고려하여 운영관리가 가능하도록 최적화되었는지 계약문서, 회의록, 요구사항정의서 및 아키텍처설계서 검토 - 하드웨어, 네트워크 및 시스템 소프트웨어의 구성은 운영상태를 통합적으로 관리할 수 있도록 요구사항이 도출되어 요구사항정의서 및 아키텍처설계서에 반영되었는지 검토 - 기타 계약문서, 회의록에서 명시된 운영관리의 편의성에 관한 요구사항의 요구사항 정의서 및 아키텍처설계서 반영 및 추적관리 여부 확인 2) 데이터의 백업 및 복구 등이 운영관리의 편의성을 고려하여 요구사항이 도출되었는지 검토 - 데이터의 백업 및 복구 등의 데이터 관리가 운용자의 편의성을 고려하여 요구사항이 도출되었는지 검토 - 기타 계약문서, 회의록에서 명시된 데이터 관리의 편의성에 관한 요구사항의 요구사항정의서 및 아키텍처설계서 반영 및 추적관리 여부 확인					
7	• 시스템의 유연성 측면에서 요구사항이 충분히 도출되었고, 그 내용이 적정한가? 1) 시스템의 확장, 변경 및 교체 시 응용시스템이 변경되지 않도록 유연성을 고려하여 요구사항이 도출되었는지 - 유연성에 관련된 요구사항정의서 반영 및 추적관리 여부 - 계약문서, 회의록 등을 검토하여 하드웨어의 추가, 변경, 교체 등이 발생할 경우, 응용시스템에 미치는 영향을 최소화 요구사항의 요구사항정의서 반영 및 추적관리 여부 2) 하드웨어 및 패키지가 특정 공급자에 종속적이지 않고 독립적으로 시스템을 구성할 수 있도록 요구사항이 도출되었는지 검토 - 요구사항정의서 및 아키텍처설계서에 상호운용성을 위반하는 요소, 공급자에 종속적인 요소 포함 여부					
8	• 기능적 요구사항이 소프트웨어 아키텍처의 각 구성요소와 구성요소 간의 관계, 이들 구성요소들이 런타임 서비스 및 통제구조를 어떻게 사용하는지의 관계가 적정하게 도출되었는가? 1) 기능적 요구사항이 응용시스템 구성요소 및 각 구성요소 간의 관계에 모두 포함되어 있는지 검토 - 소프트웨어 아키텍처의 구성요소에 계약문서, 회의록에서 제시하는 기능적 요구사항의 도출 및 요구사항정의서 반영 여부 - 소프트웨어 아키텍처의 구성요소 간 관계 설정은 계약문서, 회의록에서 제시하는 기능적 요구사항을 만족 여부					

3) 절차

PMO는 수행사가 제출한 산출물 내용을 검토하여 응답시간 요구, 가용성, 확장성, 서비스 및 데이터 복구시간, 운영자/사용자 측면의 보안 요구사항, 운영관리 용이성, 유연성, 기능적 요구사항과 구성요소와 런타임 서비스 및 통제 요소에 대하여 사용자 요구사항정의서 협의 및 확정, 품질보증계획서 확인, 아키텍처 요구사항 정의 내용 검토, 아키텍처 요구사항 정의 내용 조정작업 등을 <그림 190>과 같이 아키텍처 요구사항 정의 내용 검토 및 조정절차에 따라 검토하고 조정작업을 한다.

<그림 190> 아키텍처 요구사항 정의 내용 검토 및 조정절차

Input	절차	Output
제안요청서/제안서/계약서/사업수행계획서 사용자 요구사항정의서 시스템환경분석서(정보자원조사서, 조사현황 등) 아키텍처설계서, 품질보증계획서, 보안정책서	① 사용자 요구사항정의서 협의 및 확정 ② 품질보증계획서 확인 ③ 아키텍처 요구사항 정의 내역 검토 ④ 아키텍처 요구사항 정의 내역 조정작업	PMO 검토보고서(*) (조정) 사용자 요구사항정의서 (조정) 품질보증계획서 (조정) 아키텍처설계서

① 사용자 요구사항정의서 협의 및 확정

아키텍처 요구사항 정의 내용 검토의 핵심은 과업내역서의 아키텍처 관련 요구사항이 제대로 반영되었는지를 확인하는 것으로 과업 내용 기준선이 검토의 기준이 되어야 한다. 제안요청서 등 계약문서를 참조하여 사업자가 작성한 요구사항정의서가 과업 내용 기준선을 충족하는지 검토하여 빠졌거나 미흡한 것들을 식별하고, 사업자의 확인을 받아 요구사항 반영 여부를 결정한다.

<표 171> 요구사항 반영 여부 체크리스트

사업자가 작성한 요구사항정의서가 얼마나 요구사항을 정확히 반영하고 있는지의 판단은 PMO가 작성한 과업 내용 기준선을 바탕으로 하여, '반영', '미흡', '모호', '누락'이라 표시한다.

요구사항 번호	요구사항 이름	요구사항 내용	필수여부	우선순위	반영여부
BR-1	시스템 목표				
BR-2	운영환경				
BR-3	시스템 범위				
BR-4	기능목록				
BR-5	시스템 고려사항				
FR-1	기능적 요구사항1				
FR-2	기능적 요구사항2				
FR-3	기능적 요구사항3				
PR-1	평균응답시간				
PR-7	평균처리시간				
QPR-1	신뢰성				
IR-1	시스템 인터페이스				
DR-1	데이터 보존				
OR-1	운영 소프트웨어				
CO-1	표준 제약사항				
CO-2	법적 제약사항				
반영			건		%
미흡(내용 불충분)			건		%
모호(내용 애매/모호)			건		%
누락(정의서에 없음)			건		%
추가(기준선에 없음)			건		%
계			건		%

정보시스템 구축·운영 지침은 <표 172>와 같은 요구사항 작성 가이드를 활용하여 과업 내용 기준선을 작성한다. 요구사항 반영 여부 검토는 과업 내용 기준선에 수행사가 작성한 요구사항정의서가 요구사항을 충실히 반영하고 있는지 검토하는 활동이다. 과업 내용 기준선과 요구사항정의서 및 계약관련 자료(RFP, 제안서, 계약서 등) 등을 기준으로 요구사항 반영 여부를 검토한다. 요구사항 반영 여부 검토는 검토 결과에 대해 수행사의 확인이 완료되었는지로 결정된다.

<사례 126> 아키텍처 요구사항 정의 사례

요구사항 ID	요구사항 명	상세 요구 사항	근거
RQ-아키텍처-001	개발환경	• 원활한 프로젝트 수행과 안정적 서비스 제공을 위하여 시스템 개발에 따른 기존 시스템 및 서비스에 영향을 미치지 않도록 별도의 개발환경을 구성	대비표_053
RQ-아키텍처-002	기술지원 요건	• 사업자는 각 기관의 운용요원들에게 자체 운영 및 응급대처 능력 배양을 위한 기술 지원	대비표_053
RQ-아키텍처-008	표준화 요건	• 「행정정보데이터 표준화지침」(행정안전부 고시 제2008-47호)를 기반으로 주관기관과 협의하여 준수범위 확정 [붙임2] 행정정보 데이터 표준화지침 준수 계획 참조	대비표_038
RQ-아키텍처-009	기술적 보안관리	• 사업계획 및 분석단계에서부터 소스 프로그램의 안전성을 고려해서 개발하고, 시스템 간 상호연계 시 표준보안 API를 적용 • 개발한 웹 프로그램에 대한 보안 취약점 사전점검 및 보완조치	대비표_043
RQ-아키텍처-010	전자정부 표준 프레임워크 기반시스템 구축	• 전자정부 표준 프레임워크를 기반으로 한 시스템 개발 및 구축 • 공통 서비스 적용 대상 목록	대비표_034
RQ-아키텍처-011	공통 보안환경	• 행정안전부 보안 분야의 법령, 규정 준수 - 행정안전부 개인정보 처리단계별 기술적 보호조치 가이드라인 - 행정안전부 정보 신기술 도입 보안관리 - 행정안전부 전자정부 표준 프레임워크 공통 패스워드 모듈	대비표_045
RQ-아키텍처-017	표준화 요건	1) 전자정부 웹 호환성 및 접근성 지침 • 「한국형 웹 콘텐츠 접근성 지침」을 기반으로 주관기관과 협의하여 준수범위 확정 - 적용범위: 명확한 지시사항 제공, 테스트 콘텐츠의 명도대비, 초점이동 등 부분적용	대비표_039 회의록_20120712_01
RQ-아키텍처-018	표준화 요건	2) 전자정부서비스 호환성 준수지침 • 「전자정부서비스 호환성 준수지침」(행정안전부 고시 제2010-40호)을 기반으로 주관기관과 협의하여 준수범위 확정 - 적용범위: IE버전을 기준으로 제한적 적용 및 CSS 적용 계획	대비표_040 회의록_20120712_01
RQ-아키텍처-019	시스템 구성	차세대 시스템 2단계 시스템 구축에 필요한 아키텍처 구성방안을 수립	제안서 III-5

② 품질보증계획서 확인

품질보증계획서에 최종 사용자 응답시간, 가용성, 서비스 및 데이터 복구시간 등에 대한 품질목표가 있는지를 확인하고, 시스템 요구사항과 부합하지 않거나 누락 시, 사업자 확인 후 반영하도록 한다.

<사례 127> 품질 속성에 따른 아키텍처 전략 도출 사례

품질속성	주요 아키텍처 전략	구현방안
가용성 (Availability)	DBMS HA 구성	• HACMP 5.5 DB HA 구성(하드웨어 통합구축 사업자 제공)
	ORACLE RAC	• Oracle에서 제공하는 DBMS Clustering 기능 적용
	WAS Clustering 및 Container 구성	• Primary와 Backup Session Clustering MaN/Ager를 구성하여 요청 서비스에 대해 Fail Over 기능 제공 • WAS는 물리적으로 2개의 Box에 각각 3대의 서버로 나누어 구성하며, App, Source 역시 이중화하여 Clustering 및 Fail Over 기능 구현 • 다중 Container 구성으로 특정 Container 장애 시 다른 Container로 연결
	WEB 서버 다중화 구성	• 특정 SebServer 장애에도 다른 Node에서 서비스가 가능하도록 다중화 구성
	배치 Clustering	• Batch Agent는 Dual Agent로 구성하여 무정지 운영 환경을 지원하고 Dual Agent는 Primary Agent와 Secondary Agent로 구성
성능 (Performance)	DB 파티션	• 테이블을 2개 이상의 물리적 디스크에 분리하여 저장함으로써 병렬 IO 유도
	DB Index	• 주사용 컬럼에 인텍스를 생성하여 성능 향상
	Oracle 성능튜닝	• 오라클 환경설정 및 논리적, 물리적으로 성능튜닝
	SQL 튜닝	• WAS에서 개발 SQL을 튜닝
	DB Connection Pool	• WAS의 Datasource를 구성하여 Connection Pool 기능 사용
	WEB 서버 다중화 구성	• 웹 서버를 다중화로 구성하여 성능향상
사용성 (Usability)	사용자 경험 기반 UI 구성	• 담당자용 시스템은 RIA 솔루션인 Xplatform을 사용하고, 레포팅 솔루션으로 OZ Report를 사용하며 구현 • 운영관리시스템은 JSP 기반의 Jquery와 JQGrid를 사용하여 Ajax 기반으로 데이터 처리함
	SSO 로그인	• 인사시스템 운영관리와 부처 내부시스템 간 사용자 인증 데이터를 공유하여 부처 포털에서 차세대 시스템의 데이터나 화면이 필요한 경우 로그인 대신 인증해주는 연동처리 방식
	연계 아키텍처 수립	• 부처 간 및 유관기관과의 연계환경 및 아키텍처 수립
변경가능성 (Modifiability)	웹 서비스 기반 연계 아키텍처 설계	• Apache CxF 오픈소스를 활용하여 웹 서비스 환경으로 실시간 연계 구현
시험가능성 (Testability)	CTIP 환경 구성	• 반복적으로 수행되는 빌드과정에 대한 자동화 • 코드통합, 테스트, 빌드, 배포 작업을 지속적이고 자동적으로 수행하기 위한 플랫폼

③ 아키텍처 요구사항 정의 내용 검토보고서 작성

PMO는 발주기관과 협의 및 확정한 내용을 바탕으로 아키텍처 요구사항 정의 내용을 검토하고 검토보고서를 작성한다. 검토된 내용이 기준에 부합하지 않거나 아래 사항 등의 경우 신중하게 검토하여 의견을 제시한다.

- **누락 여부 검토:**
  - 요구사항정의서의 중요한 시스템 요구사항 누락 여부
  - 품질보증계획서에 중요한 시스템 품질 요구사항 누락 여부
- **중복성 수준 검토:** 아키텍처설계서에 불필요한 구성요소가 있거나 중복 여부
- **일관성 여부 검토:** 요구사항정의서, 품질보증계획서, 아키텍처설계서 등에 명시된 요구사항의 일관성, 완전성, 연관성을 확보 여부
- **추적성 확보 검토:** 계약문서에 명시된 시스템 요구사항이 요구사항추적표를 기준으로 추적 관리 여부

④ 아키텍처 요구사항 정의 내용 조정작업

PMO는 발주기관 및 수행사에 PMO 검토보고서 작성 내용을 설명하고, 잘못된 검토 내용이 있는지 확인한다. 검토된 내용이 기준에 부합하지 않거나 발주기관의 수정 요청이 있는 경우 내용을 조정한다.

1.3.3 아키텍처 정의 결과 검토 및 조정

아키텍처 정의 결과 검토는 목표시스템에 대한 시스템 아키텍처 구성의 검증 여부를 검토하는 것이다. 아키텍처의 주요 부분에 대해 기술적 가능성과 성능이 검증되었는지를 점검하여 시스템 구축 중에 발생할 수 있는 위험을 최소화하고, 아키텍처 구성 요소별로 성능, 가용성, 확장성, 보안성, 안정성, 운영관리의 용이성 및 경제성 등을 고려했는지를 검토하는 것이 목적이다.

구축하고자 하는 정보시스템에 신기술을 적용하거나 성능이 검증되지 않은 솔루션 적용 시 사전 검증은 필수사항이다. 사전 검증에 문제가 있는 경우, 일정이 지연될 수 있다. PMO는 해당 아키텍처에 대해 시험을 통해 검증되었는지를 확인해야 한다.

아키텍처는 구축하고자 하는 정보시스템의 골격이다. 아키텍처에 문제가 있는 경우, 모든 후속 공정에 차질을 초래할 정도로 치명적이다. 따라서 PMO는 목표시스템 아키텍처의 적정성을 점검해야 한다. 특히, 하드웨어, 네트워크, 데이터베이스에 대한 구성 및 용량 산정이 미흡할 경우, 시스템 적용 후 사용자의 불만과 서비스 불안정이 발생할 수 있다. 또한

소프트웨어 아키텍처 구성요소가 요구기능 및 품질을 만족하지 못한 경우 목표시스템의 전체 기능과 성능에 악영향을 초래하게 된다. 아키텍처가 운영관리에 어렵게 수립된 경우, 서비스 적용 이후 재개발할 소지가 있다. PMO는 운영관리의 용이성 측면이 고려되었는지도 확인한다.

1) 기준

아키텍처 정의 결과 검토 및 조정의 기준은 '시스템 아키텍처 검증결과보고서'이다. 아키텍처에 대한 사전 검증 미흡과 구성 요소별 용량 산정 미흡 등으로 요구기능 및 품질을 만족하지 못하는 아키텍처를 구성하면, 구축 시스템 적용 후 사용자 불만과 서비스 불안정 등의 문제가 발생할 수 있다. 또한 목표시스템의 전체 기능과 성능에 악영향을 초래할 수 있으므로, 이러한 문제를 예방하기 위해 시스템 아키텍처 검증결과보고서가 적정하게 작성되었는지 검토해야 한다. 또한 목표시스템에 대한 아키텍처 구성요소 검증이 수행되었는지도 점검한다.

2) 측정지표(*점검항목: 체크리스트)

PMO는 아키텍처 정의 결과 검토 및 조정을 위한 측정지표로 신기술을 적용할 시 기술적인 가능성과 성능의 사전 검증, 적용된 패키지/개발 도구 등의 기능·성능·안정성과 최적 제품 선정 방안 분석, 아키텍처 구성요소 재사용성, 도입된 하드웨어의 요구사항 대비 적합성 확보 여부, 용량 산정 적정성, 시스템 소프트웨어 구성과 주요 소프트웨어 선정의 적정성, 네트워크 구성 시 가용·보안성·트래픽 처리에 대한 성능 검증 등을 점검항목으로 활용한다. 점검항목은 <표 172>와 같이 점검항목별 점검결과(적합(O), 수정/보완(△), 누락(X), 제외(N/A))를 지표로 하여 점검한다.

<표 172> 아키텍처 정의 결과 검토 및 조정에 대한 측정지표

번호	점검항목	점검결과(O, △, ×, N/A)	PMO 검토 의견
1	• 하드웨어, 시스템 소프트웨어, 네트워크 분야에 신기술을 적용할 경우, 그 기술적 가능성과 성능이 확실히 확인되지 않은 솔루션에 대하여 시험을 통한 검증이 되었는가? 　1) 적용사례가 많지 않은 솔루션의 검증 여부 　- 국내에서 적용사례 확인 　- 발주기관 업무 특성과 유사한 사례가 없는 경우, 검증 여부 검토 　- 사업자 검증 결과 검토 및 문제점 여부 진단		

번호	점검항목	점검결과(○, △, ×, N/A)				PMO 검토 의견
2	• 패키지가 업무개발에 필요한 기능과 성능이 충분한지에 대해 검증이 되었는가? 　1) 패키지가 업무개발에 필요한 기능과 성능에 대한 검증 여부 　　- 패키지 선정을 위한 분석 여부 확인 　　- 패키지 후보에 대해 개발업무 유형을 고려한 기능, 성능시험 여부 　　- 패키지 선정을 위한 시험 시 업무 유형에 맞는 검증내용의 적정성					
3	• 개발 도구가 처음 적용되거나 규모가 큰 프로젝트에 최초로 적용 시 성능 및 안정성 문제 여부가 검증되었는가? 　1) 개발 도구에 대한 네트워크 및 서버 측면의 성능 검증 　　- 적용할 개발 도구가 업무 규모, 운영환경 측면에서 발주기관과 유사한 환경에서 적용 여부 　　- 개발 도구 선정 시 기능 및 성능시험 여부와 결과의 적정성 검토					
4	• 소프트웨어 아키텍처의 구성요소는 재사용성 및 운용관리의 편의성을 제공하도록 설계되었는가? 　1) 소프트웨어 아키텍처 구성요소에 대한 설계가 재사용이 용이하게 이루어졌는지 확인 　　- 기술적 공통 기능 요소 정의되어 있는지 확인 　　- 업무적 구성요소와 기술적 구성요소 간의 결합이 쉽게 정의되어 있는지 확인					
5	• 하드웨어가 요구사항에 적합하게 구성되어 있고, 시스템 용량이 적정하게 산정되어 있는가? 　1) 하드웨어 구성이 업무 특성에 적합하게 구성되어 있는지 확인 　　- 성능, 가용성, 확장성, 보안성 및 안정성 등에 관한 사용자 요구사항이 아키텍처 설계서의 반영 여부와 구조 설계 적정성 검토 　　- 인프라 환경(하드웨어, 네트워크) 및 보안성(DMZ, 내외부 연계)을 고려하여 하드웨어 배치 적정성 검토 　2) 시스템 용량이 적정하게 산정되어 있는지 점검 　　- 아키텍처설계서에 세부 업무별 업무처리 유형(수작업, 일괄/온라인)과 업무처리량 분석 여부 및 적정성 검토 　　- 업무 및 데이터 처리 위치(중앙 또는 분산)에 대한 방안의 적정성 검토 　　- 하드웨어 용량 산정 방식을 확인하고, 기초 데이터에 대한 적정성 검토 　　- CPU 용량 산정의 경우, 성능 적용 모델(tpmC, TPS 등)이 해당 업무 특성에 부합하는지 여부 　　- 요구 용량이 선정된 서버의 공인 성능치와 차이가 없는지 확인 　　- CPU, 메모리, 디스크에 대한 용량 산정 근거의 적정성 검토					
6	• 시스템 소프트웨어의 구성이 적정한지를 검토하고 주요 소프트웨어에 대해서는 최적 제품 선정 방안이 분석되었는가? 　1) 시스템 소프트웨어의 구성이 적정한지 검토 　　- 성능, 가용성, 확장성, 보안성 및 안정성 등 시스템 요구사항에 맞게 시스템 소프트웨어가 구성되어 있는지 검토 　　- 응용시스템의 계층구조에 맞게 소프트웨어(서비스)를 적절히 배치하였는지 검토 　　- 내외부 시스템 간의 인터페이스 설계에 대한 적정성 검토 　2) 주요 소프트웨어에 대해서는 최적 또는 안정적인 제품으로 선정을 위한 방안이 충분히 분석되었는지 검토 　　- 주요 소프트웨어에 대한 장단점 비교 분석내용을 제안서 또는 소프트웨어 분석 보고서 등을 통해 적정성 검토 　　- 주요 소프트웨어인데도 불구하고 비교분석 자료가 없는 경우, 개발사업자에게 분석 자료를 제출하여 적정성 검토 　　- 국내에서 최초로 적용하는 시스템 소프트웨어의 경우 검증하였는지 확인 　　- 인지도가 낮은 제품일수록 각종 표준(Java, XML, 웹서비스 등)에 대한 최신 버전의 지원이 안 될 위험성이 있으므로, 소프트웨어 표준 관련 요구사항 만족 여부 확인					
7	• 네트워크 구성이 가용성과 보안성, 트래픽 처리 성능 등이 고려되어 설계되어 있고, 네트워크 대역폭이 적정한가? 　1) 네트워크 구성이 가용성과 보안성 등이 고려되어 설계되어 있는지 검토 　　- 네트워크 용량, 구성상의 문제점 도출 여부 　　- 성능, 가용성, 확장성, 보안성 및 안정성 등에 관한 시스템 요구사항 반영 여부 　2) 네트워크 대역폭 적정성 검토 　　- 현행 및 신규 시스템의 네트워크 대역폭 확인 　　- 개발 도구 등 솔루션 적용에 따른 네트워크 제약사항을 확인하고 필요시 실제 검증 　　- 네트워크 대역폭이 포화될 시, 대역폭 확장에 소요되는 기간 검토					

번호	점검항목	점검결과(○, △, ×, N/A)				PMO 검토 의견

8	• 각 기능적 요구사항 및 품질 요건이 그것을 지원하는 아키텍처 구성요소에 적정하게 반영되고 추적되는가?
	 1) 아키텍처 구성요소와 요구기능 간 연관성 및 매핑이 적정한지 검토
	  - 시스템 요구기능과 아키텍처 구성 요건이 명확하게 정의되어 있는지 검토
	  - 요구사항정의서, 아키텍처설계서 및 요구사항추적표 등에 아키텍처 구성요소와 시스템 요구기능 간 매핑이 적절하고 누락이 없는지 확인
	 2) 아키텍처 구성요소가 품질 요건을 충족시킬 수 있는지 검토
	  - 요구사항정의서 및 품질목표정의서와 아키텍처설계서에 품질요구사항(성능, 안정성, 신뢰성, 정확성 등)의 정의 및 아키텍처 설계 반영 여부					

9	• 패키지 도입 타당성과 최적 제품 선정 방안을 분석하였는가?
	 1) 패키지 개발에 대한 타당성을 검토
	  - 발주기관의 현재 조직이 해당 패키지를 수용할 수 있는 여건이 충분한지 검토(여건이 안 될 경우, 개발 보류 권고)
	  - 패키지 개발 시와 자체 개발 시의 장단점을 비교분석 내용 검토(단점이 클 경우, 자체 개발 권고)
	 2) 패키지 제품 선정 방안이 충분히 분석되었는지 확인하고 이에 대한 적정성 검토
	  - 업무 특성을 이해하고 커스터마이징 규모를 파악
	  - 패키지 제품 선정 방안 검토
	  - 패키지 제품별 장단점 비교분석 내용 검토
	  - 비용 대비 효과 분석					

10	• 서비스 오픈 시 용이하게 아키텍처가 수립되어 있는가?
	 1) 수립된 아키텍처의 운영관리 용이성을 검토
	  - 운영자, 최종사용자의 수작업 처리 유무
	  - 장애 발생 시 자동으로 운영자에게 알려 주는 기능 유무
	  - 주/야간 운영 프로세스의 업무 형태 및 운영방식 정의 여부
	  - 시스템 성능 및 용량에 적절한 백업 및 배치 스케줄 정의 여부					

3) 절차

PMO는 수행사가 제출한 산출물을 기준으로 시스템 아키텍처 검증결과보고서 협의 및 확정, 아키텍처정의서 협의 및 확정, 아키텍처 정의 결과 검토, 아키텍처 정의 결과 조정작업 등을 <그림 191>과 같이 아키텍처 정의 결과 검토 및 조정절차에 따라 검토하고 조정작업을 한다.

<그림 191> 아키텍처 정의 결과 검토 및 조정절차

Input	절차	Output
제안서 요구사항정의서 아키텍처정의서 요구사항추적표 시스템 아키텍처 검증결과보고서 시스템환경분석서 품질보증계획서	① 시스템 아키텍처 검증결과보고서 협의 및 확정 ② 아키텍처정의서 협의 및 확정 ③ 아키텍처 정의 결과 검토 ④ 아키텍처 정의 결과 조정작업	PMO 검토보고서 (조정)시스템 아키텍처 검증결과 보고서 (조정)아키텍처설계서

① 시스템 아키텍처 검증결과보고서 협의 및 확정

하드웨어, 시스템 소프트웨어, 네트워크 분야에 신기술을 적용할 경우, 기능성과 성능, 안정성 측면에서 현 운영환경에서의 호환성 등의 적용 가능성을 검증하였는지를 확인한다.

<사례 128> 신규 솔루션 도입 검토 및 검증 사례 1

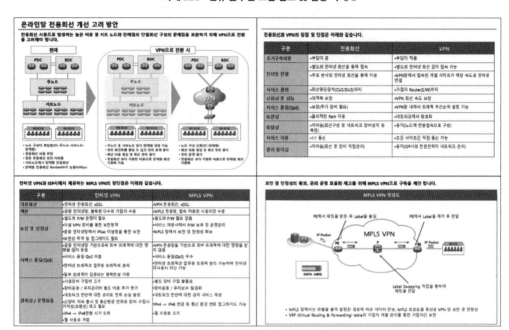

<사례 129> 신규 솔루션 도입 검토 및 검증 사례 2

DB 구성 – 국산화 DBMS 솔루션 검토 　　　　　　　　　　　　　　　　　　　　　　　**공통**

국산 솔루션인 '티베로' DBMS의 경우, 국내 다수의 Mission Critical한 사이트와 업무에서 이미 성능과 기능, 안전성 등이 검증되었을 뿐더러, 전자복권 솔루션 지원을 위한 다음과 같은 핵심 구성과 기능을 갖추고 있으므로, 복권 경량화 솔루션의 기반 DBMS로 사용되기에 부족함이 없는 것으로 판단됩니다.

항목 구분	오라클	티베로	
Cluster 구성 지원	RAC 지원	TAC 지원	- Global Cache(메모리) 기반 연결성 및 성능 지원
다양한 테이블 파티션 방식 지원	지원	지원	- Range, List, Hash, Composite 지원 - Global Index, Local Index 기능 제공
데이터 암호화 지원	지원	지원	- DES, 3DES, AES, MD5 국제 표준 알고리즘 기능 제공(오라클과 동등한 수준) - 테이블 스페이스 암호화 지원
오라클과의 호환성	-	지원	- 오라클 프로시져, Pro*C 호환성 보장 및 지원 - 오라클 비표준 SQL 지원 - 다양한 통계 및 분석 내부 함수 지원
병렬 처리	지원	지원	
백업 및 복구	지원	지원	- 다양한 백업 및 복구 지원

② 아키텍처정의서 협의 및 확정

아키텍처정의서는 목표시스템의 소프트웨어 아키텍처에 대한 논리적인 관점(View)을 통합된 이미지로 제시하기 위해 다음과 같은 내용을 정의한다.

- 시스템 구축을 위한 소프트웨어 측면의 논리적 설계 기준으로 사용됨
- 각 기술 영역(프레임워크/인터페이스/솔루션 등)별 상세설계 시 참조될 수 있도록 함
- 각 기술 영역(프레임워크/인터페이스/솔루션 등)을 포괄하여 통합 관점에서 이슈가 될만한 사항을 도출하고, 관련 부서 간의 협의를 통해 구현방안을 정의
- 정의된 소프트웨어 아키텍처의 내용은 이후 기술 영역별로 진행되는 전체 개발과정을 통해 수정 또는 보완되도록 하는 기준 문서 역할을 함

아키텍처정의서 검토는 상위 수준의 아키텍처정의서가 발주기관의 기대 수준에 부합하는지 검토하여 문제점 및 개선방안을 수립해 놓고, 필요한 관련자들과의 인터뷰를 통해 의견을 수렴하여 상위 수준의 아키텍처정의서에 대한 최종 검토 의견을 정리한다. 마일스톤 산출물의 검토는 공식적인 검토회의를 통해 이루어지도록 한다.

상위 수준의 아키텍처정의서 검토의 핵심은 과업내용서의 요구사항(특히 아키텍처 관련 요구사항)이 제대로 반영되었는지이다. 따라서 과업 내용 기준선이 검토의 기준이 되어야 한다. 또한 상위 수준의 아키텍처를 정의하기 위해서는 시스템 기능, 성능, 가용성, 확장성, 보안, 안정성 그리고 시스템 및 데이터의 분산에 대한 사용자 요구사항이 업무 특성에 맞도록 적절하게 도출되었는지를 확인해야 한다. 발주기관 사용자, PM, QA, 아키텍처 설계 담당자, 관련 IT 기술 전문가 등 필요한 관련자들이 참석하는 것이 필수다.

<사례 130> 소프트웨어 아키텍처 정의 절차 사례

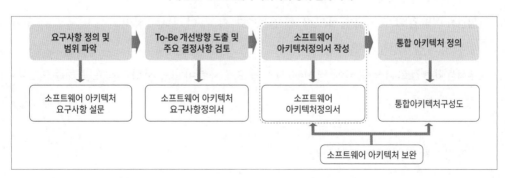

<사례 131> 소프트웨어 아키텍처정의서 작성 사례

1. 개요
1.1 개요
1.2 원칙
1.3 Logical Architecture – overview
1.4 Application Map

2. 솔루션 구축 방향
2.1 목표시스템
2.2 목표시스템 - Logical Architecture
2.3 Sales Portal - Logical Architecture
2.4 Biz Portal - Logical Architecture
2.5 SSO/EAM - Logical Architecture
2.6 BPM - Logical Architecture
2.7 Image - Logical Architecture
2.8 홈페이지 - Logical Architecture
2.9 인터페이스 - Logical Architecture
2.10 메타데이터 관리시스템
2.11 콜 센터
2.12 DB암호화
2.13 개인정보추적

3. 소프트웨어 아키텍처 구현 방안
3.1 인터페이스 표준
3.2 온라인 거래 유형 별 구현 방안
3.2.1 일반거래
3.2.2 연속거래
3.3 배치 거래 유형 별 구현 방안
3.3.1 배치
3.3.2 배치구분
3.3.3 대외 파일 송/수신
3.4 형상관리
3.4.1 빌드/배포
3.4.2 솔루션 별 형상/배포관리
3.4.3 연계 배포관리
3.5 표준화 구현 방안
3.5.1 화면 용어/DAO 용어 표준화 검증 방안
3.6 기타
3.6.1 사용자 별 기준일자 적용

4. Appendix
4.1 Appendix

③ 아키텍처 정의 결과 검토

PMO는 발주기관과 협의 및 확정한 내용을 바탕으로 아키텍처 정의 결과를 검토하고 검토보고서를 작성한다. 검토된 내용이 기준에 부합하지 않거나 아래 사항 등의 경우 신중하게 검토하여 의견을 제시한다.

- **누락 여부 검토:**
  - 사업에서 정한 비기능적인 기술 요건이 아키텍처정의서 등에 누락 여부
  - 국내 적용사례가 적은 하드웨어, 시스템 소프트웨어 등 핵심 구성요소의 사전 검증
  - 시스템, 네트워크, 스토리지 등 성능, 용량 산정 근거
  - 패키지 도입, 개발 도구 선정 시 사전 검증 여부
- **일관성 여부 검토:** 요구사항정의서, 품질보증계획서, 아키텍처정의서에 명시된 내용이 일관성과 상호정합성 유지 여부
- **추적성 확보 검토:** 계약문서에 명시된 시스템 요구사항이 요구사항추적표를 기준으로 추적 관리 여부

④ 아키텍처 정의 결과 조정작업

PMO는 발주기관 및 수행사에 PMO 검토보고서 작성 내용을 설명하고, 잘못된 검토 내용이 있는지 확인한다. 검토된 내용이 기준에 부합하지 않거나 발주기관의 수정 요청이 있는 경우 내용을 조정한다.

1.4 보안

1.4.1 보안 요구사항 정의 내용 검토 및 조정

보안 요구사항 정의 내용 검토 및 조정은 시스템 관점의 보안 요건과 응용 관점의 사용자 접근통제·분석, 데이터에 대한 접근권한·통제가 명확히 분석되었는지 등을 검토하는 것이다.

보안 요구사항 정의 내용 검토는 시스템 관점에서 조직의 중요 자산을 보호하기 위한 보안 목표 및 범위를 규정하고, 응용 관점에서 보안에 관한 사용자 요구사항과 발주기관의 보안정책 분석 여부를 확인하는 것이다. 또한 권한이 없는 사용자의 불법 접근 및 불법 사용방지에 대한 체계적인 분석을 한다. 그리고 데이터베이스 관점에서 저장/관리되는 안정적 데이터 관리를 통한 신뢰성 확보를 위해 접근권한/통제 및 데이터 암호화 등이 분석되었는지를 검토하는 데 목적이 있다.

PMO는 먼저 시스템 관점에서는 조직의 자산을 보호하기 위해 중요 자산 및 조직 전체 시스템에 대한 보안 사고가 유발될 가능성을 대비하기 위한 보안 요건분석을 한다. 보안정책의 수립 및 보안대책이 마련되었는지 확인한다. 또한 응용 관점에서는 사용자별/그룹별 접근권한 및 인증 절차, 이용 내역의 추적성 등이 분석 단계에서 적절히 도출되지 않고 응용시스템이 개발되면 기존 보안정책과 일관성 결여와 보안 취약성 문제가 발생하므로 이에 대한 충분한 요구사항이 도출되었는지 확인한다. 그리고 데이터 관점에서는 데이터베이스에 저장되는 데이터의 중요도에 따라 보안 등급을 부여하고 보안 수준에 따라 접근권한 및 방법, 통제 등을 명확하게 정의함으로써 시스템 신뢰성을 확보하기 위해 데이터 접근권한, 접근방법, 로그 관리 및 통제 등에 대한 정의, 데이터 중요도에 따른 암호화 대상 선정, 도입되는 데이터베이스 관리시스템에 제공되는 보안 도구(Tool)나 솔루션 분석 및 적용방안 수립 등을 확인한다.

1) 기준

보안 요구사항 정의 내용 검토 및 조정의 기준은 '보안요구사항정의서', '보안 관련 법규 및 보안정책서' 등이다. 보안요구사항정의서와 보안 관련 법규 및 보안정책서에 중요 자산을 보호하기 위한 보안 목표 및 범위, 권한이 없는 사용자의 불법 접근 및 불법 사용 방지, 데이터에 대한 접근권한/통제 및 데이터 암호화, 보안정책의 수립 및 보안대책의 마련, 사용자별/그룹별 접근권한 및 인증 절차, 이용 내역의 추적성, 기존 보안정책과의 일관성, 데이터 접근권한, 접근방법, 로그 관리 및 통제 등에 대한 정의와 데이터 중요도에 따른 암호화 대상 선정, 도입되는 데이터베이스 관리시스템에 제공되는 보안 도구(Tool)나 솔루션 분석 및 적용방안 수립 등이 적정하게 정의되었는지 검토한다. 이를 통해 시스템 관점의 보안 요건과 응용 관점의 사용자 접근통제·분석, 데이터에 대한 접근권한·통제가 명확히 분석되었는지 등을 점검한다.

2) 측정지표(*점검항목: 체크리스트)

PMO는 보안 요구사항 정의 내용 검토 및 조정을 위한 측정지표로 시스템 보안정책, 전반적인 보안 요건분석을 통한 대응책 마련, 응용 관점에서 사용자 보안 요구사항 분석, 사용자별/그룹별 접근 가능한 업무 분류, 사용자 인증 방법 및 절차, 보안사고 추적을 위하여 로그 대상과 관리 방법, 데이터 접근권한 및 통제, 데이터 중요도 및 데이터 암호화, 데이터베이스 관점에서 보안 관련 사용자 요구사항 등을 점검항목으로 활용한다. 점검항목은 <표 173>과 같이 점검항목별 점검결과(적합(O), 수정/보완(△), 누락(X), 제외(N/A))를 지표로 하여 점검한다.

<표 173> 보안 요구사항 정의 내용 검토 및 조정에 대한 측정지표

번호	점검항목	점검결과(O, △, ×, N/A)	PMO 검토 의견
1	• 시스템 보안정책이 적절히 수립되었는가? 　1) 시스템 보안정책이 발주기관의 보안 관련 법규 및 보안정책과 일관성을 유지하며 체계적으로 작성되었는지 여부 　　- 보안정책, 관련 법규 보안 관련 조항, 제안요청서/제안서/계약서/사업수행계획서 등 파악 및 분석 여부 　　- 정보시스템에서 수용하여야 하는 보안 관련 사항에 대하여 분석되었는지 여부 　　- 분석된 내용이 시스템 보안정책에 반영되었는지 여부 　2) 시스템이 목표로 하는 보안 목표가 시스템 보호 수준의 적정성 여부 　　- 시스템에 대한 보안 목표를 정의하였는지 여부 　3) 시스템 보안정책에 대한 지속적인 관리를 위한 절차 마련 여부 　　- 시스템 보안정책에 대하여 발주기관과 수행사 간의 충분한 이해를 한 상태에서 상호협의 여부 　　- 시스템 보안정책이 문서화되었는지 여부		
2	• 시스템의 전반적인 보안 요건분석을 통하여 적절한 대응책이 마련되었는가? 　1) 구축될 시스템의 유무형 자산에 대한 자산분석이 수행되었는지 여부 　　- 자산에 대한 세부 목록이 보안 취약점 분석평가 보고서에 작성 여부 　　- 시스템 보안정책서에 자산의 중요도 평가 기준의 수립 여부		

번호	점검항목	점검결과(○, △, ×, N/A)				PMO 검토 의견
2	- 중요도에 대한 평가 기준이 없을 시 정성적 평가 기준이나 정량적 평가 기준을 제시하고 시스템에 적합한 방법 여부 - 정성적/정량적 방법을 통하여 수립된 중요도 평가 기준에 근거하여 자산들이 적절한 등급으로 분류되었는지 여부 - 분석된 결과가 시스템 보안정책서에 반영되었는지 여부 2) 구축될 시스템에 영향을 미치는 위협이 분석되었는지 여부 　- 네트워크, 서버, 응용시스템, 데이터베이스 등 목표시스템의 구성 요소별로 예상되는 위협들이 보안 취약점 분석평가 보고서에 정의되었는지 여부 　- 대표적인 위협들이 시스템 구성 요소별 빠짐없이 정의되고 분석되었는지 여부 　- 보안 취약점 분석평가보고서에 발생빈도의 등급에 대한 기준 정의 여부 　- 보안 취약점 분석평가보고서에 대상 위협의 예상 발생빈도가 정의되었는지 여부 　- 보안 취약점 분석평가보고서에 위협 발생 시 예상되는 충격을 기준으로 위협순위의 분류 기준의 정의 여부 　- 분석된 위협들에 대하여 위협순위의 분류 기준에 의해 적절하게 위협순위가 보안 취약점 분석평가보고서에 정의되었는지 여부 　- 위협순위는 5단계(Very High, High, Medium, Low, Negligible – TTA 표준)를 기본으로 시스템의 성격에 따라 더욱 세분화되어 기술될 수 있음을 주지하고 해당 시스템에 미치는 영향도를 고려하여 위협순위의 적정성 여부 　- 정성적/정량적 방법을 통하여 수립된 중요도 평가 기준에 의해 보안 취약점 분석평가보고서에 조사된 자산들이 적절한 등급으로 분류되었는지 여부 　- 분석된 결과가 시스템 보안정책서에 반영되었는지 여부 3) 구축될 시스템에 내재 된 보안 취약성이 분석되었는지 여부 　- 네트워크, 서버, 응용시스템, 데이터베이스 등 목표시스템의 구성 요소별로 직관적으로 예상되는 취약성이 분석되어 보안 취약점 분석평가보고서에 정의되었는지 여부 　- 대표적인 취약성이 시스템 구성 요소별로 빠짐없이 정의되어 보안 취약점 분석평가보고서에 기술 여부 　- 보안 취약점 분석평가보고서에 시스템에 미치는 영향 및 보안정책을 고려하여 취약성에 대한 분류 기준이 정의되었는지 여부 　- 취약점 분류 기준에 따라 해당 취약점들이 분류되었는지 여부 　- 취약성의 분류 기준은 시스템에 미치는 영향 및 보안정책을 고려하여 규정되어야 하며, 5단계(Very High, High, Medium, Low, Negligible - TTA 표준)를 기본으로 시스템의 성격에 따라 더욱 세분화하여 기술될 수 있음을 주지하고 취약성 등급 적정성 반영 여부 4) 분석된 위협 및 취약성을 최소화할 수 있는 적절한 보안대책이 수립되었는지 여부 　- 사용자 보안 요구사항정의서를 검토하여 각 요구사항에 대한 대응책이 구체적으로 기술되었는지 여부 　- 사용자 요구사항의 내용과 위협 및 취약성 분석 결과를 비교 검토하여 공통적인 사항에 대한 검토 여부 　- 보안 취약성 분석평가보고서에 자산, 위협, 취약성, 대응책의 상호관계가 정의되어 제반 보안 분석 활동의 관계가 명확히 규정되었는지 여부 　- 보안 취약성 분석평가 보고서의 자산, 위협, 취약성, 대응책의 상호관계를 참조하여 네트워크, 서버, PC 및 단말기 보안을 위한 대응책의 설계 방안이 계획되어 시스템 보안정책서에 반영되었는지 여부 　- 네트워크, 서버, PC 및 단말기 보안 대응책은 사용자의 인증 및 식별, 네트워크 구조 구성 방안, 관리 방안 등 설계단계서 상세설계가 이루어질 항목으로 분류되었는지 여부 5) 보안시스템 도입 타당성과 시스템에 미치는 영향에 대한 분석 여부 　- 아키텍처설계서 등에 보안시스템에 대한 자세한 규격 및 기능들이 분석되어 이에 따른 용도의 규정 여부 　- 위협 및 취약점을 제거 또는 완화하도록 보안시스템의 기능에 따라 적절한 매핑 여부 　- 보안시스템의 운영으로 트래픽, 대역폭, 전송속도 등과 같은 시스템 성능에 미치는 영향에 대한 분석 여부 　- KISA나 국가정보원의 K4나 K2 등 공공기관 인증을 받은 제품 여부					
3	• 응용 관점에서 사용자 보안 요구사항이 명확히 분석되었는가? 1) 시스템 보안정책서, 보안정책서 및 현행시스템 운영지침서가 검토되었는지 여부 　- 응용시스템에서 구현되어야 할 사항이 사용자 요구사항정의서 내의 보안 요구사항정의서에 포함 여부					

번호	점검항목	점검결과(○, △, ×, N/A)				PMO 검토 의견
4	• 응용시스템의 사용자별/그룹별 접근 가능한 업무에 대한 분류가 명확히 되어있는가? 　1) 이용 그룹과 업무 내용이 조사, 분석되어 업무별 이용 가능 그룹 및 사용자 간 매핑 관계가 올바르게 도출되었는지 여부 　　- 현행 시스템분석서에 아래와 같은 내용이 조사, 분석되었는지 여부 　　·주요 업무별 이용 가능 그룹 　　·부서별 세부 업무 이용 가능 사용자 　　·접근권한 설정 방법					
5	• 사용자 인증 방법 및 절차에 대한 분석이 이루어졌는가? 　1) 사용자 인증 방법과 절차분석 내용이 사용자 보안 요구사항과 일치하는지 여부 　　- 사용자 인증 절차 관련 분석서를 통하여 사용자 인증 방법과 절차에 대한 분석의 적절성 여부 　　- 분석된 사용자 인증 방법 및 절차가 사용자 요구사항정의서 내의 보안 요구사항에 적절하게 반영되었고 상호 일치하는지 여부 　2) 허가받지 않은 사용자의 불법 로그인 및 불법 사용 방지를 위한 분석 여부 　　- 사용자 요구사항정의서 내의 보안 요구사항정의서에 사용 중인 ID와 패스워드를 도용한 불법 사용자가 중복 로그인 시 로그인을 거부하고 서비스 관리자에게 불법 로그인 사항을 통보하고 접근경로가 기록될 수 있도록 하는 요구사항이 분석되어 반영되었는지 여부 　　- 사용자 요구사항정의서 내의 보안 요구사항정의서에 로그인 후 일정 시간 응용시스템 사용 중단 시 자동 세션 로그아웃 및 세션 로그아웃 기준 시간의 정의 여부					
6	• 보안사고 추적을 위하여 로그 대상 및 관리 방법에 대한 분석이 이루어졌는가? 　1) 응용시스템 사용자의 로그 관리를 위하여 대상업무와 로그 내용에 대한 분석 여부 　　- 현행시스템분석서 내에 로그 관리 대상업무 및 내용에 대한 분석의 포함 여부 　　- 사용자 요구사항정의서 내의 보안 요구사항정의서에 로그 관리대상 업무 및 내용 반영 여부 　2) 로그된 내용에 대한 보관방안과 로그 내용의 용이한 검색을 위한 분석 여부 　　- 현행시스템분석서에 로그파일에 대한 디스크/테입의 보관 주기와 로그파일의 폐기 시점이 정의되었고 사용자 요구사항정의서 내의 보안 요구사항정의서에 반영되었는지 여부 　　- 현행시스템분석서에 로그파일 내용을 쉽게 검색할 수 있는 내용이 포함되었고 사용자 요구사항정의서 내의 보안 요구사항정의서에 반영되었는지 여부					
7	• 데이터 접근권한 및 통제에 대한 분석을 수행하였는가? 　1) 사용자별/그룹별 분류가 명확히 이루어졌는지 여부 　　- 사용자별/그룹별 분류가 시스템보안정책서에 정의된 주체들을 반영하고 있고, 모든 데이터베이스 사용자의 포함 여부 　2) 데이터 접근에 대한 사용자의 계정관리 및 패스워드 관리 방안에 대하여 분석 여부 　　- 사용자별/그룹별 분류체계에 정의된 모든 사용자의 계정이 데이터베이스 사용자 지침서에 정의 여부 　　- 데이터베이스 관리자 계정과 일반 업무 사용자계정이 명확히 분류되었는지 여부 　　- 데이터베이스 사용자지침서를 통하여 패스워드 구성체계가 시스템 보안정책 또는 패스워드 관리정책에 따라 부여 여부 　3) 데이터의 영역별로 책임이 명확히 구분되어 있고, 권한 및 통제에 대한 분석 여부 　　- 사용자별/그룹별 분류체계 또는 데이터베이스 사용자지침서에서 데이터 영역별로 사용자(개발자, 업무담당자) 계정 분류 여부 　　- 사용자별/그룹별 분류체계 또는 데이터베이스 사용자지침서에 데이터 영역별 책임자의 계정과 일반사용자 계정이 분류되었고, 각각의 책임과 데이터 접근권한이 분석되었는지 여부 　　- 데이터의 영역별로 데이터에 대한 접근권한 부여 및 통제 체계가 데이터베이스 사용자지침서 또는 사용자 요구사항정의서에 구축 여부 　4) 데이터베이스 관리자(DBA)의 권한 및 역할에 대한 적절한 분석 여부 　　- 데이터베이스 사용자지침서 및 사용자 요구사항정의서에 데이터베이스관리자(DBA)의 책임과 의무가 명시되었고, 담당자가 지정되었는지 여부 　　- 데이터베이스 전체에 대해 데이터베이스관리자(DBA)만이 슈퍼권한을 부여받고, 각각의 데이터 영역별로 서로 다른 책임자 계정이 분류 여부 　　- 전체 데이터베이스에 대한 접근권한 및 통제 역할을 수행하는 데이터베이스관리자(DBA)에 대한 관리방안이 데이터베이스 사용자지침서에 마련 여부					

번호	점검항목	점검결과(○,△,×,N/A)				PMO 검토 의견
7	5) 데이터의 처리 및 사용자 접근 통제의 보안기록 관리(Log관리)에 분석 여부 - 데이터의 read/write/insert/update/delete 기능이 적절히 수행되고, 기록에 남겨 관리하는 방안의 마련 여부 - 데이터값이나 데이터베이스를 변형할 수 있는 다른 기능들(function, built-in procedure)이 있는지 데이터베이스 사용자 지침서 및 기능정의서를 확인하고, 사용자의 이용을 통제하는 방안의 마련 여부 - 데이터베이스 접근 기록(Database Access Log)에 대한 수시 또는 정기적인 백업 방안이 데이터베이스 사용자 지침서에 마련 여부 - 데이터의 중요도에 따라 로깅(Logging) 대상 자료가 데이터베이스 사용자지침서 또는 시스템 보안정책서에 명시 여부 - 데이터베이스 로깅 자료의 접근권한 및 통제에 대한 방안이 데이터베이스 사용자지침서에 적절한 수립 여부					
8	• 데이터 중요도 및 데이터 암호화에 대한 분석을 수행하였는가? 1) 중요도별 데이터의 분류가 이루어졌고, 그에 대한 적절한 보호 방안이 분석되었는지 여부 - 데이터의 중요도에 따른 분류 기준이 명확하게 사용자 요구사항정의서에 정의 여부 - 사용자 요구사항정의서에 데이터의 중요도별 보안관리 방안의 분석 여부 - 예외 사항 발생 시, 데이터 중요도에 따른 처리 절차가 분석되어, 이에 대한 관리 방안이 사용자 요구사항정의서에 명시되었는지 여부 2) 데이터에 대한 암호화 방안이 마련되었고, 대상 데이터가 분석되었는지 여부 - 데이터의 중요도 또는 기밀성에 따라 암호화 대상이 선정되어 있고, 암호화의 대상자료가 사용자 요구사항정의서 또는 엔티티정의서에 정의 여부 - 암호화 방법이 도입하려는 DBMS상에 포함되어 있고, 구현 가능 여부를 사용자 요구사항정의서 또는 시스템 보안정책서에 분석하였는지 여부 - 신규 시스템에 대한 암호화 방법이 선정되어 있고, 기존 시스템의 암호화 방법과 호환성 여부를 사용자 요구사항정의서 또는 시스템 보안정책서에 분석하였는지 여부 - DBMS에서 암호화를 위하여 키를 사용할 경우에 암호화 키에 대한 관리 방안이 사용자 요구사항정의서 또는 시스템 보안정책서에 마련 여부					
9	• 데이터베이스 보안에 대한 사용자의 요구사항이 명확히 분석되었고, 그에 대한 대응방안이 분석되었는가? 1) 데이터베이스 보안에 대한 사용자의 요구사항 명확히 분석 여부 - 사업수행계획서, 회의록, 인터뷰결과서 등을 통해서 데이터베이스 보안 관련 요구사항을 모두 파악하였고, 사용자 요구사항정의서에 명확히 기술 여부 - 사용자 요구사항정의서에 데이터베이스 보안 관련 요구사항이 누락 여부 - 데이터베이스에 대한 보안 요구사항이 시스템 보안정책서와 사용자 요구사항정의서에 다르게 명시되어 있는지 상호 비교 여부 2) 데이터베이스 보안 관련 사용자 요구사항에 대한 대응방안 분석 여부 - 사용자 요구사항정의서에 데이터베이스 보안 관련 각각의 요구사항에 대하여 대응방안이 분석되었는지 여부 - 데이터베이스 보안 요구사항에 대한 대응방안이 위험에 대한 대응방안을 포함하고 있는지 사용자 요구사항 정의 여부 - 데이터베이스 보안에 대한 사용자 요구사항이 구현 가능한지에 대한 분석내용이 사용자 요구사항정의서에 기술 여부					

3) 절차

PMO는 수행사가 제출한 산출물(제안요청서, 제안서, 계약서, 사업수행계획서, 요구사항정의서, 요구사항추적표, 발주기관의 보안 관련 법규 및 보안정책 등)을 기준으로 정보시스템 보안정책서 협의 및 확정, 보안 요구사항 정의 내용 검토, 보안 요구사항 정의 내용 조정작업 등을 <그림 192>와 같이 보안 요구사항 정의 내용 검토 및 조정절차에 따라 검토하고 조정작업을 한다.

<그림 192> 보안 요구사항 정의 내용 검토 및 조정절차

Input	절차	Output
제안요청서/제안서/계약서/ 사업수행계획서 요구사항정의서/추적표 해당기관 보안 관련 법규 및 보안정책	① 정보시스템 보안정책서 협의 및 확정 ② 보안 요구사항 정의 내역 검토 ③ 보안 요구사항 정의 내역 조정작업	PMO 검토보고서 (조정) 요구사항정의서 (조정) 요구사항추적표

① 정보시스템 보안정책서 협의 및 확정

정보시스템 보안정책서 협의 및 확정에는 제안요청서, 제안서, 계약서, 사업수행계획서, 요구사항정의서, 요구사항추적표 등을 검토한다. 또한 특히 발주기관의 보안 관련 법규 및 보안정책을 빠짐없이 검토해야 법적 의무 준수사항의 미준수로 인한 과태료 부과 등 행정처분의 발생을 방지할 수 있다.

<표 174> 발주기관의 보안 관련 법규 및 보안정책 체계(예시)

구분	내용	비고
법률	국가정보화 기본법, 정보통신기반 보호법, 전자정부법, 전자서명법, 개인정보 보호법, 정보통신망 이용촉진 및 정보보호 등에 관한 법률, 위치정보의 보호 및 이용 등에 관한 법률, 신용정보의 이용 및 보호에 관한 법률, 통신비밀보호법 등	
대통령령	국가정보화 기본법 시행령 등 보안법률 시행령, 보안업무규정, 국가 사이버 안전관리규정 등	
시행규칙	보안업무규정 시행규칙 등	
고시	개인정보의 기술적 관리적 보호조치 기준, 개인정보의 안전성 확보 고시 등	
기본지침 및 실무지침	국가 정보보안 기본지침(국가정보원), 00기관 정보보안업무지침, 암호관리 실무지침, 서버 보안 실무지침, DBMS보안 실무지침, 네트워크보안 실무지침, 재해복구 실무지침, 정보보호시스템 보안 실무지침, 주요정보통신기반시설 보호 실무지침, SW개발 보안 실무지침, 위험관리 실무지침, 자산관리 실무지침, 정보화사업 용역업체 보안 실무지침, 국회 의정정보시스템 활용 및 업무 실무지침, 보안성 검토 및 보안 적합성 검증 실무지침, 백업 관리 실무지침, 정보 보안 감사 실무지침, 정보시스템 운영관리지침 등	
국제표준	ISO 27001, ISO 27701, ISO 27014, ISO 27018 등	
보안 분야 가이드라인	DDoS 공격 대응 가이드, 주요 정보통신 기반 시설 기술적 취약점 분석·평가 방법 상세가이드, 랜섬웨어 대응 가이드, 중앙 관리 소프트웨어 보안 가이드 등	

<그림 193> 국내 대표적인 정보보호 관련 법률 목록

구분	법령명
국가기밀보호	군사기밀보호법, 보안업무규정, 군 형법 등
중요 정보의 국외 유출 방지	산업기술의 유출 방지 및 보호에 관한 법률, 기술의 이전 및 사업화 촉진에 관한 법률, 민·군겸용기술사업 촉진법, 부정경쟁방지법 및 영업비밀보호에 관한 법률 등
전자서명 및 인증	전자서명법, 전자정부법 등

구분	법령명
정보통신망과정보 시스템의 보호 추진	국가정보화기본법, 정보통신기반보호법, 정보통신망 이용 촉진 및 정보보호 등에 관한 법률, 전자정부법, 전 자문서 및 전자거래 기본법, 국가사이버안전관리규정 등
침해행위의 처벌	정보통신기반보호법, 정보통신망 이용 촉진 및 정보보호 등에 관한 법률, 전자무역 촉진에 관한 법률, 형법 등
개인정보보호	개인정보 보호법, 정보통신망 이용 촉진 및 정보보호 등에 관한 법률, 신용정보의 이용 및 보호에 관한 법률 등

출처: 정보보호백서(2014)

<사례 132> 공공기관 전산보안정책 수립을 위한 지침서

공공기관 전산보안정책 수립을 위한 지침서 (TTA.KO-10.0089)

이민구
한국전산원 정보화평가분석단 연계표준부 주일연구원

1. 서 론

컴퓨터 전산망과 정보기술의 급격한 발전으

지정하여 운영하지 않고 타 업무를 수행하면
서 보안업무를 수행하고 있어 보안기술의 축
적이나 개별기관의 보안대책 수립에는 한계가

출처: TTA.KO-10.0089

<사례 133> 각종 지침 사례

「국가정보보안 기본지침(2020.7.1 시행)」 주요 개정 내용

□ 추진 배경

o 최근 非대면 업무환경(온라인 개발·유지보수, 원격근무, 화상회의,
온라인교육) 확산에 따라 관련 보안정책 현실화

o 정보통신제품 도입 관련 정책 개선 및 국회·민간과의 업무자료 소통
수단 구체화 등 각급기관 요청 개정 소요를 반영

□ 개정(안) 주요내용

① 용역업체를 활용한 정보화사업시 일정한 보안사항 준수 및 통제하에
온라인 개발·유지보수를 허용할 수 있는 근거 마련 (제12·13·26
조, 제27조의2, 제28조의2, 제42·51·52조)

정보보안업무지침

2009. 8. 7. 제정
2016. 00.00. 개정

제1장 총 칙

제1조(목적) 이 지침은 「국가 정보보안업무 기본지침」, 국토교통부 정보 보안업무규정 및
공단 보안업무관리규정에 의거 한국철도시설공단(이하 "공단"이라 한다)의 정보보안업무에
필요한 사항을 규정함으로써 정보보안의 효율성 제고를 목적으로 한다.

제2조(적용범위) 공단 정보보안업무에 관하여 다른 법령이나 규정에서 정한 것을 제외하고는
이 지침이 정하는 바에 의한다.

제3조(정의) 이 지침에서 사용하는 용어의 정의는 다음과 같다.
1. "정보통신망"이란 「전기통신기본법」 제2조제2호에 따른 전기통신설비를 활용하거나 전

출처: https://www.kr.or.kr › boardCnts › fileDown

통상 보안정책 수립은 프로젝트 규모에 따라서 다른 형태를 보이는 것이 일반적이다. 대형 프로젝트 경우에는 보안정책서, 중형 프로젝트 경우에는 아키텍처정의서에 포함되기도 하고 보안아키텍처정의서(<사례 136>, <사례 137> 참조)가 작성되기도 하며, 소형 프로젝트 경우에는 보안 요구사항정의서(<사례138> 참조) 형태를 보이기도 한다.

보안정책이 없는 경우, 국정원의 「국가 보안 업무 기본지침」과 「중앙 부처의 전산 보안 업무지침」(<사례 133> 참조), 내부 정보시스템별 운영지침 등을 기반으로 사용자 요구사항을 분석하여 시스템 보안정책을 수립하도록 하되, 수립 시에 관련 표준인 전산보안정책 수립을 위한 지침(TTA.KO-10.0089/R1, 99.9.28), 공공정보 시스템 보안을 위한 위험분석표준·개념과 모델(TTA, 98.11)을 참조하도록 한다.

다만, 소프트웨어 보안 약점 진단(시큐어코딩)과 관련된 사항은 개발표준지침서로 작성하며, 해당 프로젝트의 보안점검이나 자료보안 사항 등은 보안관리계획서로 작성하는 것이 일반적이다.

<사례 134> 정보시스템 보안정책서 작성 사례 1

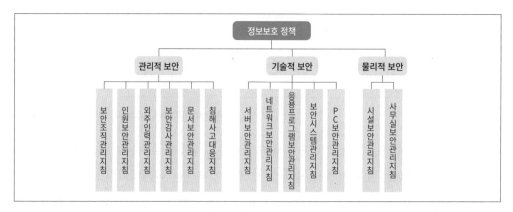

출처: https://blog.jiran.com/1233

<사례 135> 정보시스템 보안정책서 작성 사례 2

출처: ISMS구축 및 운용교육-실무자 과정

<사례 136> 보안아키텍처정의서 작성 사례 1

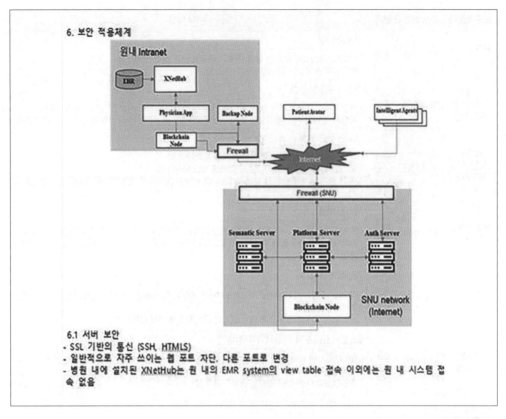

6. 보안 적용체계

6.1 서버 보안
- SSL 기반의 통신 (SSH, HTMLS)
- 일반적으로 자주 쓰이는 웹 포트 차단, 다른 포트로 변경
- 병원 내에 설치된 XNetHub는 원 내의 EMR system의 view table 접속 이외에는 원 내 시스템 접속 없음

출처: A기관 프로젝트

<사례 137> 보안 아키텍처정의서 작성 사례 2

- 아키텍처 정의서 목차 -

• INSTANCE

INSTANCE	vCPU	Memory	DISK(OS)	DISK(DB)	OS	비고
WEB+G/W	4	8	50	250	Linux	오토스케일링그룹/이중화
SVCAP	4	8	50	250	Linux	오토스케일링그룹/이중화
관리AP	4	8	50	250	Linux	오토스케일링그룹/이중화
Manage	4	8	50	250	Linux	이중화
Batch	4	8	50	250	Linux	
DB서버	8	16	50	250	Linux	이중화
REDIS서버 (session)(구성용)	4	16	50	100	Linux	HA구성 (Master1/Node2) 추가 서비스
개인정보포털서버	4	16	50	500	Linux	서비스제공용
빅데이터-서비스AS	8	32	50	950	Linux	빅데이터
빅데이터-데이터노드	8	32	50	950	Linux	빅데이터
공통관리서버	8	32	50	950	Linux	빅데이터
Workflow서버	16	128	50	950	Linux	빅데이터
저장변환	8	16	50	250	Linux	빅데이터
정보수집서버	4	8	50	450	Linux	빅데이터
Gitlab/Jenkins서버	4	8	500		Linux	CI/CD

요구사항명	고유번호	분류	세부 내용
사용자 인증 요구사항	SER-001	인증	사용자 인증 - 아이디/패스워드 로그인 창을 통하여 사용자 인증 수행하여야 함 - 비밀번호는 복잡도 정책을 준수하여야 함
사용자 계정/권한 요구사항	SER-002	권한	사용자계정 및 권한 - 사용자계정은 사용자를 등급 및 역할에 따라 분류하고 접속 여부를 설정할 수 있어야 함 - 사용자 권한은 시스템 자료의 검색 및 조회에 대한 접근권한을 규정하여 관리할 수 있어야 함
로그인 보안 조치 요구사항	SER-003	보안 조치	로그인 보안 조치 - 정보시스템 로그인에 대한 보안 조치를 수행해야 함 * 로그인 실패 횟수가 5회 이상 시 접속을 제한하여야 함 * 여러 명이 동시에 동일한 사용자계정으로 정보시스템에 로그인하지 못하도록 동시 로그인을 차단해야 함
페이지 보안 요구사항	SER-004	화면 보안	페이지 보안 - SQL인젝션, 크로스사이트 스크립팅, 웹쉘 업로드, 임의파일 다운로드 등의 웹 취약점이 없어야 함 - 관리자를 위한 별도의 클라이언트 프로그램을 제공할 경우는 악용 가능한 취약점이나 기능이 없어 야 함
개인정보 요구사항	SER-005	개인 정보	개인정보 보호 - 각 기능에 명시된 개인정보(패스워드, 주민등록번호, 학번, 계좌번호 등)는 반드시 암호화하여 DB 에 저장해야 함 - 관리자인 경우에도 화면에 해당 정보를 그대로 노출하지 않아야 함
DB 보안 요구사항	SER-006	DB 보안	DB 접근권한 통제 및 접근이력 관리 - DB 사용자의 임의 접근을 차단하고, 접근을 허가한 경우라도 신청자의 업무와 관련된 DB에 로의 접근만 허가함 - 개인정보에 대한 접근 이력을 관리하여야 함

개발 보안
요구사항
	SER-007	개발
		보안
			소프트웨어 개발 보안(시큐어코딩) 관련 가이드 준수
			
			- 소프트웨어 개발 보안(시큐어코딩)에 해당하는 사업의 경우는 기능개발 시 소프트웨어 개발
			  보안 가이드(KISA) 및 점검 시 소프트웨어 보안 약점 진단 가이드(KISA), '소프트웨어 개발 보
			  안 가이드' 준수

출처: B기관 프로젝트

② 보안 요구사항 정의 내용 검토

PMO는 발주기관과 협의 및 확정한 내용을 바탕으로 보안 요구사항 정의 내용을 검토 후 검토보고서를 작성한다. 검토된 내용이 기준에 부합하지 않거나 수정 보완이 필요한 경우 신중하게 추가작업을 실시하여 의견을 제시한다.

- **준수 여부 검토:** 발주기관의 보안 관련 법규 및 보안정책 등을 기준으로 법적 의무사항 등의 준수 여부(Security Compliance Check)
- **누락 여부 검토:** 제안요청서, 제안서, 사업수행계획서, 요구사항정의서 등을 기준으로 중

요한 사항의 누락 여부

- **추가 사항 검토:** 제안서를 중심으로 사업자가 제시한 추가 제안 등에 대한 실효성 등을 검토하여 반영 여부 검토
- **변경 근거성 검토:** 보안 요구사항 삭제/변경에 대하여 범위 변경으로 인한 사업비 변경 폭 등을 검토하고 이해관계자의 참여/승인 등과 함께 결과를 회의록 또는 공문 등의 형태로 확보하여 근거성 확보 여부 검토
- **내용 충분성 검토:** 정의된 보안 요구사항 내용의 구체적 사항 확보 여부
- **검증 가능성 검토:** 정의된 보안 요구사항 달성 여부를 검증이 가능한 체계 확보를 위하여 추적 관리 체계와 검증 방법의 구체성 확보 여부
- **추적성 확보 검토:** 보안 요구사항의 추적 관리 가능 여부

③ 보안 요구사항 정의 내용 조정작업

PMO는 발주기관 및 수행사에 PMO 검토보고서 작성 내용을 설명하고, 잘못된 검토 내용이 있는지 확인한다. 검토된 내용이 기준에 부합하지 않거나 발주기관의 수정 요청이 있는 경우 내용을 조정한다.

1.4.2 보안 분석 결과 검토 및 조정

보안 분석 결과 검토 및 조정은 시스템 보안 요건이 분석되었는가를 검토하는 것이다. 조직의 중요 자산을 보호하기 위한 보안 목표 및 보호범위를 명확히 규정하는 것이 필요하다. 이를 달성할 수 있는 분석 활동을 통해 시스템에 영향을 미치는 시스템 보안 요건이 분석되었는지, 정보시스템에 대한 현상 분석을 기반으로 자산분석과 위협분석을 통하여 분석된 취약성을 해결하기 위한 보안 대응책이 마련되었는지, 보안시스템이 도입될 경우 이에 대한 타당성이 검토되고 시스템에 미치는 영향에 대한 분석이 이루어졌는지 등을 확인하는 데 목적이 있다.

시스템 보안 요건의 분석은 조직의 중요 자산을 보호하기 위해 중요한 사항으로써 이것을 수행하지 않고 개발이 진행될 경우, 중요 자산 및 조직 전체 시스템에 대한 보안 사고가 유발될 가능성이 있다. 따라서 PMO는 시스템 보안 요건분석을 통하여 시스템에 적합한 보안정책의 수립 및 보안대책이 마련되었는지 확인한다.

1) 기준

현행 보안 분석 결과 검토 및 조정의 기준은 '사용자 요구사항정의서', '보안 관련 법규 및 보안정책', '시스템 보안정책서'이다. 보안요건분석을 수행하지 않고 개발하면 중요 자산 및 조직 전체 시스템에 대한 보안 사고가 유발될 가능성이 있다. 이를 예방하기 위해 시스템 보안 요건이 적절하게 분석되었는지를 파악한다.

2) 측정지표(* 점검항목: 체크리스트)

PMO는 보안 분석 결과 검토 및 조정을 위한 측정지표로 시스템 보안정책의 적절한 수립 여부, 시스템의 전반적인 보안 요건분석을 통하여 적절한 대응책의 마련 여부, 응용 관점에서 사용자 보안 요구사항의 명확성 여부, 응용시스템의 사용자별/그룹별 접근 가능한 업무에 대한 분류의 명확성 여부, 사용자 인증 방법 및 절차에 대한 분석 여부, 보안사고 추적을 위하여 로그대상 및 관리 방법에 대한 분석 여부, 데이터 접근권한 및 통제에 대한 분석 수행 여부, 데이터 중요도 및 데이터 암호화에 대한 분석 여부, 데이터베이스 보안에 대한 사용자의 요구사항이 명확히 분석 및 대응방안으로 분석되었는지 여부 등을 점검항목으로 활용한다. 점검항목은 <표 175>와 같이 점검항목별 점검결과(적합(O), 수정/보완(△), 누락(X), 제외(N/A))를 지표로 하여 점검한다.

<표 175> 보안 분석 결과 검토 및 조정에 대한 측정지표

번호	점검항목	점검결과(O, △, ×, N/A)				PMO 검토 의견
1	• 시스템 보안정책이 적절히 수립되었는가? 　1) 시스템 보안정책이 발주기관의 보안 관련 법규 및 보안정책과 일관성을 유지하며 체계적으로 작성되었는지 여부 　　- 구축할 정보시스템의 보안정책 수립 시 영향을 미치는 보안정책, 관련 법규의 보안 관련 조항, 제안요청서/제안서/계약서/사업수행계획서 등에 대한 파악 및 분석 여부 　2) 시스템이 목표로 하는 보안 목표가 시스템의 보호 수준 적정성 여부 　　- 구축될 시스템의 업무특징과 보안 투자 비용 등을 고려하여 규정한 보안 목표의 적정성 여부 　3) 시스템 보안정책에 대한 지속적인 관리 절차 마련 여부 　　- 위협 및 취약성 점검에 따라 물리적, 관리적, 기술적 보안대책이 수립되어 보안정책에 반영될 수 있도록 체계가 구성되었는지 여부					
2	• 시스템의 전반적인 보안 요건분석을 통하여 적절한 대응책이 마련되었는가? 　1) 구축될 시스템의 유/무형 자산에 대한 자산분석의 수행 여부 　　- 정성적/정량적 방법을 통하여 수립된 중요도 평가 기준에 근거하여 보안 취약점 분석평가 보고서에 조사된 자산들이 적절한 등급으로 분류되었는지 여부					

번호	점검항목	점검결과(○, △, ×, N/A)				PMO 검토 의견

2	2) 구축될 시스템에 영향을 미치는 위협이 분석되었는지 여부
	  - 대표적인 위협들이 시스템 구성 요소별로 빠짐없이 정의 여부
	3) 구축될 시스템에 내재 된 보안 취약성이 분석되었는지 여부
	  - 네트워크, 서버, 응용시스템, 데이터베이스 등 목표시스템의 구성 요소별로 직관적으로 예상되는 취약성이 분석되어 보안 취약점 분석평가보고서에 정의되었는지 여부
	4) 분석된 위협 및 취약성을 최소화할 수 있는 적절한 보안대책이 수립되었는지 여부
	  - 사용자 보안 요구사항정의서를 검토하여 각 요구사항에 대한 대응책이 구체적으로 기술 여부
	5) 보안시스템 도입 타당성과 시스템에 미치는 영향에 대한 분석 여부
	  - 아키텍처설계서 등에 보안시스템에 대한 자세한 규격 및 기능들이 분석되어 이에 따른 용도의 규정 여부					

3	• 응용 관점에서 사용자 보안 요구사항이 명확히 분석되었는가?
	1) 시스템 보안정책서, 보안정책서 및 현행 시스템 운영지침서가 검토되었는지 여부
	  - 시스템 보안정책서와 보안정책서에서 언급된 사항 중 응용시스템에서 구현할 사항이 사용자 요구사항정의서 내의 보안 요구사항정의서에 포함 여부
	2) 응용시스템의 사용부서, 운영부서 및 보안 담당 관리자와 인터뷰를 통해 필요한 보안 요구사항의 도출 여부
	  - 응용시스템 사용부서 관리자와 인터뷰를 통한 업무별 보안 요구사항, 보호 대상 자료 분류, 데이터의 보호 수준 등 응용시스템 보안 요구사항이 사용자 요구사항정의서 내의 보안 요구사항정의서에 포함 여부					

4	• 응용시스템의 사용자별/그룹별 접근 가능한 업무에 대한 분류가 명확히 되어있는가?
	1) 이용 그룹과 업무 내용이 조사, 분석되어 업무별 이용 가능 그룹 및 사용자 간의 매핑관계가 올바르게 도출되었는지 여부
	  - 현행시스템분석서 내의 사용자별/그룹별 분류 체계서에 사용자 및 사용그룹 대비 접근 가능한 업무에 대한 매핑관계를 설명하는 사용자/그룹 대비 업무 매핑도가 적절히 작성되었고 요구사항정의서 내의 보안 요구사항정의서에 반영되었는지 여부
	2) 사용자 및 그룹 변동 환경변화 적용을 위한 관리자 기능 분석 여부
	  - 현행시스템분석서와 사용자 요구사항정의서 내의 보안 요구사항정의서에 사용자별/그룹별 접근 가능한 업무의 변경을 위한 관리자 기능이 분석되었는지 여부					

5	• 사용자 인증 방법 및 절차에 대한 분석이 이루어졌는가?
	1) 사용자 인증 방법과 절차분석 내용이 사용자 보안요구사항과 일치하는지 여부
	  - 보안정책서 및 시스템 보안정책서, 현행시스템분석서 내의 사용자 인증 절차 관련 분석서를 통하여 사용자 인증 방법과 절차에 대한 분석의 적절성 여부
	2) 허가받지 않은 사용자의 불법 로그인 및 불법 사용 방지를 위한 분석 여부
	  - 사용자 요구사항정의서 내의 보안 요구사항정의서에 사용 중인 ID와 패스워드를 도용한 불법 사용자가 중복 로그인 시 로그인을 거부하고 서비스 관리자에게 불법 로그인 사항을 통보하고 접근경로가 기록될 수 있도록 하는 요구사항이 분석되어 반영되었는지 여부					

6	• 보안사고 추적을 위하여 로그대상 및 관리 방법에 대한 분석이 이루어졌는가?
	1) 응용시스템 사용자의 로그 관리를 위하여 대상 업무와 로그 내용에 대해 분석 여부
	  - 현행시스템분석서 내에 로그 관리 대상 업무 및 내용에 대한 분석 포함 여부
	2) 로그 내용에 대한 보관방안과 로그 내용의 쉬운 검색을 위한 분석 여부
	  - 현행 시스템 분석서에 로그파일 내용을 쉽게 검색할 수 있는 내용이 포함되었고 사용자 요구사항정의서 내의 보안요구사항정의서에 반영되었는지 여부					

7	• 데이터 접근권한 및 통제에 대한 분석을 수행하였는가? 1) 사용자별/그룹별 분류가 명확성 여부 - 사용자별/그룹별 분류가 시스템 보안정책서에 정의된 주체들을 반영하고 있고, 모든 데이이터베이스 사용자의 포함 여부					

번호	점검항목	점검결과(○, △, ×, N/A)	PMO 검토 의견
7	2) 데이터 접근에 대한 사용자의 계정관리 및 패스워드 관리 방안에 대하여 분석 여부 　- 사용자별/그룹별 분류체계에 정의된 모든 사용자의 계정이 데이터베이스 사용자지침서에 정의 여부 　- 데이터베이스 사용자 지침서를 통하여 패스워드 구성체계가 시스템 보안정책 또는 패스워드 관리정책에 따라 부여 여부 3) 데이터의 영역별로 책임이 명확히 구분되어 있고, 권한 및 통제에 대한 분석 여부 　- 사용자별/그룹별 분류체계 또는 데이터베이스 사용자지침서에 데이터 영역별 책임자의 계정과 일반사용자 계정이 분류되었고, 각각의 책임과 데이터 접근권한이 분석되었는지 여부 4) 데이터베이스 관리자의 권한 및 역할에 대한 적절한 분석 여부 　- 전체 데이터베이스에 대한 접근권한 및 통제 역할을 하는 데이터베이스관리자(DBA)에 대한 관리 방안이 데이터베이스 사용자지침서에 마련 여부 5) 데이터의 처리 및 사용자 접근·통제의 보안기록 관리(Log관리)에 분석 여부 　- 데이터의 read/write/insert/update/delete 기능이 적절히 수행되고, 기록에 남겨 관리하는 방안의 마련 여부		
8	• 데이터 중요도 및 데이터 암호화에 대한 분석을 수행하였는가? 1) 중요도별 데이터의 분류가 이루어졌고, 그에 대한 적절한 보호 방안이 분석되었는지 여부 　- 데이터의 중요도에 따른 분류 기준이 명확하게 사용자 요구사항정의서에 정의 여부 2) 데이터에 대한 암호화 방안이 마련되었고, 대상 데이터가 분석되었는지 여부 　- 신규 시스템에 대한 암호화 방법이 선정되어 있고, 기존 시스템의 암호화 방법과 호환성 여부를 사용자 요구사항정의서 또는 시스템 보안정책서에 분석하였는지 여부		
9	• 데이터베이스 보안에 대한 사용자의 요구사항이 명확히 분석되었고, 대응방안이 분석되었는가? 1) 데이터베이스 보안에 대한 사용자의 요구사항이 명확히 분석되었는지 여부 　- 사업수행계획서, 회의록, 인터뷰 결과서 등을 통해서 데이터베이스 보안 관련 요구사항을 모두 파악하였고, 사용자 요구사항정의서에 명확히 기술 여부 2) 데이터베이스 보안 관련 사용자 요구사항에 대한 대응방안이 분석되었는지 여부 　- 사용자 요구사항정의서에 데이터베이스 보안 관련 각각의 요구사항에 대하여 대응방안의 분석 여부		

3) 절차

PMO는 사업자가 제출한 제안요청서, 제안서, 계약서, 사업수행계획서, 요구사항정의서, 요구사항추적표, 발주기관의 보안 관련 법규 및 보안정책을 기준으로 보안 분석 결과를 협의 및 확정하고, 보안 분석 결과 검토 및 검토보고서 작성, 보안 분석 결과 조정작업 등을 <그림 194>와 같이 보안 분석 결과 검토 및 조정 절차에 따라 검토하고 조정작업을 한다.

<그림 194> 보안 분석 결과 검토 및 조정절차

Input	절차	Output
제안요청서/제안서/계약서/ 사업수행계획서 요구사항정의서/요구사항추적표 발주기관의 보안 관련 법규 및 보안정책	① 보안 분석 결과 협의 및 확정 ② 보안 분석 결과 검토 ③ 보안 분석 결과 조정 작업	PMO 검토보고서 (조정) 요구사항정의서 (조정) 요구사항추적표

① 보안 분석 결과 협의 및 확정

PMO는 제안요청서, 제안서, 계약서, 사업수행계획서, 요구사항정의서, 요구사항추적표, 발주기관의 보안 관련 법규 및 보안정책, 수행사가 작성한 내용 등을 검토하여 보안 요건이 외부 환경변화 등에 적정하게 분석되었는지 검토 및 조정한다.

다음은 구글에서 검색한 보안 분석 후 검토를 위한 다양한 관점 사례이다.

<사례 139> XDR 보안 분석 사례

XDR(Extended Detection and Response) 보안 분석은 많은 양의 정보를 검사하여 의심스러운 일련의 활동을 식별한다. XDR 보안 분석은 수집된 활동 데이터 사이에 숨겨져 있는 제로데이 및 표적 공격과 같은 위협을 찾는다. 보안 분석은 서로 다른 프로토콜, 서로 다른 제품 및 서로 다른 보안 계층에서 제공되는 다양한 원격 측정 피드의 문제를 해결하기 위해 XDR의 핵심에 위치하고 있다. XDR에는 일반적으로 이메일, 엔드포인트(end point), 서버, 클라우드 워크로드(Workload) 및 네트워크 등 다양한 벡터에서 오는 활동 데이터가 포함된다.

그런 다음 보안 분석 엔진이 해당 데이터를 처리하고 정의된 필터, 규칙 또는 모델을 기반으로 경고를 트리거(trigger) 한다. 분석은 XDR 플랫폼으로 들어오는 정보를 함께 연결하여 보안 이벤트와 그 심각성을 식별한다. XDR은 머신러닝, 데이터 스태킹(Stacking) 또는 기타 빅데이터 분석 등 최고의 분석 기술 또는 기술 조합을 사용하여 탐지한다. XDR 분석은 활동 데이터를 조사하고 보안 계층 전체에서 다양한 행동 패턴을 찾아 복잡한 다단계 공격을 식별한다.

출처: https://www.trendmicro.com/ko_kr/what-is/xdr/ security-aN/Alytics.html

<사례 140> 보안 분석과 탐지 모델

XDR 보안 분석은 서로 다른 보안 계층 내에서 그리고 전체에 걸쳐 낮은 신뢰도 이벤트, 행동을 연관시키는 것이다. 보안 분석가는 의심스러운 활동의 부분별로 조각을 보는 대신 XDR은 일련의 이벤트가 악의적인지 연관/식별할 수 있다. XDR은 엔드포인트의 드문 웹 도메인 액세스와 관련하여 의심되는 피싱 이메일을 볼 수 있으며, 이후 스크립트 실행 후에 저장된 파일까지 확인한다. 그러면 조사할 악의적인 활동에 대한 XDR 탐지로 이어진다.

XDR은 개별적으로 감지된 이벤트 및 기타 활동 데이터를 가져와 더 정교한 탐지를 수행하기 위해 클라우드 분석을 적용하는 상관분석을 한다. XDR은 개별 제품만으로는 볼 수 없는 행동에 중점을 둔다.

XDR 분석의 경우 사용 가능한 규칙, 소스 및 레이어가 많을수록 좋다. 그러나 중요한 것은 데이터의 품질이다. 품질과 분석 내용이 의미가 없는 경우는 데이터수집 또한 유용한 것은 아니다.

• 탐지 규칙 및 기술: 클라우드 인프라를 활용하여 새로운 또는 향상된 위협 탐지 규칙 및 모델을 정기적으로 푸시하여 의심스러운 일련의 활동을 찾는다. 빈번하게 사용됨에 따라 머신러닝 탐지 기술은 탐지 효과를 개선하고 오탐을 줄이기 위해 지속적으로 개선하고 있다.

- 출처: 위협 연구와 위협 인텔리전스는 위협 환경이 진화함에 따라 새로운 탐지 모델을 발전시킬 수 있다. 탐지 모델은 MITER 공격 기술과 같은 내부 및 외부 위협 정보를 통합해야 한다.
- 레이 : 더 많은 보안 계층이 추가될수록 플랫폼의 계층 간 분석 기능이 향상되므로 사용자에게 기하급수적으로 늘어나는 가치를 제공할 수 있다.

<사례 141> 보안 분석과 관제 사례

보안 분석과 관제, 커다란 변화가 다가오고 있다

첫째, 보안 분석과 관제는 점점 더 어려워지고 있다. 조사에 응한 사람 중 63%가 보안 분석과 관제의 난이도가 2년 전과 비교해 급격히 올라갔다고 답했다. 여기에는 외부적인 요인과 내부적인 요인이 있다. 응답자의 41%는 외부적인 요인으로 위협 지형도의 급격한 변화를 꼽았다. 공격 표면이 빠르게 늘어나고 있기 때문이라고 답한 응답자가 다음으로 많은 30%를 차지했다. 내부 요인에는 무엇이 있을까? 응답자의 35%가 수집되는 보안 데이터가 지나치게 많다고 답했다. 2년 전과 비교해 말도 안 되는 양이라는 것이다. 34%는 보안 경고의 양이 급격하게 늘어난 것을 꼽았다. 29%는 보안 관제는 하루가 다르게 복잡해져 좇아가기가 힘들다고 답했다. 보안 전문가들은 이런 외부 및 내부 요인들을 모두 감내할 뿐만 아니라 극복해야 하는 짐을 지고 있다.

둘째, 보안 데이터 파이프라인에 딜레마가 있다. 32%의 응답자는 "2년 전과 비교해 확연히 많은 데이터를 수집한다."라고 답했다. 44%는 "어느 정도 많은 데이터를 수집한다."라고 답했다. 52%는 "이렇게 수집한 데이터를 2년 전보다 훨씬 더 긴 기간 보관한다."라고 답하기도 했다. 즉 보안 분석가와 운영자들 손에 훨씬 더 많은 데이터가 들려 있다는 것이다. 이 때문에 데이터 보관에 더 높은 비용이 들어가고, 데이터 처리도 훨씬 더 어려워지고 있다. 보안 분석가들은 "이제는 데이터가 너무 많아서 장님이 되고 있는 상황"이라고 입을 모았다. 문제가 될 정도로 데이터가 많이 수집되고 있는 현재의 파이프라인은 확실히 문제가 있다.

셋째, 온-프레미스(On-Premise) SIEM은 불완전한 해결책이라는 사실이다. 70%의 응답자들이 "아직도 전통의 SIEM 시스템을 바탕으로 보안 분석과 관제 업무를 실시한다."고 답했다. SIEM을 중심에 두고, 현대화된 도구를 몇 가지 더 추가해 관제 센터를 운영하는 조직이 대다수라는 것이다. 그러면서 응답자들은 "위협 탐지, 대응, 수사, 위협분석, 자동화, 오케스트레이션 등 각종 도구가 늘어나고 있는 중"이라고 덧붙였다. SIEM이 그렇게 완벽하다면, 왜 저 많은 추가 도구들이 덧붙어야 하는 걸까?.

이에 대해 응답자들은 "이미 알려진 위협을 탐지하는 것과 컴플라이언스 관련 보고를 받는 데에 있어 훌륭하다."라고 답했다. "하지만 알려지지 않은 위협을 발견하는 것과, 탐지와 보고를 제외한 다른 보안 기능을 수행하는 데에는 부적절하다."라는 의견이 뒤따라 붙었다. 게다가 "충분한 훈련과 경험이 있어야만 SIEM을 다룰 수 있다."는 응답이 23%, "전담 인원이 항시 붙어있어야만 유용해지는 장치"라는 사람이 21%를 차지하기도 했다. SIEM은 당분간 보안의 현장에 남아 있을 것은 분명하지만, 많은 보완 작업이 필요한 것도 사실이며, 딜레마다.

넷째, 인원 보강 문제는 어디에나 존재한다. 정확히 3/4의 응답자들이 "보안 분석과 관제의 난이도 있는 것은 인재 부족 문제도 작용하고 있다."라고 답했다. 그러면 채용을 더 많이 하면 될 것 아닌가? 하지만 문제가 그리 간단치만은 않다고 한다. 응답자의 70%가 "분석과 관제를 할 줄 아는 인력을 찾는 게 굉장히 어렵다."라고 답했다. 그래서 최근 많은 조직이 관리 서비스 혹은 보안 관제 대행 서비스로 눈길을 돌리고 있다. 응답자의 74%가 이미 관리 서비스를 사용하고 있으며, 90%가 관리 서비스의 활용도를 높일 예정이라고 답했다.

여섯째, 보안 분석과 관제, 공공 클라우드로 옮겨가고 있다. 과거 CISO는 온-프레미스의 보안 분석 및 관제 기능에 직접 손대고 관여하는 걸 선호했다. 하지만 그럴 기회가 점점 사라지고 있다. 클라우드 기반의 분석과 관제 기술이 빠르게 도입되고 있기 때문이다. 응답자의 41%는 "클라우드 기반 보안 분석 및 관제 기술을 선호한다."고 답했고, 17%는 "클라우드 기반 기술들을 도입할 준비가 되어 있다."고 답했다. 왜 클라우드로 옮겨가는 걸까? 가장 큰 이유는 비용을 절감하고 관제 인프라를 단순화시키기 위함이다. 심지어 일부 클라우드 유경험자들은 특정 상황에서 온-프레미스에서는 하기 힘든 걸 클라우드 기반 기술로 할 수 있다고 말하기도 한다. 응답자들의 대부분은 이 '특정 상황'을 "데이터-셋이 어마어마하게 크고, 머신러닝 알고리즘을 활용해야 할 때"로 꼽았다.

이 결과를 바탕으로 CISO 및 여러 보안 전문가들에게 다음과 같은 네 가지 권장 사항을 제공한다.

• CISO는 보안과 관제의 효율은 높이고 기업의 수익 창출 활동을 지원한다는 목표로, 장기적인 관점에서 관제 센터에서의 현 문제점들을 고민해야 한다. 당장 눈앞에 있는 문제들만 급급히 해결하는 건 도움이 되지 않는다.
• 보안 분석이나 관제 모두 결국 빅데이터와 관련된 문제다. 결국 데이터 관리와 관련된 스킬을 보안 팀원들이 하나하나 익혀야 할 수밖에 없다.
• 클라우드로의 이주를 CISO가 기획하고 담당해야 한다. 그래야 보안 업무를 진행하기가 좋은 플랫폼이 마련될 수 있다. 또한 한 번 옮기기 시작했다고 해서 끝난 게 아니라 오히려 시작이라는 걸 기억해야 한다.
• 이제 사람이 전부 데이터를 처리할 수 없는 시대가 됐다. 그러므로 인공지능과 자동화, 대행 서비스에 대해 열린 마음으로 접근할 필요가 있다. 물론 이런 기술 하나하나가 만능 해결책은 아니다. 관제 센터를 꾸리는 하나의 요소들일 뿐이다. 그 점 역시 잊지 말아야 한다.

출처: https://www.boannews.com/ media/view.asp?idx=85178

< 사례 142> 보안프로그램 성과 분석 사례

출처: https://www.cisco.com/c/dam/global/ko_kr/products/collateral/ security/security-outcomes-study-report.pdf

② 보안 분석 결과 검토

PMO는 발주기관과 협의 및 확정한 내용을 바탕으로 보안 분석 결과를 검토 후 검토보고서를 작성한다. 검토된 내용이 기준에 부합하지 않거나 수정 보완이 필요한 경우 신중하게 추가작업을 실시하여 의견을 제시한다.

- **준수 여부 검토**: 발주기관의 보안 관련 법규 및 보안정책 등을 기준으로 법적 의무사항 등의 준수 여부(Security Compliance Check)
- **누락 여부 검토**: 제안요청서, 제안서, 사업수행계획서, 요구사항정의서 등을 기준으로 중요한 사항의 누락 여부
- **추가 사항 검토**: 제안서를 중심으로 사업자가 제시한 추가 제안 등에 대한 실효성 등을 검토하여 반영 여부 검토
- **환경변화 대응 검토**: 분석된 결과가 내외부 환경변화를 어느 정도 수용했는지 여부
- **내용 충분성 검토**: 분석된 결과의 구체적 사항 확보 여부
- **검증 가능성 검토**: 분석 결과, 보안 요구사항 달성 여부를 검증이 가능한 체계로 확보하기 위하여 추적 관리 체계와 검증 방법의 구체성 확보 여부
- **추적성 확보 검토**: 보안 분석 결과의 추적 관리 가능 여부

③ 보안 분석 결과 조정작업

PMO는 발주기관 및 수행사에 PMO 검토보고서 작성 내용을 설명하고, 잘못된 검토 내용이 있는지 확인한다. 검토된 내용이 기준에 부합하지 않거나 발주기관의 수정 요청이 있는 경우 내용을 조정한다.

2 설계단계

2.1 응용시스템

2.1.1 기능 설계 내용 검토 및 조정

기능 설계 내용 검토 및 조정은 프로그램 분할이 적절하게 이루어졌는지와 업무기능이 상세하게 설계되었는가를 검토하는 것이다. 기능 설계 내용 검토 목적은 업무 흐름을 기반으로 공통모듈, 사용자 인터페이스, 처리방식에 따라 프로그램이 적절하게 분할되었는지와 입출력 데이터를 중심으로 업무의 기능과 내부 처리 로직, 예외 처리 등이 상세히 설계되었는지를 검토하는 것이다.

PMO의 중점 관리사항은 첫째, 공통모듈, 사용자 인터페이스, 처리방식 등에 따라 프로그램이 적절하게 분할되었는지 확인한다. 프로그램 분할은 시스템 개발을 위해 공통모듈의 도출과 업무기능의 처리방식 결정은 시스템 구축의 효율성 및 신속성을 위해 필수적인 요소다. 프로그램 분할이 적절하지 않은 경우는 구현 과정의 복잡화, 설계와 코드 수정으로 발생하는 부작용이 발생하며, 시험 및 유지보수가 어렵고, 확장성이 미흡한 시스템이 될 수 있기 때문이다. 둘째, 프로세스의 흐름, 내부 처리 로직, 예외 처리에 대한 상세설계가 업무를 정확히 반영하고 있는지 확인하고, 데이터베이스설계서를 참조하여 입출력 데이터의 정확성을 확인한다. 상세화 수준은 업무의 흐름에 따라 각 프로세스의 관점에서 프로세스 간의 호출 관계가 설정되고, 프로그램에 대한 입출력 데이터의 정의, 처리 로직, 예외사항 등에 대한 정의가 상세해야 한다. 만약 상세화 수준이 명확하지 않으면 향후 개발되는 프로그램의 기능적 안정성과 정확성에 문제가 발생할 수 있기 때문이다.

1) 기준

현행 기능 설계 내용 검토 및 조정의 기준은 '프로그램 목록', '프로그램사양서'이다. 프로그램 분할이 적절하지 않으면 구현 과정 복잡화, 설계와 코드 수정으로 발생하는 부작용, 시험 및 유지보수와 확장성이 미흡한 시스템이 발생할 수 있다. 상세화가 부족할 때 발생할 수 있는 프로그램의 기능적 안정성과 정확성 등의 문제를 예방하기 위하여 프로그램 목록과 프로그램사양서가 적정하게 작성되었는지 검토한다. 이를 통해 프로그램 분할이 적절하게 이루어졌는지와 업무기능이 상세하게 설계되었는지를 검토한다.

2) 측정지표(*점검항목: 체크리스트)

PMO는 기능 설계 내용 검토 및 조정을 위한 측정지표로 프로그램 분할 기준 및 기능별 처리방식 정의, 프로그램의 적절한 분할 또는 기능과 처리 로직의 상세화, 입출력 데이터 항목의 반영과 각종 예외 처리 반영 등을 점검항목으로 활용한다. 점검항목은 <표 176>과 같이 점검항목별 점검결과(적합(O), 수정/보완(△), 누락(X), 제외(N/A))를 지표로 하여 점검한다.

<표 176> 기능 설계 내용 검토 및 조정에 대한 측정지표

번호	점검항목	점검결과(○,△,X,N/A)			PMO 검토 의견
1	• 시스템 개발을 위한 프로그램 분할 기준 및 기능별 처리방식이 정의되어 있는지? 　1) 공통모듈 도출에 대한 기준 정의 여부 　　- 재사용 모듈 개발표준이나 지침이 존재하는지 여부 　　- 새로운 재사용 모듈 검토 결과 표준 및 지침에 반영 여부 　2) 업무기능별 사용자 인터페이스 및 처리방식(온라인/배치) 적용기준 정의 여부 　　- 수작업 영역과 자동화 영역을 구별하기 위한 적용기준 정의 여부 　　- 온라인 처리방식을 적용하는 기준 정의 여부 　　- 일괄 배치 처리방식 정의 여부 　　- 인터페이스를 적용하는 기준의 정의 여부 　3) 응용 아키텍처 구조를 반영하여 프로그램 분할 기준을 정의하였는지 여부 　　- 프로그램 분할 기준이 정의 여부				
2	• 프로그램 분할 기준 및 기능 처리방식에 따라 사용자 요구사항이 프로그램 단위로 적절하게 분할되었는가? 　1) 요구사항 정의 및 분석 단계에서 도출된 프로세스와 분할된 프로그램 간의 일관성을 확인 　　- 프로세스정의서의 내용이 프로그램으로 모두 반영 여부 　　- 요구사항정의서와 프로세스 모델에서 그 내용이 추적되는지 확인 　2) 공통모듈의 도출이 적정한지를 확인 　　- 공통모듈 적정하게 도출 여부 　　- 재사용이 가능한 업무 로직이 공통모듈로 모두 도출 여부 　3) 사용자 인터페이스에 대한 편의성을 고려하여 프로그램 단위로 적절하게 분할되었는지 확인 　　- 수작업과 자동화 처리 적용 여부 　　- 외부에서 들어오는 데이터 프로그램 분할 여부 　　- 외부로 나가는 데이터 프로그램 분할 여부 　4) 업무기능의 처리방식(온라인/배치)에 따라 적절하게 프로그램이 분할되었는지 확인 　　- 온라인으로 수행할 업무절차 모두 반영 여부 　　- 일괄처리 프로그램으로 모두 반영 여부 　　- 주요 지원 절차가 프로그램으로 모두 반영 여부 　5) 분할된 프로그램 단위가 서로 일관성이 있는지 확인 　　- 프로그램사양서에서 표준 및 지침 준수 여부 　　- 낮은 모듈 결합도(Coupling)와 높은 모듈 응집도(Cohesion) 준수 여부 　　- 프로그램 단위가 시스템 구조상에서 상호 균형 유지 여부				
3	• 업무기능이 상세하게 설계되었는가? 　1) 업무기능 단위별 세부 프로시저를 도출하고 정의하였는지 확인한다. 　　- 업무기능 단위별 세부 작업 항목 단위 설계 여부 　　- 상하위 호출 관계가 업무의 흐름에 일치하도록 설계 여부 　2) 업무기능 단위별 프로그램 및 세부 프로시저의 호출 방식이 적정하게 설계되었는지 확인한다. 　　- 호출 방식으로, 상하위 모듈명, 입출력 매개변수 정보의 지정 등이 적정하게 설계 여부				
4	• 업무기능 단위별 처리 로직이 적정하게 상세화되었는가? 　1) 업무기능 단위별 처리 로직이 요구된 업무기능을 구현하기에 적정한지 확인 　　- 개발표준 및 지침에 따라 적정하게 설계 여부 　　- 세부적인 활동과 그 절차의 충분하고 상세하게 설계 여부 　　- 처리 로직의 정확한 설계 여부 　2) 업무기능 단위별 세부 프로시저의 처리 로직이 설계되었는지 확인 　　- 세부적인 활동과 그 절차의 충분하고 상세하게 설계 여부 　　- 업무기능을 정확하게 구현할 수 있도록 설계 여부				
5	• 업무기능 단위별 관련 입출력 데이터 항목이 적정하게 설계되었는지 여부 　1) 업무기능 단위별 관련 입력 데이터 항목이 설계되었는지 확인 　　- 입력 데이터 항목이 모두 식별되고, 정의되었는지 여부 　　- 입력 데이터 항목이 데이터베이스설계서의 테이블 및 파일로 반영되었는지 여부 　2) 업무기능 단위별 관련 출력 데이터 항목이 설계되었는지 확인 　　- 출력 데이터 항목이 모두 식별되고, 정의되었는지 여부 　　- 출력 데이터 항목이 데이터베이스 설계의 테이블 및 파일로 반영되었는지 여부				

번호	점검항목	점검결과(○,△,X,N/A)			PMO 검토 의견
6	• 업무기능 처리에서 발생할 수 있는 각종 예외 처리를 반영하고 있는가? 1) 업무기능 처리에서 예외 사항에 대한 공통적인 처리기준을 정의하여, 반영하였는지 확인 - 예외 사항 처리에 대한 안내 처리 기능 설계 여부 2) 업무기능별 고려된 예외 처리 사항이 설계되어 있는지 확인 - 예외 처리 사항이 식별되어 모두 반영 여부 - 예외 처리사항에 대한 설계내용이 공통적인 처리기준의 반영 여부				

3) 절차

PMO는 수행사가 제출한 개발표준지침서, 프로그램 목록, 프로그램사양서, 테이블/프로그램 연관도, 요구사항추적표 내용을 검토하여 프로그램 분할 기준 및 기능별 처리방식 정의, 프로그램의 적절한 분할 또는 기능과 처리 로직의 상세화, 입출력 데이터 항목의 반영과 각종 예외 처리 반영에 대하여 <그림 195>와 같이 해당 문서(개발표준지침서, 프로그램 목록, 프로그램사양서, 테이블/프로그램연관도, 요구사항추적표) 작성 수준 협의 및 확정, 기능 설계 내역 검토보고서 작성 및 기능 설계 내역 조정작업 등의 절차에 따라 검토하고 조정한다.

<그림 195> 기능 설계 내용 검토 및 조정절차

Input	절차	Output
요구사항정의서 프로세스정의서	① 개발표준지침서 협의 및 확정 ② 프로그램 목록/사양서 협의 및 확정 ③ 기능 설계 내역 검토 ④ 기능 설계 내역 조정작업	PMO 검토보고서 (개정) 프로그램 목록 (개정) 프로그램사양서 (개정) 테이블/프로그램연관도 (개정) 요구사항추적표

① 개발표준지침서 협의 및 확정

개발표준지침서에 다음과 같은 작성 기준이 마련되어 있는지를 검토한다. 프로그램의 유형은 공통모듈, 온라인, 배치, 인터페이스 등으로 나누어서 개발이 진행되고, 개발 프레임워크의 특성에 따라 보다 세분화할 수 있다. 이러한 프로그램 유형별 개발표준 등의 작성 기준이 마련되어 있는지를 검토한다. 공통모듈 정의 사례는 공통모듈, 코딩 가이드, 개발 가이드 등으로 나누어서 검토하고 해당 사업에 적용된 방법론의 아키텍처정의서/설계서 등과 정렬(Align)되어 있는지도 검토한다.

구분	주요 내용		비고
공통모듈	- Paging 처리 모듈 - 파일 업로드 및 다운로드 - 세션 처리 모듈 - 공통코드 처리 모듈	- 메시지 처리 모듈 - 공통 자바스크립트 처리 모듈 - 화면 네비게이션 처리 방안 - 보안 관련 스크립트 처리 방안	
코딩 가이드	- N/Aming Rule - 코딩 표준 - JSP 작성 표준	- HTML / JavaScript 작성 표준 - SQL 작성 표준	
개발가이드	- 응용 아키텍처 구성 　: Layer 별 구성 　: N/Avigation Flow - 계층별 개발 방법 　: Persistence 계층 　: Business 계층 　: Presentation 계층	- Log 처리 방법 - 예외 사항처리 방법 - 메시지 처리 방법 - 보안 관련 작성 표준	

② 프로그램 목록/사양서 협의 및 확정

프로그램사양서는 작성된 프로그램사양서의 상세화 수준이 중요하다. 해당 설계서를 이용하여 개발자가 개발에 적용할 수 있는 수준인지 검토한다. 검토 시 화면 정의/설계서 내용과 일관성/정합성을 확보하고 있는지, 프로그램사양서에서 사용하는 입력 정보나 출력 정보가 관련된 데이터베이스 테이블을 통하여 컬럼 등으로 정확하게 정의되어 있는지도 검토한다. 또한 작업 대상의 추적성을 확보하기 위하여 프로세스정의서나 프로그램 목록, 프로그램사양서 간 일치 여부도 검토한다.

<사례 143> 프로그램 목록 작성 사례

프로젝트 명	~~~~ 사업		문서명	프로그램일람표			작성자		작업일자	
시스템 명							승인자		승인일자	
서브시스템명			활동명	설계		문서번호	B07_1	Version	1.0	

no	업무구분	1차기능	2차기능	3차기능	JSP	비고
1		메인			KTMIUI001M.jsp	
2				LNB	KTMIUI002M.jsp	
3				사용자 지정 LNB	KTMIUI003M.jsp	
4				LNB 배너	KTMIUI004M.jsp	
5				--지원정보	KTMIUI005M.jsp	
6				--안내	KTMIUI006M.jsp	
7				배너 메뉴	KTMIUI007M.jsp	
8		~~~정보	전체		KTLCMI001M.jsp	
9			상품시장		KTLCMI002M.jsp	
10			경제/산업동향		KTLCMI003M.jsp	
11			~~~협정		KTLCMI004M.jsp	
12			~~~정책		KTLCMI005M.jsp	
13			~~~현장르포		KTLCMI006M.jsp	
14			~~~구매정보		KTLCMI007M.jsp	
15			기타일반		KTLCMI008M.jsp	

<사례 144> 프로그램사양서 작성 사례

<사례 145> 배치프로그램 목록 작성 사례

③ 기능 설계 내용 검토 및 검토보고서 작성

PMO는 발주기관과 협의 및 확정한 내용을 바탕으로 검토보고서를 작성한다. 검토된 내용이 기준에 부합하지 않거나 아래 사항 등의 경우 신중하게 검토하여 의견을 제시한다.

- **공통모듈 검토**: 프로젝트 공통으로 사용할 공통모듈의 누락 없는 설계 여부
- **누락 여부 검토**: 개발 대상업무가 누락 없는 설계 여부
- **상세화 여부**: 프로그램사양서가 개발에 바로 활용할 수 있는 정도의 상세화 여부
- **관련 연계 검토**: 가능 연관된 화면, 데이터베이스 설계가 상호 정합성 확보 여부

④ 기능 설계 내용 조정작업

PMO는 발주기관 및 수행사에 PMO 검토보고서 작성 내용을 설명하고, 잘못된 검토 내용이 있는지 확인한다. 검토된 내용이 기준에 부합하지 않거나 발주기관의 수정 요청이 있는 경우 내용을 조정한다.

2.1.2 화면 설계 내용 검토 및 조정

화면 설계 내용 검토 및 조정은 사용자 인터페이스가 적절하게 설계되었는가를 검토하는 것이다. 실제 사용자의 의견이 반영되어 화면과 출력물(보고서)에 대한 사용자 인터페이스 정의가 이루어지고, 사용자 인터페이스별 기능 및 입출력 데이터가 정의되어 있는지를 검토하는 데 목적이 있다.

화면과 출력물(보고서)에 대한 사용자 인터페이스 기능 및 입출력 데이터가 정확하게 정의되어 있지 않으면, 실제 시스템 구현 시 기능의 정확성을 확보하기 어려울 뿐만 아니라, 사용자의 관점에서 정확한 업무 수행이 어려울 수 있다. 따라서 PMO는 사용자의 관점에서 업무의 흐름이 정확하고 편리하게 설계되어 있는지 확인한다.

1) 기준

화면 설계 내용 검토 및 조정의 기준은 '메뉴구조도', '업무흐름도', '화면목록 및 설계서', '보고서목록 및 설계서', '프로그램사양서', '프로그램정의서', '기능분해도', '사용자인터페이스설계서', 'ERD'이다. 사용자 인터페이스의 기능 및 입출력 데이터가 정확하게 정의되어 있지 않으면, 실제 시스템 구현 시 기능의 정확성을 확보하기 어렵고, 사용자의 관점에서 정확한 업무 수행이 어렵게 된다. 이를 예방하기 위해 사용자 인터페이스가 적절하게 설계되었는지 검토한다.

2) 측정지표(*점검항목: 체크리스트)

PMO는 화면 설계 내용 검토 및 조정을 위한 측정지표로 화면 및 보고서 도출 및 화면 간 흐름 설계, 인터페이스별 기능 및 입출력 데이터 정의 및 처리 모듈(업무기능)의 호출 설계, 설계 결과 사용자 검토 등을 점검항목으로 활용한다. 점검항목은 <표 178>과 같이 점검항목별 점검결과(적합(O), 수정/보완(△), 누락(X), 제외(N/A))를 지표로 하여 점검한다.

번호	점검항목	점검결과(○,△,X,N/A)				PMO 검토 의견
1	• 업무기능 처리를 위한 화면 및 보고서가 모두 도출되었고 화면 간 흐름이 설계되었는가? 1) 업무기능 처리를 위한 화면 및 보고서가 모두 도출되어 정의되었는지 여부 　- 업무흐름도, 메뉴구조도, 화면목록 및 보고서 목록을 통해서 화면 및 보고서 도출 여부 　- 사용자가 쉽고 편리하게 사용할 수 있는 사용자 인터페이스 정의 여부 2) 사용자화면(메뉴) 간의 흐름 설계가 적정하게 정의 여부 　- 화면 흐름이 업무처리 흐름과 일관성 여부 　- 화면 간의 연계가 업무의 흐름을 반영한 적정 설계 여부 　- 제어 흐름의 퇴출(EXIT) 경로가 보장되지 않는 경우의 존재 여부 　- 입력 데이터의 입력 서식이 도출되지 않아 입력항목 정의가 명확하지 않은 경우의 존재 여부 3) 응용 아키텍처 구조를 반영하여 프로그램 분할 기준을 정의하였는지 여부 　- 프로그램 분할 기준 정의 여부를 응용 아키텍처정의서, 개발표준지침서에서 확인					
2	• 인터페이스별 기능 및 입출력 데이터가 정의되고, 처리 모듈(업무기능)의 호출이 가능하도록 설계되었는가? 1) 사용자 인터페이스 설계를 위한 표준의 준수 여부 　- 용이한 인터페이스 설계를 위한 화면 및 보고서의 표준 적용 여부 　- 사용자와 시스템 간의 인터페이스가 단위 화면 수준으로 도식화 작성 여부 　- 사용자 인터페이스 표준은 윈도우 표준 레이아웃, 명명 규칙, 윈도우 인터페이스 표준안, 에디트 스타일(Edit Style) 정의표 등의 정의 여부 　- 사용자 인터페이스 설계지침(윈도우 배치와 운영, 메시지 및 데이터의 관리 방법 등)과 기타 표준 및 도구들을 통해 일관성 있는 설계 여부 　- 표준화, 그래픽 디자인, 기술문서, 성능, 구현 시간 등의 균형을 유지한 설계 여부 2) 사용자 인터페이스(화면, 보고서)의 입출력 데이터 항목이 정의되어 있고, 관련 데이터(테이블)의 명시 여부 　- 화면, 보고서의 입력 및 출력 항목이 데이터베이스 항목과 일관성 유지 여부 　- 데이터 무결성을 확보하기 위한 입력 데이터 설계 여부(숫자, 문자, 영문자 입력 필드의 구분 등) 　- 입력 데이터는 실행되기 전에 사용자 검증 여부 　- 출력형식은 사용자 편의 반영 설계(출력값은 사용자 중심의 단위 여부), 코드값은 기억이 쉽고, 오류 통보문과 출력 내용의 명확성 여부 　- 입력 오류 메시지는 분명하고 사용자에게 충분한 도움이 제공되는지 여부 　- 정의된 사용자 인터페이스는 입력 자료의 타당성, 일관성 및 완전성 확보 여부 3) 사용자 인터페이스(화면, 보고서)를 호출하는 방식(데이터 송수신)이 설계되었는지 여부 　- 화면과 실행프로그램, DB의 테이블 일치 여부 　- 메뉴 선택 및 서식 기입 기능, 입출력 메시지 처리 기능, 명령어 파일 사용 기능, 도움말 기능 등의 설계 여부 　- 화면호출 방식(N/Avigation, open, modal 등)은 적정한 화면 호출 API로 설계 여부					
3	• 사용자 인터페이스 설계 결과는 사용자의 검토를 받았는가? 1) 사용자 인터페이스(화면, 보고서)에 대한 사용자 검토를 수행하였는지 여부 　- 요구사항 반영 여부 검증을 위해 검토 기준, 검토범위, 방법, 절차, 업무담당자 등의 정의 여부 　- 사용자 검토의 적정 수행을 확인하고, 그 결과의 기록 여부 　- 모든 화면, 보고서 및 서식에 대한 사용자들과 검토 여부 2) 사용자 인터페이스(화면, 보고서)에 대한 사용자 검토 결과를 반영하였는지 여부 　- 사용자 인터페이스 설계는 사용자의 검토 의견 반영 여부 　- 사용자 검토 결과가 필요한 경우 요구사항으로 관리 여부 　- 사용자 인터페이스 설계는 사용자와 검토를 거쳐 확정되었는지 여부 　- 사용자와 검토 결과에 대한 조치가 이루어졌는지, 조치사항의 적정성 여부					

3) 절차

PMO는 수행사가 제출한 산출물(화면목록 및 설계서, 보고서 목록 및 설계서, 메뉴구조도, 업무흐름도, 프로그램사양서, 프로그램정의서, 기능분해도, 사용자 인터페이스설계서, ERD)을 기준으로 화면목록 및 설계서 협의 및 확정, 보고서목록 및 설계서 협의 및 확정, 화면 설계 내역 검토, 화면 설계 내용 조정작업 등이 <그림 196>과 같이 화면 설계 내용 검토 및 조정절차에 따라 검토하고 조정작업을 한다.

<그림 196> 화면 설계 내용 검토 및 조정절차

Input	절차	Output
화면목록 및 설계서 보고서 목록 및 설계서 메뉴구조도 업무흐름도 프로그램사양서 프로그램정의서 기능분해도 사용자 인터페이스설계서 ERD	① 화면목록 및 설계서 협의 및 확정 ② 보고서 목록 및 설계서 협의 및 확정 ③ 화면 설계 내용 검토 ④ 화면 설계 내용 조정작업	PMO 검토보고서 (조정) 화면목록 및 설계서 (조정) 보고서 목록 및 설계서

① 화면목록 및 설계서 협의 및 확정

화면목록에서 요구사항별로 업무기능 처리를 위한 화면이 모두 도출되었는지, 화면 계층이 적절하게 분류되었는지를 검토한다. 화면설계서는 사용자 인터페이스 설계 지침 등을 통해 일관성 있게 설계되었는지, 화면 연관도와 화면 레이아웃 그리고 조작설명서 등이 작성되었는지, 사용자와 시스템 간 인터페이스가 단위 화면까지 명확하게 도식화되어 있는지 등을 검토한다.

또한 입출력 항목이 데이터베이스 항목과 일관성, 데이터 무결성이 확보되어 있는지 검토한다. 화면 설계는 표준화, 그래픽 디자인, 기술문서, 성능, 구현 시간 등의 균형을 유지하여 설계되었는지, 사용자와 시스템 간의 인터페이스가 단위 화면까지 명확하게 정의되었는지 검토한다.

이러한 사항들을 검토하기 위해 메뉴구조도, 업무흐름도, 프로그램사양서, 프로그램정의서, 애플리케이션구조도 등의 산출물을 대상 자료로 활용한다.

회원업무 차세대시스템 구축						메뉴구조도-화면목록
시스템	회원업무시스템		서브시스템	회원상담		

레벨 1	레벨 2	레벨 3	레벨 4	메뉴여부	화면ID	비고
회원상담	회원업무	인적사항 및 채급여 조회	회원마스타사항 조회	O	CST10010P	팝업
			301장기_가입사항_리스트	TAP		
			302장기_가입사항_상세	TAP		
			303장기_납입사항	TAP		
			318목돈 격립_년월지급사항	TAP		
			324목돈 부가금_부분해약	TAP		예탁형중 부분하
		부담금 수납사항 조회	부담금 입금통장 조회	O	CST10100V	수납(기존제)
			부담금 분회고지 수납사항 조회	O	CST10120V	수납(기존제)
		입출금 통합 조회	수납 및 지급 내역 조회	O	CST10300V	
		미지급금 현황	미지급금 현황	O	CST10400V	송금에러현황
		분회마스타 조회	분회마스타 조회	O	CST10500P	팝업
	상담관리	상담이력 통합관리	상담이력 통합조회	O	CST40010U	
			답변등록	팝업	CST40010U	
	고객지원업무	고객상담이력관리	분류코드 관리	O	CST90010U	유지 메뉴
			신규등록	TAP		
			대면상담이력등록/수정	O	CST90020U	유지 메뉴
			이력검색	TAP		
			삭제	TAP		
			회원별 상담이력 조회	O	CST90030V	유지 메뉴
			직원별 상담이력 조회	O	CST90040V	유지 메뉴
			지부별 대면상담 조회	O	CST90050V	유지 메뉴
			관심도별 회원 리스트조회	O	CST90060V	유지 메뉴
			민원접수 및 처리결과조회	O	CST90070V	유지 메뉴
			대면상담분류별통계	O	CST90080V	유지 메뉴
			민원 분류별 통계	O	CST90090V	유지 메뉴
			지부별 상담이력 통계	O	CST90100V	유지 메뉴

업 무 영 역	시도별 통계 자료제공 시스템 구축사업	단 계	설계공정	버 전	004
세 부 업 무 영 역	공지사항 목록	활 동	사용자 인터페이스 설계	작 성 자	
화 면 I D	8.20.002.1	작 성 일	2022년 07월 07일	승 인 일	
경 로	역인>통계안내>공지사항 목록				

② 보고서 목록 및 설계서 협의 및 확정

보고서 목록에서 요구사항별로 업무기능 처리를 위한 보고서 화면이 모두 도출되었는지, 보고서가 적절하게 분류되었는지를 검토한다. 보고서설계서는 사용자 인터페이스 설계 지침 등을 통해 일관성 있게 설계되었는지, 메뉴와 화면 기능에 대응하여 빠짐없이 설계되었는지 검토한다. 또한 입력 및 출력 항목이 데이터베이스 항목과 일관성과 데이터 무결성이 확보되어 있는지 검토한다.

		UI및보고서목록(업무)				
		본사 기술정보시스템구축				
	문서번호	CTIS_OOO_UI및보고서목록		버전		1.0
업무영역	업무기능	화면 ID	화면 명	보고서 ID		보고서 명
서버 중계기기	시스템 관리	UI-OOO-AA-1101-M	시스템상황 요약 조회			
서버 중계기기	시스템 관리	UI-OOO-AA-1102-M	자원상황 조회			
서버 중계기기	시스템 관리	UI-OOO-AA-1103-M	접속상황 조회			
서버 중계기기	시스템 관리	UI-OOO-AA-1110-M	기관업무 조회			
서버 중계기기	시스템 관리	UI-OOO-AA-1111-M	전문정보 조회			
서버 중계기기	시스템 관리	UI-OOO-AA-1112-P	전문정보 상세 조회			
서버 중계기기	시스템 관리	UI-OOO-AA-1113-P	일중운영업무 진행상황 조회	RT-OOO-AA-1113		운수수업보고서 (역)
서버 중계기기	시스템 관리	UI-OOO-AA-1114-M	처리전문 조회	RT-OOO-AA-1114		운수수입집계표
서버 중계기기	시스템 관리	UI-OOO-AA-1115-M	처리전문 상세 조회	RT-OOO-AA-1115		특종여객일보
서버 중계기기	시스템 관리	UI-OOO-AA-1116-M	전문처리현황 조회	RT-OOO-AA-1116		반환보고서(증광)
서버 중계기기	시스템 관리	UI-OOO-AA-1117-M	전문처리현황 상세 조회	RT-OOO-AA-1117		반환보고서(역별)
서버 중계기기	시스템 관리	UI-OOO-AA-1118-M	로그인	RT-OOO-AA-1118		일일수송수입내역
서버 중계기기	시스템 관리	UI-OOO-AA-1119-M	비밀번호 변경			
서버 중계기기	시스템 관리	UI-OOO-AA-1120-M	사용자 관리			
서버 중계기기	시스템 관리	UI-OOO-AA-1121-M	사용자정보 조회			
서버 중계기기	시스템 관리	UI-OOO-AA-1122-M	사용자 등록			

1. UI-SD2-CA-1100-M(표준공정표 조회)

③ 화면 설계 내용 검토

PMO는 발주기관과 협의 및 확정한 내용을 바탕으로 화면 설계 내용을 검토 후 검토보고서를 작성한다. 검토된 내용이 기준에 부합하지 않거나 아래 사항 등의 경우 신중하게 검토하여 의견을 제시한다.

• **표준 준수 여부**: 사용자 인터페이스 설계를 위한 표준 준수 여부

- 화면 및 보고서 표준의 작성과 적용 여부
- 윈도우 표준 레이아웃, 명명 규칙, 윈도우 인터페이스 표준안, 에디트 스타일 정의 표 등
- **완전성과 일관성 확보 검토:** 메뉴구조도, 화면설계서, 프로그램사양서, 사용자 인터페이스 설계서 등의 기능과 프로세스가 업무 흐름을 해치지 않는 완전성 유지 여부
- **누락 여부 검토:**
  - 요구사항정의서의 중요한 사항 누락 여부
  - 분석된 업무 흐름에 포함된 주요 프로세스 누락 여부
- **사용자 검토 여부 확인:** 사용자 검토를 수행하였는지 확인하고 사용자 검토 결과를 반영하였는지 확인

④ 화면 설계 내용 조정작업

PMO는 발주기관 및 수행사에 PMO 검토보고서 작성 내용을 설명하고, 잘못된 검토 내용이 있는지 확인한다. 검토된 내용이 기준에 부합하지 않거나 발주기관의 수정 요청이 있는 경우 내용을 조정한다.

2.1.3 내외부 시스템 인터페이스 설계 내용 검토 및 조정

내외부 시스템 인터페이스 설계 내용 검토 및 조정은 내외부 시스템에 대한 인터페이스가 적절하게 설계되었는가를 검토하는 것이다. 해당 시스템과 연계되는 내외부 시스템을 확인하고, 각 시스템과의 연계 방식(기능적인 연계, 데이터 연계) 적용기준, 방법 등이 적절한지를 검토하는 데 목적이 있다.

내외부의 관련 시스템과 기능적 연계 및 데이터 연계가 정확하게 설계되어 있지 않으면 시스템 구현 시 오류가 발생할 수 있다. 또한 필요한 데이터나 기능의 연계가 이루어지지 않아 시스템이 정상적으로 운영되지 않는 어려움이 있다. 따라서 PMO는 연계되는 시스템을 식별하고, 연계 방식(기능, 데이터), 주기 등에 따라 인터페이스가 설계되어 있는지 확인해야 한다.

1) 기준

내외부 시스템 인터페이스 설계 내용 검토 및 조정의 기준은 '인터페이스설계서', '아키

텍처정의서', '프로그램 목록', '프로그램사양서'이다. 내외부의 관련 시스템과 기능적 연계, 데이터 연계가 정확하게 설계되지 않으면 오류 발생의 문제가 발생할 수 있다. 이를 예방하기 위하여 적정하게 작성되었는지 검토하고 내외부 시스템에 대한 인터페이스가 적절하게 설계되었는지를 검토한다.

2) 측정지표(*점검항목: 체크리스트)

PMO는 내외부 시스템 인터페이스 설계내용 검토 및 조정을 위한 측정지표로 내외부 시스템 연계 인터페이스 설계, 상호 검증 체계 설계 등을 점검항목으로 활용한다. 점검항목은 <표 179>와 같이 점검항목별 점검결과(적합(O), 수정/보완(△), 누락(X), 제외(N/A))를 지표로 하여 점검한다.

<표 179> 내외부 시스템 인터페이스 설계 내용 검토 및 조정에 대한 측정지표

번호	점검항목	점검결과(O,△,X,N/A)				PMO 검토 의견
1	• 내외부 시스템에 대한 연계 방식이 정의되어 연계 주기 및 방법 등에 따라 인터페이스가 설계되어 있는가? 　1) 내외부 시스템에 대한 연계 방식이 정의되었는지 여부 　　- 내외부 시스템 연계 시 고려해야 하는 전제조건 및 제약사항 정의 여부 　　- 인터페이스를 위한 조직적(타 기관 또는 타 시스템의 운영 및 유지보수 조직), 기술적 사항(통신 프로토콜의 문제점, 운영체제 시스템 간 발생 가능한 문제점 파악) 도출 여부 　　- 인터페이스별로 연계 방식 정의 여부 　　- 인터페이스설계서에 정의한 연계 방식과 아키텍처정의서에 정의된 시스템 간의 연관 관계 일관성 여부 　　- 내외부 시스템별 프로세스(업무기능)와 대상 자료, 제공자 등의 구체적인 정의와 연계 준비 여부 　2) 내외부 시스템과 인터페이스를 위한 연계 주기 및 방법 등에 따라 인터페이스가 세부적으로 설계되었고 구현 가능 여부 　　- 인터페이스별 내외부 시스템 간 연계 주기 및 송수신 데이터, 관련 프로그램 등의 정의 여부 　　- 프로그램 목록 및 프로그램사양서에 내외부 인터페이스 기능을 구현할 수 있는 해당 프로그램의 정의 여부 　　- 연계 주기 및 세부 수행 방법에 대한 처리 로직의 세부적인 반영 여부 　　- 송수신 데이터 구조, 입출력 형식 등의 반영과 관련 테이블 및 파일의 정의 여부 　　- 내외부 인터페이스 데이터의 형식 및 구조와 해당 프로시저의 처리 로직 일관성 여부 　3) 응용 아키텍처 구조를 반영하여 프로그램 분할 기준의 정의 여부 　　- 프로그램 분할 기준 정의 여부를 응용 아키텍처정의서, 개발표준지침서를 통해 확인					
2	• 내외부 시스템 인터페이스에 대한 상호검증체계가 설계되었는가? 　1) 내외부 시스템 인터페이스 결과를 확인할 수 있도록 설계하였는지 여부 　　- 인터페이스별 인터페이스 결과 확인 방안 정의 여부 　　- 장애 및 비정상적인 상황을 시스템 사용자 또는 운영자가 인지할 수 있는 설계 여부 　　- 정의된 인터페이스 결과 확인 방안 중 자동화 처리 로직을 프로그램사양서에 반영한 설계 여부					

번호	점검항목	점검결과(○,△,X,N/A)				PMO 검토 의견
2	2) 발견된 장애 및 비정상적 결과에 대한 장애 대책과 복구대책의 마련 여부 - 각각의 인터페이스별 장애 및 비정상적인 결과 대안 및 문제 발생 후 재처리 방법 등의 고려 여부 - 장애 및 비정상적인 결과에 대한 처리방안을 조직 및 기술적 요소들을 고려한 정의 여부 - 내외부 인터페이스 기능의 비정상적인 종료 경우, 불필요한 작업 회피 처리 로직 설계 여부					

3) 절차

PMO는 수행사가 제출한 산출물(인터페이스설계서, 아키텍처정의서, 프로그램 목록, 프로그램사양서)을 기준으로 인터페이스설계서 협의 및 확정, 아키텍처정의서 협의 및 확정, 프로그램 목록 및 사양서 협의 및 확정, 내외부 시스템 인터페이스 설계 내용 검토, 내외부 시스템 인터페이스 설계 내용 조정작업 등을 <그림 197>과 같이 내외부 시스템 인터페이스 설계내용 검토 및 조정절차에 따라 검토하고 조정작업을 한다.

<그림 197> 내외부 시스템 인터페이스 설계내용 검토 및 조정절차

Input	절차	Output
인터페이스설계서 아키텍처정의서 프로그램 목록 및 사양서	① 인터페이스설계서 협의 및 확정 ② 아키텍처정의서 협의 및 확정 ③ 프로그램 목록 및 사양서 협의 및 확정 ④ 인터페이스설계서 검토 ⑤ 인터페이스설계서 조정작업	PMO 검토보고서(*) (조정) 인터페이스설계서 (조정) 아키텍처정의서 (조정) 프로그램 목록 및 사양서

① 인터페이스설계서 협의 및 확정

인터페이스설계서에서 내외부 시스템 연계 시 고려해야 하는 전제조건과 제약사항을 정의하고 있는지, 이를 반영하여 타 기관 또는 타 시스템의 인터페이스를 위한 조직적 사항과 통신 프로토콜 또는 운영체제 시스템 간의 기술적 사항을 도출하였는지 검토한다.

인터페이스별 연계 방식(프로토콜, 연계 주기, 송수신 데이터 형식 및 구조, 처리 로직 등)과 시스템 간의 연관 관계와의 일관성을 검토하고, 내외부 시스템별 업무기능과 대상 자료, 제공자 등이 구체적으로 정의되고 연계 준비가 되었는지 검토한다.

<사례 148> 인터페이스설계서 작성 사례

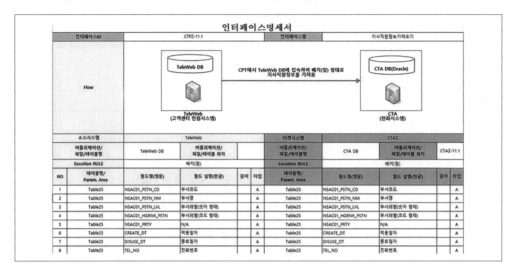

인터페이스명세서

| 인터페이스ID | | CTPZ-11.1 | | 인터페이스명 | | | 지사직원정보가져오기 |

소스시스템		TeleWeb		타겟시스템		CTAZ	
어플리케이션/ 파일/테이블명	TeleWeb DB	어플리케이션/ 파일/테이블 위치		어플리케이션/ 파일/테이블명	CTA DB	어플리케이션/ 파일/테이블 위치	CTAZ-11.1
Exution RULE		배치(일)		Exution RULE		배치(일)	

NO	데이블명/ Param. Area	필드명(영문)	필드 설명(한글)	깊이	타입	데이블명/ Param. Area	필드명(영문)	필드 설명(한글)	깊이	타입
1	Table25	NSAC01_PSTN_CD	부서코드		A	Table25	NSAC01_PSTN_CD	부서코드		A
2	Table25	NSAC01_PSTN_NM	부서명		A	Table25	NSAC01_PSTN_NM	부서명		A
3	Table25	NSAC01_PSTN_LVL	부서레벨(숫자 형태)		A	Table25	NSAC01_PSTN_LVL	부서레벨(숫자 형태)		A
4	Table25	NSAC01_HGRNK_PSTN	부서레벨(코드 형태)		A	Table25	NSAC01_HGRNK_PSTN	부서레벨(코드 형태)		A
5	Table25	NSAC01_PRTV	N/A		A	Table25	NSAC01_PRTV	N/A		A
6	Table25	CREATE_DT	적용일자		A	Table25	CREATE_DT	적용일자		A
7	Table25	DISUSE_DT	종료일자		A	Table25	DISUSE_DT	종료일자		A
8	Table25	TEL_NO	전화번호		A	Table25	TEL_NO	전화번호		A

② 아키텍처정의서 협의 및 확정

아키텍처정의서와 인터페이스설계서에서 고려해야 하는 사항은 시스템 구성 및 네트워크 구성 관련 사항을 적절히 도출하였는지 검토하는 것이다. 시스템 연계 대상을 내부와 외부에서 식별할 수 있는 정보가 상세히 기술되어 있는지, 해당 시스템과 연계하는 방법과 제한 사항들이 구체적으로 작성되어 있는지 검토한다.

<사례 149> 아키텍처정의서 작성 사례

목차

③ 프로그램 목록 및 사양서 협의 및 확정

프로그램 목록 및 프로그램사양서에서 내외부 인터페이스 기능을 구현할 수 있도록 해당 프로그램이 정의되어 있는지, 연계 주기 및 세부 수행 방법에 대한 처리 로직이 반영되었는지 설계사항을 검토한다. 프로그램사양서에 송수신 데이터 구조, 입출력 형식이 정확히 반영되고 관련 테이블 및 파일이 정의되었는지, 해당 프로시저의 처리 로직이 일관성 있게 설계되었는지 검토한다.

<사례 150> 프로그램 목록 및 사양서 작성 사례

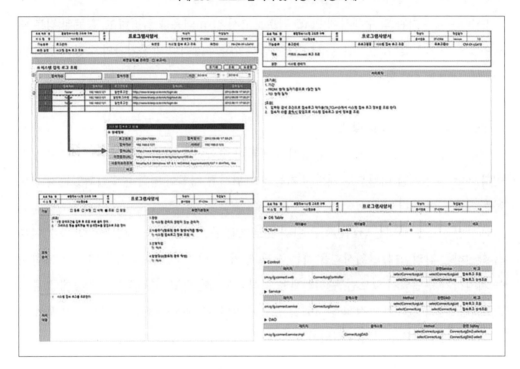

④ 인터페이스 설계서 검토

PMO는 발주기관과 협의 및 확정한 내용을 바탕으로 내외부 시스템 인터페이스 설계 내용을 검토 후 검토보고서를 작성한다. 검토된 내용이 기준에 부합하지 않거나 아래 사항 등의 경우 신중하게 검토하여 의견을 제시한다.

• **관리적 준비 상황 검토:** 인터페이스 시, 외부 기관과의 사전 협의 및 조정 등의 문제가 사전

에 식별/정의/일정 조정 등을 위한 내용 파악 여부(외부 기관과의 대응은 발주기관의 협조가 필요하므로 발주기관의 협조 요청을 위한 내용을 제시하고 있는지 검토 필요)

- **일관성 여부 검토:** 인터페이스별 연계 방식과 시스템 간 연관 관계와의 일관성 확보 여부
- **누락 여부 검토:** 내외부 연계 대상 시스템 누락 여부
- **장애 및 비정상적인 상황 검토:** 내외부 시스템 연계 시 발생하는 오류에 적절히 대응(식별, 모니터링)하도록 설계되었는지 여부

⑤ 인터페이스 설계서 조정작업

PMO는 발주기관 및 수행사에 PMO 검토보고서 작성 내용을 설명하고, 잘못된 검토 내용이 있는지 확인한다. 검토된 내용이 기준에 부합하지 않거나 발주기관의 수정 요청이 있는 경우 내용을 조정한다.

2.1.4 단위시험 계획 검토 및 조정

단위시험 계획 검토 및 조정은 단위시험 계획이 명확히 수립되어 있는지를 검토하는 것이다. 시스템 설계를 바탕으로 개발된 기능의 단위시험 계획이 명확히 수립되었는지 검토하는 데 목적이 있다.

개발된 시스템에 대한 단위시험은 단위 프로그램 및 모듈의 기능, 개발표준의 준수 여부를 확인하는 작업이다. 단위시험을 하는 주체, 절차, 시나리오, 데이터의 준비 등을 포함하는 계획서가 수립되지 않으면, 단위시험을 형식적으로만 하고, 결과적으로 기능에 오류가 많고, 시스템의 기능적 안정성을 저해할 위험이 있다. 따라서 PMO는 단위시험 계획이 사업의 상황에 맞게 적절하게 수립되어 있는지 확인한다.

1) 기준

현행 단위시험 계획 검토 및 조정의 기준은 '단위시험계획서', '단위시험설계서'이다. 단위시험을 하는 주체, 절차, 시나리오, 데이터의 준비 등을 포함하는 계획서가 적정하게 작성되었는지 살피고 이를 통해 단위시험 계획이 명확히 수립되었는가를 검토한다.

2) 측정지표(*점검항목: 체크리스트)

PMO는 단위시험 계획 검토 및 조정을 위한 측정지표로 단위시험 계획수립의 적정성,

단위시험 설계의 충분성 등을 점검항목으로 활용한다. 점검항목은 <표 180>과 같이 점검항목별 점검결과(적합(O), 수정/보완(△), 누락(X), 제외(N/A))를 지표로 하여 점검한다.

<표 180> 단위시험 계획 검토 및 조정에 대한 측정지표

번호	점검항목	점검결과(O,△,X,N/A)				PMO 검토 의견
1	• 단위시험 계획이 적정하게 수립되어 있는가? 1) 단위시험의 범위, 수행 절차, 조직, 일정, 시험환경 및 평가 기준이 적정하게 수립 여부 - 단위시험 업무 범위와 단위 프로그램 및 모듈이 단위시험계획서 내에 포함 여부 - 업무별 추진 주체와 정의된 절차가 적절하게 수립되어 단위시험계획서에 포함 여부 - 시험 조직 및 시험 참여자의 역할과 책임이 정의되어 단위시험계획서에 포함 여부 - 반복적인 시험 활동이 가능한 일정 수립과 시험 결과 평가 기준의 단위시험계획서 포함 여부 - 단위시험을 위한 하드웨어 환경, 소프트웨어 환경 및 통신 구성 환경이 단위시험계획서 포함 여부 2) 단위시험설계서가 충분하게 정의되었는지 여부 - 수작업 영역과 자동화 영역을 구별하기 위한 적용기준의 정의 여부를 요구사항정의서, 개발표준지침서를 통해 확인					
2	• 단위시험설계서가 충분하게 정의되어 있는가? 1) 단위시험 시나리오가 단위 프로그램 및 모듈의 기능을 확인할 수 있는 수준으로 작성 여부 - 시험ID, 시험 항목명, 시험내용, 관련 업무, 관련 화면ID, 시험 일자, 시험 수행자 등 단위 프로그램 및 모듈의 기능 시험 내용 포함 여부 - 단위 프로그램 및 모듈의 기능을 확인할 수 있는 시험데이터, 수행 절차, 예상 결과, 실행 결과 내용 포함 여부 - 단위 프로그램 및 모듈 기능의 정상적인 성공(Pass) 여부 판단 기준 포함 여부 - 사용자 인터페이스별 기능 및 입출력 데이터, 처리 모듈의 정상 여부 시험 내용 포함 여부 2) 정상적인 경우와 예외적인 경우는 모두를 확인할 수 있을 만큼 시험데이터를 충분히 확보할 수 있는 계획의 수립 여부 - 단위 기능을 검증할 수 있도록 시험데이터가 충분히 준비될 수 있는 계획 수립 여부 - 에러 조건 및 예외 처리 조건을 시험할 시험데이터가 다양하게 준비될 수 있는 계획수립 여부					

3) 절차

PMO는 수행사가 제출한 산출물(단위시험계획서, 단위시험설계서, 요구사항정의서, 프로세스정의서, 프로그램 목록, 프로그램사양서, 시험총괄계획서, 기능분해도, 데이터베이스 테이블 명세서)을 기준으로 단위시험계획서 협의 및 확정, 단위시험설계서 협의 및 확정, 단위시험 계획 검토, 단위시험 계획 조정작업 등을 <그림 198>과 같이 단위시험 계획 검토 및 조정절차에 따라 검토하고 조정작업을 한다.

Input	절차	Output
단위시험계획서 단위시험설계서 요구사항정의서 프로세스정의서 프로그램 목록 프로그램사양서 시험총괄계획서 기능분해도 데이터베이스 테이블 명세서	① 단위시험계획서 협의 및 확정 ② 단위시험설계서 협의 및 확정 ③ 단위시험 계획 검토보고서 작성 ④ 단위시험 계획 조정작업	PMO 검토보고서 (조정) 단위시험계획서 (조정) 단위시험설계서

① 단위시험계획서 협의 및 확정

단위시험계획서에 단위시험 업무 범위와 단위 프로그램 및 모듈이 포함되어 있는지, 단위시험 계획, 설계, 실행, 평가와 관련된 업무가 세분화하여 업무별 추진 주체와 절차가 적절하게 수립되어 포함되어 있는지, 시험 조직과 참여자의 역할과 책임이 정의되어 있는지, 시험을 위한 하드웨어와 소프트웨어, 통신 환경이 포함되어 있는지 검토한다. 또한 시험데이터가 정상적인 경우와 예외적인 경우는 모두를 확인할 수 있을 만큼 충분하고 다양하게 준비할 계획이 수립되었는지 검토한다.

<사례 151> 단위시험계획서 작성 사례

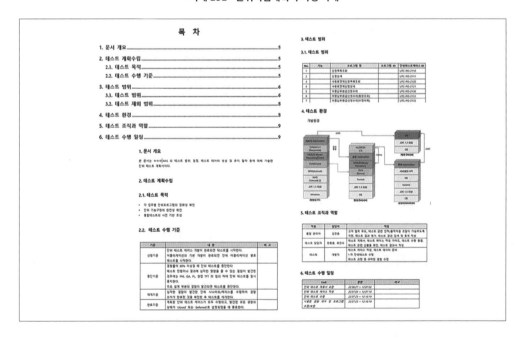

② 단위시험설계서 협의 및 확정

단위시험설계서에 단위 프로그램 및 모듈의 기능을 확인할 수 있는 수준의 시나리오가 작성되어 있는지 검토한다. 단위시험 시나리오에 사전 준비에 필요한 사항으로 시험ID, 시험 항목명, 시험내용, 관련 업무, 관련 화면ID, 시험 일자, 시험 수행자 등이 포함되어 있는지 검토한다.

단위 프로그램 및 모듈의 기능을 확인하기 위한 시험데이터, 수행 절차, 예상 결과, 실행 결과 내용이 포함되어 있는지, 기능의 정상적인 성공 여부 판단 기준이 포함되어 있는지 검토한다. 사용자 인터페이스별 기능 및 입출력 데이터, 처리 모듈의 정상 여부 확인을 위한 시험내용이 포함되어 있는지 검토한다.

<사례 152> 단위시험설계서 작성 사례

③ 단위시험 계획 검토 및 검토보고서 작성

PMO는 발주기관과 협의 및 확정한 내용을 바탕으로 단위시험 계획을 검토 후 검토보고서를 작성한다. 검토된 내용이 기준에 부합하지 않거나 아래 사항 등의 경우 신중하게 검토하여 의견을 제시한다.

- **누락 여부 검토:**
  - 요구사항정의서의 중요한 기능 요구사항 누락 여부
  - 비정상적인 상황 대응을 위한 예외 처리 누락 여부
- **충분성 수준 검토:** 시험 항목과 시험데이터가 정상적인 경우와 예외적인 경우를 모두 시

험할 수 있도록 준비되었는지 여부

- **정확성 확보 검토:** 시험 절차와 시험데이터, 시험 결과에 대한 정상 여부 판단 기준의 정확성 여부

④ 단위시험 계획 조정작업

PMO는 발주기관 및 수행사에 PMO 검토보고서 작성 내용을 설명하고, 잘못된 검토 내용이 있는지 확인한다. 검토된 내용이 기준에 부합하지 않거나 발주기관의 수정 요청이 있는 경우 내용을 조정한다.

2.1.5 개발표준 검토 및 조정

개발표준 검토 및 조정은 구현 단계에 개발자가 준수할 프로그램에 대한 절차, 표준 또는 기준 수립 여부를 검토하는 것이다. 개발표준은 개발과정에서 공통된 표준 적용으로 개발자들 간의 의사소통을 원활하게 하고 소스코드의 가독성을 높여 개발자의 이해도를 증가시킴과 함께 운영 및 유지보수 시 생산성을 확보하는지 검토하는 것이 목적이다.

개발단계에서 개발자들이 독자적인 난개발이 발생하지 않도록 하는 것이 중요하다. 그리고 개발표준 부재로 인한 개발 내용의 검토 및 검증의 어려움을 예방해야 한다. 이를 위해 PMO는 개발에 필요한 표준, 지침, 가이드에 따른 작성 사례 제시와 함께 코드나 데이터베이스 명명 규칙을 확인한다. 또한 기존 시스템에서 표준을 지키지 않고 개발된 경우, 불가피하게 예외적 대응을 위한 대응방안이 마련되어 있는지 확인한다.

1) 기준

개발표준 검토 및 조정의 기준은 '개발표준', '개발가이드', '코드 표준', '아키텍처설계서' 등이다. 개발자 간 의사소통, 소스코드 가독성, 개발자별 난개발, 표준 부재로 인한 개발 내용의 검토 및 검증의 어려움 등의 문제를 예방하기 위하여 산출물이 적정하게 작성되었는지 검토한다.

2) 측정지표(*점검항목: 체크리스트)

PMO는 개발표준 검토 및 조정을 위한 측정지표로 개발표준 지침 존재 여부, 코드 설계 지침 존재 여부, 데이터베이스 설계 지침 존재 여부 등을 점검항목으로 활용한다. 점검항

목은 <표 181>과 같이 점검항목별 점검결과(적합(O), 수정/보완(△), 누락(X), 제외(N/A))를
지표로 하여 점검한다.

<표 181> 개발표준 검토 및 조정에 대한 측정지표

번호	점검항목	점검결과(O,△,X,N/A)			PMO 검토 의견
1	• 시스템 개발에 필요한 개발표준이나 지침이 존재하는가? 　1) 개발표준이나 지침이 존재하는지 여부 　　- 개발표준이나 지침에 대한 작성 가이드 존재 여부 　　- 개발표준 및 작성 가이드에 따른 산출물별 템플릿 존재 여부 　　- 작성 가이드에 따라 템플릿을 활용하여 작성 사례 존재 여부 　2) 업무기능별 사용자 인터페이스/처리방식(온라인/배치)의 적용기준 정의 여부 　　- 업무기능 단위의 처리 과정에서 수작업 영역과 자동화 영역을 구별하기 위한 적용기준의 정의 여부 　　- 대화식 처리 절차에 대하여 온라인 처리방식을 적용하는 기준의 정의 여부 　　- 업무기능 단위에서 일괄처리 절차에 대하여 배치 처리방식을 적용하는 기준의 정의 여부 　　- 업무기능 단위의 처리 절차 또는 외부 요소 간에 인터페이스를 적용하는 기준의 정의 여부 　3) 응용 아키텍처 구조를 반영하여 프로그램 분할 기준의 정의 여부				
2	• 코드 설계 지침이 존재하는가? 　1) 효율적 데이터 처리를 위해 코드화하여 관리할 데이터 코드 분류별 코드값 정의 여부 　　- 코드화 대상 데이터 식별 기준 정의 여부 　2) 코드화 대상 데이터별 코드 유형별 정의 및 규칙 정의 여부 　　- 코드ID와 코드ID명의 정의 규칙 부여 여부 　　- 코드ID명의 의미 부여 기준 정의 여부 　　- 코드ID명의 유일성 확보 기준 정의 여부 　　- 유사 코드에 대한 통합 기준 및 방안 정의 여부 　　- 순차 채번형 코드 번호 규칙 정의 여부 　　- 코드는 문자형 숫자 형태로 정의 여부(예외 사항이 있음. 예를 들어 통화 코드는 관례로 KRW와 같은 문자형으로 사용) 　　- 코드 자릿수 부족 또는 초과 시 방안 제시 여부				
3	• 데이터베이스 설계 지침이 존재하는가? 　1) 데이터베이스 표준설계 지침(명명 규칙, 데이터 사전 등)의 정의 여부 　　- 개발 표준지침서(데이터베이스의 표준지침)에 데이터베이스 객체(데이터베이스, 테이블, 컬럼 등)의 표준 명명 부여 여부 　　- 작성된 데이터베이스 객체의 표준 명칭 부여 규칙의 적정성 여부 　　- 개발 표준지침서에 데이터 사전, 속성도메인, 코드 구성, OR(Object to RelatioN/Al Data Model) 매핑 등의 설계 표준지침 제시 및 적정성 여부				

3) 절차

PMO는 수행사가 제출한 산출물(개발표준, 개발가이드, 코드 표준, 아키텍처설계서)을 검토
하여 개발표준 지침, 코드 설계 지침, 데이터베이스 설계 지침 등이 적절한지 검토하기 위
해 개발표준 지침 협의 및 확정, 코드 표준지침 협의 및 확정, 개발표준 검토, 개발표준 지침
조정작업 등을 <그림 199>와 같이 개발표준 검토 및 조정절차에 따라 검토하고 조정작업
을 한다.

Input	절차	Output
개발표준/가이드 코드 표준 DB설계 표준 아키텍처설계서	① 개발표준 지침 협의 및 확정 ② 코드 표준지침 협의 및 확정 ③ 개발표준 검토 ④ 개발표준 지침 조정작업	PMO 검토보고서 (조정) 개발표준/가이드 (조정) 코드 표준 (조정) 아키텍처설계서 (조정) 요구사항추적표

① 개발표준/가이드 협의 및 확정

개발표준은 개발과정에서 공통된 표준 적용으로 관련자 간의 소스코드 개발/검토의 의사소통을 원활하게 한다. 또한 소스코드의 가독성을 높여 개발자의 이해도를 증가시킨다. 이는 운영 및 유지보수 시 생산성 확보를 위한 목적 달성을 위한 일련의 과정이다.

PMO는 소스코드 통일성 유지를 위한 명명 규칙(N/Aming Rule)과 가독성을 위한 들여쓰기 규칙(Indentation Rule) 그리고 유지보수성 확보를 위한 표준주석 규칙(Annotation rule)과 코딩 규칙이 마련되어 있는지를 검토한다.

<표 182> 개발표준 정의 사례

구분	주요 내용		비고
명명 규칙	- 업무시스템별 명명 규칙(인사, 재무, 자재 등) - 패키지 명명 규칙(JAVA, 공용 Util, batch, JSP/Javascript 등) - 프로그램 명명 규칙(확장자, 입력/조회/삭제 등 기능별 등) - 프로그램 소스 명명 규칙(Class, JSP, XML, CSS, Image 등)		
들여쓰기 규칙	- 공통 기준 - Java, C	- JSP - SQL	
표준주석 규칙	- Java 및 Java Script - C	- JSP - XML	
코딩 규칙	- 기본 구성 (소스, 클래스 내부) - 주석 - 코드 - 파일	- 메소드 - 변수 - Statement - Expression	

개발가이드는 개발표준을 기준으로 개발자가 프로그램을 개발하는데 필요한 작성 방안을 화면, 리포트, SQL, 인터페이스, SW 개발 보안(시큐어코딩), SSO/EAM 연동 등에 작성하는 방안이 마련되어 있는지 검토한다.

화면 가이드는 프로젝트의 방법론이나 개발 프레임워크 적용 여부와 프로그램 개발에 적용되는 별도의 화면 편집기 적용 여부에 따라, 해당 프로젝트에서 개발자가 화면개발에 필요한 작성 방안을 가이드 형태로 제시하는지 검토한다.

<사례 153> 화면 표준 정의 사례

구분	주요 내용		비고
UI 개발 환경	- 운영체계 - 적용 브라우저	- 모니터 해상도 및 해상도에 따른 디자인 영역	
화면 레이아웃	- Frame 구조	- MDI 구조	
화면 구성 요소	- 내비게이션, 타이틀, Input Form, GRID, Button, Tab, Paging		
디자인 적용 가이드	- 기본 Layout, 대화창 Layout		
기타	- 명명 규칙(Labeling)	- 기술적/업무적 고려사항	

<사례 154> 화면 표준 작성 사례

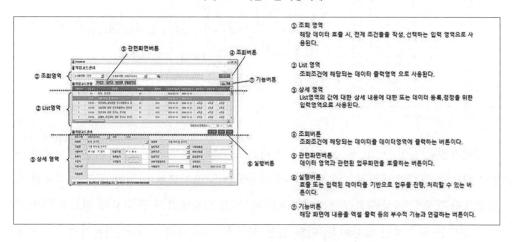

<사례 155> 해상도 및 해상도에 따른 화면 사이즈 정의 사례

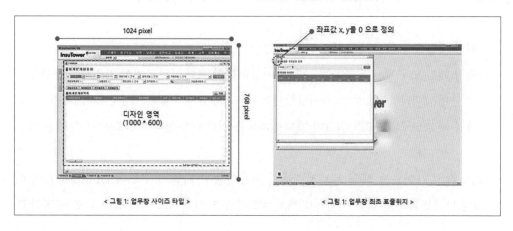

화면 개발가이드는 앞에서 설명한 화면 표준과 화면 가이드에 따라 개발자가 화면개발을 위한 별도의 가이드 문서로 표준에 따라서 화면개발에 필요한 환경 설정 관련 사항, 공통 라이브러리, 다양한 스크립트 작성 방안, 적용 가능한 템플릿 제공 등을 제시하는지 검토한다.

<사례 156> 화면 개발가이드(메시지 처리) 정의 사례

화면개발은 통상 Front-End 용 UI/UX 개발 도구를 적용하기도 하고, 적용된 개발 도구는 (전자정부)표준프레임워크와 연동되어 작동하는 구조이므로 이러한 구조를 적용한 프로젝트의 경우 (전자정부)표준프레임워크와 해당 UI/UX 개발 도구 적용에 필요한 화면 가이드 준비는 필수적인 요건이다. 이와 같은 전문 UI/UX 개발 도구의 기본적인 기능사용 방법 등은 커다란 문제가 없을 수 있으나 아래와 같은 관점의 검토가 중요하다.

• 해당 개발 도구와 프레임워크 간 연동 방안
• 해당 개발 도구에서 제공하는 공통 라이브러리와 프레임워크에서 지원하는 공통모듈 간 관계(데이터셋 호출 함수, 날짜/달력 관련 함수, 문자열 처리 함수, 메시지 처리 함수 등)
• 해당 개발 도구와 프레임워크에 함께 설치되는 기타 솔루션(레포팅 도구 등) 간 연동 방안

SQL 작성 가이드는 해당 프로젝트에서 적용하는 아키텍처 구조나 DBMS 종류에 따라 해당 DBMS의 기본적인 사항(아키텍처, 메모리 구조, 저장 구조, 처리 절차 등)을 설명하고,

SQL 작성 표준, JOIN 방법, 인덱스 처리 방법, 성능을 고려한 SQL 작성 방안과 함께 자주 사용할 수 있는 유용한 SQL 사례 등을 제시하는지 검토한다.

<사례 157> SQL 작성 지침 및 작성 사례

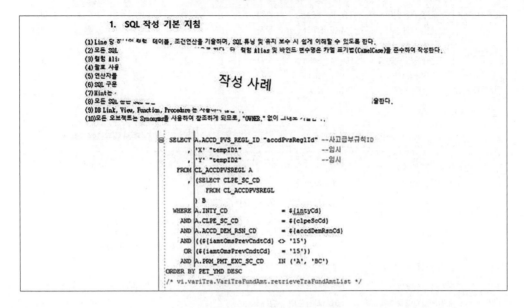

인터페이스 가이드는 인터페이스 처리 방법을 이해하고, 응용 애플리케이션 개발 시 인터페이스와 관련한 개발표준을 제시하여 일관된 개발 산출물을 작성하게 함으로써 개발자 간의 업무 이해도를 향상시키고 향후 유지보수를 쉽게 하도록 제시되는지 검토한다.

<표 183> 인터페이스 작성 가이드 사례

구분	주요 내용	비고
인터페이스 유형	- 온라인 전문 인터페이스 · 대내 온라인 인터페이스 · 인터페이스 프로토콜 · 트랜잭션 제어 · Exception 처리 · 온라인 인터페이스 전문 · 대외 온라인 인터페이스 - 배치 파일 인터페이스 · 대내 Batch 인터페이스 · 대외 파일 인터페이스	

<사례 158> 인터페이스 전문 작성 사례

전문 Layout

시스템 헤더부(300 Byte)	데이터 부(00 Byte)						
항목명		영문필드명	데이터타입	길이	Offset	필수데이터 구분	생성주체
						요청전문 / 응답전문	
표준전문길이	표준전문길이	STD_TL_LEN	숫자	8	0	○　　○	요청응답
글로벌ID	전문작성일시	TL_MKE_DTTM	문자	17	8	○　　●	요청
	전문생성시스템	TL_CRET_SYS	문자	3	25	○　　●	요청
	표준전문일련번호	STD_TL_SNO	숫자	8	28	○　　●	요청
	ID타입코드	ID_TYPE_CODE	문자	2	36	○　　●	요청
전문진행정보	진행번호	PGRS_NO	숫자	2	38	○　　○	요청응답

오류 Layout

시스템 헤더부(300 Byte)	메시지 부(1446 Byte)	
항목명	필드 의미	코드값(참고용)
메시지종류코드	메시지 종류	NM: 정상메시지 EM: 오류메시지
메시지길이	메시지 헤더를 제외한 메시지 길이	
출력속성코드	메시지 수신 이후 표시형식	0: 메시지표시 안함 1: 팝업으로 표시 2: Status bar에 표시
출력메시지개수	출력 메시지 수	
출력메시지코드	메시지코드	메타시스템에 등록된 코드 참조
출력메시지내용	메시지코드의 주요내용	

　　SSO와 EAM이 적용되는 경우, 원활한 시스템 연계를 위하여 SSO 처리 절차와 보안 토큰의 흐름 및 보안 토큰 발급/검증, 권한 관련 API의 사용법 설명 등이 제시되는지 검토한다.

<사례 159> SSO 연동 가이드(처리흐름도) 작성 사례

② 코드 표준 협의 및 확정

코드 설계 지침은 효율적인 데이터 처리를 위해 코드화하여 관리할 필요가 있는 데이터 코드를 분류별로 각 코드값 등이 정의되었는지 검토한다.

<표 184> 코드 일람표 작성 사례

구분	주요 내용	비고
코드 구분	코드의 유형을 구분하는 식별자를 기술한다.	
코드 구분명	코드 유형을 구분하는 코드 구분의 명칭을 기술한다.	과제 코드(3) + (일련번호(2)
코드 구분명 설명	코드 구분에 대한 부연 설명	
코드 구조 (코드 체계)	데이터 코드를 Byte별 또는 Byte를 그룹화하여 특정 의미를 부여할 경우는 이를 항목별로 분류하고 해당 항목이 의미하는 내용을 기재한다.	순차 채번 형 계층분류형 복합분류형
자릿수	해당 코드의 길이(Length)를 기재한다.	
업무영역	코드가 사용되는 업무영역 혹은 시스템을 기술한다.	
상세 코드	실제 코드를 기재한다. 코드의 세분화가 필요시에는 세분화하여 사용할 수 있다.	필요시 적용
상세 코드명	실제 코드의 해당 명칭을 기재한다.	
비고	해당 코드의 레벨/구분 등 부가적인 정보를 기재한다.	

<사례 160> 코드 일람표 작성 사례

프로젝트 명				문서명	코드일람표		작성자		작업일자	
시스템 명							승인자		승인일자	
서브시스템명			활동명		설계	문서번호	B04	Version	1.0	
분류코드	분류명	코드	코드명			사용Table			참조 Table	
C0001	~~~구분	01	제조			해외회원				
		02	유통			해외회원				
		03	제조&유통			해외회원				

③ 개발표준 검토

PMO는 발주기관과 협의 및 확정한 내용을 바탕으로 개발표준 검토를 하고 검토보고서를 작성한다. 검토된 내용이 기준에 부합하지 않거나 아래 사항 등의 경우 신중하게 검토하여 의견을 제시한다.

- **누락 여부 검토:** 개발에 필요한 표준 내용 중 중요 사항 누락 여부
- **추가 사항 검토:** 표준, 가이드 등에 따라 작성된 사례 작성 여부
- **관련 분야 연계 검토:** 표준, 가이드 등은 해당 프로젝트의 데이터 아키텍처(DA) 및 응용 아키텍처와 밀접한 연관성을 가지므로 관련 아키텍처정의서/설계서 등과 정렬 여부

④ 개발표준 조정작업

PMO는 발주기관 및 수행사에 PMO 검토보고서 작성 내용을 설명하고, 잘못된 검토 내용이 있는지 확인한다. 검토된 내용이 기준에 부합하지 않거나 발주기관의 수정 요청이 있는 경우 내용을 조정한다.

2.2 데이터베이스

2.2.1 데이터베이스 테이블 설계 내용 검토 및 조정

데이터베이스 테이블 설계 내용 검토 및 조정은 응용시스템을 고려한 테이블 설계가 이루어졌는지와 테이블 정의 및 테이블 간 업무 규칙 정의가 적절하게 이루어졌는지 및 공통 코드에 대한 설계를 검토한다.

응용프로그램과 테이블로 구체화한 상관관계의 일관성 및 정확성을 점검하여 데이터 무결성을 보장하도록 설계되었는지, 업무 규칙을 반영한 테이블 간의 업무 규칙 정의가 적절하게 이루어졌는지, 코드 구성 요건 및 확장성을 고려하여 최적의 설계가 이루어졌는지 등을 검토하는 데 목적이 있다.

먼저 테이블 설계 시 비정규화(De-Normalization)에 따라 데이터 중복의 발생으로 데이터 무결성의 결여 가능성이 있다. 따라서 PMO는 응용프로그램과 테이블에 대한 상관관계를 업무 프로세스 대비 엔티티 상관관계 분석을 기반으로 데이터 생성, 조회, 수정, 삭제(CRUD) 형태로 기술함으로써 상호 검증을 통한 일관성 및 정확성을 확보하고 있는지 확인한다.

다음은 테이블과 테이블 간 업무 규칙 정의 시 테이블 간 업무 규칙이 명확하게 설계되고 구현되지 않으면, 데이터 무결성과 시스템 안정성이 저해될 수 있다. 따라서 PMO는 테이블 정의와 테이블 간 업무 규칙이 실제 업무 규칙에 따라 설계되었는지 확인한다.

또한 공통코드의 경우 시스템에서 공통으로 활용하거나, 코드화가 필요한 항목이 도출되고 관리되지 않으면 데이터 관리와 활용에 효율성이 떨어질 수 있다. 따라서 PMO는 현행 시스템에서 사용하는 코드 분석을 반영하여 복잡한 데이터 간소화, 데이터 간 식별 용이

성, 데이터 배열 용이성, 데이터의 수집, 검색, 분류 및 그룹별 집계 효율화 등을 위한 코드 설계가 적정하게 수행되었는지 확인한다.

1) 기준

현행 데이터베이스 테이블 설계 내용 검토 및 조정의 기준은 '데이터베이스 분석서', '엔티티/프로세스와 테이블/응용프로그램 매트릭스', '테이블/트리거/도메인 목록/정의서', '응용프로그램사양서', '업무 규칙 정의서', 'ERD(ER-Diagram)', '엔티티/속성/관계정의서', '코드정의서/설계서' 등이다.

2) 측정지표(*점검항목: 체크리스트)

PMO는 데이터베이스 테이블 설계 내용 검토 및 조정을 위한 측정지표로 테이블과 응용프로그램의 상관관계, 데이터 모델의 정규화, 성능 등을 고려한 비정규화, 데이터 모델의 무결성 보장, 업무 규칙 반영, 공통 코드 설계 등을 점검항목으로 활용한다. 점검항목은 <표 185>와 같이 점검항목별 점검결과(적합(O), 수정/보완(△), 누락(X), 제외(N/A))를 지표로 하여 점검한다.

<표 185> 데이터베이스 테이블 설계 내용 검토 및 조정에 대한 측정지표

번호	점검항목	점검결과(○,△,X,N/A)				PMO 검토 의견
1	• 테이블과 응용프로그램의 상관관계가 정확하게 기술되었는가? 　1) 모든 테이블과 모든 응용프로그램이 테이블/응용프로그램 매트릭스에 누락없이 포함되었는지 확인 　　- 테이블정의서 상의 모든 테이블이 테이블/응용프로그램 매트릭스 산출물에 포함되었는지 여부 　　- 응용프로그램사양서 상의 모든 프로그램이 테이블/응용프로그램 매트릭스 산출물에 포함되었는지 여부 　2) 테이블/응용프로그램 매트릭스에서 테이블과 응용프로그램의 상관관계가 정확한지 확인 　　- 테이블/응용프로그램 매트릭스에서 상호관계 표시가 없는 테이블이나 응용프로그램의 여부					
2	• 데이터 무결성이 보장되도록 데이터 모델의 정규화가 적절한가? 　1) 데이터 모델이 데이터 무결성을 보장하고 정규화의 수준이 적절하게 설계되었는지 여부 　　- 테이블은 상호 배타적이며, 주요키가 유일성을 유지하고, 정규화의 수준이 업무의 특성을 고려하여 적절성 여부 　　- 데이터 모델의 테이블 상호 간 관계의 유효성, 관계 차수, 필수/선택성의 정확성 여부 　2) 통합 데이터 모델이 작성되어 있으며, 사용자 요구사항을 모두 적용하도록 설계되었는지 여부 　　- 통합 데이터 모델이 작성되었는지 여부 　　- 분석단계의 데이터 모델에 기반하여 추가적인 사용자 요구사항을 포함하는 전체 요구사항을 데이터 모델에 모두 반영하였는지 여부					

번호	점검항목	점검결과(○,△,X,N/A)				PMO 검토 의견

3	• 응용프로그램의 성능 등을 고려하여 비정규화가 진행되었는가?
	1) 데이터 접근의 성능 향상을 위하여 데이터의 중복 허용 적절 여부
	  - 중복 허용된 테이블 또는 컬럼의 설계가 데이터 접근 분석을 통한 성능 향상을 위한 결정인지를 확인
	2) 데이터 접근의 성능 향상을 위하여 테이블의 분할 적절성 여부
	  - 데이터의 성격이 같은 테이블이 분할된 경우, 관련된 데이터를 하나의 테이블에 모두 설계하여 데이터 접근 성능이 저하되는 것을 방지하기 위한 결정인지를 확인					

4	• 비정규화한 데이터 모델의 무결성 보장을 위한 보완이 적절한가? 1) 비정규화를 통해 데이터 무결성 결여 가능성이 존재하는 테이블 및 컬럼을 확인 - 성능 향상을 위하여 불가피하게 비정규화를 함으로써 데이터의 중복 등이 발생하여 데이터 무결성이 결여 가능성이 존재하는 테이블 및 컬럼의 현황을 파악하였는지 여부 2) 파악된 무결성 결여가 가능한 테이블 및 컬럼의 무결성 보장을 위한 보완 통제의 여부					

5	• 테이블을 구성하는 주요키 및 속성도메인 등의 정의가 업무 규칙을 적절하게 반영하였는가?
	1) 테이블을 구성하는 주요키 및 속성도메인 등의 정의가 업무 규칙을 적절하게 반영하였는지 여부
	  - 주요키(식별자) 업무 규칙이 업무의 특성을 고려한 적절성 여부
	  - 컬럼의 데이터타입, 길이, 기본값, 유효값의 범위 등이 실제 업무 규칙에 따른 정확성 여부
	  - 같은 컬럼의 다른 데이터타입과 길이, 이음동의어, 동음이의어 등이 없는지 확인					

6	• 트리거 등 업무 규칙을 반영한 테이블 간의 업무 규칙의 정의가 적절하게 반영되었는가?
	1) 트리거 등 업무 규칙을 반영한 테이블 간의 업무 규칙의 정의가 적절하게 반영되었는지 여부
	  - 테이블 간의 업무 규칙에 따라 외래키가 정의되었는지 여부
	  - 데이터의 입력, 수정, 삭제 시 처리규칙이 실제 업무 규칙을 반영하는지 여부					

7	• 공통코드 구조가 코드 구성 요건을 반영하여 설계되었는가?
	1) 코드설계서에서 코드로 결정된 대상 데이터의 적절성 여부
	  - 정의된 코드가 반드시 하나의 실체에 1:1로 대응되는지 확인
	  - 코드 대상은 변하지 않는 속성으로만 식별되었는지 여부
	  - 분류 목적에 적합한 속성을 코드로 식별되었는지 여부
	2) 코드설계서에서의 코드가 발생 가능한 최대 발생 건수를 고려하여 자릿수를 결정하였는지 여부
	  - 분석 단계에서 조사, 분석된 코드의 생성 규칙 및 주기를 반영하여 코드 값의 최대 발생 건수를 고려하여 충분한 자릿수가 결정되었는지 여부					

8	• 공통코드 작성표준지침에 따라 일관성 있게 코드가 설계되었는가?
	1) 작성된 공통코드 작성표준지침의 적절성 여부
	  - 분석 단계에서 작성된 공통코드 작성표준지침에 코드 명칭 부여 규칙, 코드의 데이터타입 부여 규칙, 코드 자릿수 부여 규칙이 정의되어 있고 그 내용이 일관성을 유지하고 적절한지
	2) 코드설계서의 코드가 적절한 코드 표준 정의에 따라 설계 여부
	  - 코드설계서의 코드가 코드 표준에 따라 일관성 있는 설계 여부					

3) 절차

PMO는 수행사가 제출한 산출물을 기준으로 데이터베이스 분석서 협의 및 확정, 엔티티/프로세스 및 테이블/응용프로그램 매트릭스 협의 및 확정, 테이블/트리거/도메인 목록/정의서 협의 및 확정, 응용프로그램사양서 협의 및 확정, 업무 규칙 정의서 협의 및 확정, ERD(ER-Diagram) 협의 및 확정, 엔티티/속성/관계정의서 협의 및 확정, 코드정의서/설계서 협의 및 확정, 데이터베이스 테이블 설계 내용 검토, 데이터베이스 테이블 설계 내용 조정작업 등을 <그림 200>과 같이 데이터베이스 테이블 설계 내용 검토 및 조정절차에 따라 검토하고 조정작업을 한다.

<그림 200> 데이터베이스 테이블 설계 내용 검토 및 조정절차

Input	절차	Output
데이터베이스 분석서 엔티티/프로세스 및 테이블/ 응용프로그램 매트릭스 테이블/트리거/도메인 목록/ 정의서 응용프로그램사양서 업무 규칙 정의서 ERD(ER-Diagram) 엔티티/속성/관계정의서 코드정의서/설계서	① 데이터베이스 분석서 협의 및 확정 ② 엔티티/프로세스 및 테이블/응용프로그램 매트릭스 협의 및 확정 ③ 테이블/트리거/도메인 목록/정의서 협의 및 확정 ·응용프로그램사양서 협의 및 확정 ·업무 규칙 정의서 협의 및 확정 ·RD(ER-Diagram) 협의 및 확정 ·엔티티/속성/관계정의서 협의 및 확정 ④ 코드정의서/설계서 협의 및 확정 ⑤ 데이터베이스 테이블 설계 내용 검토 ⑥ 데이터베이스 테이블 설계 내용 조정작업	PMO 검토보고서(*) (조정) 데이터베이스 분석서 (조정) 엔티티/프로세스 및 테이블/ 응용프로그램 매트릭스 (조정) 테이블/트리거/도메인 목록/ 정의서 (조정) 응용프로그램사양서 (조정) 업무 규칙 정의서 (조정) ERD(ER-Diagram) (조정) 엔티티/속성/관계정의서 (조정) 코드정의서/설계서

① 데이터베이스 분석서 협의 및 확정

PMO는 데이터베이스 테이블 설계 내용이 현행 데이터베이스 구조, 속성, 코드, 백업, 데이터 처리량/처리방식, 갱신주기, 백업정책, 외부 연계 데이터 등의 현황을 충분히 파악하고 데이터베이스 구축 방향 설정이 진행되었는지 검토 및 조정한다.

현행 데이터 분석을 통한 운영시스템의 데이터 현황분석을 아래 관점에서 수행되었는지 검토할 필요가 있다.

- 현재 운영 중인 시스템별 데이터베이스의 유형, 규모, 설계 구조 등에 대한 기술적인 현황이 파악되었는지 점검
- 현재 운영 중인 시스템의 데이터 속성, 공통코드, 연계 데이터 속성 등 정의 및 분류에 대한 검토 및 분석이 수행되었는지 점검
- 현행 시스템의 데이터 처리량, 빈도수, 갱신주기 등 현황이 파악되었고 전환 또는 신규 개발에 맞게 분석되었는지 점검

데이터베이스분석서 작성 기준 정의 시 아래 내용을 고려한다.

- 데이터베이스 구조(분산형, 계층형, 관계형 등) 분석 여부

- ISP가 선행된 경우, ISP 내용 반영 여부

- 업무별 사용 데이터 종류 및 속성 파악 여부

- 데이터 처리방식, 용량 파악, 수작업 데이터 파악 여부

- 백업 및 복구정책, 백업 대상, 범위 및 시기, 방법 및 절차, 복구 방법

- 엔티티 특성(데이터 처리 유형, 온라인성, 코드성 엔티티 등) 파악 여부

- 동일 속성에 상이한 속성명, 도메인명을 사용한 엔티티가 존재하는지 파악 여부

- 업무 간 연관 관계, 데이터 발생 주기/주체 파악 여부

- 외부 데이터의 연계 방법/주기 파악 여부

- 기존 코드 현황과 재사용 가능한 코드 분석 여부

- 엔티티의 특성(트랜잭션 발생 및 수정/삭제 발생 빈도 등) 조사 여부

- 현행 데이터베이스로부터 전환대상 데이터 식별 여부

<사례 161> 현행 데이터 분석 사례 1

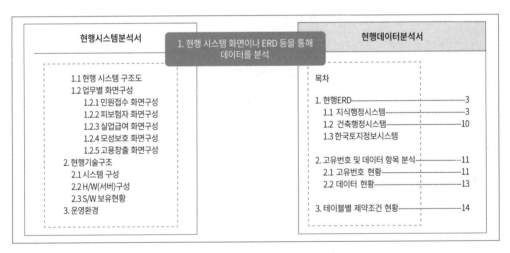

<사례 162> 현행 데이터 분석 사례 2

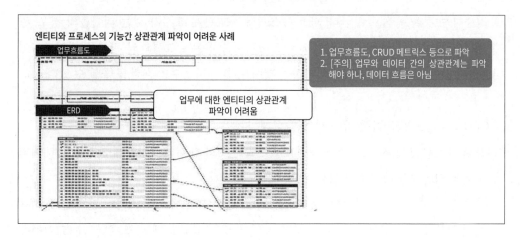

<사례 163> 현행 데이터 분석 사례 3

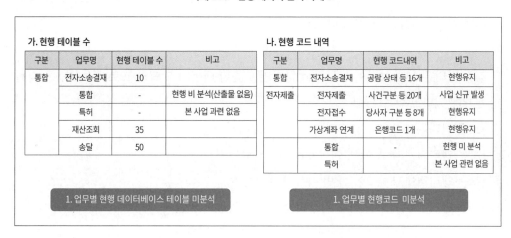

가. 현행 테이블 수

구분	업무명	현행 테이블 수	비고
통합	전자소송결재	10	
	통합	-	현행 비 분석(산출물 없음)
	특허	-	본 사업 관련 없음
	재산조회	35	
	송달	50	

1. 업무별 현행 데이터베이스 테이블 미분석

나. 현행 코드 내역

구분	업무명	현행 코드내역	비고
통합	전자소송결재	공람 상태 등 16개	현행유지
전자제출	전자제출	사건구분 등 20개	사업 신규 발생
	전자접수	당사자 구분 등 8개	현행유지
	가상계좌 연계	은행코드 1개	현행유지
	통합	-	현행 미 분석
	특허		본 사업 관련 없음

1. 업무별 현행코드 미분석

② 엔티티/프로세스와 테이블/응용프로그램 매트릭스 협의 및 확정

PMO는 응용시스템을 고려하여 테이블에 대한 설계가 이루어졌는지를 데이터 모델과 프로세스 모델과의 상관관계를 정의한 CRUD 상관 모델링을 통하여 모든 테이블과 모든 응용프로그램이 테이블/응용프로그램 매트릭스에 누락 없이 포함되었는지 검토 및 조정한다.

CRUD 상관 모델링은 프로세스와 엔티티의 연관 관계를 기반으로 응용프로그램과 테이블에 대한 상관관계를 데이터의 생성, 조회, 수정, 삭제(CRUD) 형태로 기술함으로써 상호 검증을 통한 일관성과 정확성을 확보하여 응용/데이터베이스 설계의 완전성과 타당성을 검증하는 것을 목적으로 한다. 매트릭스에서 상호관계 표시가 없는 테이블의 경우, 관계 표시 오류이거나 사용하지 않는 테이블이므로 응용프로그램과의 관계를 재검토하여 사용하지 않는 테이블로 판명 시 제거하는 것이 향후 유지보수의 혼란을 줄일 수 있다.

CRUD 상관 모델링 작성 기준 정의 시 아래 내용을 고려한다.
- **정의:** 시스템 개발 시 프로세스(또는 메소드, 클래스)와 데이터베이스에 저장되는 데이터 사이의 의존성을 나타내기 위한 매트릭스
- **구성:** 상관 분석표, 행, 열, 속성으로 구성되며, 업무 프로세스와 데이터 간 상관 분석표에서 행은 업무 프로세스로 열은 엔티티 타입으로 구성되고 행과 열이 만나는 교차점에 발생 및 이용에 대한 생성(Create), 이용(Read), 수정(Update), 삭제(Delete) 상태를 표시
- **활용:** 정보시스템 구축 시 업무분석 과정에서 데이터모델링과 프로세스모델링을 상호 검증하기 위해 CRUD 매트릭스를 활용

검증 방법은 아래 사항이 모두 적절하다면 도출된 데이터 모델과 프로세스 모델은 적절한 관계에 있다고 할 수 있다.
- 모든 엔티티에 대해 CRUD가 한 번 이상 표시되었는지
- 모든 엔티티에 대해 한 번 이상 C가 표시되었는지
- 모든 엔티티에 대해 R이 한 번 이상 존재하는지
- 모든 단위 프로세스는 하나 이상의 엔티티와 관련이 있는지
- 두 개 이상의 엔티티가 같은 엔티티를 생성하지 않는지

<사례 164> CRUD 상관 모델링 개념

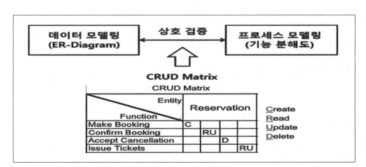

<사례 165> 테이블/프로그램 연관성 검토 결과 사례

내용	건수	비고
CRUD(생성/조회/수정/삭제) 없음	2	사용하지 않는 테이블이거나 프로그램 미식별 여부 확인 필요
조회만 있음	1	데이터를 생성하는 기능(배치/연계 등) 미식별 여부 확인 필요
테이블정의서에 없음	8	관련 테이블 현행화 필요

③ 업무 규칙 협의 및 확정

PMO는 사업자의 프로젝트 산출물 중 데이터베이스 설계를 위한 업무 규칙이 반영된 테이블/트리거/도메인 목록/정의서, 응용프로그램사양서, 업무 규칙 정의서, ERD, 엔티티/속성/관계정의서 등에 대하여 업무 규칙을 적절하게 반영하였는지 검토 및 조정 등의 활동을 한다. 업무 규칙을 반영한 테이블 설계는 데이터베이스 표준화지침 준수를 기반으로 수행되어야 한다.

<사례 166> 표준단어, 표준용어, 표준도메인 관계도

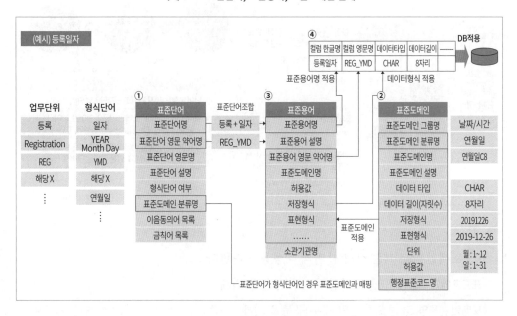

표준단어 작성 기준 정의 시 아래 내용을 고려한다.

- **표준단어명**: 업무용어에 기반한 원자단위의 명사형 단어
- **영문 약어명**: 표준단어에 대한 영문 약어명을 기재

- **형식단어 여부**: 해당 표준단어가 도메인 특성을 가진 형식 단어(분류어)인지 여부를 기재
- **도메인 분류명**: 형식 단어(분류어) 경우 해당 표준도메인의 분류명을 기재
- **이음동의어**: 소리는 다르나 의미가 동일 단어를 등록(한글명만 관리)

<사례 167> 표준단어정의서 사례

표준단어명	영문명	영문 약어명	단어설명	형식단어여부	도메인분류명	관리부서명	이음동의어목록	금칙어목록
처리	Process	PRCS	절차에 따라 정리하여 치루거나 마무리를 지움	N	-	기획부	-	-
일자	YEAR MONTH DAY	YMD	어느날이라고 정한날로 연월일로나타냄	Y	연월일	기획부	-	일짜
번호	Number	NO	차례를 나타내는숫자	Y	번호	기획부	넘버	-

<사례 168> 표준단어 구성 및 선정

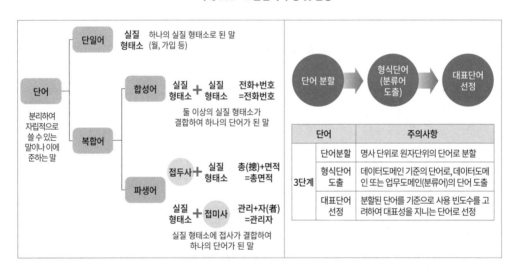

표준도메인 작성 기준 정의 시 아래 내용을 고려한다.

- **표준도메인 그룹명**: 표준도메인의 상위 구분을 기재
- **도메인 분류명**: 표준도메인의 세부 구분을 기재
- **도메인명**: 형식은 '도메인 분류명+데이터타입+길이' 형태로 정의하는 것으로 데이터형식과 허용되는 값의 영역표준을 정의한 것
- **데이터 타입**: 문자형(CHAR, VARCHAR), 숫자형(NUMERIC), 날짜형(DATETIME) 등

• **데이터 길이**: 해당 도메인이 가지는 데이터 값의 길이, 소수점이 존재하면 소수점 자리까지 포함한 길이(Byte 단위)

<사례 169> 표준도메인정의서 사례

표준도메인 그룹명	도메인 분류명	도메인명	도메인 설명	데이터 타입	데이터 길이	소수점 길이	저장형식	표현형식	단위	허용값
날짜/시간	연월일	연월일 C8	특정한 날짜를 연,월,일로 정하여 표현	CHAR	8	-	YYYYMMDD	YYYY-MM-DD	연월일	YYMM: 0001~9999, MM:01~12 DD:01~31
번호	계좌 번호	계좌번호V20	개인명의나 법인명의 계좌에 부여하는 식별번호	VARCHAR	20	-	20자리이내 문자			

<사례 170> 공통 표준도메인 그룹명 사례

공통표준도메인 그룹명	공통표준도메인 분류명	공통표준도메인 그룹명	공통표준도메인 분류명	공통표준도메인 그룹명	공통표준도메인 분류명
금액	가격	번호	건물번호	번호	운전면호번호
	금액		건물본번		일련번호
	비용		건물부본		자동차등록번호
	요금		계좌번호		주민등록번호
날짜/시간	연도		구우편번호		전화번호
	연원		번호		차대번호
	연월일		법인등록번호		팩스번호
	연월일시분초		본번	수량	경도
	월		부번		면적
	시분초		사업자등록번호		수
내용	내용		여권번호		위도
명칭	명		외국인등록번호	코드	여부
	주소		우편번호		코드

표준용어 작성 기준 정의 시 아래 내용을 고려한다.

• **표준용어명**: 업무단어와 형식단어의 조합으로 생성하며, 형식단어는 필수적으로 포함되어 구현됨

• **영문 약어명**: 해당 표준용어에 대한 영어 약어명을 기재하는 것으로서, 표준단어 영문명을 연결 구분자(_)를 붙여서 결합한 유일한 용어임

• **표준도메인명**: 도메인정의서에 정의된 용어의 경우 해당 도메인을 기재

• **허용**: 해당 도메인이 가질 수 있는 최대/최소값이나 유효값 기재

표준용어명	영문명	영문 약어명	용어설명	표준도메인명	허용값	관리부서명	표준코드명	업무분야
계약일자	CONTRACT-DATE	CTRT_YMD	계약한 날짜	연월일C8	YYY:001~9999,MM:01~12,DD:01~31	계약부	-	공통영역
구매금액	PURCHASE-AMOUNT	PRCHS_AMT	물건 따위를 사들인 돈의 액수	금액N15	9999999999	재정부	-	-
결재여부	APPROV-ALSTATUS	ATRZ_YN	결재허가,미허가 여부	여부C1	Y : 여(예),N : 부 (아니오)	기획부	-	공통영역

<사례 172> 표준용어 구성 및 적용 사례

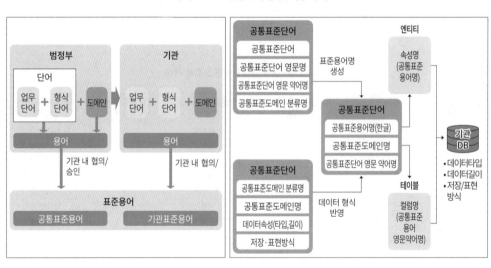

데이터베이스 테이블 설계 내용이 응용프로그램의 처리 성능 등을 고려한 정규화된 테이블 내용이 적절한지, 테이블을 구성하는 주요키 및 속성도메인 등의 정의가 업무 규칙을 적절하게 반영하였는지, 데이터 무결성을 확보하기 위하여 주요키 및 속성도메인이 실제 업무 규칙에 따라 설계되었는지 확인하는 것이 필요하다. 또한 트리거 등 업무 규칙을 반영한 테이블 간의 업무 규칙의 정의가 적절하게 이루어졌는지 확인한다. 테이블 간의 데이터 생성 규칙 등은 데이터의 무결성 확보를 위해 필요한 사항으로 테이블 간의 업무 규칙이 명확하게 설계되고 구현되지 않으면 데이터의 무결성과 시스템의 안정성이 저해될 수 있다. 그러므로 테이블 간의 업무 규칙이 실제 업무 규칙에 따라 설계되었는지 확인한다.

테이블정의서 작성 기준 정의 시 아래 내용을 고려한다.

- **물리DB명**: 정보시스템에서 DB를 식별하기 위하여 사용되는 물리 정보명(영문명) 기재
- **테이블 영문명**: 물리적인 DB에 생성할 테이블 이름 기재, 표준용어정의서 참조하여 명명
- **테이블 한글명**: 논리DB에 부여한 한글명 기재, 표준용어정의서 참조하여 명명
- **테이블 유형**: 일반테이블, 파티션 테이블, 클러스터 테이블, 뷰테이블 등으로 구분 기재
- **관련 엔티티명**: 해당 테이블에 여러 엔티티가 통합된 경우는, 관련 엔티티 모두 기재
- **테이블 설명**: 테이블에 대한 물리적 특성 기재
- **테이블 볼륨**: 현재 테이블이 보유하고 있는 저장량을 저장 건수로 기재

<사례 173> 테이블정의서 작성 사례

물리DB명	테이블 소유자	테이블 영문명	테이블 한글명	테이블 유형	관련 엔티티명	테이블 설명	업무 분류체계	보존기간	테이블 볼륨	발생주기	공개/비공개 사유
SGISD	홍길동	OGACEN-SUS_2020	어가 2020년	일반 테이블	-	-	센서스	영구	46021	-	비공개

컬럼정의서 작성 기준 정의 시 아래 내용을 고려한다.

- **컬럼 영문명**: 컬럼의 물리적인 영문 이름, 표준용어정의서에 등록된 용어 사용
- **컬럼 한글명**: 해당 컬럼과 연관된 속성의 이름과 동일하게 부여, 표준용어 준수하여 부여할 컬럼 한글명칭 기재
- **연관 엔티티명**: 해당 컬럼과 연관있는 엔티티정의서에 기록한 엔티티명으로 기재
- **연관 속성명**: 해당 컬럼이 표현하는 논리적 데이터요소인 속성명 기재
- **개인정보 여부**: 컬럼값의 개인정보("개인정보 비식별 조치 가이드라인" 식별자 조치기준) 포함 여부
- **암호화 여부**: 고유식별정보(주민등록번호, 운전면허번호, 여권번호, 외국인등록번호), 비밀번호, 바이오 정보, 신용카드번호, 계좌번호

<사례 174> 컬럼정의서 작성 사례

테이블 영문명	컬럼 영문명	컬럼 한글명	컬럼 설명	연관 엔티티명	연관 속성명	데이터 타입	데이터 길이	데이터 형식
SRV_DT_POPS-GG_2020	BORD_BASE_YEAR	경계기준년도	경계기준년도	인구_시군구집계(2020년)	경계기준년도	CHAR	4	-
Not Null여부	**PK정보**	**FK정보**	**AK정보**	**제약조건**	**개인정보여부**	**암호화 여부**	**공개/비공개 여부**	
Y	PK	-	-	-	-	-	비공개	

논리 ERD(ER-Diagram) 작성 기준 정의 시 아래 내용을 고려한다.

- **포함 요소:** 엔티티명, 속성, 식별자, 관계 등 표시
- **엔티티명:** 표식 최상단에 기술
- **속성:** 일반속성(*), 주식별자(#), 참조 식별자(FK)
- **관계:** 두 개 이상의 엔티티 간의 관계 표시(관계명 기술)

<사례 175> 논리 ERD(ER-Diagram) 작성 사례

물리 ERD(ER-Diagram) 작성 기준 정의 시 아래 내용을 고려한다.

- **포함 요소:** 테이블, 컬럼, 관계, 식별자 표시
- **표기법:** 논리모델과 연계하여 엔티티→테이블, 속성→컬럼으로 전환하여 작성하며, 비정규화 여부 확인

<사례 176> 물리 ERD(ER-Diagram) 작성 사례

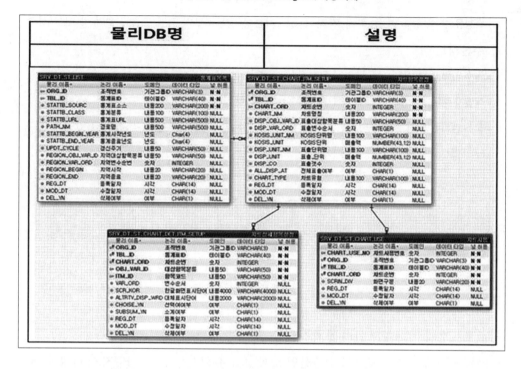

엔티티정의서 작성 기준 정의 시 아래 내용을 고려한다.

- **논리DB명:** 엔티티가 설계된 논리 데이터베이스 명칭
- **엔티티명:** 엔티티 이름, 표준용어정의서에 등록된 용어를 사용하여 한글로 기재
- **엔티티 설명:** 엔티티에 대한 설명 기재
- **주식별자:** 엔티티에서 집합의 유일성을 나타내는 속성(주 식별자는 #으로 표기되며 수 개로 구성(+로 연결))
- **수퍼타입 엔티티명:** 해당 엔티티가 수퍼-서브타입 경우 상위에 존재하는 수퍼타입 엔티 티 기술

<사례 177> 엔티티정의서 작성 사례

논리DB명	엔티티명	엔티티 설명	주식별자	슈퍼타입 엔티티명
학교시스템	과목	학교에서 강의할 과목	과목번호	-
학교시스템	수강신청	학생이 신청한 강좌	개설강좌번호+수강생ID	-
학교시스템	개설강좌	학교에서 개설한 강좌	개설강좌번호	-

속성정의서 작성 기준 정의 시 아래 내용을 고려한다.

- **속성유형:** 속성값의 성격에 따라 결정 (기본형(업무로부터 직접 도출), 설계형(코드 성격), 추출형)
- **필수 입력 여부:** 필수(M, 필수), 조건부(C, 조건부 필수)
- **식별자 여부:** 주식별자(PK), 식별자(AK), 외래 식별자(FK)
- **참조 엔티티명(참조 속성명):** 식별자 여부가 외래식별자(FK)인 경우 참조하고 있는 대상 엔티티명(엔티티 속성의 명칭) 기재

<사례 178> 속성정의서 작성 사례

엔티티명	속성명	속성 유형	필수 입력 유무	식별자 여부	참조 엔티티명	참조 속성명	속성설명
과목	과목번호	설계형	필수	주식별자	-	-	과목 일련번호
과목	과목명	기본형	-	-	-	-	학교에서 지정한과목번호
개설강좌	개설과목번호	설계형	-	외래식별자	과목	과목번호	개설 과목번호

④ 코드정의서/설계서 협의 및 확정

PMO는 사업자의 프로젝트 산출물인 코드정의서/설계서 관련, 사업자가 작성한 내용을 검토하여 공통코드 구조가 코드 구성 요건을 반영하고 공통코드 작성 표준지침에 따라 일관성 있게 코드가 설계되었는지 검토 및 조정한다.

코드 대상의 선정 및 코드 체계가 대상 데이터의 특성에 적합하게 설계되지 않으면 자료의 분류, 통계 분석 등이 원활하지 못하므로 코드 구조는 대상 데이터의 특성을 반영하여 가장 적합하게 설계되어야 한다. 코드 작성 시 표준이 적용되어 있지 않으면 코드에 대한 가독성이 저하되므로 분석단계에서 작성된 코드 작성의 표준지침에 따라 코드 명칭 부여, 코드 데이터타입, 코드 자릿수 부여의 일관성을 고려하여 코드가 설계되었는지 검토한다.

코드 정의 시 아래 사항을 유의한다.

- 사람의 성명과 같이 동성동명이 존재하여 성명을 코드화한 경우, 1개의 코드에 여러 명의 실체가 존재하게 되어 코드로의 기능을 수행할 수 없으므로 1개의 코드에는 반드시 1개의 실체만이 대응되어야 한다.
- 직위가 포함되는 종업원 코드는 가변 속성이라서 승진 시 종업원 코드를 변경해야 하므로 대혼란을 일으켜 코드로서 부적절하다.

• 코드설계서의 코드와 테이블정의서에 적용된 코드 상호 간 일치성(컬럼명, 데이터타입, 자릿수) 확인이 필요하다.

코드정의서 작성 기준 정의 시 아래 내용을 고려한다.
• **관리 부서명**: 표준코드를 최초 정의한 소속기관명 또는 해당 코드의 Ownership을 소유한 기관명 명시
• **코드명(한글)**: 표준용어를 준수하여 부여한 표준코드의 한글명 기재
• **코드명(영문)**: 표준용어를 준수하여 부여할 표준코드의 영문명 기재
• **코드값**: 해당 코드가 가질 수 있는 허용 가능한 값의 집합이나 범위 기재
• **코드값 의미**: 대상 코드값의 의미 기재

<사례 179> 코드정의서 작성 사례

관리부서명	코드명(한글)	코드명(영문)	코드설명	데이터 타입	데이터 길이	코드값	코드값 의미	코드값 설명
기획부	성별코드	GNR_CD		CHAR	1	F	여성	
기획부	성별코드	GNR_CD		CHAR	1	M	남성	
기획부	차종코드	VTYP_CD		CHAR	1	1	승용차	
기획부	차종코드	VTYP_CD		CHAR	1	2	화물차	

<사례 180> 표준코드 적용 절차 사례

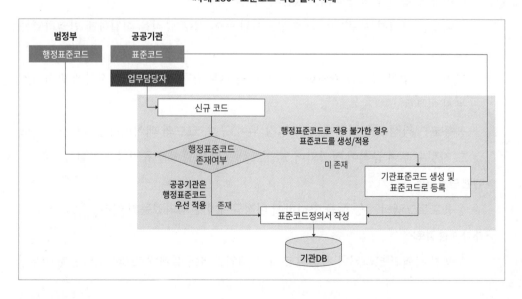

⑤ 데이터베이스 테이블 설계 내용 검토

PMO는 발주기관과 협의 및 확정한 내용을 바탕으로 데이터베이스 테이블 설계 내용을 검토 후 검토보고서를 작성한다. 테이블과 응용프로그램의 상관관계, 데이터 모델의 정규화, 성능 등을 고려한 비정규화, 데이터 모델의 무결성 보장, 업무 규칙 반영, 공통 코드 설계 여부를 검토하고 검토된 내용이 기준에 부합하지 않거나 아래 사항 등의 경우 신중하게 검토하여 의견을 제시한다.

- **누락 여부 검토:**
  - 모든 테이블과 응용프로그램이 테이블/응용프로그램 매트릭스에 누락 없이 포함 여부
  - 테이블/응용프로그램 매트릭스에서 상호관계 표시가 없는 테이블이나 응용프로그램 여부
  - 전체 요구사항을 데이터 모델에 모두 반영하였는지 여부
  - 코드설계서에서 코드로 결정된 대상 데이터의 적절성 여부
- **일치 여부 검토:**
  - 데이터 모델의 정규화 수준이 적절하게 설계되었는지 여부
  - 성능 향상을 위한 비정규화를 함으로써 데이터 무결성이 결여 가능성이 존재하는 테이블 및 컬럼 현황을 파악하였는지 여부
  - 테이블을 구성하는 주요키 및 속성도메인 등이 업무 규칙을 적절하게 반영하였는지 여부
  - 트리거 등 업무 규칙을 반영한 테이블 간의 업무 규칙의 정의가 적절하게 반영되었는지 여부
  - 공통코드 작성 표준지침에 코드 명칭 부여 규칙, 코드의 데이터타입 부여 규칙, 코드 자릿수 부여 규칙이 정의되어 있고 그 내용이 일관성을 유지하고 적절성 여부
- **관련 연계 검토:**
  - 응용프로그램의 성능 등을 고려하여 비정규화가 진행되었는지 여부
- **추가 사항 검토:**
  - 사용자 정의의 트리거나 저장 프로시저, 제약조건이 설계대로 생성되었는지 여부

⑥ 데이터베이스 테이블 설계 내용 조정작업

PMO는 발주기관 및 수행사에 PMO 검토보고서 작성 내용을 설명하고, 잘못된 검토 내용이 있는지 확인한다. 검토된 내용이 기준에 부합하지 않거나 발주기관의 수정 요청이 있는 경우 내용을 조정한다.

2.2.2 데이터베이스 성능설계 내용 검토 및 조정

데이터베이스 성능설계 내용 검토 및 조정은 데이터베이스 성능이 고려되어 설계되었는가를 검토하는 것이다. 업무절차와 입출력 등 기능 요구사항과 비기능 요구사항에 대해 분석 자료를 토대로 처리 성능을 고려한 정규화 및 비정규화 작업과 인덱스 설계가 진행되었는지를 검토하는 데 목적이 있다.

데이터베이스와 응용시스템은 밀접한 관계를 기반으로 상호 연동되기 때문에 성능을 최적화하여 운영하여야 한다. 따라서 PMO는 데이터베이스 테이블과 인덱스가 업무처리 기능을 고려한 성능 향상 방향으로 설계가 되었는지 확인한다.

1) 기준

데이터베이스 성능설계 내용 검토 및 조정의 기준은 'ERD(ER-Diagram)', '테이블 및 인덱스 목록/정의서' 등이다. 성능을 최적화하여 운영하지 않으면 전체적인 시스템의 처리 성능이 저하될 문제가 발생하기에 이를 예방하기 위하여 데이터베이스 성능이 고려되어 설계되었는지를 검토한다.

2) 측정지표(*점검항목: 체크리스트)

PMO는 데이터베이스 성능설계 내용 검토 및 조정을 위한 측정지표로 테이블 엔티티의 정규화/비정규화 작업, 인덱스 설정 등을 점검항목으로 활용한다. 점검항목은 <표 186>과 같이 점검항목별 점검결과(적합(O), 수정/보완(△), 누락(X), 제외(N/A))를 지표로 하여 점검한다.

<표 186> 데이터베이스 성능설계 내용 검토 및 조정에 대한 측정지표

번호	점검항목	점검결과(○,△,X,N/A)				PMO 검토 의견

1	• 데이터베이스 성능 향상을 위하여 테이블 엔티티의 정규화/비정규화 작업이 적절히 설계되었는가?
	  1) 데이터베이스 성능 향상을 위하여 테이블의 비정규화 작업이 적절히 설계되었는지 여부
	    - 테이블 내의 각 컬럼에 데이터타입을 지정하며 참조 무결성의 제약조건(Constraint)이 올바르게 정의되었는지 여부
	    - 구현하려는 업무를 고려하여 인덱스, 클러스터링, 해쉬 클러스터, 뷰 등이 비정규화 작업을 고려하여 설계되었는지 여부
	    - 비정규화 작업 이후 저장 공간 사용량 계획을 고려한 효율적인 데이터베이스 시스템의 운영 여부
	  2) 데이터베이스 매개 변수 구성이 디스크 I/O를 최적화하도록 설계되었는지 여부
	    - 데이터 테이블 스페이스와 인덱스 테이블 스페이스가 논리적으로 분리되고 물리적으로 분리된 디스크에 분산되도록 설계되었는지 여부
	    - 사용자 정의된 테이블 스페이스(User Defined Table space)는 시스템 테이블 스페이스에 저장되지 않도록 설계되었는지 확인					

2	• 처리 성능을 고려하여 테이블에 대한 인덱스 설정이 적절히 설계되었는가?
	  1) 인덱스로 설정하기 위하여 테이블 및 컬럼의 사용 빈도가 정확히 조사되어 설계에 반영되었는지 여부
	    - 인덱스를 정의하기 위한 인덱스정의서에 테이블 및 컬럼의 사용 빈도 조사 여부
	    - 응용프로그램에서의 테이블 및 컬럼에 대한 조작(CRUD)과 빈도수를 조사하고 분석하여 인덱스 설정을 위한 설정이 적절하게 설계에 반영되었는지 여부
	    - 업무 특성 및 액세스 유형 등을 고려하여 너무 많은 인덱스가 정의되어 처리 시 성능저하의 원인을 제공하지는 않는지 확인
	    - 인덱스가 2개 이상의 컬럼으로 정의된 경우는 업무 처리순서의 효율성을 고려하여 적절하게 인덱스가 정의되었는지 여부
	  2) 처리 성능을 고려하여 분할(Partitioned) 인덱스가 적절히 설계되었는지 여부
	    - 테이블 스페이스를 분할하는 경우에는 관련된 인덱스도 성능관점에서 분할되도록 설계되었는지 여부
	    - 인덱스 분할을 위한 분할 키가 테이블 분할의 분할 키와 같은지 여부					

3) 절차

PMO는 수행사가 제출한 산출물을 기준으로 ERD(ER-Diagram) 협의 및 확정, 테이블 및 인덱스 목록/정의서 협의 및 확정, 데이터베이스 성능설계 내용 검토, 데이터베이스 성능설계 내용 조정작업 등을 <그림 201>과 같이 데이터베이스 성능설계 내용 검토 및 조정절차에 따라 검토하고 조정작업을 한다.

<그림 201> 데이터베이스 성능설계 내용 검토 및 조정절차

Input	절차	Output
ERD(ER-Diagram) 테이블 및 인덱스 목록/정의서	① ERD(ER-Diagram) 협의 및 확정 ② 테이블 및 인덱스 목록/정의서 협의 및 확정 ③ 데이터베이스 성능설계 내역 검토 ④ 데이터베이스 성능설계 내역 조정작업	PMO 검토보고서(*) (조정) ERD(ER-Diagram) (조정) 테이블 및 인덱스 목록/정의서

데이터베이스 성능설계 내용에 대하여 ERD(ER-Diagram), 테이블 및 인덱스 목록/정의서의 기준은 다음과 같다.

- 성능 향상을 고려하여 테이블에 대한 비정규화 대상 선정 여부
- 조회 빈도와 두 개의 테이블 간의 관계를 고려하여 테이블 간의 병합 검토 및 반영 여부
- 테이블 컬럼에 대한 접근(Access) 빈도와 범위를 고려하여 테이블 분할 검토 여부
- 통계성 데이터에 대한 조회 속도 향상을 위해 통계 테이블의 추가 검토 여부
- 성능 향상을 고려하여 테이블 컬럼에 대한 비정규화 대상 후보 선정 여부
- 테이블 내의 컬럼 위치와 접근 빈도 및 경로 단축을 위해서 중복 컬럼 추가 검토 여부
- 테이블 접근과 SQL문 처리의 효율성을 고려하여 파생 컬럼 검토 여부

① ERD(ER-Diagram) 협의 및 확정

PMO는 사업자의 프로젝트 산출물인 ERD(ER-Diagram) 관련, 사업자가 작성한 내용을 검토하여 데이터베이스 성능 향상을 위하여 테이블 엔티티의 정규화/비정규화 작업이 적절히 설계되었는지 검토 및 조정한다.

응용시스템이 적절한 기능과 성능을 제공하기 위해 데이터베이스 테이블의 정규화 작업 및 비정규화 작업을 설계에 충실히 반영하고, 테이블과 관련된 모든 물리적인 요소가 기본적인 성능 향상을 가져가도록 비정규화의 적정성을 확인한다. 정규화된 엔티티에 대해서 성능 향상을 고려하여 합리적인 수준으로 비정규화를 적용하였는지 점검한다. 논리 데이터 모델을 표현하는 것으로 표기법은 공공기관에서 도입한 '모델링 도구(Case Tool)'에 따라 다를 수 있으므로 해당 모델링 도구의 표기법을 준수하여 작성한다.

논리 ERD(ER-Diagram) 작성 기준 정의 시 아래 내용을 고려한다.
- **포함 요소**: 엔티티명, 속성, 식별자, 관계 등을 표시
- **엔티티명**: 표식 최상단에 기술
- **속성**: 일반속성(*), 주식별자(#), 참조 식별자(FK)
- **관계**: 두 개 이상의 엔티티 간의 관계 표시 (관계명 기술)

<사례 181> 논리 ERD(ER-Diagram) 작성 사례

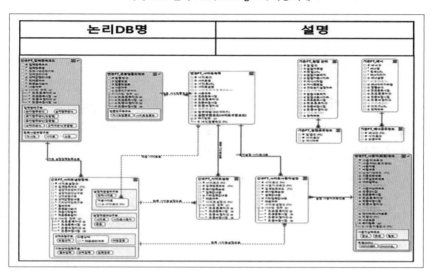

물리 ERD(ER-Diagram) 작성 기준 정의 시 아래 내용을 고려한다.

• **포함 요소:** 테이블, 컬럼, 관계, 식별자 표시

• **표기법:** 논리모델과 연계하여 엔티티→테이블, 속성→컬럼으로 전환하여 작성하며, 비정규화 여부 확인

< 사례 182> 물리 ERD(ER-Diagram) 작성 사례

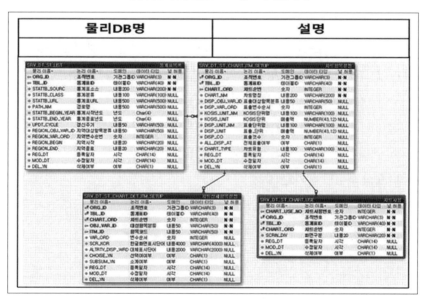

② 테이블 및 인덱스 목록/정의서 협의 및 확정

PMO는 테이블 및 인덱스 목록/정의서 관련, 사업자가 작성한 내용을 검토한 후, 처리성능을 고려하여 테이블에 대한 인덱스 설정이 적절히 설계되었는지 검토 및 조정한다.

테이블의 크기, 데이터 액세스의 유형/빈도, 처리 범위의 크기와 데이터 분포 등을 고려하여 인덱스를 결정한다. 설정된 인덱스는 데이터 액세스의 효율을 높여 시스템의 성능 향상에 결정적인 역할을 담당한다. 자료량과 데이터 특성을 충분히 고려하여 성능 향상을 위해서 인덱스(Index)를 정의하였는지 점검한다. 인덱스 관련 정보는 프로젝트 산출물 중 테이블/컬럼정의서에 주로 정의되며, 인덱스 선정을 위한 일반적인 고려사항은 다음과 같다.

- 해당 테이블의 가능한 모든 액세스 형태의 수집
- 대상 컬럼 선정 및 분포도 조사
- 반복 수행되는 액세스 경로(Critical Access Path)의 해결
- 클러스터링(Clustering) 검토
- 인덱스 컬럼의 조합 및 순서의 결정
- 시험 생성 및 테스트
- 수정이 필요한 응용프로그램 조사 및 수정
- 일괄 적용

테이블정의서 작성 기준 정의 시 아래 내용을 고려한다.
- **물리DB명:** 정보시스템에서 DB를 식별하기 위해 사용되는 물리 정보명(영문명) 기재
- **테이블 영문명:** 물리적인 DB에 생성할 테이블 이름 기재, 표준용어정의서 참조하여 명명
- **테이블 한글명:** 논리DB에 부여한 한글명 기재, 표준용어정의서 참조하여 명명
- **테이블 유형:** 일반테이블, 파티션 테이블, 클러스터 테이블, 뷰테이블 등으로 구분 기재
- **관련 엔티티명:** 해당 테이블에 여러 엔티티가 통합된 경우, 관련 엔티티 모두 기재
- **테이블 설명:** 테이블에 대한 물리적 특성 기재
- **테이블 볼륨:** 현재 테이블이 보유하고 있는 저장량을 저장 건수로 기재

<사례 183> 테이블정의서 작성 사례

물리 DB명	테이블 소유자	테이블 영문명	테이블 한글명	테이블 유형	관련 엔티티명	테이블 설명	업무 분류체계	보존 기간	테이블 볼륨	발생 주기	공개/비공개 사유
SGISD	홍길동	OGACEN-SUS_2020	어가 2020년	일반 테이블	-	-	센서스	영구	46021	-	비공개

컬럼 정의서 작성 기준 정의 시 아래 내용을 고려한다.

- **컬럼 영문명:** 컬럼의 물리적인 영문 이름, 표준용어정의서에 등록된 용어 사용
- **컬럼 한글명:** 해당 컬럼과 연관된 속성의 이름과 동일하게 부여, 표준용어 준수하여 부여할 컬럼 한글 명칭 기재
- **연관 엔티티명:** 해당 컬럼과 연관있는 엔티티정의서에 기록한 엔티티명으로 기재
- **연관 속성명:** 해당 컬럼이 표현하는 논리적 데이터요소인 속성명 기재
- **개인정보 여부:** 컬럼값의 개인정보('개인정보 비식별 조치 가이드라인' 식별자 조치기준) 포함 여부
- **암호화 여부:** 고유식별정보(주민등록번호, 운전면허번호, 여권번호, 외국인등록번호), 비밀번호, 바이오 정보, 신용카드번호, 계좌번호

<사례 184> 컬럼정의서 작성 사례

테이블 영문명	컬럼 영문명	컬럼 한글명	컬럼 설명	연관 엔티티명	연관 속성명	데이터 타입	데이터 길이	데이터 형식
SRV_DT_POPS-GG_2020	BORD_BASE_YEAR	경계기준 년도	경계기준 년도	인구_시군구집계(2020년)	경계기준 년도	CHAR	4	-
Not Null 여부	**PK정보**	**FK정보**	**AK정보**	**제약조건**	**개인정보 여부**	**암호화 여부**	**공개/비공개 여부**	
Y	PK	-	-	-	-	-	비공개	

③ 데이터베이스 성능설계 내용 검토 및 검토보고서 작성

PMO는 발주기관과 협의 및 확정한 내용을 바탕으로 검토보고서를 작성한다. 검토된 내용이 기준에 부합하지 않거나 아래 사항 등의 경우 신중하게 검토하여 의견을 제시한다.

- **누락 여부 검토:**
  - 테이블 내 각 컬럼에 데이터 타입을 지정하며 참조 무결성의 제약조건(Constraint)

누락 여부

-인덱스정의서에 테이블 및 컬럼의 사용 빈도가 조사되었는지 여부

• **일치 여부 검토:**

-데이터 테이블 스페이스와 인덱스 테이블 스페이스가 논리적/물리적으로 분리 여부

-사용자 테이블 스페이스는 시스템 테이블 스페이스에 저장되지 않도록 설계되었는지 여부

-인덱스가 2개 이상의 컬럼으로 정의된 경우는 처리순서의 효율성을 고려하여 인덱스가 정의되었는지 여부

• **관련 연계 검토:**

-테이블 스페이스를 분할하는 경우에는 관련 인덱스도 성능관점에서 분할되도록 설계되었는지 여부

• **추가 사항 검토:**

-논리모델과 물리모델 간의 일관성, 충족성 여부

-테이블명, 속성(컬럼)명이 표준용어정의서 준수 여부

-테이블별 속성(컬럼)의 표준도메인 준수 여부

-속성(컬럼)별 개인정보 및 암호화 여부

-논리엔티티관계도(ERD), 테이블정의서, 속성정의서, 자료사전 간 상호 일관성 여부

<사례 185> 데이터베이스 성능물리설계 점검 사례

④ 데이터베이스 성능설계 내용 조정작업

PMO는 발주기관 및 수행사에 PMO 검토보고서 작성 내용을 설명하고, 잘못 검토된 내용이 있는지 확인한다. 검토된 내용이 기준에 부합하지 않거나 발주기관의 수정 요청이 있는 경우 내용을 조정한다.

2.2.3 데이터 백업 및 복구대책 검토 및 조정

데이터 백업 및 복구대책 검토 및 조정은 데이터베이스에 대한 백업 및 복구계획이 수립되었는가를 검토하는 것이다. 분석단계에서 도출된 데이터베이스 백업 및 복구정책의 일관성 및 구체화 여부, 업무요건과 시스템 환경을 고려하여 백업계획의 상세화 여부, 백업계획과 연관 관계를 고려한 복구계획이 적절하게 수립되었는지를 검토하는 데 목적이 있다.

안정적으로 시스템을 운영하기 위해서는 데이터베이스에 대한 가용성과 안정성을 확보하는 것이 중요하다. 데이터베이스에 대한 백업 및 복구계획이 적절하게 수립되지 않으면 데이터베이스에 대한 장애 발생 시 백업된 데이터를 이용한 데이터베이스 복구가 불가할 수도 있다. 따라서 PMO는 백업 및 복구를 수행하기 위한 절차와 방법이 적절하게 수립되었는지 확인한다.

1) 기준

현행 데이터 백업 및 복구대책 검토 및 조정의 기준은 '백업 및 복구계획서'이다. 데이터베이스에 대한 안정적인 백업이 수행되지 않으면 데이터베이스에 대한 장애 발생 시 신속한 복구가 이루어질 수 없다. 운영체제, 하드웨어 오류, 응용프로그램 및 사용자 실수와 같은 내적인 요인과 화재, 정전과 같은 외적인 요인으로 인해 시스템 가동 중에 데이터베이스 장애가 발생하였을 경우 준비된 절차에 따라 신속하게 복구하지 못하면 시스템의 가용성을 보장할 수 없다. 이와 같은 문제를 예방하기 위해 백업 및 복구계획이 적정하게 작성되었는지 검토한다.

2) 측정지표(*점검항목: 체크리스트)

PMO는 데이터 백업 및 복구대책 검토 및 조정을 위한 측정지표로 데이터베이스에 대한 백업 및 복구계획의 수립 여부, 복구가 필요한 경우의 복구계획의 적절성 등을 점검항목으로 활용한다. 점검항목은 <표 187>과 같이 점검항목별 점검결과(적합(O), 수정/보완(△),

누락(X), 제외(N/A))를 지표로 하여 점검한다.

<표 187> 데이터 백업 및 복구대책 검토 및 조정에 대한 측정지표

번호	점검항목	점검결과(○,△,X,N/A)				PMO 검토 의견
1	• 데이터 복구를 위하여 데이터베이스에 대한 백업 및 복구계획이 수립되었는가? 　1) 백업 대상, 매체, 주기 등이 백업계획에 정의되었는지 확인 여부 　　- 백업 대상이 백업계획에 포함 검토 여부 　　- 백업 매체의 종류와 보관 및 관리 방법이 백업계획에 정의되었는지 검토 　　- 백업 주기와 백업 데이터 보존기간이 정의 여부 　2) 업무요건과 시스템 환경을 고려하여 백업 방법 및 절차가 수립되었는지 확인 여부 　　- 업무 연속성, 긴급성, 중요성 등을 고려하여 백업 방법 및 절차가 수립되었는지 검토 여부 　　- 시스템 규모와 하드웨어, 소프트웨어 환경 등을 고려하여 백업 방법 및 절차가 수립되었는지 검토 여부					
2	• 데이터베이스에 장애가 발생하여 복구가 필요한 경우 복구계획이 적절하게 수립되었는가? 　1) 데이터베이스에 대한 장애 발생 시 경우 복구 절차와 기준이 수립되었는지 확인 여부 　　- 장애 발생 시점부터 복구 완료 시점까지의 복구 처리 절차의 수립 검토 여부 　　- 업무 중요도를 고려하여 데이터베이스에 대한 복구 우선순위와 복구 목표 시간을 설정하였는지 확인 여부 　- 데이터베이스 복구를 위한 역할과 책임이 명확하게 정의되었는지 확인 여부 　2) 데이터베이스의 장애 유형별로 복구 시나리오가 적절하게 준비되었는지 확인 여부 　　- 장애 유형별로 복구 시나리오가 작성되었는지 확인 여부 　　- 장애 유형별로 복구 담당, 방법 및 절차가 정의되었는지 확인 여부 　3) 복구 불가능한 유실 데이터에 대한 대처방안이 적절하게 준비되었는지 검토 여부 　　- 데이터가 유실될 경우를 고려하여 내화금고 보관 또는 원격지 소산 보관 등의 대처방안이 고려되었는지 확인 　　- 데이터베이스에 대한 복구가 실패할 경우를 대비하여 주요한 업무 데이터에 대해서는 주기적으로 리스트 출력, 기타 매체(광디스크, CD, PC 등) 보관 등의 대응 방안을 고려하였는지 확인 여부					

3) 절차

PMO는 수행사가 제출한 백업 및 복구계획서를 기준으로 백업 및 복구계획서 협의 및 확정, 백업 및 복구계획서 검토, 백업 및 복구계획서 조정작업 등을 <그림 202>와 같이 백업 및 복구대책 검토 및 조정절차에 따라 검토하고 조정작업을 한다.

<그림 202> 백업 및 복구대책 검토 및 조정절차

Input	절차	Output
백업 및 복구계획서	① 백업 및 복구대책 협의 및 확정 ② 백업 및 복구계획서 검토 ③ 백업 및 복구계획서 조정작업	PMO 검토보고서(*) (조정) 백업 및 복구계획서

① 백업 및 복구대책 협의 및 확정

PMO는 수행사가 제출한 백업 및 복구계획서를 검토한다. 이를 통해 데이터베이스 백업의 대상, 주기, 방법을 정의하여 예상치 못한 장애 발생으로 데이터의 유실이 발생했을 때 신속하고 완벽한 복구가 가능하도록 철저한 백업체계 수립이 적절하게 작성되었는지를 검토 및 조정한다.

백업은 일관된 백업정책에 따라 외부 백업 장치를 이용하여 데이터에 손상이 생겼을 때 안정성을 보장하며 신속하게 복구 가능한지 검토한다.

<사례 186> 백업 방법 및 주기 작성 사례

DB구분	대상 데이터	백업 방법	백업 주기
데이터베이스	Data file, Control file, Parameter file, Redolog file	Full	1주
	Archive log file	Incremental	매일

장애 시 복구 절차는 아래와 같다.

- **장애 발생에 따른 장애 유형 분석:** 장애가 발생한 서버 및 관련 서비스, 데이터 유형, 디스크 명, 디스크 유형을 담당자와 신속, 정확히 분석하여 장애에 대한 유형 파악
- **현황보고:** 장애 상황을 수행사 PM 및 발주기관에 보고한 후 필요시 공지를 통해 장애 상황을 전파
- **복구계획수립**
  - 장애 데이터에 대해 데이터의 백업정책에 근거한 최신 백업 일자 및 보관 주기를 분석 후 완전 복구/불완전 복구와 같은 복구 범위를 결정하고 복구계획을 수립 검토
  - 복구 대상을 서버명, 보관 주기의 날짜를 기준으로 백업 이미지의 존재 여부 확인, 복구 예상 시간 및 정상 서비스 가능 시간 예상을 검토
- **복구작업 수행**
  - 복구 담당자는 복구작업을 함에 있어 신속히 해당 유지보수 업체에 현재 상황을 설명하고 기술지원을 요청 비상 연락망 검토
  - 상기 절차에 이어 복구 담당자는 해당 장애 시 복구계획에 따라 복구작업 검토
- **복구 결과 확인**
  - 복구한 데이터의 서버, 디스크 명, 사이즈 및 날짜 검토

–상기 절차에 이어 해당 시스템 담당자에게 복구작업 완료를 통보하고 시스템이 정상 가동이 될 때까지 대기하는지 확인

- **백업 수행:** 장애에 대한 복구가 완전하게 종료되고 해당 서비스가 정상적으로 재개 시, 복구한 시스템의 데이터에 대한 장애가 향후 재발생할 가능성을 방지하기 위해 해당 시스템 담당자 및 고객과 협의하여 유동적으로 백업 수행 확인
- **결과 보고 및 처리 과정 작성:** 상기와 같은 일련의 작업을 장애 원인, 대상, 서비스 중단시간, 복구시간 등을 기록 및 보고 및 처리 과정을 작성하여 향후 참고자료로 활용할 수 있도록 처리 과정을 작성하는지 검토

<사례 187> 장애 발생시 복구 절차 사례

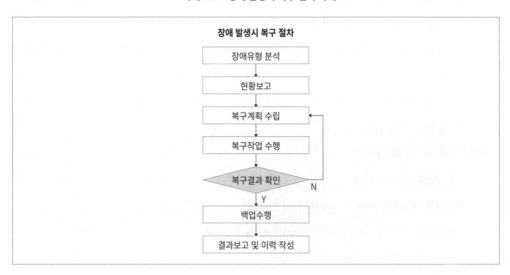

② 백업 및 복구대책 검토

PMO는 발주기관과 협의 및 확정한 내용을 바탕으로 백업 및 복구대책을 검토 후 검토보고서를 작성한다. 검토된 내용이 기준에 부합하지 않거나 아래 사항 등의 경우 신중하게 검토하여 의견을 제시한다.

- **백업 필수 검토사항:**
  -백업 방법으로는 물리적(Physical) 백업(Cold 백업 또는 Hot 백업)과 논리적(Logical) 백업(Export 백업) 및 원격백업 등을 고려할 수 있으며, 업무요건과 시스템 환경, 소

요 비용 등을 고려하여 최적의 백업 방법을 선택 적용하였는지 검토한다.

※ Cold 백업: 오프라인 백업으로 데이터베이스를 명령어로 셧다운(Shutdown)한 후 데이터베이스 파일을 백업받는 것

※ Hot 백업: 온라인 백업으로 데이터베이스가 오픈되어 운영 중인 상황에서 데이터베이스 파일을 백업받는 것(이 경우 데이터베이스는 ARCHIVELOG MODE에서 운영되어야 함)

※ Export 백업: Export 유틸리티를 사용하여 백업받는 방법이다.

- 24시간 무중단 시스템(24*365)과 같이 시스템 중단이 없는 시스템의 경우는 백업계획 수립 시 Cold 백업과 같은 풀 이미지(Full Image)백업이 불가능할 수 있고, Hot 백업 또는 Export 유틸리티를 통한 논리적(Logical) 백업만이 가능할 수 있으므로 이러한 제약사항으로 인해 장애가 발생할 때 적절한 방안이 마련되어 있는지를 점검한다.

- 전체 시스템을 신규로 개발하는 경우 백업정책이 적절하게 수립되었는지 점검해야 하며, 기존 시스템이 운영되고 있고 일부 시스템을 신규로 개발하는 경우는 응용시스템의 특성을 고려하여 발주기관의 현행 백업정책과 신규로 작성된 백업계획과의 일관성을 검토한다.

• **복구계획서 추가 검토사항:**

- 데이터베이스에 대한 장애 발생 유형은 매우 다양하며 일반적으로 DBMS로 오라클(Oracle) 제품을 사용 시 다음과 같은 장애 유형들을 고려한다.

- 전체 데이터베이스(Full Database)의 복구 여부

- 데이터 파일(Data file)의 복구 여부

- 제어 파일(Control file)의 복구 여부

- 리두 로그파일(Redo log file)의 복구 여부

- 백업 본이 없는 데이터 파일(Data file)의 복구 여부

- 특정 시점으로의 복구(Time-Based Recovery) 등 여부

일반적으로 데이터베이스에 대한 장애 유형별로 복구 시나리오를 작성하나 복구 시나리오에 대한 철저한 사전테스트는 준수되기 어렵다. 따라서 복구계획에 사전테스트를 위한 충분한 일정계획이 반영되었는지 검토한다.

③ 백업 및 복구대책 조정작업

PMO는 발주기관 및 수행사에 PMO 검토보고서 작성 내용을 설명하고, 잘못된 검토 내용이 있는지 확인한다. 검토된 내용이 기준에 부합하지 않거나 발주기관의 수정 요청이 있는 경우 내용을 조정한다.

2.2.4 초기 데이터 구축 및 기존 데이터 전환 계획 검토 및 조정

초기 데이터 구축계획 및 기존 데이터 전환 계획 검토 및 조정은 초기 데이터 구축계획이 수립되었는지와 기존 데이터에 대한 전환 계획이 수립되었는지를 검토하는 것이다. 분석단계에서 도출된 신규 데이터에 대한 요구사항이 초기 데이터 구축계획으로 구체화 되었는지, 발주기관과 수행사 간의 역할과 책임, 초기 데이터 구축범위와 물량, 수집 방법 등이 세분화되어 실행 가능한 수준의 계획을 수립하였는지 그리고 전환 대상 데이터의 분석결과와 전환 정책의 상세화를 통해 일관성 있게 기존 데이터의 전환 계획을 구체화했는지, 업무요건 및 시스템 환경 등을 고려하여 데이터 전환 계획이 상세하게 수립되었는지 등을 검토하는 데 목적이 있다.

먼저 초기 데이터 구축 계획 시 사용자로부터 정보의 요구는 있으나 현행 시스템에서 제공하기에 어려움이 있는 경우, 업무환경 변화에 따라 새로운 데이터에 대한 요구사항이 있는 경우에는 초기 데이터가 구축되어야 한다. 초기 데이터 구축 대상이 되는 데이터는 다양한 형태로 존재하고 대부분 수작업 공정을 거쳐서 최종 데이터로 전환되기 때문에 사전에 구축 절차와 방법이 적절하게 정의되지 않으면 시행착오를 겪게 된다. 따라서 PMO는 사업추진 일정과 업무 중요도를 고려하여 초기 데이터 구축계획이 적절히 수립되었는지 확인한다.

다음으로 기존 데이터 전환 계획 시 기존 시스템에 데이터가 존재하는 경우는 데이터 전환 작업을 실시한다. 전환 대상 범위 결정에서부터 최종 전환 이행까지의 과정에 대해서 충분한 사전분석 및 계획이 수립되지 않으면 시행착오와 전환 전후 데이터 간의 불일치로 인해 시스템의 신뢰성 저하를 초래할 수 있다. 따라서 PMO는 기존 데이터 전환 계획에 사전 준비사항과 전환 과정에서 발생할 수 있는 각종 위험 요소를 고려한 대응방안이 적절하게 수립되었는지 확인한다.

1) 기준

현행 초기 데이터 구축 및 기존 데이터 전환 계획 검토 및 조정의 기준은 '초기 데이터 구축계획서', '프로그램사양서', '매핑정의서', '전환 데이터분석서', '데이터 전환계획서' 등이다. 수행사와 발주기관 간 역할 분담, 구축 대상 범위의 불명확으로 인한 시행착오와 데이터 신뢰성 문제, 전환 대상 데이터 누락으로 인한 데이터 간 상관관계를 고려하지 않으면 데이터 정합성 등의 이슈가 발생할 수 있다. 이를 예방하기 위해 초기 데이터 구축계획과 기존 데이터에 대한 전환 계획이 적절하게 수립되었는지 검토한다.

2) 측정지표(*점검항목: 체크리스트)

PMO는 초기 데이터 구축 및 기존 데이터 전환 계획 검토 및 조정을 위한 측정지표로 데이터 구축을 위한 역할과 책임, 데이터 구축범위, 특히 기존 데이터의 경우 정비 절차와 방법, 검증 절차와 방법, 데이터 전환을 위한 예상 소요 시간 예측 등을 점검항목으로 활용한다. 점검항목은 <표 188>과 같이 점검항목별 점검결과(적합(O), 수정/보완(△), 누락(X), 제외(N/A))를 지표로 하여 점검한다.

<표 188> 초기 데이터 구축 및 기존 데이터 전환 계획 검토 및 조정에 대한 측정지표

번호	점검항목	점검결과(O,△,X,N/A)				PMO 검토 의견
1	• 초기 데이터 구축을 위한 역할과 책임, 구축범위와 물량이 명확하게 정의되었는지 검토가 되었는가? 1) 초기 데이터 구축을 위한 역할과 책임이 명확하게 정의되었는지 확인 여부 　- 일련의 공정들에 대해서 발주기관 담당자 선정이 이루어졌는지 확인 　- 업무담당자의 역할과 책임이 명확하게 정의되었는지 여부 확인 2) 초기 데이터에 대한 구축범위와 물량이 산정되었는지 확인 여부 　- 초기 데이터 구축 대상 범위가 명확하게 식별되었는지 확인 　- 구축 대상 데이터의 수록 건수와 데이터 용량이 정확하게 파악되었는지 확인					
2	• 초기 데이터 구축을 위한 절차와 방법, 양식이 정의되었는지 검토가 되었는가? 1) 초기 데이터 구축과정에서 필요한 각종 양식이 정의되었는지 확인 여부 　- 구축 대상 유형(수기로 관리하는 문서, 각종 규정집, PC 보관 파일 등)별 원시 데이터 목록작성 여부 　- 원시 데이터 유형별 수집 양식 정의 여부 검토 　- 구축공정 수행 시 각종 양식 정의 확인 2) 초기 데이터 구축을 위한 절차와 방법이 적절하게 준비되었는지 확인 여부 　- 원시 데이터의 유형별로 수집담당자와 수집 방법이 조사되었는지 여부 검토 　- 수집된 원시 데이터에 대한 입력담당자와 입력 방법(온라인 스캔, 양식 입력 등) 결정 여부 검토 　- 담당자가 입력한 데이터들을 취합 관리하는 방법의 정의 여부 검토 　- 입력된 데이터에 대한 발주기관의 검수 기준과 검증 방법(전수검사, 임의 검사, 육안 검사, 검증 프로그램 등) 및 절차가 구체적으로 정의 여부 검토 　- 오류가 발견된 데이터에 대해서는 입력담당자에게 오류 결과를 피드백하고 재수정한 데이터를 반영하기 위한 절차 수립 여부 검토					

번호	점검항목	점검결과(○,△,X,N/A)			PMO 검토 의견
2	- 검증 및 정비가 완료된 초기 데이터를 최종 데이터베이스에 반영하는 방법 준비 여부 검토 - 초기 데이터가 최종적으로 데이터베이스에 정확하게 반영되었는지 확인할 방법이 준비되었는지 여부 검토				

3	• 데이터 전환을 위한 역할과 책임, 전환 대상 범위와 우선순위가 명확하게 정의되었는지 검토가 되었는가?
	  1) 데이터 전환 작업을 위한 업무 분장 및 역할과 책임이 명확하게 정의되었는지 확인 여부
	  - 기존 데이터 정비, 기존 데이터와 전환 데이터 간의 매핑, 전환된 데이터에 대한 검증 등 일련의 작업에 대해서 발주기관의 담당자 선정 여부 검토
	  - 업무담당자에 대해서 역할과 책임이 명확하게 정의 여부 검토
	  2) 기존 시스템의 전환 대상 범위가 명확하게 식별되고, 전환의 우선순위가 부여되었는지 확인 여부
	  - 기존 시스템의 전환 대상 데이터의 범위가 명확하게 식별 여부 검토
	  - 전환 대상 데이터의 수록 건수 및 데이터 용량이 정확하게 파악 여부 검토
	  - 기존 시스템의 데이터들에 대해서 전환 작업을 수행하기 위한 우선순위 부여 여부 검토				

4	• 데이터 매핑 규칙, 전환 프로그램 등이 적절하게 정의되었는지 검토되었는가?
	  1) 기존 데이터와 신규 데이터 간의 매핑 규칙 및 전환 프로그램이 정확하게 정의되었는지 확인 여부
	  - 매핑정의서에 기존 시스템의 전환 대상 테이블이 빠짐없이 포함되었는지 여부 검토
	  - 매핑정의서에 기존 데이터와 신규 데이터 간의 매핑 규칙을 데이터 항목 및 코드값 수준까지 상세하게 정의하였는지 여부 검토
	  - 전환 프로그램에 대한 프로그램사양서가 코딩 가능한 수준으로 상세하게 작성되었는지 여부 검토
	  2) 예외로 처리해야 할 데이터가 존재하는 경우, 예외 처리 데이터에 대한 처리규칙이 적절하게 정의되었는지 확인 여부
	  - 전환 전후 항목 간의 매핑 규칙이 정확하게 정의 여부 검토
	  - 예외 처리규칙이 적절하게 정의 여부 검토				

5	• 기존 데이터의 정비와 전환 데이터의 검증을 위한 절차와 방법이 수립되고, 전환 예상소요시간이 예측되었는지 검토가 되었는가?
	  1) 기존 데이터에 대한 정비 절차와 방법의 수립 여부 검토
	  - 기존 데이터에 대한 정비기준 수립 여부 검토
	  - 기존 데이터에 대한 정제(Cleansing)절차 수립 여부 검토
	  - 기존 데이터 정비를 위한 점검항목 도출 및 점검리스트가 작성되었고, 점검을 위한 프로그램 설계 여부 검토
	  2) 기존 데이터와 전환 데이터에 대한 검증 절차와 방법이 수립되었는지 검토 여부
	  - 기존 시스템에서 핵심 점검 대상 데이터가 선정되어 있고, 세부 항목별로 속성 분류 기준, 코드값, 자릿수, 허용값 범위 등이 정리된 점검기준의 작성 여부 검토
	  - 기존 데이터 및 전환 데이터의 검증 방법(데이터 전환 전후의 데이터 건수 비교, 금액 또는 계산 가능 항목에 대한 합계값 비교, 점검기준 또는 점검리스트 등)이 구체적으로 정의되었는지 여부 검토
	  - 데이터 정합성 검증용 프로그램의 설계 여부 검토
	  3) 데이터 전환을 위한 예상 소요 시간이 예측되었는지 확인 여부
	  - 데이터 전환 작업에 대한 예상 소요 시간이 기존 데이터 백업, 데이터 매핑 전환, 데이터 검증 등 작업공정의 선후관계를 고려하여 산출 여부 검토				

3) 절차

　PMO는 수행사가 제출한 산출물을 기반으로 초기 데이터 구축계획서 협의 및 확정, 매핑정의서 협의 및 확정, 전환데이터분석서 협의 및 확정, 데이터전환계획서 협의 및 확정,

초기 데이터 구축계획 및 기존 데이터 검토, 초기 데이터 구축계획 및 기존 데이터 조정작업 등을 <그림 203>과 같이 초기 데이터 구축계획 및 기존 데이터 전환 계획 검토 및 조정절차에 따라 검토하고 조정작업을 한다.

<그림 203> 초기 데이터 구축계획 및 기존 데이터 전환 계획 검토 및 조정절차

Input	절차	Output
초기데이터구축계획서 프로그램사양서 매핑정의서 전환데이터분석서 데이터전환계획서	① 초기데이터구축계획서 협의 및 확정 ② 매핑정의서 협의 및 확정 ③ 전환데이터분석서 협의 및 확정 ④ 데이터전환계획서 협의 및 확정 ⑤ 초기 데이터 구축 계획 및 기존 데이터 검토 ⑥ 초기 데이터 구축 계획 및 기존 데이터 조정작업	PMO 검토보고서(*) (조정) 초기데이터구축계획서 (조정) 프로그램사양서 (조정) 매핑정의서 (조정) 전환데이터분석서 (조정) 데이터전환계획서

① 초기데이터구축계획서 협의 및 확정

초기데이터구축계획서는 데이터 구축 시에 필요한 관련 팀과 인력의 유기적 행동 체계를 정형화, 가시화, 객관화하여 업무 수행을 효율적으로 하며, 데이터 이행에 필요한 모든 작업과 일일 행동 요령을 사전 도출하고 점검하여 오류 발생을 적극적으로 방지하여 데이터를 체계적이고 안전하게 이행하고 시스템이 정상적으로 가동할 수 있도록 작성 기준이 마련되어 있는지를 검토한다.

<사례 188> 초기데이터구축계획서 목록작성 사례

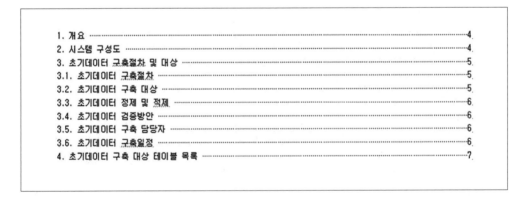

1. 초기 데이터 구축 범위 및 구축량 산정

초기데이터	테이블명	테이블설명	데이터유형	건수	구축방법	유형	담당(팀)	완료예정	실제완료	비고
○○영역마스터	SV00_AREA_MASTR	○○영역 마스터	일반	3,800	배치	생성	정보연계	2020-04-21	2020-05-22	
○○영역디테일	SV00_AREA_MASTR	○○영역 마스터	일반	19,862	배치	생성	정보연계	2020-04-21	2020-05-22	
○○ 마스터 정보	SHIP_T	○○마스터	일반	140,000	연계	생성	정보연계	2020-04-21	2020-06-18	
○○○ 표준 코드	PAS_CODE	○○○ 표준코드	일반	2,000	연계	생성	정보연계	2020-04-21	2020-05-07	
○○○ 마스터 정보	PAS_MASTER	○○○ 마스터	일반	600	연계	생성	정보연계	2020-04-21	2020-05-07	
○○○ 정보	PAS_PSSG_ROUTE_MSTR	○○○ 마스터	일반	1,500	연계	생성	정보연계	2020-04-21	2020-05-07	
○○○ 정보	PAS_PSSG_ROUTE_DETAIL	○○○ 디테일	일반	8,000	연계	생성	정보연계	2020-04-21	2020-05-07	
○○ WAYPOINT	PAS_PSSG_ROUTE_WAYPOINT	○○ WAYPOINT	일반	1,800	연계	생성	정보연계	2020-04-21	2020-05-07	
○○ 마스터	PM_SHIP_MASTR	○○ 마스터	일반	78,000	연계	생성	정보연계	2020-04-21	2020-06-03	
○○ 코드	PM_COUNTRY_CODE	○○ 코드	일반	26,868	연계	생성	정보연계	2020-04-21	2020-06-03	

<사례 190> 초기 데이터 구축공정 및 역할/책임 분담 사례

2. 초기 데이터 구축 공정

초기데이터 구축 계획 수립 → 데이터 수집 및 취합 → 데이터 검증 → 데이터베이스 반영

3. 초기데이터 구축 공정별 담당자

담당업무		담당팀	직급	성명
초기데이터 구축 계획		정보연계	수석	○○○
데이터 수집 및 취합	연계데이터	정보연계	전임	○○○
	배치데이터	정보연계	연구원	○○○
데이터 검증		정보연계	책임	○○○
데이터베이스 반영		정보연계	책임	○○○
		정보연계	전임	○○○

<사례 191> 데이터 구축 시 예외 처리(검증) 사례

4. 데이터 구축 시 예외처리(검증) 방안

	체크목록	설명	오류 처리방안
1	Private Key 중복 체크	Private Key로 활용할 데이터에 중복이 있는지 체크	- 육안 식별/검토 후 중복 데이터 제거 - Key값 오류일 경우 신규 Key 발급
2	NOT NULL 체크	NOT NULL속성인 데이터베이스 컬럼에 대응하는 데이터가 공백인 데이터가 있는지 체크	- 육안 식별/검토 후 삭제 또는 Default 값
3	Data 길이 체크	컬럼데이터 길이 보다 큰 데이터가 있는지 체크	- 육안 식별/검토 후 삭제 또는 Default 값
4	Data Type 체크	NUMBER, DATE 타입의 컬럼에 대응하는 데이터가 유효한 값인지 체크	- 육안 식별/검토 후 삭제
5	공백 체크	데이터에 불필요한 공백이 들어있는지 체크	- 공백 제거

② 매핑정의서 협의 및 확정

PMO는 수행사가 제출한 매핑정의서(As-Is 시스템의 테이블을 기준으로, To-Be 시스템에 생성될 테이블을 매핑한 산출물)를 기준으로 테이블 물리/논리명, 컬럼 물리/논리명, DataType 등의 정보를 포함하여 적절히 작성되었는지 검토한다.

<사례 192> 테이블매핑정의서 작성 사례

TARGET								SOURCE							처리구분	RULE	검증방법
테이블명	테이블ID	컬럼명	컬럼ID	TYPE	LEN	No1	PK	FK	테이블명	테이블ID	컬럼명	컬럼ID명	TYPE	LEN	PK			
컴플라이언스_매체구분	ACM0002	매체코드	NOTA_COD	CHAR	2	N	Y		매체구분	Ucom010	매체ID	MAECHE_ID	CHAR	2	Y		6A'는 '65'로 이행	소스와 타겟의 레코드 건수
컴플라이언스_매체구분	ACM0002	매체내용	NOTA_CNTN	VARCHAR2	500	Y			매체구분	Ucom010	매체DESC	MAECHE_DESC	CHAR	20			MOVE	한글여부 불가
컴플라이언스_매체구분	ACM0002	매체수수료구분코드	NOTA_FEE_DSCD	CHAR	1	Y			매체구분	Ucom010	수수료ID	SUSURYO_ID	CHAR	2			+1서식증가 MOVE	최종 숫자 및 전체 레코드 건수
컴플라이언스_매체구분	ACM0002	수수료내용	FEE_CNTN	VARCHAR2	500	Y			매체구분	Ucom010	수수료DESC	SUSURYO_DESC	CHAR	20			MOVE	
컴플라이언스_매체구분	ACM0002	매체종류코드	NOTA_KIND_COD	CHAR	2	Y			매체구분	Ucom010	매체분류ID	MAECHE_CATALOG_ID	CHAR	2			0-C->01-13으로 MOVE	
컴플라이언스_매체구분	ACM0002	매체종류내용	NOTA_KIND_CNTN	VARCHAR2		Y			매체구분	Ucom010	매체분류DESC	MAECHE_CATALOG_DESC	CHAR	20			MOVE	
컴플라이언스_매체구분	ACM0002	최종처리시스템일	ALST_PRC_SYS_DTDATE			N			매체구분	Ucom010	최종처리시스템일	ALST_PRC_SYS_DTN	Date					

<사례 193> 컬럼매핑정의서 작성 사례

Column매핑정의서(업무명)

ㅇㅇㅇㅇㅇㅇㅇㅇㅇㅇㅇㅇㅇㅇ정보시스템구축

문서번호	CTIS_000_Column매핑정의서									버전	1.0

		TO-BE					AS-IS				
순번	데이블명	컬럼명	컬럼한글명	데이터타입	길이	변환규칙	데이블명	컬럼명	컬럼한글명	데이터타입	길이
1	TBI_FIELD	FLD_CD	분야코드	CHAR	3	MOVE	BI_FIELD	FLD_CD	분야코드	CHAR	3
1	TBI_FIELD	FLD_NM	분야명	VARCHAR2	100	TR001	BI_FIELD	FLD_NM	분야명	VARCHAR2	100
1	TBI_FIELD	USE_YN	사용여부	CHAR	1		BI_FIELD	USE_YN	사용여부	CHAR	1
2	TBI_SECTION	SECT_CD	부문코드	CHAR	3		BI_SECTION	SECT_CD	부문코드	CHAR	3
2	TBI_SECTION	FLD_CD	분야코드	CHAR	3		BI_SECTION	FLD_CD	분야코드	CHAR	3
2	TBI_SECTION	SECT_NM	부문명	VARCHAR2	100		BI_SECTION	SECT_NM	부문명	VARCHAR2	100
2	TBI_SECTION	USE_YN	사용여부	CHAR	1		BI_SECTION	USE_YN	사용여부	CHAR	1
3	TC_AEGROU	AEGROUP_CODE_CL	세출그룹코드	CHAR	3		OLD_AEGROU	AEGROUP_CODE_CL	세출그룹코드	CHAR	3
3	TC_AEGROU	AEGROUP_NM	세출그룹명	VARCHAR2	50		OLD_AEGROU	AEGROUP_NM	세출그룹명	VARCHAR2	50
4	TC_AEHANG	FSYR_YY	회계년도	CHAR	4		OLD_AEHANG	FSYR_YY	회계년도	CHAR	4
4	TC_AEHANG	SFRND_CODE_CL	자치단체코드	CHAR	7		OLD_AEHANG	SFRND_CODE_CL	자치단체코드	CHAR	7
4	TC_AEHANG	AEHANG_CODE_CL	세출항코드	CHAR	4		OLD_AEHANG	AEHANG_CODE_CL	세출항코드	CHAR	4
4	TC_AEHANG	AEHANG_NM	세출항명	VARCHAR2	50		OLD_AEHANG	AEHANG_NM	세출항명	VARCHAR2	50
4	TC_AEHANG	AEKWAN_CODE_CL	세출관코드	CHAR	4		OLD_AEHANG	AEKWAN_CODE_CL	세출관코드	CHAR	4

상세변환규칙ID	내용
TR001	Transformation Rule 1로 공백을 제거하기 위해 TRIM(AS-IS column)한 후 TO-BE column에 Load

③, ④ 전환 데이터 분석 및 데이터전환계획서 협의 및 확정

PMO는 수행사가 제출한 데이터 분석/전환계획서를 기준으로 신규 시스템 개발에 따른 데이터 변환 대상을 식별하고, 일정·절차·검증 방법 등을 수립하여 체계적이고 효율적

인 데이터 변환 작업을 계획하고 있는지, 테스트 계획 및 시스템 공개 일정에 부합하는 데이터 변환 계획을 수립·수행함으로써 데이터 변환 작업으로 인한 일정 및 업무 공백을 방지하고 있는지, 시스템의 안정적이고 무결한 초기 데이터를 구축하여 향후 시스템이 운영될 수 있도록 체계적인 계획수립이 적절하게 작성되었는지 등을 검토한다.

<사례 194> 데이터 전환 절차 작성 사례

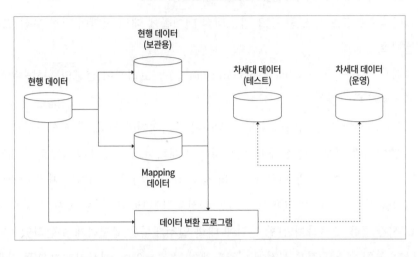

데이터 분석/전환계획서 절차 확인 내용은 아래와 같다.
- 현행 시스템의 데이터를 목표시스템의 테이블 전환 범위 확인
- 데이터 매핑이 필요한 경우 보관용 DB에 매핑 테이블을 생성하여 매핑 자료로 등록함
- 데이터 클린징 대상 파악, 오류 데이터 분석, 클린징 유형 정의, 클린징 단계, 클린징 시점 절차 확인
- 전환 전략에 따른 전환 과업별 담당 조직 및 역할과 전환 일정 확인
- 업무영역별 전환 규칙 현황 및 데이터전환시나리오가 상세한지 파악
- 업무영역별 데이터전환매핑정의서 확인한 데이터 변환 프로그램(Procedure 등)을 이용하여 테스트 서버로 데이터 전환
- 전환된 데이터를 검증 주체, 검증 방법에 따라 검증(적재 건수, 합계 등)
- 데이터 변환 프로그램을 통하여 테스트 서버에 전환된 데이터를 운영 서버로 이관(필요시 운영 서버로 직접 이관하는 경우 존재)
- 정보화부서 및 발주부서 담당자와 데이터 예상 결과와 수행 결과 검증

⑤ 초기 데이터 구축 및 기존 데이터 전환 계획 검토

PMO는 발주기관과 협의 및 확정한 내용을 바탕으로 초기 데이터 구축 및 기존 데이터 전환 계획을 검토 후 검토보고서를 작성한다. 검토된 내용이 기준에 부합하지 않거나 아래 사항 등의 경우 신중하게 검토하여 의견을 제시한다.

- **초기 데이터 구축 및 기존 데이터 전환 계획 필수 검토사항:**
  - 일반적으로 코드성 또는 주요 마스터성 테이블에 대해 전환이 가장 우선 고려되었는지 확인한다.
  - 테이블 간의 업무 규칙(Referential Integrity 등)을 고려하여 전환의 우선순위가 부여되었는지 확인한다.
  - 매핑정의서에 신규 데이터의 모든 항목이 정의되어야 하고, 신규 시스템 적용 이후에 데이터가 생성되는 신규 데이터 항목에 대해서도 데이터 생성경로에 대해 정의되었는지 검토한다. 대용량 시스템의 경우 전환 작업 소요 시간에 따라 시스템 적용 일정을 결정하는 데 큰 영향을 미치므로 전체적인 데이터 전환 물량, 단위 업무별 소요 시간 등을 고려하여 전환 작업에 대한 일정계획을 철저하게 수립하였는지 검토한다. 특히 시스템 적용 시점에는 하드웨어, 소프트웨어, 애플리케이션 등 신규 시스템으로의 환경 이관 및 예기치 못한 시간 지연이 발생할 가능성이 있다. 따라서 전환 예상 소요 시간 계획이 구체적으로 수립되었는지 검토한다.
- **초기 데이터 구축 및 기존 데이터 전환 계획 추가 검토사항:**
  - 일반적으로 차세대(공공, 금융 등)시스템과 같이 시스템 규모가 크고 전환해야 할 대상 데이터가 큰 경우에는 별도로 데이터 전환 조직이 구성되었는지 검토한다. 일반적으로 전환 프로그램은 매핑정의서를 사용하여 데이터 전환 작업을 수행할 수 없는 경우에 유용하며, 이 경우 프로그램사양서를 작성하고 전환 프로그램은 시스템 적용 이후에도 일정 기간 이상 보관하는지 검토한다. 기존 시스템의 삭제 대상 데이터에 대해서는 별도로 삭제 속성 리스트를 작성하고 이를 확인하는 절차를 수립하는지 검토한다.

⑥ 초기 데이터 구축 및 기존 데이터 전환 계획 조정작업

PMO는 발주기관 및 수행사에 PMO 검토보고서 작성 내용을 설명하고, 잘못된 검토 내

용이 있는지 확인한다. 검토된 내용이 기준에 부합하지 않거나 발주기관의 수정 요청이 있는 경우 내용을 조정한다.

2.3 아키텍처

2.3.1 아키텍처 설계 내용 검토 및 조정

아키텍처 설계 내용 검토는 시스템 구성 요소에 대한 상세설계가 충분하게 이루어졌는지를 검토하는 것이다. 시스템 구성 요소에 대한 분할 및 분할된 구성요소 간의 인터페이스 설계 등이 충분히 이루어지고, 시스템구성도가 작성되었는지를 검토하는 데 목적이 있다. 시스템 구성 요소의 분할 및 배치가 잘못될 경우, 향후 시스템자원의 효율적인 활용과 시스템 안정성에 중대한 영향을 끼칠 수 있다. 또한 분할된 구성요소 간의 인터페이스 설계가 제대로 되지 않으면 시스템 구축 시 비효율이 발생하게 되며 시스템 간 통합도 어렵게 된다. 따라서 PMO는 구성요소에 대한 분할/배치 및 구성요소 간의 인터페이스 설계가 효율적이고 안정적인 시스템 구축이 되도록 적절하게 설계되었는지 확인한다.

1) 기준

아키텍처 설계 내용 검토 및 조정의 기준은 '아키텍처설계서'이다. 아키텍처설계서가 적정하게 작성되었는지 검토하여 시스템 구성 요소에 대한 상세설계가 충분하게 이루어졌는가를 파악한다.

2) 측정지표(*점검항목: 체크리스트)

PMO는 아키텍처 설계 내용 검토 및 조정을 위한 측정지표로 구성요소 분할 및 배치 관련 설계의 구현 가능성·안정성·성능·보안 요건 만족 여부, 인터페이스 설계 구현 가능성과 기능 및 비기능(성능, 안정성 등) 요건 만족 여부, 시스템 계층 분할 및 계층 간 인터페이스 설계의 업무 및 기술적 특성 반영 여부, 목적에 맞는 시스템구성도 및 전체적인 구조 파악 가능성 등을 점검항목으로 활용한다. 점검항목은 <표 189>와 같이 점검항목별 점검결과(적합(O), 수정/보완(△), 누락(X), 제외(N/A))를 지표로 하여 점검한다.

<표 189> 아키텍처 설계 내용 검토 및 조정에 대한 측정지표

번호	점검항목	점검결과(○,△,X,N/A)				PMO 검토 의견
1	• 시스템 구성요소의 분할 및 배치에 대한 설계가 구현 가능하며, 효율적으로 설계되어 목표시스템의 안정성, 성능 및 보안에 대한 요구사항을 충족하는가? 　1) 시스템 구성요소의 분할 및 배치에 대한 설계 시 기술적 구현 가능성 고려 여부 　　- 기능적 비기능적 요구사항 충족 여부 　　- 기술적 구현 가능 여부 　　- 허용된 소프트웨어 자원 한도 내에서 구성 가능 여부 　2) 시스템 구성요소의 분할 및 배치에 대한 설계가 자원 사용의 효율성, 시스템의 안정성, 성능 및 보안정책을 고려하여 이루어졌는지 확인 　　- 시스템 구성요소들의 네트워크, 디스크 등 자원의 효율적 이용 가능 여부 　　- 핵심 구성요소의 이중화 등 시스템의 안정성 확보 여부 　　- 전체 시스템 성능 저하를 유발하는 요소 유무 　　- 보안정책에 위배 되지 않는지 확인					
2	• 시스템 구성요소 간의 인터페이스에 대한 설계가 구현 가능하며, 기능적인 업무 요구사항과 성능, 안정성 등의 비기능적 요구사항을 고려하여 설계되었는가? 　1) 구성요소 간의 인터페이스에 대한 설계가 기술적 구현 가능성을 고려하여 이루어졌는지 확인 　　- 인터페이스의 기술적 구현 가능 여부 　　- 인터페이스에 특정 소프트웨어의 기능을 이용할 때, 허용된 소프트웨어 간의 정합성과 한정된 버전 혹은 에디션(edition)인지 확인 　2) 시스템 구성요소 간의 인터페이스가 자원 사용의 효율성, 시스템의 안정성, 시스템의 성능 및 보안정책을 고려하여 이루어졌는지 확인 　　- 인터페이스의 시스템 자원 사용의 효율성 　　- 핵심 기능과 밀접한 인터페이스의 시스템 안정성 　　- 인터페이스 설계 시 시스템 성능, 보안정책, 조직의 기술 가이드라인 고려 여부 　　- 시스템 구성 요소 간 인터페이스 누락 확인 　　- 예외 사항 처리 방법의 적정성 확인					
3	• 시스템 계층 분할 및 계층 간 인터페이스 설계가 업무적 특성, 기술적 구현 가능성 및 용이성을 고려하여 이루어졌는가? 　1) 시스템 계층 분할 및 계층 간 인터페이스 설계가 업무적 특성을 고려하여 이루어졌는지 확인 　　- 시스템 계층 분할이 업무적 특성을 고려하여 설계되었는지 확인(예: 성능/안정성 위주, 또는 온라인/배치업무) 　　- 시스템 계층 간의 인터페이스 설계가 업무적 특성 고려 여부 　　- 인터페이스가 각 계층에 할당된 자원의 한도 내에서 원활히 수행 가능 여부 　2) 시스템 계층 분할 및 계층 간 인터페이스 설계가 기술적 구현 가능성 및 용이성을 고려하여 이루어졌는지 확인 　　- 인터페이스 설계의 기술적 구현 가능성, 권장되는 방법인지 확인 　　- 인터페이스 설계가 개발, 운영 및 유지보수에 용이한 방법인지 확인 　3) 시스템 계층 분할 및 계층 간 인터페이스 설계가 목표시스템의 기능적 요구사항을 만족시킬 수 있도록 누락 없이 도출되었는지 확인 　　- 기능적 요구사항 충족 누락 없이 도출되었는지 여부					
4	• 시스템구성도가 시스템 구현 목적에 부합하며, 전체 시스템 구조를 파악할 수 있도록 작성되었는가? 　1) 시스템구성도가 시스템 구현 목적에 부합하게 작성되었는지 확인 　　- 시스템소프트웨어구성도 　　　· 기능적, 비기능적 요구사항 충족 　　　· 소프트웨어 구성요소 간의 정합성 　　- 하드웨어구성도 　　　· 기능적, 비기능적 요구사항 충족 　　- 네트워크구성도 　　　· 기능적, 비기능적 요구사항 충족 　2) 시스템구성도가 전체 시스템 구조를 파악할 수 있도록 작성되었는지 확인 　　- 소프트웨어, 하드웨어, 네트워크 구성도 　　　· 전체 시스템 구조를 파악할 수 있도록 작성					

번호	점검항목	점검결과(○,△,X,N/A)			PMO 검토 의견
4	·전체 시스템 구성요소들이 누락 없이 표현 ·그림, 도형, 선들의 의미를 명확하게 구분/표현 3) 목표시스템이 타 시스템과 인터페이스가 존재하면 타 시스템과의 관계가 표현되었는지 확인 - 타 시스템과의 인터페이스가 시스템 구성요소 수준으로 상세하고, 정확하게 표현 여부				

3) 절차

PMO는 수행사가 제출한 아키텍처설계서를 기준으로 아키텍처설계서 협의 및 확정, 아키텍처 설계 내역 검토, 아키텍처 설계 내용 조정작업 등을 <그림 204>와 같이 아키텍처설계서 조정절차에 따라 검토하고 조정작업을 한다.

<그림 204> 아키텍처 설계 내용 검토 및 조정절차

Input	절차	Output
시스템 요구사항정의서 아키텍처설계서 (HW, SW아키텍처설계서) 인터페이스설계서	① 아키텍처설계서 협의 및 확정 ② 아키텍처 설계 내용 검토 ③ 아키텍처 설계 내용 조정작업	PMO 검토보고서(*) (조정) 아키텍처설계서

① 아키텍처설계서 협의 및 확정

설계단계 아키텍처 검토는 아키텍처설계서의 결함과 문제점을 발견하여 수정과 개선을 권고하기 위한 활동이다. 아키텍처설계서가 발주기관의 기대 수준에 부합하는지 검토하여 문제점 및 개선방안을 수립한다. 아키텍처설계서 검토의 핵심은 과업 내용이 반영된 요구사항정의서의 내용(기능적 요구사항은 물론 성능 요구사항, 품질 요구사항, 인터페이스 요구사항, 데이터 요구사항, 운영 요구사항, 제약사항 등)이 제대로 최종 아키텍처설계서에 반영되었는가이다. 또한 발주기관 사용자, PM, QA, 아키텍처 설계 담당, 개발자/프로그래머, IT기술 전문가 등 관련자 참여가 필수다.

설계단계 아키텍처 검토는 최종적인 시스템 아키텍처를 적정하게 설계하고, 전반적인 시스템 전환 계획 등 수립 여부가 중요하다. 이를 위해 프로토타이핑(Prototyping) 등 가능한 모든 수단을 이용해 다음과 같은 기술을 검증한다.

- 기술적 불확실성, 성능, 응답시간
- 도입 장비, 컴포넌트, 시스템 소프트웨어
- 아키텍처 프로토타이핑
- 프로토타이핑 결과의 평가

\<사례 195\> 하드웨어구성도 사례

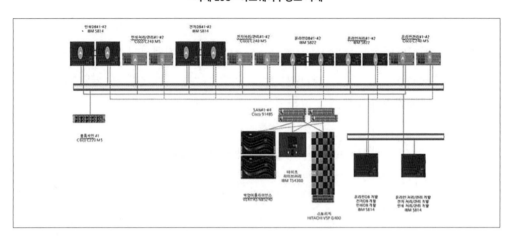

\<사례 196\> 네트워크구성도 사례

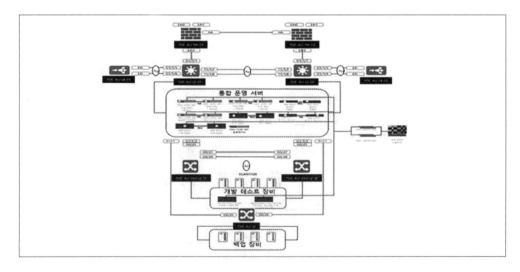

<사례 197> 소프트웨어구성도 사례

인쇄 DB서버 #1 ~ 2

model	IBM S814
cpu	3.02 GHz * 4 core
memory	32 GB
disk	300 GB * 2 Disk

IBM AIX 7.2
Oracle 12C R2 Ent(RAC)
RedCastle(서버보안)
Zenius SMS 7.0
NetBackup(백업)

인쇄 처리/관리 #1 ~ 2

model	Cisco C240 M5
cpu	2.6 GHz * 4 core
memory	32 GB
disk	300 GB * 2 Disk

RedHat Ent Linux 7.3
RHCS 7(이중화)
JEUS Std 8.0.0.0
RedCastle(서버보안)
Zenius SMS 7.0
NetBackup(백업)

전자 DB서버 #1 ~ 2

model	IBM S814
cpu	3.02 GHz * 4 core
memory	32 GB
disk	300 GB * 2 Disk

IBM AIX 7.2
Oracle 12C R2 Ent(RAC)
RedCastle(서버보안)
Zenius SMS 7.0
NetBackup(백업)

전자 처리/관리 #1 ~ 2

model	Cisco C240 M5
cpu	2.6 GHz * 4 core
memory	64 GB
disk	300 GB * 2 Disk

RedHat Ent Linux 7.3
RHCS 7(이중화)
JEUS Std 8.0.0.0
RedCastle(서버보안)
Zenius SMS 7.0
NetBackup(백업)

온라인 DB서버 #1 ~ 2

model	IBM S822
cpu	4.1 GHz * 8 core
memory	64 GB
disk	300 GB * 2 Disk

IBM AIX 7.2
Oracle 12C R2 Ent(RAC)
RedCastle(서버보안)
Zenius SMS 7.0
NetBackup(백업)

온라인 처리서버 #1 ~ 2

model	IBM S822
cpu	4.1 GHz * 8 core
memory	48 GB
disk	300 GB * 2 Disk

IBM AIX 7.2
HACMP 7.2.2(이중화)
RedCastle(서버보안)
Zenius SMS 7.0
NetBackup(백업)

온라인 관리서버 #1 ~ 2

model	Cisco C240 M5
cpu	2.6 GHz * 4 core
memory	64 GB
disk	300 GB * 2 Disk

RedHat Ent Linux 7.3
RHCS 7(이중화)
Apache 2.4.27
JEUS Std 8.0.0.0
RedCastle(서버보안)
Zenius SMS 7.0
NetBackup(백업)

개발서버 #1 (온라인/전자/인쇄DB)

model	IBM S814
cpu	3.02 GHz * 4 core
memory	32 GB
disk	300 GB * 2 Disk

IBM AIX 7.2
Oracle 12C R2 Std
RedCastle(서버보안)
Zenius SMS 7.0
NetBackup(백업)

개발 서버 #2 (온라인 처리/관리)

model	IBM S814
cpu	3.02 GHz * 2 core
memory	14 GB
disk	300 GB * 2 Disk

IBM AIX 7.2
WebtoB Std 5.0.0.1
JEUS Std 8.0.0.0
RedCastle(서버보안)
Zenius SMS 7.0
NetBackup(백업)

개발 서버 #3 (전자/인쇄감리 처리)

model	IBM S814
cpu	3.02 GHz * 2 core
memory	14 GB
disk	300 GB * 2 Disk

IBM AIX 7.2
WebtoB Std 5.0.0.1
JEUS Std 8.0.0.0
RedCastle(서버보안)
Zenius SMS 7.0
NetBackup(백업)

블록체인시스템 #1 ~ 3

model	Cisco C220 M5
cpu	2.6 GHz * 4Core
memory	32GB
disk	300GB * 2

RedHat Ent Linux 7.3
통신 응용 SW
RedCastle(서버보안)
Zenius SMS 7.0
NetBackup(백업)

<사례 198> 가용성 확보를 위한 DBMS 아키텍처 설계 사례

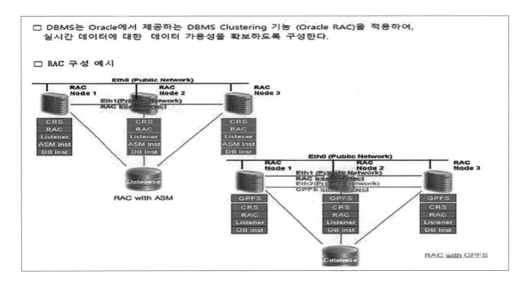

<사례 199> 서버 구성 방안 사례

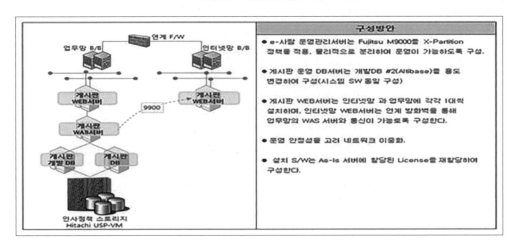

상기 하드웨어 구성요소 이외에 응용 아키텍처(AA: Application Architecture) 측면의 설계서 검토도 별도 진행되어야 한다. 응용 아키텍처는 분석단계에서 정의한 상위 수준의 아키텍처정의서를 기반으로 프로젝트 전반에 영향을 미치는 대부분의 기술적 요소를 망라한 설계서로 구성되어야 한다.

<사례 200> 응용 아키텍처 작성 사례

② 아키텍처 설계 내용 검토

PMO는 발주기관과 협의 및 확정한 내용을 바탕으로 아키텍처 설계 내용 검토 후 검토보고서를 작성한다. 검토된 내용이 기준에 부합하지 않거나 아래 사항 등의 경우 신중하게 검토하여 의견을 제시한다.

- **누락 여부 검토:**
  - 아키텍처설계서의 외부 인터페이스 등 중요한 사항 누락 여부
  - 시스템구성도에 표현된 주요 구성요소 누락 여부
- **요구사항 충족성 검토:**
  - 설계된 아키텍처가 가용성 및 성능 등 시스템 요구사항 충족 여부

③ 아키텍처 설계 내용 조정작업

PMO는 발주기관 및 수행사에 PMO 검토보고서 작성 내용을 설명하고, 잘못된 검토 내용이 있는지 확인한다. 검토된 내용이 기준에 부합하지 않거나 발주기관의 수정 요청이 있는 경우 내용을 조정한다.

2.3.2 시스템 설치/검증 계획 검토 및 조정

시스템 설치/검증계획 검토는 시스템 설치 및 검증 계획이 수립되었는가를 검토하는 것이다. 시스템 설치/검증 계획은 분석단계 검토사항인 '1.3.1 현행 시스템 분석 결과 검토 및 조정'과 구현단계 검토사항인 '3.3.1 시스템 도입·설치 결과 검토 및 조정', '3.3.2 시스템 구성요소 검증결과 검토 및 조정'과 연관성이 있다. 계획된 장비를 설치하고, 각 장비에 대한 요구사항의 만족 여부를 검증하기 위한 계획이 적절하게 수립되었는지 검토하는 데 목적이 있다.

도입 시스템이 요구사항을 만족하는지를 확인하는 것은 시스템 구축 시 확인해야 할 기본사항이다. 시스템 기능성, 안정성 등에 대한 요구사항을 검증하기 위한 계획수립이 적절하지 않을 경우, 각종 장비에 대한 설치 및 검증이 불완전할 수 있다. 이는 향후 하드웨어 및 소프트웨어 시스템 간의 통합을 어렵게 한다. 따라서 PMO는 시스템의 설치 및 검증을 위한 계획이 실행 가능한 수준에서 세밀하고 적절하게 수립되었는지 확인한다.

1) 기준

시스템 설치/검증 계획 검토 및 조정의 기준은 '시스템설치계획서', '시스템검증계획서'이다. 계획된 장비 설치, 설치된 장비의 요구사항 만족 여부, 검증 계획 검토를 통해 설치 및 검증 불완전성으로 인한 시스템 통합 등의 문제를 예방하기 위해 시스템 설치 및 검증 계획이 적절하게 수립되었는지를 확인한다.

2) 측정지표(*점검항목: 체크리스트)

PMO는 시스템 설치/검증 계획 검토 및 조정을 위한 측정지표로 장비 및 소프트웨어별 도입 일정의 구체성과 개발 및 전환 일정에 지장이 없는 계획수립 여부, 도입 지연이나 문제 발생 시 시스템 구축에 대한 영향 분석과 대책 수립 여부, 설치를 위한 절차·인원·장소·협조 사항(보안 사항, 전기 배선 등)과 설치 시의 위험 요소 등의 대책 수립 여부, 설치 후 요구사항 검증계획의 적정성 등을 점검항목으로 활용한다. 점검항목은 <표 190>과 같이 점검항목별 점검결과(적합(O), 수정/보완(△), 누락(X), 제외(N/A))를 지표로 하여 점검한다.

<표 190> 시스템 설치/검증 계획 검토 및 조정에 대한 측정지표

번호	점검항목	점검결과(○,△,X,N/A)				PMO 검토 의견

1	• 각종 장비 및 소프트웨어별 도입 일정을 구체적으로 제시하였는지를 확인하고, 시스템 도입 일정이 시스템 개발 및 전환 일정에 지장이 없도록 적절히 계획되었는가?
	  1) 목표시스템 장비 및 소프트웨어 도입 일정이 프로젝트 공정 대비 적정성 확인
	   - 개발환경 구축: 시스템 구현(개발) 단계 이전에 완료
	   - 운영환경 구축: 시스템 통합테스트 및 운영 전환 단계 이전 완료
	  2) 목표시스템의 장비 및 소프트웨어 도입/설치 일정계획이 프로젝트 공정(개발, 시스템시험, 운영 전환)을 고려할 때 적정한지 확인					

2	• 각종 장비 및 소프트웨어에 대한 도입 지연이나 문제 발생 시 예상되는 전체 시스템 구축에 대한 영향을 분석하고 대책을 수립하였는가?
	  1) 하드웨어, 소프트웨어 도입 일정 지연 등 위험에 대한 식별과 영향 분석 수행 여부
	   - 도입 장비 및 소프트웨어의 모델 조기 단종 가능 여부 확인
	   - 도입 지연으로 인한 영향도 분석과 대책 여부
	  2) 하드웨어, 소프트웨어 도입 지연에 대한 대책이 적절하게 수립되어 있는지를 확인
	   - 위험관리 대상 및 도입 계획서 등에 하드웨어, 소프트웨어 도입 지연에 대비한 여유 장비의 활용 계획 및 임대 가능 여부 등 다각도의 대응방안이 수립되어 있는지를 확인하고, 그 대책이 적절한지를 검토					

3	• 시스템 설치를 위한 절차, 인원, 장소, 협조 사항(보안 사항, 전기 배선 등), 설치 시의 위험 요소 및 대책이 적정하게 수립되었는가?
	  1) 설치계획 수립 전 시스템 설치 장소의 환경과 조직의 업무 수행 절차 등을 사전 조사 여부
	   - 설치장소, 전기 용량, 배선, 전압 등
	   - 협조가 필요한 조직 및 담당자, 업무절차, 승인 절차 등
	  2) 시스템 설치에 따른 작업상의 어려움이나 위험 요소에 대한 사전 파악 및 대책 수립의 적정성
	   - 시스템 설치 시 발생 가능한 위험 요소와 대비책을 식별하여 시스템설치계획서(또는 위험분석서)에 문서화 여부					

4	• 각 장비 및 소프트웨어 설치 후 요구사항 검증 계획이 적정한가?
	  1) 설치 하드웨어, 소프트웨어의 각 구성요소의 기능 및 상호운용성 검증 계획수립 여부
	   - 검증 일정, 검증 도구, 검증 방법 및 절차, 담당자 등 구체적 명시 여부
	  2) 설치 하드웨어, 소프트웨어의 기능 및 상호운용성 검증을 시험하기 위한 시험 시나리오 및 데이터 준비의 상세성과 구체성 확인					

3) 절차

PMO는 수행사가 제출한 산출물(시스템설치계획서, 시스템검증계획서)을 기준으로 시스템 설치/검증 계획 협의 및 확정, 시스템 설치/검증 계획 검토, 시스템 설치/검증 계획 조정 작업 등을 <그림 205>와 같이 시스템 설치/검증 계획 검토 및 조정절차에 따라 검토하고 조정작업을 한다.

Input	절차	Output
사업수행계획서 WBS 및 일정계획서 위험관리대장 위험분석서 HW, SW 도입계획서 기술환경분석서 시스템설치계획서 HW, SW 검증계획서 HW, SW 검수확인서	① 시스템 설치/검증 계획 협의 및 확정 ② 시스템 설치/검증 계획 검토 ③ 시스템 설치/검증 계획 조정작업	PMO 검토보고서(*) (조정) 시스템설치계획서 (조정) 시스템검증계획서

① 시스템 설치/검증 계획 협의 및 확정

시스템설치계획서는 각종 도입 장비에 대한 설치 계획과 설치 후, 각 장비 요구사항의 검증 방법과 절차가 포함되어야 한다. 장비 및 소프트웨어별 도입 일정이 구체적이고 시스템 개발 및 전환 일정에 차질이 없도록 계획되어야 한다. 시스템 설치를 위한 절차, 인원, 장소, 협조 사항과 설치 시의 위험 요소와 대책도 고려되어야 한다. 또한, 도입 장비 설치계획의 결과로서 하드웨어, 소프트웨어의 설치 사항과 각 시스템에 대한 상세설계를 시스템 아키텍처설계서 등의 문서로 작성이 필요하다.

<사례 201> TA 아키텍처설계서 작성 사례

구분	주요 기술 내용
01. 개요	- 개요: 프로젝트에서 선정된 하드웨어, 소프트웨어의 설치 사항과 각 시스템에 대한 상세 설계 기술 - 아키텍처 설계 원칙: 장비별 설계 요소, 기술 요소, 선정 사유 - 설계 중점요소: 24x365
02. 아키텍처 구성도	- HW, SW, NW
03. 시스템 용량 산정	- 용상 산정 대상, 용량 산정 근거, 용량 산정을 위한 보정치 정의 - 정의 내용을 기반으로 하여 시스템별 적정 용량 산정
04. 시스템 도입현황	- HW, SW, NW 세부 내용을 스펙 중심으로 상세하게 기술
05. 자원 명명 규칙	- 운영관리와 유지보수를 위하여 시스템의 명명 규칙 정의
06. 시스템 구성 방안	- 하드웨어 파티션 설계 - OS 구성
07. 스토리지 구성 방안	- 업무영역별로 물리적 저장 용량 설정 내역 기술(운영, 개발, 테스트, SAN 스토리지)
08. 네트워크 구성 방안	-
09. 고가용성 구성 방안	- 로드밸런싱, 클러스터링 등 성숙하고 안정된 기술을 통한 이중화 구성으로 안정적인 운영환경 기술
10. 백업 및 복구	- 서버 다운이나 데이터 손실 등과 같은 상황이 발생하였을 경우, 빠른 복구작업을 위해 백업 및 복구방안 설계
11. DR 구성	- 주 센터 전면 장애 시 업무 연속(business continuity)를 확보하기 위해 DR시스템 구성

TEST ID	DBS_T07
시험 내용	■ 이중화 구현 테스트 - 이중화 프로토콜 상태 확인 - 서비스 단절 시간 확인
판정 기준	■ 목적지까지의 Ping test 중 장비 절체하여 이중화 기능 동작 확인한다
시험 방법	
1. DR 백본 스위치에 점검용 PC를 연결하여 서버팜 IP 대역을 할당한다 2. DR_BB_1에 연결된 PC에서 Ping –t 옵션으로 인터넷 망에 위치한 DNS 168.125.63.1, DR_L3 IP 11.1.200.249, 명동 서버팜 IP로 Ping TEST를 진행 한다 3. Ping TEST 도중 DR_BB_1 과 DR_L3의 링크를 분리하여 SW의 장애 상황을 유발한다 4. DR_BB_1이 장애 상황이라도 목적지까지 Ping TEST가 정상적으로 이루어 지는지 확인	

TEST ID	DBS_T08
시험 내용	■ 시스템 보안 기능 확인 - SNMP 계정 제한 여부 확인 - 사용자 계정 사용 여부 확인
판정 기준	■ SNMP 정보를 특정 IP에서만 가져갈 수 있도록 설정 되어야 한다 ■ 원격 접속 시 계정/패스워드 방식으로 로그인 되어야 한다
시험 방법	
1. Show run 명령어를 통하여 SNMP 설정 중 커뮤니티 값이 public으로 설정되어 있지 않음을 확인 2. Show run 명령어를 통하여 SNMP 설정 중 Read-Only로 설정되고, ACL를 통해서 접근 IP를 관리하는 확인	

② 시스템 설치/검증 계획 검토

PMO는 발주기관과 협의 및 확정한 내용을 바탕으로 시스템 설치/검증 계획 검토 후 검토보고서를 작성한다. 검토된 내용이 기준에 부합하지 않거나 아래 사항 등의 경우 신중하게 검토하여 의견을 제시한다.

- •누락 여부 검토:
  - 설치 대상 장비, 소프트웨어 누락 여부
  - 설치 후 장비별 설치의 완전성 검증 방법과 절차 누락 여부
- •일정의 적정성 검토:
  - 개발 및 테스트 일정 등 프로젝트 주요 마일스톤과 대비하여 설치 일정의 적정성
  - 장비의 배송 일정 지연 등 위험 요소를 고려한 대책 수립 여부

③ 시스템 설치/검증 계획 조정작업

PMO는 발주기관 및 수행사에 PMO 검토보고서 작성 내용을 설명하고, 잘못된 검토 내

용이 있는지 확인한다. 검토된 내용이 기준에 부합하지 않거나 발주기관의 수정 요청이 있는 경우 내용을 조정한다.

2.3.3 시스템 전환 계획 검토 및 조정

시스템 전환 계획 검토는 시스템 전환 계획이 적정하게 수립되었는지를 검토하는 것이다. 시스템 전환 계획 검토 및 조정은 시험·전개단계 검토사항인 '4.1.3 운영환경 설치 및 배포결과 검토 및 조정', '4.2.1 초기 데이터 구축 및 전환결과 검토 및 조정'과 연관성이 있다. 향후 시스템 구축 완료 후 실제 운영환경으로 전환하기 위한 계획이 각종 위험 요인의 분석과 업무 특성 등을 고려하여 적절하게 수립되었는지 검토하는 데 목적이 있다.

시스템 구축 후 실제 시스템으로의 적절한 전환을 위한 계획이 적정하게 수립되지 않을 경우, 전환 시 발생할 각종 위험에 대해 적절하게 대처할 수 없고, 전환이 순조롭게 이루어지지 않아 서비스 제공이 지연될 가능성이 있다. 따라서 PMO는 구축될 시스템에 대한 실환경으로의 전환 계획이 구체적이고 적정한지 검토한다.

1) 기준

시스템 전환 계획 검토 및 조정의 기준은 '시스템전환계획서'이다. 시스템 및 업무적 특성을 고려하지 않은 전환 계획으로 인해 발생할 수 있는 각종 위험 등의 문제를 예방하기 위해 시스템전환계획서가 적정하게 작성되었고, 시스템 전환 계획이 적정하게 수립되었는지 검토한다.

2) 측정지표(*점검항목: 체크리스트)

PMO는 시스템 전환 계획 검토 및 조정을 위한 측정지표로 시스템 전환에 따른 위험분석의 적정성, 시스템 전환 절차, 방법 및 검증계획, 일정계획의 적정성, 시스템 전환 중에 발생할 수 있는 실패나 사고에 대비한 비상계획의 적정성 등을 점검항목으로 활용한다. 점검항목은 <표 191>과 같이 점검항목별 점검결과(적합(O), 수정/보완(△), 누락(X), 제외(N/A))를 지표로 하여 점검한다.

<표 191> 시스템 전환 계획 검토 및 조정에 대한 측정지표

번호	점검항목	점검결과(○,△,X,N/A)				PMO 검토 의견
1	• 시스템 전환에 따른 위험분석은 유사사례 및 기술/업무적 특성을 충분히 고려하여 위험을 적정하게 도출하고 분석하였는가? 1) 시스템의 전환 범위 및 전환 전략이 적정하게 선정되었는지 확인 　- 시스템 전환과 관련된 요구사항 반영 여부 　- 전환 대상 업무 범위 정의 적정성 　- 시스템/업무 특성을 고려한 전환 전략 선정 여부 2) 시스템 전환 시에 발생할 수 있는 위험을 도출하고 분석하였으며, 대응방안을 수립하였는지 확인 　- 시스템 전환 시 위험 발생 가능성 및 파급효과 분석 및 대응방안 적정성					
2	• 시스템 전환 계획은 시스템 및 업무 특성을 고려하여 시스템 전환 절차, 방법 및 검증계획이 적정하게 수립되었으며, 프로젝트 일정에 차질이 없도록 반영되어 있는가? 1) 시스템 전환에 따른 역할과 책임이 정의 여부 　- 시스템 전환을 위한 역할 및 책임 할당 확인 　- 역할 배정은 발주기관과 전담 사업자 포함 확인 2) 시스템 및 업무 특성을 고려 전환 절차, 방법 및 검증계획이 수립 확인 　- 자료 전환(초기 데이터 등) 　- 네트워크 전환 　- 하드웨어 전환 　- 시스템 소프트웨어 전환 　- 응용프로그램 전환 　- 내외부 인터페이스 전환 　- 보안 문제로 인한 전환 지연 등 전환 절차 적정성 3) 시스템 전환 계획 및 검증은 프로젝트 일정에 차질이 없도록 반영되었는지 검토 　- 사용자 오픈 시 변화 충격을 최소화할 수 있도록 프로젝트 일정 수립 반영 여부 　- 자료 전환 및 연계 인터페이스 전환을 위해 별도의 프로그램이 작성 여부 확인 및 일정 및 응용프로그램 설계 반영 여부 확인					
3	• 시범(시험)운영 계획은 실제 운영환경에서 시스템의 안정성 여부를 확인할 수 있도록 계획이 적정하게 수립되었는가? 1) 시범(시험)운영의 범위와 사용자 그룹이 정의되었는지 확인 　- 실제 운용환경에서 실시하도록 계획되었는지 시범운영계획서 검토 　- 시범(시험)운영의 업무 적용 범위와 사용자 그룹이 정의되었는지 확인 　- 기존 시스템과의 연계를 추가적으로 유발하는지 확인하고, 응용 개발 및 시험계획(단위/통합)에 반영되었는지 시범운영계획서 확인 2) 시범(시험)운영 계획수립의 적정성을 확인 　- 시범(시험)운영 목적, 시범(시험)운영 범위, 시범(시험)운영 기간, 시범(시험) 사용자 그룹, 업무처리 절차 등이 시범(시험)운영계획서 반영 여부 　- 시범(시험)운영을 종료하기 위한 목표 수준이 시범운영계획서에 정의되었는지 확인 　- 시범(시험)운영 기간의 문제점 확인 및 조치방안이 시범(시험)운영계획서에 적정하게 수립되었는지 확인					
4	• 비상계획은 시스템 전환 중에 발생할 수 있는 실패나 사고에 대비하여 원인 파악 및 조치계획이 적정하게 수립되었는가? 1) 시스템 전환 시의 비상사태에 대한 정의가 수립되었는지 검토 2) 비상사태 발생 시의 보고 절차 및 대응체계가 적정한지 검토 　- 보고 절차 　- 장애 대응방안 　- 민원 대응체계 3) 기존 시스템으로 복구할 수 있는 백업 및 복구 절차 적정성 검토 　- 시스템 전환 전 기존 시스템의 최신 데이터 백업 　- 비상사태 발생 시, 기존 시스템으로 복구 절차					

3) 절차

PMO는 수행사가 제출한 시스템전환계획서를 기준으로 시스템 전환에 따른 위험분석의 적정성, 시스템 전환 절차, 방법 및 검증 계획, 일정계획의 적정성, 시스템 전환 중에 발생할 수 있는 실패나 사고에 대비한 비상계획의 적정성 등을 <그림 206>과 같이 시스템 전환 계획 검토 및 조정절차에 따라 검토하고 조정작업을 한다.

<그림 206> 시스템 전환 계획 검토 및 조정절차

Input	절차	Output
요구사항정의서 시스템전환계획서 초기데이터 구축계획서 단위/통합시험 계획서 시스템시험 계획서 전개계획서 교육계획서 시범(시험)운영계획서 비상조치계획서	① 시스템 전환 계획 협의 및 확정 ② 시스템 전환 계획 검토 ③ 시스템 전환 계획 조정작업	PMO 검토보고서 (조정) 시스템전환계획서

① 시스템 전환 계획 협의 및 확정

시스템 전환 계획 검토는 시스템을 개발환경에서 운영환경으로 넘기기 위한 계획의 적정성을 검토하는 활동이다. 시스템 전환 계획 검토 체크리스트를 준비하여 시스템 전환 계획의 전략, 현실적 고려 및 발주기관의 요구 등이 적정하게 반영되었는지 검토하고 조정한다. 또한 시스템과 업무의 특성 등을 고려하여 시스템 전환 전략이 수립되었는지 확인한다.

<그림 207> 시스템 전환 전략 유형

시스템 전환 전략은 일반적으로 다음과 같이 4가지로 구분한다.

1. 빅뱅 전환(Big-bang Conversion)
기존의 시스템을 전면적으로 사용을 중지하고, 새로운 시스템으로 일괄 전환하는 방법이다. 가장 짧은 시간에 새로운 시스템으로 전환할 수 있지만, 전환 도중 장애가 발생하였을 때는 가장 충격이 큰 전환 방법이다. 다른 용어로는 직접전환(direct conversion)이라고도 부른다.

2. 단계별 전환(Phased Conversion)
과거의 시스템을 사용하면서 일부만 새로운 시스템으로 전환하여 위험을 줄이는 전환 방법이다. 전환 실패에 따른 위험성은 적지만, 전환에 오랜 시간이 걸리고, 기존 시스템과의 정확한 연계를 위한 추가적인 작업이 요구된다.

3. 시범 전환(Pilot Conversion)

소수의 이용자 그룹만이 새로운 시스템을 사용하는 전환 방법이다. 시범 전환이 성공적이면 전체 사용자가 새로운 시스템으로 전환하는 방법으로, 시범 사용자 그룹이 있어야 하며, 이때도 기존 시스템과 새로운 시스템 간의 연계가 이루어져 업무의 단절이 없도록 고려하여야 한다.

4. 병렬 전환(Parallel Conversion)

과거의 시스템과 새로운 시스템을 이중으로 사용하여, 새로운 시스템에 고객이 만족할 때 새로운 시스템으로 전환하는 방법이다. 사용자는 항상 두 개의 시스템에 이중으로 데이터를 입력하여야 하는 불편이 따르지만, 새로운 시스템의 전환에 따른 위험성이 가장 적게 나타날 수 있다.

시스템 전환 계획 검토는 성공적인 시스템 전환을 위한 완벽한 시나리오가 만들어졌는지를 검토하는 것이다. 시나리오의 논리적 구성, 시나리오에 따라 테스트에 참여하는 이해관계자들의 인지 여부, 필요한 장비와 시설 및 도구와 인력 등이 구비되었는지 검토한다. 또한 시나리오에 따라 테스트에 참여하는 인력에 대한 교육이 이루어졌는지 검토한다. 그리고 전환 경로상의 모든 활동의 소요 시간이 적절하게 산정되었는지, 문제 발생을 대비하여 여유 시간도 고려되어 있는지, 시나리오가 어긋날 경우를 대비하여 복귀 방법이 강구되어 있는지 등을 점검한다.

시스템 전환 계획 착수 이전에 단위테스트, 통합테스트, 시스템테스트 등 모든 테스트 대상 항목이 테스트 결과, 합격 여부를 검토한다. 전환 도중 실패 시 처음으로 돌아가서 다시 시작해야 하는 부담과 번거로움을 피할 수 있도록 필요한 경우 전환 단계를 정해 단계별 완료 점검이 가능하게 할 필요성도 고려한다.

<사례 203> 시스템전환계획서 사례

1. 전환 개요 1.1 전환 정의 및 목표 1.2 전환 단계 정의 1.3 전환 오픈 전략 1.4 전환 범위 1.5 전환 조직 -조직도, 역할 및 책임. 협력 업체 정보 **2. 전환 일정** 2.1 마일스톤 및 주요 일정 2.2 사전준비 및 통제방안 　2.2.1 교육 및 공지방안 　2.2.2 교육 및 공지방안(콜시스템 사용자) 　2.2.3 시스템 사전점검 　2.2.4 기반 프리징 통제 일정 　2.2.5 전환 중 방화벽 통제 방안 　2.2.6 전환 중 배치 통제 방안	2.3 영역별 상세 전환 방안(시나리오, 일정) 　2.3.1 Block Schedule 　2.3.2 사전 준비(환경점검) 　2.3.3 데이터 사전추출 　2.3.4 업무 마감 　2.3.5 채널/관리정보계 통합전환 　2.3.6 데이터 전환 　2.3.7 대응개발 통합전환 　2.3.8 시스템 전환 　2.3.9 전환 데이터 점검 　2.3.10 IT 거래 점검 　2.3.11 Biz 업무 점검 　2.3.12 응용점검 후속작업 　2.3.13 후속작업 Block Schedule 　2.3.14 Legacy Block Schedule(대응 　개발)	2.4 의사결정 이후 Open 준비 　2.4.1 의사결정 시점 　2.4.2 의사결정 방식 　2.4.3 의사결정 참고자료 　2.4.4 의사결정 이후 Open 준비 2.5 Grand Open 　2.5.1 시스템별 Open 시간 **3. FallBack 대책** 3.1 개요(의사결정 및 R&R) 3.2 수행전략 3.3 FallBack 공지

<사례 204> 시스템 전환 대비 미완 작업 체크리스트 사례

작업 목적 :
- ㅇ 잔여작업 중 오픈 전까지 반드시 수행해야 할 필수 작업 정리 및 집중관리

작성방법 :
- ㅇ 이미 결함목록에 정의된 결함 보완 등은 제외(단, 타 영역 협조가 필요한 사항 또는 오픈에 결정적인 사항은 기록)
- ㅇ 본 양식에 기록된 내용은 집중관리 예정이니, 반드시 수행되어야 하는 작업 중심으로 기록
- ㅇ 다수의 담당자 또는 확인자가 존재하는 경우 서브PL 또는 팀장 기록
- ㅇ 오픈 필수여부는 D-7 까지를 기준으로 Y, N 표기 (작업 미완료시 시스템 전환시 문제 발생 되는 것)
- ㅇ 타기관, 타부서, 타영역에서 작업해야 하는 사항은 해당 부서 및 기관 작업에 기록
- ㅇ 각 팀별 1부 작성

오픈 필수작업 진행현황

<사례 205> 시스템 전환 시 비상 대응방안 수립 사례

구분	예쌍 장애	예방활동	발생 시 대응
응용	급한 변경으로 인한 핵심 또는 연관 모듈의 오류, 장애 유발	-전환 시작 전 프로그램 변경 등결	-불가피하게 반영하여 오류 발생시 즉시 이전 버전으로 복구
DBMS	전환 작업 중 용량 부족 발생	-전환 시작 전 용량 점검 실시 -전환 작업 중 DBA를 전환 사무실에 상주하여 지속 모니터링	-용량 추구 확충
인프라	정전 등 상황 발생	-전환 작업은 전력 공급과 네트워크 환경이 안정적인 본사에서 수행 -인프라 담당자 전환 주변 상주 -각 인프라 벤더 대기 -비상연락망 준비	-신속한 조치 후 시행 -전환 측면의 잔여시간 대비 일정 재산정 진행 -비상시 비상 오픈 체제 진행
연계	타기관 전환 자료 수신 시 네트워크 장애 발생	-전환 시작 전 네트워크 사전 점검 실시 -타기관 데이터 수신시 네트워크 속도 모니터링	-장애복구 지연시 외장 저장매체를 통해 데이터 로드
기타	의사결정 상황 발생	-전환 기간 중 주요 의사결정 시정을 위하여 긴급 의사결정권자 지정 -야간 상황 당직(의사결정) 사전 준비	-의사결정권자에 대한 긴급 의사결정 및 사안 전파, 조치

② 시스템 전환 계획 검토

PMO는 발주기관과 협의 및 확정한 내용을 바탕으로 시스템 전환 계획 검토 후 검토보고서를 작성한다. 검토된 내용이 기준에 부합하지 않거나 아래 사항 등의 경우 신중하게 검토하여 의견을 제시한다.

- 누락 여부 검토:
  - 시스템전환계획서에 빠진 구성요소가 있는지 확인
- 전환 계획의 적정성 검토:
  - 시스템 특성과 업무 특성을 고려하여 시스템 전환 전략을 선정
  - 시스템 전환을 위한 완벽한 시나리오가 구상되고, 이에 따른 조직, 일정계획을 수립
  - 시나리오에 따른 시간의 선후 순서
  - 시나리오에 대한 담당자 배정과 담당자로부터 검토 의견을 충분하게 수렴 여부
  - 문제 발생을 대비한 비상 대응방안과 기존 시스템 복귀방안 수립 여부

③ 시스템 전환 계획 조정작업

PMO는 발주기관 및 수행사에 PMO 검토보고서 작성 내용을 설명하고, 잘못된 검토 내용이 있는지 확인한다. 검토된 내용이 기준에 부합하지 않거나 발주기관의 수정 요청이 있는 경우 내용을 조정한다.

2.4 보안

2.4.1 보안 설계 결과 검토 및 조정

보안 설계 결과 검토 및 조정은 시스템 관점의 보안 설계, 응용 관점의 사용자 접근통제, 보안 설계, 데이터에 대한 접근권한 및 통제 설계 등이 반영되었는가를 검토하는 것이다. 시스템 관점에서는 선행 분석단계에서 수립된 보안정책에 따라 보안 솔루션의 적용과 정보자원에 대한 관리적, 기술적, 물리적 보안 설계와 시스템의 기밀성, 무결성, 가용성 확보 방안이 적절하게 반영되었는지를 검토한다. 그리고 응용 및 데이터베이스 관점에서는 보안정책을 근간으로 사용자에 대한 유형 구분, 유형별 접근권한 설계와 관련된 보안 기술 등이 적절하게 적용되었는지 등 보안정책을 준수한 설계 여부를 검토하는 데 목적이 있다.

PMO의 중점 관리사항은 첫째, 시스템 관점에서 보안 설계가 아키텍처 설계 시 반영되지 않거나 미흡할 경우 전체 시스템의 보안성을 확신할 수 없게 된다. 따라서 시스템에 대한 신뢰성이 떨어지는 것을 방지하기 위해 네트워크 보안 설계를 포함한 관련된 보안 도구나 솔루션 적용 범위 등을 검토한다. 둘째, 응용 관점에서 접근권한 및 통제 보안 설계가 정확하게 이루어지지 않을 경우를 고려하여 사용자 인터페이스 영역의 취약점을 검토한다. 마지막으로 데이터 관점에서는 시스템 및 응용 부분에서 설계된 보안 설계 내용을 데이터

베이스(또는 데이터) 관점에서 접근하는 데이터에 대한 사용자별/그룹별/업무별 접근권한과 통제 절차 및 방법 등을 점검한다.

1) 기준

보안 설계 결과 검토 및 조정 기준은 '아키텍처설계서', '보안설계서', '시스템 인터페이스 정의서/설계서' 등이다. 보안 솔루션 적용과 정보자원에 대한 관리적, 기술적, 물리적 보안 설계, 시스템 기밀성/무결성/가용성 확보 방안, 보안 설계를 아키텍처 설계에 반영, 보안 도구나 솔루션의 적용 범위, 접근권한 및 통제 보안 설계 등에 대하여 적정하게 정의되었는지 검토한다. 이를 통해 시스템 관점의 보안 설계, 응용 관점의 사용자 접근통제 및 보안 설계, 데이터에 대한 접근권한 및 통제 설계 등의 반영 여부를 확인한다.

2) 측정지표(*점검항목: 체크리스트)

PMO는 보안 설계 결과 검토 및 조정을 위한 측정지표로 타 시스템(외부 인터페이스)과의 연동에 필요한 사항이 식별되어 관련 시스템 설계의 적절성, 보안요구사항 대비 차이(Gap) 분석 결과가 커스터마이징 문서(설계서)의 적절성, 현행 시스템의 관리적·기술적·물리적 보안 취약점에 대한 분석과 목표시스템의 보안 요구 수준 설정을 기반으로 적절한 보안대책의 설계 여부, 목표시스템의 규모나 업무 특성 등을 고려하여 기밀성/무결성/가용성을 위한 설계 여부, 시스템 및 업무 특성을 고려하여 시스템 백업 및 복구방안의 적절성, 응용시스템의 접근권한 및 통제에 대한 분석과 감사 기능에 대한 분석의 설계 반영 여부, 응용시스템 단위 프로그램 관련 보안에 대한 분석의 설계 반영 여부, 사용자 보안 요구사항에 대한 분석을 설계에 반영 여부, 분석 자료에 기초하여 데이터에 접근권한과 감사 기능의 적절성, 암호화 대상 데이터의 요구사항 및 보안정책 대비 보안 기술의 적절성 등을 점검항목으로 활용한다. 점검항목은 <표 192>와 같이 점검항목별 점검결과(적합(O), 수정/보완(△), 누락(X), 제외(N/A))를 지표로 하여 점검한다.

<표 192> 보안 설계 결과 검토 및 조정에 대한 측정지표

번호	점검항목	점검결과(○,△,X,N/A)			PMO 검토 의견
1	• 보안 솔루션의 서비스를 이용하는 타 시스템(외부 인터페이스)과의 연동에 필요한 사항이 식별되어 관련 시스템의 설계에 적절히 반영되었는가? 　1) 연계 시스템, 연계 모듈(API), 연계 데이터들이 식별되고, 정의 여부				

번호	점검항목	점검결과(○,△,X,N/A)				PMO 검토 의견
1	- 시스템 인터페이스정의서(설계서)에 보안 솔루션과 연계 대상 시스템, 모듈 (API), 데이터가 명확히 식별되고 정의되었는지 여부 2) 보안 솔루션의 서비스를 이용하는 각 단위 시스템의 프로그램명세서에 관련 API 또는 연계 모듈이 식별되어 적절히 반영되었는지 여부 - 연계 프로그램의 프로그램명세서에 보안 솔루션과의 연계를 위한 연계 모듈 (API) 및 데이터에 대한 처리 논리의 명확한 기술 여부 3) 보안 솔루션이 일반 시스템과 충돌하여 정합성에 문제가 있거나, 성능에 악영 향을 미치는지 분석하여 적절한 대책을 수립하였는지 여부 - 보안 솔루션의 적용이 시스템 전반적인 성능에 미치는 영향을 분석하여 대책 을 수립하였는지 여부					
2	• 보안 솔루션에 대한 보안요구사항 대비 차이(Gap) 분석 결과가 커스터마이징 문 서(설계서)에 적절히 반영되었는가?. 1) 보안 솔루션과 보안요구사항 사이의 차이의 명확한 식별과 정의 여부 - 요구사항정의서에 보안 요구사항이 충분히 도출되어 식별되었는지 여부 - 솔루션 분석서에서 보안 솔루션이 제공하는 보안 기능을 목록화하고 상세 정 의하였는지 여부 - 차이 분석에서 솔루션과 보안 요구사항 사이의 차이를 식별하고 보완이 필요 하거나 추가적으로 구현되어야 할 대상을 명확히 식별하였는지 여부 2) 차이분석서와 커스터마이징계획서를 상호 검토 시 상호 일관성과 차이 분석 결과의 반영의 완전성 여부 - 차이분석서와 커스터마이징계획서(설계서)를 상호 점검하고 차이 분석을 통 해 제시된 추가 또는 개선 보완 대상 기능이 설계서에 누락 없이 반영되어 명 확히 정의 여부					
3	• 현행 시스템의 관리적, 기술적, 물리적 보안 취약점에 대한 분석과 목표시스템의 보안 요구 수준 설정을 기반으로 적절한 보안대책이 설계되었는가? 1) 보안설계서에 기술한 보안대책과 설정된 보안 수준이 사용자 요구사항 및 업무 의 특성과 사용자의 접근성, 편의성 등을 고려하여 적절하게 수립되었는지 여부 - 보안설계서의 보안대책이 사용자 보안 요구와 업무적 특성이 충분히 고려되 어 타당하게 선정되었는지 여부 - 보안설계서에 현행 시스템의 보안 구성이 갖는 보안 취약점과 위험에 대한 분 석 결과를 토대로 관리적, 기술적, 물리적 측면의 보안대책이 수립되어 명세 가 작성되었는지 여부 2) 관리적 보안대책이 보안설계서에 적절히 반영되었는지 여부 - 보안설계서에 보안정책 및 조직, 인원 보안, 보안 운영관리, 업무 연속성 등 관 리적 보안대책의 반영 여부 - 정보보호 정책 및 지침이 제안요청서, 제안서, 요구사항정의서 등의 내용을 반 영하고 있으며 일관성을 확보하였는지 여부 - 내외부 인원의 불법적 시스템 접근에 대한 보안대책과 보안 인식을 재고하기 위한 보안 교육계획, 보안 역할과 책임 등이 보안설계서에 명확히 정의되었는 지 여부 - 업무 연속성 확보를 위한 비상계획과 재난 복구계획 등 정책 및 방안의 문서 화 여부 - 보안설계서의 보안대책이 제안요청서, 제안서, 요구사항정의서 및 조직의 보 안정책 및 지침과 일관성을 유지하고 있는지 검토하고, 정기적인 준거성 점검 을 위한 계획이 수립되었는지 여부 3) 기술적 보안대책이 보안설계서에 적절히 반영되었는지 여부 - 보안설계서에 응용 보안, 데이터 보안, 네트워크 보안, 시스템 및 클라이언트 보안 등 기술적 보안대책이 반영되었는지 여부 - 응용시스템에 대한 보안 요구에 따라 입출력 데이터 유효성 점검, 메시지 무결 성 확보를 위한 인증 기능, 응용시스템 계정 및 권한설정과 패스워드 관리, 민 감한 정보를 보호하기 위한 암호화 통제 정책(암호화, 전자서명, 부인 방지 기능, 암호화 키 보호, 절차, 방법 등)이 보안설계서에 적절히 반영되었는지 여부 - 데이터 보호를 위하여 데이터베이스 인증 및 접근통제, 데이터베이스 로그 관 리 및 보호 대상 중요 데이터에 대한 식별과 암호화 등 데이터 보호를 위한 보 안대책이 적절히 수립되었는지 여부 - 네트워크에 대한 사용정책의 수립과 사용자 인증, 포트 접근통제, 네트워크 분리(subnet 구성), 외부 사용자 네트워크 접속 통제 등 접근통제와 보안사고 대응방안이 적절히 반영되었는지 여부					

번호	점검항목	점검결과(○,△,X,N/A)				PMO 검토 의견
3	- 서버에 대한 접근통제, 계정/패스워드 및 권한 관리, 모니터링과 보안 감사 활동 등에 대한 정책이 적절히 반영되었는지 여부 - 클라이언트 접근을 위한 인증 및 접근통제 대책, 악성 프로그램 대책 및 이동 컴퓨팅과 원격지(외부) 근무에 대한 보안대책 등이 보안설계서에 적절히 반영되었는지 여부 4) 물리적·환경적 보안대책이 보안설계서에 적절히 반영되었는지 여부 - 전산실(보호 구역 또는 제한 구역)에 대한 출입 통제 및 물품의 반입반출에 대한 통제 대책(출입 통제 장치 및 절차, 책임자 및 담당자 배정, 기록 등)이 보안설계서에 적절히 수립되었는지 여부 - 전산 장비를 보호하기 위한 비상전원장치(UPS), 먼지/진동/습기/온도 등의 최적화 및 화재 진화를 위한 집진 설비, 내진 설비, 항온항습 장비, 방화 장치 등이 보안설계서에 적절히 반영되었는지 여부 - 보안설계서에 장비 보안, 출입 통제 등 물리적 보안 대책과 항온항습 및 먼지 제거 등 환경적 보안대책의 적절성 여부	.				
4	• 목표시스템의 규모나 업무 특성 등을 고려하여 기밀성, 무결성, 가용성을 위한 설계가 적정한가? 1) 시스템 규모와 업무적 특성을 적절히 고려하여 시스템의 기밀성/무결성/가용성을 설계에 반영하였는지 여부 - 목표시스템의 도입 규모와 현행 시스템의 기밀성, 무결성, 가용성 대책과의 호환성, 확장성 등을 고려하여 적절한 대책의 수립 여부 - 목표시스템의 서비스 유형별 특성을 고려하여 아키텍처설계서에 적절한 기밀성/무결성/가용성 확보 방안(대책)의 반영 여부 2) 목표시스템의 기밀성, 무결성, 가용성이 적정 수준으로 설계 여부 - 요구사항정의서의 기밀성/무결성/가용성 등 보안 요구사항이 설계서에 적절하게 반영되고 상호 추적 가능한지 여부 - 기밀성/무결성/가용성(CIA)에 대한 요구사항을 설계서에 충분히 반영하고, 시스템 규모와 업무적 특성을 고려할 때 적정 수준 여부 - 데이터의 기밀성 확보를 위하여 정보 자산에 대한 접근통제, 암호화 대상 데이터 식별, 암호화 요구 수준 및 방안 등이 보안설계서에 적절히 반영되었는지 여부 - 시스템 무결성 확보를 위하여 데이터(정보) 및 시스템(프로그램)의 불법적 변경에 대한 예방과 적발 대책이 수립되어 설계서에 적절하게 반영되었는지 여부 - 시스템 가용성 확보를 위한 응용, 데이터, 서버, 네트워크의 논리적 물리적 이중화 및 백업 전략이 수립되어 설계서에 적절하게 반영되었는지 여부					
5	• 시스템 및 업무 특성을 고려하여 시스템 백업 및 복구방안이 적정하게 설계되었는가? 1) 목표시스템의 백업 및 복구방안이 시스템 요구사항 및 현행 시스템 분석과 상호 일관성을 유지하여 수립되었는지 여부 - 시스템 백업 및 복구방안이 현행시스템분석서, 요구사항정의서 등과 상호 일관성 여부 - 시스템 백업 및 복구방안이 시스템 규모와 업무적 특성을 고려하여 시스템 백업 대상을 적절하게 식별하고 있으며, 백업 복구 방법, 절차 등을 명확하게 문서화 여부 2) 시스템 백업 및 복구방안이 경제적, 기술적 타당성을 고려하여 적절하게 설계되었는지 여부 - 시스템 백업 및 복구방안이 시스템 규모, 업무적 특성, 경제적 지원, 사회적 영향 등 내외적 영향과 가용성 요구 수준을 고려하여 타당성 있는 방안 여부 - 시스템 백업 및 복구방안의 선정 절차 및 방법의 적정성 여부					
6	• 응용시스템의 접근권한 및 통제에 대한 분석과 감사 기능에 대한 분석이 설계에 반영되었는가? 1) 사용자별/그룹별 분류가 명확하게 설계에 반영되었는지 여부 - 사용자별/그룹별 분류된 내용을 설계 산출물인 업무흐름도, 화면흐름도, 화면설계서 등에서 확인 가능 여부 2) 사용자별/그룹별 접근할 수 있는 기능들이 분류되어 있으며, 분석된 내용을 토대로 매핑관계가 올바르게 도출되어 설계에 반영 여부 - 사용자별/그룹별 분류와 일관성을 유지하여 기능들의 분류가 이루어져 있고, 화면흐름도, 화면설계서에서 또는 응용시스템 구조도에서 확인 가능 여부 3) 사용자 인증 방법 및 절차에 대한 분석사항이 설계에 반영 여부					

208

번호	점검항목	점검결과(○,△,X,N/A)				PMO 검토 의견
6	- 업무흐름도, 화면흐름도 또는 화면설계서에서 사용자 인증 절차에 관련하여 분석단계의 내용 반영 여부 4) 응용시스템 사용자의 보안기록 관리 대상 및 방법이 설계에 적절히 반영되었는지 여부 - 응용시스템 사용자의 보안기록 관리를 위하여 분석단계에서 제시된 방안과 절차를 프로그램사양서와 설계서 등에서 확인 가능 여부					
7	• 응용시스템 단위 프로그램 관련 보안에 대한 분석이 설계에 반영되었는가? 1) 응용시스템의 입력데이터 신뢰성 확보를 위한 검증기능이 설계에 반영되었는지 여부 - 응용시스템 입력데이터의 신뢰성 확보를 위한 분석단계의 검증 방법 및 내용을 화면설계서 또는 응용시스템 구조도를 통해 확인 가능 여부 2) 응용시스템의 출력데이터 신뢰성 확보를 위한 검증기능이 설계에 반영되었는지 여부 - 응용시스템 출력데이터의 신뢰성 확보를 위한 분석단계의 검증방안 및 내용을 화면설계 또는 응용시스템구조도를 통해 확인 가능 여부 3) 응용시스템에서 보여주는 중요정보에 대한 데이터 기밀성 확보를 위하여 암호화 기능이 설계에 반영되었는지 여부 - 화면설계서를 통하여 응용시스템의 주요 정보에 대한 분석단계의 제시 내용의 반영 여부					
8	• 사용자 보안 요구사항에 대한 분석이 설계에 반영되었는가? 1) 사용자 요구사항에 대응방안이 적절하게 설계에 반영 여부 - 분석단계에서 도출된 사용자 요구사항에 대한 대응방안을 설계단계의 산출물인 업무흐름도, 화면흐름도, 화면설계서, 응용시스템구조도 등에서 확인 가능 여부 2) 사용자 요구사항에 대한 설계에 반영 내용이 요구사항추적표에서 점검이 가능한지 여부 - 설계단계에 반영한 내용을 이후 요구사항관리를 위하여 요구사항추적표에 기술을 하였는지 여부					
9	• 분석 자료에 기초하여 데이터에 접근권한과 감사 기능이 적절히 설계되었는가? 1) 분석내용에 따라 사용자/그룹/업무 권한별로 구분하여 데이터에 대한 접근권한이 설계되었는지 여부 - 분석내용에 기초하여 사용자/그룹/업무별로 데이터베이스 권한 체계를 결정한 이후 이에 대한 데이터에 대한 접근 가능한 사용자가 분류되고, 사용자별 권한의 허용범위를 기술한 접근권한 관리목록이 유지되며 이런 내용이 항상 최신의 현황으로 관리 여부 2) 데이터 접근에 대한 사용자의 계정(ID)관리 및 패스워드 관리 방안에 대하여 설계의 적절성 여부 - 계정(ID)이 시스템 계정과 데이터베이스 계정, 일반사용자 계정 등으로 구분되어 ID와 패스워드의 등록, 변경, 삭제에 관한 관리 절차가 적합하게 설계되었는지 여부 3) 데이터의 처리 및 사용자 접근통제에 대한 보안기록 관리(Log관리)에 대한 설계 여부 - 데이터에 대한 CRUD 접근이 있을 때 접근통제 체계 및 절차가 설계되어 있고 접근 로그관리가 기록되도록 설계되었는지 여부					
10	• 암호화 대상 데이터의 요구사항 및 보안정책 대비 보안 기술이 적절히 설계되었는가? 1) 보안이 요구되는 데이터에 대한 암호화 업무규정, 처리 절차 및 업무 간 관계에 따른 인터페이스 대상이 설계되었는지 여부 - 분석된 내용에 근거하여 보안이 요구되는 데이터에 대해 암호화 대상 데이터로 식별되어 설계에 반영되었는지 여부					

3) 절차

PMO는 수행사가 제출한 산출물을 기준으로 아키텍처설계서 협의 및 확정, 보안설계서

협의 및 확정, 시스템 인터페이스설계서 협의 및 확정, 보안 설계 결과 검토, 보안 설계 결과
조정작업 등을 <그림 208>과 같이 보안 설계 결과 검토 및 조정절차에 따라 검토하고 조정
작업을 한다.

<그림 208> 보안 설계 결과 검토 및 조정절차

Input	절차	Output
PMO 보안 요구사항 정의 내역 검토보고서(*), (개정) 요구사항정의서, (개정) 요구사항추적표	① 아키텍처설계서 협의 및 확정 ② 보안설계서 협의 및 확정 ③ 시스템 인터페이스설계서 협의 및 확정 ④ 보안 설계 결과 검토 ⑤ 보안 설계 결과 조정작업	PMO 검토보고서(*)

① 아키텍처설계서 협의 및 확정

아키텍처는 설계단계에서 '아키텍처정의서' 형태로 해당 프로젝트의 아키텍처와 관련
된 사항을 설계하여 문서화할 수 있다. 아키텍처정의서에 포함되는 내용은 관점별 산출물
을 만들고 필요에 따라 설명을 추가하여 만들 수 있다. 프로젝트에서의 아키텍처 정의는 일
반적으로 기술 아키텍처와 SW 아키텍처로 구분하여 설계를 진행하며 다음과 같은 내용을
정의하게 된다.

- **기술 아키텍처:** 시스템을 구성하고 있는 NW, HW, System SW의 각 요소를 표현하고 이
  들의 연계 관계를 표현하며, 주로 TA(테크니컬 아키텍처)가 작성한다.
- **SW 아키텍처:** System의 주요 기능과 기능들 사이의 관계 및 아키텍처 스타일에 대한 정
  의를 포함하며, 시스템의 기능적/비기능적 요구사항에 맞추어 컴포넌트를 도출하고,
  컴포넌트 간의 관계 및 컴포넌트의 내부 구조를 정의한다.

SW 아키텍처를 정의하기 위해서는 다시 여러 개의 관점으로 정의할 수 있는데 기능적
인 관점에서 애플리케이션 아키텍처를 정의할 수 있으며, 구조적인 관점에서도 아키텍처
스타일을 정의할 수 있다.

보안 설계 과정에서의 아키텍처설계서 관련 협의 및 확정을 위한 고려사항은 아래와 같다.

- 보안 솔루션의 서비스를 이용하기 위해 연계 시스템, 연계 모듈(API), 연계 데이터들이

식별되고, 정의되는지 여부
- 보안 솔루션의 배치가 보안 목적 달성의 적절성 여부
- 보안 솔루션이 일반 시스템과 충돌하여 정합성에 문제가 있거나, 성능에 악영향을 미치는지 분석하여 적절한 대책의 수립 여부

<사례 206> SW 아키텍처 수립 절차 사례

결정요인 도출	아키텍처 전략 정의	아키텍처 수립	아키텍처 평가
이해관계자 파악	참조 아키텍처 적용	Run-Time View정의	대안 아키텍처
	아키텍처 구성 요소 도출	Module View 정의	
이해관계자 파악	아키텍처 규칙 정의	Allocation View 정의	아키텍처 선정

출처: 전자정부 표준 공통서비스 및 개발 프레임워크 구축서(행정안전부)

② 보안설계서 협의 및 확정

보안설계서는 보안의 목표인 무결성, 가용성, 기밀성을 확보하기 위해 보안 요소 및 보안 체계를 식별하고 이들 간의 관계를 정의한 문서로, 세부적으로는 관리적 보안(정보보호 정책, 조직, 교육 및 훈련, 인적 보안, 업무 연속성 관리 등), 물리적 보안(건물 및 사무실 출입 통제 지침, 전산실 관리 지침, 재해복구 센터 운영 등), 기술적 보안(사용자 인증, 접근 제어, 서버, 네트워크, 데이터 등)을 포함한다.

보안설계서는 아키텍처정의서에 아키텍처와 함께 설계에 반영되기도 한다. 보안 설계 과정에서의 보안설계서 관련 협의 및 확정을 위한 고려사항은 아래와 같다.

- 요구사항정의서의 기밀성, 무결성, 가용성 등 보안 요구사항이 보안설계서에 적절하게 반영되고 상호 추적 가능 여부
- 보안 솔루션과 보안 요구사항 사이의 차이가 명확히 식별되어 보안설계서에 정의되었는지 여부
- 보안설계서에 현행 시스템의 보안 구성이 갖는 보안 취약점과 위험에 대한 분석 결과를 토대로 관리적, 기술적, 물리적 측면의 보안대책이 수립되어 명세가 작성되었는지 여부

<사례 207> 보안설계서 작성 사례 1

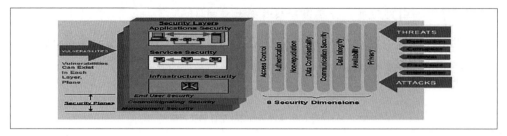

출처: Research Gate ITU-T X.805 Security Architecture

<사례 208> 보안설계서(아키텍처정의서) 작성 사례 2

출처: A 프로젝트

<사례 209> 보안설계서(아키텍처설계서) 작성 사례 3

000 개발 용역   아키텍처 설계서
2.1.2.1. SW명세

NO	용도	SW명	제조사	WEB #1	WEB #2	DB #1	DB #2	WAS #1	WAS #2	WAS #3	WAS #4	개발 DB	개발 APP
1	UI개발 및 배포	TrustForm 4.2	라잇텍					○	○	○	○		
2	Backup Agent	Networker 7.6.5.7	베리타스	○	○	○	○	○				○	
3	Oracle RAC	11.2.0.4	Oracle			○	○						
4	서버 이중화	Veritas Cluster 5.1.0	메사			○	○						
5	파일 Up/Down관리	DextUploadX 3.2.9.0	덱스트솔루션					○	○	○	○		
6	Web 편집기	나모웹에디터 7.7.1.30	나모에디터	○	○			○	○	○	○		

출처: B 프로젝트

③ 시스템 인터페이스설계서 협의 및 확정

인터페이스설계서는 이기종 시스템(Heterogeneous System) 또는 컴포넌트 간 데이터 교환 및 처리를 위한 목적으로 각 시스템의 교환 데이터 및 업무, 송수신 주체 등이 정의되어 있다. 즉 시스템 인터페이스를 한눈에 확인하기 위하여 시스템이 갖는 인터페이스 목록과 상세 데이터 명세 및 기능을 정의한 문서이다.

보안 설계 과정에서의 시스템 인터페이스설계서 관련 협의 및 확정을 위한 고려사항은 아래와 같다.

- 보안 솔루션과 연계 대상 시스템, 모듈(API), 데이터가 명확히 식별되고 정의되는지 여부
- 프로그램 목록에서 보안 솔루션과의 연계 처리를 위한 논리가 포함되어야 하는 대상 프로그램 식별 여부
- 연계 프로그램의 프로그램명세서에 보안 솔루션과의 연계를 위한 연계 모듈(API) 및 데이터에 대한 처리 논리의 명확한 기술 여부

④ 보안 설계 결과 검토

PMO는 발주기관과 협의 및 확정한 내용을 바탕으로 보안 설계 결과를 검토 후 검토보고서를 작성한다. 검토된 내용이 기준에 부합하지 않거나 아래 사항 등의 경우 검토하여 의견을 제시한다.

- **누락 여부 검토:**
  - 아키텍처설계서 및 보안설계서, 시스템 인터페이스설계서 등을 기준으로 중요한 사항의 누락 여부
- **변경 근거성 검토:**
  - 보안 설계사항 삭제/변경에 대하여 범위 변경으로 인한 사업비 변경 폭등을 검토하고 이해관계자의 참여/승인 등과 함께 결과를 회의록 또는 공문 등의 형태로 확보하여 근거성 확보 여부 검토
- **내용 충분성 검토:**
  - 정의된 보안 설계사항이 보안 목적을 달성하는데 적절성 여부

- **검증 가능성 검토:**
  - 정의된 보안 설계사항 달성 여부를 검증이 가능한 체계 확보를 위하여 추적 관리 체계와 검증 방법의 구체성 확보 여부
- **추적성 확보 검토:**
  - 보안 설계사항의 추적 관리의 가능성 여부

⑤ 보안 설계 결과 조정작업

PMO는 발주기관 및 수행사에 PMO 검토보고서 작성 내용을 설명하고, 잘못된 검토 내용이 있는지 확인한다. 검토된 내용이 기준에 부합하지 않거나 발주기관의 수정 요청이 있는 경우 내용을 조정한다.

3 구현단계

3.1 응용시스템

3.1.1 개발표준 준수 여부 검토 및 조정

개발표준 준수 여부 검토 및 조정은 구현된 프로그램이 개발표준을 준수하여 설계내용 대로 정확하게 구현 여부를 검토하는 활동이다. 개발표준 준수 여부는 설계단계 검토사항인 '2.1.5 개발표준 검토 및 조정'과, 구현단계 검토사항인 '3.1.2 기능 구현 결과 검토 및 조정'의 하나로 주로 개발표준 관점에서 검토하는 활동으로 볼 수 있다. 또한 설계단계 시점에 검토한 개발표준이나 지침, 코드 설계 지침에 따라 개발된 프로그램이 개발표준에 따라 개발되었는지와 운영 및 유지보수 시 생산성이 확보되었는지를 검토 및 조정하는 것이다.

이 단계에서 PMO는 개발자별 독자적인 난개발 방지를 위해 표준지침 가이드 준수 여부를 확인한다.

1) 기준

개발표준 준수 여부 검토 및 조정의 기준은 개발된 '프로그램 소스'이다. 개발자별 독자적인 난개발 여부와 표준 부재로 인한 운영 및 유지보수 어려움 등의 문제를 예방하기 위해 산출물이 적정하게 작성되었는지 검토하여 구현되었는지를 확인한다.

2) 측정지표(*점검항목: 체크리스트)

PMO는 개발표준 준수 여부 검토 및 조정을 위한 측정지표로 업무기능 사용자 인터페이스, 연계/연동, 코드 조회 등의 개발표준 준수 등을 점검항목으로 활용한다. 점검항목은 <표 193>과 같이 점검항목별 점검결과(적합(O), 수정/보완(△), 누락(X), 제외(N/A))를 지표로 하여 점검한다.

<표 193> 개발표준 검토 및 조정에 대한 측정지표

번호	점검항목	점검결과(O,△,X,N/A)				PMO 검토 의견
1	• 구현된 프로그램이 개발표준을 준수하여 구현되었는가? 1) 업무기능의 개발표준 준수 여부 　- 온라인 표준 　- 배치 표준 2) 사용자 인터페이스(화면, 보고서)의 개발표준 준수 여부 　- 화면표준 준수 여부 　- 보고서표준 준수 여부 3) 연계/연동 모듈이 개발표준 준수 여부 　- 내부 연계 　- 외부 연계 4) 코드 조회 시, 코드 설계 지침에 따라 호출 여부					

3) 절차

PMO는 수행사가 제출한 프로그램 소스 내용을 검토하여 업무기능 사용자 인터페이스, 연계/연동, 코드 조회 등의 개발표준 준수에 대하여 해당 문서 작성 수준 협의 및 확정, 개발표준 준수 여부 검토, 개발표준 준수 여부 조정작업 등의 절차에 따라 검토하고 조정한다.

<그림 209> 개발표준 준수 여부 검토 및 조정절차

Input	절차	Output
개발표준/가이드 코드 표준 프로그램 소스	① 개발표준 준수 여부 협의 및 확정 ② 개발표준 준수 여부 검토 ③ 개발표준 준수 여부 조정작업	PMO 검토보고서(*) (개정) 프로그램 소스

① 개발표준 준수 여부 협의 및 확정

개발표준 준수 여부는 설계단계 시점에 검토한 '2.1.5 개발표준 검토 및 조정'과 밀접한 관계를 갖는다. 또한 '2.1.5 개발표준 검토 및 조정' 활동에서 검토한 내용이 검토 기준이 된다. 프로젝트 특성과 규모에 따라 다르지만, SQL 개발가이드, SSO/EAM 연동 개발 가이드, 대내외 I/F개발 가이드, 보안 코딩 가이드, 온라인 개발 가이드, 배치 개발 가이드 등이 주요 검토 대상이 된다.

<그림 210> 개발표준 준수 여부 관련 검토 대상 사례

구분	설명	비고
화면개발 가이드	화면 개발을 위한 가이드이다.	
SQL개발 가이드	DBMS를 이해하고 SQL 작성 시 고려해야 할 사항과 성능을 고려한 SQL 작성법을 위한 가이드이다.	
SSO/EAM 연동 개발 가이드	SSO/EAM을 도입할 시, 원활한 시스템 연계를 목적으로 SSO 처리 절차와 보안 토큰의 흐름 및 보안 토큰 발급/검증, 권한 관련 API의 사용법을 위한 가이드이다.	
대내외 I/F 개발 가이드	인터페이스 처리 방법을 이해하고, 응용 애플리케이션 개발 시 인터페이스와 관련한 개발표준을 제시하여 일관된 개발 산출물을 작성하게 함으로써 개발자 간 업무 이해도를 향상시키고 향후 유지보수를 쉽게 하기 위한 가이드이다.	
보안 코딩 가이드	SW 개발과정에서 개발자 실수, 논리적 오류 등으로 인해 내포될 수 있는 보안 취약점을 최소화하기 위하여, 개발단계부터 SW 보안 약점을 제거하여 보안 위협에 대응할 수 있도록 SW 개발 시 점검해야 할 취약점 항목과 대응방안을 위한 가이드이다.	
온라인 개발 가이드	개발 수행 시 필요한 온라인 프로그램에 대한 개발 패턴별, 개발 영역별 개발 방법을 위한 가이드이다.	
배치 개발 가이드	개발 수행 시 필요한 배치프로그램에 대한 개발 패턴별, 개발 영역별 개발 방법을 위한 가이드이다.	

② 개발표준 준수 여부 검토

PMO는 발주기관과 개발표준 준수에 대한 협의 및 확정한 내용을 바탕으로 개발표준 준수 여부를 검토하고 검토보고서를 작성한다. 또한 검토된 내용이 기준에 부합하지 않거나 아래 사항 등의 경우 신중하게 검토하여 의견을 제시한다.

- **표준 미준수 여부 검토:** 개발에 필요한 개발표준 미준수 여부
- **예외 사항 반영 여부 검토:** 개발표준을 준수하지 못하는 특수한 상황에 대하여 프로그램 소스 등에서 해당 예외 사항을 주석 등으로 적절하게 표시 여부

③ 개발표준 준수 여부 조정작업

PMO는 발주기관 및 수행사에 PMO 검토보고서 작성 내용을 설명하고, 잘못된 검토 내용이 있는지 확인한다. 검토된 내용이 기준에 부합하지 않거나 발주기관의 수정 요청이 있는 경우 내용을 조정한다.

3.1.2 기능 구현 결과 검토 및 조정

기능 구현 결과 검토 및 조정은 업무의 흐름에 따라 요구기능, 사용자 인터페이스, 외부 시스템 인터페이스 등이 정확하게 구현되었는지 검토하는 활동이다. 또한 기능 구현 결과 검토 및 조정은 설계단계 검토사항인 '2.1.1 기능 설계내용 검토 및 조정', '2.1.2 화면 설계내용 검토 및 조정', '2.1.3 내외부 시스템 인터페이스 설계내용 검토 및 조정', '2.1.5 개발표준 검토 및 조정'과 연관성이 있다. 이후 단계의 단위시험 결과 검토 및 조정 등과도 연관성이 있다. 그리고 설계된 업무 흐름에 따라 요구기능의 정확한 구현과 사용자 인터페이스가 일관성을 갖고 업무처리 흐름에 따라 편리하게 활용할 수 있도록 구현되었는지, 시스템 인터페이스가 설계에 따라 시스템 간 연계 방식에 따라 정확하게 구현되었는지를 검토하는 것이 목적이 있다.

이 단계에서 PMO는 첫째, 정확성의 측면으로 설계된 업무 흐름에 따라 요구기능이 정확하게 구현되지 않으면 기능 오류로 인하여 업무 활용도가 낮아질 수 있으므로, 기본적인 기능 정확성과 업무 흐름 일치성을 확인한다. 둘째, 편리성 측면으로 사용자 인터페이스를 고려하지 않고 개발된 프로그램은 데이터의 입력, 검색, 변경, 명령어 체계, 메뉴 등에 있어 사용자 불편함을 초래하게 되므로 인터페이스가 사용자 관점에서 편리하게 구현되었는지 확인한다. 셋째, 연계 방식 측면으로 상호 인터페이스가 정확하게 구현되지 않으면, 기능 오류 또는 데이터의 무결성에 심각한 영향이 발생할 수 있으므로 시스템 인터페이스 설계에 따라 정확하게 요구되는 연계가 이루어질 수 있도록 구현되었는지 확인한다.

1) 기준

기능 구현 결과 검토 및 조정의 기준은 '프로그램 소스', '구현된 응용시스템'이다. 기능 오류로 인하여 업무 활용도 저하, 사용자 인터페이스 미흡으로 인한 사용자 불편감 증가, 인터페이스 부정확으로 인한 기능 또는 데이터 무결성 문제를 예방하기 위하여 업무 흐름에 따른 기능 구현 정확성, 사용자 편리성, 인터페이스 정확성 확보 여부를 확인한다.

2) 측정지표(* 점검항목: 체크리스트)

PMO는 기능 구현 결과 검토 및 조정을 위한 측정지표로 설계된 내용대로 정확한 구현 여부, 사용자 관점의 편의성 확보, 업무처리 흐름을 반영한 사용자 인터페이스 구현, 처리 대상 인터페이스의 누락 없는 구현, 인터페이스 검증 결과 확인 체계 등을 점검항목으로 활용한다. 점검항목은 <표 194>와 같이 점검항목별 점검결과(적합(O), 수정/보완(△), 누락 (X), 제외(N/A))를 지표로 하여 점검한다.

<표 194> 기능 구현 결과 검토 및 조정에 대한 측정지표

번호	점검항목	점검결과(○,△,X,N/A)				PMO 검토 의견

1	• 업무기능이 설계 내용대로 정확하게 구현되었는가?
	 1) 구현된 프로그램이 개발표준을 준수하여 설계 내용대로 정확하게 구현되었는지 확인
	  - 개발표준을 준수하여 구현되었는지 여부
	  - 요구사항추적표 기준, 프로그램 목록/ 소스 확인 가능 여부
	 2) 구현된 프로그램이 업무 흐름에 따라 업무기능의 정확한 구현 여부
	  - 업무 흐름에 따른 구현 여부
	  - 온라인 처리 로직의 정확한 구현 여부
	  - 배치 처리 로직의 정확한 구현 여부
	  - 인터페이스 정보 반영 여부					

2	• 사용자 인터페이스가 일관성 있게 구현되고, 입출력 처리 및 사용의 편의성이 충분히 확보되었는가?
	 1) 인터페이스 개발표준을 준수하여 설계대로 구현되었는지 확인
	  - 개발표준을 준수하고 있는지 확인
	  - 설계내용을 반영하여 모두 구현되었는지 확인
	 2) 입출력 처리에 있어 일관된 사용자 인터페이스를 구현하고 있는지 확인
	  - 사용자 인터페이스는 일관성 유지
	  - 업무별 특성을 고려하여 구현되었는지 확인
	  - 오류 발생 경우 오류메시지 정확성 여부
	 3) 사용자가 업무기능을 처리하는데 편리하도록 구현 여부 확인
	  - 정보 표현 방법, 조작 방법, 도움말 등 사용자 작업지원 수단이 적정하게 구현되어 있는지 확인
	  - 화면 레이아웃 일관성, 사용자 네비게이션을 통한 원활한 이동을 할 수 있도록 하고 있는지 확인
	  - 화면의 로딩 속도는 적정하게 구현되었는지 확인
	  - 사용자 탐색 행위를 지원하기 위한 <메뉴바>, <풀다운메뉴>, <사이트맵> 등의 기능 요소가 구현되었는지 확인
	  - 장애인, 초보자 등 사용자 계층을 고려한 접근성 확보 여부					

3	• 업무처리 흐름을 반영하여 사용자 인터페이스가 구현되었는가?
	 1) 업무처리를 위해서 필요한 사용자 인터페이스가 모두 구현되었는지 확인
	  - 설계 기준 모든 화면이 구현되었는지 확인
	  - 통합시험 시나리오 기준, 업무처리가 정상적으로 수행되는지 확인
	 2) 사용자 인터페이스 관련 업무기능이 모두 구현 여부 확인
	  - 이벤트에 또는 연계 업무 정상적 처리 여부
	  - 업무 흐름을 충분히 반영하고 있는지 확인
	  - 업무 간 인터페이스 흐름이 완전한지 확인					

4	• 내외부 시스템의 인터페이스가 모두 구현되어 업무처리 능력을 확보하였는가?
	 1) 설계된 내외부 시스템의 인터페이스 요구사항이 모두 구현되었는지 확인한다.
	  - 내외부 인터페이스가 모두 구현되었는지 확인
	  - 내외부 시스템 인터페이스의 실행 가능 여부
	  - 내외부 시스템 인터페이스의 편리성 확보 여부
	 2) 내외부 시스템의 연계 방식(기능, 데이터) 및 연계 주기 등에 따라 구현되었는지 확인한다.
	  - 인터페이스 설계서 기준, 전제조건 및 제약사항 등 연계 방식 반영 여부
	  - 연계 데이터 송수신 구조 및 입출력 형식이 정확하게 구현되었는지 확인					

번호	점검항목	점검결과(○,△,X,N/A)				PMO 검토 의견
4	- 단위(통합)시험 기준, 정확한 구현 여부 - 프로그램 소스(구현된 응용시스템)와 단위(통합)시험을 통해 내외부 시스템 간의 연계 주기를 설계대로 정확하게 구현하였고, 업무처리에 따라 주기 변경이 용이한지 확인					

5	• 내외부 시스템 인터페이스에 대한 상호 검증 결과를 확인하는 체계가 구현되었는가?
	 1) 내외부 시스템 인터페이스에 대한 결과 확인 절차 여부
	  - 인터페이스에 대한 결과를 확인할 수 있는 검증 체계 구현 여부
	  - 장애, 비정상적인 상황에 대한 인지가 가능 여부					

3) 절차

PMO는 수행사가 제출한 해당 산출물(프로그램 소스, 구현된 응용시스템, 단위시험계획/결과서, 통합시험계획서) 내용을 검토하여 사용자 관점의 편의성 확보, 업무처리 흐름을 반영한 사용자 인터페이스 구현, 처리 대상 인터페이스의 누락 없는 구현, 인터페이스 검증 결과 확인을 위한 개발 대상 물량 양적 완성도 검토 및 확정, 기능 구현 결과 검증 및 확정, 기능 구현 결과 검토, 기능 구현 결과 조정작업 등을 <그림 211>과 같이 기능 구현 결과 조정작업 등의 절차에 따라 검토하고 조정작업을 한다.

<그림 211> 기능 구현 결과 검토 및 조정절차

Input	절차	Output
개발표준/가이드 요구사항추적표 화면설계서 프로그램목록/설계서 인터페이스설계서 배치설계서 프로그램 소스 구현된 응용시스템 업무처리흐름도 단위시험계획서/결과서 통합시험계획서/결과서	① 개발 대상 물량 양적 완성도 검토 및 확정 ② 기능 구현 결과 검증 및 확정 ③ 기능 구현 결과 검토 ④ 기능 구현 결과 조정작업	PMO 검토보고서

① 개발 대상 물량 양적 완성도 검토 및 확정

기능개발이 완료되는 시점에서 개발자 수준의 기능개발이 완료되고 개발된 기능을 대상으로 단위시험과 통합시험 계획의 수립 시점에 개발 대상 물량 양적 완성도의 우선 검토가 필요하다. 즉, 개발 대상 물량의 양적 완성도에 대한 검토는 프로젝트의 요구사항이 다양한 관점(화면개발, 프로그램(공통모듈, 온라인, 배치, 보고서) 개발, 인터페이스 개발 등)에서 개발되어 업무처리가 가능한 물리적 상태에 대한 충족 여부를 검토하는 것이다.

<사례 210> 개발 물량 계획서 및 이행결과서 작성 사례

1. 개발 물량 계획서 및 이행결과서

단위 업무명	프로그램 ID	프로그램명	개발자명	난이도	계획 시작일	계획 종료일	개발기간	실제 시작일	실제 종료일	실 개발기간	진척상황	확인
기준정보관리			개발5(초급)	하	2012.XX.XX	2014-06-03		2012.XX.XX	2014-06-03			
	미정	사업장코드관리	개발5(초급)	하	2012.XX.XX	2014-06-03						
		기초코드관리	개발5(초급)	하	2012.XX.XX	2014-06-03						
		계정코드관리	개발5(초급)	하	2012.XX.XX	2014-06-03						

<사례 211> 프로그램 목록 기준 이행결과서 작성 사례

시스템	메뉴체계					개발자	구분	개발단계	개발환경	기능설명
	1차	2차	3차	4차	5차					
A 시스템	코드관리							분석		
	부서관리							개발 중		
	통계관리									
	근무자관리									
B 시스템	접수	접수처리				류철희		개발자 개발완료		
		ANI 수신				류철희		개발자 개발완료		
		ALI 요청				류철희		개발자 개발완료		
		동일사건처리				류철희		개발자 개발완료		
		LBS 요청				류철희				
		긴급사건처리				류철희		개발자 개발완료		
		사건임의접수				류철희		개발자 개발완료		
		SMS관리	SMS전송			류철희		개발자 개발완료		
			SMS이력관리			류철희		개발자 개발완료		
		사건발생장소 검색				류철희		개발 중		
		혼합형 접수				류철희		개발 중		
		사건이첩				류철희		개발 중		

시스템	메뉴체계					개발자	구분	개발단계	개발환경	기능설명
	1차	2차	3차	4차	5차					
C 시스템	승인	미지령 리스트				노지호		개발자 개발완료		
		미도착, 미종결 리스트				노지호		개발자 개발완료		
		사건 정도 디테일				노지호		개발자 개발완료		
		경찰서 리스트				노지호		개발자 개발완료		
		경찰서 리스트 관할경찰서 자동선택				노지호		개발자 개발완료		
		출동요소 리스트				노지호		개발자 개발완료		
		지령완료				노지호		개발자 개발완료		

<사례 212> 유형별 프로그램 목록 기준 이행결과서 작성 사례

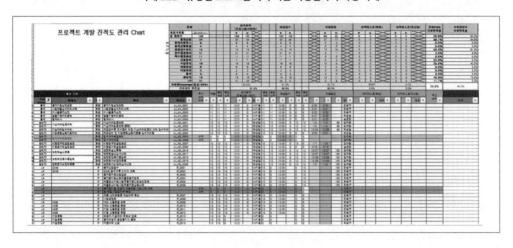

② 기능 구현 결과 검증 및 확정

기능 구현 결과 검증은 개발이 완료된 프로그램을 대상으로 단위 기능에 대한 검증 활동이며 이를 위해서는 PMO 등 제3자 관점의 테스트 활동이 필요하다. 단위 기능에 대한 검증내용은 아래와 같은 항목을 대상으로 실증 점검을 수행한다.

<표 195> 단위 기능 결함 유형

구분	주요 내용	비고
기능	- 기능 작동 오류(조회 오류, 출력 기능 미작동, 출력값 불일치)	
유효성	- 화면 항목 값 오류(최소값, 최대값, 항목 타입 오류) - 화면 항목 간 논리적 관계 오류(시작일 ~ 종료일 등)	
표준	- 화면 구성 표준 미준수	

구분	주요 내용	비고
메시지 표출	- 오류나 안내 메시지 표출의 부적합	
편의성	- 화면 입력 시, 사용자 편의성	
성능	- 응답 속도 지연 등 - 필수/선택 조건 미준수	

<사례 213> 단위 기능 결함 유형별 점검 결과 정리 사례

구분	점검수량	결함수량	오류	유효성	편의성	메시지	표준	기타	관련 도표
고객관리	18	7	3	1	1	1	-	1	
서비스 관리	30	13	6	2	-	-	-	5	
VOC	40	13	8	-	-	-	-	5	
설문관리	40	20	6	3	1	-	-	10	
만족도 관리	8	3	3	-	-	-	-	-	
지능형 분석	26	9	2	2	3	1	1	-	
통계관리	17	9	8	-	1	-	-	-	

③ 기능 구현 결과 검토

PMO는 기능 구현 결과를 검토하고 점검한 내용을 바탕으로 검토보고서를 작성한다. 검토된 내용이 기준에 부합하지 않거나 아래 사항 등의 경우 신중하게 검토하여 의견을 제시한다.

- **개발 대상 양적 물량:**
  - 개발단계에 목표로 정의된 물량이 모두 개발되었는지 여부
- **단위 기능 품질 완성:**
  - 점검 결과 단위 기능 수준에서 일정 수준의 품질 유지 여부
- **대응방안 확보:**
  - 양적 물량과 단위 기능 완성도가 부족할 경우, 이에 대한 다양한 대안에 대한 검토
  - 일정 조정 여부
  - 다음 단계(예: 통합테스트 단계)에서 해당 미흡한 내용의 대응방안 가능성 확보 여부

④ 기능 구현 결과 조정작업

PMO는 발주기관 및 수행사에 PMO 검토보고서 작성 내용을 설명하고, 잘못된 검토 내용이 있는지 확인한다. 검토된 내용이 기준에 부합하지 않거나 발주기관의 수정 요청이 있는 경우 내용을 조정한다.

3.1.3 단위시험 결과 검토 및 조정

단위시험 결과 검토 및 조정은 단위시험 결과가 적절한지 검토하는 활동이다. 또한 단위시험 결과 검토 및 조정은 설계단계 검토사항인 '2.1.4 단위시험 계획 검토 및 조정', 구현단계 검토사항인 '3.1.2 기능 구현 결과 검토 및 조정'과 연관성이 있다. 개발된 각종 기능 및 인터페이스에 대한 기능점검 수준에서 단위시험이 이루어지고, 그 결과가 관리되고 있는지 검토하는 것이 목적이다.

만약 단위시험을 정상적으로 하지 않으면 기능에 많은 오류가 발생하고, 시스템의 기능적 안정성을 저해할 위험이 있다. 반면에 단위시험을 체계적으로 하고 그 결과를 관리하면 빈도가 높은 오류를 찾아내어 기능의 완전성을 높일 수 있다. 따라서 PMO는 개발자가 단위시험을 체계적으로 시행하고 관리하는지 점검한다.

1) 기준

단위시험 결과 검토 및 조정의 기준은 '단위시험 진행통계표', '단위시험결과서', '단위시험 결함관리대장', '단위시험결함보고서' 등이다. 기능에 대한 오류 등 시스템의 기능적 안정성을 저해할 위험 등의 문제를 예방하기 위해 산출물이 적절하게 관리되는지 검토한다.

2) 측정지표(*점검항목: 체크리스트)

PMO는 기능 구현 결과 검토 및 조정을 위한 측정지표로 단위시험이 계획대로 진행되는지, 업무기능별 단위시험을 하고 결과가 기록되고 관리되는지 등을 점검항목으로 활용한다. 점검항목은 <표 196>과 같이 점검항목별 점검결과(적합(O), 수정/보완(△), 누락(X), 제외(N/A))를 지표로 하여 점검한다.

<表 196> 단위시험 결과 검토 및 조정에 대한 측정지표

번호	점검항목	점검결과(○,△,X,N/A)				PMO 검토 의견
1	• 단위시험이 계획대로 진행되었는가? 　1) 단위시험 계획에 따라 시험의 여부 확인 　　- 계획된 시험환경을 구성하여 시험이 진행되었는지 확인 　　- 계획된 시험환경이 상이할 시 시험에 미치는 영향이 고려되어 단위시험을 　　　하였는지 확인 　　- 일정과 시험 절차를 준수하여 시험 진행 여부 　　- 반복적 시험 활동을 통한 완전성 확보 여부					
2	• 업무기능별 단위시험을 하고, 결과가 기록되고 관리되는가? 　1) 단위시험 범위에 대해 시험을 완전히 하였는지 확인 　　- 단위시험시나리오가 모두 진행되었는지 여부 　　- 발생한 오류 대상 재시험을 통한 결함 제거 여부 　　- 재시험 시 관련 프로그램에 대한 회귀 시험 여부 　　- 데이터 인터페이스 관련 시험실시 여부 　　- 충분한 수준의 시험데이터 준비 및 적용 여부 　　- 예외 처리 기능 시험실시 여부 　　- 변경된 프로그램의 형상 관리 진행 여부 　2) 단위시험 사항이 기록/관리되고 결과가 평가되었는지 확인 　　- 시험 진행 결과에 대한 통계 사항이 기록 여부 　　- 단위시험 최종 결과 평가 활동 진행 여부					

3) 절차

PMO는 수행사가 제출한 산출물을 검토하여 단위시험이 계획대로 진행되고 결과가 기록, 관리되는지에 대하여 단위시험 진행 협의 및 확정, 단위시험결과서 협의 및 확정, 단위시험 결과 검토 등이 <그림 212>와 같이 기능 구현 결과 검토 및 조정절차에 따라 검토하고 조정작업을 한다.

<그림 212> 단위시험 결과 검토 및 조정절차

Input	절차	Output
단위시험계획서 단위시험설계서 단위시험 진행통계표 단위시험결과서 단위시험 결함관리대장 단위시험 결함보고서	① 단위시험 진행 협의 및 확정 ② 단위시험결과서 협의 및 확정 ③ 단위시험 결과 검토 ④ 단위시험 결과 조정작업	PMO 검토보고서

① 단위시험 진행 협의 및 확정

기능개발이 완료되는 시점에서 단위시험계획서를 기준으로 적절한 수준의 단위시험을 하고 발견된 결함의 조치와 함께 시험 과정과 결과에 대한 적절한 수준의 기록관리가 필요하다. 개발과정에서 단위시험이 계획대로 진행되고 있는가에 대하여 정기적인 검토 및 확인을 한다.

<사례 214> 개발단계 중간점검 체크리스트 작성 사례

개발단계 중간점검 체크리스트 (단위 업무별)										
업무영역명 : 공통		개발TL성명 :			IT PL성명 :			IT PL성명 :		

점검대상				결함등급	의견					비고
NO	대분류	중분류	소분류	Core여부		요구사항 반영	데이터 정합성	단위업무 테스트 가능여부	단위업무 테스트 가능상태 소요일수	
1	메뉴	Top10메뉴	Top10메뉴							
2	채번	채번생성	채번생성							

결함등급	결함등급 기준
상	1. 주요기능(조회/입력/수정 등)이 실행 불가능한 상황일 경우 2. 소스코드 검증시 개발 안된 부분이 있을 경우 3. 기타 전체적인 기능 구현이 심각하게 미진하다고 판단될 경우(단, 외부 사유에 의해 부득이한 경우는 제외)
중	1. 주요기능(조회/입력/수정 등)이 실행 문제가 있을 경우(실행 오류, 데이터 적합성 오류 등) 2. 소스코드 검증시 기능/표준에 문제가 있을 경우 3. 기타 잦은 오류/불안정성 때문에 테스트 수행이 어려운 경우
하	1. 기능상 일부 문제가 있으나 전체적인 테스트 수행에 문제가 없을 경우 2. 화면기능 오류, 링크 오류 등 오류의 원인이 명확하고 설계 보완이 가능할 경우

<사례 215> 상세 개발일정표 작성 사례

시스템명											집계일		9월 29일	완료	07월 03일		완료	0	본
메뉴			Program 구분												상세설계개발완료		테스트케이스		
				화면	기능	pop-up	장표	excel	배치	INTER-FACE		담당자	계획	실적		지연	계획	실적	지연
1차 기능	2차 기능	3차 기능	비고	프로그램명						4차 기능	ID		년월일	HTML 일정					
											KKKO040P	홍길동	07월 02일	07월 03일					
											KKKO040P	홍길동	07월 02일	07월 03일					
											KKKO040P	홍길동	07월 02일	07월 03일					
											KKKO040P	홍길동	07월 02일	07월 03일					
											KKKO040P	홍길동	07월 02일	07월 03일					

<사례 216> 공통 항목 체크리스트 작성 사례

Case ID	분류	점검항목	시험결과		
			개발자	PL	시험팀
C101	1.화면 open	메뉴명과 화면 상단의 화면명이 일치하고 화면ID와 버전정보가 정확한가? (버전정보는 통합시험부터 체크)			
C102	1.화면 open	필수 입력 항목인 경우 타이틀에 *(아스타)를 구분하여 표시하는가?			
C103	1.화면 open	입력불가 항목은 disable 처리로 표시되는가?			
C104	1.화면 open	화면구성요소의 글씨체/크기, 정렬 등이 표준을 준수하는가? (그리드 영역의 글자색은 검정색)			
C105	1.화면 open	라디오버튼이 있는 경우, 반드시 하나의 값은 선택되는가?			
C106	1.화면 open	조회일자(or 기간)가 있는 경우, 현재 연도, 연월, 일자가 setting 되는가?			
C201	2.항목 제어	조회테이블, 입력테이블, 그리드에서의 화면이동은 Tab키와 Enter키로 이동하는가?			
C301	3.버튼 제어	화면의 액션에 따라 버튼이 적절히 활성화/비활성화 되는가?			
C302	3.버튼 제어	삭제 시 삭제여부에 대한 Alert 메시지("선택한 항목을 삭제하시겠습니까?")를 표현하는가?			
C303	3.버튼 제어	조회 완료 후 정상처리 Status 메시지("조회가 완료되었습니다.")를 표현하는가?			
C304	3.버튼 제어	삭제 완료 후 정상처리 Alert 메시지("성공적으로 삭제하였습니다.")를 표현하는가?			
C305	3.버튼 제어	저장 완료 후 정상처리 Alert 메시지("성공적으로 처리하였습니다.")를 표현하는가?			
C306	3.버튼 제어	필수입력항목 누락 시 저장되지 않고 확인 Alert 메시지("@ 은/는 필수 입력 항목입니다. 입력하여 주십시오.")를 표현하는가? @:항목명			
C307	3.버튼 제어	그리드에서 데이터 편집 후(추가/수정/삭제) 저장항목 확인에 대한 Alert 메시지 (추가/수정/삭제 하신 내용을 저장하시겠습니까?)를 표현하는가?			
C308	3.버튼 제어	데이터를 저장하지 않고 닫을 경우 Alert 메시지 ("변경된 데이터가 저장되지 않았습니다. 화면을 닫으시겠습니까")를 표현하는가?			
C401	4.조회/출력	숫자는 콤마(,)를 사용하여 우측에서 좌측으로 3자리씩 구분하고 있는가?			
C402	4.조회/출력	그리드 편집 가능한 경우 왼쪽에 상태 열이 표현되는가?(추가/수정/삭제)			
C403	4.조회/출력	조회 화면인 경우 그리드 왼쪽 하단에 총 건수를 표시하는가?			
C404	4.조회/출력	그리드에 순번 표기는 되어있는가?			
C405	4.조회/출력	주민번호는 13자리 체크하는가?(Null, Empty-string, "0000000000000","000000-0000000"는 오류임)			
C406	4.조회/출력	증번호는 11자리 체크하는가? (Null, Empty-string, "00000000000"는 오류임)			
C407	4.조회/출력	사업장 기호(건강보험에서 사용하는)는 8자리를 체크하는가? (Null, Empty-string, "00000000"는 오류임)			
C408	4.조회/출력	사업장관리번호는 11자리를 체크하는가? (Null, Empty-string, "00000000000"는 오류임)			
C409	4.조회/출력	모든 코드값은 화면상에 한글명칭으로 나타나는가?			
C501	5.입력	숫자만 입력되는 컬럼에는 숫자만 입력가능하며 최대자리수 초과를 체크하는가?			
C502	5.입력	영문만 입력되는 컬럼에는 영문만 입력가능하며 최대자리수 초과를 체크하는가?			
C503	5.입력	한글만 입력되는 컬럼에는 한글만 입력가능하며 최대자리수 초과를 체크하는가?			
C504	5.입력	날짜만 입력되는 컬럼에는 유효한 날짜값만 입력가능하며 최대자리수 초과를 체크하는가?			

② 단위시험결과서 검토

단위시험 결과 검토는 단위시험결과서, 단위시험 결과(결함 유형 포함)일정표, 단위시험 결함보고서 등 다양한 형태로 수행한다.

<사례 217> 단위시험결과서 작성 사례 1

프로젝트명			문서명	단위테스트 결과서		작성자		작업일자		
시스템명						승인자		승인일자		
서브시스템명	전체	활동명		단위테스트	문서번호	C02	Version	0.1	PAGE	151/5

단위테스트ID	메뉴명	테스트실시자	테스트 일자	관련프로그램	테스트케이스	예상결과	결함내용	결과
		홍길동	2012.08.09	kkkkkk010M	~~~~현황을 조회한다.	가장 최근 등록된 ~~~현황 정보가 표시된다.		완료
		홍길동	2012.08.09	kkkkkk010M	~~~목록을 조회한다.	~~~목록이 표시된다.		완료
		홍길동	2012.08.09	kkkkkk010M	~~~~를 클릭한다.	~~~상세정보 조회페이지로 이동한다.		완료
		홍길동	2012.08.09	kkkkkk010M	상단의 more버튼을 클릭한다.	~~~ 전체 검색 및 목록페이지로 이동한다.		완료
		홍길동	2012.08.09	kkkkkk010M	결제 배송 건수를 조회한다.	특정 기간의 ~~~배송 건수가 조회된다.		완료
		홍길동	2012.08.09	kkkkkk010M	등록 상품을 조회한다.	~~~~조건에 맞는 이미지가 표시된다.		완료

<사례 218> 단위시험결과서 작성 사례 2

시스템명		서브 시스템명		작성일	2010-07-14	차수	1
단위테스트 ID		화면명		작성자			

시험케이스					시험결과			
순서	처리내용 (Test Description)	입력 데이터 (Input Data)	예상 결과 (Expected Result)	연계	개발자	시험팀	응용PL	추진단
1	공통항목 체크	공통항목 체크리스트	공통항목 체크리스트 PASS	N/A	PASS	PASS	PASS	FAIL
2	조회 조건을 입력하고 조회한다	1. 기본 조회조건 - NPS번호:10012052769	1.NPS번호에 해당하는 가입자 정보가 조회된다.	N/A	PASS	PASS	PASS	FAIL
3	선납신청	기본 조회조건으로 조회후 신청버튼을 눌러 신청한다.	선납신청이 완료된다.	IF_IB_142	PASS	PASS	PASS	FAIL

<사례 219> 단위시험 결과(결함 유형 포함)일정표 작성 사례

시스템명			서브시스템명			시험종류		단위시험
시험 ID	UTIB.J_IBBA201.ibba201m01		시험명			개발자		

결함 ID	결함유형	프로젝트 영향도	결함내용	화면	시험단계	시험자	시험일	조치 부서	조치 자	조치 예정일	조치 완료일	시험자 확인일	비고
	입력 Validation	하	성명에 숫자입력이 되며, 전화번호에 글자입력이 됩니다. Validaiton 체크 바랍니다.		시험팀		2010-07-15			2010-07-15	2010-07-15	2010-07-15	
	표준미준수	하	해지신청 시스템오류발생	첨부	시험팀		2010-07-19			2010-07-19	2010-07-20	2010-07-21	시험팀: 확인한바 ESB연계에러발생 재검토바랍니다.(07.20.17:30)
	입력 Validation	중	불필요한 메시지 표출	첨부	추진단		2010-08-08			2010-08-20			
	용어변경	중	인쇄, 엑셀 버튼 없음		추진단		2010-08-08			2010-08-20			
	인터페이스	중	조회조건에 주민번호 추가 및 이름 자동 display, 신청서 내용 스캔 저장 가능하게, 현행 국민연금 화면 참조	첨부	추진단		2010-08-08			2010-08-20			
	데이터관련 결함	중	신청자의 주민번호 입력하면 이름 및 주소, 전화번호 자동 표시, 주민번호 유효성 점검		추진단		2010-08-08			2010-08-20			
	시스템오류	중	돋보기에서 조회된 내용이 메인화면에 표시 안됨		추진단		2010-08-08			2010-08-20			
	성능개선												
	기타												

<사례 220> 단위시험결함보고서 작성 사례

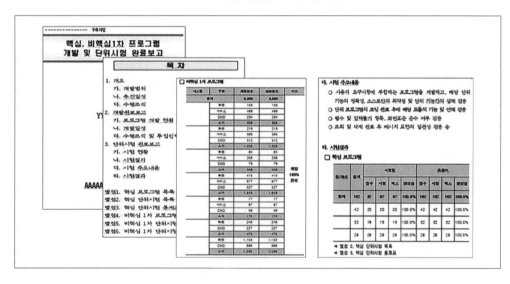

③ 단위시험 결과 검토

PMO는 단위시험 결과를 검토하고 점검한 내용을 바탕으로 검토보고서를 작성한다. 검토된 내용이 기준에 부합하지 않거나 아래 사항 등의 경우 검토하여 의견을 제시한다.

- **개발 대상 양적 물량:**
  - 개발단계에 목표로 정의된 물량이 모두 개발되었는지 여부
- **발견 결함 조치 여부:**
  - 기능테스트에서 발생한 결함이 모두 해결되었는지 여부
  - 사용자 요구사항에 부합하는 프로그램 개발 여부
  - 개발된 기능의 단위 기능의 정확성
  - 단위 프로그램의 코딩 완료 후에 해당 모듈의 기능 및 연계 검증
  - 필수 및 입력 불가 항목 등 화면 표준 준수 여부 검증
  - 조회 및 삭제 완료 후 메시지 표현의 일관성 검증 등
- **발견된 결함 유형 검토:**
  - 빈도가 높은 오류 유형을 대상으로 집중적으로 시험토록 하고, 향후 진행되는 통합테스트 활동의 검토 대상으로 참고한다.

④ 단위시험 결과 조정작업

PMO는 발주기관 및 수행사에 PMO 검토보고서 작성 내용을 설명하고, 잘못된 검토 내용이 있는지 확인한다. 검토된 내용이 기준에 부합하지 않거나 발주기관의 수정 요청이 있는 경우 내용을 조정한다.

3.1.4 통합시험 계획 검토 및 조정

통합시험 계획 검토 및 조정은 통합시험 계획이 적절하게 수립되었는지를 검토하는 활동이다. 또한 통합시험 계획 검토 및 조정은 분석단계 검토사항인 '1.1.4 총괄시험 계획 검토 및 조정', 설계단계 검토사항인 '2.1.4 단위시험 계획 검토 및 조정', 시험·전개단계 검토사항인 '4.1.1 통합시험 결과 검토 및 조정'과 연관성이 있다.

통합시험 계획 결과 검토 및 조정의 목적은 단위 업무별, 기능별로 개발된 프로그램과 서버 등 장비를 통합하여 업무적인 관점에서 프로세스가 오류 없이 사용될 수 있는지 확인

하기 위해, 통합시험에서 하게 될 시험유형, 시험 범위 결정, 통합시험 환경, 절차, 시나리오, 데이터 등을 포함한 계획이 적절하게 수립되었는지 점검하는 것이다.

이 단계에서 개별적으로 개발된 응용프로그램과 장비 등을 통합하여 시스템이 오류 없이 작동하는가를 확인하는 것이 중요하다. 통합시험계획서가 제대로 수립되지 않으면, 시스템만 통합될 뿐, 발생할 수 있는 오류를 발견하지 못하게 되고, 결과적으로 안정적인 시스템을 구현하지 못할 위험이 있다. 따라서 PMO는 통합시험 계획이 사업의 상황에 맞게 적절하게 수립되었는지 확인한다.

1) 기준

통합시험 계획 검토 및 조정의 기준은 '통합시험계획서', '통합시험설계서(시나리오/케이스)' 등이다. 시험유형과 시험 범위의 결정, 시험환경, 절차, 시나리오, 데이터 등을 포함한 계획수립 여부를 확인하고 안정적인 시스템의 구현을 위해 통합시험 계획이 적절한 수준으로 수립되었는지를 검토한다.

2) 측정지표(*점검항목: 체크리스트)

PMO는 통합시험 계획 검토 및 조정을 위한 측정지표로 통합시험 계획수립의 적정성 여부, 통합시험 설계서의 충분한 정의 여부 등을 점검항목으로 활용한다. 점검항목은 <표 197>과 같이 점검항목별 점검결과(적합(O), 수정/보완(△), 누락(X), 제외(N/A))를 지표로 하여 점검한다.

<표 197> 통합시험 계획 검토 및 조정에 대한 측정지표

번호	점검항목	점검결과(O,△,X,N/A)				PMO 검토 의견
1	•통합시험에 대한 계획이 적정하게 수립되었는가? 1) 통합시험 범위, 수행 절차, 조직, 일정, 시험환경 및 평가 기준이 수립되었는지 확인 　- 통합시험 업무 유형 분류 여부(필수, 선택, 시험 불가) 　- 시험 조직 구성과 참여자 간 역할 및 책임 정의 여부 　- 시험 일정별 시험 항목 및 담당자 정의 　- 결함의 기록과 결함 조치 수행 절차 수립 여부 　- 시험 활동 완료 기준 등 평가 기준의 수립 여부 　- 운영환경을 고려한 통합시험 환경 준비 여부					
2	•통합시험설계서가 충분히 정의되었는가? 1) 통합시험을 위한 요구사항 도출, 시나리오 설계가 충분하게 정의되었는지 확인 　- 시험시나리오가 사용자와 공동으로 작성 여부 　- 시험시나리오가 요구사항을 기초로 설계 여부 　- 시험시나리오가 내외부 인터페이스 반영 여부					

번호	점검항목	점검결과(○,△,X,N/A)				PMO 검토 의견
2	2) 시험데이터가 정상적인 경우와 예외적인 경우 포함하여 준비 여부 - 요구한 기능을 검증할 수 있는 정도의 충분한 양의 준비 여부 - 다양한 처리 조건을 시험하는데 필요한 시험데이터 준비 여부					

3) 절차

PMO는 수행사가 제출한 통합시험계획서, 통합시험설계서(시나리오/케이스)를 검토하여 통합시험 계획과 설계서(시나리오/케이스) 작성의 적정성 및 완전성을 위해 통합시험계획서 검토, 통합시험설계서 검토, 통합시험 계획 검토보고서 작성, 통합시험 계획 조정작업 등을 <그림 213>과 같이 통합시험 계획 검토 및 조정절차에 따라 검토하고 조정작업을 한다.

<그림 213> 통합시험 계획 검토 및 조정절차

Input	절차	Output
통합시험계획서 요구사항정의서 업무흐름도 아키텍처정의서 요구사항추적표 인터페이스설계서 통합시험계획서 통합시험설계서	① 통합시험계획서 검토 ② 통합시험설계서 검토 ③ 통합시험 계획 검토 ④ 통합시험 계획 조정작업	PMO 검토보고서

① 통합시험계획서 검토

통합시험 계획은 개발 및 단위테스트가 완료된 시스템을 대상으로 단위 기능 간 결합 기능에 대한 완전성을 테스트하여, 요구사항 충족도 및 시스템 간 인터페이스 수용 여부를 검증하기 위한 활동이다. 즉, 개발 및 단위테스트가 완료된 단위 프로그램이 하나의 시스템으로 결합될 때 전체적 기능이 적절히 수행되는가에 대하여 테스트한다. 이로써 설계 및 구현단계에서 설정된 소프트웨어 구조 및 기능에 대한 완전성을 입증하고, 단위 업무 및 외부 시스템 간 인터페이스의 정확성 및 적정성 확보를 목적으로 한다.

<통합시험계획서 주요 내용점검 >

- 통합테스트 업무적 범위(인증, 조직도 등 공통 기능 가동, 업무 간 비즈니스 흐름, 외부 시스템 간 연동)
- 통합테스트 유형별 범위(기능테스트, 성능/가용성 테스트, 보안 테스트 등)

- 통합테스트 수행 절차
- 통합테스트 수행 조직
- 통합테스트 수행 일정
- 통합테스트 수행 환경(SW, HW, NW) 및 사용 도구
- 통합테스트 평가 기준(시험 완료 기준, 시험 결과 품질 평가)
- 통합테스트 수행 차수(차수별 중점 테스트 내용, 테스트 데이터의 차수별 적용 계획)
- 결함관리 방안(결함 유형, 중요도)
- 기타 고려사항(발주기관 및 수행사 역할 및 배치, 테스트에 필요한 데이터 준비, 결함 및 이슈 보고 방안)

<주요 일정별 핵심 사항 작성 검토>

시험 일정은 전체 사업 내용과 통합테스트 차수별 관련 사항과 상호 비교될 수 있도록 전체 일정의 제시와 함께 일정별 핵심 사항이 제시되고 있는지 검토한다.

<사례 221> 주요 일정별 핵심 사항 작성 사례

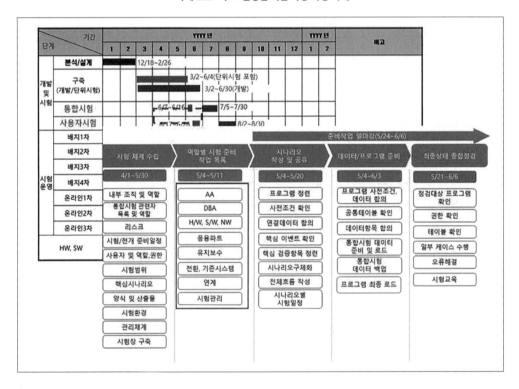

<시험 절차 작성 검토>

시험 절차 작성은 시험이 되는 작업 흐름과 시험에 참여하는 사용자별 역할의 제시 여부 등을 함께 검토한다.

<사례 222> 시험 절차 작성 사례

② 통합시험설계서 검토

통합시험설계서 작성은 통합시험 계획에서 정의한 테스트 수행 범위와 테스트 유형 등을 기준으로 테스트 수행을 위한 시나리오와 시나리오별 케이스를 준비하는 활동이다.

<사례 223> 통합시험 목록 작성 사례

통합시험 목록

시스템																
시나리오		업무절차 (연계포함)		시험단위		개발 자	사전 점검 완료일	담당			시험계획일		통합시험결과(집계용)			재시험 예정일
													1차시험	2차시험		
시나리오ID	시나리오 명	단위 시스템명	사전 조건	시험단위ID	화면/ 프로그램 명			수행사	발주사 (기술)	발주사 (업무)	FROM	TO	시험일	시험 결과	시험일	시험 결과	
DS-IR-IB004				DS-IR-IB004-01									Pass			
DS-IR-IB024				DS-IR-IB024-01									Pass			
				DS-IR-IB024-02									Pass			

			시험단위ID								시험결과
		DS-IR-IB024-03								Pass	
DS-IR-IB025		DS-IR-IB025-01								Pass	
		DS-IR-IB025-02								Pass	
		DS-IR-IB025-03								Pass	
DS-IR-IB026		DS-IR-IB026-01								Pass	
DS-IR-IB027		DS-IR-IB027-01								Pass	
DS-IR-IB035		DS-IR-IB035-01								Pass	
DS-IR-IB036		DS-IR-IB036-01								Pass	
DS-IR-IB038		DS-IR-IB038-01								Pass	
DS-IR-IB001		DS-IR-IB001-01								Pass	

<사례 224> 통합시험 시나리오/케이스 작성 사례

시나리오		사전조건	업무절차(연계함)		시험단위								시험조건 명세서			담당			시험계획일		1차시험		2차시험		상세점검표ID	결함ID
시나리오ID	시나리오명		단위시스템명	업무절차(상세)	시험단위ID	사용자(엑터)	화면/프로그램ID	화면/프로그램명	개발자	인터페이스ID	인터페이스명	데이터및제약조건	순서	시험조건및데이터	예상결과	사업자	추진단(IT)	추진단(현업)	날짜	시간	시험일	시험결과	시험일	시험결과		
													1													
													2													
													3													
													1													
													2													
													1													
													2													
TS-ISH01	표준반영												3													
													4													

1. 통합테스트 설계

시험시나리오ID	TS-01				
시험시나리오명					
시험시나리오 설명					
시험케이스 ID	**설명**	**시험 절차**		**시나리오 설명**	**비고**
TS-01-001	메인	1) 메인에 있는 모든 항목 클릭		메인화면을 구성하고 있는 아이콘들의 동작들이 정상적으로 수행되는지 확인한다.	
TS-01-002	검색	1) 메인화면에서 검색어 박스를 클릭 2) 검색어 입력 3) 상단 검색 버튼 클릭 4) 인기검색어 중 하나를 선택하여 클릭		검색어 등록을 통하여, 사이버강원관광에서 소유하고 있는 카테고리별 검색 결과를 제공하며, 검색 통계를 토대로 인기 검색어를 제공한다.	
TS-01-003	설정	1) 상단 설정 버튼을 클릭 2) 현재 있는 지역 설정여부 확인 3) 지역설정에 대한 해제		현재 위치를 기반으로 지역에 대한 설정 및 해제가 가능한지 확인한다.	
TS-01-004	뉴스레터 신청	1) 메인 하단의 뉴스레터 신청하기 클릭 2) 뉴스레터를 신청		뉴스레터가 정상적으로 신청되는지 확인한다.	
TS-01-005	회원	1) 하단에 로그인을 클릭 2) 로그인 페이지 하단의 회원가입을 클릭 3) 실명인증 진행 후 회원가입 양식페이지로 이동 4) 회원가입 양식 기재 후 확인을 클릭 5) 하단에 로그아웃을 클릭		실명인증을 통한 회원가입에서 기 사용중인 아이디에 대하여 로그인 기능을 확인한다.	
TS-01-006					
TS-01-007					
TS-01-008					
TS-01-009					
TS-01-010					
TS-01-011	커뮤니티	1) 커뮤니티 목록 확인 2) 새소식 목록 및 상세 페이지 확인 3) 목록 및 상세 페이지 확인 4) 불편신고 클릭 5) 불편신고 양식 기재 후 불편신고		커뮤니티 하위 메뉴에 대한 페이지 이동 및 불편신고 접수에 대한 정상 작동을 확인한다.	

2. 시험케이스

차수								
시험시나리오ID		TS-01-001						
시험절차		**시험 항목**	**사전 조건**	**입력 자료**	**예상결과**		**화면 ID**	**시험 결과**	**비고**
순번	**업무처리내용**								
1	메뉴 버튼을 클릭한다.	메뉴가 정상적으로 나오는가?			커뮤니티 바로가기 제공		UI-13		
2	홈 버튼을 클릭한다.	메인화면으로 이동하는가?			변화없음		UI-01		
3	설정 버튼을 클릭한다.	지역에 대한 설정이 제공되는가?			지역 설정정보 제공		UI-14		
4	검색 버튼을 클릭한다.	검색페이지로 이동하는가?			검색 페이지로의 이동 여부		UI-12		
5	새소식을 클릭한다.	최근 새소식이 나오는가?			해당 새소식의 상세정보 페이지로 이동		UI-07		
6	AAAA를 클릭한다.	즐길거리 메뉴로 이동하는가?			바로가기 제공		UI-02		
7	AAAA를 클릭한다.	잠자리 메뉴로 이동하는가?			바로가기 제공		UI-02		
8	AAAA를 클릭한다.	먹거리 메뉴로 이동하는가?			바로가기 제공		UI-02		
9	AAAA를 클릭한다.	축제정보를 제공하는가?					UI-08		
10	AAAA를 클릭한다.	추천테마 메뉴로 이동하는가?					UI-09		
11	커뮤니티를 클릭한다.	커뮤니티 메뉴로 이동하는가?					UI-02		

<사례 226> 통합시험 시나리오 및 시나리오별 케이스 작성 사례 2

			통합시험시나리오					
	업무명		내외부연계시스템	시나리오ID	ITS-QR00000-01	시나리오명		공지형 게시판 관리
	시험담당자			시험책임자		시험수행일자		
	시험평가							
순번	액터	프로그램명(화면명)		시험항목		연계확인 및 예상결과	시험결과	비고
		절차	기능절차 (이벤트 절차)					
요구사항 ID		[CASE : 공지사항 게시판 관리권한을 가진 자가 글 등록 및 관리하는 프로세스]						
QR_ REQ_ UIS_005	1 관리자	[메뉴 위치:QR코드 정보관리>>커뮤니티>>공지사항]		테스트 사용자 : 홍길동				
		1	관리자페이지 접속을 위한 접속정보 입력	로그인 정보		기등록된 관리자 로그인 됨	Pass	시스템
		2	등록버튼을 클릭하여 글 작성	글 작성 권한 확인		게시판 관리 권한을 가진 사용자는 글 등록 됨	Pass	시스템
		3	수정버튼을 클릭하여 글 수정	글 작성 권한 확인		게시판 관리 권한을 가진 사용자는 글 수정 됨	Pass	시스템
		4	삭제버튼을 클릭하여 글 삭제	글 작성 권한 확인		게시판 관리 권한을 가진 사용자는 글 수정 됨	Pass	시스템
		5	게시글 조건검색	조건별 검색 확인		제목, 내용, 제목+내용, 작성자 등 조건별로 공지사항 게시글 검색작동함	Pass	
		6	공지사항 조회	공지사항 게시글 확인		관리자가 등록한 공지사항 게시글을 조회할 수 있음	Pass	
QR_ REQ_ UIS_006	2 회원 및 비회원	[메뉴 위치: 커뮤니티 >> 공지사항]						
		1	공지사항 조회	공지사항 게시글 확인		관리자가 등록한 공지사항 게시글을 조회할 수 있음	fail	
		2	첨부파일 다운로드	첨부파일 다운로드		관리자가 첨부한 파일을 다운로드 할 수 있음	fail	
		3	게시글 조건검색	조건별 검색 확인		제목, 내용, 제목+내용, 작성자 등 조건별로 공지사항 게시글 검색 작동함	fail	

③ 통합시험 계획 검토

PMO는 점검한 내용을 바탕으로 검토보고서를 작성한다. 검토된 내용이 기준에 부합하지 않거나 아래 사항 등의 경우 검토하여 의견을 제시한다.

- **통합시험계획서:**
  - 통합시험에 필요한 계획이 범위, 절차, 조직 일정 등을 포함한 제반 사항이 사업 특성을 반영하여 충분한 수준으로 작성되었는지 검토
  - 총괄시험계획서 등에서 정의한 테스트 진입 조건, 테스트 종료 조건, 결함 유형, 결함 조치 계획 등이 테스트를 수행하는 시점의 사업 현황 반영 여부 검토
- **통합시험설계서:**
  - 프로젝트 요구사항을 검토하여 요구사항 반영 커버리지 수준 검토
  - 테스트 시나리오가 프로세스흐름도 등 메가 프로세스의 적절한 반영 여부 검토
  - 테스트 시나리오가 발주기관의 사용자(비즈니스 및 IT)와 상호 협의하여 준비 여부 검토
  - 테스트 시나리오의 세부 사항으로 다양한 조건(정상과 예외 사항 등을 반영한 비정상 조건)의 반영 여부 검토
  - 테스트 차수별 달성하고자 하는 검증방안을 구분하여 제시 여부
  - 테스트 수행에 필요한 테스트용 데이터 준비 사항과 실운영데이터 반영 방안 검토

④ 통합시험 계획 조정작업

PMO는 발주기관 및 수행사에 PMO 검토보고서 작성 내용을 설명하고, 잘못된 검토 내용이 있는지 확인한다. 검토된 내용이 기준에 부합하지 않거나 발주기관의 수정 요청이 있는 경우 내용을 조정한다.

3.2 데이터베이스

3.2.1 데이터베이스 구현 결과 검토 및 조정

데이터베이스 구현 결과 검토 및 조정은 설계에 따라 데이터베이스에 테이블과 테이블 간 업무 관계가 적합하게 구현되었는가와 성능을 고려하여 데이터베이스가 구현되었는가를 검토하는 것이다. 데이터베이스 설계에 따라 데이터베이스 객체의 생성이 설계에 따라 적합한지와 데이터베이스 매개 변수(Parameter) 및 인덱스 등이 구체화 되었는지 검토하는 데 목적이 있다.

먼저 업무 관계 구현 시 테이블, 뷰, 인덱스, 키 설계, 트리거의 물리적인 생성이 설계에 따라 적합하게 구현되지 않을 경우, 데이터 무결성을 보장할 수 없고 설계 산출물과 일관성 결여로 향후 유지보수에 차질이 발생할 가능성이 있다. 따라서 PMO는 데이터베이스에

대한 물리적인 생성이 설계에 따라 적합한지 검토한다. 또한 성능의 경우 데이터베이스 매개 변수, 인덱스, 메모리 등은 응용시스템의 처리 성능에 직접 영향을 주는 요소들이 된다. PMO는 데이터베이스 매개 변수, 인덱스, 메모리 등 응용시스템과 관련된 요소들이 성능을 향상할 수 있는 방향으로 설정되었는지 확인한다.

1) 기준

현행 데이터베이스 구현 결과 검토 및 조정의 기준은 '테이블, 인덱스, 뷰, 트리거 목록/정의서', '데이터베이스정의서', '생성된 DB관련 파일(시스템 파일 등)'이다. 물리적인 생성이 설계에 따라 적합하게 구현되지 않을 경우, 운영데이터 및 응용시스템의 무결성도 보장할 수 없게 되며, 물리적인 생성을 어떻게 하느냐에 따라 응용시스템의 처리 성능에도 직접적으로 영향을 준다. 이런 문제를 예방하기 위해 설계에 따라 데이터베이스에 테이블과 테이블 간 업무 관계가 적합하게 구현되었는지, 성능을 고려하여 데이터베이스가 구현되었는지 검토한다.

2) 측정지표(* 점검항목: 체크리스트)

PMO는 데이터베이스 구현 결과 검토 및 조정을 위한 측정지표로 테이블과 테이블 간 업무 관계 정의, 환경 매개 변수 또는 인덱스 설정 등을 점검항목으로 활용한다. 점검항목은 <표 198>과 같이 점검항목별 점검결과(적합(O), 수정/보완(△), 누락(X), 제외(N/A))를 지표로 하여 점검한다.

<표 198> 데이터베이스 구현 결과 검토 및 조정에 대한 측정지표

번호	점검항목	점검결과(O,△,X,N/A)				PMO 검토 의견
1	• 설계에 따라 데이터베이스에 테이블과 테이블 간 업무 관계가 적합하게 구현되었는가? 1) 테이블, 뷰, 인덱스, 키 설계, 트리거 등이 설계 산출물에 따라 적합하게 구현되었는지 확인 - 테이블 목록 또는 테이블정의서에 기술된 테이블이 모두 물리적으로 생성되었는지 확인 - 물리적으로 생성된 테이블의 주요키, 외래키, 컬럼, 제약조건, 테이블 생성 매개 변수값이 설계와 일치하는지 확인 - 뷰정의서에 기술된 뷰가 모두 물리적으로 생성되고 물리적으로 생성된 뷰의 생성조건이 설계와 일치하는지 확인 - 인덱스정의서에 기술된 인덱스가 모두 물리적으로 생성되고 물리적으로 생성된 인덱스의 구성 컬럼과 구성 순서가 설계와 일치하는지 확인 - 트리거정의서에 기술된 트리거가 모두 물리적으로 생성되고 물리적으로 생성된 트리거 생성 조건이 설계와 일치하는지 확인					

번호	점검항목	점검결과(○,△,X,N/A)			PMO 검토 의견
2	• 데이터베이스 성능 향상을 위하여 관련 환경 매개 변수 설정이 설계에 따라 물리적으로 생성되었는가? 　1) 데이터베이스 성능 향상을 위하여 DBMS 메모리 크기가 설계에 따라 물리적으로 생성되었는지 여부 　　- 데이터베이스 파라미터를 포함하고 있는 데이터베이스 메모리 설정내역서와 실제 할당되어있는 사항을 비교하여 확인 　2) 시스템에서 제공하는 실시간적인 통계정보 여부 　　- 시스템 디스크의 I/O 부하량을 조절하기 위한 임시 테이블 스페이스가 사용자 그룹별로 지정되어 있는지 확인 　　- 디스크 I/O를 현저하게 줄여주고 효율을 향상시키는 버퍼 캐쉬(Buffer Cache) 매개 변수를 확인 　　- 데이터베이스에 쓰는(Writer) 작업을 하는 백그라운드 프로세스(Background Process) 매개 변수값이 효율적인지 확인 　　- 많은 양의 Update가 수행되는 시스템의 경우 리두 로그 버퍼(Redo Log Buffer)와 관련된 매개 변수가 적정한지 확인 　　- 롤백 세그먼트(Rollback Segment)는 처리시 롤백 세그먼트가 생성되는 작업과 데이터 블록이 변경되는 양에 좌우되므로 일관성을 갖는지 확인				
3	• 처리 성능을 고려하여 테이블에 대한 인덱스 설정이 설계에 따라 물리적으로 생성되었는가? 　1) 설계된 인덱스가 물리적으로 정확하게 생성되었는지 여부 　　- 물리적으로 생성되어야 할 인덱스의 개수가 설계내역을 바탕으로 올바르게 모두 생성되었는지 여부 　　- 인덱스의 세부 항목 매개 변수가 설계 시에 도출되었던 내용에 따라 정확하게 생성되었는지 여부 　　- 인덱스가 2개 이상의 컬럼으로 정의된 경우 설계된 대로 인덱스가 물리적으로 생성되었는지 여부				

3) 절차

PMO는 수행사가 제출한 산출물을 기준으로 테이블, 인덱스, 뷰, 트리거 목록/정의서 협의 및 확정, 데이터베이스 정의서 협의 및 확정, 데이터베이스 구현 결과 검토, 데이터베이스 구현 결과 조정작업 등 <그림 214>와 같이 데이터베이스 구현 결과 검토 및 조정절차에 따라 검토하고 조정작업을 한다.

<그림 214> 데이터베이스 구현 결과 검토 및 조정절차

Input	절차	Output
테이블, 인덱스, 뷰, 트리거 목록/정의서 데이터베이스 정의서 생성된 DB관련 파일(시스템 파일 등)	① 테이블, 인덱스, 뷰, 트리거 목록/정의서 협의 및 확정 ② 데이터베이스정의서 협의 및 확정 ③ 데이터베이스 구현 결과 검토 ④ 데이터베이스 구현 결과 조정작업	PMO 검토보고서 (조정) 테이블, 인덱스, 뷰, 트리거 목록/정의서 (조정) 데이터베이스정의서 (조정) 생성된 DB관련 파일(시스템 파일 등)

① 테이블, 인덱스, 뷰, 트리거 목록/정의서 협의 및 확정

PMO는 수행사가 제출한 테이블, 인덱스, 뷰, 트리거 목록/정의서 등을 검토하여 테이

블 설계에 따라 데이터베이스 테이블이 적정하게 구현되고 구현된 데이터베이스 구조 및 테이블의 상호 일관성이 있는지를 시스템 카탈로그(Catalog)를 조회하여 검토 및 조정한다.

데이터베이스 설계에 따라 데이터베이스 객체가 물리적으로 적합하게 생성되지 않을 경우, 운영데이터의 무결성뿐만 아니라 응용시스템의 무결성도 보장할 수 없게 되고, 설계 산출물과의 일관성 결여로 향후 유지보수에 차질이 생길 가능성이 존재한다. 따라서 데이터베이스 객체의 물리적인 생성이 설계에 따라 적합한지 검토하는 것이 필요하다. 데이터베이스 테이블 구현 현황을 점검하기 위한 관련 산출물은 다음과 같다.

- 데이터베이스 물리설계서
- 테이블 스페이스정의서
- 테이블 목록
- 테이블정의서
- 구축된 데이터베이스
- 뷰정의서
- 인덱스정의서
- 트리거정의서
- 저장 프로시져(Stored Procedure)정의서

테이블 설계에 따른 구현 점검 내용은 아래와 같다.
- 데이터베이스 목록과 테이블 스페이스정의서에 기술된 데이터베이스와 테이블 스페이스가 모두 물리적으로 생성되었는지 여부
- 대용량 테이블의 경우, 파티션을 적용하는 것이 올바르게 적용되었는지 여부
- 구현된 데이터베이스 및 테이블 스페이스의 오브젝트가 설계내역과 다른 경우에는 시스템 용량 산정 및 서버의 할당 내역 등을 고려하여 변경 작업이 올바르게 진행되는지 절차 및 결과 내역 확인 여부
- 테이블정의서와 뷰정의서에 기술된 테이블과 뷰가 모두 물리적으로 생성되었는지 시스템 카탈로그(Catalog)를 조회, 확인 여부
- 테이블 및 뷰의 컬럼과 도메인 속성이 설계서의 내역과 일치 여부
- 테이블에서 정의된 기본 키나 외래키 등이 올바르게 정의되었는지 여부

- 테이블정의서나 뷰정의서의 내용을 고려하여 변경 작업이 올바르게 진행되는지 절차 및 결과 확인 여부
- 인덱스정의서에서 기술된 인덱스가 모두 물리적으로 생성되었는지 여부
- 인덱스의 실효성 및 사용성 여부
- 대용량 테이블의 인덱스인 경우, 구성된 파티션 키는 구성 컬럼이 정확하게 구성되었는지 여부
- 2개 이상의 컬럼으로 구성이 되는 복합 키(composite key)의 경우, 전체 테이블의 컬러 A 항목과 키의 구성 항목 비율 확인 여부
- 트리거 및 저장 프로시져설계서에서 기술된 트리거 및 저장 프로시져가 모두 물리적으로 생성되었는지 여부(시스템 카탈로그를 조회하여 확인)
- 설계서의 내용대로 실제 구동 여부(관련 기능 프로그램 실행)

<사례 227> 테이블 구현 점검 사례

구현 테이블 ID	구현 컬럼 ID	설계 데이터 타입	구현 데이터 타입	구현 테이블 ID	구현 컬럼 ID	설계 데이터타입및길이	구현 데이터타입및길이
bb_bbs_bbc_atfl	bbc_no	NUMBER()	STRING(100)	pen_obj_m	obj_type_id	VARCHAR()	STRING(100)
bb_bbs_bbc_atfl	bbc_atfl_sn	NUMBER()	STRING(100)	pen_obj_m	obj_id	VARCHAR(200)	STRING(300)
bb_bbs_bbc_atfl	bbc_atfl_size	NUMBER()	STRING(10000000)	pen_obj_m	del_yn	CHAR(200)	CHAR(1)
bb_bbs_bbc_atfl	bbc_atfl_down_num	NUMBER()	STRING(10000000)	t_eplog_item	flgcd	VARCHAR(36)	STRING(32)
bb_bbs_bbc_cmt	bbc_no	NUMBER()		t_eplog_item	flgcd_rstvl	VARCHAR(50)	STRING(255)
bb_bbs_bbc_cmt	bbc_cmt_sn	NUMBER()				VARCHAR(20)	STRING(255)
bb_bbs_bbc_ctot	bbc_no	NUMBER()				RCHAR()	STRING(2000)
bb_bbs_bbc_ctnt	bbc_ctnt	CLOB()				RCHAR()	STRING(20)
						AR()	STRING(20)
bb_bbs_bbc_ns	bbc_grp_no	NUMBER()	STRING(100000)	t_pnck_survey_paper	author_id	VARCHAR(8)	STRING(20)

1. 데이터 모델 또는 설계 산출물과 구현된 스키마 간 비교 (현행화)
2. 상이한 경우 원인 분석 중요
=> 데이터베이스 관리 조직과 절차 미 준수 가능성 있음

② 데이터베이스정의서 협의 및 확정

PMO는 수행사가 구현한 데이터베이스를 검토하여 데이터베이스 성능 향상을 위하여 할당된 메모리 크기가 시스템의 안정성 및 응용시스템의 확장성 설정 여부를 시스템 카탈로그를 조회하여 검토 및 조정한다.

구현될 응용시스템은 데이터베이스 성능 고려 요소인 환경 매개 변수의 적절한 물리적인 생성과 직접적으로 연관되기 때문에 설계에 반영된 사항들이 안정적으로 실행 가능한 수준으로 설정되었는지를 검토한다. 테이블의 크기, 데이터 액세스의 유형/빈도, 처리 범위의 크기와 데이터 분포 등을 고려하여 물리적인 생성이 이루어지고 이에 따른 데이터베

이스 메모리와 세션이 시스템의 성능을 향상하도록 설정되었는지 검토한다.

데이터베이스 파라미터 점검 내용은 아래와 같다.

• 오라클 데이터베이스의 경우 실시간 시스템 통계정보 UTLBSTAT.sql과 UTLESTAT. sql을 실행하여 스냅샷(SN/Apshot)을 생성한 후 확인

• 버퍼 캐쉬(Buffer Cache)는 테이블, 인덱스, 롤백 세그먼트, 클러스터들의 데이터베이스 블록에 대한 복사본을 저장하는 영역으로 DB_BLOCK_BUFFERS 파라미터를 점검

• DBWR(Database Writer) 프로세스는 DB_WRITERS와 DB_BLOCK_WRITE_BATCH 파라미터 값이 효율적인지 점검

• 리두 로그 버퍼(Redo Log Buffer)는 래치 경합 즉, SGA 정보를 엑세스하기 위한 일종의 Lock과 같은 것이 발생할 수 있기에 Redo Allocation, Redo Copy의 파라미터를 점검한다.

<사례 228> DBMS 관련 시스템 파라미터 점검 사례

데이터베이스 성능점검 내용은 아래와 같다.

• 데이터베이스 성능 향상을 위하여 각종 데이터베이스 설정이 설계에 따라 구현되었는지 점검

• 비정규화한 테이블에 대한 성능이 시스템에 영향이 없는지 점검

• 구현된 SQL 문장이 처리 성능을 고려하여 최적화가 되었는지 점검

• 사업자의 SQL 튜닝 실적 효과성 확인

<사례 229> 데이터베이스 성능점검 사례 1

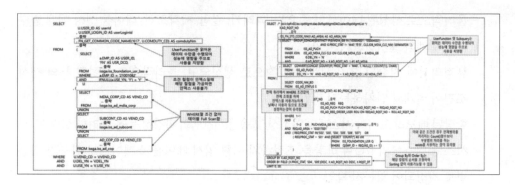

<사례 230> 데이터베이스 성능점검 사례 2

프로그램명	튜닝여부	튜닝원인	튜닝전속도	튜닝조치	튜닝후속도
배차2시간전 마일승상태 확인	Y	WHERE조건에서 AFCT_DT(예약상행일자)에서 풀스캔이 발생	Elapsed: 00:00:00.06 Elapsed: 00:00:00.13	CREATE INDEX KACWEB2.CMS_AIRPORT_LOUNGE_IDX01 ON KACWEB2.CMS_AIRPORT_LOUNGE (AFCT_DT) ...	Elapsed: 00:00:00.06 Elapsed: 00:00:00.09
시티투어 상세목록조회	Y	WHERE조건에서 ARE_SEQ(지역번호)에서 풀스캔이 발생	Elapsed: 00:00:00.09 Elapsed: 00:00:00.18	CREATE INDEX KACWEB2.CMS_CITYTOUR_INFO_IDX01 ON KACWEB2.CMS_CITYTOUR ...	Elapsed: 00:00:00.07 Elapsed: 00:00:00.16
시티투어 목록조회	Y	WHERE조건에서 ARE_SEQ(지역번호)에서 풀스캔이 발생	Elapsed: 00:00:00.12 Elapsed: 00:00:00.21	CREATE INDEX KACWEB2.CMS_CITYTOUR_INFO_IDX01 ON KACWEB2.CMS_CITYTOUR_INFO ...	Elapsed: 00:00:00.04 Elapsed: 00:00:00.10

③ 데이터베이스 구현 결과 검토

PMO는 발주기관과 협의 및 확정한 내용을 바탕으로 데이터베이스 구현 결과를 검토 후 검토보고서를 작성한다. 데이터베이스 테이블 구현을 적정하게 수행하였는지 데이터 베이스 성능을 충분히 고려하여 구현 여부를 검토하고, 검토된 내용이 기준에 부합하지 않 거나 아래 사항 등의 경우 검토하여 의견을 제시한다.

- **누락 여부 검토:**
  - 테이블 목록 또는 테이블정의서에 기술된 테이블이 모두 물리적으로 생성되었는지 여부
  - 인덱스가 설계내용을 바탕으로 올바르게 모두 생성되었는지 여부
  - 인덱스의 세부 항목 매개 변수가 설계 시에 도출된 내용에 따라 생성되었는지 여부

- **일치 여부 검토:**
  - 물리적으로 생성된 테이블의 주요키, 외래키, 컬럼, 제약조건, 테이블 생성 매개 변수 값이 설계와 일치하는지 확인
  - 뷰정의서에 기술된 뷰가 모두 물리적으로 생성되고, 물리적으로 생성된 뷰의 생성 조건이 설계와 일치하는지 확인
  - 할당된 메모리 크기가 시스템의 안정성 및 응용시스템의 확장성 등을 고려한 설정 여부
  - 시스템 디스크의 I/O 부하량을 조절하기 위한 임시 테이블 스페이스가 사용자 그룹 별로 지정되어 있는지 확인
- **추가 사항 검토:**
  - 논리모델과 물리모델 간의 일관성, 충족성 여부
  - SQL 문장에 대한 최적화 여부

④ 데이터베이스 구현 결과 조정작업

PMO는 발주기관 및 수행사에 PMO 검토보고서 작성 내용을 설명하고, 잘못된 검토 내용이 있는지 확인한다. 검토된 내용이 기준에 부합하지 않거나 발주기관의 수정 요청이 있는 경우 내용을 조정한다.

3.3 아키텍처

3.3.1 시스템 도입·설치 결과 검토 및 조정

시스템 도입·설치 결과 검토는 시스템 도입계획 및 설계에 따라 도입·설치되었는지를 검토하는 것이다. '3.3.1 시스템 도입·설치 결과 검토 및 조정'은 설계단계 검토사항인 '2.3.2 시스템 설치/검증계획 검토 및 조정'에서 수립된 시스템 도입 및 설치계획을 기반으로 각종 장비 및 패키지들을 설계내용에 근거해 도입하고, 정합성이 검증되고 설치되었는지 검토하는 데 목적이 있다.

시스템의 안정성은 각종 장비별 운영체제, 패키지 등의 특성을 확인하고, 최적의 시스템으로 가동될 수 있도록 정합성을 검증하여 도입되어야 한다. 만약 그렇게 되지 않으면, 시스템 구현 및 통합된 시스템에 오류가 발생할 수 있다. 따라서 PMO는 계획서와 설계서를 기반으로 시스템의 특성을 확인하며, 정합성을 검증한 도입과 도입된 시스템이 설계서에 맞게 설치되었는지 확인한다.

1) 기준

시스템 도입·설치 결과 검토 및 조정의 기준은 '시스템설치결과서'이다. 각종 장비 및 패키지를 설계에 근거하여 도입하고, 정합성을 검증하고 설치되는지이다. 설계서에 따라 설치하지 않을 경우, 발생할 수 있는 시스템 구현 및 통합시험 시 오류를 예방하기 위하여 시스템설치결과서가 적정하게 작성되었는지 검토하고 시스템 도입·설치되었는지 확인한다.

2) 측정지표(*점검항목: 체크리스트)

PMO는 시스템 도입·설치 결과 검토 및 조정을 위한 측정지표로 도입 하드웨어 및 소프트웨어의 적합성, 설치 및 검증의 적정성, 보안 솔루션의 보안 요구사항 충족 여부에 대한 검증 활동의 적정성 등을 점검항목으로 활용한다. 점검항목은 <표 199>와 같이 점검항목별 점검결과(적합(O), 수정/보완(△), 누락(X), 제외(N/A))를 지표로 하여 점검한다.

<표 199> 시스템 도입·설치 결과 검토 및 조정에 대한 측정지표

번호	점검항목	점검결과(O,△,X,N/A)				PMO 검토 의견

1	• 도입된 하드웨어 및 소프트웨어가 도입계획서/아키텍처설계서 등과 대비하여 적정한가?
	 1) 도입한 하드웨어 및 소프트웨어의 최신 버전, 단종 예정, 보안 인증 여부 등 검토 여부
	 2) 설치된 하드웨어 및 소프트웨어의 사양이 계획된 시스템 요구사양과 일치 여부
	  - 요구사항추적표를 통하여 시스템 요구사양 추적성 확인
	  - 요구사항정의서 및 시스템아키텍처설계서, 도입계획서 등과 설치된 하드웨어, 소프트웨어 사양 상호 일치성 확인
	  - 도입 하드웨어 및 소프트웨어의 납품내역서, 제조사 기술지원확약서 등의 제품 수량, 보증 기간, 라이선스 내용이 도입 계획과 상호 일치성 확인					

2	• 하드웨어 및 소프트웨어의 설치가 설치계획에 따라 이루어졌으며, 적정하게 검증이 수행되었는가?
	 1) 시스템 및 소프트웨어의 설치가 설치계획에 따라 적절히 이루어졌는지 확인
	  - 설치계획에 따라 수행되었는지 검토
	  - 아키텍처설계서의 시스템구성도와 설치된 시스템 및 소프트웨어 구성이 상호 일치되는지 검토
	 2) 설치 시스템 및 소프트웨어의 상호운용성과 정합성에 대한 검증 수행 확인
	 3) 시스템 가용성 요구 수준에 따라 적절히 시스템이 구성되고, 가용성 요구 수준을 만족하는지 검증되고 결과가 적정한지를 확인
	  - 시스템 가용성 요구(24×365 등) 수준에 맞게 시스템 구성(이중화 구성)이 이루어졌는지 검토
	  - 시스템 가용성 요구 수준에 대한 만족 여부를 시험하였는지를 확인
	  - 이중화 시스템의 실제 장애 상황(시스템 다운)을 재현하여 절차가 제대로 기능하는지 확인하고, 시스템 복구가 계획된 절차와 방법에 따라 적절하게 수행되는지 확인					

번호	점검항목	점검결과(○,△,X,N/A)				PMO 검토 의견
3	• 도입된 보안 솔루션의 보안 요구사항(보안 수준, 기능 등) 충족 여부에 대한 검증 활동이 적정하게 수행되었는가? 1) 보안 솔루션의 보안 요구 만족 여부에 대한 검증 활동의 적절성 - 보안 솔루션의 보안 수준 만족 여부를 검증하기 위한 적절한 시험계획 수립 여부 - 보안 솔루션의 시험시나리오 또는 점검리스트는 보안 요구에 대한 요건을 누락 없이 작성되었는지 여부 - 보안 솔루션에 대한 보안성 시험 여부와 시험 결과에 대한 기록이 관리되고 있는지 확인 - 필요한 경우 보안점검 자동화 툴을 이용하여 보안 요구에 대한 만족 여부 실증 작업 수행 2) 보안 솔루션에 대한 보안 요구의 만족 여부에 대한 검증 결과에 따라 적절한 조치가 수행되었는지 확인 - 보안 솔루션이 보안 요구사항에 대한 반영이 미흡할 경우 추가적인 커스터마이징에 대한 검토 및 계획수립 여부 - 보안 솔루션에 대한 커스터마이징은 보안 요구를 충족할 때까지 충분한 재시험과 보완 수행 여부					
4	• 보안 솔루션의 설치와 보안설계서와의 일관성에 대한 검토가 수행되었고, 그 결과가 적정한가? 1) 보안 솔루션의 설치가 보안설계서 내용과 일관성이 있는지 확인 - 보안 솔루션의 설치 결과가 보안설계서에서 제시한 보안 구성, 보안 서비스 및 보안 수준에 대한 상호 일관성이 있는지 검토 - 보안 솔루션의 설치 결과와 보안요구사항 및 분석/설계서 등을 상호 점검(cross check)을 통해 상호 추적성, 보안 요구 반영 충분성 및 일관성 확인 2) 보안 솔루션의 설치 점검 결과의 적절성과 제공하는 보안 서비스와 수준의 만족 여부 확인 - 보안 솔루션의 설치 및 검증 시험에 대한 고객의 시험과 승인이 완료되었는지 검토 - 필요한 경우, 보안 수준에 대하여 보안점검 툴을 적용하여, 보안 솔루션의 보안 서비스에 대한 보안 수준의 충족 여부 검증					

3) 절차

PMO는 수행사가 제출한 시스템설치결과서를 기준으로 시스템설치결과서 협의 및 확정, 시스템 도입·설치 결과 검토, 시스템설치결과서 조정작업 등 <그림 215>와 같이 시스템 도입·설치 결과 검토 및 조정절차에 따라 검토하고 조정작업을 한다.

<그림 215> 시스템 도입·설치 결과 검토 및 조정절차

Input	절차	Output
시스템설치계획서 시스템설치결과서 시스템검사확인서 성능시험계획서/결과서 보안시험계획서/결과서 시스템시험계획서	① 시스템설치결과서 협의 및 확정 ② 시스템 도입·설치 결과 검토 ③ 시스템설치결과서 조정작업	PMO 검토보고서(*) (조정) 시스템설치결과서

① 시스템설치결과서 검토 협의 및 확정

시스템 도입·설치 및 구축 검토는 시스템 도입·설치 계획을 기반으로 각종 장비 및 패키지와 관련 소프트웨어들이 설계에 근거하여 도입하고, 정합성이 검증되고 설치되었는지를 검토한다.

<사례 231> 도입 장비 검사기준서 사례

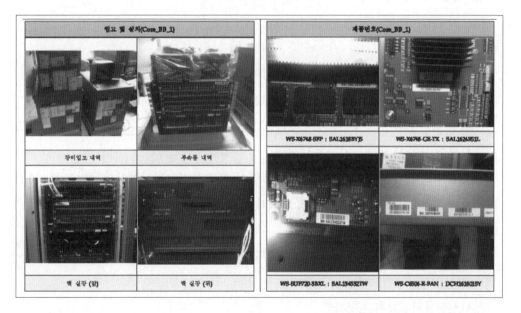

<사례 232> 시스템설치결과서 사례

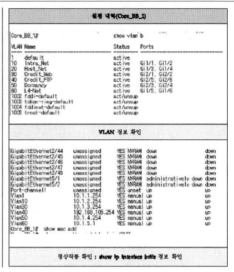

② 시스템 도입·설치 결과 검토

PMO는 발주기관과 협의 및 확정한 내용을 바탕으로 시스템 도입·설치 결과를 검토 후 검토보고서를 작성한다. 검토된 내용이 기준에 부합하지 않거나 아래 사항 등의 경우 검토하여 의견을 제시한다.

- **누락 여부 검토:**
  - 시스템설치결과서의 중요한 사항 누락 여부
- **설치 사양의 일치 여부 확인:**
  - 요구사항정의서 및 시스템아키텍처설계서, 설치계획서 등과 설치된 하드웨어, 소프트웨어 사양이 상호 일치하는지 확인
  - 도입 하드웨어 및 소프트웨어의 납품내역서, 제조사기술지원확약서 등의 제품 수량, 보증 기간, 라이선스 내용이 도입 계획과 상호 일치하는지 확인
- **추적성 확보 검토:**
  - 요구사항추적표를 기준으로 시스템 요구사항 추적 관리가 가능 여부

③ 시스템설치결과서 조정작업

PMO는 발주기관 및 수행사에 PMO 검토보고서 작성 내용을 설명하고, 잘못된 검토 내

용이 있는지 확인한다. 검토된 내용이 기준에 부합하지 않거나 발주기관의 수정 요청이 있는 경우 내용을 조정한다.

3.3.2 시스템 구성요소 검증결과 검토 및 조정

시스템 구성요소 검증결과 검토는 시스템의 구성요소에 대한 검증이 이루어졌는가를 검토하는 것이다. '3.3.2 시스템 구성요소 검증결과 검토 및 조정'은 설계단계 검토사항인 '2.3.2 시스템 설치/검증 계획 검토 및 조정'에 따라 설치된 시스템 간의 기능적, 비기능적 호환성을 검증하고, 도입 계획된 사양에 근거하여 각종 장비 및 소프트웨어가 도입되었는지 검토하는 데 목적이 있다.

도입된 시스템이 실제 계획된 사양에 대비하여 적합하게 도입되어야 한다. 만약 시스템의 각 구성요소 간의 호환성이 검증되지 않은 경우, 시스템 구축뿐만 아니라 안정적인 운영을 저해할 수 있다. 따라서 PMO는 도입되는 시스템의 성능, 보안성 등에 대한 사양의 일치성과 시스템 구성요소 간의 호환성을 확인한다.

1) 기준

시스템 구성요소 검증결과 검토 및 조정의 기준은 '시스템검증결과서'이다. 실제 도입된 시스템이 계획된 사양에 적합하지 않거나, 시스템 구성요소 간 호환성이 검증되지 않을 경우, 시스템 구축 및 운영 시 안정성 문제가 발생할 수 있다. 이를 예방하기 위하여 시스템검증결과서가 적정하게 작성되었는지 검토한다. 또한 시스템의 구성요소에 대한 검증이 이루어졌는지 검토한다.

2) 측정지표(*점검항목: 체크리스트)

PMO는 시스템 구성요소 검증결과 검토 및 조정을 위한 측정지표로 도입된 시스템 구성요소와 계획된 사양과의 일치성, 시스템 검증계획에 따른 시스템 구성요소들에 대한 기능적 요구사항 및 비기능적 요구사항의 충족성, 하드웨어/네트워크 장비 호환성, 성능·안정성·가용성·보안성·정합성에 대한 검증 여부 등을 점검항목으로 활용한다. 점검항목은 <표 200>과 같이 점검항목별 점검결과(적합(O), 수정/보완(△), 누락(X), 제외(N/A))를 지표로 하여 점검한다.

<표 200> 시스템 구성요소 검증결과 검토 및 조정에 대한 측정지표

번호	점검항목	점검결과(○,△,X,N/A)			PMO 검토 의견
1	• 시스템 구성요소들이 계획된 사양에 대비하여 적절히 도입되었는가? 차이가 발생했다면, 그에 따른 영향이 시스템의 기능 및 비기능적 요구사항을 만족시키는 범위 내에 존재하는가? 　1) 시스템 구성요소들이 계획된 사양에 대비하여 적절히 도입되었는지 확인하고, 차이가 발생했을 경우 그에 따른 영향이 시스템의 기능 및 비기능적 요구사항을 만족시키는 범위 내에 존재하는지 확인 　　- 도입내역서와 도입된 하드웨어의 일치 여부 　　- 도입내역서와 도입된 소프트웨어의 일치 여부 　　- 도입된 하드웨어가 일치하지 않을 경우, 기능 및 비기능적 요구사항 충족 여부 확인 　2) 도입된 시스템 구성요소들이 계획 대비 차이가 있는 경우, 공식적 변경 절차, 합의가 있었는지, 목표시스템의 기능 및 비기능적 요구사항을 만족시키는지 확인 　　- 계획/요구사항 대비 용량이나 기능이 미진한 경우 공식적 변경 절차, 합의를 거쳤는지 확인 　　- 요구사항을 만족시키지 못할 때 그에 따른 적절한 대응방안이 마련되었는지 확인				
2	• 시스템 검증계획에 따라 시스템 구성요소들에 대한 기능적 요구사항 및 비기능적 요구사항의 검증이 수행되었는가? 　1) 시스템 검증계획에 따라 시스템 구성요소들에 대한 기능적 요구사항 및 비기능적 요구사항에 대한 검증 수행 여부 확인 　　- 하드웨어, 네트워크, 시스템 소프트웨어에 대한 검증 수행 여부 확인 　2) 시스템 검증의 결과가 목표시스템의 기능 및 비기능적 요구사항의 만족 여부를 확인 　　- 목표시스템 기능 및 비기능적 요구사항 충족 여부 확인				
3	• 시스템 검증계획에 따라 도입된 시스템 소프트웨어 구성요소와 소프트웨어 아키텍처 구성요소 간의 호환성 및 하드웨어, 네트워크 장비에 대한 호환성 검증이 이루어졌는가? 　1) 시스템 검증계획에 따라 도입된 시스템 소프트웨어와 소프트웨어 아키텍처 구성요소 간의 상호운용성과 호환성에 대한 검증 수행 여부				
4	• 시스템 검증계획에 따라 시스템의 소프트웨어 아키텍처의 성능, 안정성, 가용성, 보안성에 대한 검증이 이루어졌는가? 　1) 시스템 검증계획에 따라 소프트웨어 아키텍처가 시스템의 기능적 요구사항을 만족시키는지에 대한 검증이 이루어졌는지 확인 　　- 요구사항에 정의된 모든 기능적 요구사항을 만족시키는지에 대한 검증 여부 확인 　2) 시스템 검증 계획에 따라 시스템의 소프트웨어 아키텍처에 대한 성능, 안정성, 가용성, 보안성에 대한 검증이 이루어졌는지 확인 　　- 시스템 성능, 안정성, 가용성, 보안성 등의 요구사항정의서에 정의된 모든 요구사항을 만족시키는지에 대한 검증 여부 확인				
5	• 시스템 검증계획에 따라 시스템의 소프트웨어 아키텍처의 구성요소 간의 정합성에 대한 검증이 이루어졌는가? 　1) 시스템의 소프트웨어 아키텍처의 구성요소들에 대한 정합성에 대한 검증이 이루어졌는지 확인 　　- 구성요소 간의 정합성이 유지되는지 확인 　　- 정합성이 확인되지 않는 경우, 별도의 확인 과정을 통하여 소프트웨어 아키텍처 구성요소 간의 정합성에 대한 검증 수행 여부 확인 　2) 시스템의 소프트웨어 아키텍처의 구성요소들에 대한 정합성에 대한 검증 결과가 시스템의 기능적, 비기능적 요구사항 구현에 적정한지 확인 　　- 소프트웨어 아키텍처 구성요소 간 정합성에 대한 검증결과 충족 여부 확인				

3) 절차

PMO는 수행사가 제출한 시스템검증결과서를 기준으로 시스템검증결과서 협의 및 확정, 시스템 검증결과 검토, 시스템 검증결과 조정 등을 <그림 216>과 같이 시스템 구성요소 검증결과 검토 및 조정절차에 따라 검토하고 조정작업을 한다.

<그림 216> 시스템 구성요소 검증결과 검토 및 조정절차

Input	절차	Output
시스템 요구사항정의서 시스템 용량산정결과서 HW, SW 도입계획서 HW, SW 도입내역서 소프트웨어 아키텍처설계서 시스템검증계획서 시스템검증결과서	① 시스템검증결과서 협의 및 확정 ② 시스템 검증결과 검토 ③ 시스템 검증결과 조정작업	PMO 검토보고서(*) (조정) 시스템검증결과서

① 시스템검증결과서 협의 및 확정

시스템 구성요소 검증 검토는 설치된 시스템 간의 기능적, 비기능적 호환성을 검증하고, 도입 계획된 사양에 근거하여 각종 장비 및 소프트웨어가 도입되었는지를 검토한다.

<사례 233> 시스템검증(설치시험)결과서 사례

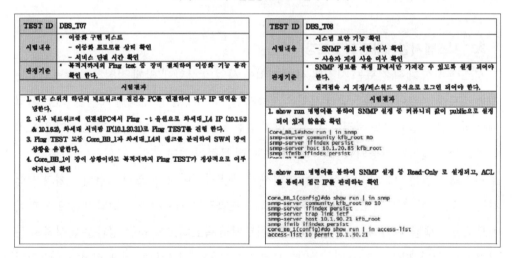

② 시스템 검증결과 검토

PMO는 발주기관과 협의 및 확정한 내용을 바탕으로 시스템 검증결과를 검토 후 검토보고서를 작성한다. 검토된 내용이 기준에 부합하지 않거나 아래 사항 등의 경우 신중하게 검토하여 의견을 제시한다.

- **누락 여부 검토:**
  - 검증결과서에 누락 된 구성요소가 있는지 여부
- **설치 사양의 일치 여부 확인:**
  - 요구사항정의서 및 시스템 아키텍처설계서, 설치계획서 등과 설치된 하드웨어, 소프트웨어 사양이 상호 일치하는지 확인
  - 사양이 일치하지 않는 장비가 도입되었을 경우, 공식적 변경 절차, 합의가 있었는지 확인하고, 도입된 장비의 요구사항 충족성 확인
- **추적성 확보 검토:**
  - 요구사항추적표를 기준으로 시스템 요구사양 추적 관리 가능 여부

③ 시스템 검증결과 조정작업

PMO는 발주기관 및 수행사에 PMO 검토보고서 작성 내용을 설명하고, 잘못된 검토 내용이 있는지 확인한다. 검토된 내용이 기준에 부합하지 않거나 발주기관의 수정 요청이 있는 경우 내용을 조정한다.

3.3.3 시스템 시험 계획 검토 및 조정

시스템 시험 계획 검토는 시스템 시험 계획이 사업의 상황에 맞게 적절하게 수립되었는지를 검토하는 것이다. 시스템의 시험은 성능시험, 부하 시험 등 다양한 시험 중 해당 사업에서 적용할 시험유형을 선정하고, 시험하기 위한 절차와 데이터에 대한 확보 방안을 포함한 계획이 적절하게 작성되어 있는지 검토하는 데 목적이 있다.

시스템 시험은 성능의 만족성 등을 확인하기 위한 작업이다. 시스템 시험의 유형과 시험하는 주체, 절차, 시나리오, 데이터의 준비 등을 포함하는 계획서가 수립되지 않으면 형식적으로만 수행될 수 있다. 결과적으로 프로젝트에서 목표하고자 하는 성과를 달성하지 못할 위험이 있다. 따라서 PMO는 시스템 시험 계획이 사업의 상황에 맞게 적절하게 수립되어 있는지 확인한다.

1) 기준

시스템 시험 계획 검토 및 조정의 기준은 '시스템시험계획서'이다. 시스템시험계획서의 적정성 검토와 이를 통한 시스템 시험 계획이 적절하게 수립되었는지를 검토한다.

2) 측정지표(*점검항목: 체크리스트)

PMO는 시스템 시험 계획 검토 및 조정을 위한 측정지표로 성능과 안정성 관련 비기능적 요구사항의 반영, 시험계획에 시험환경/시험유형별 시나리오/시험데이터/시험 항목별 승인기준 반영, 시험 방법과 유형에 따른 시험 도구 선정 등을 점검항목으로 활용하여 검토한다. 점검항목은 <표 201>과 같이 점검항목별 점검결과(적합(O), 수정/보완(△), 누락(X), 제외(N/A))를 지표로 하여 점검한다.

<표 201> 시스템 시험 계획 검토 및 조정에 대한 측정지표

번호	점검항목	점검결과(O,△,X,N/A)				PMO 검토 의견

1	• 시스템 시험의 범위와 유형은 성능과 안정성에 관련된 비기능적 요구사항을 충분히 반영하여 선정되었는가?
	 1) 시스템 및 업무 특성을 고려한 시스템 시험의 유형 선정 여부
	  - 시스템 시험유형 선정의 적정성 검토
	  - 작업부하 모델(Workload Model) 분석을 통한 사용패턴 분석과 적정 성능 목표치 도출 여부
	  - 작업부하 모델 분석 결과를 반영한 성능시험 항목 선정 여부
	  - 시스템의 보안성 시험 선정 여부
	 2) 도출된 시스템 시험의 범위는 성능, 보안성 등을 충분히 검증할 수 있는 항목으로 선정되었는지 확인
	  - 병목 현상을 유발할 수 있는 시스템 구성요소 또는 응용프로그램 선정 여부
	  - 보안에 영향을 미칠 수 있는 기능에 대한 시험은 보안정책 포함 여부					

2	• 시스템 시험 계획은 품질목표의 달성 여부를 확인할 수 있도록 시험환경, 시스템 시험유형별 시나리오, 시험데이터 및 시험 항목별 승인기준 등이 적정하게 반영되었는가?
	 1) 시스템 시험의 목적에 적합한 정량적인 품질목표 설정 여부
	  - 채번 시의 최대 사용자 수 참고 여부
	  - 시스템 성능 및 업무 특성과 고객합의 하에 최대 응답시간 설정 여부
	 2) 시스템 시험 일정 및 시험팀 구성의 적정성
	  - 충분한 일정을 확보하였는지 검토
	  - 개발팀에 영향을 받지 않고 객관적인 입장에서 시험할 수 있도록 구성되었는지를 확인
	 3) 시스템 시험 환경의 적정성
	  - 시스템 시험 환경은 실제 운용환경과 동일하거나 유사하게 구성 여부
	  - 서버, 미들웨어, 응용프로그램, 데이터베이스, 클라이언트 및 네트워크를 포함한 시험환경의 적정성 여부
	 4) 시스템 시험 절차 및 시나리오의 적정성
	  - 시스템 시험 절차 및 시험시나리오는 시스템 시험을 계획적으로 시험하여 품질목표 달성 여부를 확인할 수 있도록 작성되었는지 확인
	  - 시험시나리오에서 시험케이스에 따른 시험 항목별 승인기준 작성 여부
	  - 실제 데이터를 기반으로 하되, 보안을 위배하지 않는지 확인
	  - 작업부하 모델(Workload Model)을 근거로 실질적 시험이 가능한지 점검					

번호	점검항목	점검결과(○,△,X,N/A)	PMO 검토 의견
3	• 시스템 시험 방법과 유형에 따라 시험 도구가 적정하게 선정되었는가? 　1) 시스템의 규모 및 업무 특성에 적합한 시험 도구의 선정 여부 　　- 시험 도구의 필요성 검토 및 시스템시험계획서에 도구 기술 여부 　　- 시스템의 특성을 고려한 시험 도구의 유효성이 입증되고 선정되었는지 확인 　2) 시험 도구를 사용할 수 있는 환경 및 전문 시험인력이 있는지 확인 　　- 시험 도구가 시험에 필요한 특별한 환경을 요구하는지 확인 　　- 시험환경이 적정하게 반영되었는지 시스템시험계획서를 검토 　　- 시험 결과를 충분히 이해하고 분석할 수 있는 전문 인력이 확보되었는지 확인		

3) 절차

PMO는 수행사가 제출한 시스템시험계획서를 기준으로 시스템시험계획서 협의 및 확정, 시스템 시험 계획 검토, 시스템 시험 계획 조정 등을 <그림 217>과 같이 시스템 시험 계획 검토 및 조정절차에 따라 검토하고 조정작업을 한다.

<그림 217> 시스템 시험 계획 검토 및 조정절차

Input	절차	Output
요구사항정의서 아키텍처설계서 시스템시험계획서	① 시스템시험계획서 협의 및 확정 ② 시스템 시험 계획 검토 ③ 시스템 시험 계획 조정	PMO 검토보고서(*) (조정) 시스템시험계획서

① 시스템시험계획서 협의 및 확정

시스템 시험 계획 검토는 시스템의 시험을 통합시험, 성능시험, 부하 시험 등 다양한 시험 중 해당 사업에서 적용할 시험유형을 선정하고, 해당 시험을 시행하기 위한 환경, 절차, 시나리오, 데이터 등의 확보방안을 포함한 계획이 적절하게 작성되어 있는지를 검토한다.

<사례 234> 성능시험 계획 사례 1

구분	요구사항ID	요구사항명	측정방법	적부합 확인 방법	비고
시스템구축 요구사항	ER-001	성능일반	PER-002, PER-003, PER-004, TER-002, TER-003 성능요구사항 충족여부	충족이 되면 적합	
	ER-002	애플리 케이션 응답 시간	1. 기존 운영시스템 고입입시시즌 최빈시간대 Active 사용자 수, CPU 및 메모리 사용율 확인 2. 고입입시시즌 가상 많이 사용하는 업무(화면을 테스트 업무로 선정) 3. 새로 구축한 시스템에 성능시험 도구를 통해 식별된 Active 사용자수에 대한 부하를 건 후 테스트 입무 수행 속도 측정 4. 새로 구축한 시스템에 기존 시스템 최빈시간대 CPU, 메모리 사용을 부하를 건 후 테스트 업무 수행 속도 측정	신규구축된 테스트 업무 수행속도가 3초 이내면 적합	성능 측정 도구를 통해 Active User 부하를 걸 때 사용자가 많이 사용하는 업무 적용

구분	요구사항ID	요구사항명	측정방법	적부합 확인 방법	비고
시스템구축 요구사항	ER-003	CPU 사용률	5. 기존 운영시스템 고입입시시즌 최빈시간대 Active 사용자 수, CPU 사용률 확인 6. 새로 구축된 시스템에 기존시스템 최빈시간대에서 측정된 Active 사용자 부하를 건 후 CPU 사용률 확인 7. 기준운영시스템과 새로 구축된 시스템 CPU 사용률 비교	새로 구축된 시스템 CPU 사용률이 기존시스템 CPU 사용률보다 낮아야 적합	

<사례 235> 성능시험 계획 사례 2

1. 성능테스트 개요

- 시스템의 주요 업무를 선정하여 성능테스트 자동화 툴을 통해 테스트 스크립트를 작성한 후, 100Mbps 네트워크 환경에서 테스트를 수행함
- 성능테스트 자동화 툴을 사용하여 동시에 부하를 지속적으로 발생하여 서버와 애플리케이션 등의 이상현상이나 결함발생 여부를 검증함
- 부하 발생 시 Transaction의 응답시간과 각 서버들의 CPU 사용률을 측정하고, 적용된 제품이나 솔루션의 정상 가동 여부를 점검함

2. 성능테스트 대상 시스템

- 대상 업무: 환적화물 시스템, Port-MIS
- 대상 서버: WEB/WAS서버, DB서버

3. 적용 도구

- LoadRunner 8.1 (Vuser Generator, Controller)
- Monitoring – Log 수집 (Unix 명령어)

4. 성능테스트 시나리오

구간 점검	내용	수행 방법
WEB 구간	• Network, WEB서버의 병목현상 점검 및 처리량, 성능 측정	• Static Image로 구성되어져 있는 초기 Page를 Active User(동시 부하사용자) 50명으로 부하를 발생하여 테스트함 • 초기화면 http://xxx.xx.xx.xx:9080/BPA-NET-Web/ 을 스크립트 작성(환적화물) • 초기화면 http://:/xxx.xx.xx.xx:9080/Port-MIS/ 을 스크립트 작성(Port-MIS)
Login 구간	• 동시에 Multi User가 Login을 수행할 시 병목현상 점검과 처리 시간 측정	• 동시 부하사용자 10명으로 지속적으로 Login/Logout을 반복함 • 동시 부하사용자 20명으로 지속적으로 Login/Logout을 반복함
환적화물 복합 업무 테스트	• 환적화물 시스템에 대하여 복합 업무를 대상으로 동시에 사용자가 Request를 요청했을 때, 정상적인 서비스가 되는 지 점검 • 동시 부하사용자 25명이 피크시점을 적정 부하로 예상되며, 50명은 과부하(Stress) 테스트 임	• 시스템 전체 사용자 200명인 점을 고려하여 동시 부하사용자 12명, 25명, 50명으로 케이스를 구분하여 부하 증가에 따른 시스템의 서비스 여부와 CPU 현황을 점검 • 동시 부하사용자에 따른 응답시간 변화를 측정
Port-MIS 복합 업무 테스트	• Port-MIS 시스템에 대하여 복합 업무를 대상으로 동시에 사용자가 Request를 요청했을 때, 정상적인 서비스가 되는지 점검 • 전체 사용자 15명을 고려하면, 7명을 피크시점의 적정 부하로 예상하며, 14명은 과부하(Stress) 테스트 임	• 시스템 전체 사용자 15명인 점을 고려하여, 동시 부하사용자 7명, 14명으로 케이스를 구분하여 부하 증가에 따른 시스템의 서비스 여부와 CPU 현황을 점검 • 동시 부하사용자에 따른 응답시간 변화를 측정

② 시스템 시험 계획 검토

PMO는 발주기관과 협의 및 확정한 내용을 바탕으로 시스템 시험 계획을 검토 후 검토보고서를 작성한다. 검토된 내용이 기준에 부합하지 않거나 아래 사항 등의 경우 신중하게 검토하여 의견을 제시한다.

- **누락 여부 검토:**
  - 업무 특성과 관련된 비기능 요구사항의 시험 항목 누락 여부
  - 시스템시험계획서의 중요한 사항 누락 여부
- **시험 계획 적정성 검토:**
  - 측정 방법, 시나리오가 업무 특성에 부합하는지 여부
  - 정량적 품질목표가 객관적이고 현실성 있게 설정되었는지 여부
  - 시험환경이 실제 운영환경과 유사한지 확인

③ 시스템 시험 계획 조정작업

PMO는 발주기관 및 수행사에 PMO 검토보고서 작성 내용을 설명하고, 잘못된 검토 내용이 있는지 확인한다. 검토된 내용이 기준에 부합하지 않거나 발주기관의 수정 요청이 있는 경우 내용을 조정한다.

3.3.4 시스템 개발환경 점검 및 조치사항 지시

시스템 개발환경(준비) 점검 및 조치사항 지시는 시스템 개발에 필요한 시스템 환경이 충분하게 준비되었는지를 점검하여 필요 사항을 조치토록 지시하는 것이다. 인프라(HW, SW, 솔루션 등) 관점에서는 '2.3.2 시스템 설치/검증 계획 검토 및 조정', '3.3.1 시스템 도입·설치 결과 검토 및 조정'과 관련이 있으며, 업무개발 관점에서는 설계단계 검토사항인 '2.1.5 개발표준 검토 및 조정', 구현단계 검토사항인 '3.1.1 개발표준 준수 여부 검토 및 조정'과 밀접한 관련이 있다.

시스템 개발환경(준비)은 인프라 관점에서는 각종 장비 및 소프트웨어가 시스템 개발 일정에 지장이 없도록 계획에 따른 이행과 업무 관점에서 설치된 시스템 환경 구성의 적절성과 함께 개발자가 지켜야 할 '개발표준' 관련 환경 적응과 이해를 돕고 개발 생산성을 확보하도록 검토하는 것이다. PMO는 인프라 설치 지연으로 인한 개발 일정 지연과 개발자

의 시스템 개발 시 업무 혼선을 최소화하기 위하여 인프라 관점에서 각종 장비 및 소프트웨어가 계획된 일정에 차질 없이 설치되었는지와 개발자가 개발에 필요한 각종 표준준수에 필요한 구성과 이에 대한 가이드가 충분한 수준인지 확인한다.

1) 기준

시스템 개발환경(준비) 점검 및 조치사항 지시의 기준은 '시스템 설치', '개발 관련 환경 구성', '개발환경 관련 가이드'이다. 개발된 프로그램 소스를 대상으로 인프라 설치 지연으로 인한 개발 일정 지연과 개발자의 시스템 개발 시 업무 혼선을 최소화하기 위하여 시스템 개발에 필요한 제반(인프라, 업무 관점) 환경이 충분하게 준비되었는지 검토한다.

2) 측정지표(*점검항목: 체크리스트)

PMO는 시스템 개발환경(준비) 점검 및 조치사항 지시를 위한 측정지표로 장비 및 소프트웨어가 계획된 일정에 따라 설치 및 검증되었는지, 개발에 필요한 인프라 환경구성을 잘 이뤄지고 있는지, 설치 및 작업 가이드의 준비 등을 점검항목으로 활용한다. 점검항목은 <표 202>와 같이 점검항목별 점검결과(적합(O), 수정/보완(△), 누락(X), 제외(N/A))를 지표로 하여 점검한다.

<표 202> 시스템 개발환경(준비) 점검 및 조치사항 지시에 대한 측정지표

번호	점검항목	점검결과(○,△,X,N/A)				PMO 검토 의견

1	• (시스템 개발 관련) 각종 장비 및 소프트웨어가 계획된 일정에 따라 설치 및 검증되었는가?
	 1) 목표시스템 개발환경 구축을 위한 하드웨어, 소프트웨어가 도입계획서/아키텍처설계서/개발환경계획서 등 계획에 따라 설치되었는지 여부
	  - 장비(HW, NW 등) 설치 여부
	  - SW, 솔루션 설치 여부
	 2) 설치된 인프라 검증이 진행되었는지 여부
	  - 구성요소 검증(Spec 중심)
	  - 호환성, 적합성 검증(상호운용성 중심)
	  - 검증 여부					

2	• 시스템 개발에 필요한 인프라 환경이 구성되었는가?
	 1) 개발 관련 기본환경 구성 여부
	  - 개발 아키텍처 구성
	   · 네트워크 구성
	   · 서버 등 HW 구성(구성도, 장비별 제원)
	   · 개발환경, 테스트 환경, 운영환경 분리 구성
	  - Repository 구성
	  - 프린터 구성					

번호	점검항목	점검결과(○,△,X,N/A)			PMO 검토 의견
3	• 시스템 개발에 필요한 설치 등 작업 가이드가 준비되었는가? 　1) 개발환경 구성 방법 준비 여부 　　- 각종 설치환경 　　　·통합 개발 환경(IDE) 가이드 　　　·공통 컴포넌트 소스 사용 환경 가이드 　　　·각종 Plug-In 구성 환경 가이드 　　　·개발자용 클라이언트 DBMS 설치 및 가이드 　　　·소스 코드 등 결과물 형상관리 설치 및 가이드 　　　·프린터 설치				

3) 절차

PMO는 수행사가 제출한 '(개발 관련) 인프라 설치 및 검증', '개발환경 구성 및 설치 가이드' 등을 기반으로 (개발 관련) 인프라 설치 및 검증 준비 여부 협의 및 확정, 개발환경 구성 및 설치 가이드 준비 여부 협의 및 확정, 시스템 개발환경(준비) 여부 검토, 시스템 개발환경(준비) 조정작업 등을 <그림 218>과 같이 시스템 개발환경(준비) 점검 및 조치사항 지시 절차에 따라 검토하고 조정작업을 한다.

<그림 218> 시스템 개발환경(준비) 점검 및 조치사항 지시 절차

Input	절차	Output
시스템설치계획/결과서 시스템검증결과서 개발표준/가이드 형상관리정의서 아키텍처설계서 개발환경 구성 및 설치 가이드	① (개발 관련) 인프라 설치 및 검증 준비 여부 협의 및 확정 ② 개발환경 구성 및 설치 가이드 준비 여부 협의 및 확정 ③ 시스템 개발환경(준비) 여부 검토 ④ 시스템 개발환경(준비) 조정작업	PMO 검토보고서(*) (조정) 개발환경 구성 및 설치 가이드

① (개발 관련) 인프라 설치 및 검증 준비 여부 협의 및 확정

(개발 관련) 인프라 설치 및 검증 준비는 설계단계 시점에 검토한 '2.3.2 시스템 설치/검증 계획 검토 및 조정'과 구현단계에서 검토된 '3.3.1 시스템 도입·설치 결과 검토 및 조정'과 관련이 있으며 이 중에서 개발자 관점에서 프로그램 개발에 필요한 장비 설치와 설치된 장비에 대한 검증을 검토하는 것이다.

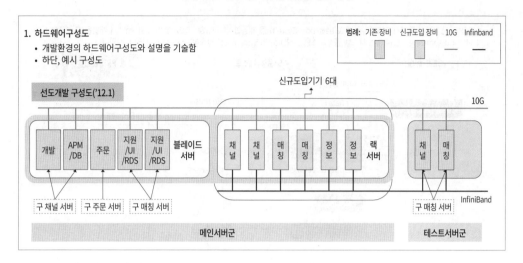

<사례 237> 개발 기기별 제원 작성 사례

[각 기기별 제원을 기술함, 예시 참조]

서버군	서버명	Model	CPU model	CPU clock	CPU 소켓	Core	memory	HDD	1/10GbE NIC	10GbE NIC	InfiniBand HCA	FC HBA	비고
블레이드		BL460cG7	X5667	3.06GHz	1P	4C	~~32GB~~ 64GB	146GB/6G/	NC553i	NC542m		QLogic QMH2462	기존 Pilot서버 (블레이드)
								SAS/15Kx2	(2port)	(2port)			
		BL460cG7	X5667	3.06GHz	~~1P~~ 2P	~~4C~~ 8C	32GB	146GB/6G/	NC553i	NC542m		QLogic QMH2462	
								SAS/15Kx2	(2port)	(2port)			
		BL460cG7	X5667	3.06GHz	1P	4C	32GB	146GB/6G/	NC553i	NC542m		QLogic QMH2462	
								SAS/15Kx2	(2port)	(2port)			
		BL460cG7	X5667	3.06GHz	2P	8C	64GB	146GB/6G/	NC553i	NC542m		QLogic QMH2462	
								SAS/15Kx2	(2port)	(2port)			
		BL460cG7	X5667	3.06GHz	2P	8C	64GB	146GB/6G/	NC553i	NC542m		QLogic QMH2462	
								SAS/15Kx2	(2port)	(2port)			
랙형 (신규도입 기기 제원)		DL380G7	X5677	3.43GHz	2P	8C	64GB	146GB/6G/	NC382i	NC542m	IB4XQDR	FC1242SR	랙형신규 서버
								SAS/15Kx2	(2x2port)	(2port)*2EA	CX-2(2port)		
		DL380G7	X5677	3.43GHz	2P	8C	64GB	146GB/6G/	NC382i	NC542m	IB4XQDR	FC1242SR	
								SAS/15Kx2	(2x2port)	(2port)*2EA	CX-2(2port)		
		DL380G7	X5677	3.43GHz	2P	8C	64GB	146GB/6G/	NC382i	NC542m	IB4XQDR	FC1242SR	
								SAS/15Kx2	(2x2port)	(2port)*2EA	CX-2(2port) *2EA		
		DL380G7	X5677	3.43GHz	2P	8C	64GB	146GB/6G/	NC382i	NC542m	IB4XQDR	FC1242SR	
								SAS/15Kx2	(2x2port)	(2port)*2EA	CX-2(2port) *2EA		
		DL380G7	X5677	3.43GHz	2P	8C	64GB	146GB/6G/	NC382i	NC542m	IB4XQDR	FC1242SR	
								SAS/15Kx2	(2x2port)	(2port)*1EA	CX-2(2port)		
		DL380G7	X5677	3.43GHz	2P	8C	64GB	146GB/6G/	NC382i	NC542m	IB4XQDR	FC1242SR	
								SAS/15Kx2	(2x2port)	(2port)*1EA	CX-2(2port)		

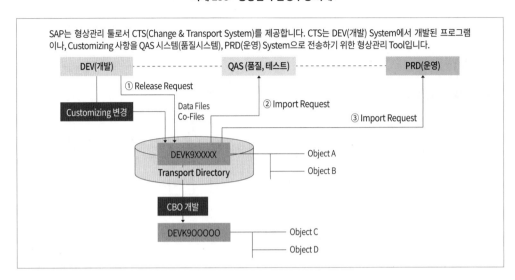

② 개발환경 구성 구축 및 설치 가이드 준비 여부 협의 및 확정

개발환경 구성 구축 및 설치 가이드 준비는 개발자가 알아야 할 개발환경 적응과 이해를 돕고 개발 생산성을 확보하기 위한 준비 상태를 검토하는 것이다. 일정 규모 이상 되는 개발 프로젝트의 경우 개발 서버, 테스트 서버(품질 서버), 운영 서버 등 3가지 레이어(Layer)로 서버 환경을 구성하게 된다.

<사례 239> 개발에 필요한 설치 정보 구성 사례

< 설치 SW 목록 >

구분	설치 도구	설치 도구 상세
모델링 도구	XXXX	XXX V8.5.1
프레임 워크	전자정부 x.x	JDK 1.6 적용
형상관리	SVN	Subversion 1.6.12
웹 서버	Websphere	Websphere V8.5 Liberty Profile
화면개발 도구	YYYYY	Y Platform V3.3

< 설치 확인사항 >

구분	설치 도구 상세
OS 확인	설치할 컴퓨터의 Windows 아키텍처 확인(32비트 혹은 64비트)
설치 파일 저장된 서버 접속	설치 파일 저장된 파일서버 접근 가능 확인(\\10.141.196.60\XYZ구축 프로젝트)
계정 생성 확인	임시개발환경 계정 생성 여부 확인(SVN / IDE Server 접속 계정 등)

< 설치 제약사항 >

설치 도구	설치 도구 상세
XXX Modeler	Windows OS의 아키텍처 종류(32비트 / 64비트)에 따라 설치 절차가 다를 수 있음(설치 가이드 내용에 상세 내용 기입되어 있음)
SVN	
Xxx 업데이트	2015.02.17 현재, 인터넷 연결된 상태에서만 설치 가능함. 추후 인터넷 연결되지 않은 상태에서 설치 가능한 방법 마련될 경우 가이드 업데이트 예정

<사례 240> 개발 기본환경 구성 사례

```
2. 기본환경
  가. 네트워크
    ○ IP : 10.22.12.2xx ~ 10.22.12.2xx
    ○ DNS : 10.1.1.5, 10.2.1.5
    ○ Subnet Mask : 255.255.255.0
    ○ Gateway : 10.22.12.1
  나. 파일서버
    ○ 파일서버 IP : 10.22.12.230
    ○ Anonymous ID : xxxx
    ○ Anonymouse PW : ?????????
  다. 프린터
    ○ 프린터 위치 : 사무실 출입구에서 바로 앞 10M
    ○ 프린터 기종 : 후지제록스 DocuCentre-III 2007
    ○ 프린터 IP : 10.22.12.231
    ○ 프린터 드라이버 위치 : WW10.22.12.230WFileSvrW999 유빌W프린터 - DocuCentre 2007
    ○ 프린터 설정 : Standard TCP/IP Port Driver를 생성하여 프린터를 설정한다.
```

<사례 241> 각종 레퍼지토리(Repository) 구성 사례

SVN 레퍼지토리

SVN 서버는 파일 서버와 동일한 서버를 사용하고, 개발자별로 ID/PW를 등록하여 사용한다.
아직 SVN ID/PW를 받지 못한분은 김준영사원에게 요청하시기바랍니다.

프레임워크 레퍼지토리

https://10.22.12.230/svn/uais-pro/FRAMEWORK/egovframeworkUAIS

소스 레퍼지토리

https://10.22.12.230/svn/uais-pro/SOURCE/trunk/UAIS

관리 산출물 레퍼지토리

https://10.22.12.230/svn/uais-pro/01. 관리산출물

공정 산출물 레퍼지토리

https://10.22.12.230/svn/uais-pro/02. 공정산출물

공통컴포넌트 참조소스 레퍼지토리

https://10.22.12.230/svn/uais-pro/COMPONENT/ems_test

③ 개발환경 구성 구축 및 설치 가이드 준비 여부 검토

PMO는 발주기관과 협의 및 확정한 내용을 바탕으로 개발환경 구성 구축 및 설치 가이드 준비 여부를 검토 후 검토보고서를 작성한다. 검토된 내용이 기준에 부합하지 않거나 아래 사항 등의 경우 신중하게 검토하여 의견을 제시한다.

• 인프라 설치/검증:
  - 인프라는 설치와 함께 각종 호환성 등의 검증 여부
• 인프라 구성 검증:
  - '개발 서버-테스트 서버-운영 서버'로 연결되는 검증 구조 확보 여부
• 레퍼지토리 검증:
  - 시스템 개발 결과물 보관에 필요한 형상관리 체계 구축 여부

④ 시스템 개발환경(준비) 여부 조정작업

PMO는 발주기관 및 수행사에 PMO 검토보고서 작성 내용을 설명하고, 잘못된 검토 내용이 있는지 확인한다. 검토된 내용이 기준에 부합하지 않거나 발주기관의 수정 요청이 있는 경우 내용을 조정한다.

3.4 보안

3.4.1 보안 구현 결과 검토 및 조정

보안 구현 결과 검토 및 조정은 시스템 관점의 도입계획 및 설계에 따라 도입·설치 여부와 응용 관점의 사용자 접근통제 및 보안 사항 구현 및 데이터에 대한 접근권한 및 통제가 설계에 맞게 구현되었는가를 검토하는 것이다.

시스템 관점에서는 시스템 도입 및 설치 계획과 설계내용에 의거, 각종 장비 및 패키지를 도입·설치하였는지 검토한다. 응용 및 데이터베이스 관점에서는 보안정책서 및 설계서를 바탕으로 사용자 접근/통제 및 보안 사항에 대한 구현 여부를 검토하는 데 목적이 있다.

PMO는 첫째, 시스템 관점에서 장비별 운영체계, 패키지 등의 특성에 따라 최적의 시스템으로 가동될 수 있도록 설치 결과의 정합성을 검증하여 시스템 차원의 오류 발생을 방지해야 한다. 둘째, 응용 관점에서 보안정책서 및 설계서에서 요구하는 수준으로 기능 구현을 통하여 전체 시스템의 보안성 확보 여부를 검토한다. 마지막으로 데이터 관점에서 데이터의 오용 방지 및 신뢰성 확보를 위한 데이터 접근 권한과 통제 설계가 이상 없이 구현되었는지를 확인한다.

1) 기준

현행 보안 구현 결과 검토 및 조정의 기준은 '개발산출물', '도입계획서', '납품내역서', '제조사 기술지원확약서', '아키텍처설계서', '하드웨어 및 소프트웨어 설치확인서', '요구사항정의서 및 요구사항추적표', '보안인증서' 등이다.

시스템 도입 및 설치 계획과 설계 내역에 의거 각종 장비 및 패키지가 도입·설치되었는지, 그리고 최적의 시스템으로 가동될 수 있도록 설치 결과의 정합성을 살피고, 보안정책서 및 설계서에서 요구하는 수준으로 기능 구현을 확인하며, 사용자 접근/통제 및 보안 사항에 대한 완전한 구현이 되도록 한다. 또한 데이터 오용 방지 및 신뢰성 확보를 위한 데이터 접근 권한과 통제 설계의 이상 없는 구현을 하기 위해 도입계획 및 설계에 따라 도입·설치 여부와 응용 관점의 사용자 접근통제 및 보안 사항 구현 및 데이터에 대한 접근권한 및 통제가 설계에 맞게 구현되었는지를 검토한다.

2) 측정지표(*점검항목: 체크리스트)

PMO는 보안 구현 결과 검토 및 조정을 위한 측정지표로 도입된 보안 솔루션의 보안 요구사항(보안 수준, 기능 등) 충족, 보안 솔루션의 설치와 보안설계서와의 일관성, 응용시스템의 접근권한, 통제 및 감사 기능, 응용시스템의 프로세스 관련 보안 관련 사용자 요구사항 구현 여부, 설계에 따라 설정된 데이터에 대한 접근권한 및 감사 기능, 암호화 대상 데이터의 요구사항 및 보안정책 대비 보안 기술 적용 등을 점검항목으로 활용한다. 점검항목은 <표 203>과 같이 점검항목별 점검결과(적합(O), 수정/보완(△), 누락(X), 제외(N/A))를 지표로 하여 점검한다.

<표 203> 보안 구현 결과 검토 및 조정에 대한 측정지표

번호	점검항목	점검결과(○,△,X,N/A)				PMO 검토 의견
1	• 도입된 보안 솔루션의 보안 요구사항(보안 수준, 기능 등) 충족 여부에 대한 검증 활동이 이루어졌는가? 　1) 보안 솔루션의 보안 요구 만족 여부에 대한 검증 활동의 적절성 여부 　　- 보안 솔루션의 보안 수준 만족 여부를 검증하기 위한 적절한 시험 계획이 수립되었는지 여부 　　- 보안 솔루션의 시험시나리오 또는 점검리스트는 보안 요구에 대한 요건을 누락 없이 충분히 시험할 수 있도록 작성되었는지 여부 　2) 보안 솔루션에 대한 보안 요구의 만족 여부 검증 결과에 따라 적절한 조치가 수행되었는지 여부 　　- 보안 솔루션이 보안 요구사항에 대한 반영이 미흡할 경우 추가적인 커스터마이징에 대한 검토와 계획이 수립되고, 보안 요구 만족 때까지 충분한 재시험과 보완 수행 여부					
2	• 보안 솔루션의 설치와 보안설계서와의 일관성에 대한 검토가 수행되었는지 확인하였는가? 　1) 보안 솔루션의 설치가 보안설계서 내용과 일관성 여부 　　- 보안 솔루션의 설치 결과가 보안설계서에서 제시한 보안 구성, 보안 서비스 및 보안 수준에 대한 상호 일관성 여부 　2) 보안 솔루션의 설치에 대한 점검결과의 적절성과 제공하는 보안 서비스와 수준의 만족 여부 　　- 필요한 경우, 보안 수준에 대하여 보안 점검도구를 적용하고, 보안 솔루션의 보안 서비스에 대한 보안 수준의 만족 여부					
3	• 응용시스템의 접근권한, 통제 및 감사 기능이 적절하게 구현되었는가? 　1) 사용자별/그룹별 분류가 명확하게 구현되었는지 여부 　　- 실행 프로그램설명서를 통하여 사용자별/그룹별 분류가 명확하게 구현 여부 　2) 사용자별/그룹별 접근할 수 있는 기능들이 분류되어 있으며, 응용시스템에 적절하게 구현되었는지 여부 　　- 사용자별/그룹별 접근할 수 있는 기능들이 분류되어 구현되었는지 실행 프로그램설명서를 통하여 검토하고, 실제 구현을 통한 실현 여부 　3) 사용자 인증 절차 설계내용의 구현 여부 　　- 사용자 인증 절차 관련하여 설계내용에 준하여 구현되었는지 실행 프로그램설명서와 직접 시현을 통한 실현 여부 　4) 응용시스템 사용자의 보안 기록 관리를 위한 설계내용이 적절하게 구현되었는지 여부 　　- 응용시스템 사용자의 보안 기록 관리를 위한 설계내용이 적절하게 구현되었는지 실행 프로그램설명서를 통하여 검토하고, 보안 기록 결과물의 산출 여부					

번호	점검항목	점검결과(○,△,X,N/A)				PMO 검토 의견
4	• 응용시스템의 프로세스 관련 보안사항과 사용자 요구사항이 적절하게 구현되었는가? 　1) 응용시스템의 입출력 데이터 신뢰성 확보를 위한 검증기능이 구현되었는지 여부 　　- 응용시스템의 입출력 데이터의 신뢰성 확보를 위한 검증기능을 실행 프로그램설명서를 통하여 작성되었는지 여부 　2) 응용시스템에서 보여주는 주요 정보에 대한 데이터 기밀성 확보를 위하여 암호화 기능이 구현되었는지 여부 　　- 중요정보에 대한 암호화 기능이 구현되었는지 실행 프로그램설명서를 통하여 검토하고, 실제 구현을 통한 실현 여부 　3) 사용자 보안 요구사항에 대한 방안이 적절하게 구현되었는지 여부 　　- 사용자 보안 요구사항정의서에 있는 모든 사항들이 구현되었는지 실행 프로그램설명서를 통하여 검토하고, 실제 구현을 통한 실현 여부					
5	• 설계에 따라 설정된 데이터에 대한 접근권한 및 감사 기능, 암호화 대상 데이터의 요구사항 및 보안정책 대비 보안 기술이 정확히 적용되었는가? 　1) 설계에 따라 설정된 데이터에 대한 사용자/그룹/업무 권한별 접근권한 및 통제 기능이 정확히 설정되었는지 여부 　2) 데이터 접근에 대한 사용자의 계정(ID)관리 및 패스워드 관리 방안이 정확히 구현되었는지 여부 　　- 데이터베이스 계정의 등록, 변경, 삭제에 대한 공식적인 절차가 준수되고 있는지 확인하고 공식적으로 보관되는지 여부 　3) 데이터의 처리 및 사용자 접근통제에 대한 보안기록 관리(Log관리)가 정확히 구현되었는지 여부 　　- 보안기록을 관리하는 로그(Log)에 설계된 관리항목이 정확히 포함되어 있고 로그 활동이 제대로 수행되는지 여부 　4) 보안이 필요로 한 데이터에 대하여 보안정책에 준한 암호화 기술이 적용되었는지 여부 　　- 암호화 대상으로 설계된 데이터 중에 고객정보와 관련된 중요데이터에 암호화 기술이 적용되었는지 여부					

3) 절차

PMO는 수행사가 제출한 산출물 기준으로 보안 기능 구현 결과 검토 및 확정, 보안장비 및 보안 솔루션 도입 결과 검토 및 확정, 보안 구현 결과 검토, 보안 구현 결과 조정작업 등을 <그림 219>와 같이 보안 구현 결과 검토 및 조정절차에 따라 검토하고 조정작업을 한다.

<그림 219> 보안 구현 결과 검토 및 조정절차

Input	절차	Output
관리산출물 개발산출물 보안설계단계의 PMO 검토보고서	① 보안 기능 구현 결과 검토 및 확정 ② 보안장비 및 보안 솔루션 도입 결과 검토 및 확정 ③ 보안 구현 결과 검토 ④ 보안 구현 결과 조정작업	PMO 검토보고서

① 보안 기능 구현 결과 검토 및 확정

이 과정에서는 응용시스템의 프로세스 관련 보안 사항과 사용자 요구사항의 구현 여부, 응용시스템의 접근권한, 통제 및 감사 기능의 구현 여부, 설계에 따라 설정된 데이터에 대한 접근권한 및 감사 기능, 암호화 대상 데이터의 요구사항 및 보안정책 대비 보안 기술 적용 여부를 개발산출물과 관리산출물, 보안 설계단계의 PMO 검토보고서를 가지고 검토 및 확정한다.

응용시스템이나 데이터의 보안 기능 구현과 관련해서는 검사기준서를 가지고 테스트 결과를 참조하여 최종 결과를 확인하여, 미흡한 사항을 발견하면 시정조치 하도록 피드백 한다.

특히, 보안 분야는 소프트웨어 보안 약점 진단(시큐어코딩)이나 개인정보 보호 분야 등 대부분 전문가가 투입되는 경우가 많으므로, 해당 분야 전문가의 도움을 받아 요구사항 이행 여부를 판정하는 것도 필요하다.

② 보안장비 및 보안 솔루션 도입 결과 검토 및 확정

대부분의 프로젝트에서 규모의 크기만 다를 뿐 일정 수준 이상의 보안장비 또는 보안 솔루션이 도입된다. 따라서, 보안장비 또는 보안 솔루션이 도입된 경우, 보안설계서와 아키텍처설계서, 자재구매계획, 구매내역서, 하드웨어 및 소프트웨어 설치확인서, 제조사 기술지원확약서, 보안인증서 등의 관리산출물을 점검하여 적정하게 도입되었는지 검토한다. 아울러, 보안장비 및 보안 솔루션별 기능이 적정하게 설정되어 있는지에 대한 점검(사례 246, 246 참조)도 수행하고, 발주기관 보안정책과도 일치하는지도 검토한다.

<사례 243> 자재구매계획서 사례

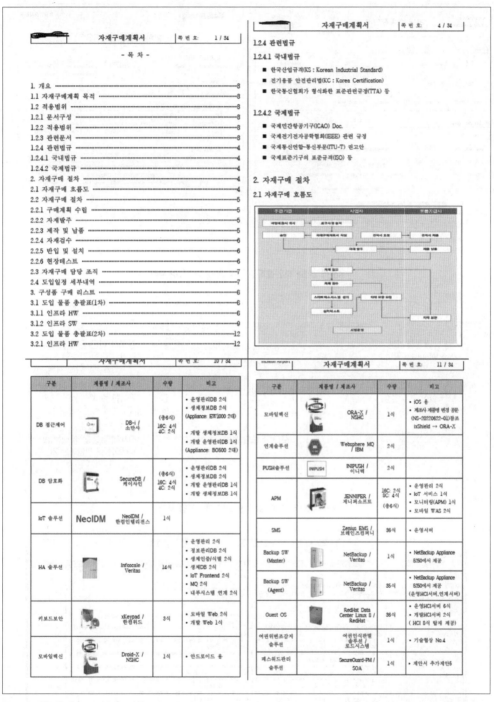

출처: A기관 00시스템 구축 사업 사례

<사례 246> 보안장비별 적용 기능 Setting 사례

L2 스위치			L4 스위치			서버보안툴		
대분류	소분류	적용여부	대분류	소분류	적용여부	대분류	소분류	적용여부
식별 및 인증	관리자 기본 (default) 비밀번호 변경 기능	○	정보 흐름 통제	인입 및 인출 트래픽 차단 기능	○	지원 접근 통제	강제적 접근 통제 정책에 근거한 수행 가능한 오퍼레이션을 제한하는 기능	○
	안전한 비밀번호 설정 기능 인증 실패 대응기능	○		비정상 정보흐름 차단 기능	△		임의적 접근 통제 정책에 근거한 수행 가능한 오퍼레이션을 제한하는 기능	○
	인증 실패 대응 기능	○		로그 내 포함 정보	×		접근 통제 정책에 주체가 객체에 수행할 수 있는 오퍼레이션을 제한하는 기능	×

<사례 247> 보안 솔루션 보안 기능점검 사례

③ 보안 구현 결과 검토

PMO는 발주기관과 협의 및 확정한 내용을 바탕으로 보안 구현 결과를 검토 후 검토보고서를 작성한다. 검토된 내용이 기준에 부합하지 않거나 아래 사항 등의 경우 신중하게 검토하여 의견을 제시한다.

- **누락 여부 검토:**
  - 제안요청서, 제안서, 사업수행계획서, 요구사항정의서 등을 기준으로 중요한 사항의 누락 여부
- **내용 충분성 검토:**
  - 구현된 보안 요구사항의 내용의 구체적 사항 확보 여부
- **검증 가능성 검토:**
  - 구현된 보안 요구사항 달성 여부를 검증이 가능한 체계 확보를 위하여 추적 관리 체계와 검증 방법의 구체성 확보 여부
- **추적성 확보 검토:**
  - 구현된 보안 요구사항의 추적관리 가능 여부

④ 보안 구현 결과 조정작업

PMO는 발주기관 및 수행사에 PMO 검토보고서 작성 내용을 설명하고, 잘못된 검토 내용이 있는지 확인한다. 검토된 내용이 기준에 부합하지 않거나 발주기관의 수정 요청이 있는 경우 내용을 조정한다.

4 시험·전개 단계

4.1 응용시스템

4.1.1 통합시험 결과 검토 및 조정

통합시험 결과 검토 및 조정 활동은 통합시험이 계획에 따라 적정하게 실시되고 내외부 시스템 간 연계, 시스템 간 기능 및 데이터 무결성 확보를 검토하는 활동이다. 통합시험의 내용과 방법이 적절하게 수행되었는지, 시스템 간 연계 기능이 정상적으로 작동하는지, 주

요 업무기능에 결함이 모두 제거되었는지 등을 검토하여 시험 결과의 정확성과 신뢰성을 검증하는 데 목적이 있다.

시스템 운영 시 기능상 결함이나 요구사항 불일치로 인해 수정개발 또는 재개발이 발생하지 않도록 시스템의 안정성과 신뢰성을 확보하는 것이 중요하다. 따라서 PMO는 시스템 간 연계 기능과 데이터 가공 처리 및 통계 기능이 정상 작동하는지를 확인하고 주요 업무에 대한 사용자 인터페이스, 업무처리 기능, 데이터 검증기능에 대해 결함이 있는지 확인한다.

1) 기준

통합시험 결과 검토 및 조정의 기준은 '통합시험결과서'이다. 계획되었던 시험 범위를 모두 시험하였는지, 시험 결과를 누락 없이 기록/관리하고 있는지, 발견된 결함이 모두 제거되었는지 등을 확인한다. 또한 초기에 요구사항 불일치로 인한 시스템 안정성과 신뢰성을 확보하였는지, 시스템 간 연계 기능이 정상적으로 작동하는지를 확인하기 위해 통합시험결과서가 적정하게 작성되었는지 검토한다. 이를 통해 계획에 따른 통합시험의 적정한 실시, 내외부 시스템 간 연계, 시스템 간 기능, 데이터 무결성 확보 등을 검토한다.

2) 측정지표(*점검항목: 체크리스트)

PMO는 통합시험 결과 검토 및 조정을 위한 측정지표로 통합시험결과서에 시험 방법, 절차 및 기준 등의 정확한 기록, 충분한 데이터 기반 시험 및 시험 결과의 객관적 확인, 결함 조치로 인한 시스템 변경 사항 반영 여부, 시스템 간 연계/통합 기능의 정상 작동 수행률·성공률(결함률)·조치율을 관리하는지 등을 점검항목으로 활용한다. 점검항목은 <표 204>와 같이 점검항목별 점검결과(적합(O), 수정/보완(△), 누락(X), 제외(N/A))를 지표로 하여 점검한다.

<표 204> 통합시험 결과 검토 및 조정에 대한 측정지표

번호	점검항목	점검결과(○,△,X,N/A)				PMO 검토 의견
1	• 통합시험 대상 전체 업무가 수행되었는지 확인하고 시험 결과가 누락 없이 기록되었는가? 1) 통합시험계획서/통합시험시나리오 상의 시험대상 업무 중 시험 결과 누락 여부 - 통합시험계획서/통합시험시나리오의 통합시험 대상 업무와 통합시험결과서의 시험 수행업무를 대사하여 누락 업무가 존재하는지 확인					

번호	점검항목	점검결과(○,△,X,N/A)	PMO 검토 의견
1	- 통합시험 중 또는 통합시험 이후 신규기능 추가 또는 변경 등으로 인해 통합시험 대상 업무 수정사항 반영 여부 - 통합시험 일정 내에 완료될 수 있는지 확인 - 패키지의 경우 커스터마이즈 수행의 기술적, 관리적 제약 등의 이유로 기존 시스템 간 연계 업무나 패키지의 핵심 기능 등 시험 시 포함되어야 할 내용의 누락 여부 2) 통합시험 결과 내역이 정확히 기록되었는지 확인 - 통합시험결과서에 다음 사항이 기록되었는지 확인 · 시험 일시: 시험 실행 날짜, 시간 · 시험 번호와 종류 · 입력 내용 · 실행 결과 · 시험 횟수 · 시험 수행자 · 시험 결과 평가자 · 시험환경/구성 · 예상 결과와의 불일치 · 특이 사항(예: 특정 시험케이스의 실행이 불가능한 사유) - 시험 도중 발견된 결함 또는 이상 현상에 대해 통합시험결함(사건)보고서가 작성되었는지 확인		
2	• 현장에서 발생할 수 있는 데이터를 충분히 반영하여 시험하고 시험 결과가 객관적으로 확인되었는가? 1) 시험수행 데이터의 유형이 누락 없이 적용되었으며 내용이 충실하였는지 여부 - 시험에 적용된 시험데이터의 유형과 내용 확인 여부 - 시험데이터가 업무에서 발생하는 모든 유형의 데이터가 충분히 반영되어 구축되었는지 여부 - 시험케이스가 프라이버시/보안과 관련된 민감한 데이터의 경우 데이터 처리를 적정하게 수행 여부 2) 시험 시 시험수행 결과에 대해 개발업체 이외 조직에서 시험 결과 확인 - 시험 후 제3자가 시험케이스 성공을 확인할 수 있는 방법을 통해 시험 후 즉시 시험 결과를 확인하였는지 여부 - 시험 결과 확인 시 시험 결과가 예측 결과값과 상이한 경우 원인 분석 및 재시험 내역이 기록되고 확인되었는지 여부		
3	• 시스템 변경 사항이 관련 시스템 기능 및 문서에 반영되었는가? 1) 통합시험 결과에 따른 시스템 수정사항이 시스템에 반영되었는지 여부 - 통합시험결과서/통합시험결함보고서에서 도출된 결함 내역이 시스템에 조치 완료되었는지 여부 - 시스템 기능 수정에 따라 기존 시스템 변경이 발생하고 회귀시험을 실시한 경우 기존 프로그램에서 발견된 결함에 대한 조치가 완료되었는지 여부 2) 시험 결과에 따른 관련 산출물 내용이 최신 내용으로 수정되었는지 여부 - 시험 결과에 따른 시스템 변경 시 산출물이 최신 내용으로 수정되었는지 여부		
4	• 시스템 간 연계/통합 기능이 정상 작동하였는지 확인하였는가? 1) 내외부 시스템 연계 기능 정상 작동 여부 - 내외부 시스템 연계 기능이 정상 작동하였는지 여부 2) 데이터 변환/통계 기능이 정상 작동하였는지 여부 - 데이터 변환/통계 기능 정상 작동하였는지 여부		
5	• 주요 업무기능을 대상으로 사용자 인터페이스, 업무기능, 데이터 검증기능에 결함이 존재하는가? 1) 통합시험 결과에 따른 시스템 수정사항이 시스템에 반영되었는지 여부 - 통합시험결과서/통합시험결함보고서에서 도출된 결함내역이 시스템에 조치 완료되었는지 여부 - 기존 시스템 변경이 발생하고 회귀 시험을 한 경우 기존 프로그램에서 발견된 결함 조치 여부 2) 시험 결과에 따른 관련 산출물 내용이 최신 내용으로 수정되었는지 여부 - 시험 결과에 따른 시스템 변경 시 산출물이 최신 내용으로 수정되었는지 여부		

번호	점검항목	점검결과(○,△,X,N/A)				PMO 검토 의견
6	• 시험 결과에 대한 관리가 적정하게 이루어지고 있는가? 　1) 시험 결과 산출물의 내용이 적정한지 확인 　　- 통합시험결과서/통합시험결함보고서/통합시험결과평가서를 검토하여 시험 　　활동 내용이 적정하게 기술되고 평가되었는지 확인 　　・시험활동 요약 - 시험환경, 시험 관련 각종 통계(전체 시험 케이스 수, 실행 케이스 　　수, 미실행 케이스 수, 결함대장에 기록된 결함 수, 해결된 결함 수, 미해결 결함 수 등) 　　・품질목표 평가 - 정의된 품질목표를 달성하였는지 평가 　　・시험 커버리지 평가 - 시험계획서에 정의한 시험 커버리지 기준을 만족했는 　　지 평가 　　・결함분석 및 평가 – 결함 유형 분석, 결함 심각도 분석, 결함 추세도 분석 　2) 시험 결과에 따른 오류 유형에 따라 적정하게 결함이 시정되고 재시험이 이루 　어졌는지 여부 　　- 각 시험케이스에 대하여 시험 실행 중 발생하는 오류 상황의 유형에 따라 적 　　정하게 결함 시정 내용이 기재되고 재시험이 이루어졌는지 확인					
7	• 시험 결과를 근거로 성능개선 대상이 도출되고, 최적화 계획이 작성되고 이행되 었는가? 　1) 성능개선 대상이 도출되었는지 및 최적화 이행 확인 　　- 시험결과서의 품질 평가의 내용을 확인하고 성능개선 대상에 구체적으로 반 　　영되었는지 확인					

3) 절차

PMO는 수행사가 제출한 통합시험결과서를 기준으로 시험 방법/절차/기준 등의 정확한 기록, 충분한 데이터 기반 시험 및 시험 결과의 객관적 확인, 결함 조치로 인한 시스템 변경 사항 관련 문서에 반영, 시스템 간 연계/통합 기능의 정상 작동 등 점검을 위한 통합시험 결과서 협의 및 확정, 통합시험 결과서 검토, 통합시험결과서 조정작업 등을 <그림 220>과 같이 통합시험 결과 검토 및 조정절차에 따라 검토하고 조정작업을 한다.

<그림 220> 통합시험 결과 검토 및 조정절차

Input	절차	Output
통합시험계획서 통합시험시나리오 통합시험결과서 통합시험결함보고서	① 통합시험결과서 협의 및 확정 ② 통합시험결과서 검토 ③ 통합시험결과서 조정작업	PMO 검토보고서 (조정) 통합시험결과서

① 통합시험결과서 협의 및 확정

PMO는 수행사가 작성한 통합시험결과서, 결함보고서 등을 검토하여 통합시험 대상 전체 업무가 수행되었는지 확인한다. 또한 시험 결과가 누락 없이 기록되었는지, 통합시험결과서/통합시험결함보고서에서 도출된 결함의 조치 완료 여부, 시험 결과에 따른 시스템 변경 시 산출물이 최신 내용으로 수정되었는지 여부, 시스템 간 연계/통합 기능이 정상 작동하였는지 여부 등을 검토한다.

테스트시나리오ID는 여러 개의 단계를 포함할 수 있다. 단계별로 테스트 데이터, 예상 결과를 명확하게 기술하고, 테스터는 통합시험시나리오에 근거하여 테스트 항목을 수행하여 점검한다. 수행한 결과를 <사례 248>과 같이 작성하여 프로젝트 관리자(PM)의 승인을 받는다. 결함이 발견된 경우는 통합시험 결함보고서를 작성한다.

<사례 248> 통합시험결과서 작성 사례

TASK명	설계-400	테스트 계획수립	작성자	ㅇㅇㅇ	작성일	0000.02.28
문서명	UICS-MIS-DE-411	통합테스트 시나리오	승인자(PL)	ㅇ	승인일	0000.02.28

테스트 시나리오 ID	시나리오 명	Step No	단계별 작업수행 내용	테스트 데이터	예상결과	테스터	테스트 날짜	결과	결함내역	수정 완료일
IT_CM_001	공통코드 관리	01	부서코드 조회	회계연도: 2012	연도별 등록된 부서코드 목록 조회	ㅇㅇㅇ	20xx-02-19	완료		
		02	부서코드 추가	부서코드: 010105 대분류: 단과대학 중분류: 자연과학대학 소분류: 컴퓨터학과	추가 버튼을 클릭, 생성된 행에 데이터를 입력하고 저장 버튼을 클릭하여 부서를 추가하고 화면하단에 저장 확인	ㅇㅇㅇ	20xx-02-19	완료		
		03	부서코드 수정	소분류: 컴퓨터과학과 예산단위: 체크 직/간접구분: 간접비	코드 010105 행의 컴퓨터학과를 컴퓨터과학과로 변경하고 예산단위를 체크하고, 직/간접구분을 간접비로 선택하는 등의 수정을 한 후 저장 버튼을 누른후 하단의 저장되었다는 메시지 확인	ㅇㅇㅇ	20xx-02-19	완료		
		04	부서코드 삭제	삭제하고자 하는 행(코드) 선택	코드 010105 행을 선택한 후 상단의 삭제버튼을 누르고 하단의 삭제되었다는 메시지 확인	ㅇㅇㅇ	20xx-02-19	완료		
IT_CM_002	권한 및 프로그램관리	01	사용자등록 관리 조회	회계연도: 2012	현재 등록된 사용자 전체 조회	ㅇㅇㅇ	20xx-02-19	완료		
		02	사용자등록 관리 추가	사번: 000000006 성명: 개발자5 비밀번호: 1 부서코드: 01-01-01 물리학과 직책: 개발자 전화번호: -02-1234-5678 타부서권한여부: N 사용여부: N	사번, 성명, 비밀번호, 부서코드 등의 정보를 입력한후 사용자 추가	ㅇㅇㅇ	20xx-02-19	완료		
		03	사용자등록 관리 수정	타부서권한여부: Y 사용여부: Y	타부서권한여부 체크, 사용여부 체크 후 저장	ㅇㅇㅇ	20xx-02-19	완료		
		04	사용자등록 관리 삭제	삭제하고자 하는 행(코드) 선택	삭제할 자료 선택 후 삭제 버튼	ㅇㅇㅇ	20xx-02-19	완료		

IT_CM_003	서비스관리	01	상단메뉴 관리 등	메뉴순서를 바꿔서 입력	입력된 순서로 처리	ooo	20xx-02-19	완료	
IT_CM_004	예산기본정보 관리	01	회계구분 조회	회계연도: 2012	회계연도 2012에 해당 하는 자료가 조회 됨	ooo	20xx-02-19	완료	
		02	회계구분 추가	회계구분코드: 99 회계구분명: 일반회계 사용여부: 체크	입력한 데이터 저장	ooo	20xx-02-19	완료	
		03	회계구분 수정	회계구분코드: 99 회계구분명: 일반회계2	변경한 회계구분명이 저장	ooo	20xx-02-19	완료	
		04	회계구분 삭제	회계구분코드: 99	선택한 회계구분코드 삭제	ooo	20xx-02-19	완료	

<통합시험결과서/결함보고서 작성 기준 – 사례>

통합시험결과서는 테스트시나리오 문서와 병합하여 기술한다. 테스트 결과는 결함처리 사항을 함께 기술한다. 또한 결함 발생부터 조치완료일까지 추적관리가 쉽게 효과적으로 작성한다.

<사례 249> 통합시험결과서/결함보고서 작성 사례

<테스트 결함 유형 작성 – 사례>

테스트 결함 유형은 사업 특성에 따라 다르게 적용할 수 있지만, 일반적으로 <사례 250>과 같이 결함 유형을 구분하여 테스트결함보고서에 작성한다.

구분	내용	예시
기능	-기능상의 오류가 존재하는 경우	-입력,수정,삭제, 조회시 오류 -입력,수정등 저장시 일부 항목 누락
수치값	-연산,제어 등 수치값 계산 및 표시오류	- 화면상 주요 수치값 산출 및 표시 오류 - 항목간 수치 정합성 오류
연계	-단위업무 및 타업무 공통연계 오류	-검색조건에 적합하지 않은 팝업화면 연계 -연계화면에 관련정보 연계 미흡
데이터	-데이터 값 부적정 -암복호화 미수행	-데이터 값이 부적정하게 DB에 저장된 경우 -화면내 복호화 미수행에 따라 암호화된 값 출력
이벤트	-화면내 이벤트 호출 오류	-화면 이벤트시 스크립트 오류발생 -검색버튼 및 기능버튼 활성화,비활성화 오류 -첨부화일 관리,행추가/삭제 기능 오류 등
메시지	-사용자 처리내역과 무관한 메시지 출력	-사용자 처리내역과 무관한 메시지 출력 -오류 메시지를 사용자가 인식할 수 없는 시스템 메시지 출력
유효성	-필수 입력값 유효성 검증오류	-필수 항목에 대한 유효값 검증 미흡 -입력값 유효성 검증이 누락되어 처리시 오류 발생
기타	-성능, 보안, DB 등 비기능 항목에-영향을 주는 결함	-접근통제, 개인정보 비식별화, 응답시간 등

<테스트 결함 및 시정조치 목록 작성 – 사례>

테스트 결함에 대한 시정조치 목록을 <사례 251>과 같이 작성하고 조치사항, 조치예정일, 조치 결과, 확인 담당자, 일자 등을 관리한다.

<사례 251> 테스트 결함 및 시정조치 목록 사례

No	ID	서브시스템	테스트일자	(문서/프로그램)위치	결함내용	결함Data(결함의 상세내용 또는 화면Capture)	검토자	결함유형	심각도	조치계획	처리담당자	조치예정일	조치결과	조치완료일	재작업공수	확인담당자	확인일자
1	FR-001	인사	########	PGM SRC	로그인시에 아이디/패스워드 대소문자 관계없이 등록 변경		000	IO	중결함	자바스크립트 수정		########	계획과 상동	########		000	
2	FR-002	인사	########	PGM SRC	조회시에 전주의 까지만 수정 가능하도록 하고 그이전 데이터는 수정 안되도록 수정		000	FN	중결함	규칙작업		########	계획과 상동	########		000	
3	FR-003	채용	########	PGM SRC	프로젝트 삭제시 문구 및 리턴시		000	JS	경결함	Ajax 및 자바스크립트 수정		########	계획과 상동			000	
4	FR-004	채용	########	PGM SRC	프로젝트 조회 배 색상(tr) 삭제		000	PR	경결함	현재 날짜 디폴트 수정없게 자바스크립트 수정		########	계획과 상동			000	
5	FR-005	조직	########	PGM SRC	프로젝트 현황 시 구분 색상과 선택 색상을 다르게 표시 되도록		000	PR	경결함	JSP 수정		########	계획과 상동			000	
6	FR-006	조직	########	PGM SRC	프로젝트 리스트 조회 시 조직은 팝업으로(조직 팝업 변경(조직명이 현재 오도록)		000	FN	경결함	팝업 추가		########	계획과 상동			000	
7	FR-007	근무	########	PGM SRC	협력사 로그인 구분		000	FN	중결함	로직 및 DB function 수정		########	계획과 상동			000	
8	FR-008	근무	########	PGM SRC	로그인 별 메뉴 구성 되도록		000	FN	중결함	자바스크립트 수정		########	계획과 상동			000	
9	FR-009	평가	########	PGM SRC	프로그램 목록에서의 조회조건(프로젝트명, 진행순) 순서 경향			FN	경결함	로직 및 SQL 수정		########	계획과 상동			000	
10	FR-010	보상	########	PGM SRC	프로파일 관리에서 프로젝트조직→코드 아닌 조직명이 보이도록 수정			PR	경결함	JSP 수정		########	계획과 상동			000	
11	FR-011	복리후생	########	PGM SRC	프로파일 관리에서 제목명(프로젝트로 썼으면 말 안보임)			DE	중결함	디자이너와 협의하여 조치할 예정		########	계획과 상동			000	
12	FR-012	시스템	########	PGM SRC	프로파일 관리에서 관심 프로젝트 선정시 수정 시 반영 안됨(기존 데이터를 못 불러옴)			PR	중결함	JSP 수정		########	계획과 상동			000	

② 통합시험결과서 검토

PMO는 발주기관과 협의 및 확정한 내용을 바탕으로 통합시험결과서를 검토 후 검토보고서를 작성한다. 검토된 내용이 기준에 부합하지 않거나 아래 사항 등의 경우 신중하게 검토하여 의견을 제시한다.

- **누락 여부 검토:**
  - 요구사항정의서 기능 항목 시험대상, 데이터 유형, 연계의 중요사항 누락 여부
  - 데이터흐름도에 표현된 주요 프로세스 누락 여부
  - 시스템 변경 사항에 대한 시스템 반영, 산출물 현행화 여부
- **무결성 수준 검토:**
  - 성공하지 못한 결함 항목에 대한 심각도, 영향도 파악 및 조치 가능 여부
- **일관성 여부 검토:**
  - 요구사항추적표의 검사항목, 검사기준과 통합시험시나리오의 일관성, 준수 여부, 요구사항ID와 업무 중심의 기능 시나리오 항목(ID)과 일치 여부
- **추적성 확보 검토:**
  - 요구사항추적표를 기준으로 테스트 항목과 기능이 추적 관리의 가능 여부
- **산출물 현행화 검토:**
  - 업무요건, 시스템, 통합시험 시나리오 변경 등에 따른 분석/설계 문서와 기능에 대한 변경 관리, 현행화 작업의 일정과 품질검토 계획을 확인한다.
- **품질 지표 달성 검토:**
  - 통합시험에 대한 수행률, 결함률, 조치율 등 품질 지표 달성 여부를 확인하고 대응 방안을 검토한다.
- **시험 결과 관리:**
  - 시험 결과를 근거로 결함 시정조치, 시스템 성능개선 등 개선방안을 검토한다.

③ 통합시험결과서 조정작업

PMO는 발주기관 및 수행사에 PMO 검토보고서 작성 내용을 설명하고, 잘못된 검토 내용이 있는지 확인한다. 시험 결과를 근거로 결함 시정조치, 성능개선 대상이 도출되고, 작성한 최적화 계획과 실행 방안에 대해서 수행사와 협의 및 조정한다. 일반적으로 통합시험

은 1차, 2차, 3차 등으로 나누어 실시하는 데 중간 진행 상태 확인 결과, 수행률·성공률·조치율 등 품질 지표를 확인한다. 목표치에 너무 미달한 경우는 원인 분석 및 대응 방안을 수립하고 통합시험계획서, 시나리오 등의 문제점은 없는지 확인한다. 검토된 내용이 기준에 부합하지 않거나 발주기관의 수정 요청이 있는 경우 내용을 조정한다.

4.1.2 사용자시험 계획·결과 검토 및 조정

사용자시험 계획·결과는 사용자 인수시험에 대한 계획이 수립되었는가를 검토하는 것이다. 시스템 구축 완료 후 사용자의 인수시험을 위한 절차, 시나리오 등을 포함하여 계획이 수립되었는지 검토하는 데 목적이 있다.

PMO는 구축된 완전한 시스템을 인수할 수 있도록 사용자시험 계획에 인수시험 범위, 수행 절차, 시험환경, 시험 조직 및 역할, 일정계획이 수립되었는지 검토한다. 또한 인수시험 결과의 승인기준과 절차가 명확한지 검토한다.

1) 기준

현행 사용자시험 계획·결과 검토 및 조정의 기준은 '인수시험계획서'이다. 구축된 완전한 시스템을 인수할 수 있도록 고객과 합의 과정을 통하여 적정하게 수립되었는지, 인수시험 결과의 승인기준과 절차가 적정하게 준비되어 있는지를 확인하기 위해 인수시험계획서를 검토한다.

2) 측정지표(* 점검항목: 체크리스트)

PMO는 사용자시험 계획·결과 검토 및 조정을 위한 측정지표로 인수시험 범위·수행 절차·시험환경·시험 조직 및 역할/일정계획이 수립되었는지 여부, 인수시험 결과 승인기준 및 승인 대상의 구체적 정의 여부, 승인 절차와 일정의 명확성 여부 등을 점검항목으로 활용한다. 점검항목은 <표 205>와 같이 점검항목별 점검결과(적합(O), 수정/보완(△), 누락(X), 제외(N/A))를 지표로 하여 점검한다.

<표 205> 사용자시험 계획·결과 검토 및 조정에 대한 측정지표

번호	점검항목	점검결과(○,△,X,N/A)				PMO 검토 의견
1	• 인수시험 계획이 적정하게 수립되었는가? 1) 인수시험 범위, 수행 절차, 시험환경, 시험 조직 및 역할, 일정계획이 수립되었는지 확인 　- 시험 범위가 명확하게 정의되어 있는지 확인 　- 고객과 역할 분담 및 합의 사항이 포함된 시험 절차가 작성되었는지 확인 　- 인수시험계획서상의 시험환경이 실제 운영환경을 반영하도록 계획되었는지 확인 　- 시험 조직이 독립적으로 구성되어 있고, 시험 참여자의 역할과 책임 및 담당자가 정의되어 있는지 확인 　- 인수시험 계획수립과 시험 결과 승인 완료까지의 각 단계별 업무 내용과 일정계획이 수립되었는지 확인 2) 인수시험 결과의 승인기준과 절차가 명확한지 확인 　- 인수시험 결과 승인 대상과 승인기준이 고객과 합의된 내용 확인 　- 인수시험 결과 승인기준 및 승인 대상이 구체적으로 정의되었으며, 승인 절차와 일정이 명확한지 아닌지 확인					
2	• 인수시험을 위한 시나리오와 자료의 준비가 적정한가? 1) 시험시나리오가 사용자의 요구사항을 충족하였는지 여부 　- 시험시나리오가 사용자의 기능적 요구사항을 반영 여부 　- 시험시나리오가 사용자의 비기능적 요구사항을 측정할 수 있도록 계획 여부 　- 시험시나리오가 내외부 인터페이스를 포함한 실제 업무 상황을 반영하도록 계획되었는지 확인 2) 시험데이터가 실제상황을 반영하도록 계획 여부 　- 시험데이터의 내용이 현장에서 발생하는 실제 자료의 내용을 반영하도록 계획 여부 　- 예외적으로 발생 가능한 내용도 포함 여부 　- 시험데이터의 발생빈도와 발생 용량이 실제 자료의 발생 주기와 용량을 반영하도록 계획 여부					

3) 절차

PMO는 수행사가 제출한 산출물(인수시험계획서, 인수시험목록, 요구사항정의서 등)을 기준으로 인수시험계획서/결과서 협의 및 확정, 인수시험계획서/결과서 검토, 인수시험계획서/결과서 조정작업 등을 <그림 221>과 같이 인수시험계획서 검토 및 조정절차에 검토 및 조정한다.

<그림 221> 인수시험계획서 검토 및 조정절차

Input	절차	Output
인수시험계획서 인수시험결과서 인수시험목록 요구사항정의서	① 인수시험계획서/결과서 협의 및 확정 ② 인수시험계획서/결과서 검토 ③ 인수시험계획서/결과서 조정작업	PMO 검토보고서(*) (조정) 프로세스정의서

① 인수시험계획서/결과서 협의 및 확정

PMO는 사업자의 사용자 인수시험계획서 관련, 사업자가 작성한 내용을 검토하여 인수시험 범위, 수행 절차, 시험환경, 시험 조직 및 역할, 일정계획이 수립되었는지 여부, 인수시험 결과 승인기준 및 승인 대상이 구체적으로 정의되었는지 여부, 승인 절차와 일정이 명확한지에 대하여 관련 산출물을 대상으로 검토 및 조정 등의 활동을 해야 한다.

사용자 인수시험 목적과 고객 요구사항에 근거하여 테스트 환경 및 절차, 결함 및 이슈관리 절차, 그리고 검사 대상 및 검사기준 등 사업 특성을 고려하여 인수시험계획서를 <사례 252>와 같은 목차로 작성한다.

<사례 252> 인수시험계획서 작성 사례

1. 목적 및 범위	3. 텍스트 환경	5. 검사대상 및 검사기준
	3.1 텍스트 환경	5.1 ooo 시스템개발기능 목록
2. 기능 요구사항 테스트 환경 및 절차	3.2 인수테스트 사양 및 데이터	5.1 개발기능 요구사항 상세
2.1 테스트 환경	3.3 주요 고려 사항	5.1 검사 기준
2.2 테스트 절차		
2.3 테스트 기간	4. 결합 및 이슈 관리 절차	
2.4 인수테스트 입력 및 출력물	4.1 결합관리 목적	
2.5 인수테스트 착수/ 완료 기준	4.2 결합관리 절차	
2.6 인수테스트 접근방법	4.3 주요 고려 사항	
2.7 인수테스트 수행지첨		

여기서 프로젝트별 방법론에 따라 인수시험계획서를 통합시험계획서/결과서에 포함하여 작성하기도 하지만, 수행사가 주도적으로 시행하는 통합시험과 발주기관이 참여하여 시행하는 사용자시험은 구분하여 관리되어야 한다.

통합시험 1, 2차 이후 동일한 시나리오를 가지고 이어서 통합시험 3차에 사용자 인수시험을 실시하는 사례는 아래와 같다.

<사례 253> 통합시험 사용자 인수시험 작성 사례

통합테스트 시나리오									1차(업무단계)			2차(개발단계 포함)			3차(사용자테스트)		
테스트 시나리오 ID	시나리오 명칭	시나리오설명	Step No	단계별 적업수행내용	기능/프로그램 명칭	테스트데이터	내용(검증, 포인트)	담당자	상태	검증자 명	완료일	상태	검증자 명	완료일	상태	검증자 명	완료일
RD21_001- T01	배설계획 수립	1) 계획수립 업무의 효율성을 위하여 분류마스터에 배설방의 기본 계층정보시 입·속을·장명을 사전에 등록한다. 2) 각 기관별(실부/기관)에 배설계획을 등록한다. 3) 각 프로Program을 통하여 년간/세부/월간 배설계획 data가 서로 정확히 연결되는 Cross check한다.	TS-T01-001	년도별 배설방의발통 마스터를 등록한다.	분류 마스터 등록	기준년도:2010, 배설방의성구:축·, 배열, 사업, 배설행검사, 축· 품소, 장명:이가와RA배열	기관명, 사업, 배설방의 구분을 선택하고 검색 후 등록한 Data를 조회한다. 방소가배분를 돌려 해당 사업에 배당되는 축·속, 를, 배 대응구를 들 사업·속을·장명 계층전체로 자리하 를 등록한 후 개설값을 클릭하여 분리의스터에 등록한다.										
			TS-T01-002	등록된 년도별 배설방의 분류 마스터 조회한다.	분류 마스터 조회	기준년도:2010, 배설방의성구:축·, 배열, 사업, 배설행검사	등록된 배설성검사를 사업·속을·장명 계층전체가 개별 조회되는 지 확인한다.										
			TS-T01-003	분류 마스터의 근거하여 자냐도 난간 배설계획을 수립한다.	년간 배설계획 등록	기준년도:2010, 배설방의성구:축·, 기관: 경기도	년도, 사업구분, 기관으로 검색 예의 우선 기준 data를 조회한다.										
			TS-T01-004	등록된 자냐도 년간 배설계획을 조회한다.	년간 배설계획 조회	계획년도:2010, 사업:배설검검사, 기관:경기도,축소	년도, 사업구분, 기관으로 등록된 자냐도 배설계획 data가 정확히 조회되는지 확인한다(K1회의가 포함).										
			TS-T01-005	난간 배설계획에 근거하여 세부배설계획을 수립한다.	세부 배설계획 등록	계획년도:2010, 사업:배설검검사, 기관: 경기도, 축소: 속·, 장명:배우축소	년도, 사업구분, 기관, 축품으로 검색 예의 우선 난 이 배설계획 data를 조회한다(K1회의가 포함).										
						검사방위:경기도 축산위 생산구속:500 두, 가램:300 후, 안살:200두	각 방역기관검색(축소.시도방역분석)에 해당 하기기 전반업체(해당병, 시군/시도 가축방역 기관, 방역분부 돌표군 돌표군은 세부 계획을 들록, 등록한다.										
			TS-T01-006	등록된 자냐도 세부배설 계획을 조회한다.	세부 배설계획 조회	계획년도:2010, 사업:배설검검사, 기관: 경기도-안살,축	년도, 사업구분, 축·품으로 등록된 세부 배설계획data가 정확히 조회되는지 확인한다.										
			TS-T01-007	세부 배설계획에 근거하여 월간 배설계획을 수립한다.	월간 배설계획 등록	계획년도:2010, 사업:배설검검사, 기관: 경기도-안살,축	년도, 사업구분, 축품으로 등록된 우선 세부 배설계획을 data를 조회한다.										
						10월:150 두, 11월:130두, 12월:300 두 후 : 208	각 방역기관검색(축소.시도방역역, 시군/시도 가축방역 기관, 방역분부 도본면이 상위그룹에서 발임받은 돌 다시 일부 배설역획을 들록, 등록한 다.										
			TS-T01-008	등록된 자냐도 월간 배설 계획을 조회한다.	월간 배설계획 조회	기준년도:2010, 사업:배설검검사, 기관: 경기도-안살, 축	년도, 사업구분, 축·품으로 등록된 월간 배설계획 data가 정확히 조회되는지 확인한다.										

인수시험결과서는 테스트 판정 기준이 되는 예상 결과를 구체적으로 명확하게 기술하고, 테스트 결과에 대한 증적을 별도 관리하여, 결함 시정조치 내용과 결과를 확인할 수 있도록 작성한다.

<사례 254> 인수시험결과서 작성 사례

사용자인수테스트결과서													
요구사항 ID	KKCHT-UUT001						작성자						
요구사항 명	게시물 (Q&A)						작성일						
테스트 케이스 ID	테스트케이스명	화면 ID	입력내용	예상결과	테스트			시정조치					
					날짜	담당 자	결과 (O/X)	결함내용	날짜	조치 자	확인 자	조치여 부 (O/X)	조치내용
KKCHT-UUT001-001	"공통" - "Q&A" - "센타간 Q&A 또는 센타본부간Q&A" 내 의 세부 카테고리를 선택후 목록 하단의 "질문하기"	KKQNA10209	등록자 (로그인 : 최원윤) 등록일 (시스템날자) 질문본문 내용 첨부파일 (10M 이내, 10개 까지)	<화면> - 질문내용과 첨부파일이 저 장된다.			O						
KKCHT-UUT001-002	질문내용 목록에서 등록된 게시물 조회		Q&A 목록 List 에서 선택	<화면> - 상세화면 출력 (본문내용, 등록자, 등록 일,첨부파일, 답변, 답글, 댓 글)			O						
KKCHT-UUT001-003	질문내용을 My Page 내 "나의 게시물 현황"에서 목록 확인		나의게시물현황 Q&A List 에서 선택	<화면> - 게시물, 나의게시물댓글,본 인등록댓글,답변글 수, 목록 List - 목록에서 선택시 상세화면 으로 이동			O						
KKCHT-UUT001-004	질문내용을 Home - 센타간Q&A 또는 센타본부간 Q&A 목록 확인		센타간 또는 센타본부간 Q&A 목록 List	<화면> - 제목, 등록자, 등록일, Navigation - 목록에서 선택시 상세화면 으로 이동			O						
KKCHT-UUT001-005	질문내용을 Home 에서 센타간Q&A 또는 센타본부간 Q&A 목 록 에서 "더보기" 확인		"더보기" Click 시 목록화 면으로 이동	<화면> - 제목, 등록자, 등록일, 조 - 목록에서 선택시 상세화면 으로 이동			O						

인수시험명세서는 요구사항정의서를 기준으로 테스트 관점에서 검증되어야 할 체크포인트를 기술하는 것으로 테스트시나리오를 작성하지 않는 경우 방법론에 따라 인수시험명세서를 작성한다.

<사례 255> 인수시험명세서 작성 사례

사용자인수테스트 명세서					
업무명	KMS		작성자		
세부업무명	KMS		작성일		
테스트ID	일반사용자 ○○○		테스트 비밀번호		
요구사항 ID	요구사항 명	요구사항내용	프로세스흐름		체크포인트
KMCNT-UUT001	게시물 (Q&A)	게시물 등록	1. 대메뉴 "공용" Q&A 에서 센터간 Q&A 또는 센터본부간Q&A 내의 세부 카테고리를 선택후 목록 하단의 "질문하기" 클릭		1. 제목 및 본문 내용 등록 확인 2. 첨부파일 추가 확인 3. 등록 확인
			2. 목록에서 등록된 게시물 조회		1. 게시물 목록에서 등록 확인
			3. My Page 내 "나의게시물 현황"에서 목록 확인		1. 나의게시물 현황- Q&A 목록에서 등록 확인
			4. Home 에서 센터간Q&A 또는 센터 본부간 Q&A 목록 확인		1. Home-센터간 Q&A 또는 센터본부간Q&A 목록에서 등록 확인
			5. Home 에서 센터간 Q&A 또는 센터 본부간 Q&A 목록 에서 "더보기" 확인		1. 해당 Q&A 목록에서 등록 확인
		게시물 수정	1. 게시물 상세화면에서 "수정" 버튼 클릭		1. 제목 및 본문 내용 수정 확인 2. 첨부파일 추가 / 삭제 확인 3. 수정 확인
			2. 목록에서 수정된 게시물 조회		1. 게시물 목록에서 수정 확인
			3. My Page 내 "나의게시물 현황"에서 목록 확인		1. 나의게시물 현황- "Q&A" 목록에서 수정 확인
			4. Home 에서 센터간Q&A 또는 센터 본부간 Q&A 목록 확인		1. Home -센터간 Q&A 또는 센터본부간Q&A 목록에서 수정 확인
			5. Home 에서 센터간 Q&A 또는 센터 본부간 Q&A 목록 에서 "더보기" 확인		1. 해당 Q&A 목록에서 수정 확인
			6. 댓글 등록 확인		1. 상세화면에서 댓글 등록 확인 2. 나의게시물 현황에서 댓글 카운트 증가 확인 3. Home - "최근댓글현황"에서 등록 확인
			7. 답글쓰기 확인		1. 상세화면에서 답글 등록 확인 2. 해당 Q&A 목록에서 답글 등록 내용 확인 3. Home - "나의 등록게시물"에서 등록 확인 4. 나의게시물 현황에서 답글 등록 확인

테스트 결함에 대한 시정조치 목록을 <사례 255>와 같이 작성하고 조치사항, 조치예정일, 조치 결과, 확인 담당자, 일자 등을 관리하여야 한다.

<사례 256> 테스트 결함 및 시정조치목록 사례

No	ID	서브시스템	테스트일자	(문서/프로그램) 위치	결함내용	결함Data(결함의 상세내용 또는 화면Capture)	검토자	결함원인	심각도	조치계획	처리담당자	조치예정일	조치결과	조치완료일	재작업공수	확인담당자	확인일자
1	FR-001	인사	########	PGM SRC	로그인시에 아이디/패스워드 대소문자 구분되도록 변경		○○○	IO	중결함	자바스크립트 수정		########	계획과 상동	########		○○○	
2	FR-002	인사	########	PGM SRC	조회시에 전주차 까지만 수정 가능하도록 하고 그이후 데이타는 수정 안되도록 수정		○○○	FN	중결함	규명작업		########	계획과 상동			○○○	
3	FR-003	채용	########	PGM SRC	프로젝트 삭제시 문구 및 리턴시		○○○	JS	중결함	Ajax 및 자바스크립트 수정		########	계획과 상동			○○○	
4	FR-004	채용	########	PGM SRC	프로젝트 조회 시 색상(y) 삭제		○○○	PR	중결함	현재 날짜 다름을 수정되게 자바스크립트 수정		########	계획과 상동			○○○	
5	FR-005	조직	########	PGM SRC	프로젝트 현황 시 구분 색상과 선택 색상을 다르게 표시 되도록		○○○	PR	중결함	JSP 수정		########	계획과 상동			○○○	
6	FR-006	조직	########	PGM SRC	프로젝트 리스트 조회 시 조직은 팝업으로(조직 팝업 변경(조직명이 먼저 오도록)		○○○	FN	중결함	팝업 추가		########	계획과 상동			○○○	
7	FR-007	근무	########	PGM SRC	협력사 로그인 구분		○○○	FN	중결함	로직 및 DB function 수정		########	계획과 상동			○○○	
8	FR-008	근무	########	PGM SRC	로그인 별 메뉴 구성 되도록		○○○	FN	중결함	자바스크립트 수정		########	계획과 상동			○○○	
9	FR-009	평가	########	PGM SRC	프로그램 목록에서의 조회조건(프로젝트명, 진행순) 순서 정렬			FN	중결함	로직 및 SQL 수정		########	계획과 상동			○○○	
10	FR-010	보상	########	PGM SRC	프로파일 관리에서 프로젝트(조직-)코드 아닌 조직명이 보이도록 수정			PR	중결함	JSP 수정		########	계획과 상동			○○○	
11	FR-011	복리후생	########	PGM SRC	프로파일 관리에서 제목명(프로젝트로 보면 안 인보일)			DE	중결함	디자이너와 협의하여 조치할 예정		########	계획과 상동			○○○	
12	FR-012	시스템	########	PGM SRC	프로파일 관리에서 관심 프로젝트 선정에 수정 시 반영 안됨(이전 데이터로 보여짐)			PR	중결함	JSP 수정		########	계획과 상동			○○○	

② 인수시험계획서 검토

PMO는 발주기관과 협의 및 확정한 내용을 바탕으로 인수시험계획서를 검토 후 검토보고서를 작성한다. 검토된 내용이 기준에 부합하지 않거나 아래 사항 등의 경우 신중하게 검토하여 의견을 제시한다.

- **누락 여부 검토:**
  - 요구사항정의서 기능 항목 테스트 대상, 데이터 유형, 연계의 중요한 사항 누락 여부
  - 업무처리흐름도에 표현된 주요 기능 프로세스 누락 여부
- **중점 검토사항:**
  - 사용자 요구사항에 대한 업무요건 충족 여부
  - 해당 시스템 거래 화면조회를 통한 테스트 데이터의 정합성 검증
  - 관련 시스템 데이터 반영 정합성 확인
  - 인수시험 실시 내용의 변경/개선사항 보완
  - 개발업무의 이행 사전 점검
- **결함 결과관리:**
  - 시험 결과를 근거로 결함시정조치, 시스템 성능개선 등 개선방안을 검토한다.

③ 인수시험계획서/결과서 조정작업

PMO는 발주기관 및 수행사에 PMO 검토보고서 작성 내용을 설명하고, 잘못된 검토 내용이 있는지 확인한다. 시험계획서는 고객의 요구사항이 모두 반영되었는지 확인하고, 시험 결과를 근거로 결함 시정조치, 성능개선 대상이 도출되고, 작성한 최적화 계획과 실행방안에 대해서 수행사와 협의 및 조정한다.

통합시험 계획/시스템 시험과 연계하여 사용자 인수시험을 할 방안도 함께 검토한다. '수행률', '성공률', '조치율' 등 품질 지표를 확인하여, 수행사에서 수행한 통합시험결과서 품질 지표와 사용자가 수행한 인수시험결과서가 너무 다른 경우 원인 분석 및 대응 방안을 수립하고 통합시험계획서, 테스트시나리오 등의 문제점은 없는지 조정작업을 한다. 검토된 내용이 기준에 부합하지 않거나 발주기관의 수정 요청이 있는 경우 내용을 조정한다.

4.1.3 운영환경 설치 및 배포결과 검토 및 조정

운영환경 설치 및 배포는 시스템을 운영하는데 필요한 모든 하드웨어와 소프트웨어, 구현된 응용시스템이 완전하게 설치되고 배포되어 운영에 필요한 준비가 완료되었는지 검토하는 데 목적이 있다. 도입된 각종 장비 및 소프트웨어가 구현된 시스템을 운영하기 위해 배포되고 설치되어야만 구현된 시스템을 운영할 수 있다. 따라서 PMO는 각종 장비 및 소프트웨어에 대한 배포와 설치가 제대로 이루어지고, 개발된 응용프로그램이 설치되었는

지 확인한다.

1) 기준

운영환경 설치 및 배포결과 검토 및 조정의 기준은 '시스템전환(설치)계획서', 'BMT (Benchmark Test) 결과보고서', '아키텍처설계서', '시스템설치내역서', '시스템설치보고서', '소프트웨어 배포정책' 등이다. 시스템을 운영하는데 필요한 모든 하드웨어와 소프트웨어, 구현된 응용시스템이 완전하게 설치되고 배포되었는지를 검토하기 위하여 산출물이 적정하게 작성되었는지 검토한다. 이를 통해 시스템 운영에 필요한 하드웨어, 시스템소프트웨어 및 구현된 응용시스템의 설치 및 배포의 적정성을 검토한다.

2) 측정지표(* 점검항목: 체크리스트)

PMO는 운영환경 설치 및 배포 검토 및 조정을 위한 측정지표로 운영시스템 전환을 위한 제반 사항을 시스템 전환 계획에 반영 여부, 시스템 전환 계획에 따른 장비, 시스템 소프트웨어 및 구현된 응용소프트웨어 배포 설치 등을 점검항목으로 활용한다. 점검항목은 <표 206>과 같이 점검항목별 점검결과(적합(O), 수정/보완(△), 누락(X), 제외(N/A))를 지표로 하여 점검한다.

<표 206> 운영환경 설치 및 배포결과 검토 및 조정에 대한 측정지표

번호	점검항목	점검결과(○,△,X,N/A)				PMO 검토 의견

1	• 운영시스템으로 전환하기 위하여 사전에 정의해야 할 제반 사항이 시스템 전환계획에 반영되었는가?
	 1) 시스템 구현환경 변화를 고려하여 시스템 전환을 위한 사전 현황분석이 수행되었는지 확인
	  - 시스템전환(설치)계획서 작성 여부 및 변경사항 반영 여부
	  - 시스템 납품의 전환 시작 이전 완료 여부
	  - HW, 시스템 SW, NW 장비 등
	  - 필요시 BMT를 통한 검증 수행 여부
	  - 제품 결함 여부, 시스템 성능, 시스템 기능 등
	 2) 목표 운영시스템의 구성과 설치작업 내역이 시스템전환계획에 반영되었는지 확인
	  - 시스템전환계획서에 목표시스템 구성도 정의 여부
	  - 시스템전환계획서와 아키텍처설계서 간 목표 운영시스템 구성도 일치 여부
	  - 운영시스템 설치계획에 설치작업 검토 내역 정의 여부
	  - 설치작업 개요, 설치 전 선결 작업, 설치 대상 시스템 목록 및 순서, 수행담당자 등
	 3) 운영시스템 설치를 위한 세부 일정과 절차가 수립되었는지 확인
	  - 작업 계획에 항목별 세부 일정 수립 여부
	  - 시작 일시, 소요 시간, 종료 일시 등
	  - 작업 계획에 작업절차 수립 여부
	  - 작업절차별 업무흐름도, 절차별 수행내용 등					

번호	점검항목	점검결과(○,△,X,N/A)				PMO 검토 의견

2	• 도입된 장비 및 시스템 소프트웨어가 시스템 전환계획에 따라 설치되었는가?
	 1) 도입된 서버, 시스템소프트웨어, 네트워크 장비 등이 시스템설치계획에 따라 설치되었는지 확인
	  - 시스템설치내역서의 장비 설치 현황과 시스템설치계획서 간 일치 여부
	  - 설치 사양, 설치 수량, 구성내역 등
	  - 시스템 소프트웨어의 제품별 라이선스 확보 여부
	  - 라이선스 번호, 라이선스 수량, 제품번호, 고객등록 내용 등
	  - 시스템설치내역서에 장비 설치 현황 사진정보 포함 여부
	  - 납품상태, 개봉상태, 설치실장도 등
	  - 장비 설치 현황과 시스템실시내역서 간 일치 여부
	 2) 시스템 설치 결과는 시스템전환(설치)결과서에 반영하여 사용자에게 보고되었는지 확인
	  - 요구 기준 달성 여부 검증을 위한 설치시험 수행 여부
	  - 규격, 수량, 성능 등
	  - 시스템전환(설치)결과서와 시스템설치내역서의 사용자 보고 여부					

3	• 응용소프트웨어가 시스템전환계획에 따라 사용자에게 배포 설치되었는가?
	 1) 응용소프트웨어가 사용자의 접근권한에 맞게 배포되었는지 확인
	  - 응용소프트웨어 배포정책 수립 여부
	  - 사용자 유형 및 등급별 응용시스템 접근권한 테이블 정의 여부
	  - 구축된 응용소프트웨어와 사용자 단말기에 설치된 내역의 일치 여부
	  - 최종 버전정보, 실행파일의 크기 등
	  - 사용자 권한에 따른 응용소프트웨어 접근권한 제한 여부
	 2) 응용소프트웨어 사용에 필요한 부가적인 모듈이 설치되었는지 확인
	  - 응용소프트웨어의 서브 모듈 자동 설치 여부
	  - 응용소프트웨어의 서브 모듈 설치 안내 메시지 제공 여부
	  - 보안, 그래프, 인쇄, 그리드 컨트롤 등
	  - 모듈 정상 작동 여부 확인을 위한 화면 기능 실행
	 3) 응용소프트웨어 기능 개선 등으로 인해 변경된 프로그램이 정상적으로 설치되는지 확인
	  - 응용소프트웨어 자동 배포관리 기능의 정상 작동 여부
	  - 기능 개선 및 콘텐츠 추가 등 변경된 구성요소만 선별적 설치 여부					

3) 절차

PMO는 수행사가 제출한 산출물(시스템전환(설치)계획서, BMT 결과보고서, 아키텍처설계서, 시스템설치내역서, 시스템설치보고서, 소프트웨어 배포정책)을 기준으로 운영시스템 전환을 위한 제반 사항을 시스템 전환 계획에 반영과 시스템 전환 계획에 따른 장비, 시스템 소프트웨어 및 구현된 응용소프트웨어 배포 설치에 대하여 점검을 위해 시스템전환(설치)계획서 협의 및 확정, 시스템설치내역서/보고서 협의 및 확정, 소프트웨어 배포 정책 협의 및 확정, 운영환경 설치 및 배포 결과 검토, 운영환경 설치 및 배포결과 조정작업 등을 <그림 222>와 같이 검토하고 조정작업을 한다.

Input	절차	Output
시스템전환(설치)계획서 BMT 결과보고서 아키텍처설계서 시스템설치내역서 시스템설치보고서 소프트웨어 배포정책	① 시스템전환(설치)계획서 협의 및 확정 ② 시스템설치내역서/보고서 협의 및 확정 ③ 소프트웨어 배포 정책 협의 및 확정 ④ 운영환경 설치 및 배포 검토 ⑤ 운영환경 설치 및 배포 조정작업	PMO 검토보고서(*) (조정) 시스템전환(설치)계획서 (조정) 시스템설치내역서 (조정) 시스템설치보고서 (조정) 소프트웨어 배포정책

① 시스템전환(설치)계획서 협의 및 확정

시스템 구현 과정에서 운영시스템과 관련한 시스템 환경변화 및 문제점이 발생할 수 있으므로, 최종 전개 시점에 해당 사항들을 고려한 사전 현황분석, 세부 작업 계획이 시스템 전환 계획에 반영되어야 한다.

시스템전환(설치)계획서에 목표 운영시스템의 구성과 설치작업 사항이 반영되었는지, 운영시스템 설치를 위한 세부 일정과 절차가 수립되었는지 확인한다. 장비 도입이 응용시스템 개발과 분리되어 발주되는 경우, 장비 도입 지연이 응용시스템 구현 지연으로 이어질 가능성이 있으므로, 관련된 위험 요인을 식별하고 실행 가능한 대응책을 마련하여 이행하는지 확인한다.

<사례 257> 시스템전환(설치)계획서 작성 사례

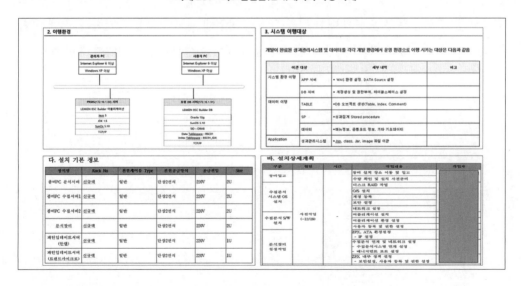

<BMT 결과보고서 사례 >

BMT(Benchmark Test) 결과보고서를 참조하여 하드웨어 및 소프트웨어 규격시험의 적정성, 기능시험의 적정성, 성능시험 및 장애 시험의 적정성 등을 검토한다. 규격 및 기능시험은 제안요청서에 제시한 규격과 기능을 만족하는지 시험하는 행위로, 도입 장비의 부품들을 세부적으로 확인하고 시험계획서의 검사항목과 시험 항목을 확인함으로써 적정성여부를 검토한다.

성능시험은 각 서버가 네트워크로 연결된 상태에서 부하를 적재하여 시스템의 성능을 점검하며, 특히 DW시스템의 경우 DBMS에 발생하는 각종 작업별 처리(대량 데이터 초기적재 및 변경 적재, 인덱스 생성 속도, 대량 데이터 삭제 등의 배치작업과 OLAP 및 Q&R(Query & Report) 등 조회용 업무 도구에 대한 쿼리(Query) 작업에 대한 성능을 확인한다. 장애 시험은 하드웨어 및 DBMS 장애 등 주요 장애 현상에 대하여 주관기관과 협의를 통해 장애 시험내용을 선정하여 수행되었는지 확인한다.

286

BMT 수행 계획서	BMT 수행 결과서

I. BMT 개요
내용
 1. BMT 추진 목적
 2. 수행조직 및 역할
 3. 추진 일정
 	
II. BMT 대상 및 요건
내용
 1. BMT 대상 : 구체적인 BMT 대상을 기술함
 2. BMT 요건 : BMT 요간을 세분화 하고, 각 요건별 측정방법 및 설명을 기술함
 	
III. BMT 환경
내용
 (BMT를 위한 구성 환경에 대하여 기술한다.)
 1. HW 구성도
 2. SW 구성도(OS)
 * BMT 프로그램에 필요한 경우, 해당 프로그램 구성에 관한 사항을 상세히 기술한다.
 	
IV. BMT 시나리오
내용
 1. BMT 진행프로세스 기술 : 구체적인 태스크들의 식별 및 순차적 흐름 기술
 2. 일자별 BMT 시나리오를 상세히 기술한다.(아래항목 참고)
  - 개요, 항목, 세부항목, 점검내용
  - 요건, 측정방법, 측정단위, 실행방법 등
 	
V. BMT 평가기준
내용
 (BMT 평가 기준에 대하여 아래와 같은 세부 항목별 상세히 기술함)
 1. 평가항목 기준표 : 각 항목별 설명, 배점, 배점기준 나열
 2. 평가방법 : 해당 평가항목에 적합한 평가방법을 평가항목별로 상세히 기술함
	I. BMT 개요
	내용
	 1. BMT 추진 목적
	 2. 수행조직 및 역할
	 3. 추진 일정
	
	II. BMT 결과 요약
	내용
	(BMT 결과를 요약하여 기술함)
	 1. BMT 대상
	 2. BMT 평가결과
	
	II. BMT 결과 요약
	내용
	(BMT 결과에 대하여 기술함)
	1. 시나리오별 평가기준에 의한 결과기술

② 시스템설치내역서/보고서 협의 및 확정

운영시스템으로 도입된 하드웨어 및 시스템소프트웨어가 시스템 전환 계획에 정의된 사양과 수량, 구성 내역 등과 다르게 설치되고 배포될 가능성이 있으므로, 시스템 전환 계획 대비 준수 여부를 확인한다.

시스템설치내역서에 정의된 장비 설치 현황이 시스템설치계획서의 해당 내용과 일치하는지, 시스템소프트웨어는 제품별 라이선스 정보가 확보되었는지, 시스템설치내역서에 장비의 설치 현황 관련 사진정보가 포함되었는지, 시스템설치내역서를 기준으로 실제 설치된 장비의 물리적 현황을 실증 검토하여 설치된 내역과 일치하는지 확인한다. 시스템 설치 결과가 시스템전환(설치)결과서에 반영되어 사용자에게 보고되었는지, 설치된 시스템의 요구 기준 달성 여부를 검증하기 위한 설치시험이 되었는지, 시스템설치내역서가 첨부된 시스템전환(설치)결과서가 사용자에게 보고되었는지 확인한다.

설치된 하드웨어 장비의 경우 사양이나 수량의 변경이 발생할 수 있으므로 도입 장비보다 최소한 동급 이상의 사양인지 확인하고, 변경된 사유를 파악하여 타당성을 검토한다. 설치된 시스템 소프트웨어의 경우, 유지보수 기간을 고려하여 라이선스 확보가 미흡한 사례가 많으므로, 납품확인서를 기반으로 향후 제품 라이선스 확보에 문제가 없는지를 확인하여야 한다. 하드웨어 장비가 설치된 실장도를 기준으로 실제 설치된 위치를 방문 확인할 경우, 장비에 대한 전원공급, 케이블링 상태나 보호시설의 설치 여부 등도 함께 확인한다.

<사례 259> 시스템설치내역서/보고서 작성 사례

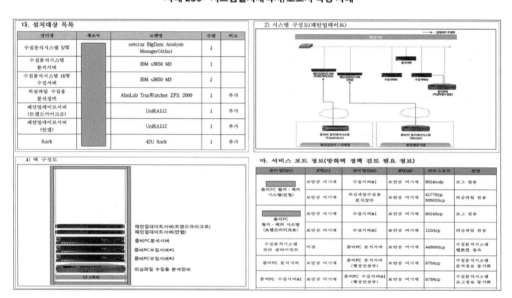

③ 소프트웨어 배포 정책 협의 및 확정

구축 완료된 응용소프트웨어의 최종 버전이 사용자 접근권한에 맞게 배포되지 않을 가능성이 있으므로, 응용소프트웨어 배포정책과 자동 배포관리 기능을 기준으로 시스템 전환 계획 대비 준수 여부를 확인한다.

응용소프트웨어가 사용자의 접근권한에 맞게 배포되었는지, 응용소프트웨어 사용에 필요한 부가적인 모듈이 설치되었는지, 응용소프트웨어 기능 개선 등으로 인해 변경된 프로그램이 정상적으로 설치되는지 확인한다. 클라이언트/서버 환경에서 응용소프트웨어 자동 배포관리 기능이 미흡한 경우, 시스템 시작 시 아래와 같은 문제점이 발생할 가능성이 있다.

• 클라이언트 단말기에 설치된 응용소프트웨어와의 버전 비교가 부정확하여 배포 대상 프로그램이 설치되지 않음
• 변경된 모듈 또는 콘텐츠만 배포되지 않고 매번 전체 프로그램이 배포됨에 따라, 시스템 시작 시 과다한 시간이 소요됨

배포를 위한 통신방식과 전송량 등의 선정에 따라 배포 시 전체적인 소요 시간이 다양하게 나타날 수 있으므로, 배포 속도를 최적화할 필요가 있다.

<사례 260> 소프트웨어 배포 정책 작성 사례

No.	업무명	그룹명	관련 소스	관련 설정파일명
2	로그인웹	일반로그인	egovframework.com.uat.uia.* /WEB-INF/jsp/egovframework/com/uat/uia/EgovLoginUsr.jsp /WEB-INF/jsp/egovframework/com/uat/uia/EgovIdPasswordSearch.jsp /WEB-INF/jsp/egovframework/com/uat/uia/EgovIdPasswordResult.jsp	/resources/sqlmap/com/uat/uia/*.xml
3	개인정보수정	기본정보	egovframework/com/uss/umt.* /WEB-INF/jsp/egovframework/com/uss/umt/EgovMberMyPage.jsp	/resources/egovframework/sqlmap/com/uss/umt/EgovMberManage_SQL_Oracle.xml
		개인업적정보	egovframework/com/uss/minfo.* WEB-INF/jsp/egovframework/com/uss/minfo/*.jsp	resources/egovframework/sqlmap/com/uss/umt/EgovMberManage_SQL_Oracle.xml
4	권한관리웹	권한관리	kr/or/khidi/cmm/aif.* WEB-INF/jsp/egovframework/pms/cmm/comtnauthorinfo/*.jsp	resources/egovframework/sqlmap/com/cmm/comtnauthorinfo/Comtnauthorinfo_SQL.xml
5	메뉴관리웹	메뉴목록관리	kr/or/khidi/cmi.* WEB-INF/jsp/egovframework/pms/cmm/comtnmenuinfo/*.jsp	resources/egovframework/sqlmap/com/cmm/comtnmenuinfo/Comtnmenuinfo_SQL.xml
		프로그램관리	kr/or/khidi/cmm/prgm.* WEB-INF/jsp/egovframework/pms/cmm/comtnprogrmlist/*.jsp	resources/egovframework/sqlmap/com/cmm/comtnprogrmlist/Comtnprogrmlist_SQL.xml

④ 운영환경 설치 및 배포결과 검토

PMO는 발주기관과 협의 및 확정한 내용을 바탕으로 운영환경 설치 및 배포결과를 검토 후 검토보고서를 작성한다. 검토된 내용이 기준에 부합하지 않거나 아래 사항 등의 경우 신중하게 검토하여 의견을 제시한다.

• **누락 여부 검토:**
  - 운영시스템 전환의 제반 사항 중 현황분석, 목표시스템 구성, 설치작업 내역, 설치 세부 일정과 절차 등 중요 사항 누락 여부

- **부합 여부 검토:**
  - 도입된 장비, 시스템소프트웨어, 응용소프트웨어와 시스템 전환 계획과의 일치 여부
- **보고 여부 검토:**
  - 시스템 설치 결과가 사용자에게 보고되었는지 여부

⑤ 운영환경 설치 및 배포결과 조정작업

PMO는 발주기관 및 수행사에 PMO 검토보고서 작성 내용을 설명하고, 잘못된 검토 내용이 있는지 확인한다. 검토된 내용이 기준에 부합하지 않거나 발주기관의 수정 요청이 있는 경우 내용을 조정한다.

4.1.4 종료단계 기능점수 적정성 검토

4.1.4.1 개요

1) 정의

기능점수(Function Point)는 논리적 설계에 기초하여 사용자에게 제공되는 소프트웨어의 기능 규모를 정량적으로 표현하는 단위이다. 기능점수 방식이란 사용자의 업무적 요구사항에 대해 제공하는 소프트웨어의 기능을 논리적 관점에서 식별하여 사용자 관점에서 소프트웨어의 규모를 측정하는 방법으로, 소프트웨어 기능 유형별 수량과 성능 및 품질 요인들의 영향도를 고려하여 소프트웨어의 규모를 측정하는 방법이다. 기능점수 점검은 사업자가 산출한 기능점수가 「SW사업 대가산정 가이드」의 기능점수 산출방식에 의해 적정하게 산출되었는지를 검토하는 활동이다.

■ 기능점수 산출 구성요소

기능점수는 데이터 기능과 트랜잭션 기능으로 구분한다. 데이터 기능은 내부논리파일, 외부연계파일로 구성된다. 트랜잭션 기능은 외부입력, 외부출력, 외부조회로 구분하여 각 기능의 기능점수를 산출한다.

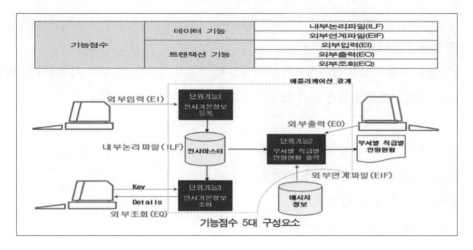

기능점수 5대 구성요소

■ 기능점수 산출방식

기능점수 산출방식은 간이법(평균복잡도)과 상세법(정통법)이 있다. 사업착수 단계에서는 간이법을 사업종료 시에는 상세법을 사용한다.

- **간이법:** 기능의 복잡도를 판단하기 어려운 경우 적용하는 방법으로 계산 절차는 상세법과 유사하나 기능점수 산정 시 기능 유형별 평균복잡도를 적용하여 기능점수를 산출한다. 통상적으로 기획 및 발주단계에서의 기능점수 측정에 사용된다.
- **상세법:** 소프트웨어의 기능을 도출하고, 각 기능의 유형별 복잡도를 고려하여 정확한 기능점수 산정이 필요할 때 사용되는 일반적인 방법이다. 통상 소프트웨어 개발 공정상 설계공정 후 사용된다.

■ 기능점수 방식의 SW 개발비 산정

기능점수 방식에 의한 SW 개발비는 크게 소프트웨어 개발 원가, 직접경비, 이윤의 세 부분으로 구성된다. 소프트웨어 개발 원가는 기능점수로 측정되는 소프트웨어 개발 규모에 기능점수당 단가를 곱하고 여기에 보정계수를 곱하여 산정한다.

2) 목적

기능점수 점검의 목적은 사업자가 산출한 기능점수가 「SW사업 대가산정 가이드」에서 정한 기능점수 방식에 따라 적정하게 산출되었는지 점검하여 제안요청서에 첨부된 기능점수 산출이 시스템 구현으로 충족되었는지를 확인하는 데 있다.

3) PMO 중점 관리항목

기능점수 점검의 중점 관리항목은 「SW사업 대가산정 가이드」에 따라 기능점수를 적정하게 산출하였는지를 점검하는 데 있으며, 주요 관리항목은 아래와 같다.

- 기능점수 산출 적정성 여부
  - 측정범위 및 경계 설정 적정성 여부
  - 데이터 기능 산출 적정성 여부
  - 트랜잭션 기능 산출 적정성 여부
  - 재개발 기능 산출 적정성 여부
  - 보정계수 적용 적정성 여부
- 과업 변경 내용이 기능점수 산출에 반영되었는지 여부
- 종료단계의 기능점수가 착수단계의 기능점수를 충족하는지 여부

4.1.4.2 기능점수 점검 절차

1) 기준

기능점수 점검기준은 프로젝트에서 개발된 규모를 측정하는 기능점수가 「SW사업 대가산정 가이드」에서 제시하고 있는 산출방식에 따라 적정하게 산출되었는지를 점검하는 것이며, 이를 통해 사업종료 시 착수단계의 기능점수 이상이 구현되었음을 점검한다.

2) 측정지표(*점검항목: 체크리스트)

기능점수 점검항목은 측정범위 설정의 적절성, 데이터 기능과 트랜잭션 기능 산출 적정성, 신규와 재개발기능 산출 적정성, 보정계수 산출의 적정성 등을 점검한다.

<표 207> 기능점수 점검 절차에 대한 측정지표

점검항목	점검 내용
1. 측정범위 및 경계 설정	애플리케이션 경계 설정의 적정성 여부 측정대상 애플리케이션과 다른 애플리케이션 또는 외부 사용자 간의 경계 설정의 적절성

점검항목	점검 내용
2. 데이터 기능 식별	내부논리파일 식별의 적정성 여부 내부논리파일이 내부논리파일의 식별기준에 적합하게 산출되었는지 여부 외부연계파일 식별의 적정성 여부 외부연계파일이 외부연계파일의 식별기준에 적합하게 산출되었는지 여부 데이터 기능 산출시 RET, DET 산출의 적정성 여부
3. 트랜잭션 기능 식별	트랜잭션 기능 식별의 적정성 여부 단위 프로세스 요건 충족 여부 트랜잭션 유형 식별 적정성 여부 FTR, DET 식별 적정성 여부
4. 재개발 기능 산출	신규와 재개발 기능 식별 적정성 여부 신규, 수정 후 재개발, 수정 없는 재개발 식별의 적정성 여부 재개발 기능의 변경률 반영 적정성 여부
5. 보정계수 산출 적정성	보정계수 산출 적정성 여부 규모, 연계 복잡성, 성능요구 수준, 운영환경 호환성, 보안성 보정계수 적용 적정성 여부

3) 절차(점검 방법)

기능점수 점검은 사업자로부터 기능점수 산출 파일과 관련 산출물을 제출받아 아래의 점검항목에 대해 점검을 수행한다. 점검 수행 후 발견된 문제점에 대해 사업자와 공유하여 확인한 후 사업자로부터 수정 후 기능점수 산출 파일을 제출받아 사업 완료 후 최종 기능점수가 착수단계 기능점수를 충족하는지 확인한다.

① 기능점수 점검항목별 주요 점검 내용
- 측정범위 및 경계 식별의 적정성
  - 애플리케이션 경계 설정에 따라 기능점수가 달리 산출됨에 따라 애플리케이션 경계 설정은 기능점수 산출의 신뢰성을 위한 핵심 활동
  - 애플리케이션별 측정된 기능점수를 합쳐서 총 기능점수를 산출함
  - 애플리케이션 경계 설정에 따라 내부논리파일과 외부연계파일이 상이하게 식별되어 애플리케이션을 적게 설정하면 기능점수가 과대 계산되게 됨
  - 애플리케이션은 기능점수 산출 파일의 애플리케이션명과 시스템구성도의 애플리케이션 구성을 비교하여 적정성을 점검함

- 데이터 기능 식별의 적정성
  - 내부논리파일은 측정대상 애플리케이션에서 유지되는 파일이고, 외부연계파일은

측정대상 애플리케이션에서 유지되지 않고 참조만 되는 파일임

- 엔티티 종속성이 있는 엔티티들은 관련된 엔티티와 묶어 1개의 기능으로 산정함
- 측정범위 내에서 존재하는 엔티티는 원칙적으로 제3정규화 수준이 준수되어야 함
- 논리파일 식별 대상에서 제외되어야 할 데이터 그룹
  - ☑ 임시파일, 정렬 파일, 인덱스파일, 조인 파일, 일반적인 백업파일 등
  - ☑ 식별된 논리파일의 다양한 물리적 복사 파일(동일 파일의 반복)
  - ☑ 화면 또는 보고서 출력을 위한 추출 파일
  - ☑ 기술적 이유로 도입된 코드 파일
  - ☑ 키로만 구성된 관계파일
- 레코드요소유형(RET: Record Element Type), 데이터요소유형(DET: Data Element Type)이 적절한지 점검함
  - ☑ RET는 서브 그룹 수(예: 직원 정보에 직원 부양가족 정보가 연계되어있는 경우, 내부논리파일은 1개로 RET는 2개로 산정함)
  - ☑ DET는 사용자의 인식 가능하고 반복되지 않는 유일한 속성
- 데이터 기능 식별은 엔티티관계도, 인터페이스정의서 등을 통해서 확인함

- ■ 트랜잭션 식별의 적정성
  - 트랜잭션 기능은 내부논리파일과 외부연계파일을 활용하여 사용자에게 정보 등록, 수정, 삭제, 조회, 출력 등 일련의 데이터 처리와 관련된 기능을 제공하는 외부입력/외부출력/외부조회 단위 프로세스임
  - 트랜잭션 기능이 단위 프로세스 요건을 준수하는지 점검함
    - ☑ 단위 프로세스 요건: 사용자에게 의미 있고 자기 완결적이며 비즈니스를 일관된 상태로 유지할 수 있는 완전한 트랜잭션을 구성하는 사용자의 기능적 요구사항의 가장 작은 단위 활동
  - 기능유형(EI, EO, EQ)이 기능유형 식별기준에 따라 적절한지 점검함
  - 참조파일유형(FTR: File Type Reference)과 DET 수가 적절한지 점검함
    - ☑ 참조파일유형(FTR)은 트랜잭션 기능에 의해 읽히거나 유지되는 내부논리파일 또는 트랜잭션 기능에 의해 읽히는 외부연계파일로 외부입력/외부출력/외부조회 프로세스 처리 과정에서 참조되는 내부논리파일 및 외부연계파일 각각을 하

나씩의 참조파일유형으로 식별함

☑ 데이터요소유형(DET)은 트랜잭션 기능이 수행되는 동안 경계로 넘나드는 사용자가 인식할 수 있는 유일하고 반복되지 않는 각 속성을 하나씩 데이터요소유형으로 식별함

☑ 다음은 데이터요소유형으로 식별하지 않음

· 보고서 제목, 화면이나 패널ID, 열 제목, 속성 제목과 같은 리터럴

· 날짜와 시간속성과 같은 애플리케이션이 생성하는 스탬프

· 페이지 설정 변수나 페이지 번호, 위치정보

· '이전', '다음', '처음', '마지막' 같은 네비게이션 보조 수단

· 트랜잭션 기능에 의해 경계 내부에서 생성된 속성 그리고 경계를 넘지 않고 내부 논리파일에 저장되는 속성

· 내부논리파일이나 외부연계파일로부터 검색되거나 참조되지만, 경계를 넘지 않고 처리되는 속성

■ 재개발 기능 식별의 적정성

• 소프트웨어 재개발은 개발된 소프트웨어 일부를 다시 개발하거나, 발주자가 보유한 소프트웨어 자산을 재사용한 개발을 말함

• 소프트웨어 재개발은 신규기능 추가, 기존기능 재사용(수정 후 재사용 및 수정 없이 재사용)의 활동을 수행함. 수정 후 재사용에는 기능변경과 기능삭제가 포함되나 비용 산정에서는 기능변경 부분만을 대상으로 함

☑ 재개발 소프트웨어 기능 = 신규개발 기능 + 수정 후 재사용 기능 + 수정 없이 재사용 기능

☑ 신규개발 기능은 기존 소프트웨어에 존재하지 않아 새롭게 추가되는 기능을 의미함

☑ 수정 후 재사용 기능은 기존 소프트웨어에 존재하는 기능 중 분석/설계/구현/시험 단계에서 변경이 일어나는 기능이며, 기존 재사용 대상 기능으로부터 산정됨

☑ 수정 없이 재사용 기능은 기존 소프트웨어 기능에서 설계 및 코드의 변경이 일어나지는 않으나 소프트웨어 통합 및 시험이 반드시 요구되는 기능임. 단, 재사용 대상 시스템에 직접적인 영향을 미치지 않거나 관련이 없는 시스템에서 개발된 기

능들의 재사용과 재사용 업무 특성상 발주자가 명확하게 시험을 요구하는 기개발된 기능의 재사용을 말함

☑ 수정 없이 재개발 소프트웨어 규모 = 수정 없이 재사용 대상 소프트웨어 규모 × 시험 단계 비율 범위 안에서 적용(0~25%)

☑ 수정 후 재사용 기능 규모란 기존의 재사용 대상 소프트웨어의 기능 중 수정이 필요한 기능의 규모를 의미하는 것으로서, 기능변경 규모를 산정하고 재사용 난이도를 적용하여 산정함

☑ 기능변경 규모는 기능변경률에 기능변경 영향계수를 적용하여 산출하고, 재사용 난이도는 '구조화 및 애플리케이션 명확화 정도'와 '문서화 및 소스코드 서술화 정도'로 산출함

　☑ 기능변경 영향계수는 기능점수 변경률이 33% 이하는 0.25, 변경률이 33%를 초과하고 66% 이하는 0.5, 변경률이 66%를 초과이면 0.75로 산정함

- **보정계수 산출의 적정성**
  - 규모, 연계 복잡성, 성능요구 수준, 운영환경 호환성, 보안성 수준에 따른 보정계수를 적절히 적용했는지 점검함
  - 규모 보정계수 = 0.4057 x ($\log_e$(기능점수) − 7.1978)^2 + 0.8878(단, 500FP 미만 시 1.28, 3,000FP, 초과 시 1.153을 적용)
  - 애플리케이션 복잡도 보정계수

② 기능점수 산출 적정성 확인
  - 기능점수 산출이 점검항목별로 적정성을 점검한 후 사업자와 발견된 문제점을 공유하고 확인함
  - 과업 변경사항이 기능점수 산출에 반영되었는지를 점검함
  - 발견된 문제점을 수정한 최종 기능점수가 착수단계 기능점수를 충족하는지 점검함
  - 기능점수 산출 템플릿은 산식에 오류가 없는지 적정성을 점검함
    ☑ 기능점수 산출 템플릿은 소프트웨어산업협회 홈페이지(www.sw.or.kr)에 게시되어 있음(소프트웨어산업협회(www.sw.or.kr) > 사업지원 > 수발주지원 > 사업대가 > 자료실)
    ☑ 애플리케이션명, 단위 프로세스명(기능명), FP유형, RET/FTR, DET, 재사용 유형,

FTR변경량, DET변경량을 기술하면 기능점수가 자동 계산되어 산출됨

☑SW 개발비 간이법, SW 개발비 상세법, SW 재개발비 간이법, SW 재개발비 상세법으로 구분되어 산출양식이 제공됨

<사례 262> 기능점수 보정 요인

보정요인	난이도 수준	확인
연계 복잡성 수준	1. 타기관 연계 없음	0.88
	2. 1~2개의 타 기관 연계	0.94
	3. 3~5개의 타 기관 연계	1.00
	4. 6~10개의 타 기관 연계	1.06
	5. 10개를 초과하는 타 기관 연계	1.12
성능 요구수준	1. 응답성능에 대한 특별한 요구사항이 없다.	0.91
	2. 응답성능에 대한 요구사항이 있으나 특별한 조치가 필요하지 않다.	0.95
	3. 응답시간이나 처리율이 피크(PEAK) 타임에 중요하며, 처리 시한이 명시되어 있다.	1.00
	4. 응답시간이나 처리율이 모든 업무 시간에 중요하며, 처리 시한이 명시되어 있다.	1.05
	5. 응답성능 요구사항이 엄격하여, 설계 단계에서 부터 성능 분석이 요구되거나 설계 및 구현 단계에서 성능분석도구가 사용된다.	1.09
운영환경 호환성	1. 운영환경 호환성에 대한 요구사항이 없다.	0.94
	2. 운영환경 호환성에 대한 요구사항이 있으며, 동일 하드웨어 및 소프트웨어 환경에서 운영되도록 설계된다.	1.00
	3. 유사한 운영환경 호환성에 대한 요구사항이 있으며, 유사 하드웨어 및 소프트웨어 환경에서 운영되도록 설계된다.	1.06
	4. 상이한 운영환경 호환성에 대한 요구사항이 있으며, 이질적인 하드웨어 및 소프트웨어 환경에서 운영되도록 설계된다.	1.13
	5. 항목 4에 더하여 일반적인 산출물 이외에 여러 장소에서 원활한 운영을 보장하기 위한 운영 절차의 문서화와 사전 모의훈련이 요구된다.	1.19
보안성 수준	1. 암호화, 웹취약점 점검, 시큐어코딩, 개인정보 보호 등 1가지 보안 요구사항이 포함되어 있다.	0.97
	2. . 2가지 이상의 보안 요구사항이 포함되어 있다.	1.00
	3. . 3가지 이상의 보안 요구사항이 포함되어 있다.	1.03
	4. . 4가지 이상의 보안 요구사항이 포함되어 있다.	1.06
	5. 5가지 이상의 보안 요구사항이 포함되어 있다.	1.08

기능점수 산정

신규개발	7.00 FP
기능변경	22.75 FP
기능삭제	측정 비대상
수정없이 재사용	12.00 FP

EIF = 관리주체가 외부에 있으므로 기능변경 측정 대상이 아님에 유의

기능명				데이터 및 트랜잭션 기능			FP 산출		재사용유형	FTR 변경전	DET 변경전	FTR 변경률	DET 변경률	기능 변경률	영향 계수	재사용 기능점수
①어플리케이션명	②세부 업무명	③단위프로세스명	단위프로세스 설명	④FP유형	⑤RET/FTR	⑥DET	⑦복잡도	⑧가중치								
총무시스템	회의실관리	회의실 사용신청 정보	회의실 사용신청 내역 정보	ILF	1	20	L	7.0	기능변경		10		50.0%	50.0%	0.50	3.50
총무시스템	회의실관리	회의실 사용실적 정보	회의실 사용실적 저장 정보	ILF	1	15	L	7.0	기능변경		5		33.3%	33.3%	0.50	3.50
총무시스템	회의실관리	회의실 정보	회의실 관리 정보	ILF	1	10	L	7.0	기능삭제							
회계시스템	회의실대여	회의실대여	회의실대여 비용정보	ILF	2	15	L	7.0	기능변경		3		20.0%	20.0%	0.25	1.75
총무시스템	회의실관리	회의실 신청 등록	회의실 신청을 등록한다.	EI	2	27	H	6.0	기능변경		3		11.1%	11.1%	0.25	1.50
총무시스템	회의실관리	회의실 신청 수정	회의실 신청을 수정한다.	EI	2	22	H	6.0	기능변경		3		13.6%	13.6%	0.25	1.50
총무시스템	회의실관리	회의실 신청 삭제	회의실 신청내역을 삭제한다.	EI	2	5	A	4.0	기능변경	1		50.0%		50.0%	0.50	2.00
총무시스템	회의실관리	회의실 대여료 계산	회의실 대여료를 계산한다.	EO	2	7	A	5.0	기능변경		2		28.6%	28.6%	0.25	1.25
총무시스템	회의실관리	회의실 신청 조회	회의실 신청내역을 조회한다.	EQ	2	30	H	6.0	기능변경		1		3.3%	3.3%	0.25	1.50
사용자 메뉴	서비스 가이드	FAQ	FAQ	ILF	1	5	L	7.0	신규개발							
사용자 메뉴	서비스 가이드	FAQ 등록	FAQ를 등록한다.	EI	1	7	L	3.0	수정없이 재사용							

○ 재개발비 산정   (단위 : 원)

신규개발	신규개발 기능 규모				7.0 FP		
수정없이 재사용	수정없이 재사용 대상 기능 규모		12.0 FP		시험단계 비율 (0~25%)		25%
	수정없이 재사용 기능 규모				3.0 FP		
수정 후 재사용	기능변경 규모				22.75 FP		
	재사용 난이도		1.28	구조화 및 애플리케이션 명확화 정도	40	어려움	
				문서화 및 소스코드 서술화 정도	30	보통	
	수정 후 재사용 기능 규모				29.1 FP		
재개발 기능 규모	39.1 FP				기능점수당 단가		553,114
보정전 재개발원가	21,637,820						
보정계수	규모	연계복잡성		성능		운영환경 호환성	보안성
	1.2800	0.94		1.00		1.00	1.00
보정후 재개발원가	26,034,625						
직접경비	11,100,000,000						
이윤	25%	6,508,656					
재개발 사업대가 (부가세 별도)	11,132,543,281						

4.1.4.3 사례

1) 애플리케이션 경계 설정 사례

<사례 264> 업무표준분류체계 기반 적용

예를 들면, A기관은 내부업무 전산화를 위해 통합 시스템을 개발하고자 한다. A기관에서 발주한 정보화 사업은 발주사업 단위로 보면 20개 이상의 사업으로 구분할 수 있다. 그러나 A기관의 EA사업 수행결과 업무분류체계에 의하면 경영지원, 건설협업, 사업관리, E-감사, 공급 및 수납, 보상관리, 관리회계, 포털, 지식관리, 공통업무 등으로 구분되었다. 따라서 A기관의 애플리케이션 경계는 A기관의 업무분류체계를 기반으로 다음과 같이 경계를 정의할 수 있다.

경영지원	건설협업	사업관리	E-감사	공급/수납
보상관리	관리회계	포털	지식관리	공통업무

<사례 265> 적절한 애플리케이션 경계 설정 팁

구분	올바른 경계	잘못된 경계 설정	
		지나치게 큰 경계	지나치게 작은 경계
애플리케이션 경계	• 인사 애플리케이션 • 회계 애플리케이션 • 총무 애플리케이션	• 관리 애플리케이션(인사, 회계, 총무 포함)	• 채용 애플리케이션(인사) • 평가 애플리케이션(인사) • 급여 애플리케이션(인사) • 연말정산 애플리케이션(인사) • 전표관리 애플리케이션(회계) • 수금관리 애플리케이션(회계) • 잔액관리 애플리케이션(회계) • 사옥관리 애플리케이션(총무) • 행사관리 애플리케이션(총무) • 시설관리 애플리케이션(총무)
기능점수 측정 영향도	합리적인 기능점수 산출	올바른 경계 대비 기능점수가 과소 산출	올바른 경계 대비 기능점수가 과대 산출
기능점수 산정 편차발생 이유		• 데이터 기능 식별 시 내부논리파일 및 외부연계파일이 올바른 경계대비 작게 식별	• 데이터 기능 식별 시 내부논리파일 및 외부연계파일이 올바른 경계대비 과대 식별

2) 데이터 기능 식별 사례

품질감사시스템의 엔티티관계도가 아래와 같을 때 데이터 기능 식별은 다음과 같다.

<사례 266> 프로젝트 품질감사시스템의 엔티티관계도

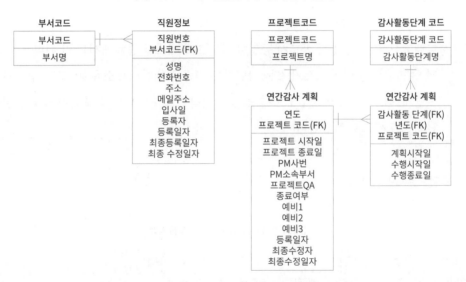

애플리케이션명	기능명		FP 유형
	세부 업무명	단위 프로세스(논리파일)명	
프로젝트 품질감사시스템	연간 감사 관리	프로젝트 코드 정보	코드데이터로 산정 제외
	연간 감사관리	연간 감사계획 정보	프로젝트 품질감사 시스템에서 유지되는 내부논리파일
	연간 감사관리	연간 감사 상세계획 정보	연간 감사계획 정보에 종속되는 정보로 별도의 데이터 그룹으로 식별되지 않음
	연간 감사관리	감사 활동 단계 코드	코드데이터로 산정 제외
인사 애플리케이션	인사관리	부서 코드	코드데이터로 산정 제외
	인사관리	직원 정보	프로젝트 품질감사 시스템 외부로부터 참조되는 외부연계파일

3) 트랜잭션 기능 식별 사례

- 물리적 화면과 트랜잭션 기능 식별

  ☑ 트랜잭션 기능에서 물리적 화면 한 개는 논리적 단위 프로세스 한 개와 일대일 관계를 형성하지 않을 수 있다. 즉 사용자의 요구로 한 개의 화면으로 개발된 어떤 정보를 입력, 수정, 삭제, 조회하는 기능의 경우, 물리적 화면 1개는 논리적 사용자 관점에서는 4개의 단위 프로세스로 식별된다.

  ☑ 복수 개의 입력이나 출력화면이 하나의 단위 프로세스로 식별될 수 있다. 즉 사용자 요구에 따라 개발된 어떤 조회기능이 사용자에게 보여줄 정보 속성 또는 필드가 많아서 물리적으로 여러 개 탭으로 해당 정보를 보여줄 수 있다. 이런 경우 하나의 단위 프로세스는 다수의 물리적 화면으로 해당 정보를 제공한다.

- 단위 프로세스 의도 파악 및 중복 식별기준

  ☑ 트랜잭션 기능을 외부입력/외부출력/외부조회로 구분하기 전 사전에 반드시 단위 프로세스 요건의 충족 여부를 확인하고 기능유형은 각각의 단위 프로세스 주요 의도로 파악해야 한다.

  ☑ 트랜잭션 기능 식별 시 반드시 동일한 단위 프로세스를 중복해서는 안 된다. 중복되지 않고 유일한 단위 프로세스를 식별하는 기준은 데이터요소유형(DET), 참조파일유형(FTR), 처리 로직 3가지 요건 중 한 가지라도 상이하다면 중복되지 않고 유일한 단위 프로세스로 식별한다.

4) 단위 프로세스 식별 적용 사례

<사례 267> 단위 프로세스 식별 적용 사례

용어	적합	부적합	해설
데이터적재	EI	EO,EQ	데이터적재는 EI로 신청하는 것이 타당함
업로드	EI	EO,EQ	파일 업로드 기능은 EI로 산정하는 것이 타당함
설정	EI	EA,EQ	설정은 ILF를 변경시키므로 EI로 산정하는 것이 타당함
발송	EQ	EQ	단순 발송은 EQ로 산정하는 것이 타당함
전송	EQ,EO	EI	전송기능은 EQ 또는 EO로 산정하는 것이 타당함
그래프	EQ	EQ	그래프는 일반적으로 EO로 산정하는 것이 타당함
다운로드	EQ	EI,EQ	다운로드는 EQ로 산정하는 것이 타당함
로그인	EQ	EI,EQ	암호검증 후 로그인은 EQ로 산정하는 것이 타당함

용어	적합	부적합	해설
로그아웃	-	EQ	단순 LOG-OUT은 기능에서 제외하는 것이 타당함
사용자인증	EQ	EI,EO	사용자 인증은 EO로 산정하는 것이 타당함
통계	EQ	EQ	통계기능은 EO로 산정하는 것이 타당함
코드	EQ	ILF	코드데이터는 기능에서 제외하는 것이 타당함
임시	-	ILF	임시파일은 기능에서 제외하는 것이 타당함
이력	-	ILF	이력정보는 기능에서 제외하는 것이 타당함
첨부	-	ILF	첨부는 단위 프로세스를 완료하지 못하므로 기능에서 제외하는 것이 타당함
로그	-	ILF	로그 데이터는 산정에서 제외
변환	-	산정됨	단순 파일의 형태 변환(HWP→ PDF)은 산정에서 제외

주제	외부 데이터 연계(검색기능)
내용	경계 밖에서 조회되는 데이터를 어떻게 측정할 것인가(예로 연말정산시 국민연금 데이터를 조회하는 경우)?
적용가이드	사용자의 업무기능에 따라 다를 수 있지만 일반적으로 데이터 기능과 트랜젝션 기능은 같이 연동되기 때문에 EIF 1개 + EQ(또는 EO) 1개로 산정한다.

주제	전송정보 저장 및 전송
내용	전송정보를 내부 DB에 저장 후 외부에 데이터를 전송하는 경우 어떻게 식별할 것인가?
적용가이드	하나이상의 내부논리파일(ILF)을 갱신하면서 정보를 준비하여 경계밖으로 보내는 경우는 외부출력(EO)으로 식별한다.

주제	모바일 버전 개발
내용	동일한 화면을 모바일 버전으로 개발되었다. 별도로 산정가능한가?
적용가이드	기술환경에 따라 분리되지만 애플리케이션 경계는 동일한 환경이다. 따라서 모바일 버전 개발시 기존의 웹어플리케이션에서 식별된 논리파일을 변경 없이 사용한다면 논리파일 식별 대상은 없으나, 동일 파일(FTR)이지만 화면의 필드(DET)가 변경될 경우 트랜잭션 기능은 별도로 산정할 수 있다.

주제	공통 모듈
내용	애플리케이션이 CCTV 보안, 경비보안, 통합관제 보안으로 구분되어 있고, 각각 애플리케이션 마다 사용자 인증 모듈이 공통으로 사용되고 있다. 이와 같은 공통모듈을 별도로 산정해야 하는가?
적용가이드	기본적으로 공통모듈은 여러 업무에서 공동으로 사용되는 기능을 하나의 모듈로 개발된 것이므로 별도로 산정하지 않는다. 즉, 화면이나 내부처리 로직이 같은 경우는 하나의 기능을 개발하여 재사용한 것이므로 공통 모듈은 하나의 기능으로 산정한다. 다만, 사용자의 요구 등에 의해 필드(DET)가 변경될 경우 별도로 산정한다.

5) 재개발 기능의 수정 없이 재사용 식별 사례

• 인사시스템 재개발 기능점수 산출 시 수정 없이 재사용 기능은 타 시스템(재사용 사업과 직접적 관련이 없는 시스템, 아래 예시에서 총무 시스템)에서 동작하는 특정 소프트웨어 기능(또는 모듈)을 말함. 기존 인사시스템에서 기존 개발된 기능의 재사용은 수정 없이 재사용 산출 대상이 아님

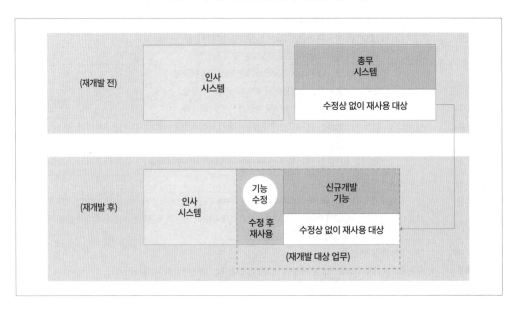

4.1.4.4 SW사업 정보 관리

1) SW사업정보저장소 제출

- 기능점수 산출 파일은 SW사업정보저장소(www.spir.kr)에 제출되어야 함. 「소프트웨어산업 진흥법」 제22조에 따라 국가기관 등에서 추진되는 발주 금액 1억 원 이상 SW사업은 SW사업 정보를 제출하여야 함
- 제출 시기(총 2회): 사업 계약 완료 후 1개월 이내 제출(1차 제출), 설계 완료 시점부터 사업종료(검수 완료) 전 1개월 이내 제출(2차 제출), 단, 유지관리 및 운영 사업이 다년 계약일 경우 연 1회 이상(1년 단위) 제출

2) 참고자료

- 「SW사업 대가산정 가이드」(2022년, 소프트웨어산업협회)
- 「국제표준기반 기능점수 산정 안내서」(2014년, 한국소프트웨어산업협회)

4.2 데이터베이스

4.2.1 초기 데이터 구축 및 전환결과 검토 및 조정

초기 데이터 구축 및 전환결과 검토 및 조정은 초기 데이터 구축과 데이터 전환이 적정

하게 이루어지고 검증되었는가를 검토하는 것이다. 시스템 운영을 위한 초기 데이터가 구축되고 기존 시스템에서 활용되던 데이터에 대한 전환이 적절하게 수행되고 검증되었는지를 검토하는 데 목적이 있다.

초기 데이터 구축 및 전환결과, 시스템 초기 데이터의 구축은 시스템 운영을 위한 기본적인 자료이다. 초기 데이터가 사용자들이 활용하기에 적절한 수준으로 구축되지 않으면, 사용자들의 시스템의 활용성이 저하된다. 또한, 기존 시스템에서 구축된 데이터들이 새롭게 구축된 시스템으로 전환될 필요성이 있는 경우 업무의 연속성 차원에서 데이터의 전환이 필수적이다. 따라서 PMO는 초기 데이터 구축 및 데이터 전환이 계획에 따라 적절하게 수행되었는지 확인한다.

1) 기준

초기 데이터 구축 및 전환결과 검토 및 조정의 기준은 데이터전환(구축)계획서, 데이터 매핑정의서, 데이터전환(구축)결과서 등이다. 사용자와 합의되지 않은 데이터 전환 업무 규칙을 근거로 기초 데이터가 구축되면 데이터의 무결성 확보가 미흡할 가능성이 있다. 이를 사전에 방지하지 않으면 데이터 전환 과정에서 오류가 발생할 수 있다. 특히 변동된 데이터의 전환 시 원시 데이터의 추출, 정제 및 적재 과정에서 데이터의 누락이 발생할 수 있다. 따라서 구축된 데이터의 정합성 확인은 초기 데이터 구축에 있어서 필수적인 요소이며 안정적인 응용시스템 적용을 위한 선행 작업이므로 산출물이 적정하게 작성되었는지 검토한다. 이를 통해 초기 데이터 구축과 데이터 전환이 적정하게 이루어지고 검증되었는가를 검토한다.

2) 측정지표(*점검항목: 체크리스트)

PMO는 초기 데이터 구축 및 전환결과 검토 및 조정을 위한 측정지표는 합의된 업무 규칙과 구축 대상 데이터 현황 관리, 기초 데이터 목표 수량 구축, 예외 사항 처리와 구축된 데이터 정합성 검증 수행 등의 점검항목을 활용한다. 점검항목은 <표 208>과 같이 점검항목별 점검결과(적합(O), 수정/보완(△), 누락(X), 제외(N/A))를 지표로 하여 점검한다.

번호	점검항목	점검결과(○,△,X,N/A)			PMO 검토 의견

1	• 기초 데이터 전환을 위한 업무 규칙이 합의되고 구축 대상 데이터 현황이 관리되고 확인이 되었는가?
	 1) 기초 데이터 구축과 전환을 위한 업무 규칙은 사용자의 요구사항을 바탕으로 정의되었는지 확인 여부
	  - 요구사항을 바탕으로 구축 대상 데이터의 특성에 맞는 전환 계획이 수립되었는지 확인 여부
	   · 데이터 전환 방법
	   · 전환 절차
	   · 전환 일정 등
	  - 데이터 전환(매핑) 로직을 최종적으로 사용자가 검증하였는지 확인 여부
	 2) 구축 대상 기초 데이터에 대한 목표 현황의 관리 확인 여부
	  - 구축 대상 데이터 정량적인 목표가 관리 여부 확인
	   · 입력 파일 수
	   · 테이블 수
	   · 데이터 건수 등
	  - 데이터 전환 방법과 전환 순서 유형별 목표 현황의 관리 여부 확인
	   · 전환 방법 유형: DB Link, 플랫파일(Flat File), ETCL(Extraction, Transformation, Cleansing, Loading) 등
	   · 전환 순서 유형: 선 이행, 일괄 이행 등
	  - 확보된 입력 데이터를 활용하여 목표 테이블에 구축될 예상 데이터 건수 산정 여부 확인				

2	• 변동 데이터의 전환을 포함한 기초 데이터 목표 수량이 구축되었는지 확인이 되었는가?
	 1) 사전에 계획된 기초 데이터의 구축 목표 수량이 구축 여부 확인
	  - 데이터전환계획서에 정의된 구축 목표 수량의 데이터전환결과서의 데이터 구축 결과와 일치 여부 확인
	  - 구축된 데이터 건수 목표 달성 여부 확인
	 2) 일정한 전환 주기별 변동 데이터의 전환이 정상적으로 수행되었는지 확인 여부
	  - 기운영중인 시스템의 변동된 데이터 전환 절차가 정의 여부 확인
	   · 전환 방법
	   · 전환주기
	   · 전환 일정 등
	  - 구축된 데이터 건수 목표 달성 여부 확인				

3	• 기초 데이터 구축 과정에서 예외 사항 처리와 구축된 데이터 정합성 검증이 수행되었는지 확인이 되었는가?
	 1) 구축된 데이터에 대한 정합성 검증이 수행되었는지 확인 여부
	  - 데이터 항목의 정합성 검증작업 수행 여부 확인
	   · 코드 변환의 정확성 검증
	   · 문자열 및 날짜 유형(Type) 변환의 정확성 검증
	   · 변환 결과의 논리적 정합성 검증
	   · 참조무결성(RI: Referencial Integrity) 검증
	   · 집계 값 검증
	   · 금액 검증
	   · 화면/장표 검증 등
	  - 전달된 데이터 정합성 검증작업 수행 여부 확인
	   · 원천 데이터와의 건수 비교 검증
	   · 전환 전후 데이터의 최초값 검증 등
	   · 정제된 데이터 정합성 검증작업을 수행 여부 확인
	   · 오류 데이터(Garbage Data) 확인
	   · 유효값 검증
	   · 코드 도메인(Domain) 검증
	   · 논리적 오류값 정제 여부 등
	 2) 데이터 구축 과정에서 발생하는 예외 사항을 확인하여 후속 조치가 적절한지 확인 여부
	  - 상세 오류 내역을 파악하기 위하여, 아래와 같은 정보를 확인할 수 있는 로그 정보, 화면조회 기능 등을 관리하고 있는지 확인 여부				

번호	점검항목	점검결과(○,△,X,N/A)	PMO 검토 의견
3	·오류 발생 위치 ·오류 유형 ·건수(입력/출력) ·합계(입력/출력) 등 - 예외 사항 발생 시 사전 정의된 문제점 해결 방법 및 절차에 준하여 조치 여부 확인 - 최근에 발생한 오류 사례를 선택하여, 오류 발생 시점부터 예외 사항 조치 절차 이행 여부를 확인 여부 ·오류정보 확인 ·해당 작업 재수행 ·후선 작업 수행 등		

3) 절차

PMO는 수행사가 제출한 산출물(데이터전환(구축)계획서, 데이터매핑정의서, 데이터전환(구축)결과서 등)을 기준으로 데이터전환(구축)계획서 협의 및 확정, 데이터매핑정의서 협의 및 확정, 데이터전환(구축)결과서 협의 및 확정, 초기 데이터 구축 및 전환결과 검토, 초기 데이터 구축 및 전환결과 검토 및 조정작업 등을 <그림 223>과 같이 초기 데이터 구축 및 전환결과 검토 및 조정절차에 따라 검토하고 조정작업을 한다.

<그림 223> 초기 데이터 구축 및 전환결과 검토 및 조정절차

Input	절차	Output
데이터전환(구축)계획서 데이터매핑정의서 데이터전환(구축)결과서	① 데이터전환(구축)결과서 협의 및 확정 ② 초기 데이터 구축 및 전환결과 검토 ③ 초기 데이터 구축 및 전환결과 검토 및 조정작업	PMO 검토보고서(*) (조정) 데이터전환(구축)계획서 (조정) 데이터매핑정의서 (조정) 데이터전환(구축)결과서

① 데이터전환(구축)결과서 협의 및 확정

PMO는 수행사가 제출한 데이터전환결과서를 기준으로 신규 시스템 개발에 따른 데이터 변환 대상을 식별한다. 또한 일정·절차·검증 방법 등을 확립하여 체계적이고 효율적인 데이터 변환 작업을 수행하고 있는지, 시스템 공개 일정에 부합하는 데이터 변환계획을 수립·수행함으로써 데이터 변환 작업으로 인한 일정 및 업무 공백을 방지하고 있는지, 시스템의 안정적이고 무결한 초기 데이터를 구축하여 향후 시스템 운영될 수 있도록 하기 위한 검증 결과가 적절히 작성되었는지 등을 대상으로 검토 및 조정한다.

_{위 내용 참고}

<사례 269> 초기 데이터 구축 결과 작성 사례

초기데이터	테이블명	테이블설명	구축방법	Key중복	NOT NULL	Data길이	Data Type	공백체크	완료일시	비고
∞ 마스터	SV00_AREA_MASTR	∞ 마스터	배치	정상	정상	정상	정상	정상	2020-05-22	
∞ 디테일	SV00_AREA_MASTR	∞ 마스터	배치	정상	정상	정상	정상	정상	2020-05-22	
∞ 마스터 정보	SHIP_T	∞ 마스터	연계	-	-	-	-	-	2020-06-18	연계정보, 해당사항 없음
∞∞ 표준 코드	PAS_CODE	∞∞ 표준코드	연계	-	-	-	-	-	2020-05-07	연계정보, 해당사항 없음
∞∞ 마스터 정보	PAS_MASTER	∞∞ 마스터	연계	-	-	-	-	-	2020-05-07	연계정보, 해당사항 없음
∞∞ 정보	PAS_PSSG_ROUTE_MSTR	∞∞ 마스터	연계	-	-	-	-	-	2020-05-07	연계정보, 해당사항 없음
∞∞ 정보	PAS_PSSG_ROUTE_DETAIL	∞∞ 디테일	연계	-	-	-	-	-	2020-05-07	연계정보, 해당사항 없음
∞∞ WAYPOINT	PAS_PSSG_ROUTE_WAYPOINT	∞∞ WAYPOINT	연계	-	-	-	-	-	2020-05-07	연계정보, 해당사항 없음
∞ 마스터	PM_SHIP_MASTR	∞ 마스터	연계	-	-	-	-	-	2020-06-03	연계정보, 해당사항 없음
∞ 코드	PM_COUNTRY_CODE	∞ 코드	연계	-	-	-	-	-	2020-06-03	연계정보, 해당사항 없음

<사례 270> 초기 데이터 이행결과서 작성 사례

초기데이터 이행결과서

제	분석통계 확대구축 및 DW 성능개선 사업	시스템명	진료상세 마트 구축	작성자	ooo	작성일	2022.11.22				
	테이블ID	테이블명	추출건수	추출검증값1	추출검증값2	추출검증값3	검증건수	검증검증값1	검증검증값2	검증검증값3	테
1 ODS	FMT_TBGJME10	oooo비용인수청구서	212,560	212,560	113,070,304		212,560	212,560	113,070,304		OK
2 ODS	FMT_TBGJME20	oooo비용인수명세서	113,070,304	113,070,304	4,319,470,458,090	1,004,222,128,560	113,070,304	113,070,304	4,319,470,458,090	1,004,222,128,560	OK
3 ODS	FMT_TBGJME30	oooo진료내역	952,005,867	952,005,867			952,005,867	952,005,867			OK
4 ODS	FMT_TBGJME40	oooo상병내역	196,963,971	196,963,971			196,963,971	196,963,971			OK
5 ODS	FMT_TBGJME50	oooo처방전교부내역	79,980,058	79,980,058			79,980,058	79,980,058			OK
6 ODS	FMT_TBGJME60	oooo처방전교부상세	163,334,869	163,334,869			163,334,869	163,334,869			OK
7 ODS	FMT_TBGJME90	oooo심사조정내역	5,261,774	5,261,774			5,261,774	5,261,774			OK
8 FACT	FMT_TBGJME_COM	oooo_공통정보	113,070,304	113,070,304			113,070,304	113,070,304			OK
9 FACT	FMT_TBGJME20_SUB	oooo비용인수명세서_부가정보	113,070,304	113,070,304			113,070,304	113,070,304			OK
10 FACT	FMT_TBGJME30_SUB	oooo진료내역_부가정보	952,005,867	952,005,867			952,005,867	952,005,867			OK

<사례 271> 이행검증결과서 작성 사례

이행검증 결과서

프로젝트명			시스템명	진료상세	작성자	ooo	작성일	2022.10.19				
구분	No	테이블ID	테이블명	추출건수	추출검증값1	추출검증값2	추출검증값3	검증건수	검증검증값1	검증검증값2	검증검증값3	검증
초기 데이터 이행 검증 결과	1	FMT_TBGJME10	oooo비용인수청구서	212,560	212,560	113,070,304		212,560	212,560	113,070,304		OK
초기 데이터 이행 검증 결과	2	FMT_TBGJME20	oooo비용인수명세서	113,070,304	113,070,304	4,319,470,458,090	1,004,222,128,560	113,070,304	113,070,304	4,319,470,458,090	1,004,222,128,560	OK
초기 데이터 이행 검증 결과	3	FMT_TBGJME30	oooo진료내역	952,005,867	952,005,867			952,005,867	952,005,867			OK
초기 데이터 이행 검증 결과	4	FMT_TBGJME40	oooo상병내역	196,963,971	196,963,971			196,963,971	196,963,971			OK
초기 데이터 이행 검증 결과	5	FMT_TBGJME50	oooo처방전교부내역	79,980,058	79,980,058			79,980,058	79,980,058			OK
초기 데이터 이행 검증 결과	6	FMT_TBGJME60	oooo처방전교부상세	163,334,869	163,334,869			163,334,869	163,334,869			OK
초기 데이터 이행 검증 결과	7	FMT_TBGJME90	oooo심사조정내역	5,261,774	5,261,774			5,261,774	5,261,774			OK
초기 데이터 이행 검증 결과	8	FMT_TBGJME_COM	oooo_공통정보	113,070,304	113,070,304			113,070,304	113,070,304			OK
초기 데이터 이행 검증 결과	9	FMT_TBGJME20_SUB	oooo비용인수명세서_부가정보	113,070,304	113,070,304			113,070,304	113,070,304			OK
초기 데이터 이행 검증 결과	10	FMT_TBGJME30_SUB	oooo진료내역_부가정보	952,005,867	952,005,867			952,005,867	952,005,867			OK
변경 데이터 이행 검증 결과	1	FMT_TBGJME10	oooo비용인수청구서	241,384	241,384	108,353,107		241,384	241,384	108,353,107		OK
변경 데이터 이행 검증 결과	2	FMT_TBGJME20	oooo비용인수명세서	108,353,107	108,353,107	4,271,422,307,600	966,915,919,700	108,353,107	108,353,107	4,271,422,307,600	966,915,919,700	OK
변경 데이터 이행 검증 결과	3	FMT_TBGJME30	oooo진료내역	919,280,478	919,280,478			919,280,478	919,280,478			OK
변경 데이터 이행 검증 결과	4	FMT_TBGJME40	oooo상병내역	185,920,811	185,920,811			185,920,811	185,920,811			OK
변경 데이터 이행 검증 결과	5	FMT_TBGJME50	oooo처방전교부내역	76,345,526	76,345,526			76,345,526	76,345,526			OK
변경 데이터 이행 검증 결과	6	FMT_TBGJME60	oooo처방전교부상세	148,874,605	148,874,605			148,874,605	148,874,605			OK
변경 데이터 이행 검증 결과	7	FMT_TBGJME90	oooo심사조정내역	4,156,659	4,156,659			4,156,659	4,156,659			OK
변경 데이터 이행 검증 결과	8	FMT_TBGJME_COM	oooo_공통정보	108,353,107	108,353,107			108,353,107	108,353,107			OK
변경 데이터 이행 검증 결과	9	FMT_TBGJME20_SUB	oooo비용인수명세서_부가정보	108,353,107	108,353,107			108,353,107	108,353,107			OK
변경 데이터 이행 검증 결과	10	FMT_TBGJME30_SUB	oooo진료내역_부가정보	919,280,478	919,280,478			919,280,478	919,280,478			OK

② 초기 데이터 구축 및 전환 결과 검토

PMO는 발주기관과 협의 및 확정한 내용을 바탕으로 초기 데이터 구축 및 전환 결과를 검토 후 검토보고서를 작성한다. 검토된 내용이 기준에 부합하지 않거나 아래 사항 등의 경우 신중하게 검토하여 의견을 제시한다.

<초기 데이터 구축 및 전환결과 필수 검토사항>

대용량 데이터의 변환 및 구축과정에서 예상되는 문제점을 해결하기 위해서는 기술적인 개선 방안 고려와 함께 기간계 시스템(Backbone System) 운영조직에서의 전폭적인 지원이 필수적이다.

- 시스템 구축팀이 데이터를 일괄 조회하여 데이터 수집하는 경우 과다한 시간이 소모되므로 기간계 시스템에서 데이터 분할 및 변경분 제공 등 운영조직의 협력이 필요. 기간계 시스템의 수집 대상 테이블 중 데이터 변경 시 관리 비율이 낮으면 변동분을 추출하는데 과중한 작업이 소요되므로, 향후 작업 부하의 증가를 고려하여 수집 데이터양 축소 검토(시스템과 데이터 중요도 등에 따라 선택적 결정)
- 불필요한 원시 데이터 추출 시간을 줄이고 데이터 정제 및 적재 효율을 높이기 위해서 근본적으로 원천시스템에서의 데이터 변경 관리를 점진적으로 확대하는 방안 검토
- 전환 프로그램을 활용하여 데이터 전환 및 신규 구축을 수행하는 경우, 아래와 같은 정보를 활용하여 구축 오류정보 확인
- 변환을 위한 자동 배치작업 결과 테이블 확인
- 개별 변환 프로그램 수행 결과 로그 정보 확인
- 데이터 변환용 임시 테이블의 결과 정보 검토
- 초기 데이터 구축 계획 및 기존 데이터 전환 계획 추가 검토사항:
  - 오류가 식별되는 경우, 오류의 원인을 파악하여 조치한 후 자동작업의 수행을 통한 후선작업의 재수행이 가능한지 확인

③ 초기 데이터 구축 및 전환결과 조정작업

PMO는 발주기관 및 수행사에 PMO 검토보고서 작성 내용을 설명하고, 잘못된 검토 내용이 있는지 확인한다. 검토된 내용이 기준에 부합하지 않거나 발주기관의 수정 요청이 있

는 경우 내용을 조정한다.

4.3 아키텍처

4.3.1 시스템 시험 결과 검토 및 조정

시스템 시험 결과는 시스템 시험의 계획에 따른 실시, 시스템 시험을 통해 성능 및 가용성, 보안성 검증, 시험 결과에 대한 관리/개선, 그리고 시스템 시험 결과를 반영한 시스템 최적화가 이루어졌는가 등을 검토하는 것이다.

시스템 시험이 계획된 부하 수준에서 목표한 성능을 만족하였으며 시험 방법과 절차가 적정하게 수행되었는지, 성능·가용성·보안성 측면에서 발견된 시스템 결함을 완전히 제거하였는지와 미조치 결함에 대해 시정조치 계획을 적절하게 수립하였는지, 시스템 시험 결과가 관리되고 시험 결과를 분석하여 프로그램에 반영하는 등 시험 후 프로그램 개선 활동이 이루어졌는지, 시스템 시험 결과를 토대로 시스템의 최적화 대상 선정과 계획수립을 통하여 적절하게 수행되었는지 등을 검토하는 데 목적이 있다.

계획에 따른 실시 측면에서 목표 성능 시스템 시험이 계획된 부하 수준에서 목표 수준에 도달하지 못하거나 시험 결과의 왜곡이나 절차 미준수로 인해 시험 결과의 신뢰도가 낮은 경우, 시험 결과를 확신할 수 없다. 또한 시스템 결함으로 인해 시스템 공개가 불가능하거나 시스템 공개 후 운영단계에서 시스템 중단 등의 심각한 장애로 이어질 수 있다. 따라서 PMO는 시스템 시험 계획에 따라 시험대상이 완전하게 수행되었으며 시험 활동이 적정하게 실시되었는지 확인한다.

성능·가용성·보안성 검증 측면에서 시스템 시험 결과가 목표한 성능을 만족하지 못하거나 목표 수준의 가용성 및 보안성을 확보하지 못하는 경우 운영단계에서 시스템 장애로 인한 업무 중단이나 현저한 업무 생산성 저하가 발생할 수 있다. 따라서 PMO는 운영단계에서 발생할 수 있는 성능·가용성·보안성 측면의 결함을 정확하게 식별하고 조치계획을 적절하게 수립하였는지를 확인한다.

시험 결과 관리 및 개선 측면에서 시스템 시험에 대해 시험유형별 시나리오, 적용데이터 결과가 관리되지 않으면 이후 재시험, 유지보수 시에 수행될 시험에 적용할 수 없어 시험의 효율성을 확보하기 어렵다. 따라서 PMO는 각종 시험 결과를 관리하고, 시험 결과에 따른 개선이 이루어졌는지 확인한다.

시스템 최적화 측면에서 시스템 시험을 통해 시스템의 최적화가 필요한 대상을 도출해야 한다. 시스템 최적화 계획 등이 적정하게 수립되지 않으면, 전체적인 시스템의 최적화를 달성할 수 없게 된다. 따라서 PMO는 시스템 최적화를 위한 튜닝 대상을 선정하고, 튜닝하기 위한 계획을 수립하여 최적화를 시행하였는지 확인한다.

1) 기준

시스템 시험 결과 검토 및 조정의 기준은 '시스템시험계획서', '시스템시험시나리오', '시스템시험결과서', '시스템시험결과평가서', '시스템보안정책서', '변경요청서', '시스템튜닝계획서', '시스템튜닝결과서'이다.

목표 성능 수준 미달성과 시험 결과 왜곡이나 절차 미준수로 인한 시험 결과 신뢰 불가와 오픈 불가능 또는 운영단계의 심각한 장애 발생을 예방하고, 성능·가용성·보안성 검증 미흡으로 인한 운영단계의 시스템 장애와 그에 따른 업무 중단을 방지하며, 시험 결과 관리 미비로 인한 재시험과 유지보수단계 시험 적용 불가에 따른 시험 효율성 미확보 문제, 그리고 시스템 최적화 대상 선정과 최적화 계획 미비로 인한 최적화 미달성 등의 문제를 예방하기 위하여 시스템 시험의 계획에 따른 실시, 시스템 시험을 통해 성능 및 가용성, 보안성 검증, 시험 결과에 대한 관리/개선, 그리고 시스템 시험 결과를 반영한 시스템 최적화가 이루어지는지 검토한다.

2) 측정지표(* 점검항목: 체크리스트)

PMO는 시스템 시험 결과 검토 및 조정을 위한 측정지표로 계획단계 정의된 내용에 의한 시험을 했는지 살펴보아야 한다. 이는 사용자 응답시간 및 서버 자원 사용률의 정확한 기록과 시험, 로그 분석 등을 통한 성능 상태 진단과 성능개선 요소 식별에 따른 시정조치 계획을 수립했는지 보는 것이다. 또한 최번(Peak) 시점 부하 환경의 시스템 정상 운영 여부에 대한 성능/부하/볼륨 시험, 비정상 장애 발생 시 목표 시간 내 정상 운영상태 복구 여부에 대한 신뢰성/복구시험, 보안 시험을 통한 시스템 또는 시스템 구성 요소와 응용프로그램 보안 요구사항 만족 여부, 특정 네트워크 구간 트래픽 또는 특정 업무 시간대 트래픽의 적정 수준 가용성 도달 여부, 시험 결과 및 사후관리, 시험 결과를 근거로 한 성능개선 대상 도출과 최적화 계획 작성 및 최적화 작업 수행 후 개선된 성능평가 수행 여부 등을 점검항목으로 측정해야 한다. 점검항목은 <표 209>와 같이 점검항목별 점검결과(적합(O), 수정/보완(△), 누락(X), 제외(N/A))를 지표로 하여 점검한다.

\<표 209\> 시스템 시험 결과 검토 및 조정에 대한 측정지표

번호	점검항목	점검결과(○,△,X,N/A)				PMO 검토 의견
1	• 시스템 시험 계획단계에서 정의된 내역에 의해서 시험했는가? 　1) 시험시나리오가 시스템 시험유형에 따른 계획된 시험 항목이 누락 없이 시험 　　했는지 확인 　　- 시스템시험계획서/시스템시험시나리오를 검토한 후 시스템결과서의 성능시 　　　험 결과를 검토 　　- 목표처리 건수 처리 시 시험 구간별 응답시간 추이 　　- 응답시간 지연 현상 발생 여부 　　- 평균/90%번째(90%th) 부하 사용자 응답시간 목표 응답시간 만족률 　　- 응답시간 지연업무 분석 및 개선 요소 도출 여부 　　- 부하 사용자 증가에 따른 응답시간 지연시간 추이 　　- 트랜잭션 분석을 통해 산정된 부하 트랜잭션량(TPS: Transaction Per Second) 　　- 최번(Peak) 시점 트랜잭션량 　　- 시스템별 적정 처리 건수 　　- 시스템별 목표 처리 건수 　　- 시스템시험계획서/시스템시험시나리오를 검토한 후 시스템시험결과서의 신 　　　뢰성 시험 결과 검토 　　- 서버 장애 대응 구성 현황 　　- 대외 인터페이스 장애 대응 구성 현황 　　- 각 서버 부하 분산 현황 　　- 시스템시험계획서/시스템시험시나리오를 검토한 후 시스템시험결과서의 보 　　　안성 시험 결과를 검토 　　- 서버 보안 현황(서버계정, 암호관리, 파일접근 권한 등) 　　- 네트워크 보안 현황(네트워크 분할 여부, 장비 암호 설정, 침입차단시스템, 방화벽 　　　도입 등) 　　- 응용시스템 보안 현황(기밀 데이터 암호화 적용, 프로그램 소스 라이브러리 접근제 　　　한, 사용자 암호관리 등) 　　- 데이터베이스 보안 현황(사용자그룹, 테이블스페이스 제한설정 등) 　　- 시스템시험계획서/시스템시험시나리오를 검토한 후 시스템시험결과서의 네 　　　트워크 가용성 시험 결과 검토 　　- 라우팅 프로토콜 구성 현황 　　- 세그먼트 분리 여부 　　- 각 네트워크 구간별 전송대역 현황 　　- 예외 사항(업무 폭주, 최번 시간)을 예상한 여유 용량 반영 여부 　　- 시스템 시험시나리오 수행 시 주요 배치프로세스 누락 여부 　　- 시스템 시험 결과에 계획단계의 모든 시험시나리오, 시험케이스 반영 여부 　2) 시스템 시험을 위한 시험 도구의 설정값과 시험환경에 대하여 검토 　　- 시스템 시험 전문 도구의 설정값의 명시 여부 　　- 휴지시간 조정(Think Time) 　　- 보안장비 연결 여부 　　- 동시부하사용자(Active User) 　　- SSO 로그인 사용자 수 (Single Sign On 사용 시) 　　- 랑데뷰 포인트 설정 여부 (Load Runner 사용 시) 등 　　- 시스템 계획단계의 동시부하사용자(Active User)를 기준으로 한 부하 발생 　　　여부 　　- 전문업체나 기관에 시험 결과 자문 의뢰 필요 여부					
2	• 정의된 시험 환경에서 사용자 응답시간 및 서버 자원 사용률이 정확히 기록되어 시험 되었는가? 　1) 계획된 시험환경과 수행 시의 시험환경의 동일 여부 확인 　　- 시스템시험계획서/시스템시험결과서의 데이터 설정내역 동일 여부 　　- 기초 데이터 입력 건수 　　- 트랜잭션 데이터 건수 　　- 데이터베이스 파라미터 정보 　　- 시스템시험계획서/시스템시험결과서의 응용시스템 및 인프라 환경 설정내 　　　역 동일 여부 　　- 하드웨어/소프트웨어/네트워크 스펙 　　- 응용시스템 버전					

번호	점검항목	점검결과(○,△,X,N/A)				PMO 검토 의견

2	2) 시험케이스 시험 결과와 서버 자원 사용률 시험 결과가 정상인지 확인
	  - 시스템 시험의 시험케이스 성공 여부에 대한 도구 또는 스크립트에 의한 확인 여부
	  - 수행 로그 분석
	  - 트랜잭션 내역 데이터베이스 조회
	  - 시스템시험결과서의 각종 서버 자원 사용률 로그 결과 이상 유무					

3	• 시험 수행 로그를 분석하여 성능 상태를 진단하고 성능 개선 요소를 식별하여 시정조치 계획을 적절히 수립하였는가?
	 1) 응답시간, 시스템자원 문제 등의 수행 로그를 분석하여 성능개선 요소를 적절하게 식별하였는지 확인
	  - 시스템시험결과서/시스템시험결과평가서의 응답시간 개선 요소 식별 및 시정조치 계획 수립 적정성 여부
	  - 응용시스템 로직
	  - SQL 튜닝
	  - 데이터베이스 파라미터 튜닝
	  - 시스템시험결과서/시스템시험결과평가서의 자원 사용률 개선 요소 식별 및 시정조치 계획수립 적정성 여부
	  - 시스템 병목구간 분석
	  - 부하 분산
	  - 자원 누수 현상 분석
	  - 연결(Connection) 관련 오류 분석
	  - 응답시간 지연 분석
	  - 하드웨어 문제점 분석
	 2) 시정조치계획에 의한 시정조치 수행 및 재시험계획을 수립하였는지 확인
	  - 식별된 개선 요소의 시정조치 완료 여부
	  - 시정조치 미완료 시 지연 사유 파악, 수행일정/기술적 이슈사항 검토 및 재시험계획 수립 여부
	  - 현상 분석
	  - 해결안
	  - 시정조치 일정					

4	• 최번(Peak) 시점 부하 환경하에서 시스템이 정상 운영되었는지 여부를 성능/부하/볼륨 시험을 통해 확인하였는가?
	 1) 서비스별 최종사용자 응답시간 결과가 요구되는 목표시스템 성능 수준에 부합되는지 확인
	  - 시스템시험계획서/시스템시험시나리오/시스템시험결과서/시스템시험결과평가서의 응답시간 지연업무 원인 분석 수행 여부
	  - 과다한 플래시(Flash)나 이미지 사용
	  - SQL 튜닝 미흡/응용시스템 로직 오류
	  - 서버 및 네트워크 부하 분산기능 미동작 등
	  - 시스템시험결과서의 시스템 운영에 심각한 영향을 줄 수 있는 업무 중 시험 일정 내 조치 불가능 이슈 여부
	  - 전반적인 응용시스템 로직 수정
	  - 추가적인 하드웨어 발주 필요
	  - 패키지 오류
	 2) 트랜잭션 내역 처리율 시험 결과가 요구되는 품질목표 대비 시스템 성능에 부합되는지 확인
	  - 시스템시험결과서/시스템시험결과평가서에서 트랜잭션양 증가 시 목표 응답시간 초과 업무 발생 여부와 원인 분석 수행 여부
	  - CPU 사용률 과다
	  - 메모리 부족
	  - 응용시스템 SQL 및 로직 오류
	  - 자원 부족에 따른 런큐(Run Queue) 수 과도
	  - 서버 및 네트워크 부하 분산기능 미동작 등
	  - 시스템결과서/시스템시험결과평가서 해결안의 시험 일정 기한 내 처리 가능성 여부					

번호	점검항목	점검결과(○,△,X,N/A)				PMO 검토 의견
5	• 비정상 장애 발생 시 목표 시간 내에 정상 운영상태로 복구되었는지 여부를 신뢰성/복구시험을 통해 확인하였는가? 1) 시험 결과의 평가항목, 시스템 구성 환경, 시험시나리오에 대한 상세 내역이 기술되었는지 확인 - 평가항목: 장애극복(Failover) 기능, 장애극복 시간 등 - 시험환경 - 데이터베이스 서버 프로파일: 시스템모델(System model), 운영체제(OS), 프로세서(Processors), 메모리(Memory), 네트워크(Network) - 저장장치 사양: 시스템모델(System model), 디스크 사이즈(Disk size), 디스크 대역폭(Disk Bandwidth), 컨트롤러(Controller) - 시험 도구 사양: 운영체제(OS), 프로세서(Processors), 메모리(Memory) - 소프트웨어 프로파일: 데이터베이스 인스턴스(Database Instance) 구성, 시험 도구 구성 - 가용성 평가 시나리오: 서버 장애(과부하, 전원 단절), 프로세스 장애 (프로세스 강제 종료) 2) 요구되는 목표 복구시간 내에 서버 및 인스턴스(Instance) 장애가 복구되는지 여부 및 미달성 시 원인 파악과 개선 조치가 되었는지 확인 - 장애극복 기능 정상 작동 여부 - 장애극복 시간: 목표 대비 서버 및 프로세스 장애 복구시간 시험 결과 - 개발팀 시험 결과 분석 및 검토 의견 - 시스템시험결과서/시스템시험결과평가서에서 목표 미달성 시 원인 파악과 개선 조치 수행 여부 - 네트워크 장애극복(Network Failover), 서비스 장애극복(Service Failover), 디스크볼륨 장애극복(Disk volume Failover) 중 장애극복(Failover) 지연 발생 영역 식별 여부 - 고가용성 클러스터웨어(High Availability Clusterware)의 스크립트 오류, 복구(recovery) 대상 데이터 양 과다, 복구시나리오 오류 등 명확한 원인 파악 여부 - 목표 미달성 원인에 대한 개선 조치 수행 여부와 재시험 계획 수립 여부					
6	• 시스템 또는 시스템 구성요소와 응용프로그램이 보안 요구사항을 만족하였는지 여부를 보안 시험을 통해 확인하였는가? 1) 적정수준의 취약성 점검을 수행하였는지 확인 - 시스템보안정책서/시스템시험결과서의 응용시스템 보안 취약성 점검 결과, 특히, 웹 환경의 일반적 보안 결함 점검 여부 - 시스템시험결과서의 기반 시스템 보안 취약성 점검 수행 여부 - 최신 보안 패치 적용 여부 - 공유 폴더의 "everyone" 권한설정 여부 - cmd.exe, autoexe.bat, explorer.exe 일반 유저그룹 권한 제거 여부 - 파일 및 개체 액세스, 사용자 권한 사용, 보안정책 바꾸기, 로그온 및 로그오프 이벤트에 대한 감사 정책 설정 여부 - 화면 보호기를 설치하여 운영: 암호 입력 적용, 화면 보호기 시간 적용 2) 데이터 보안 기능이 적절하게 구현되어 작동하는지 확인 - 고 보안성 데이터(계좌번호, 신용카드정보, 비밀번호 등)에 대한 시스템 권한설정에 의한 보호 및 필요시 암호화 저장 여부 - 보안이 중요한 서비스(개인정보제공, 전자지불 등)에 대한 사용자 인증 여부, 주요 데이터 접근 시 PKI 기반 인증서 사용 여부					
7	• 특정 네트워크 구간의 트래픽 또는 특정 업무 시간대 트래픽이 적정 수준의 가용성에 도달되었는지 네트워크시험을 통해 확인하였는가? 1) 시험 결과의 네트워크 구성 현황이 정상인지 확인 - 시스템시험결과서의 네트워크 구성 현황 확인 - 라우팅 프로토콜의 적정 구성 여부 - 네트워크 관리시스템의 적정 구성 여부 - 기존 시스템 활용방안을 토대로 구성되었는지 여부 - 세그먼트 분리의 적정성 여부 - 외부망(유관기관, EDI, 정부공공기관망, 금융망 등)과 연계의 적정성 여부 - 시스템시험결과서의 네트워크 용량 현황 확인 - 네트워크 장비/회선 용량(속도, 포트 수) 산정 기준 타당성 여부					

번호	점검항목	점검결과(○,△,X,N/A)			PMO 검토 의견
7	- 각 구간별 전송대역 산정 적정성 여부 - 예외 사항(업무 폭주, 최번 시간 등) 예상과 충분한 여유 용량 반영 여부 - 시스템시험결과서의 네트워크 보안성 현황 확인 - 라우터에 패킷 필터링 적용 여부 - 장비에 대한 사용자 접근제한 설정 여부 2) 시험 결과의 네트워크 장애 대비 및 최적화 현황 확인 - 시스템시험결과서의 장애 대비 현황 확인 - 장비 및 모듈의 효과적인 이중화 구성 여부 - 통신 회선 구성 시 백업 고려 여부 - 시스템시험결과서의 최적화 현황 확인 - 통신장비 파라미터 값의 최적화 여부 - 통신 회선 구성의 최적화 여부				
8	• 시험 결과에 대한 관리가 적정하게 이루어지고 있는가? 1) 시험 결과 산출물이 작성 및 관리되고 있는지 확인 - 시스템시험결과서 - 시스템시험결과평가서 2) 시험 결과 산출물의 내용 적정성 여부 - 시스템시험결과서/시스템시험결과평가서의 시험 활동 내용 기술 및 평가의 적정성 여부 - 시험 결과 요약: 시험환경, 요구사항충족도, 시험케이스수행도, 도출된 문제점 및 개선사항 - 수행평가: 시험계획서에 정의된 품질목표 충족도 - 기술평가: 시험시나리오 응답시간 및 처리량, 시스템 자원 사용 분석 - 종합평가: 병목 현상 발생 현상 파악 및 원인 분석, 성능개선 방안 도출				
9	• 시험 후의 사후관리가 적정한가? 1) 시험 결과에 따른 오류 유형에 따라 적정하게 결함이 시정되고 재시험이 이루어졌는지 확인 - 각 시험케이스의 오류 유형에 따른 결함 시정 및 재시험의 적정성 여부 - 잔존 오류 또는 수정에 의한 추가 발생 오류 현황과 오류수정 이력 관리 여부 - 미처리 결함 사유의 타당성 여부				
10	• 시험 결과를 근거로 성능 개선 대상이 도출되고, 최적화 계획이 작성되었는가? 1) 시스템시험결과보고서가 작성되었으며 성능개선 대상이 도출되었는지 확인 - 시험결과서의 품질 평가 내용에서 성능개선 대상의 구체적 도출 여부 - 서버시스템, 네트워크, 데이터베이스 관리 시스템, 응용시스템 등 2) 도출된 성능개선 대상을 튜닝하기 위한 최적화 계획이 작성되었는지 확인 - 성능개선 대상의 구체적 선정과 튜닝 목표 상세 설정 여부 - 시스템 성능에 영향을 주는 시스템 자원 측정 및 시스템 파라미터 튜닝: CPU 사용 시간, 메모리, 하드디스크 I/O량, 네트워크 I/O량 - 데이터베이스 튜닝: 데이터 처리 튜닝, 메모리 관리 튜닝, 디스크 I/O 튜닝, CPU 사용 튜닝, 자원 경합 튜닝, 기타 데이터베이스 파라미터 튜닝 - 애플리케이션 튜닝: 로드 밸런싱, 배치업무 처리 형태 - 성능개선 대상 튜닝 절차와 방법의 구체적 설정 여부 - 성능개선 작업 일정과 시기의 적절성 여부				
11	• 수립된 성능개선 계획에 따라 최적화 작업이 수행되었는가, 그리고 최적화 작업 수행 후에 개선된 성능평가를 수행하였는가? 1) 시스템 튜닝 후의 결과보고서가 작성되었는지 확인하고, 최적화 계획에 따라 성능개선 작업이 수행되었는지 확인 - 시스템 튜닝 결과보고서 작성 여부 - 최적화 계획 방법, 절차, 일정에 따른 성능개선 작업 수행 여부 2) 시스템 튜닝 후의 튜닝결과보고서를 검토하여 튜닝 결과가 최적화 목표 성능을 달성하였는지 확인 - 시스템 튜닝 시험의 반복적 재수행 튜닝 결과 평가 및 계획된 설정 목표 달성 여부				

3) 절차

PMO는 수행사가 제출한 산출물(시스템시험계획서, 시스템시험시나리오, 시스템시험결과서, 시스템시험결과평가서, 시스템보안정책서, 변경요청서, 시스템튜닝계획서/결과서)을 기준으로 시스템시험결과서/결과평가서 협의 및 확정, 시스템튜닝계획서/결과서 협의 및 확정, 시스템 시험 결과 검토, 시스템 시험 결과 조정작업 등을 <그림 224>와 같이 시스템 시험 결과 검토 및 조정절차에 따라 검토하고 조정작업을 한다.

<그림 224> 시스템 시험 결과 검토 및 조정절차

Input	절차	Output
시스템시험계획서 시스템시험시나리오 시스템시험결과서 시스템시험결과평가서 시스템보안정책서 변경요청서 시스템튜닝계획서 시스템튜닝결과서	① 시스템시험결과서/결과평가서 협의 및 확정 ② 시스템튜닝계획서/결과서 협의 및 확정 ③ 시스템시험 결과 검토 ④ 시스템시험 결과 조정작업	PMO 검토보고서 (조정) 시스템시험결과서 (조정) 시스템시험결과평가서 (조정) 시스템튜닝계획서 (조정) 시스템튜닝결과서

① 시스템시험결과서/결과평가서 협의 및 확정

PMO는 사업자의 시스템시험결과서와 시스템시험결과평가서 관련, 사업자가 작성한 내용을 검토하여 시스템 시험이 계획에 따라 적정하게 실시되었는지(계획 시 정의된 내용에 의한 시험/ 응답시간과 자원 사용률의 정확한 기록·시험/ 로그 분석으로 성능 상태 진단, 성능개선 요소 식별, 시정조치 계획수립), 시스템 시험을 통해 성능 및 가용성, 보안성에 대한 검증이 이루어졌는지(최번 시간에서의 정상 운영 여부를 성능·부하·볼륨 시험을 통해 확인/ 비정상 장애 발생 시 목표 시간 내 복구 여부를 신뢰성 및 복구시험을 통해 확인/ 시스템 구성요소와 응용프로그램의 보안 요구사항 만족 여부를 보안 시험을 통해 확인/ 특정 네트워크 구간 또는 특정 업무 시간대 트래픽의 적정 수준 가용성 도달 여부를 네트워크시험을 통해 확인) 시험 결과에 대한 관리 및 개선이 이루어졌는지(시험 결과 산출물 작성 여부 및 내용 적정성 확인/ 결함 조치 및 재수행)에 대하여 관련 산출물을 대상으로 검토 및 조정한다.

<시스템시험결과서/결과평가서 사례>

시스템 운영단계에서 목표 성능을 달성하지 못하는 경우 업무 중단 또는 현저한 생산성 저하를 초래할 수 있으므로 계획된 적정 부하 환경하에서 목표 성능이 달성되는지 검증하는 것이 필요하다. 또한, 시험 결과를 정확히 기록하지 않으면 시험 중 발견되는 운영상의 문제점이나 위험을 식별할 수 없고 운영단계 시 결함으로 인한 장애가 발생할 수 있으므로 정확한 시험 및 기록을 하는 것이 중요하다. 시스템 시험이 완료되면 시험 결과를 분석하여 개선 요소를 식별하고 시정조치 계획을 수립함으로써 운영상 발생할 수 있는 성능 측면의 위험을 사전에 식별하여야 한다.

성능/부하/볼륨 시험은 다량의 데이터 또는 트랜잭션을 시스템이나 시스템의 구성요소 또는 응용프로그램에 발생시켰을 때 개발된 시스템이 주어진 환경하에서 응답 속도, 처리량, 처리 속도 등의 항목에 대하여 요구된 목표치를 달성하는지를 확인하는 시험으로 실제와 유사한 부하를 걸어 정상 동작 여부와 견딜 수 있는 부하 및 문제점 등을 확인한다.

신뢰성/복구시험은 시스템이 다운되지 않고 안정적으로 수행되는지를 확인하고, 만약 트랜잭션 진행 중에 시스템이 다운되더라도 데이터 무결성이 유지되는지 확인하는 시험으로 비정상적인 정지 또는 고장으로부터 원하는 시간 이내에 복구 및 가동될 수 있는지를 확인한다.

고가용성이 요구되는 시스템 특성은 아래와 같으며, 고가용성이 요구되는 시스템 경우 가용성 시스템 시험을 하지 않았을 경우 시험실시를 권고한다.

- 시스템 장애로 인한 손실 비용이 큰 업무
- 신속한 복구가 필요한 업무
- 야간에 처리되는 일괄 업무의 비중이 큰 업무
- 그밖에 무중단 서비스가 필요한 업무

보안 시험은 적정 수준의 취약성 점검을 수행하고 보안 기능이 정상 작동되는지 점검하여 목표 수준의 안정적 시스템 운영 가능 여부를 검토하기 위한 시험이다. 고도의 보안성이 요구되는 시스템의 특성은 아래와 같다. 고도의 보안성이 요구되는 시스템이 보안성 시스템 시험 또는 별도 점검을 수행하지 않은 경우는 전문가 점검을 권고하고 서버 및 원격 접속 관련 주요 기능에 대한 설정 내용을 점검한다.

- 해킹으로 인한 손실 비용이 큰 업무

- 금융 업무

- 회원정보관리 업무

- 대민서비스 업무

- 파일 업로드/다운로드, 글쓰기 기능 등 보안상 주의가 필요한 업무

- 그 밖에 정보보호가 중요하다고 판단되는 업무

네트워크시험은 특정 네트워크 구간의 트래픽 또는 특정 업무 시간대의 트래픽을 시험하여 네트워크의 가용성을 확인하는 시험이다. 따라서 단독 시험보다는 부하 시험, 성능시험과 함께 실시한다.

<사례 272> 시스템시험결과서/결과평가서 작성 사례

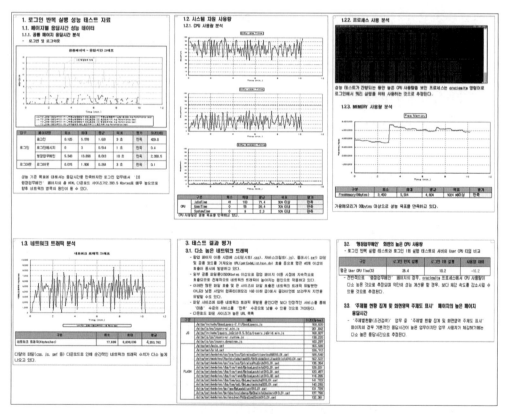

5. 총평

가이드: 테스트 수행 전체 결과에 대해 간략하게 요약하여 기재한다.
필요 시, 테스트 수행 시 발생한 시스템 결함, 병목 등의 문제점 및 이슈 사항에 대해
기재하고 프로젝트 팀, 전문가, 테스터 등이 판단 가능한 해결 방안을 기재한다.

5.1. 품질 평가

- XXX시스템에 대해 산정한 목표 부하를 부여한 결과 성능기준(처리건수, 응답시간)을 만족함.
- 테스트 수행 간에 모니터링 결과 자원(CPU,MEMORY,DISK) 사용 및 분포가 양호함.
- 전체 테스트 대상 업무 15개 중 2개 업무가 성능 기준에 미달 (결함률 13%).

5.2. 문제점 및 이슈사항

- XXX시스템에 사용자를 10초에 1명씩 증가시키면서 테스트 한 결과, 부하레벨 55명 수준 이상에서는 Throughput이 증가하지 않고, 응답시간의 급격히 증가하는 현상을 보임.
- Web Page본석 결과 현재 수준의 Bandwidth(100Mbps) 수준 이상의 데이터 송수신으로 인해 N/W 응답시간 지연이 발생하는 것으로 확인.
- XXX시스템의 경우 L4를 통한 WEB#1,2서버로의 Socket Connection은 정상적이나, 이후의 Process처리시 한쪽 서버로 자원 사용이 집중되는 현상 발생.
- WEB/WAS#2 CPU점유율이 과도하여 병목 발생으로 인해 DB서버#1,2서버의 자원을 효율적으로 사용하지 못하고, 대부분의 업무의 응답시간이 크게 지연되는 현상이 발생.
- CPU자원사용를 분석상으로 User CPU% : Sys CPU%가 약 1:3 수준으로 일반적인 시스템에 비해 System call이 과도하게 많음.

5.3. 개선 방향

- 포털 업무 특성 상 gif, jpg,swf 등의 Image Component를 다량으로 송수신함을 감안할 때, 현재 수준보다 가급적 Component Size를 줄이는 방향을 모색하되, 필요 시 N/W 증설을 검토할 필요가 있음.
- 과도한 System call은 시스템 상의 Process 추적(truss 등)를 통해 Break Down하여 분석할 것을 권고함.

---

② 시스템튜닝계획서/결과서 협의 및 확정

PMO는 수행사의 시스템튜닝계획서와 시스템튜닝결과서를 토대로 사업자가 작성한 내역을 검토하여 시스템 시험 결과를 반영하여 시스템 최적화가 이루어졌는지(시험 결과에 따른 성능개선 대상 도출 및 최적화 계획 작성/ 성능개선 계획에 따른 최적화 작업 수행 및 개선된 성능평가 수행) 검토 및 조정한다.

<시스템튜닝계획서 사례>

시스템 시험 결과를 반영하여 성능개선 대상이 구체적으로 설정되었는지 확인하고, 전체적인 시스템의 최적화를 달성하기 위한 시스템 튜닝 계획을 적정하게 수립하였는지 검토한다. 예를 들어 데이터베이스 튜닝은 아래와 같은 사항들이다.

- 데이터 처리 튜닝: SQL 명령문 튜닝
- 메모리 관리 튜닝: 데이터베이스 버퍼 및 리두 버퍼(Redo buffer) 수 튜닝, 데이터 사전 캐시 메모리(Data dictioN/Ary cache memory) 튜닝, 스왑 아웃(swap out) 및 페이지 아웃(page out)의 감소
- 디스크 I/O 튜닝: 리두 로그(Redo Log)를 별개 디스크(Disk)로 분산, RAID 디바이스 사용, 대

용량 디스크 요청 큐(LARGE DISK REQUEST QUEUES) 체크, 과도한 디스크 분할을 체크

- **CPU 사용 튜닝:** CPU 부하 균형 유지, 모든 사용자/프로세스에 동일한 우선순위를 부여, 충분한 질의 서버(Query Server)를 사용, 사용 패턴(Usage Patterns) 재구성
- **자원 경합 튜닝:** 롤백 세그먼트(Rollback Segment) 경합을 감소, 리두 로그 버퍼(Redo Log Buffer)의 경합을 감소, 병렬 조회(Parallel Query)의 경합을 감소

<사례 274> 시스템튜닝계획서 작성 사례

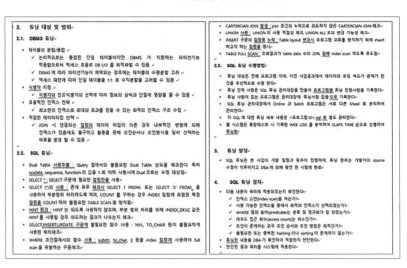

<시스템튜닝결과서 사례>

시스템 튜닝이 계획된 방법과 절차에 따라 정확하게 수행되었는지 확인하고 튜닝 수행 결과로 시스템의 최적화 목표가 적정하게 달성되었는지 검토하여야 한다. 예를 들어, 데이터베이스 파라미터의 경우 일반적으로 사용되고 오라클 데이터베이스 관리 시스템을 사용한다. 이 경우 백그라운드 프로세스들이 활용하는 메모리 공간을 SGA(System Global Area)라고 하며, SGA를 관리하는 파라미터들이 데이터베이스 시스템 성능에 가장 많은 영향을 미치는 파라미터들이다.

아래와 같은 파라미터 값들은 자원을 많이 할당한다고 이에 비례하여 성능이 증가하는 것은 아니다. 어느 정도 증가하다 변화가 거의 발생하지 않는 것이 일반적이므로, 최적의 파라미터 값을 파악하기 위하여 파라미터 값을 변경하면서 반복적으로 실행하여 최적의 값을 도출하여야 한다.

- **DB_BLOCK_SIZE**: SGA에 확보되는 데이터 블럭(Data Block)의 크기

- **DB_BLOCK_BUFFERS**: SGA에 확보되는 데이터 블럭(Data Block)의 개수

- **SHARED_POOL_SIZE**: SGA의 공유 풀의 크기

- **LOG_BUFFER**: SGA의 리두 로그 버퍼(Redo Log Buffer)에 할당되는 크기

<사례 275> 시스템튜닝결과서 작성 사례 1

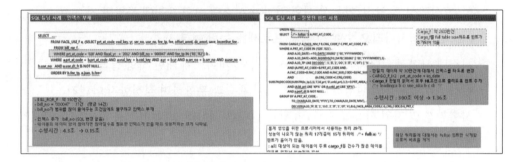

<사례 276> 시스템튜닝결과서 작성 사례 2

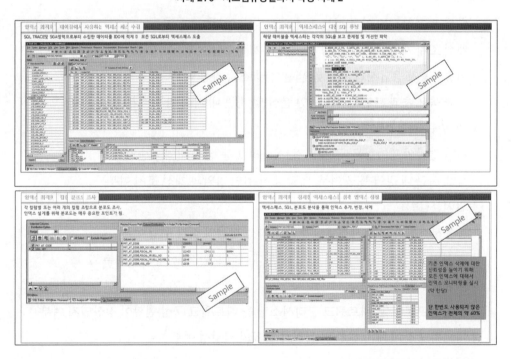

③ 시스템 시험 결과 검토

PMO는 발주기관과 협의 및 확정한 내용을 바탕으로 시스템 시험 결과를 검토 후 검토보고서를 작성한다. 검토된 내용이 기준에 부합하지 않거나 아래 사항 등의 경우 신중하게 검토하여 의견을 제시한다.

- **시험 계획과의 일관성 검토:**
  - 성능/신뢰성/보안성/가용성 시험 결과가 시스템 시험 계획에 부합한 지 여부
  - 시스템 시험시나리오 수행 시 배치 프로세스 누락 여부
  - 시스템 시험 계획단계의 모든 시험시나리오/케이스에 대한 시험 결과 누락 여부
  - 시스템 시험도구의 설정값과 시험환경이 계획과 부합하며 적정한지 아닌지
  - 시험환경 및 자원 사용률 검토: 계획과 실행간 데이터 설정내역, 응용시스템, 인프라 등 시험환경 동일성 여부
  - 시험케이스 시험 결과와 서버 자원 사용률 시험 결과 정상 여부
- **성능시험 검토:**
  - 수행 로그 분석에 따른 성능개선 요소 식별 여부
  - 개선 조치 계획에 따른 수행 및 재시험 계획수립 여부
  - 최종사용자 응답시간 지연 원인 분석 및 조치 가능 여부
  - 성능 목표 초과 트랜잭션의 원인 분석 및 기한 내 처리 가능 여부
- **신뢰성/복구 시험 검토:**
  - 시험 결과의 평가항목, 구성 환경, 시나리오 등 상세 내역 기술 여부
  - 목표 시간 내 장애 복구 여부, 미달성 시 원인 파악과 개선 조치 여부
- **보안 시험 검토:**
  - 응용시스템과 기반 시스템에 대한 취약성 점검의 적정 수행 여부
  - 고 보안성 데이터와 서비스 등에 대한 데이터 보안 기능 적정성 여부
- **가용성 시험 검토:**
  - 라우팅 프로토콜, 네트워크 관리시스템 등 네트워크 구성 현황이 정상인지 여부
  - 네트워크 장애 대비 현황 및 최적화 현황의 적정성 여부
- **시험 결과 및 사후관리 검토:**
  - 시험 결과 산출물의 작성 및 관리 여부

- 시험 결과 산출물의 내용 적정성 여부
- 시험 결과에 따른 결함 시정 및 재시험 여부

• **성능개선 및 최적화 검토:**
- 시스템 시험결과보고서에 의한 성능개선 대상 도출 및 최적화 계획수립 여부
- 성능개선 계획에 따른 최적화 작업 수행 및 최적화 후 성능 목표 달성 여부

④ 시스템 시험 결과 조정작업

PMO는 발주기관 및 수행사에 PMO 검토보고서 작성 내용을 설명하고, 잘못된 검토 내용이 있는지 확인한다. 검토된 내용이 기준에 부합하지 않거나 발주기관의 수정 요청이 있는 경우 내용을 조정한다.

4.3.2 시스템 및 업무환경 결과 검토 및 조정

시스템 및 업무환경 결과 검토 및 조정은 업무 및 시스템 전환이 적정하게 수행되었는가를 검토하는 것이다. 시스템 및 업무환경 결과 검토 및 조정은 새롭게 구축된 시스템이 올바르게 설치되고, 새로운 시스템으로 전환이 이루어지며, 업무의 전환이 올바르게 이루어졌는지를 검토하는 데 목적이 있다. 데이터의 전환 등의 업무가 적절하게 수행되어 시스템의 전환과 업무의 전환이 올바르게 이루어져야 실제 시스템의 구축이 완료된 것이므로, 시스템과 업무가 정확하게 전환되지 않으면 업무의 연속성과 시스템의 효율성을 기대할 수 없게 된다. 따라서 PMO는 업무와 시스템의 전환이 적절하게 수행되었는지 확인해야 한다.

1) 기준

시스템 및 업무환경 결과 검토 및 조정의 기준은 '시스템전환(설치)결과서', '데이터전환(구축)결과서', '시스템전환계획서', '시스템전환결과서'이다. 시스템과 업무가 정확하게 전환되지 않아 업무 연속성과 시스템 효율성을 기대할 수 없게 되는 문제를 예방하기 위하여 업무 및 시스템 전환이 적정하게 수행되었는지 검토한다.

2) 측정지표(*점검항목: 체크리스트)

PMO는 시스템 및 업무환경 결과 검토 및 조정을 위한 측정지표로 신규 시스템으로 전환 전후에 구축된 데이터의 일관성 확보, 전환된 응용시스템을 활용하여 업무 수행이 가능

하도록 전환된 데이터를 중심으로 업무적 측면의 검증 수행, 전환 대상 시스템 특성을 고려하여 전환 우선순위 선정과 전환 결과 검증 수행 등을 점검항목으로 활용한다. 점검항목은 <표 210>과 같이 점검항목별 점검결과(적합(O), 수정/보완(△), 누락(X), 제외(N/A))를 지표로 하여 점검한다.

<표 210> 시스템 및 업무환경 결과 검토 및 조정에 대한 측정지표

번호	점검항목	점검결과(O,△,X,N/A)				PMO 검토 의견

1	• 신규 시스템으로 전환 전후에 구축된 데이터의 일관성이 확보되었는가?
	 1) 운영데이터의 정합성을 확보하기 위하여 시스템 오픈 직전에 최종 운영데이터를 일괄적으로 구축하였는지 확인
	  - 응용시스템 가동 시점의 데이터 정합성 확보 여부
	  - 데이터전환결과서 참조 및 중요도/활용 빈도 고려한 표본 데이터를 추출하여 구축 건수와 금액을 실증 검토
	  - 각종 코드, 원장, 회계 등 마스터성 중요 테이블
	  - 핵심 업무처리용 거래 테이블
	  - 거래처리 빈도가 높고 데이터 건수가 많은 테이블 등
	 2) 응용시스템의 데이터 처리 무결성을 검토하기 위하여 시스템 오픈 후 의도하지 않은 데이터의 변경이 발생하지 않았는지 확인
	  - 업무 규칙 및 입력 데이터 체계 변경으로 인해 주요 업무처리 수행에서 의도하지 않은 데이터 생성 및 수정이 발생하지 않았는지 확인
	  - 변경된 업무 규칙 미반영(예: 금액 계산에 사용되는 각종 요율 변경 등)
	  - 변경된 입력 데이터 체계 미반영(예: 외부에서 수신되는 기업 신용평가 등급 변경 등)
	  - 중요도 높은 업무를 대상으로 업무 규칙 변경 등과 관련된 표본을 선택하여 처리된 데이터 건수와 금액을 실증 검토					

2	• 전환된 응용시스템을 활용하여 업무 수행이 가능하도록 전환된 데이터를 중심으로 업무적 측면의 검증이 수행되었는가?
	 1) 새로운 응용시스템 기능을 활용하여 기존 데이터 처리 업무를 정상적으로 수행할 수 있는지 확인
	  - 응용시스템 주요 업무기능의 기본적인 오류 발생 여부를 사용자 및 개발자 면담을 통해 확인
	  - 자주 사용하는 업무처리 유형의 거래 데이터 처리결과 정상 여부 확인
	  - 응용시스템에 반영해야 할 신규/변경 업무 규칙 존재 여부 확인
	 2) 기존 시스템과의 병행운영 과정에서 기존 시스템의 처리결과를 활용하여 신규 시스템의 오류 여부를 비교검증 하였는지 확인
	  - 응용시스템 데이터 처리 검증의 정확성 제고와 시간 단축을 위해 사용자의 업무검증 참여 여부 확인
	  - 기존 시스템의 주요 보고서나 통계용 정보와 신규 응용시스템의 결과값 비교로 차이 발생 검토 여부 확인					

3	• 전환 대상 시스템 특성을 고려하여 전환 우선순위 선정과 전환 결과 검증이 수행되었는가?
	 1) 시스템전환계획서에 제시된 전환 대상 시스템 우선순위에 맞게 시스템 전환이 수행되었는지 확인
	  - 시스템전환계획서의 전환 대상 시스템 성격/중요도 등을 고려한 우선순위 정의 여부
	  - 시스템전환결과서에서 우선순위에 따른 시스템 전환 수행 여부
	 2) 시스템 전환이 완료된 후 시스템 특성을 고려하여 전환 결과에 대한 검증을 수행하였는지 확인
	  - DW(Data Warehouse) 시스템: 계정계 시스템 소스 테이블 → ODS(OperatioNAl Data Store) 테이블 → DW목표 테이블 → 데이터마트에 이르는 다단계 데이터 검증 여부					

번호	점검항목	점검결과(○,△,X,N/A)			PMO 검토 의견
3	- CRM(Customer Relationship MaN/Agement) 시스템: 통상 DW 목표 테이블과 데이터마트로부터 ETCL(Extraction, ransformation, Cleansing, Loading) 도구 활용하여 운영 CRM DB로 초기 및 변경 적재 수행하므로, DW시스템의 기본적인 데이터 검증 방법 준용한 수행 여부 - ERP(Enterprise Resource Planning) 시스템: 기본적으로 BPR(Business Process Reengineering) 요건이 포함되므로, 기존 업무 프로세스와 적용기준 차이로 인한 데이터 처리결과 상이 가능성을 고려, 구축된 기초 데이터의 검증 및 조정작업 수행 여부				

3) 절차

PMO는 수행사가 제출한 산출물(시스템전환(설치)결과서, 데이터전환(구축)결과서, 시스템전환계획서, 시스템전환결과서)을 기준으로 시스템전환결과서 협의 및 확정, 시스템 및 업무환경 결과 검토, 시스템 및 업무환경 결과 조정작업 등을 <그림 225>와 같이 시스템 및 업무환경 결과 검토 및 조정절차에 따라 검토하고 조정작업을 한다.

<그림 225> 시스템 및 업무환경 결과 검토 및 조정절차

Input	절차	Output
시스템전환(설치)결과서 데이터전환(구축)결과서 시스템전환계획서 시스템전환결과서	① 시스템전환결과서 협의 및 확정 ② 시스템 및 업무환경 결과 검토 ③ 시스템 및 업무환경 결과 조정작업	PMO 검토보고서(*) (조정) 시스템전환결과서

① 시스템전환결과서 협의 및 확정

PMO는 수행사의 시스템전환결과서 관련, 사업자가 작성한 내용을 검토하여 시스템 전환이 완료된 후 시스템의 특성을 고려하여 전환 결과에 대한 검증을 수행하였는지에 대하여 관련 산출물을 대상으로 검토 및 조정한다.

<시스템전환결과서 사례>

전환 검증은 크게 두 측면으로 수행되어야 하는데 첫째, 응용시스템 가동 시점의 데이터 정합성 오류 및 데이터에 영향을 미치는 업무 규칙의 미반영 사항이 신규 시스템을 활용한 정상적인 업무 전환을 어렵게 할 수 있으므로, 시스템 전환 전후의 데이터 일관성이 확보되었는지 확인해야 한다. 수행사는 발주부서(사용자) 측에 아래와 같은 자료 제공을 통해 구축된 데이터 검증을 지원하여야 한다.

- 개별 데이터 검증용 SQL 스크립트 실행 결과
- 전체 목표 테이블 데이터 검증 결과(건수 및 합계 차이)
- 기존 시스템의 화면 또는 보고서 출력물 등

둘째, 시스템 전환은 완료되었으나 시스템을 활용한 정상적인 업무 전환이 이루어지지 않을 경우가 발생할 수 있으므로, 새로운 응용시스템을 활용하여 기존 업무 수행 가능 여부를 확인해야 한다. 전환 대상 시스템은 고유의 기능적 특성으로 인해 전환 우선순위 선정 및 전환 후 결과 검증에 있어서 각각의 특성을 고려하는 것이 필요하므로, 전환 시스템의 특성이 전환 작업 및 전환 결과 검증에 반영되었는지 확인해야 한다. 전환 우선순위 결정 기준은 선/후행 연관 관계를 파악했을 때 아래와 같은 사항이 고려되었는지 확인한다.

- 선행 및 중심 시스템 우선
- 시스템 환경과 인프라에 관련된 시스템 및 컴포넌트 부분 우선
- 기타 애플리케이션 개발에 관련된 부분 전환 등

시스템 전환이 완료된 후 시스템의 특성을 고려하여 전환 결과에 대한 검증을 수행할 때, 시스템 특성에 따라 아래와 같은 내용을 고려하여야 한다.

- DW 시스템의 경우, 소스 테이블 및 목표 테이블에 대한 검증 값을 추출하여 상호 비교하는 과정이 수행되었는지 확인함. 초기적재와 변경 적재 방식에 따라 데이터 추출 및 전송 툴이 다양하게 적용되므로 데이터 검증방식도 해당 적용 방법을 고려하여 수행되었는지 확인이 필요함
- CRM 시스템의 경우, CRM DB로 데이터 적재 후 마이닝(Mining)을 위한 분석 대상 자료 구축을 고려하여 데이터 검증을 수행하였는지 확인함
- ERP 시스템의 경우, 기초 데이터 추출 전에 데이터의 정비(Cleansing)는 데이터 소유권자의 책임하에 데이터 정비 요구사항에 맞게 수행되었는지 확인함. 데이터의 유형별(마스터 데이터, 과거 트랜잭션 데이터, 진행 중인 트랜잭션 데이터, 특정 시점의 기준 잔액) 전환 범위 및 우선순위가 초기 수립된 계획대로 이행되었으며, 트랜잭션 데이터와 마스터 데이터의 대사 작업이 수행되었는지 확인함. 데이터의 누락이나 부정확한 데이터

의 전환을 방지하기 위한 통제합계나 Hash 합계의 사용, 기존 시스템과의 데이터를 비교한 대사 리포트 검토 등 데이터 전환 중의 무결성을 보장하기 위해 통제방안이 적절히 시행되었는지 확인함. 특히, 재무 데이터는 계정 금액 기준으로 완전 대사를 하고, 이를 정리하여 데이터 소유권자 및 경영권자의 승인을 받았는지 확인함

<**사례 277**> 시스템전환결과서 구성 항목

1. 하드웨어 설치 결과 (1)설치 대상 사업계획서와 착수계에 제시되어 있는 장비들의 품명, 규격, 수량 등을 기술(변경 내역 반영) (2)설치 내역 도입기업별로 설치되어 있는 장비들의 품명, 규격, 수량 등을 확인할 수 있는 증적 자료를 기술 (3)검증경과 설치대상 장비들의 품목별 규격, 수량과 설치내역의 품목별 규격 및 수량의 충족 여부 및 관련된 라이선스, 매뉴얼 등을 점검한 내용을 기술 **2. 소프트웨어 설치 결과** **3. 네트워크 설치 결과** **4. 시스템 전환 결과** (1)응용소프트웨어 전환 사역 업무 영역별 프로그램 개발 본수와 물리DB구축 내용 등을 기술	(2)상용소프트웨어 환경 설정 결과 OS, DB 등 상용소프트웨어가 포함된 경우 S/W 설치 후 환경 설정 현황 등을 기술 (3) 검증 결과 도입 기업별로 시스템 전환 및 환경설정 결과에 따라 시스템 작동 상태 등을 점검한 내용을 기술 **5. 기초데이터 구축 결과** (1)기초데이터 전환 대상 도입기업별로 시스템 운영에 꼭 필요한 데이터(사용자, 거래처, 원재료, 완제품, 각종 코드값 등)를 기술 (2)기초데이터 전환 결과 도입기업별로 전환된 결과(데이터 유형별 건수 등)를 기술 (3)검증 결과 도입기업별로 전환 대상을 기준으로 전환결과의 데이터 정합성 및 우수 수행에 필요한 데이터 충분성 등을 점검한 내용을 기술

<**사례 278**> 시스템전환결과서 작성 사례

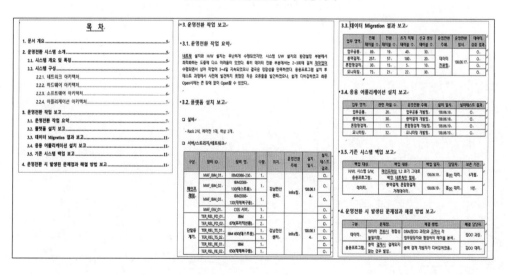

② 시스템 및 업무환경 결과 검토

　PMO는 발주기관과 협의 및 확정한 내용을 바탕으로 시스템 및 업무환경 결과를 검토 후 검토보고서를 작성한다. 검토된 내용이 기준에 부합하지 않거나 아래 사항 등의 경우 검토하여 의견을 제시한다.

- 운영데이터의 정합성 확보 여부(표본 데이터 정합성)
- 변경된 업무 규칙과 데이터 체계 반영 여부(표본 데이터 무결성)
- 신규 시스템의 응용시스템 업무기능 처리의 정확성 여부
- 병행운영 시 기존 시스템과 신규 시스템 간 기능이 일관되게 처리되는지 여부
- 기존 시스템과 신규 시스템 간 보고서나 통계용 정보가 일관되게 제공되는지 여부
- 전환 대상 시스템의 성격과 업무 중요도 등이 우선순위에 고려되었는지 여부
- 전환 후 시스템 특성을 고려한 검증이 수행되었는지 여부

③ 시스템 및 업무환경 결과 조정작업

　PMO는 발주기관 및 수행사에 PMO 검토보고서 작성 내용을 설명하고, 잘못된 검토 내용이 있는지 확인한다. 검토된 내용이 기준에 부합하지 않거나 발주기관의 수정 요청이 있는 경우 내용을 조정한다.

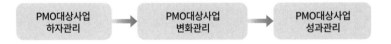

PMO대상사업 사후관리단계

제7장

사후관리단계는 PMO대상사업 종료 후, 발주기관은 PMO사업자의 지원을 받아 정보시스템의 하자 관리, 변화관리, 성과관리를 수행한다.

<그림 226> PMO대상사업 사후관리단계

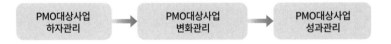

1 PMO대상사업 하자관리

1.1 하자관리 범위

PMO는 수행사가 제출한 시스템 운영계획(운영조직, 장애 대응, 모니터링 체계 등 포함)을 확장하여 적용한다. 또한 PMO는 수행사가 제출한 시스템 운영계획을 따라 신규시스템의 운영현황 및 장애 대응을 적절히 점검하고 있는지를 확인한다.

사업 하자관리 업무 대상은 정보시스템 안정화 기간 검토, 장애 대응 체계 수립, 잔류 개발 R&R 확정, 모니터링 체계 수립, 운영조직 구성 및 역할 확정, 하자보수 이행관리 지원 등이다. PMO는 대상 시스템 오픈 이후 병행운영, 안정화 단계를 통해 운영단계에 필요한 요건 도출, 하자보수를 포함하여 해당 요건 이행 여부 평가, 장애 대응/모니터링 체계의 실현 가능성 검토한다.

1.2 하자관리 절차

하자관리 절차는 <그림 227>과 같이 잠재적 하자 접수, 하자 여부 검토, 유형별 대안 수립, 처리 및 결과 통보 등이다. PMO는 안정화 및 무상 유지보수 기간에 발견되는 기능 오동작, 성능저하, 장애 등 하자에 대해서는 수행사가 책임지고 보수할 수 있도록 한다. 하자 여부에 관한 명확한 판단 기준과 처리 절차를 수립하여 하자보수 절차에 따라 진행되도록 한다.

<그림 227> 하자 여부에 따른 처리 절차 사례

하자 접수	원인 분석 및 대안 수립		하자보수
잠재적 하자 접수	하자 여부 검토	유형별 대안 수립	처리 및 결과 통보
사용자 클레임 접수 · 안정화 또는 운영 단계에서 클레임(claim) 발생 · 헬프데스크 또는 유지보수 전담기관 접수 · 클레임 유형에 따른 응대 - 사용자 미숙: 사용법 안내 - 기타: 하자 여부 검토 단계로 이관 **유지보수 전담기관 발견사항** · 시스템 운영 과정에서 잠재적 하자 발견 · 중요도, 발견시기(안정화 또는 운영 단계), 원인 및 귀책 사유에 대한 판단 · 단순 해결이 가능하지 않은 경우 다음 단계로 이관	**기능 관련 사항** · 내용: 기능 누락 또는 오류 · 원인: 개발 오류, 업무/법제도 변경 등 · 판단기준: 기능 명세서 **성능 관련 사항** · 내용: 처리 지체 또는 중단 · 원인: 개발 오류, 연계 오류, 시스템 용량 부족 등 · 판단기준: 시스템 성능 목표 **사용 편의성 등 기타** · 내용: 편의성 관련 불만 · 원인: 사용자 미숙, UI/UX 미흡 등 · 판단기준: 클레임 빈도	**하자인 경우** · 유형: 개발 오류, 연계 오류, UI/UX 설계 미흡 등 · 시정조치 주체 - 안정화 단계: 수행사 - 무상 하자보수 기간 이후: 유지보수 전담기관 **하자가 아닌 경우** · 유형: 업무/법제도 변경, 용량 부족, 사용자 미숙 등 · 대응:유지보수 전담기관 수행 - (사용자 미숙)사용법 교육 - (시스템 용량 부족)용량 증설 및 성능 개선 작업 등 - (기타)기능 개선 또는 고도화 과제로 별도 추진	**하자보수** · 대응: 시정조치 주체가 원인을 식별하여 해결 · 후속절차 - 관련 모듈에 대한 단위, 통합, 회귀 테스트 수행 - 형상관리 절차 수행(매뉴얼 수정 포함) - 처리 결과 통보 **성능·기능 개선 및 고도화** · 대응: 용량 증설, 성능 개선, 기능 개선 또는 고도화(공수에 따라 대가 지급 필요) 수행 · 후속절차: - 향후 처리 일정 통보 - (해당 시)예산 편성

1.3 하자 이행

PMO는 사후관리단계에서 발생하는 클레임과 이슈들에 대해 하자 여부를 판단한다. 그리고 하자로 결정된 사항은 수행사가 적시에 조치하도록 요구하고, 기능개선이나 고도화 관련된 사항은 후속 사업이나 별도 과제로 추진하도록 지원한다.

<그림 228> 하자 이행 처리 절차 사례

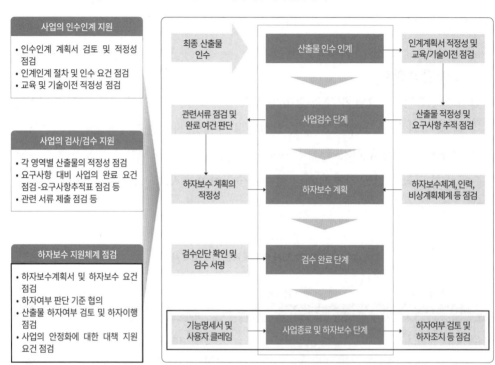

② PMO대상사업 변화관리

PMO는 수행사의 변화관리를 적극적으로 지원하기 위해 커뮤니케이션, 교육, 홍보 등을 담당하는 조직을 구성하여 단계마다 이해관계부서 및 협력 조직 간 의사소통을 촉진하고 새로운 변화에 자연스럽게 적응할 수 있는 세부 방안을 제시한다.

커뮤니케이션은 변화 노력에 동참할 수 있는 참여의식 강조, 변화 네트워크를 조직하고 쌍방향 커뮤니케이션 활성화와 효과적인 스폰서십을 유도하기 위한 계통의 채널 활용과 피드백 체계를 구축한다. 교육은 변화 노력에 동참할 수 있는 To-Be role, 변화 skill, 시스템 교육을 수행한다. 또한 변화관리 활동 평가는 변화관리 성과평가 체계를 운영하여 변화

관리 효율성을 제고하고 지속적인 혁신을 위한 변화 마인드를 높일 수 있도록 한다.

<그림 229> 변화관리 사례

변화관리 및 홍보 지원 활동			수행책임자				
활동 내용		시기	사업관리		교육·홍보지원		
			PM	PL	팀장	기획	홍보물
사업 관리	관계부서 및 협업조직 간 협의체 구축 방안 수립	기획단계	●				
	변화관리 마스터플랜 검토	기획단계	●	●			
	변화관리계획 이행여부 점검 및 조치 확인	사후관리단계	●	●			
	업무/기능/기술 인프라 변화 대응 검토	수시	●	●			
	매뉴얼(사용자, 운영자, 관리자) 내용 검토	집행단계 말		●			
변화 관리 지원	변화관리 전략 수립 지원	집행단계 초기			●		
	대형사업 변화관리 실무사례 교육	집행단계 초기			●		
	이행단계 상황실(war room) 운영방안 교육	집행단계 초기			●		
	매뉴얼(사용자, 운영자, 관리자) 작성 가이드	집행단계 초기				●	
	변화관리 전략 기반 계획 수립 지원	집행단계 초기				●	
	변화관리 활동 이행 점검 목록 작성	집행단계 초기				●	
	수행사 홍보/소통/교육 기획 지원	수시				●	
	홍보물 기획 지원(웹사이트 공지, 뉴스레터 등)	수시					●
	단체 이메일 및 공문 수발신 지원	수시					●
	변화관리 성과평가 자료 취합 지원	사후관리단계					●

※ 세부 활동 일정은 대상사업 추진 일정에 따라 협의하여 결정

커뮤니케이션	교육	변화관리 활동 평가
• 변화 노력에 동참할 수 있는 참여의식 강조 • 변화 네트워크를 구조화하고 Two-way communication 활성화 • 효과적 스폰서십 유도를 위한 지위 계통의 채널 활용과 피드백 체계 구축	• 변화 노력에 동참할 수 있는 To-be Role, 변화 Skill, 시스템 교육 수행	• 변화관리 성과평가 체계를 운영하여 변화관리 효율성을 제고 • 지속적인 혁신을 위한 변화 마인드 함양

3 PMO대상사업 성과관리

PMO는 사업 초기부터 성과지표 측정 및 공유 체계를 구축하고 단계적으로 사업성과를 측정한다. 또한 수행사가 초기에 이슈를 식별하고 적시에 조치하여 사업성과지표의 달성

여부를 객관적으로 평가하고 보완할 수 있도록 한다. 수행사는 체계적인 진척률을 보고하고, PMO는 세부 작업(task)의 성과 검증을 한다.

<그림 230> 성과관리 단계

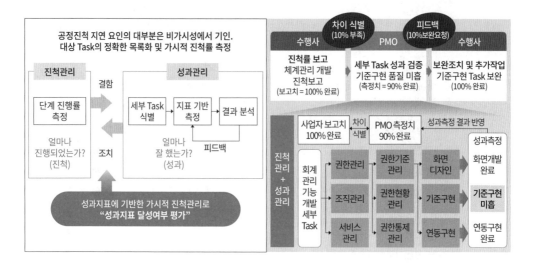

제8장 PMO도입을 위한 도구

1 소프트웨어 소스코드 '인스펙션'

1.1 개요

1) 정의

소프트웨어 소스코드 인스펙션(Inspection)은 소프트웨어 제품의 품질을 관리하는 소프트웨어 품질 활동의 한 영역으로 고품질의 소프트웨어를 만들기 위해 소프트웨어 프로젝트 전 과정에서 수행하는 활동이다. 소프트웨어 제품 품질보증의 V-Model의 V&V(Verification & Validation)에서 Verification의 한 방법인 정적분석(Static Analysis)에 해당한다. 소스코드 품질 점검에 관련된 용어 정의는 아래와 같다.

- 소프트웨어 제품: 소스코드, 오브젝트 코드, 문서[IEEE:Institute of Electrical and Electronics Engineers]
- 소프트웨어 품질: 소프트웨어 품질은 여러 정의가 존재한다.
  ① 소프트웨어가 지닌 바람직한 속성의 정도[IEEE]

② 요구되는 기능을 발휘할 수 있는 소프트웨어 특성의 정도[DoD]

③ 소프트웨어 공학에서는 두 가지로 정의하고 있다.

- 소프트웨어 기능 품질(Software Functional Quality)은 기능 요건이나 사양에 기반을 두어 주어진 설계를 얼마나 잘 충족하고 있는지를 반영한다. 이러한 특성은 소프트웨어의 목적이 부합하는지, 또 가치있는 상품으로서 시장의 경쟁제품들과 비견할 만한지를 기술할 수 있다.

- 소프트웨어 구조 품질(Software Structural Quality)은 기능 요건의 전달을 지원하는 비기능 요건을 어떻게 충족하는지를 가리키는데, 이를테면 소프트웨어가 올바르게 개발될 수 있는지를 가늠하는 척도로서 내구성이나 유지보수성을 들 수 있다(소스코드 품질은 소프트웨어 구조 품질에 해당).

■ V-Model

① 폭포수 모델의 확장 형태

② 생명주기 단계별로 상응하는 테스트 단계가 존재

③ V 형태로 진행: 아래 방향으로 진행하다 코딩 단계를 거치면서 위로 향함

④ 테스트 중요시: 적정 수준의 품질보증

⑤ 폭포수 모델과 비교해 반복과 재처리 과정이 명확함

⑥ 테스트 작업을 단계별로 구분하므로 책임 소재가 명확함

■ V&V(Verification & Validation)

① Verification은 명세 기반으로 기능이 정상적으로 동작함을 검증하는 행위(제품을 올바르게 만들고 있는가?)

② Validation은 사용자의 요구(needs)에 얼마나 부합하게 SW가 동작하는지 검증하는 행위(올바른 제품이 만들어졌는가?)

■ 정적분석(Static analysis)

① 소프트웨어를 실행하지 않고 결함을 찾아내는 것

② 여러 참여자가 모여 소프트웨어를 검토하여 결함을 찾아내거나 정적 검증 도구 이용

③ 대표적인 방법: 동료 검토(Peer Review), 인스펙션(Inspection), 워크스루(Walk-through), 데스크체크(Desk Check)

④ 도구를 이용한 정적분석: 규칙 기반 정적분석(PMD, BugFind 등)

■ 동적분석

① 소프트웨어를 실행하여 결함을 찾아냄

② 발견된 결함은 디버깅 활동으로 확인하며 수정함

③ 대표적인 방법: 명세 기반/블랙박스 테스트, 구조 기반/화이트박스 테스트

2) 목적

소프트웨어 개발 프로젝트에서 품질은 개발 시스템에 대한 요구사항의 달성 여부로 평가될 수 있다. 품질은 소프트웨어 프로젝트의 예산과 기간에 영향을 주는 핵심 요소이다. 품질은 SW 개발 주기의 각 단계에서 발생하는 결함 발생 수준에 영향을 받는다. 개발과정에서 발생하는 결함을 감소하기 위해서는 단계마다 검토 및 테스트와 같은 결함 식별 활동이 필요하다. 소스코드 품질진단은 테스트와 같은 동적점검 활동과 더불어 소스코드 작성 시점부터 정적점검을 통해 발생 가능한 결함을 사전에 차단하는 것을 목적으로 한다.

3) PMO 중점 관리항목

소프트웨어 소스코드 Inspection의 관리항목은 기본적으로 프로젝트에서 정한 품질관리계획에서 출발한다. 프로젝트 품질관리계획에 품질관리 항목으로 소스코드 품질(관련 품질목표, 품질 지표, 품질측정 방법 등)이 정의되어야 한다. 또한 관련 표준, 절차 등이 프로젝트 표준 문서, 사업관리계획서에 정의되어야 한다. 주요 관리항목은 아래와 같다.

- 프로젝트 품질계획서의 소스코드 품질목표, 범위, 지표, 측정, 절차, R&R 등의 구체적이고 실행 가능한 계획
- 프로젝트 표준에 소스코드 관련 표준(Naming convention, Coding rule 등)
- 개발자 교육 계획 및 실시
- 소스코드 품질관리 범위
    ① 점검대상 소스코드: HTML, XML, Front-end 소스, Back-end 소스, SQL 등
    ② 품질점검 범위: 네이밍 표준(Naming convention), 주석(Comment), 테스트 커버리지, 잘못된 코딩(Code smell), 중복코드, 코드복잡도 등
- 자동화 도구 적용(상용 혹은 오픈소스)
- 소스코드 점검 Rule set(적용 도구에 종속적)

- CI(Continuos Integration) 통합
- 위반사항에 대한 피드백 및 수정 등의 소스코드 품질관리체계 수립 및 R&R
- 소스코드 품질에 대한 발주처/사업자/PMO consensus

1.2 소프트웨어 소스코드 Inspection 절차

1) 기준

소프트웨어 소스코드 Inspection 기준은 소스코드 표준과 적용 범위에 따라 정해진 점검 룰(Rule)을 기준으로 점검한다. 동료 검토 등의 수작업 점검은 현실적으로 실행이 불가하므로 자동화 도구 사용이 필수이다. 자동화 도구는 프로젝트 환경에 종속적이다. 또한, 효과적인 점검을 위해서는 Jenkins 등을 통한 CI(Continuous Inspection)와의 통합이 필수이다.

2) 측정지표

측정지표는 프로젝트에 따라 다르나 보통 '위반 유형(Critical, major, minor)별 rule 위반 건수'이며 위반 건수의 허용범위를 정한다. (예: Critical 0건, major 0건 Minor는 X건 이내 등) 미션 크리티컬(Mission critical)한 사업의 경우는 코드복잡도(Cyclomatic complexity 10 이하 등)와 테스트커버리지(커버리지 80%등)도 품질목표에 포함될 수 있다. 유지보수를 위해 주석에 대한 목표(주석 밀도)도 설정하기도 한다. 사업 목적에 맞게 소스코드 품질 범위 및 목표를 설정한다.

3) 정적분석 개요

정적분석은 프로그램 비실행 상태에서 소스코드를 파싱(Parsing)하여 코딩 규칙, 잘못된 코딩, 중복코드 등 잠재적인 결함을 찾아내는 방법이다. 프로그램을 실행하면서 결함을 찾아내는 동적 테스트를 수행하기에 앞서 프로그램을 실행하지 않은 상태에서 소스코드와 모델에서 결함을 찾아내는 방법으로 비교적 개발 초기 결함을 찾아내어 비용 대비 효과가 좋은 방법이다.

4) 정적분석 영역

정적분석 범위는 통상 코딩 규칙, 잘못된 코딩, 코드복잡도, 중복코드 등이며 프로젝트 상황에 맞게 적용한다.

■ 코딩 규칙

① 네이밍 표준: 프로젝트 소스코드 표준에 명시된 명명 표준의 준수 점검
- 소스상의 식별자(identifier)에 대한 명명 표준 준수 여부

  예: 상수(constant), 변수(variable), 클래스(class), 메소드(method) 등
- 점검 표준은 파스칼 표기법, 카멜 표기법 등 언어별 de-facto 표준 적용

  예: 자바(Java) 경우: 파스칼 표기법 -> PascalCase, 카멜 표기법 -> CamelCase
- Java, 자바스크립트(Javascript) 언어의 코딩 표준은 'Google Java Style Guide',

  'Google Javascript Style Gide' 참조

  https://google.github.io/styleguide/javaguide.html

  https://google.github.io/styleguide/jsguide.html
- 기타 Python 언어 등도 de-facto 표준이 존재하므로 Google에서 검색 참조
- 사용 용어로 프로젝트 표준용어를 사용하는 경우가 있으므로 프로젝트 메타 데이터 참조 필요

② 주석: 클래스 및 메소드의 및 기타 설명을 위한 주석 작성 여부
- Java 언어의 경우 Javadoc 기준에 맞춘 주석 작성 여부
- 유지보수 측면에서 주석 작성 중요

③ 하드코딩(Hard coding): 프로그램의 소스코드에 데이터를 직접 입력하는 것. 주로 파일 경로, URL 또는 IP 주소, 비밀번호 등으로 피해야 하는 코딩 습관

■ 잘못된 코딩(Code smell)

소프트웨어 업계가 인정한 나쁜 코딩 형태로 운영 시 성능, 가용성, 유지보수 등에 문제 발생이 높은 코딩. 자동화 도구에서 제공하는 룰(Rule)을 기준으로 점검하여 위반사항을 추출하는 형태로 점검 진행

① 점검 rule
- 점검 Rule은 상용/오픈 소스 자동화 도구별로 다양하며 프로젝트 상황에 맞게 선택하여 적용 필요
- 전자정부 프레임워크에 적용된 Java 정적분석 도구인 PMD의 경우 전체 PMD Rule 중 39개 Rule이 선택적으로 적용 중(https://www.egovframe.go.kr/wiki/doku.php?id=egovframework:dev:imp:inspection 참고)

- 각 자동화 도구의 rule은 버전마다 새로운 Rule로 대체(depreciate)되는 경우가 많으므로 최신 버전을 확인하여 적용 필요
- 프로젝트 적용 rule은 사용 목적에 맞게 사전 분석하여 프로젝트에 맞는 Rule set 정의 필요

<사례 279> 39개 PMD rule 중 10개 예시

#	PMD 규칙 이름	설명
01	EmptyCatchBlock	내용이 없는 Catch Block이 존재
02	EmptyIfStmt	빈 if 구문의 사용을 피하도록 함
03	EmptyWhileStmt	빈 while 구문이 사용되었음
04	EmptyTryBlock	내용이 없는 try 블록이 존재함
05	EmptyFinallyBlock	내용이 없는 finally 블록이 존재함
06	UnnecessaryConversion Temporary	기본 데이터 타입을 String으로 변환할 때 불필요한 임시 변환 작업을 피하도록 함
07	EmptyStatementNotInLoop	필요 없는 문장 (;)이 있음
08	WhileLoopsMustUseBraces	중괄호 없이 사용된 while문의 사용은 바람직하지 못한 코딩 습관임
09	AssignmentInOperand	피연산자 내에 할당문이 사용됨. 해당 코드를 복잡하고 가독성이 떨어지게 만듦
10	UnnecessaryParentheses	괄호가 없어도 되는 상황에서 불필요한 괄호를 사용할 경우 마치 메소드 호출처럼 보여서 소스코드의 가독성을 떨어뜨릴 수 있음

- 코드복잡도

소스의 로직이 과도하게 복잡한 경우 점검한다. 복잡도 점검지표는 아래 내용과 같다.

① 코드복잡도 지표는 여러 가지가 존재함

- Access to Foreign Data
- Class Fan Out Complexity
- Cognitive Complexity(인지복잡도)
- Cyclomatic Complexity(순환복잡도)
- Lines of Code
- Non-commenting source statements
- NPath complexity
- 지표에 대한 자세한 내용은 'Lanza, Marinescu: Object-Oriented Metrics in

Practice, 2005.' 및 Google에서 검색

② 위의 지표 중 주로 사용되는 것은 '순환복잡도', '인지복잡도'이며 국내에서 코드 복잡도를 점검하는 경우는 드물며 Mission Critical한 방위사업청의 사업에서는 별도의 기준(방위사업청 무기체계 신뢰도 소스코드 메트릭: 순환복잡도(Cyclomatic Complexity) 기준값 20 이하)을 정하고 있음

③ 외국 기준으로 카네기멜론대학 SW공학연구소(SEI)의 기준이 있고, 순환복잡도 기준은 다음과 같음

복잡도 V(G)	복잡도 평가
1 ~ 10	낮음
11 ~ 20	보통
21 ~ 50	높음
51 이상	매우 높음

④ 복잡도 지표는 자동화 도구 PMD, SonarQube로 계산 가능함

⑤ 지표로 주로 적용되는 순환복잡도와 인지복잡도는 국내 프로젝트의 경우 통산 기준보다 아주 높게 나오는 경우가 대부분으로 절대적인 기준이 아닌 상대적인 기준으로 사용하는 것이 적당함(예: 복잡도가 높은 클래스를 중점적으로 테스트 필요 등)

■ 중복코드

똑같은 코드 block을 복사해 붙여넣기(Copy & Paste)하여 여러 소스에서 사용하면 수정 시 아래 내용과 같이 일관성 저해 및 오류 발생 요인이 있다.

• 중복코드는 코드를 유지보수하기 더 어렵게 만들고 비용을 증가시킨다. 복사해 붙여넣기한 코드는 코딩에서 피해야 한다. 대부분 프로젝트에서 다수 발견된다. 중복코드를 식별하는 도구로는 PMD의 CPD, SonarQube 등이 있다.

• 중복코드는 완전히 제거할 수는 없으나 최대한 줄이고, 다수의 코드에서 발견되는 중복코드는 리팩토링(refactoring)을 통하여 별도의 모듈로 분리하는 등의 노력이 필요하다.

• 중복코드를 식별하는 도구로는 PMD의 CPD, SonarQube 등이 있다.

1.3 소프트웨어 소스코드 Inspection 사례

나. 상세 점검 결과
[소스 표준 준수 여부 점검]

(1) 소스코드 표준 준수에 대한 점검 활동 강화 필요
<현황 및 문제점>
(가) 시스템의 소스코드에 대한 표준 준수 등의 코드 품질을 점검함. 점검 사항은 아래와 같음
  -감리 시점 현재 시스템 front-end, back-end 영역 전체 전수 검사
  -Java 본 수: Java class 기준 26,190본
  -Javascript 본 수: Js 파일 기준 82본(UI 등 솔루션 제공 Js 제외)
  - PLSQL 본 수: PACKAGE 214본, PROCEDURE 3,580본, FUNCTION 401본
  -점검내용: 프로젝트 소스 표준, 주석 유무, 하드코딩 여부, 기능복잡도
  -소스코드 점검 기준: 프로젝트 소스 표준에서 정한 기준(명명, 주석)
   소스코드 복잡도 기준: 순환복잡도(Cyclomatic complexity)
  -점검 도구: SonarQube, 자체 개발 도구 등
  - 모든 점검 결과는 엑셀 형태로 사업자에게 별도 제공함
(나) (CI 체계) 사업자는 구현 소스코드에 대한 품질점검을 CI 체계를 도입하여 주기적으로 점검하고 있음

<사례 280-1> 사업자의 소스 품질관리

출처: OPENPMS 개발자Wiki

  - 소스코드 CI 수행의 적정성을 실증 확인하기 위하여 사업자가 적용한 Java, Javascript rule을 사용하
    여 감리 시점에 제출받은 소스에 대하여 실증 확인을 수행함
    • 적용 Rule: Spotbugs for XXXX(219개 rule), SonarJS for XXXX(93개 rule)
  - 실증 확인 결과는 아래와 같음

<사례 280-2> Java source 점검 결과

sub biz	합계 : java	감리수행			사업자 수행		
		Bugs	Vulnerabilities	Code Smells	Bugs	Vulnerabilities	Code Smells
bd-online	89	6	0	5	6	0	5
be-online	2263	1	0	7	1	0	0
bi-online	1131	0	0	0	0	0	0
bo-online	1468	0	0	5	0	0	5
ct-online	1083	0	0	4	0	0	0
db-online	558	0	0	0	0	0	0
dl-online	203	0	0	0	0	0	2
ea-online	121	0	0	0	0	0	0
de-online	233	0	0	1	0	0	0
ea-online	155	0	0	0	0	0	0
dl-online	219	0	0	16	2	0	0
ep-online	744	0	0	6	0	0	0
ft-online	488	1	0	0	0	0	0
fs-online	395	0	0	0	0	0	0
ft-online	452	0	0	13	0	0	0
mp-online	421	3	0	71	1	0	0
np-online	733	0	0	0	0	0	0
op-online	2288	0	0	0	0	0	1
pd-online	1204	0	0	33	1	0	1
pl-online	436	0	0	1	0	0	0
pm-online	647	0	0	4	0	0	1
pt-online	766	0	0	42	0	0	0
rm-online	498	0	0	0	0	0	0
sa-online	555	0	0	0	0	0	0
tm-online	689	0	0	0	0	0	0
합계	26190	22	0	267	22	0	18

<사례 280-3> Javascript source 점검 결과

sub biz	분석 : js	감리수행			사업자 수행		
		Bugs	Vulnerabilities	Code Smells	Bugs	Vulnerabilities	Code Smells
admin-web							
enara-web-js	5	0	7	2	1	0	0
expt-admin-web	5	1	0	10	0	0	0
expt-web-js	4	0	0	34	0	0	0
eh-web-js	9	0	6	4	0	0	0
web	47	20	66	308	5	0	42
openfn-admin-web	8	4	6	100	0	0	0
openfn-web	1	8	48	238	0	0	0
portal-web	3	2	0	10	1	0	0
합계	82	35	133	706	6	0	42

- 사업자의 검사 결과와 감리의 검사 결과가 일부 차이를 보이고 있으나, 현재 통합테스트 과정에서 소스 수정이 이루어지고 있어 소스에 차이가 발생하여 검사 결과에 차이가 있는 것으로 판단함

(다) (소스 표준) 프로젝트 소스 표준에 근거하여 소스의 표준 준수 여부를 점검함
- 자바의 경우 소스 명명 표준 등을 다음과 같이 정의하고 있음

<사례 280-4> Java source 명명 표준

유형	사용 규칙	비고
패키지명	전체 소문자 w/o 밑줄(underscore)	
클래스명	UpperCamelCase 형식	
메소드명	lowerCamelCase 형식	
상수명	UPPER_CASE 형식	
비상수 멤버 변수명	lowerCamelCase 형식	
파리미터명	lowerCamelCase 형식	
지역 변수명	lowerCamelCase 형식	
제너릭 타입명	대문자 1개	예: T, E, X 등

- 명명 표준에 근거하여 전체 온라인/배치 Java 소스에 대한 명명 표준 준수 여부를 점검하였으며 결과는 다음과 같음

<사례 280-5> Java online/batch 소스 명명 표준 점검 결과

Online					Batch				
Category	Pass	Fail	Sum	Pass %	Category	Pass	Fail	Sum	Pass %
PACKAGE	26,074	116	26,190	99.56%	PACKAGE	943		943	100.00%
INTERFACE	3,437		3,437	100.00%	INTERFACE	15		15	100.00%
ENUM	6	3	9	66.67%	ENUM	6		6	100.00%
ENUM CONSTANT	119		119	100.00%	ENUM CONSTANT	22		22	100.00%
CLASS	22,634	37	22,671	98.84%	CLASS	911	14	925	98.49%
CONSTANT	1,578	108	15,457	93.59%	CONSTANT	292		1,168	100.00%
METHOD	634,270	2,992	637,262	99.53%	METHOD	8,948	392	9,340	95.80%
TOTAL	**688,118**	**3,256**	**705,145**	**99.53%**	**TOTAL**	**11,137**	**406**	**12,419**	**96.48%**

- 온라인 소스의 경우 99.6%의 준수율을 보이고, 배치 소스는 96.5%의 준수율을 보이고 있음. 위반 사례는 다음과 같음

<사례 280-6> Java source 위반 사례(일부)

구분	위반 사례	명명 표준	위반 내역
Package	- kr.go.xxxxx.ifms.af.rp.cm.service.Impl	전체 소문자 w/o 밑줄(underscore)	- 대문자 사용

Enum	- public static enum linkIdEnum{
	- enum AFTER_QUERY {
	- enum UPDATE_QUERY {
		Upper CamelCase 형식	- 첫 글자 소문자
			- 언더바 사용

Class	- String public class AcKmLdToaAmtDVO_20201022_13 extends CommonVO { - public class flBiOpFlAutoJnBatCallDVO extends CommonVO{	Upper CamelCase 형식	- 언더바 사용 - 첫자 소문자 사용
Constant	- private static final String MngAtc_PAGE_ID = "UACAJBDZ07";	UPPER_CASE 형식	- 소문자 사용
Method	- public List<AbTcClTrevAneSituDVO> SelectCgofRevnSituList(final AbTcClTrevAneSituDVO inputVO) {	lower CamelCase 형식	- 첫자 대문자 사용

- 전체 위반 사례는 엑셀 파일로 사업자에 별도 제공함
- Javascript의 경우 소스 명명 표준 등을 다음과 같이 정의하고 있음

<사례 280-7> Javascript source 명명 표준

<변수 명명 규칙>
UI 소스(웹스퀘어 xml 또는 js) 파일 안에서 사용되는 변수 명명 규칙은 다음과 같다.
√ 변수명 호용 문자: 영문 대소문자, 숫자
√ 2개 이상의 단어가 연결되는 경우에는 단어의 첫 글자를 대문자로 작성한다(카멜 표기법에 따름).
√ 변수에 사용되는 단어는 의미 있는 이름을 사용한다.
√ 상수는 영문 대문자와 언더바(_) 문자를 구분자로 해서 작성한다.

<함수 명명 규칙>
UI 소스(웹스퀘어 xml 또는 js) 파일 안에서 사용되는 함수 명명 규칙은 다음과 같다.
√ Prefix + 함수기능명(Prefix: 시스템공통: com.nb: 업무공통 : 업무구분(4자리), 업무구분(2자리)+Cm, 사용자 정의: scwin.fn_)
√ 함수기능명 허용 문자: 영문 대소문자
√ 함수기능명 생성규칙: 동사(소문자) + 명사형 단어
√ 2개 이상의 단어가 연결되는 경우에는 단어의 첫 글자를 대문자로 작성한다(카멜 표기법에 따름).
√ 함수에 사용되는 단어는 의미 있는 이름을 사용한다.

- Javascript source의 경우 함수명과 변수명에 대한 표준 점검을 수행하였으며 업무별 준수율 및 위반 사례는 아래와 같음

<사례 280-8> Javascript 표준 준수 현황

업무 구분	검사 건수	위반 건수	준수율
enara-web	215	21	90.23%
expt-admin-web	311	20	93.57%
expt-web	44	11	75%
xxxxx-eh-web	272	73	73.16%
xxxxx-web	4,689	475	89.87%
openfn-admin-web	1,197	60	94.99%
openfn-web	1,327	62	95.33%
portal-web	360	15	95.83%

구분	위반 사례	명명 표준	위반 내역
함수	- function fn_ipTrans(obj) { - function _removeMask(str) {	lowerCamelCase 형식	- 언더바 사용
변수	- var label_ = "BGNG_YMD"; - var Filter = xmlFilter.documentElement;	lowerCamelCase형식	- 언더바 사용 - 첫 자 대문자 사용

– 전체 위반 사례는 엑셀 파일로 수행사에 별도 제공함

(라) (주석) 프로젝트 소스 표준에 근거하여 주석 작성 여부를 점검함
– Java, JavaScript, PLSQL 주석 관련하여 다음과 같이 프로젝트 표준에 정하고 있음

<사례 280-10> 주석 표준

구분	주석 표준

Java	- 최소 규정) Public 클래스 또는 모든 Public/Protected 멤버 변수 및 메소드
	- 예외 규정
	  메소드 명이 단순하고 명확한 경우(self-explanatory methods) 불필요
	  Override된 메소드 또는 인터페이스 구현 메소드: 상위 클래스 또는 인터페이스상에 이미 Javadoc을 갖고
	  있는 경우 중복해서 작성 불필요

Javascript	- Javascript(*.Js) 함수(Function)의 경우 문서화를 위해 다음과 같이 주석을 작성한다.
PLSQL	- 모든 Package/ SP/ Function은 아래 형식의 주석문을 입력변수 선언부 다음에 작성하여, 향후 유지보수 시 에 해당 Package 소스만을 보고 기본적인 수행 내용을 이해할 수 있도록 작성한다.

– (Java) Java의 경우 Public 클래스 및 클래스 내 Public, Protect method의 주석 유무를 점검함(의미가 명확
한 private field에 대한 일반적인 getter, setter는 대상에서 제외함)

<사례 280-11> Java online/batch 주석 적용 현황

Online						Batch					
Category	Pass	Fail	Skip	Sum	Pass %	Category	Pass	Fail	Skip	Sum	Pass %
PACKAGE					0.00%	PACKAGE				943	0.00%
ABSTRACT CLASS					0.00%	ABSTRACT CLASS				15	0.00%
INTERFACE	3,273	164		3,437	95.26%	INTERFACE	14	1		6	93.33%
ENUM	4	5		9	44.44%	ENUM		6		22	0.00%
ENUM CONSTANT					0.00%	ENUM CONSTANT				925	0.00%
CLASS	16,208	6,462	1	22,671	71.50%	CLASS	849	76		1,168	91.78%
CONSTANT					0.00%	CONSTANT					0.00%
METHOD	86,581	17,010	533,671	637,262	83.58%	METHOD	625	1,262	7,453	9,340	33.12%
STRING LITERAL					0.00%	STRING LITERAL					0.00%
NUMBER LITERAL					0.00%	NUMBER LITERAL					0.00%
TOTAL	106,046	23,641	533,672	663,379	81.77%	TOTAL	1,488	1,345	7,453	10,286	52.52%

- 점검 결과 온라인과 배치 각각 82%, 53% 수준의 주석 적용이 확인되며 많은 클래스와 메소드에서 주석 누락이 확인됨
- 전체 누락 사례는 '별첨5.4 주석 생략된 내용(온라인)', '별첨5.5 주석 생략된 내용(배치)' 참조

- (Javascript) Javascript의 경우는 점검 대상 Js 파일에서 식별되는 function 유형에 주석이 확인되는지를 점검하였으며, 점검 결과 식별된 7,358개의 function에서 881개(약 12%)에서 주석이 빠진 것으로 확인됨
- 전체 누락 사례는 '별첨5.6 Javascript 주석이 빠진 내용' 참조

- (PLSQL) PLSQL의 경우는 소스코드 내의 주석 밀도로 주석 적용의 적정성을 점검함(주석 밀도(%) = (주석 / (주석 + 소스 라인) *100), 주석 밀도 50%의 의미는 소스코드만큼 주석이 적용된 경우 – 소스코드 100라인, 주석 100라인
- 점검 결과 PLSQL의 Package, Procedure, function 단위에 비교적 충실하게 주석이 반영된 것으로 판단되나, 일부 건에서 주석이 0라인 이거나 밀도가 낮은 경우가 발견되므로 확인 후 주석 보강 필요
- 전체 위반 사례는 엑셀 파일로 수행사에 별도 제공함

<사례 280-12> PLSQL 주석 적용 현황

gubun	Source	line	nclo	comment_line	comment_lines_density(%)
FUNCTION	FUNCTION_FN_MPBI_GET_CTR_CNT.sql	25	19	0	0
FUNCTION	FUNCTION_FN_NPCP_SPLITDATA.sql	23	17	0	0
FUNCTION	FUNCTION_FN_NPCP_GET_AUTHCHK_YN.sql	270	215	23	7.85
FUNCTION	FUNCTION_FN_PMBM_MAKE_BIZINFO_FU.sql	1493	1310	130	8.01

주석 0라인

gubun	Source	lines	nclo	comment_line	comment_lines_density(%)	
PROCEDURE	PROCEDURE_SP_NPGI_DEL_ROWS.sql	30	21	0	0	
PROCEDURE	PROCEDURE_SP_BIUR_GOFCLTCOPY.sql	241	203	4	1.63	
PROCEDURE	PROCEDURE_SP_PMBM_IF_WRT_LOGSTART_PR.sql	53	44	1	1.85	
PROCEDURE	PROCEDURE_SP_NPNP_LEDG_AST_GRP_NO_CLS.sql	734	699	14	1.87	
PROCEDURE	PROCEDURE_SP_NPAQ_CP_EXEOUT.sql	1157	1105	30	2.53	
PROCEDURE	PROCEDURE_SP_EMOE_OE_RAMT_REC2.sql	1092	1008	31	2.76	
PROCEDURE	PROCEDURE_SP_TRUNC.sql	385	374	12	3.02	
PROCEDURE	PROCEDURE_SP_EMOE_OE_GOF_MMT.sql	901	847	30	3.22	
PROCEDURE	PROCEDURE_SP_NPCL_CLNPMTRCREA.sql	676	611	23	3.29	

주석 0라인이 거나 주석밀도 낮음

(마) (하드코딩) 하드코딩은 소스 내에 숫자 혹은 문자열 형태로 값을 직접 입력하는 코딩 형태로서 이를 확인하기 위해 Java, Javascript 전체 소스를 전수 검사함
- Number literal 중 -1, 0, 1 등 직관적으로 이해할 수 있는 건은 제외함
- annotation, log 등의 literal은 제외함
- 의미를 알 수 있게 주석이 있는 경우는 제외함
- String literal의 경우는 IP, File Path만 점검함

- PL/SQL은 SQL 성격상 조건절 등에 하드코딩이 들어갈 수밖에 없으므로 제외함
- 점검 결과는 아래와 같음

<사례 280-13> 언어별 하드코딩 현황

구분		Number 하드코딩 건수
Java	Online	2,877
	batch	2,380
Javascript		2,504

- 하드코딩 예시는 다음과 같음

<사례 280-14> Java 하드코딩 사례 1

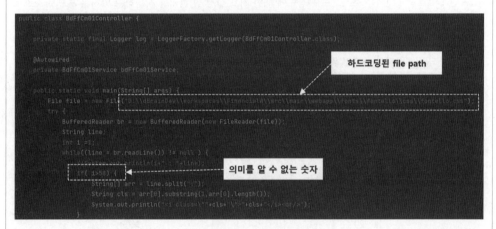

<사례 280-15> Java 하드코딩 사례 2

하드코딩된 IP

Source File	Source Expression	Line	C
k BdGfExGdpPrspApiController.java	String apiUrl = "https://███91/publish/app/api/w7x4kaan";	254	S
k BdGfExGdpPrspApiController.java	String statusUrl = "https://███91/publish/app/api/w7x4kaan/status";	255	S
k BdGfExGdpPrspApiController.java	String apiUrl = "https://███91/publish/app/api/w7x4kaan";	295	S
k BdGfExGdpPrspApiController.java	String statusUrl = "https://███.91/publish/app/api/w7x4kaan/status";	314	S
k BdGfExGdpPrspApiController.java	String urlString = "https://███91/publish/app/api/wbdpz9k8";	465	S
N EmCmEpEvidDataServiceImpl.java	URL url = new URL("http://███00.54:"+port+"/view/sampleNaraDbrnPatch.jsp");	202	S
N EmCmEpEvidDataServiceImpl.java	openUrl = "http://1███0.54:"+port+"/view/sampleNaraDbrnPatch.jsp";	203	S
N EmCmEpEvidDataServiceImpl.java	result = result.substring(0,abc) + "http://███140:9090/" + result.substring(abc+49);	261	S
ri CommConst.java	public static String ehsURL = "http://localhost:8090/core";	29	S

<사례 280-16> Java 하드코딩 사례 3

Source File	Source Expression	Line	
BdFfCm01Controller.java	File file = new File("D:₩₩████████₩₩workspaces₩₩Finencial₩₩src₩₩main₩₩webapp	61	
FsFtBpBcpMngServiceImpl.java	strBcpRsltPath = "C:₩₩Temp₩₩batch₩₩FS₩₩" + strBcpRsltDtPath + "₩₩";	547	
WebSquareXMLCopyWatcher.java	private static final String rootDir = "C:₩█████████₩₩workspaces₩₩openfn-admin-web₩	23	
WebSquareXMLCopyWatcher.java	"C:₩₩████████₩₩workspaces₩₩openfn-admin-web₩₩target₩₩openfn-admin-web-1.0.	32	
PtPsSoBcpMngServiceImpl.java	strBcpRsltPath = "C:₩₩Temp₩₩batch₩₩FS₩₩" + strBcpRsltDtPath + "₩₩";	539	

> 하드코딩된
> file path

- 전체 위반 사례는 엑셀 파일로 수행사에 별도 제공함

(바) (소스복잡도) 소스코드의 복잡도 지표에 따라 전체 소스에 대한 복잡도를 계산하였으며 계산 기준 및 계
산 결과는 아래와 같음
- 현재 프로젝트에서는 소스코드 복잡도에 대한 지표 설정 및 관리를 시행하고 있지 않으므로 소스코
드 복잡도 측정에 가장 많이 활용되는 순환복잡도 지표를 사용함(Cyclomatic Complexity: 소스코드의 가
능한 경로 수를 계산함)
- 또한, 공공 SW지침 등에 몇몇 경우(방위사업청 무기체계 신뢰도 소스코드 메트릭: 순환 복잡도 기준값 20 이
하)를 제외하고는 본 사업에 접합한 복잡도 수준에 대한 기준이 없는 관계로 카네기멜론대학 SW공학
연구소(SEI)의 기준을 적용함. 기준은 다음과 같음

<사례 280-17> 소스코드 복잡도 기준(SEI 기준)

복잡도 V(G)	복잡도 평가
1 ~ 10	낮음
11 ~ 20	보통
21 ~ 50	높음
51 이상	매우 높음

- 위의 기준에 따라 언어별 복잡도 계산 결과는 아래와 같음

<사례 280-18> Java 소스코드 복잡도

JAVA ONLINE 소스코드 복잡도

1~10	낮음	16,623
11~20	보통	2,424
21~50	높음	3,609
51~	매우 높음	3,534
합계		26,190

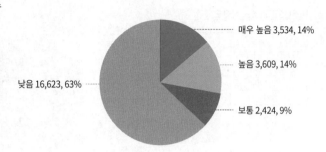

JAVA BATCH 소스코드 복잡도

1~10	낮음	531
11~20	보통	105
21~50	높음	205
51~	매우 높음	102
합계		943

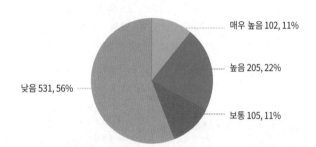

<사례 280-19> Javascript 소스코드 복잡도

JAVASCRIPT 소스코드 복잡도

1~10	낮음	12
11~20	보통	6
21~50	높음	12
51~	매우 높음	51
합계		81

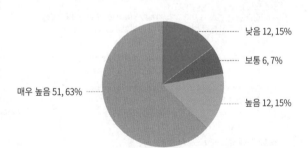

<사례 280-20> PLSQL 소스코드 복잡도

PLSQL 소스코드 복잡도

1~10	낮음	904
11~20	보통	1,373
21~50	높음	1,235
51~	매우 높음	683
합계		4,195

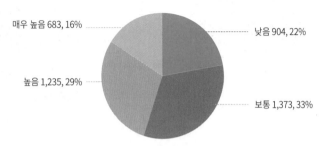

매우 높음 683, 16%
낮음 904, 22%
높음 1,235, 29%
보통 1,373, 33%

> **다음의 경우 +1:**
> **function, if, &&, ||, switch, throw, catch**

- 전체 소스복잡도는 엑셀 파일로 수행사에 별도 제공함

<개선 방향>

(사) 다음 사항에 대한 보완이 필요함

<사례 280-21> 소스코드 점검에 대한 개선 방향

관리 구분	현황	개선 방향
CI	- Java, Javascript 소스에 Sonarqube를 활용하여 지속적인 소스코드 Inspection을 진행 중 - 전수 실증 점검 결과 사업자 점검 결과와 일부 차이가 있으나 소스 수정 중으로 인한 버전 차이로 차이가 발생한 것으로 판단함	- 종료 감리 시점까지 모든 이슈 사항 해소 필요
소스 표준	- 프로젝트 표준에서 정한 명명 표준에 일부 위배 사항이 발견됨	- 표준에 따라 수정 필요
주석	- 프로젝트 표준에 언어별 주석 표준이 잘 정의되어 있으나 - 전수 검사 결과 일부 주석이 누락 된 소스가 발견됨	- 향후 원활한 유지보수에 중요한 사항이므로 빠진 주석 추가 필요 - Java와 Javascript의 경우 주석 문서 자동 생성을 고려하여 각각 Javadoc, Jsdoc 형식의 주석 사용 필요
하드코딩	- 소스코드에 값을 직접 코딩한 경우가 다수 발견됨	- 하드코딩은 유지보수에 문제를 일으킬 수 있으므로 변하지 않는 값은 상수로 전환 필요 - 값의 의미 파악이 힘든 경우는 최소 주석 처리 필요
소스 복잡도	- 본 사업에서는 소스복잡도에 대한 별도의 지표 관리를 하고 있지 않음 - 구현 소스의 복잡도 수준을 확인하기 위하여 순환복잡도 지표를 적용하여 전체 소스에 대한 복잡도를 계산함 - 언어별 차이는 있으나 복잡도가 51 이상인 복잡도가 매우 높은 소스가 다수 확인됨	- 계산된 소스복잡도를 활용하여 다음과 같은 전략을 추진할 수 있음 - 복잡도가 높은 소스에 대한 테스트 강화(복잡도가 높으면 기능 오류 확률이 높음)

<사례 281> 중복코드 사례

(바) 소스코드 간의 코드 중복을 확인하기 위하여 PMD의 CPD 도구를 활용함. 점검 결과는 아래와 같음

- 검사조건은 180 토큰 이상 같은 경우이며 93개 케이스가 발견됨
- 점검 도구: PMD Copy Paste Detector

<사례 281-1> 소스코드 중복 검사 결과 요약

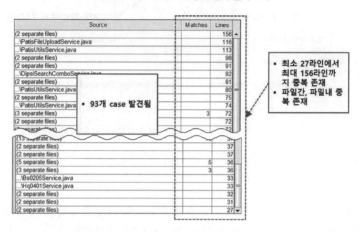

- 같은 파일 내에 중복이 있는 경우는 다음과 같음

<사례 281-2> 같은 소스 파일 내에 중복이 있는 경우

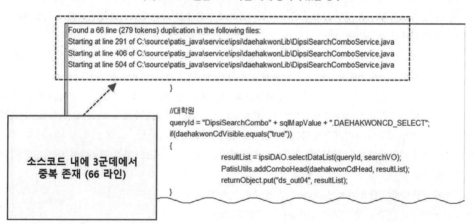

- 다른 파일과 중복이 있는 경우는 다음과 같음

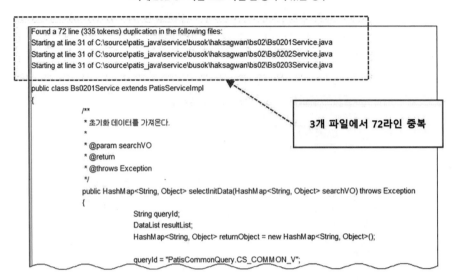

<사례 281-3> 다른 소스 파일 간 중복이 있는 경우

```
Found a 72 line (335 tokens) duplication in the following files:
Starting at line 31 of C:\source\patis_java\service\busok\haksagwan\bs02\Bs0201Service.java
Starting at line 31 of C:\source\patis_java\service\busok\haksagwan\bs02\Bs0202Service.java
Starting at line 31 of C:\source\patis_java\service\busok\haksagwan\bs02\Bs0203Service.java

public class Bs0201Service extends PatisServiceImpl
{
        /**
         * 초기화 데이터를 가져온다.
         *
         * @param searchVO
         * @return
         * @throws Exception
         */
        public HashMap<String, Object> selectInitData(HashMap<String, Object> searchVO) throws Exception
        {
                String queryId;
                DataList resultList;
                HashMap<String, Object> returnObject = new HashMap<String, Object>();

                queryId = "PatisCommonQuery.CS_COMMON_V";
```

3개 파일에서 72라인 중복

<검토 의견>

(사) 품질 요건을 충족하지 못하는 소스는 서비스 품질 및 향후 유지보수 등에 악영향을 줄 수 있으므로 서비스 제공 전 개발 기간 중 소스코드에 대한 품질점검 활동 강화가 필요함

(아) 특히, 자동화 도구를 통한 소스 품질 검토는 시간 및 경제적 측면에서 이점이 있으므로 다음을 참고하여 공식 오픈 전에 개발 소스에 대한 품질점검 강화를 권고함

- 명명 표준의 경우는 별도의 품질관리 활동이 확인되지 않으므로 품질관리자는 명명 표준 준수에 대한 주기적인 확인을 권고함
- 코드 품질의 경우 품질점검 활동이 존재하나 1회성 활동으로 판단되므로 개발단계에서 개발자에 의한 품질관리 강화를 권고함
- 소스코드 중복의 경우 향후 유지보수에 가장 문제를 일으킬 수 있는 부분이므로 개발 시 업무 특성상 불가피한 경우를 제외하고는 코드 중복을 최소화하는 노력(코드 리팩토링)을 권고함
- 위의 3개 활동은 개발 완료된 소스에 사후관리 형태로 진행하는 것이 현실적으로 가능하지 않으므로(개발 완료된 소스 수정은 오류 발생 등의 문제를 일으킬 수 있음) 개발자가 코딩 시 먼저 점검하고 전체적으로 빌드 시점에 주기적으로 확인하는 것이 가장 현실적임
- 따라서 개발자의 개발 환경(예: 이클립스)에 제공되는 여러 plug-in 도구를 활용하여 사전 점검 강화를 권고함
- 개발환경에서 사용 가능한 Open 소스 도구는 아래와 같음
  - 명명 표준 준수 확인 도구: checkstyle, PMD plug-in
  - 소스코드 품질 확인 도구: PMD plug-in
  - 소스 중복 확인 도구: PMD CPD plug-in

1.4 소프트웨어 소스코드 Inspection 진단 Tool

1) 상용 도구

도구명	제조사	지원언어	특징	비고
Sparrow	파수닷컴	C/C++/C#/Java/Js/JSP 등	코딩 규칙, 보안 약점, 런타임 에러 등	CC 인증제품
Code Inspector	슈어소프트	C/C++/Java 등	코딩 규칙 등	
Sofos Coding	한컴시큐어	C/C++/Java 등	보안 약점	CC 인증제품
CodePrisom/Security Prisom	지티원	C/Java/JSP 등	보안 약점, 코딩 규칙	CC 인증제품
Code Ray	트리니티소프트	C/Java 등	보안 약점, 형상 관리, 감사 기록 등	CC 인증제품
BigLook	이븐스타	C/C++/Java/JSP/.net 등	코딩 규칙, 보안 약점 등	CC 인증제품
HealingSecu ScanJ	사이버텍	Java/JSP 등	보안 약점, 실행 오류 등	CC 인증제품
Resort	소프트4소프트	C/C++/Java	코딩 규칙 등	
Coverity	Coverity	C/C++	코딩 규칙, 실행 오류 등	

2) 주로 사용되는 오픈 소스 도구

도구명	지원언어	특징	URL
Checkstyle	Java	코딩 규칙	https://checkstyle.sourceforge.io/
PMD	Apex, HTML, JSP, Maven, PLSQL, XML, Java, Ecmascript(javascript)	코딩 규칙	https://pmd.github.io/
CPD	C#, C/C++, Dart, Ecmascript(Javascript), Fortran, Go, Groovy, Java, JSP, Kotlin, Lua, Matlab, Modelica, Objective-C, Perl, PHP, PL/SQL, Python, Ruby, Salesforce.com Apex, Scala, Swift, Visualforce, XML	중복코드	https://pmd.github.io/latest/pmd_userdocs_cpd.html
Spotbugs	Java	코딩 규칙 보안 약점	https://spotbugs.github.io/
ESLint	Javascript, Jsx	코딩 규칙	https://eslint.org/
SonarQube (community version)	Java, C#, Javascript, TypeScript, CloudFormation, Terraform, Kotlin, Ruby, Go, Scala, Flex, Python, PHP, HTML, CSS, XML, VB.NET	코딩 규칙 보안 약점 CI/CD	https://www.sonarqube.org/

3) 오픈 소스 도구 설명

- **Checkstyle**
  - Checkstyle은 Java 소스코드가 지정된 코딩 규칙을 준수하는지 확인하기 위해 소프트웨어 개발에 사용되는 정적 코드 분석 도구(Java만 분석 가능)
  - Code style 점검에 특화되어 있음

- CLI(Command line interface)를 통한 단독 사용이 가능하고 eclipse, intellij 등의 ide와 통합하여 활용할 수 있음
- 분석에 *.Java 파일만 필요
- Plugin으로 SonarQube에서 사용 가능

■ PMD
- PMD는 정해진 규칙에 따라 소스코드를 검사해 주고 결과를 Report로 코딩 효율을 높여주는 도구(Java 외 추가적인 언어 분석 가능)
- 잘못된 코딩(Code smell) 점검에 특화되어 있음
- 전자정부 표준 프레임워크에 코드 품질 분석기로 포함되어 있음
- CLI를 통한 단독 사용이 가능하고 eclipse, intellij 등의 ide와 통합하여 활용할 수 있음
- 분석에 *.Java 파일만 필요
- Plugin으로 SonarQube에서 사용 가능

■ CPD
- CPD는 소스코드의 중복 부분을 식별하여 보고하는 분석 도구
- PMD에 포함되어 있으나 별도 실행 가능하며 CLI 및 GUI 환경 제공
- eclipse나 intellij ide와 통합사용 가능
- 분석에 *.Java 파일만 필요

■ Spotbugs
- Spotbugs는 자바용 오픈 소스 정적분석 도구. 2004년에 메릴랜드 대학에서 FindBugs라는 이름으로 시작되어 Spotbugs로 이름이 바뀜
- 바이트코드로 컴파일된 Java 소스코드를 분석하는 방식으로 만들어졌기 때문에 소스 파일(*.Java)이 없이 분석 가능. Java 파일만 분석하는 것보다 object 파일을 분석하므로 좀 더 심도 있는 문제 발견 가능
- 보통 *.Java, *.Class 파일이 모두 필요
- fb-contrib, find-sec-bugs 확장 버전 존재

- CLI, GUI 실행 환경을 제공하고 maven, gradle 등 빌드 도구에서 사용 가능
- Plugin으로 SonarQube에서 사용 가능

■ ESLint

- ESLint는 Javascript 코드에서 발견되는 문제시되는 패턴들을 식별하기 위한 정적 코드 분석 도구
- NodeJs의 npm을 통해 설치하고 개발 에디터의 확장프로그램(Plugin)으로 적용

■ SonarQube

- SonarQube는 20개 이상(커뮤니티 버전은 17개 제한)의 프로그래밍 언어에서 버그, 코드 스멜, 보안 취약점을 발견할 목적으로 정적 코드 분석으로 자동 검토를 수행하기 위한 지속적인 코드 품질 검사용 오픈 소스 플랫폼
- 플랫폼 성격이 강하며 실제 코드 분석은 별도의 'sonar-scanner'가 실행
- Checkstyle, PMD등의 룰을 Plugin으로 사용 가능
- 지속적 점검을 위한 CI/CD 도구로 활용 가능
- default로 H2 DB을 사용하나 다른 DBMS(MySQL, Postgresql 등) 설정 가능

2 소프트웨어 보안 약점 진단

2.1 개요

1) 정의

소프트웨어 보안 약점 진단은 안전한 소프트웨어를 만들기 위하여 개발단계(분석단계 이후 개발단계까지)에서부터 보안 요구항목 식별 등을 통해 발생 가능한 위협을 최소화할 수 있도록 설계, 구현 등의 보안 활동이 수행되었는지 점검하기 위한 활동이다.

보안 약점 관련 유사 용어는 아래와 같이 정의 내릴 수 있다.

- **보안 약점(Weakness):** 결함이 될 수 있는 논리적인 오류나 버그, 실수 등 이후 취약점으로 전개할 수 있는 '근본적인 원인'으로 공격에 활용될 여지가 있는 오류

- **취약점(Vulnerability):** 다음 아래의 3가지 사항의 교집합(조건 충족)을 의미한다(참조, Wiki).

  – **시스템 민감성 또는 결함:** SW 오류가 있다(Weakness를 의미함).

  – **공격자가 결함에 대한 접근:** 공격자가 SW 결함, 오류를 악용하여 시스템에 침투한다.

  – **공격자가 결함에 대한 익스플로잇(exploit) 가능성:** 공격자가 시스템에 침투하여 시스템에 데이터 수정 등 악성 행위를 수행한다.

- **소프트웨어 보안 약점:** 소프트웨어 결함, 오류 등으로 해킹 등 사이버공격을 유발할 가능성이 있는 잠재적인 보안 취약점

- **SW 개발 보안:** 주로 SW개발자나 운영자가 준수해야 할 개념으로 'SW 개발과정에서 개발자의 실수, 논리적 오류 등으로 인해 발생할 수 있는 보안 취약점이다. 즉 보안 약점을 최소화하여 사이버 보안 위협에 대응할 수 있는 안전한 SW를 개발하기 위한 일련의 보안 활동'을 의미한다(참조, 「소프트웨어 보안약점 진단 가이드」, 행정안전부, 한국인터넷진흥원).

2) 목적

소프트웨어 보안 약점 진단의 목적은 「행정기관 및 공공기관 정보시스템 구축·운영 지침」(행정안전부고시 제2021-3호)에 따라 정보시스템을 구축·운영함에 있어 소프트웨어 개발 생명주기 단계에 걸쳐 식별 → 정의 → 설계 → 개발되고 있는지를 통해 소프트웨어 보안 약점이 없이 안전한 소프트웨어가 개발되도록 하는 것이다.

3) PMO 중점 관리항목

소프트웨어 보안 약점 진단의 중점 관리항목은 법에서 요구하는 내용 준수 여부, 프로그램 소스코드 대상 보안 약점 진단 여부, 진단 결과 발견된 보안 약점의 제거 여부로 볼 수 있다. 좀 더 상세한 내용은 아래와 같다.

- 법에서 요구하는 내용 준수 여부
  - 분석/설계단계 개발 보안 계획수립
  - 개발자 코딩 가이드 준비 여부
  - 개발자 교육 여부

- 구현단계 개발 보안 활동 이행 여부
- 개발 보안을 적용한 코딩 여부
- 국정원 도구를 이용한 진단 여부
- 진단에 활용된 도구가 국정원 CC 인증 도구 여부
- 진단원 자격을 보유한 인력의 참여(감리 분야 권고사항)
• 프로그램 소스코드 대상 보안 약점 진단 여부
• 진단 결과 발견된 보안 약점 제거 여부

2.2 소프트웨어 보안 약점 진단 절차

1) 기준

소프트웨어 보안 약점 진단 기준은 프로젝트에서 개발된 프로그램이 개발 보안이 적용되기 위해 단계별 개발 보안 활동 여부와 이행 결과로서 보안 약점이 제거된 프로그램 소스코드를 확보하는 것이다. 이를 통해 시스템에 안전한 프로그램을 설치하여 외부 침입자로부터 취약점이 발생하지 않는 안전성을 확보하였는지를 점검한다.

2) 측정지표

측정지표는 분석·설계단계와 구현단계의 2단계로 나누어서 정의한다.

<표 211> 분석·설계 진단 항목 사례

요구사항번호	요구사항명	적용 방안	적용 대상
입력 데이터 검증 및 표현			
SR1-1	DBMS 조회 및 결과 검증	• 동적쿼리가 아닌 정적쿼리 사용 • SQL 생성에 사용되는 문자 필터링 • 라이브러리 또는 Validator 컴포넌트를 이용한 입력값 검증	• 애플리케이션 적용
SR1-2	XML 조회 및 결과 검증	• XML 삽입이 실행될 수 있는 입력값(", [,], /, =, @) 필터링	• 해당 사항 없음
SR1-3	디렉터리 서비스 조회 및 결과 검증	• 외부입력값이 LDAP 조회를 위한 검색 필터에 이용될 경우, 악용 가능한 특수문자(=, +, <, >, #, ;, \ 등) 필터링	• 해당 사항 없음
SR1-4	시스템 자원 접근 및 명령어 수행 입력값 검증	• 외부입력값이 IP, Port, Process, Memory, File 등 시스템 자원을 직접 지정하지 않도록 코딩 • 허용 가능한 OS 명령어를 미리 정의하고, 정의된 명령어 이외에는 실행을 거부하도록 코딩	• 외부입력값을 이용하여 시스템 자원 접근하지 않도록 함, 별도 부여한 ID 등을 사용 • 배치 프로그램에서 쉘 등을 실행하는 경우 필수 파라미터 검증 내용 포함

요구사항번호	요구사항명	적용 방안	적용 대상
SR1-5	웹서비스 요청 및 결과 검증	• 사용자 입력값이 동적 페이지의 결과로 사용되지 않도록 특수문자 등 필터링	• 사용자로부터 입력받은 값은 넥사크로 통신을 통해서만 처리 함 • 일부 넥사크로 미사용 페이지에 대해서는 크로스사이트스크립트(XSS) 필터링을 공통적으로 처리함
SR1-6	웹 기반 중요기능 수행 요청 유효성 검증	• CSRF 토큰 적용(예: OWASP Anti-CSRF 토큰) • Java Spring Security 프레임을 이용한 인증 기능 적용	• 시스템으로 전송되는 모든 요청에 대해 넥사크로 요청인지 체크하여 처리함 • 넥사크로 미적용 요청의 경우 인터셉터를 이용하여 사용자 요청 공통 검증
SR1-7	HTTP 프로토콜 유효성 검증	• 개행문자(\r, \n)를 필터링하도록 코딩함 • URL 리다이렉션이 필요할 경우, XML, properties 등의 설정 파일에 허용 가능한 URL을 정의해 사용	• 외부입력값을 쿠키 및 HTTP 헤더 정보로 사용하지 않음 • 외부입력값을 페이지 이동 URL로 사용하는 경우 허용 목록을 관리하여 비교 후 사용
SR1-8	허용된 범위내 메모리 접근	• 메모리 버퍼의 경계값을 넘어서 메모리를 읽거나 저장하지 않도록 경계 설정 또는 검사를 반드시 수행하도록 코딩 • 메모리 버퍼 오버플로우를 유발하는 취약한 API는 사용하지 않도록 코딩	• 상용 또는 검증된 API 모듈만 사용함
SR1-9	보안기능 동작에 사용되는 입력값 검증	• 연결 상태정보나 인증, 인가, 권한에 관련된 중요정보는 서버측의 세션이나 DB에 저장해 사용하도록 코딩	• 해당 모듈을 수행 가능한 사용자인지는 서버에서 체크 • 중요상태정보나 인증, 권한 결정에 사용되는 정보는 쿠키로 전송하지 않으며 불가피한 경우 암호화하여 전송
SR1-10	업로드·다운로드 파일 검증	• 업로드 가능한 파일 확장자, Content Type 제한 • 업로드되는 파일명과 실제 파일명이 다르게 랜덤하게 생성 • 업로드 파일의 크기 제한 • 업로드 디렉토리 실행권한 제거 • 파일 업로드 루틴은 서버 측에서 작동하도록 코딩	• 업로드되어 저장되는 파일의 타입, 크기, 개수 제한은 공통에서 처리 • 업로드되어 저장되는 파일은 ID를 부여하여 외부에서 경로식별 불가하도록 처리 • 파일 다운로드 요청 시 ID로 처리하여 실제 경로식별 불가하도록 처리
보안 기능			
SR2-1	인증 대상 및 방식	• 중요정보나 기능에 접근 시 재인증 또는 추가인증(2-factor) 적용(예: 개인정보 수정, 글 삭제, 비밀번호 변경 등)	• 로그인 여부, 해당 기능 실행 가능 여부를 각 요청 단위에 정의하여 관리 • 관리자 로그인 시 3Factor 로그인 적용
SR2-2	인증 수행 제한	• 5회 로그인 실패 후 계정 잠금 • 세션 타임아웃 설정: 10분 • 관리자 로그인 페이지는 IP 기반 접근제어 • 관리자 로그인 패스워드 변경 시 추가인증 수단 제공(예: 휴대폰 인증)	• 발주기관 SSO 정책 및 로그인 정책 준용
SR2-3	비밀번호 관리	• 발주기관 패스워드 관리지침을 준수	• 비밀번호는 최소 9자 이상, 영문자/특수문자/숫자를 모두 포함해야 함 • 비밀번호 분실 시 비밀번호 찾기를 통해 인증 후 재설정함 • 패스워드는 암호화하여 저장(암호화 계획서 참조)

358

요구사항번호	요구사항명	적용 방안	적용 대상
SR2-4	중요자원 접근통제	• 관리자 페이지는 인터넷 검색 등에 의해 노출되지 않도록 설계 • 관리자 페이지는 IP 기반으로 접근통제하고, 원격 접속을 허용 경우 전용선이나 VPN 등을 이용해 안전하게 접속하도록 설계 • 중요자원 접근에 대해서는 재인증 또는 추가인증 하도록 설계 • 중요자원 접근 시 접근 행위 로깅	• 사용자를 관리자와 일반 사용자로 구분하여 처리 • 일반 사용자는 시스템 권한 관리 메뉴에 정의된 부여 권한에 따라 화면 접근 가능 처리 • 개별 요청에 대해 사용자가 실행 가능한지 체크
SR2-5	암호키 관리	• 소스코드에 암호키 생성, 분배, 접근 관련 주석은 넣지 않도록 코딩 • 암호화 키는 직접 소스코드에 하드코딩 하지 않도록 코딩 • 중요정보 암호화에 사용되는 암호키는 암호화해서 별도의 디렉터리에 보관하도록 설계	• DB 접속 정보는 암호화하여 사용하고 암호화 키는 별도로 암호 부여한 파일에 관리
SR2-6	암호 연산	• 취약하다고 알려진 RC2/RC4, MD5, SHA-1 등의 알고리즘은 사용하지 않음 • 난수 생성 시, 취약한 Math.Random은 사용하지 않게 설계 • 패스워드 저장 시, 반드시 salt를 적용하여 저장하도록 구현	• DB 암호화 적용 시 ARIA 256 사용
SR2-7	중요정보 저장	• 암호화 솔루션을 적용해 DB 저장 시 암호화 적용 • 고유 식별 정보는 저장, 전송 시 모두 암호화 • persistent 쿠키는 사용하지 않도록 설계	• 암호화계획서에 정의된 항목에 대해 DB 암호화를 적용하여 DB 저장
SR2-8	중요정보 전송	• 음성 및 데이터에 대한 보안 기능 제공 • 채팅 상담 데이터 암호화 적용 • 보안 프로토콜: TLSv1.2 이상 적용 • 암호화 알고리즘: 국제표준 준용	• 운영환경에서 통신은 SSL 통신으로 처리하도록 함 • 외부 연계 등 예외 상황에서는 정보를 암호화하여 전송하도록 함
에러처리			
SR3-1	예외 처리	• catch 문 다음에 빈 블록을 두지 않음 • printStack()문 사용 금지 • system.out.print()문 사용 금지 • getMessage()문 사용 금지	• 디폴트 에러 페이지를 생성하고 서버 설정을 통해 프로그램에서 처리되지 않은 에러에 적용되도록 설정 • 1.4 Message 관리 기준에 따라 에러코드 목록 관리하여 에러 코드의 메시지가 표시되도록 함
세션 통제			
SR4-1	세션 통제	• 세션 ID는 랜덤하게 생성되도록 설계 • 중복 로그인을 허용하지 않는 경우, 새로운 로그인 세션 생성 시 이전에 생성된 로그인 세션을 종료하거나, 새로이 연결되는 세션을 종료하도록 설계 • 세션 타임아웃을 적용함(중요기능: 5분 이내, 일반: 15분 내외 권고) • 웹 브라우저 종료로 인한 세션 종료 시, 일정 시간 동안 사용되지 않는 세션 정보는 강제적으로 삭제되도록 설정	• Jboss 세션 관리 기능을 통해 세션 객체 유효주기 설정 • 컨텍스트 간 세션 객체 공유되지 않도록 함 • 세션 전달 모드를 Cookie 모드 세션 쿠키 속성을 HttpOnly로 설정

<표 212> 구현단계 진단 항목 사례

번호	분류	세부 항목
1	Input Validation and Representation (입력데이터 검증 및 표현)	SQL 삽입
2		경로 조작 및 자원 삽입
3		크로스사이트 스크립트(XSS)
4		운영체계 명령어 삽입
5		위험한 형식 파일 업로드
6		신뢰되지 않은 URL 주소로 자동 접속 연결
7		XQuery 삽입
8		Xpath 삽입
9		LDAP 삽입
10		크로스사이트 요청 위조
11		HTTP 응답 분할
12		정수 오버플로우
13		보안 기능 결정에 사용되는 부적절한 입력값
14		메모리 버퍼 오버플로우
15		포맷 스트링 삽입
16	API Abuse (API 악용)	DNS lookup에 의존한 보안 결정
17		취약한 API 사용
18	Security Features (보안 특성)	적절한 인증 없는 중요기능 허용
19		부적절한 인가
20		중요한 자원에 대한 잘못된 권한 설정
21		취약한 암호화 알고리즘 사용
22		사용자 중요정보 평문 저장
23		사용자 중요정보 평문 전송
24		하드코드된 패스워드
25		충분하지 않은 키 길이 사용
26		적절하지 않은 난수 값 사용
27		하드 코드된 암호화 키
28		취약한 패스워드 허용
29		사용자 하드디스크에 저장되는 쿠키를 통한 정보 노출
30		주석문 안에 포함된 시스템 주요 정보
31		솔트 없이 일방향 해쉬 함수 사용
32		무결성 검사 없는 코드 다운로드
33		반복된 인증 시도 제한 기능 부재

번호	분류	세부 항목
34	Time and State (시간 및 상태)	경쟁 조건: 검사시점과 사용 시점(TOCTOU)
35		종료되지 않는 반복문 또는 재귀함수
36	Errors(에러처리)	오류 메시지 통한 정보 노출
37		오류 상황 대응 부재
38		부적절한 예외 처리
39	Code Quality(코드 품질)	널(Null) 포인터 역참조
40		부적절한 자원 해제
41		해제된 자원 사용
42		초기화되지 않은 변수 사용
43	Encapsulation(캡슐화)	잘못된 세션에 의한 데이터 정보 노출
44		제거되지 않고 남은 디버거 코드
45		시스템 데이터 정보 노출
46		Public 메소드로부터 반환된 Private 배열
47		Private 배열에 Public 데이터 할당

3) 절차

절차는 분석·설계단계와 구현단계로 나누어서 정의한다.

■ 분석·설계단계 진단 절차

가) 분석단계 진단내용

(1) 정보에 대한 보안 항목 식별

 - 시스템에서 개발하는 정보 관련 보안 항목을 식별 여부를 검토한다.

 - 1차로 구축할 시스템을 대상으로 진행하되, 정보의 수집, 전송, 처리, 보관, 폐기 등 흐름을 기준으로 대상 보안 항목 식별 여부를 검토한다.

 - 2차로 기관 내부 정책자료 또는 외부 정책자료(관련 업무 법, 법령, 관련 지침 등에서 요구하는 정보로 주로 개인정보가 해당한다) 등에서 요구하거나 관리할 정보 항목을 대상으로 식별 여부를 검토한다.

(2) 기능에 대한 보안 항목 식별

 - 주로 설계 및 구현단계에 적용한 내용을 4영역, 총 20개의 보안 항목으로 식별 여부를 검토한다.

☑ 입력데이터 검증 및 표현: 총 10개 항목

☑ 보안 기능: 총 8개 항목

☑ 에러처리: 총 1개 항목

☑ 세션 통제: 총 1개 항목

<사례 282> 분석·설계단계 절차

① 착수	② 진단	③ 보고서 작성 및 제출	④ 종료
① 착수회의 실시	① 산출물 접수 ② 산출물 검토 ③ 취약사항 진단 및 개선 방향 도출 ④ 공동 리뷰 ⑤ 보완조치 방안 확정	① 보고서 초안 작성 ② 공동리뷰 ③ 보고서 제출	① 종료회의 실시

나) 설계단계 진단내용

설계단계 진단내용은 분석단계에 식별된 보안 항목이 시스템에 설계 및 구축되기 위하여 요구사항 관점에서 보안 요건을 구체화하는 활동에 대한 검토 활동이다.

접근방법으로는 아래와 같이 유형별로 접근 여부를 검토할 수 있다.

- 응용시스템, 데이터베이스, 장비 레벨에서 반영에 필요한 요구사항을 식별하는 방법
- 미들웨어 프레임워크 수준에서 반영 또는 공통 라이브러리 구축 형태로 식별하는 방법(예: 1 입력에 대한 유효성 검사)
- 도입되는 장비(하드웨어, DBMS, 네트워크 장비) 또는 SW(웹서버, WAS 서버) 수준에서 식별하는 방법(통상 도입되는 장비/SW는 Default Setting 형태로 도입되는 보안 관점에서 커스터마이징할 내용이 다수 존재한다)

<사례 283> 구현단계 진단 절차

① 1차 진단	② 보안 약점 제거	③ 2차 진단	④ 종료
① SW 보안 약점 진단 ② 진단보고서 작성	① SW 보안 약점 제거	① SW 보안 약점 진단 ② 이행결과보고서 작성	① 이행결과 보고

다) 구현단계 진단내용

구현단계 진단내용은 설계단계까지 반영된 보안 항목이 실제로 시스템에 반영되었는지를 검토하는 활동이다.

- 주로 설계 및 구현단계에 적용한 내용을 4영역, 총 20개의 보안 항목으로 식별 여부를 검토한다. 공공기관의 경우, 국정원으로부터 인증받은 진단 도구를 활용하여 진단한다.
    ☑ 입력데이터 검증 및 표현: 총 17개 항목
    ☑ 보안 기능: 총 16개 항목
    ☑ 시간 및 상태: 총 2개 항목
    ☑ 에러처리: 총 3개 항목
    ☑ 코드 오류: 총 5개 항목
    ☑ 캡슐화 L: 총 4개 항목
    ☑ API 오용: 총 2개 항목

2.3 소프트웨어 보안 약점 진단 사례

(1) 소프트웨어 보안 약점 제거를 위해 SW개발 보안 약점 진단 결과를 업무 개발 프로그램에 반영 필요

<현황 및 문제점>
(가) 1차 단계에서 발견된 잔여 보안 약점은 총 836개이며, 상세 항목은 아래와 같음
- AP는 3개 유형에서 24개, 포탈은 9개 유형에서 812개 총 836개

<사례 284-1> (1차 단계) 잔여 보안 약점 현황

보안 약점 유형	(1차 단계)			조치현황
	AP	포탈	합계	
01. SQL 삽입	0	385	385	○
02. 경로 조작 및 자원 삽입	0	2	2	○
03. 크로스사이트 스크립트	0	10	10	△
04. 위험한 형식 파일 업로드	0	15	15	○
40. 초기화되지 않은 변수 사용	1	0	1	△
47. 취약한 API 사용	6	0	6	△
총합계	24	812	836	

※ 범례: ○: 조치됨, △: 미조치됨

(나) 2차 단계에서 제출된 개발 프로그램을 대상으로 재점검하였으며, 아래와 같은 환경에서 3차에 걸쳐 점검함

- 1차 점검결과는 SW 보안 약점 진단 툴에서 진단 시 검출된 진단 결과이며, 정탐 여부를 점검하기 전의 결과물임
- 1차 점검 후 정탐 여부 확인 등 2차 점검을 거쳐 수행사 인터뷰 내용과 포탈의 수정된 소스를 반영하여 3차 점검(최종)을 수행함
- 아래 조건의 경우 점검은 하였으나, 점검대상에서 제외 처리함

<사례 284-2> 보안 약점 분야 점검 환경

구분	현황	비고
점검대상	- AP	C/C++(C, CPP, PC, HPP)
	- 포탈	JAVA(Java, Jsp, Js, xml)
점검기준	- 행정안전부, 보안 약점 점검기준	47개
도구	- CodeRay XG (코드레이)	국정원 CC 인증 도구
점검 일정	- 2018.5.14 ~ 5.18	5일

<사례 284-3> (2차 단계) 보안 약점 점검결과 발견된 현황

보안약점 유형	1차 점검		2차 점검		3차 점검(최종)	
	AP	포탈	AP	포탈	AP	포탈
01. SQL 삽입	0	190	0	0	0	0
02. 경로 조작 및 자원 삽입	0	23	0	5	0	0
03. 크로스사이트 스크립트	0	354	0	351	0	1
05. 위험한 형식 파일 업로드	0	3	0	3	0	0
06. 신뢰되지 않는 URL 주소로 자동 접속 연결	0	1	0	1	0	0
10. 크로스 사이트 요청 위조	0	4	0	3	0	0
11. HTTP 응답 분할	0	1	0	1	0	0
14. 메모리 버퍼 오버플로우	18	0	18	0	18	0

<개선 방향>

(다) 1차 단계에서 식별된 보안 약점 중 일부는 보완 조치 되었으나 보안 약점이 남아 있는 상황이며, 아래 내용을 참조하여 보완이 필요함

- 프로그램 소스코드를 대상으로 발견된 보안 약점에 대해 보완 조치 필요
• 상세내용은 별도 제공한 '붙임 2. 보안약점진단결과서.zip' 참조

2.4 소프트웨어 보안 약점 진단 Tool

제품명	인증번호	인증서 보유기관	보증등급	인증일(만료일)	비고
Sparrow SAST/SAQT v5.6 E	ISIS-1142-2021	스패로우	EALS	21-12-27(26-12-26)	
BigLook V6.0	ISIS-1066-2020	정보라인	EALS	20-12-17(23-12-16)	
CODE-RAY XG V6.0	ISIS-1057-2020	트리니타소프트	EALS	20-11-27(23-11-26)	
SecurityPrismV5.2	ISIS-1055-2020	지티원	EALS	20-11-26(23-11-25)	
CODEMIND v3.6	ISIS-1008-2020	코드마인드	EALS	20-04-20(23-04-23)	

2.5 고려사항

■ 점검 대상 파일

발주기관과 협의해 승인받은 확장자 대상(예: Java, Jsp, Xml, Js, Abap)으로 진단한다. 단, 전자정부 프레임워크는 통상적으로 개발 소스코드가 아니므로 점검 대상에서 제외한다. 파일 Jar, Js, Propertise은 발주기관과 협의 후 점검 대상에서 제외한다. 원활한 진단을 위하여 진단 대상 소스코드를 준비하여 서버 등 특정 폴더에 준비시킨다.

■ 진단 도구 및 진단 횟수

발주기관과 협의해 승인받은 진단 도구와 진단 횟수를 적용한다.

- 발주기관이 제공한 소스코드 정적분석 도구 스패로우 활용
- 발주기관과 협의를 통해 총 *회 점검하기로 함(근거 : **회의록)

■ 진단 사전 준비사항(개발 보안)

아래와 같은 형식 참고하여 진단에 사용되는 PC(또는 노트북) 정보 사전 제공한다.

구분	내용
장비유형	노트북
제조사	삼성
모델명	NT910S5K-K74S
Serial No	0FLH91EG500152H
Mas Address	24-F5-AA-DD-7D-64
개방요청 목적지 포트	TCP/80, TCP/443

3 보안 진단(웹 취약점)

3.1 개요

1) 정의

웹 취약점 진단은 기관의 웹 시스템과 자원에 대해 악성코드 유포 및 해킹 등 사이버 위협에 취약한 문제점을 OWASP Top 10 취약점 및 국정원 8대 취약점 등을 기준으로 사전에 파악 및 대비하는 활동이다.

웹 취약점 진단 관련 유사 용어는 아래와 같이 정의 내일 수 있다.

- OWASP Top 10 2021

  : OWASP란 The Open Web Application Security Project의 약어로 오픈 소스 웹 애플리케이션 보안 프로젝트이다. 주로 웹에 대한 정보 노출, 악성 파일 및 스크립트, 보안 취약점 등을 연구한다. Top 10목록은 3~4년 주기로 정기적으로 업데이트된다. 2021년에 업데이트된 목록은 아래와 같다.

  - Broken Access Control

  - Cryptographic Failures

  - Injection

  - Insecure Design

  - Security Misconfiguration

  - Vulnerable and Outdated Components

  - Identification and Authentication Failures

  - Software and Data Integrity Failures

  - Security Logging and Monitoring Failures

  - Server-Side Request Forgery

- 국정원 8대 취약점

  : 국가사이버안전센터에서 홈페이지 해킹에 자주 사용되는 8개의 보안 취약점을 선정해서 공표한다. 매년 업데이트되며 2021년에 업데이트된 목록은 아래와 같다.

366

- 디렉토리 리스팅 취약점
- 크로스사이트 스크립트 취약점
- WebDAV 취약점
- 제로 보드(ZeroBoard) 취약점

- 파일 다운로드 취약점
- 파일 업로드 취약점
- 테크 노트(Tech note) 취약점
- SQL injection 취약점

2) 목적

웹 취약점 진단의 목적은 기관의 웹서비스가 가진 취약점을 파악하여 사전에 대비함으로써 서비스에 발생할 수 있는 보안 위협 요소를 예방하는 것이다.

3) PMO 중점 관리항목

PMO는 서비스 범위 내 모든 웹서비스에 대해 취약점 진단 여부, 진단 결과 발견된 취약점에 대한 영향평가와 보호 대책 수립 여부, 진단 결과 발견된 취약점의 제거 여부 등을 검토한다.

3.2 웹 취약점 진단 절차

1) 기준

웹 취약점 진단 기준은 위험평가와 보호 대책 수립이다. 주로 대상 웹서비스의 취약점이 사전에 점검되어 대책 수립을 세우면, 이를 근거로 취약점 제거 활동을 하게 된다. 이 과정을 통해 적절하게 취약점이 제거되었는지 등을 기준으로 점검한다.

2) 측정지표

<표 213> 웹 취약점 진단 절차 측정지표

번호	점검항목	점검목적	점검대상	비고
1	버퍼 오버플로우	웹사이트에서 사용자가 입력한 파라미터 값의 문자열 길이 제한 여부를 점검하여 비정상적 오류 발생을 차단하기 위함	웹 애플리케이션 소스코드	
2	포맷 스트링	공격자의 포맷 스트링 취약점을 통한 악의적인 행위를 차단하기 위함	웹 애플리케이션 소스코드, 웹 기반 C/S 프로그램	
3	LDAP 인젝션	취약한 시스템에 신뢰할 수 없는 LDAP 코드 삽입 공격을 통한 비인가자의 악의적인 행위를 차단하기 위함	웹 애플리케이션 소스코드, 웹 방화벽	
4	운영체제 명령 실행	적절한 검증 절차를 거치지 않은 사용자 입력값에 의해 의도하지 않은 시스템 명령어가 실행되는 것을 방지하기 위함	웹 애플리케이션 소스코드, 웹 방화벽	

번호	점검항목	점검목적	점검대상	비고
5	SQL 인젝션	대화형 웹사이트에 비정상적인 사용자 입력값 허용을 차단하여 악의적인 데이터베이스 접근 및 조작을 방지하기 위함	웹 애플리케이션 소스코드, 웹 방화벽	
6	SSI 인젝션	적절한 입력값 검증 절차를 마련하여 악의적인 파일을 포함하지 못하도록 하여 불법적인 데이터 접근을 차단하기 위함	웹 애플리케이션 소스코드, 웹서버, 웹 방화벽	
7	XPath 인젝션	XPath 쿼리에 대한 적절한 필터링을 적용하여 웹사이트의 로직 손상 및 특정 데이터 추출을 차단하기 위함	웹 애플리케이션 소스코드, 웹 방화벽	
8	디렉터리 인덱싱	디렉터리 인덱싱 취약점을 제거하여 특정 디렉터리 내 불필요한 파일 정보의 노출을 차단	웹서버	
9	정보 누출	웹서비스 시 불필요한 정보가 노출되는 것을 방지함으로써 2차 공격에 활용될 수 있는 정보 노출을 차단하기 위함	웹 애플리케이션 소스코드, 웹서버	
10	악성 콘텐츠	사이트 내 악의적인 콘텐츠 삽입 및 실행을 방지하기 위함	웹 애플리케이션 소스코드, 웹 방화벽	
11	크로스사이트 스크립팅	웹사이트 내 크로스사이트 스크립팅 취약점을 제거하여 악성 스크립트의 실행을 차단	웹 애플리케이션 소스코드, 웹 방화벽	
12	약한 문자열 강도	유추 가능한 취약한 문자열 사용을 제한하여 계정 및 패스워드 추측 공격을 방지하기 위함	웹 애플리케이션 소스코드	
13	불충분한 인증	중요 페이지에 추가인증으로 접근을 강화하여 불필요한 정보의 노출 및 변조를 차단하기 위함	웹 애플리케이션 소스코드	
14	취약한 패스워드 복구	패스워드 복구 로직을 유추하기 어렵게 구현하고, 인증된 사용자 메일이나 SMS에서만 복구 패스워드를 확인할 수 있도록 하여 비인가자를 통한 사용자 패스워드 획득 및 변경을 방지하기 위함	웹 애플리케이션 소스코드	
15	크로스사이트 리퀘스트 변조 (CSRF)	사용자 입력값에 대한 적절한 필터링 및 인증에 대한 유효성을 검증하여 신뢰(인증) 정보 내의 요청(Request)에 대한 변조 방지	웹 애플리케이션 소스코드, 웹 방화벽	
16	세션 예측	사용자의 세션ID를 추측 불가능하도록 난수로 생성하여 공격자의 불법적인 접근을 차단하기 위함	웹 애플리케이션 소스코드	
17	불충분한 인가	접근권한에 대한 검증 로직을 구현하여 비인가자의 악의적인 접근을 차단하기 위함	웹 애플리케이션 소스코드	
18	불충분한 세션 만료	세션 타임아웃 기능을 구현하여 공격자가 만료되지 않은 세션 활용을 방지하기 위함	웹 애플리케이션 소스코드, 웹서버	
19	세션 고정	로그인할 때마다 예측 불가능한 새로운 세션ID를 발행하여 세션ID의 고정 사용을 방지하기 위함	웹 애플리케이션 소스코드	
20	자동화 공격	무차별 대입 공격 및 자동화 공격으로 웹 애플리케이션에 자원이 고갈되는 것을 방지하기 위함	웹 애플리케이션 소스코드, 웹 방화벽	
21	프로세스 검증 누락	인증이 필요한 모든 페이지에 대해 유효 세션임을 확인하는 프로세스 및 주요 정보 페이지에 접근 요청자의 권한 검증 로직을 적용하여, 비인가자가 하위 URL 직접 접근, 스크립트 조작 등의 방법으로 중요한 페이지에 접근을 시도하는 것을 차단하기 위함	웹 애플리케이션 소스코드	
22	파일 업로드	업로드되는 파일의 확장자에 대한 적절성 여부를 검증하는 로직을 통해 공격자가 조작된 Server Side Script 파일 업로드 방지 및 서버상에 저장된 경로를 유추하여 해당 Server Side Script 파일 실행을 불가능하게 하기 위함	웹 애플리케이션 소스코드, 웹서버, 웹 방화벽	
23	파일 다운로드	파일 다운로드 시 허용된 경로 외 다른 경로의 파일 접근을 방지하여 공격자가 임의의 위치에 있는 파일을 열람하거나 다운받는 것을 불가능하게 하기 위함	웹 애플리케이션 소스코드, 웹서버, 웹 방화벽	
24	관리자 페이지 노출	관리자 페이지 URL이 유추하기 쉬운 이름(admin, manager 등) 및 웹사이트 설계 오류를 수정하여 비인가자의 관리자 메뉴 접근을 방지하고자 함	웹 애플리케이션 소스코드, 웹서버, 웹 방화벽	

번호	점검항목	점검목적	점검대상	비고
25	경로 추적	웹서버 또는 웹 애플리케이션의 중요한 파일과 데이터의 접근 및 실행을 방지하고자 함	웹 애플리케이션 소스코드, 웹서버, 웹 방화벽	
26	위치 공개	공격자가 폴더의 위치를 예측하여 파일 및 정보 획득을 방지하고자 함	웹서버	
27	데이터 평문 전송	서버와 클라이언트 간 통신 시 데이터의 암호화 전송 미흡으로 정보 유출의 위험을 방지하고자 함	웹 애플리케이션 소스코드, 웹 서버	
28	쿠키 변조	쿠키를 사용하는 경우 안전한 알고리즘으로 암호화하여 공격자가 쿠키 인젝션 등과 같은 쿠키 값 변조를 통한 다른 사용자로의 위장 및 권한 변경을 방지하고자 함	웹 애플리케이션 소스코드	

3) 절차

<사례 285> 웹 취약점 진단 절차

TASK	진단계획 수립 및 현황분석	취약점 점검	위험 평가	보호대책 수립	이행조치 지원
수행 내역	• 주요 정보통신기반시설 진단 범위 협의 및 결정 • 수행계획 수립 및 정보 자산 식별 및 분류 • 정보시스템 대상 포트 정보를 식별 • 기반시설 관련 환경 및 현황 분석 - 인프라, 서비스 환경 및 현황 - 전년도 추진계획 이행 여부 조사	• 진단항목 결정 협의 • 취약점 진단 체크리스트 작업 - 정보보호 수준평가(관리/물리) 체크리스트 - 기술적 취약점 진단 체크리스트 • 취약점 점검 실시 - 정보보호 수준평가(관리/물리) 실시 - 기술적 취약점 점검 • 웹 취약점 점검 및 기반시설 취약점 분석 및 평가	• 발주기관에 적합한 위험 분석 방법론 결정 • 위험평가 - 잠재위험식별 - 위험분석 - DoA(Degree of Assurance) 및 위험관리 결정 • 위험관리 계획수립(위험보호조치)	• 개선사항 도출 • 보호대책 수립 - 보호대책서 작성 - 보호대책서 고객 Review	• 이행조치계획 수립 - 정보보호 수준평가(관리적/물리적) 이행조치 계획 - 기술적 취약점 이행조치계획수립 • 이행조치 확인 - 정보보호 수준평가(관리적/물리적) 이행조치 확인 - 기술적 취약점 이행조치 확인

3.3 웹 취약점 진단 사례

(1) 웹 취약점 분야 점검 결과, 확인된 취약점에 대한 보완 필요

<현황 및 문제점>

(가) 본 사업에서 구축 중인 웹서비스를 대상으로 자동화 도구와 수동 점검을 병행해 실증 점검을 하였으며 점검 대상은 아래와 같음.

<사례 286> 웹 취약점 분야 점검 대상

구분	서비스명	URL	비고
(1차 단계)	포털, 관리자(사용자) 로그인	-	개발 서버
(2차 단계)	포털, 관리자(사용자) 로그인	-	운영 서버(개발 서버 포함)

(나) 'OOO포털', '감시통합포털' 등 웹서비스 영역의 진단 결과 12개의 점검항목 중 6개 항목에서 취약한 것으로 확인되었으며 그 결과는 아래와 같음.

- (점검 기준 항목) '붙임 3. 웹 취약점 상세 진단 결과서' 참조
- (점검 상세 결과) '붙임 3. 웹 취약점 상세 진단 결과서' 참조

<사례 286> 포털 1차, 2차 단계 취약률 요약

구분	취약	양호	취약률[취약/(취약+양호)]
(1차 단계)	6	6	50%
(2차 단계)	6	6	50%

<사례 286> 포털 1차 단계, 2차 단계 점검항목별 결과 요약

번호	점검항목	위험도	평가 결과		사유
			1차 단계	2차 단계	
1	SQL Injection 취약점	상	취약	취약	- DB 상세 오류정보 노출
2	크로스사이트 스크립트(XSS) 취약점	상	취약 (조치 완료)	취약	- HTTP 응답 분할 취약점 존재 - 피싱 취약점 존재 - 정수 오버플로우 취약점 존재
3	파일 업로드 취약점	상	-	-	
4	파일 다운로드 취약점	중	-	-	
5	주요 정보 전송구간 암호화(SSL 서버 제외)	상	취약	취약	취약한 암호화 프로토콜 및 암호화 알고리즘 사용
6	디렉토리 리스팅 취약점	중	-	-	
7	부적절한 에러처리 취약점	중	취약	취약	- 500 에러처리, printStack() 사용, 에러처리 코드 부재 등
8	로그인 페이지 및 인증처리 취약점	중	취약	취약	[도표 2-4] 참고
9	부적절한 쿠키 설정 취약점	중	-	-	
10	주요 정보의 노출 취약점	중	-	-	
11	백업, 임시, 테스트 파일 존재	중	-	-	
12	부적절한 서버 설정	중	취약	취약	Secure, HSTS 속성 설정 누락
취약 항목 합계			6	6	

- 사용자(관리자) 로그인 페이지의 법적 준거성(보안성 심의 점검항목 포함) 여부를 점검한 결과는 아래와 같음

<사례 286> 로그인 페이지 안전성 확보 조치 등 법적 준거성 확보 여부 점검 결과

번호	점검항목	권장	적용 여부	점검 결과
1	관리자 접속 IP 기반 접근제어	필수	N/A	N/A
2	관리자 페이지 외부 노출 여부	필수	N/A	N/A
3	로그인 실패 허용 횟수 초과 시 추가 인증 수단 제공 여부(예: CAPCHA, 임의문자 입력)	필수	N/A	N/A
4	로그인 실패 허용 횟수 초과 시 계정 잠금	필수	N/A	N/A
5	반복된 로그인 실패 시 로깅 기능을 통한 추적성 확보 여부(관리자 로그인 성공/실패 log)	필수	N/A	N/A
6	관리자 페이지 멀티 로그인(동시접속) 허용 여부	필수	미적용	취약
7	접속 후 세션 타임아웃 10분 이하 설정 여부	필수	10분 이상	취약
8	패스워드 전송구간 암호화 적용 여부	필수	오적용	취약
9	관리자/사용자 주요 기능 변경 시 재인증 또는 추가 인증	필수	N/A	N/A
10	패스워드 변경 시 재인증 또는 추가 인증 여부	필수	미적용	취약
11	패스워드 변경 후, 강제 재로그인 구현 여부		미적용	취약
12	안전한 패스워드 사용 기능 구현	필수	적용	양호
13	관리자 관련 파일명(admin, manager 등) 또는 디렉토리명 사용 여부	필수	적용	양호

※ 범례: N/A(점검불가)

<개선 방향>

(다) 아래 내용을 참조하여 보완이 필요함

 – 아래 예시를 참고해 개선조치 내역을 발주기관이 객관적으로 알 수 있도록 문서로 작성해 관리해야 함

 – 시정조치 방안은 '붙임 3. 웹 취약점 상세 진단 결과서', '웹 취약점 개선조치 권고방안' 참조

<사례 286> 웹 취약점 개선조치 내역서 예시

서비스명	취약점 항목	메뉴명	취약 건수	조치 건수	조치 여부	조치 일자	조치내역(또는 증적)	미조치 사유 또는 취약점 수용 시 보완대책 명시
통합 감시 포털	크로스사이트 스크립팅(XSS)	Q&A 게시판, 통합 검색란	3	2	조치 예정	0000-00-00	입력값 필터링 적용 (특수문자)	
	불충분한 인증 및 인가	Q&A 게시판			완료	0000-00-00	세션을 통해 사용자에게 적절한 권한을 부여	
	파일 업로드	자료실			미조치	0000-00-00	파일 확장자 제한, 크기 제한 등	

3.4 웹 취약점 진단 Tool

구분	도구명	용도
웹 취약점 분석 및 점검	- WVS(Web Vulnerability Scanner)	웹 디렉토리 구조 탐색
스니핑 점검	- Cain & Abel	내부 네트워크 장비 IP, MAC정보 스니핑
	- Password Sniff Console - WireShark	패킷 및 평문 비밀번호 전송 스니핑

구분	도구명	용도
내부 네트워크 점검	- Resolver	네트워크 DNS 변조
	- Winarp	ARP 포이즈닝, 패킷 감청
	- THC-11g Password Cracker - Allinone Password Decoder	DB 패스워드 크래킹
	- EvilFoca	SNMP, LDAP, R계열 프로토콜 크래킹
업무 PC 점검	- Instant PDF password Remover	PDF 보안 설정 해제
	- Cain & Abel	IP전화기 통화 복호화 및 감청

3.5 기타

1) 고려사항

취약점 점검을 위해서는 점검에 사용되는 반입 장비에 대하여 아래 양식을 이용하여 사전 반입 신청 절차 진행이 필요하다.

구분	내용	비고
장비유형	노트북	
제조사	LG	
모델명	14Z950	
Serial No	601ZJV091340	
Mas Address	28-D2-44-55-8A-E2	
개방요청 목적지 포트	TCP/80, TCP/443	

또한 아래 사항에 대한 선조치를 준비한다.

- 웹 취약점 점검을 위한 방화벽 IP 예외 처리 신청(필수)
- 상급 및 관할 사이버관제센터 신고 또는 통보(필요시)
- 점검대상 사이트 테스트 계정 및 URL/포트 정보
- 웹 취약점 점검을 위한 네트워크 회선, IP, 좌석 등(필요시)
- 점검 환경에 Vmware(Player)가 필수이므로 이를 사용하기 위한 조치요청

2) 모의해킹과의 차이점

웹 취약점 점검은 사전에 정의된 점검항목에 대해 기술적인 취약점 존재 여부를 점검하는 것이다. 반면 모의해킹은 침투 시나리오를 기반으로 시스템에 침투하여 취약점을 찾거

나 특정 자원을 탈취까지 시도하여 발생할 수 있는 정보 유출 및 보안 사고를 예방하기 위한 대응책을 제시하는 것이다. 수행 절차는 아래와 같다.

<사례 287> 모의해킹 수행 절차

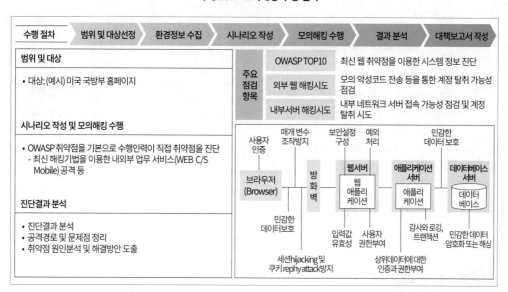

4 인프라 보안 진단

4.1 개요

1) 정의

인프라 보안 진단은 서버, DB, WAS, WEB, NW장비 등 프로젝트에 도입되는 IT 인프라를 대상으로 취약점을 진단하는 활동이다. 프로젝트 추진 시 도입되는 IT 인프라에 대한 취약점 진단의 명시적 법적 기준은 아직 명확하게 정의하고 있지 않다. 그러나 정보통신기반보호법의 주요정보통신기반시설에 대한 종합적 취약점 분석평가와 전자금융거래법의 전자금융기반시설에 대한 전자금융거래의 안전성과 신뢰성을 확보하기 위하여 관련 기관, 지자체 등 공공기관에서 매년 보안 진단 관리(취약점 분석/평가 및 이행 점검)를 위한 해당 기준과 가이드를 참조하여 실시한다.

인프라 보안 약점 진단의 중점 관리항목은 주요정보통신기반시설 등 관련 체계에서 진행된다. 주요 단계는 통상 아래와 같이 '진단계획 수립 및 현황분석', '취약점 분석', '위험평가', '보호 대책 수립', '이행조치 지원' 등 5단계로 나누어 실시하게 된다. 인프라 보안 진단 영역과 관련된 단계는 주로 도입 인프라에 대한 기술적인 측면인 취약점 분석단계에 해당한다.

<사례 288> 주요정보통신기반시설 등 유관 사업 점검 체계와 인프라 진단과 관련성

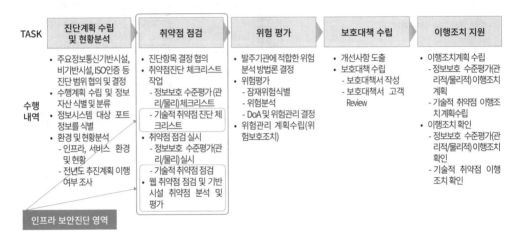

<사례 289> 인프라 진단내용과 관련된 기술적 진단 범위

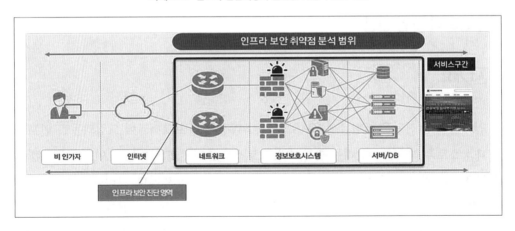

인프라 보안 진단은 위와 같은 기술적 특성에 따라 프로젝트에서 정한 인프라 진단 활동 범위와 목적에 따라 인프라 진단의 수준을 결정하게 되고, 이에 대한 수행 능력을 보유한 전문업체를 통해 실시하는 일련의 활동이다.

2) 목적

인프라 보안 진단의 목적은 도입되는 인프라(서버, 네트워크, 정보보호시스템, 방화벽, VPN, IPS, DDoS, 웹 방화벽, 망 연계 시스템, DBMS, WEB/WAS)를 대상으로 진단/평가하여 발견된 취약점을 제거하여 안전한 서비스가 가능한 상태로 가동되게 하는 것이다.

3) PMO 중점 관리항목

PMO는 도입 인프라 대상 취약점 진단 여부와 진단 결과 발견된 취약점의 제거 여부를 점검한다.

4.2 인프라 보안 진단 절차

1) 기준

인프라 보안 진단 기준은 도입되는 인프라의 취약점으로 인한 문제를 예방하기 위해 인프라 대상 취약점 진단과 진단 결과 발견된 취약점을 제거하는 것이다. 이를 통해 안전한 서비스가 가능하도록 인프라 안전성을 확보하였는지 점검한다.

2) 측정지표

① 서버 측정지표(Windows - 체크리스트)

분류	항목 코드	진단항목	위험도
1. 계정관리	W-01	Administrator 계정 이름 바꾸기	상
	W-02	Guest 계정 상태	상
	W-03	불필요한 계정 제거	상
	W-04	계정 잠금 임계값 설정	상
	W-05	해독 가능한 암호화를 사용하여 암호 저장	중
	W-06	관리자 그룹에 최소한의 사용자 포함	중
	W-07	Everyone 사용 권한을 익명 사용자에게 적용	중
	W-08	계정 잠금 기간 설정	중
	W-09	패스워드 복잡성 설정	중
	W-10	패스워드 최소 암호 길이	중
	W-11	패스워드 최대 사용 기간	중
	W-12	패스워드 최소 사용 기간	중
	W-13	마지막 사용자 이름 표시 않음	중
	W-14	로컬 로그온 허용	중

분류	항목 코드	진단항목	위험도
1. 계정관리	W-15	익명 SID/이름 변환 허용	중
	W-16	최근 암호 기억	중
	W-17	콘솔 로그온 시 로컬 계정에서 빈 암호 사용 제한	중
	W-18	원격터미널 접속 가능한 사용자 그룹 제한	중
2. 서비스 관리	W-19	공유 권한 및 사용자 그룹 설정	상
	W-20	하드디스크 기본 공유 제거	상
	W-21	불필요한 서비스 제거	상
	W-22	IIS 서비스 구동 점검	상
	W-23	IIS 디렉터리 리스팅 제거	상
	W-24	IIS CGI 실행 제한	상
	W-25	IIS 상위 디렉터리 접근 금지	상
	W-26	IIS 불필요한 파일 제거	상
	W-27	IIS 웹 프로세스 권한 제한	상
	W-28	IIS 링크 사용 금지	상
	W-29	IIS 파일 업로드 및 다운로드 제한	상
	W-30	IIS DB 연결 취약점 점검	상
	W-31	IIS 가상 디렉터리 삭제	상
	W-32	IIS 데이터 파일 ACL 적용	상
	W-33	IIS 미사용 스크립트 매핑 제거	상
	W-34	IIS Exec 명령어 쉘 호출 진단	상
	W-35	IIS WebDAV 비활성화	상
	W-36	NetBIOS 바인딩 서비스 구동 점검	상
	W-37	FTP 서비스 구동 점검	상
	W-38	FTP 디렉터리 접근권한 설정	상
	W-39	Anonymous FTP 금지	상
	W-40	FTP 접근제어 설정	상
	W-41	DNS Zone Transfer 설정	상
	W-42	RDS(Remote Data Services) 제거	상
	W-43	최신 서비스팩 적용	상
	W-44	터미널 서비스 암호화 수준 설정	중
	W-45	IIS 웹서비스 정보 숨김	중
	W-46	SNMP 서비스 구동 점검	중
	W-47	SNMP 서비스 커뮤니티 스트링의 복잡성 설정	중
	W-48	SNMP Access control 설정	중
	W-49	DNS 서비스 구동 점검	중
	W-50	HTTP/FTP/SMTP 배너 차단	하
	W-51	Telnet 보안 설정	중
	W-52	불필요한 ODBC/OLE-DB 데이터 소스와 드라이브 제거	중
	W-53	원격터미널 접속 타임아웃 설정	중
	W-54	예약된 작업에 의심스러운 명령이 등록되어 있는지 점검	중

분류	항목 코드	진단항목	위험도
3. 패치 관리	W-55	최신 HOT FIX 적용	상
	W-56	백신 프로그램 업데이트	상
4. 로그 관리	W-57	정책에 따른 시스템 로깅 설정	중
	W-58	로그의 정기적 검토 및 보고	상
	W-59	원격으로 액세스할 수 있는 레지스트리 경로	상
	W-60	이벤트 로그 관리 설정	하
	W-61	원격에서 이벤트 로그 파일 접근 차단	중
5. 보안 관리	W-62	백신 프로그램 설치	상
	W-63	SAM 파일 접근통제 설정	상
	W-64	화면보호기 설정	상
	W-65	로그온하지 않고 시스템 종료 허용	상
	W-66	원격 시스템에서 강제로 시스템 종료	상
	W-67	보안 감사를 로그 할 수 없는 경우 즉시 시스템 종료	상
	W-68	SAM 계정과 공유의 익명 열거 허용 안 함	상
	W-69	Auto logon 기능 제어	상
	W-70	이동식 미디어 포맷 및 꺼내기 허용	상
	W-71	디스크 볼륨 암호화 설정	상
	W-72	Dos 공격 방어 레지스트리 설정	중
	W-73	사용자가 프린터 드라이버를 설치할 수 없게 함	중
	W-74	세션 연결을 중단하기 전에 필요한 유휴시간	중
	W-75	경고 메시지 설정	하
	W-76	사용자별 홈 디렉터리 권한 설정	중
	W-77	LAN Manager 인증 수준	중
	W-78	보안 채널 데이터 디지털 암호화 또는 서명	중
	W-79	파일 및 디렉터리 보호	중
	W-80	컴퓨터 계정 암호 최대 사용 기간	중
	W-81	시작 프로그램 목록 분석	중
	W-82	Windows 인증 모두 사용	중

② 서버 측정지표(Unix - 체크 리스트)

분류	항목 코드	진단항목	위험도
1. 계정관리	U-01	root 계정 원격 접속 제한	상
	U-02	패스워드 복잡성 설정	상
	U-03	계정 잠금 임계값 설정	상
	U-04	패스워드 파일 보호	상
	U-05	root 이외의 UID가 '0' 금지	중

분류	항목 코드	진단항목	위험도
1. 계정관리	U-06	root 계정 su제한	하
	U-07	패스워드 최소 길이 설정	중
	U-08	패스워드 최대 사용기간 설정	중
	U-09	패스워드 최소 사용기간 설정	중
	U-10	불필요한 계정 제거	하
	U-11	관리자 그룹에 최소한의 계정 포함	하
	U-12	계정이 존재하지 않는 GID 금지	하
	U-13	동일한 UID 금지	중
	U-14	사용자 shell 점검	하
2. 파일이나 디렉터리 관리	U-15	Session Timeout 설정	하
	U-16	root 홈, 패스 디렉터리 권한 및 패스 설정	상
	U-17	파일이나 디렉터리 소유자 설정	상
	U-18	/etc/passwd 파일 소유자 및 권한 설정	상
	U-19	/etc/shadow 파일 소유자 및 권한 설정	상
	U-20	/etc/hosts 파일 소유자 및 권한 설정	상
	U-21	/etc/(x)inetd.conf 파일 소유자 및 권한 설정	상
	U-22	/etc/syslog.conf 파일 소유자 및 권한 설정	상
	U-23	/etc/services 파일 소유자 및 권한 설정	상
	U-24	SUID, SGID, Stick bit 설정 파일 점검	상
	U-25	사용자, 시스템 시작파일 및 환경파일 소유자 및 권한 설정	상
	U-26	world writable 파일 점검	상
	U-27	/dev에 존재하지 않는 device 파일 점검	상
	U-28	HOME/.rhosts, hosts.equiv 사용 금지	상
	U-29	hosts.lpd 파일 소유자 및 권한 설정	하
	U-30	NIS 서비스 비활성화	중
	U-31	UMASK 설정 관리	중
	U-32	홈디렉토리 소유자 및 권한 설정	중
	U-33	홈디렉토리로 지정한 디렉토리의 존재 관리	중
	U-34	숨겨진 파일 및 디렉터리 검색 및 제거	하
3. 서비스 관리	U-35	접속 IP 및 포트 제한	상
	U-36	finger 서비스 비활성화	상
	U-37	Anonymous FTP 비활성화	상
	U-38	r계열 서비스 비활성화	상
	U-39	cron 파일 소유자 및 권한 설정	상
	U-40	Dos 공격에 취약한 서비스 비활성화	상
	U-41	NFS 서비스 비활성화	상
	U-42	NFS 접근통제	상
	U-43	automountd 제거	상

분류	항목 코드	진단항목	위험도
	U-44	RPC 서비스 확인	상
	U-45	NIS, NIS+점검	상
	U-46	tftp, talk 서비스 비활성화	상
	U-47	Sendmail 버전 점검	상
	U-48	스팸 메일 릴레이 제한	상
	U-49	일반사용자의 Sendmail 실행 방지	상
	U-50	DNS 보안 버전 패치	상
	U-51	DNS Zone Transfer 설정	상
	U-52	Apache 디렉터리 리스팅 제거	상
	U-53	Apache 웹 프로세스 권한 제한	상
	U-54	Apache 상위 디렉터리 접근 금지	상
	U-55	Apache 불필요한 파일 제거	상
	U-56	Apache 링크 사용 금지	상
3. 서비스 관리	U-57	Apache 파일 업로드 및 다운로드 제한	상
	U-58	Apache 웹서비스 영역의 분리	상
	U-59	ssh 원격접속 허용	중
	U-60	ftp 서비스 확인	하
	U-61	ftp 계정 shell 제한	중
	U-62	Ftpusers 파일 소유자 및 권한 설정	하
	U-63	Ftpusers 파일 설정	중
	U-64	at 파일 소유자 및 권한 설정	중
	U-65	SNMP 서비스 구동 점검	중
	U-66	SNMP 서비스 커뮤니티 스트링의 복잡성 설정	중
	U-67	로그온 시 경고 메시지 제공	하
	U-68	NFS 설정 파일 접근권한	중
	U-69	expn, vrfy 명령어 제한	중
	U-70	Apache 웹서비스 정보 숨김	중
4. 패치 관리	U-71	최신 보안 패치 및 벤더 권고 사항적용	상
5. 로그 관리	U-72	로그의 정기적 검토 및 보고	상
	U-73	정책에 따른 시스템 로깅 설정	하

③ 네트워크 장비 측정지표(체크리스트)

분류	항목 코드	진단항목	위험도
	N-01	패스워드 설정	상
1. 계정관리	N-02	패스워드 복잡성 설정	상
	N-03	암호화된 패스워드 사용	상
	N-04	사용, 명령어별 권한 수준 설정	중

분류	항목 코드	진단항목	위험도
2. 접근관리	N-05	VTY 접근(ACL) 설정	상
	N-06	Session Timeout 설정	상
	N-07	VTY 접속 시 안전한 프로토콜 사용	중
	N-08	불필요한 보조 입출력 포트 사용 금지	중
	N-09	로그온 시 경고 메시지 설정	중
3. 패치 관리	N-10	최신 보안 패치 및 벤더 권고사항 적용	상
4. 로그 관리	N-11	원격 로그서버 사용	하
	N-12	로깅 버퍼 크기 설정	중
	N-13	정책에 따른 로깅 설정	중
	N-14	NTP 서버 연동	중
	N-15	timestamp 로그 설정	하
5. 기능관리	N-16	SNMP 서비스 확인	상
	N-17	SNMP Community String 복잡성 설정	상
	N-18	SNMP ACL 설정	상
	N-19	SNMP 커뮤니티 권한 설정	상
	N-20	TFTP 서비스 차단	상
	N-21	Spoofing 방지 필터링 적용	상
	N-22	DDoS 공격 방어 설정	상
	N-23	사용하지 않는 인터페이스의 shutdown 설정	상
	N-24	TCP keepalive 서비스 설정	중
	N-25	Finger 서비스 차단	중
	N-26	웹서비스 차단	중
	N-27	TCP/UDP small 서비스 차단	중
	N-28	Bootp 서비스 차단	중
	N-29	CDP 서비스 차단	중
	N-30	Directed-broadcast 차단	중
	N-31	Source 라우팅 차단	중
	N-32	Proxy ARP 차단	중
	N-33	ICMP unreachable, Redirect 차단	중
	N-34	identd 서비스 차단	중
	N-35	Domain lookup 차단	중
	N-36	Pad 차단	중
	N-37	mask-reply 차단	중
	N-38	스위치 허브 보안 강화	하

④ 정보보호시스템 측정지표(체크리스트)

분류	항목 코드	진단항목	위험도
1. 계정관리	S-01	보안장비 Default 계정 변경	상
	S-02	보안장비 Default 패스워드 변경	상
	S-03	보안장비 계정별 권한 설정	상
	S-04	보안장비 계정 관리	상
	S-05	로그인 실패 횟수 제한	중
2. 접근관리	S-06	보안장비 원격 관리 접근통제	상
	S-07	보안장비 보안 접속	상
	S-08	Session timeout 설정	상
3. 패치 관리	S-09	벤더에서 제공하는 최신 업데이트 적용	상
4. 로그 관리	S-10	보안장비 로그 설정	중
	S-11	보안장비 로그 정기적 검토	중
	S-12	보안장비 로그 보관	중
	S-13	보안장비 정책 백업 설정	중
	S-14	원격 로그 서버 사용	중
	S-15	로그 서버 설정 관리	하
	S-16	NTP 서버 연동	중
5. 운영관리	S-17	정책 관리	상
	S-18	NAT 설정	상
	S-19	DMZ 설정	상
	S-20	최소한의 서비스만 제공	상
	S-21	이상징후 탐지 경고 기능 설정	상
	S-22	장비 사용량 검토	상
	S-23	SNMP 서비스 확인	상
	S-24	SNMP community string 복잡성 설정	상
	S-25	부가 기능 설정	중
	S-26	유해 트래픽 차단 정책 설정	중

⑤ DBMS 측정지표(체크리스트)

분류	항목 코드	진단항목	위험도
1. 계정관리	D-01	기본 계정의 패스워드, 정책 등을 변경하여 사용	상
	D-02	scott 등 Demonstration 및 불필요 계정을 제거하거나 잠금 설정 후 사용	상
	D-03	패스워드의 사용기간 및 복잡도를 기관의 정책에 맞도록 설정	상
	D-04	데이터베이스 관리자 권한을 꼭 필요한 계정 및 그룹에 허용	상
	D-05	패스워드 재사용에 대한 제약	중
	D-06	DB 사용자 계정 개별적 부여	중

분류	항목 코드	진단항목	위험도
2. 접근관리	D-07	원격에서 DB 서버로의 접속 제한	상
	D-08	DBA이외의 인가되지 않은 사용자 시스템 테이블 접근 제한 설정	상
	D-09	오라클 데이터베이스의 경우 리스너 패스워드 설정	상
	D-10	불필요한 ODBC/OLE-DB 데이터 소스와 드라이브 제거	중
	D-11	일정 횟수의 로그인 실패 시 잠금 정책 설정	중
	D-12	데이터베이스의 주요 파일 보호 등을 위해 DB 계정의 umask 를 022이상으로 설정	하
	D-13	데이터베이스의 주요 설정파일, 패스워드 파일 등 주요 파일들의 접근권한 설정	중
	D-14	관리자 이외의 사용자가 오라클 리스너의 접속을 통해 리스너 로그 및 trace 파일에 대한 변경 권한 제한	하
3. 옵션 관리	D-15	응용프로그램 또는 DBA 계정의 Role이 Public으로 설정되지 않도록 조정	상
	D-16	OS_ROLES, REMOTE_OS_AUTHENTICATION, REMOTE_OS_ROLES를 FALSE로 설정	상
	D-17	패스워드 확인 함수가 설정되어 적용되는가?	중
	D-18	인가되지 않은 Object Owner가 존재하지 않는가?	하
	D-19	Grant option이 role에 의해 부여되도록 설정	중
	D-20	데이터베이스의 자원 제한 기능을 TRUE로 설정	하
4. 패치 관리	D-21	데이터베이스에 대해 최신 보안패치와 벤더 권고사항을 모두 적용	상
	D-22	데이터베이스의 접근, 변경, 삭제 등의 감사기록이 기관의 감사기록 정책에 적합하도록 설정	상
	D-23	보안에 취약하지 않은 버전의 데이터베이스를 사용하고 있는가?	중
5. 로그 관리	D-24	Audit Table은 데이터베이스 관리자 계정에 속해 있도록 설정	하

3) 절차

① 취약점 진단 수행 절차

취약점 진단 절차는 현황 분석, 자동/수동 진단, 분석/수준 평가, 개선방안 제시 등으로 진행한다.

<사례 290> 인프라 보안 진단 절차

② 상세 진단 절차

■ 현황분석

취약점 진단 대상에 대한 목록·역할·중요도 등의 현황 및 구성을 파악한 후, 담당자와의 인터뷰를 통하여 각 자산에 대한 현황 파악 및 진단항목을 선정하여 진단에 필요한 사전 분석을 한다.

■ 자동/수동 진단: 취약점 진단

  • 서버/네트워크 장비/DBMS/WEB/WAS 취약점 진단: 스크립트를 이용한 자동 진단

  • 그 외 취약점 진단: 수동 진단(인터뷰/실사)

■ 분석/수준 평가: 취약점 분석

  • 취약점 진단 스크립트를 통하여 수집된 서버 시스템의 취약성 진단 결과를 분석한다.

■ 개선방안 제시

  • 발견된 취약점에 대한 개선방안을 제시한다.

4.3 인프라 보안 진단 사례

(1) 기반 시설 분야 점검 결과, 구축 중인 서버, 네트워크 장비에서 일부 미흡한 부분이 발견되므로 이에 대한 영향도 등을 파악하여 추가 조치 필요

<현황 및 문제점>
(가) 본 사업에 도입된 인프라 장비를 대상으로 점검을 시행하였으며 아래와 같은 환경에서 실시함

<사례 291-1> 기반 시설 분야 점검 환경

구분	현황	비고
점검대상	본 사업에 도입된 인프라 장비 중 서비스 운영에 필요한 장비를 대상으로 점검	
점검기준	주요정보통신기반시설 취약점 분석평가 항목 등을 준용하여 만들어진 발주사 자체 취약점 점검항목	
도구	거래소 자체 스크립트, 장비 설정 파일	
점검 일자	18.02.05~18.02.09	

\<사례 291\> 기반 시설 분야 점검 대상분류

분류	종류	수량
서버	LINUX	10
네트워크	CISCO	1
	ALTEON	1
DBMS	ORACLE	1
WEB/WAS	WEBTOB	1
	JEUS	1
총 합		15

\<서버\>

(나) 서버 영역 진단 결과 아래와 같은 사항이 발견됨

• 계정관리:

  - 전체 서버에 root의 원격 접속 제한 설정 없음(구축 완료 후 제한 예정)

  - 패스워드 복잡성 수준을 부분적으로 만족하나, 기관 정책에 따른 패스워드 복잡성에 대한 강화된 설정이 필요(복잡성 조건에 대문자 추가)

  - 파일이나 디렉터리 관리: 서비스 구동을 위해 전체 서버에 접근권한이 과도하게 설정된 일부 파일이 존재함

• 서비스 관리:

  일부 서버에 NFS 관련 Client 서비스가 확인됨

\<사례 291\> 점검항목 점검 결과표 - 서버

항목	항목 코드	점검항목	취약점이 발견된 Host명
계정관리	S-U-1-01	계정 원격 접속 제한	svptapp1, svptapp3 svptwap1, svptbtp1
	S-U-1-02	패스워드 복잡성 설정	svptapp1, svptapp3 svptwap1, svptbtp1
	S-U-1-03	계정 잠금 임계값 설정	svdbp01, svdbp03

\<DBMS\>

(다) DBMS 영역 진단 결과 아래와 같은 사항이 발견됨

• 계정관리:

  - DB 서비스 영향도에 의해, 패스워드의 사용기간 설정이 되어 있지 않음

  - DB 사용자 계정 검토 후 개별적으로 권한 부여하여 사용해야 함

• 접근관리:

- ORACLE 기본 계정(scott, Demonstration)에 대한 삭제 필요

- 서비스 영향도가 없다면, 일정 횟수의 로그인 실패 시 잠금 정책 설정 필요

기타: DB 계정의 패스워드 저장 시 보안 수준이 낮은 알고리즘(SHA-1)을 사용 중임

4.4 인프라 보안 진단 Tool

인프라 분야의 진단 Tool은 점검 대상 인프라 점검지표별 점검이 가능하도록 별도의 스크립트 기반으로 진행된다. 한국인터넷진흥원에서 배포한 「주요정보통신기반시설 취약점 분석·평가 기준 가이드」를 기초하여 수행업체가 별도(자체적으로)로 준비한 도구(스크립트)가 적용된다.

4.5 기타

1) 점검 대상 인프라 시점 조사

- 도입 인프라 중, 진단 대상 범위를 협의하여 조정한다.
- 도입 인프라 수량이 많을 경우, 장비유형과 요구 조건별로 분류하여 대표성을 갖는 장비를 대상으로 선정하여 점검 대상 범위를 협의 조정한다.
- 점검 대상을 위해 체크리스트 등을 활용하여 사전 조사 활동을 시행한다.

<사례 292> 사전 조사

[점검 대상 조사]

분류		취약점 진단
		대상 시스템
서버	Windows	
	Unix	
네트워크 장비		
정보보호시스템		
DBMS		
WEB		
WAS		
PC		

[인프라 용도 및 기술 스펙 조사]

No.	Host name	목적 및 용도	운영체제(OS)	위치
1				
2				
3				
4				
5				

[진단 일정 협의]

구분	내역	기간	일정
사전 준비	진단 대상 확인 및 확정	1W	
	진단 일정 계획 수립		
	취약점 진단 스크립트 배포		
취약점 진단	시스템(서버, DBMS) 취약점 진단 결과값 회신 및 자동/수동 진단	2W	
	네트워크 장비 Configuration 결과값 회신 및 수동 진단		
	정보보호시스템 실사 및 수동 진단		
	WEB/WAS 설정 실사 및 수동 진단		
보고서 작성	진단 결과 분석	1.4W	
	진단 보고서 작성	0.6W	

2) 진단 도구/Script 사전 반입 신청 소개

구분	도구	상세설명
Windows 서버	Server_Windows_v1.0.bat	Windows 서버 보안 설정 정보 수집 및 저장
Unix 서버	Server_Unix_Linux_v1.0.sh Server_Unix_Sola9_v1.0.sh Server_Unix_Sola10_v1.0.sh	Unix 서버 보안 설정 정보 수집 및 저장
DBMS	DB_Oracle_Linux_1.0	DB 보안 설정 정보 수집 및 저장
WEB/WAS	Apache_script_v1.0	Apache 보안 설정 정보 수집 및 저장
단말기(PC)	PC_Windows_v1.0	Windows PC 보안 설정 정보 수집 및 저장

5 테스트

5.1 개요

1) 정의

소프트웨어 테스트는 소프트웨어 제품에 있는 결함을 발견하기 위한 활동이다. 즉, 소프트웨어 제품 관련 결과물(목적물, 제품)이 특정 요구명세를 만족하는지 결정하고, 목적에 맞는지 아닌지를 입증하여 결함을 찾아내기 위해 해당 결과물을 평가하는 정적/동적인 모든 생명주기 활동이다.

① SW 테스트의 필요성
- 잠재적 오류와 결함의 발견 그리고 예방
- 소프트웨어 특성들에 대한 제품 확인
- 고객 만족도 향상
- 잠재적 결함 제거의 중요 사항
- 요구사항의 준수 여부(기능/비기능) 확인 및 정량적 문서화

② SW 테스트 수행 원칙
통상적으로 기획단계에서 도출된 결함의 해결 비용을 1이라고 가정하면, 구현단계에서는 10, 시스템 출시 후에는 100의 비용이 소요됨을 고려하여 전 단계 테스트 수행을 원칙으로 한다.

<사례 293> 방법론 기준 테스트 항목

기능 테스트	• 시스템이 수행해야 할 기능 • 기능이라는 것은 시스템이 '어떤 기능'을 담당하는지 테스트하는 것임	
비기능 테스트	• 시스템 성능을 제한하는 작용을 하는 요구사항으로 제약사항 또는 품질 요구사항이라고 함	
	성능(performance)	정확성(accuracy)
	이식성(portability)	재사용성(reusability)
	관리용이성(maintainability)	상호운용성(interoperability)
	가용성(availability)	사용성(usability)
	용량(capacity)	보안(security)
구조적 테스트	• 소프트웨어 또는 시스템 구조를 중심으로 품질 검증 • 구조 기반(화이트박스) 테스트 기법 사용	
확인/리그레이션 테스트	• 소프트웨어가 정상적으로 변경되었는지 확인, 변경 과정에서 의도치 않게 유입된 결함이 있는지 확인, 결함 수정 또는 기능 변경 후 주로 수행	
동적테스트 (dynamic test)	• 프로그램이나 시스템을 직접 실행하면서 결함을 찾는 활동 • 테스트 대상 및 기법에 따라 두 가지로 구분 • 블랙박스 테스트(black box test): 개발 명세를 근거로 기능이 잘 작동하는가 검증 • 화이트박스 테스트(white box test): 프로그램이나 시스템의 내부 구조를 근거로 검증	
정적테스트 (static test)	• 구현된 프로그램이나 시스템을 직접 실행하지 않으며 프로그램 소스나 성과물에서 결함을 찾는 활동	

2) 목적

테스트의 목적은 시스템에 숨겨져 있는 결함을 발견하는 것이다.

3) PMO 중점 관리항목

테스트는 총괄적으로 한번 수행되는 것이 아니라 분석/설계/구현 단계별로 테스트가 별도로 존재하며, 도입 및 구축되는 정보시스템이 사용자가 요구하는 기능을 충족하고 있는지, 성능을 만족하고 있는지 그리고 데이터가 무결성, 기밀성 및 가용성을 확보하고 있는지를 실질적인 시험을 통해 검증되어야 한다.

<표 214> 단계별 테스트 주요 검토항목

점검항목	주요 검토항목	관련문서	중요도
단위시험	• 각 개발 시스템의 단위 기능별 테스트 항목이 누락 없이 식별되었는가?	- 단위시험계획서 - 단위시험결과서 - 단위시험결함 조치내역서	상
	• 식별된 테스트 항목은 예외적인 처리에 대한 내용이 포함되었는가?		중
	• 단위시험을 위한 테스트 데이터는 적정하게 구성되었는가?		중
	• 단위시험에서 발견된 결함은 심각도별로 구분되어 조치되었는지 여부 및 결과를 문서화하여 관리하고 있는가?		하
	• 환경적인 제약으로 인하여 시험하지 못한 항목은 관리하고 있는가?		중
	• 시험단계에서 나타난 개발 제한 사항 중 인터페이스 시험은 모의자료를 수작업으로 입력하여 처리하였는가?		중
통합시험	• 통합시험시나리오는 적정하게 도출되었는가?	- 통합시험계획서 - 통합시험시나리오 - 통합시험결과서 - 보안취약점점검결과서 - 통합시험결함관리내역서	상
	• 통합시험 제약사항은 식별되었는가?		중
	• 통합시험을 위한 테스트 데이터는 적절하게 구성되었는가?		중
	• 통합시험을 위한 내외부 인터페이스는 모두 구성되었는가?		중
	• 통합시험을 위한 일정, 환경, 조직, 인력 구성은 적정한가?		중
	• 시스템에 대한 보안 시험 실시 여부와 발견된 취약점이 적정하게 조치되었는가?		상
	• 통합시험을 통해 발견된 결함은 기록되고, 조치 결과가 관리되고 있는가?		상
시스템 시험	• 시스템 시험(통합 관점) 시나리오는 적정하게 구성되었는가?	- 시스템시험계획서 - 시스템시험결과서 - 성능시험계획서 - 성능시험결과서 - 재해복구시험결과서 -시스템시험결함관리내역서	상
	• 시스템 성능 목표는 적정하게 설정하였는가?		상
	• 시스템 성능시험을 통해 성능 목표 달성 여부가 확인되었는가?		상
	• 내외부의 불법적인 시스템 접근을 방지하기 위한 방안이 적용되었는가?		상
	• 시스템 백업 및 장애 복구 시험을 실시하였는가?		상
	• 시스템 시험을 위한 일정, 환경, 조직, 인력은 적정하게 구성되었는가?		중
	• 시스템 시험 결과는 기록되고 결함 조치 결과는 관리되는가?		상

5.2 테스트 절차

1) 기준

테스트는 개발 단계별 테스트 되어야 하는 조건과 입력값, 예상 결과치, 수행 결과를 통해 요구기능, 비즈니스 프로세스 및 비즈니스 프로세스 간 규칙 확인과 각종 제약 요건충족 여부를 테스트 시나리오에 포함하여 검증하는 절차다. 이에 따른 모든 결함 및 이슈 처리를 완료 후 승인까지 수행한다.

소프트웨어 테스트 진단 기준은 단계별 검토항목에 따라 주요 기능 및 비기능 완전성 확보를 검증되기 위하여 단계별 관련된 테스트 활동의 이행 여부와 이행 결과로 식별된 결함이 제거되었는지를 확인하는 것이다. 이를 통해 시스템에 숨겨져 있는 결함을 발견하고 있는지를 점검한다.

2) 측정지표(SW 테스트 지표)

SW 제품에 대한 고객의 다양한 요구 수준 부각 및 품질에 대한 만족도 제고, 고객의 요구사항을 위한 품질 개선 등을 위해 소프트웨어의 품질평가 기준(품질 지표)에 대한 체계화된 지표를 활용한다.

<사례 294> 소프트웨어 측정지표 구성

구분	지표		목적	정의	적용단계
			전제조건		
요구 사항 지표	요구사항 달성률		요구사항 최종 반영 여부	계획된 단위테스팅이 충분하고 빠짐없이 실행되었는지를 측정	요건 정의 단위, 통합, 시스템, 인수
			- 요구사항과 이를 검증할 수 있는 테스팅을 상호 추적 가능 - 테스팅 결과가 모두 반영되어야 함		
	요구사항 변경률		시기별 요구사항 변경 정도 측정	요구사항이 개발과정에서 얼마나 변경되는지를 나타내는 지표로 특정 기간 전체 요구사항 개수 대비 변경 건수로 측정	요구사항 정의 이후
			요구사항이 명시적으로 정의되어 있어야 하며, 변경요청에 대한 추적이 가능		
	요구사항 구현율		요구사항 개발 완료 여부	정의된 요구사항이 모두 구현될 수 있도록 구현 정도를 수치적으로 확인하기 위해 사용	구현, 단위, 통합
			요구사항과 반영된 개발 대상(코드, 컴포넌트)을 상호 추적 가능		
소프트 웨어 지표	기능점수		기능 규모의 정량화 지표	정보시스템에서 업무적인 기능에 대한 규모를 측정하기 위한 단위로 소프트웨어의 사이즈(규모)를 측정하는 것	각 단계
			- 기능점수(FP) 기준 접근 가능 - 데이터 기능점수 - 내부논리파일 기능점수 - 외부연계파일 기능점수 - 트랜잭션 기능점수 - 외부입력 기능점수 - 외부출력 기능점수 - 외부조회 기능점수		
	객체지향 지표		객체지향 언어 특징에 대한 지표	객체지향 언어로 구현된 소프트웨어를 객체지향 측면에서 측정하여 소프트웨어 전체에 대한 특징을 파악하는 데 사용	
소프트 웨어 지표	객체 지향 지표	메소드 은닉 인수 (Method Hiding Factor)	- 클래스의 기능 중에서 외부로 노출된 기능의 개수를 지칭하며 기능성이 증가함에 따라 메소드 은닉 인수는 작아지게 됨 - 모든 메소드가 Public으로 선언되어 있으면 해당 인수는 0이 됨		개발, 단위
		속성 은닉 인수 (Attribute Hiding Factor)	- 클래스의 기능 중에서 외부로 노출된 속성의 개수를 지칭 - 속성은 전부 은닉되는 것이 가장 이상적이며, 노출 정도가 높으면 주의를 요함		
		메소드 상속 인수 (Method Inheritance Factor)	- 하위 클래스에서 상위 클래스의 메소드를 상속받는 정도를 나타내는 지표 - 메소드의 재사용, 추상화 정도를 나타내는 지표로 너무 높거나 낮아도 좋지 않음 - 일반적으로 20~80% 범위에 들어오는 것이 좋음		
		속성 상속 인수 (Attribute Inheritance Factor)	- 하위 클래스에서 상위 클래스의 속성을 상속받는 정도를 나타내는 지표 - 속성의 재사용, 추상화 정도를 나타내는 지표로 너무 높거나 낮아도 좋지 않음 - 일반적으로 0~48% 범위에 들어오는 것이 좋음		
		다형성 인수 (Polymorphism Factor)	- 상속 트리에서 메소드가 오버라이드 되는 정도를 측정하는 지표 - 오버라이드 가능한 메소드 대비 오버라이드 된 메소드의 개수를 측정 - 해당 값이 0이면 상속이나 다형성을 전혀 사용하지 않은 코드가 됨		
		결합도 인수 (Coupling Factor)	- 클래스 간의 호출 관계나 참조 관계에 대한 지표로, 전체 클래스들이 얼마나 결합하고 있는지를 나타내는 지표 - 해당 값이 0이면 클래스들이 서로 완벽하게 독립적인 상태이며, 100이면 모든 클래스가 서로 연결되어있는 상태임. 해당 값이 증가하면 복잡도가 증가하게 됨		

구분	지표	목적	정의	적용단계
			전제조건	
테스팅 관리 지표	일별 테스팅 수행률	일별 테스팅 수행율 추이	일별 계획된 테스팅 케이스 누적 합계와 일별 실행한 테스트케이스 누적 합계를 지표화하여 관리	단위, 통합 시스템, 인수
			- 테스팅 단계별 구분 가능 - 실행한 테스팅 케이스는 실행 결과와 무관함 - 테스팅 관리지표로만 사용	
	요구사항 평균 테스트케이스 수	요구사항 기준에 따른 평균 테스트케이스 수	요구사항 대비 평균 테스트 케이스 수를 지표화하여 관리(테스팅 단계별 구분 가능)	요구 정의
			요구사항추적표를 이용하여 요구사항 평균 테스트케이스 수 관리	
	요구사항 테스트케이스 적용률	요구사항별 테스트 케이스 적용 비율	테스트 케이스에 적용한 요구사항 수를 지표화하여 관리(테스팅 단계별 구분 가능)	요구 정의
			요구사항추적표를 이용하여 테스트케이스에 적용한 요구사항 관리	
	단위테스팅 수행률	단위테스팅 수행비율	계획된 단위테스팅이 충분하고 빠짐없이 실행되었는지를 측정	단위
			테스팅의 성공 여부, 결함 개수 등과 관계없이 측정 반복 수행된 테스팅 케이스는 1건으로 계산	
	통합테스팅 수행률	통합테스팅 수행 비율	계획된 통합테스팅이 충분하고 빠짐없이 실행되었는지를 측정	통합
			테스팅의 성공 여부, 결함 개수 등과 관계없이 측정 반복 수행된 테스팅 케이스는 1건으로 계산	
	동료검토 이행률	동료검토 이행률	계획된 동료검토 활동이 충분하고 빠짐없이 실행되었는지를 측정	전체
			동료검토에서 발견한 결함 개수 등과 관계없이 측정 반복 수행된 테스팅 케이스는 1건으로 계산	
결함 관리 지표	결함률	결함 비율	테스팅 수행 시 발견되는 결함의 개수를 관리	단위, 통합 시스템, 인수
	결함 밀도	결함 밀도	결함 밀도는 정해진 기간 소프트웨어나 컴포넌트에서 검출되어 확정된 결함의 개수를 소프트웨어나 컴포넌트의 크기로 나눈 값	
			결함 밀도의 기준이 되는 소프트웨어의 크기는 일반적으로 소스의 볼륨을 대표하는 LOC나 기능점수(Function Point)가 될 수 있음. 그 외에 임팩트점수(Impact Point), Feature Point 등도 기준 가능	
	유형별 결함률	유형별 결함 비율	결함 원인별로 구분된 결함 유형의 비율을 지표로 관리	
			- 일별, 업무별, 개인별로 구분 가능 - 특정 결함 유형의 비율이 높을 경우, 해당 개발 공정의 개선 검토가 필요	
	유형별 결함 미해결률	조치 완료되지 않은 유형별 결함 비율	결함 원인별로 구분된 결함이 조치되지 않은 유형의 비율을 지표로 관리	
			- 일별, 업무별, 개인별로 구분 가능 - 특정 결함 유형의 비율이 높을 경우, 해당 개발 공정의 개선 검토가 필요	
	심각도별 결함률	심각도별 결함 비율	결함 심각도 비율을 지표로 관리	
			- 일별, 업무별, 개인별로 구분 가능 - 결함 심각도에 따라 개발 우선순위 결정 및 개발 공정의 개선 검토하는 데 필요	

구분	지표	목적	정의	적용단계
		전제조건		
코드 품질 지표	소스코드 라인수	소스코드의 규모 지표	소스코드의 라인 수를 측정하여 소프트웨어의 견적, 평가 등의 기본 지표가 되는 크기의 기준으로 활용	개발, 단위
		- 산출 방법은 소스코드에서 라인수를 어떻게 산정하느냐에 따라서 몇 가지 방법으로 나눌 수 있음 - 물리적인 라인수: physical SLOC (LOC) - 논리적인 라인수: Logical Lines of Code (ILOC) - 소스코드에서 실행문만을 계산하여 크기를 나타내는 방법. 언어에 따라서 같은 실행문을 여러 줄로 작성할 수도 있으며 한 줄로 연결하여 작성할 수도 있음 - 이러한 코딩 습관에 따른 편차는 발생할 수 있음		
	코딩표준 준수율	표준 준수 여부 확인	작성된 코드가 코딩표준을 준수하고 있는지를 측정 소스코드가 미리 정의된 코딩규약, 명명 규칙, 코딩 스타일 등을 준수하고 있는지를 확인	
		기능적인 테스팅이나 요구사항 구현 여부와 관계없이 이미 정해진 코딩 규칙에 따라서 작성되었는지 확인		
	순환복잡도	코드의 복잡도(멕카브)	복잡도가 증가하면 프로그램을 이해하기 어렵게 되므로 제어흐름의 복잡도를 측정하여 소스코드의 복잡성을 나타내는 지표로 사용(멕카브복잡도라고도 함)	
	계산복잡도	할스테드복잡도	할스테드복잡도는 소스코드에서 연산자와 피연산자의 수를 바탕으로 복잡도를 정량적으로 구한 값	
	테스팅 커버리지	코드 구조에 대한 테스팅 수행 정도	코드 커버리지 라고도 정의하며 수행된 테스팅이 전체 대비 얼마나 실행되었는가를 나타내는 지표 테스팅 대상이 되는 소프트웨어의 소스코드를 기반으로 하여 테스팅이 해당 소스코드의 얼마만큼의 영역을 실행했는지를 측정하여 전체 소스대비 비율로 커버리지를 계산	
		- 구문 커버리지(Statement Coverage) - 분기 커버리지(Branch Coverage) - 경로 커버리지(Path Coverage)		
	코드 리뷰 적용률	요청한 코드 리뷰 적용률	신규 및 변경된 코드 중 커밋된 코드에 대해 코드 리뷰 요청한 건수를 비율로 지표화하여 관리	
		일별, 업무별, 담당자별, 코드규칙별로 구분가능		
	코드 리뷰 검사율	코드 리뷰 시간당 검사율	요청한 코드 리뷰를 코드 리뷰자가 시간당 수행할 수 있는 범위에 대한 비율로 지표화하여 관리	
		- 일별, 업무별, 담당자별, 코드규칙별로 구분 가능 - 검토 품질 측정의 일부로 사용하지 않으며 작업 기간을 결정하기 위해 사용함		
테스팅 수행 지표	테스팅 진척률	계획된 테스트 케이스 진척률	대상이 되는 테스팅 케이스의 실행 비율을 지표화하여 관리	단위, 통합, 시스템, 인수
		- 일별, 업무별, 담당자별, 코드규칙별로 구분 가능 - 테스팅 완료 기준으로 사용 - 실행한 테스팅 케이스는 실행 결과와 무관함		
	테스팅 달성률	계획된 테스트 케이스 달성률	계획된 테스팅 케이스의 실행 비율을 지표화하여 관리한다	
		- 일별, 업무별, 담당자별, 코드규칙별로 구분 가능 - 테스팅 완료 기준으로 사용 - 실행한 테스팅 케이스는 실행 결과와 무관함		
	테스팅 성공률	계획된 테스트 케이스 성공률	실행한 테스팅 케이스 중 성공한 테스팅 케이스 비율을 지표화하여 관리	
		일별, 업무별, 담당자별 구분가능		

구분	지표	목적	정의	적용단계
			전제조건	
테스팅 수행 지표	일일 평균 테스팅 케이스수	일일 테스트케이스 설계 생산성 측정	테스팅 케이스 설계 생산성을 측정하기 위해 테스트 케이스 스텝 기준으로 일일지표화하여 관리	단위, 통합, 시스템, 인수
		일별, 업무별, 담당자별 구분 가능 테스팅 비용을 관리 가능		
	담당자별 테스팅 진척률	담당자별 테스팅 진척율	담당자별 테스팅 계획/수행된 비율을 지표화하여 관리 (일별, 업무별로 구분가능)	
		일별, 업무별, 담당자별 구분 가능		
결함 수행 지표	결함조치율	결함이 조치 된 비율	테스팅에 의해 발견된 결함이 조치 완료된 비율을 지표로 관리	단위, 통합
		일별, 업무별, 담당자별 구분 가능		
	결함조치확인율	미조치된 결함 확인율	테스팅에 의해 발견된 결함이 조치 완료하기 전 결함 발견자가 해당 결함 이 조치 되었는지 확인된 결함을 지표로 관리	
		일별, 업무별, 담당자별 구분 가능		
	결함완료율	결함 종료율	테스팅에 의해 발견된 결함이 조치 완료 후 해당 결함에 대해 최종 결함관리 담당자가 결함상태를 최종 완료(Closed) 처리한 결함을 지표로 관리	
		- 일별, 업무별, 담당자별 구분 가능 - 테스팅 완료 기준으로 사용		
	재결함률	재테스팅 후 실패율	테스팅에 의해 발견된 결함이 결함 수정 후 재 테스팅하여 실패한 결함을 지표로 관리	
		- 일별, 업무별, 담당자별로 구분 가능 - 안정성, 신뢰성 확인 용도로 사용 가능		
재활용 지표	테스팅 케이스 재사용률	테스트 케이스 라이브러리 활용률	저장된 테스트 케이스를 활용하여 테스트 케이스를 재사용하는 정도를 지표화하여 관리	단위, 통합
	테스팅 케이스 신규사용률	테스트 케이스 신규 작성 비율	저장된 테스트 케이스를 활용하여 테스트 케이스를 신규 작성하는 정도를 지표화하여 관리	
		- 변경 업무나 신규 개발업무에 따른 테스트 케이스의 유형성을 검토하기 위한 자료로 사용 - 기존 테스트 케이스 대비 신규 작성율 비교		
테스팅 자동화 지표	테스팅 자동 실행률	도구를 활용한 테스팅 케이스 자동화 실행율	테스트 자동화 도구를 사용하여 실행한 테스트 케이스를 지표화하여 관리	단위, 통합
		(자동 테스트 케이스 수 / 실행한 테스트 케이스 수) * 100		
	테스팅 자동화율	도구를 활용한 테스팅 케이스 자동화 적용률	테스팅 케이스 중 자동화 테스팅 케이스의 비율을 지표화하여 관리	
		(자동 테스트 케이스 수 / 테스팅 케이스 수) * 100		
테스팅 자동화 지표	평균자동화 테스팅 케이스 수	테스팅 자동화 작성 건수	자동화 테스팅 케이스 설계 생산성을 측정하기 위해 테스트케이스 기준으로 일일지표화하여 관리	단위, 통합
		설계한 자동 테스트 케이스 수 /근무시간		
	일별 테스팅 자동화 실행률	일일 테스팅 자동화 실행률	일일실행한 자동화 테스팅 케이스의 비율을 지표화하여 관리	
		(실행한 자동 테스트 케이스 수 / 자동 테스팅 케이스 수) * 100		

3) 절차

소프트웨어 개발에서 다각적이고 체계화된 테스트를 위해 단위/통합/사용자테스트/시스템테스트 등에 대한 단계별 테스트 계획수립을 명확화하고, 이를 기반으로 점검한다.

<사례 296> 테스트 계획수립 절차도

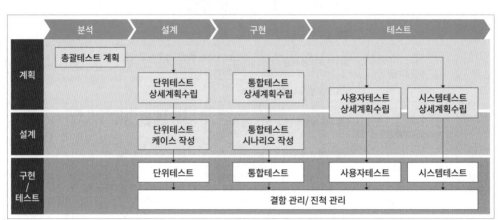

① 총괄테스트 계획 점검

1. 총괄시험 계획수립 및 타당성 검토	
검토항목	• 총괄테스트 작성 여부, 작성 시점, 시험 종류 누락 및 사업 특성의 반영 여부를 검토함
고려사항	• 문서화 여부, 총괄계획의 작성 시점 등을 검토함 • 시험종류 커버리지 누락을 검토함 　√ 기능 관점: 단위, 통합, 사용자(본사, 지사, 영업점 등) 　√ 데이터 관점: 데이터 전환 　√ 시스템 관점: 성능, 부하, 보안, 장애, DR, 네트워크 • 사업 특성(단순 개발, 고도화/재개발성 특징)에 따른 목적성 및 중점 점검 포인트 등의 정의 여부를 검토함

2. 시험 종류의 정의 여부 및 타당성 검토	
검토항목	• 시험 종류별 목적, 범위, 시기, 횟수, 이해관계자 정의 및 R&R, 수행 절차 수립 등이 제시되었는지 검토함
고려사항	• 구체성보다는 개략적인 접근을 통하여 시험 활동 전체 Coverage에 대한 조망이 더욱 중요함

3. 시험 종류별 수행 절차 및 테스트 환경 정의 타당성 검토	
검토항목	• 총괄시험 작성 여부, 작성 시점, 시험 종류 누락 및 사업 특성의 반영 여부를 검토함
고려사항	• 시험 종류별 절차 정의를 검토함 • 시험 종류별 환경 및 도구 적용 계획을 검토함 • 테스트 시나리오 및 케이스 도출 전략의 타당성을 검토함

② 단위테스트 계획 점검

	1. 단위시험 계획수립 및 타당성 검토
검토항목	• 단위시험의 범위, 수행 주체, 수행 절차, 일정, 시험환경, 평가 기준 등의 수립 여부를 확인함 　✓ 수행 주체: 업무별 수행 주체(개발자, 발주기관 IT 및 현업 대표) 및 각각의 R&R 정의 　✓ 수행 절차: 시험 일정 제시 및 WBS와의 Align 　✓ 평가 기준: 평가 기준의 포함 여부
고려사항	• 구현 대상 모듈의 단위 기능이 아래의 커버리지를 포함하고 있는지 검토함 　✓ 프로그램의 유형별 누락 여부: 화면 단위, 배치 프로그램 　✓ 검증해야 할 프로그램 커버리지: 업무별 범위 이외에 공통 모듈, I/F도 포함하고 있는지 검토 • 화면 단위 점검의 경우, 점검내용이 표준화된 형식(주로, Excel 기반)으로 준비되었는지 검토함
	2. 단위시험 설계 수립 및 타당성 검토
검토항목	• 단위시험설계서 준비 여부 및 충분성을 검토함 • 단위테스트 점검항목이 체크리스트 형태로 준비되어 있는지 검토
고려사항	• 체크리스트에 포함될 점검항목 커버리지 　✓ 공통 항목: 주로 화면, 보고서 등 표준에서 제시하고 있는 내용 　✓ 단위 기능: 화면 버튼에 대한 오퍼레이션(초기화, 조회, 추가, 수정, 삭제 등) 　✓ 단위테스트 케이스: 사전조건, 사후조건, 실행방법, 입력항목, 기대 결과

③ 단위테스트 결과 점검

	1. 단위시험 수행 여부 검토
검토항목	• 단위시험계획서에 정의된 내용에 따라 적합한 환경하에서 시험이 진행되었는지 검토함 • 충분한 시험이 수행되고 반복적인 시험 활동이 진행되고 있는지(진행되었는지) 검토함
고려사항	• 시험환경에 대하여 검토함(하드웨어, 소프트웨어, 통신환경 등) • 개발자 중심의 단위시험이 계획에 따른 절차나 결과 관리가 준수되는지 검토함 • 단위테스트 수행 결과를 이용하여 관리에 필요한 다음의 정보를 추출하여 검토함 　✓ 주간 단위 수행률, 발생 된 결함률, 결함의 유형 　✓ 수행률 활용: 개발 분야별, 개인별 생산성을 측정하는 자료로 활용
	2. 단위시험 수행 결과의 기록 및 관리 여부 검토
검토항목	• 단위시험이 수행된 범위(Coverage)의 완전성을 검토함 • 단위시험 기록/관리에 대한 결과를 평가 및 검토함
고려사항	• 시험수행 범위를 검토함(UI(화면), 배치, 모듈, 보고서, I/F 등) • 연관 모듈, I/F 등이 충분하게 수행되는지 확인한 후, 문제점이 발견되는 경우 별도 Back log로 선정하여 추적 관리 • 시험데이터의 준비 및 활용 상황을 검토 • 예외 처리 사항이 반영되고 있는지 검토

④ 통합테스트 계획 점검

1. 통합시험 계획수립 및 타당성 검토	

검토항목	• 통합시험의 범위, 수행 주체, 수행 절차, 일정, 시험환경, 평가 기준 등의 수립 여부를 확인함
	  ✓ 수행 주체: 업무별 수행 주체(개발자, 발주기관 IT 및 현업 대표) 및 각각의 R&R 정의
	  ✓ 수행 절차: 시험 일정 제시 및 WBS와의 Align
	  ✓ 평가 기준: 평가 기준의 포함 여부
	  ✓ 수행 절차: 통합시험 수행에 필요한 절차
	  ✓ 시험환경: 통합시험 환경의 물리적 구성도

고려사항	• 수행 주체: 통합시험 조직과 조직 단위별 R&R의 구체성, 충분성을 점검함
	• 수행 일정: 통합시험이 차수별로 구분되어 정의 및 차수별 핵심 점검내용의 제시 여부를 점검함
	• 수행 일정: 차수별 기능과 데이터 및 인프라 분야와 Align 되어있는지 아닌지를 점검함
	• 수행 절차: 수행 절차가 흐름도 형태로 준비하여 가시성 확보 여부를 점검함
	• 시험환경: 통합시험에 필요한 구성도 및 필요 데이터(장비 사양, 시험에 필요한 데이터 확보 계획)
	• 통합시험 수행에 필요한 전제조건 및 고려사항을 예상하고 이에 대한 방안 등이 도출되었는지를 검토함
	  ✓ 시나리오 도출 일정, 검증 주체 등
	  ✓ 시험 시나리오에 대한 수행방안으로서, 시험방안, 시험 매체
	  ✓ 외부 연계 등에 대한 협력체계 및 사전준비 필요사항
	• 산출물: 통합시험 결과에 대한 산출물 양식 및 작성 사례 제시
	  ✓ 계획단계: 통합시험계획서, 작업흐름도, 통합시험목록표, 통합시험시나리오
	  ✓ 실행단계: 통합시험 결함명세서, 통합테스트 진척 현황 통계표 준비 여부 및 양식의 적정성 점검
	  ✓ 종료단계: 통합시험결과보고서

2. 통합시험 설계 수립 및 타당성 검토	
검토항목	• 통합시험에 필요한 시나리오 및 케이스가 도출되었는지 점검함 • 도출된 시나리오가 사용자의 승인 및 확인 과정을 거쳤는지 확인함 • 시나리오가 업무 중심 흐름에 따라 작성되었는지 충분성을 확인함

고려사항	• 시나리오와 시나리오별 케이스 작성 수준을 점검함
	• 시나리오에 포함될 점검항목 커버리지
	  ✓ 사전 조건, 시나리오별 케이스(케이스별 별도 제약조건)
	  ✓ 시험조건 및 데이터, 예상 결과, 담당자
	  ✓ 시나리오/케이스별 수행 일정 계획 여부
	• 시나리오/케이스 작성 양식 및 작성 사례 준비 여부를 점검함
	• 시나리오를 구성하는 케이스가 다음의 내용을 충분하고 포함하고 있는지 검토함
	  ✓ 사전 조건, 테스트 방법/절차, 예상 결과
	  ✓ 정상적인 경우와 예외적인 경우를 모두 포함하고 있는지 아닌지 확인

⑤ 통합테스트 결과 점검

1. 주요 업무기능의 결함 존재 여부 검토	
검토항목	• 사용자 인터페이스 관련 결함이 시험 되고있는지 검토함 • 업무 관련 기능 관련 결함이 시험 되고 있는지 검토함 • 데이터 관련 검증 기능이 시험 되고 있는지 검토함
고려사항	(사용자 인터페이스) • 사업에서 정한 표준을 중심으로 각종 오브젝트(윈도우, 메뉴, 탭 등) • 다양한 버튼 관련 이벤트의 정상 작동 여부 • 웹 화면 전후 흐름(네비게이션) 정상 작동 여부 (업무) • 입력 유효값 검증 기능(정상 데이터 = 예상 결과 표출, 비정상 데이터 = 경고 메시지 표출) • 계산 기능의 정확성 • 적절한 수준의 메시지 표출 • 정상적인 데이터 입력에 따른 웹 화면의 전후 흐름(내비게이션) 정상 작동 여부

고려사항	(데이터)
	• 데이터 Entry가 정상적으로 가동되는지
	• 부적절한 데이터(키 중복) 입력 DB Table에서 검증이 되고 있는지
	• 화면에 표출되는 값(Value)의 정확성에 대하여 충분한 수준으로 검증되는지 여부
	  ✓ As-Is 시스템의 관련 화면과 대비 비교
	  ✓ Excel 등 비교 대상 체크리스트와 비교
	  ✓ 시나리오/케이스 내의 예상 결과와 비교

2. 시스템 간 통합/연계 기능의 정상 작동 여부 검토

검토항목	• 내부시스템 간 연계 흐름이 정상적인 동작 여부를 검토함 • 외부시스템 간 연계 흐름 완전성 확보 여부를 검토함 • 데이터 변환/전환 결과를 활용한 통합테스트 이행 여부를 검토함

고려사항	(내부 연계)
	• 업무 흐름 검증에 필요한 시나리오의 시작-종료까지의 완전성 중심의 검토
	  ✓ 케이스 중심이 아닌 시나리오 단위의 Pass/Fail 점검
	  ✓ 시나리오 내의 특정 케이스 오류가 발생한 경우, 해당 시나리오의 전체 케이스의 재테스트 수행
	• SSO 등 패키지성 SW와 통합되어 테스트 되는지 검토
	(외부 연계)
	• 연계에 필요한 기관 간 협의 등 관리적인 측면의 이슈 검토
	• 연계에 필요한 Agent 등 기술적 이슈 존재 여부 검토
	• 송수신 연계 상황의 데이터 검증 기능(정상적인 자료 전송 여부) 점검
	• 송수신 연계 상황에 대한 모니터링 기능 구현 기능 점검
	(데이터)
	• 데이터 전환 일정 및 결과와 Align 필요
	• 데이터 전환 차수별 전환 일정과 통합테스트 일정 Align
	  ✓ 통상, 데이터 전환 시, 정합성 및 통합테스트 3차 이후부터는 전환된 데이터를 이용하여 테스트 수행 필요
	• 데이터 정합성 검증이 프로그램에 의해서 로직으로 반영되었는지 검토
	• As-Is 2개 이상의 숫자 컬럼이 To-Be 시스템의 1개 또는 2개 이상의 다른 컬럼으로 변환되는 경우, 통계적/산술
	  적 정확성 확보 여부 검토

3. 통합시험 수행 결과의 기록 및 관리/개선 여부 검토

검토항목	• 통합시험 기록/관리에 대한 결과를 평가 및 검토함 • 통합시험 수행 결과에 대한 요약/분석 및 평가활동 이행 여부를 검토함 • 시험 후의 사후관리가 적정한지 아닌지를 검토함

고려사항	(통합시험 기록 관리)
	• 통합시험결과서가 누락 없이 작성되었는지 검토함
	• 시험 결과의 증적이 충실하게 기록되고 있는지 검토함
	(시험결과의 분석 활동)
	• 통합시험통계표/결과평가서를 점검(또는 직접 작성)
	  ✓ 통합시험통계표/결과평가서는 통합시험 수행과 관련된 결과를 기록한 문서로, 별도 작성할 수도 있고 주간
	    보고 등을 통하여 공유할 수도 있음
	  ✓ 시험 활동 요약: 시험환경, 시험 관련 각종 통계(전체 시험 케이스 수, 실행 케이스 수, 미실행 케이스 수, 결함대장에
	    기록된 결함 수, 해결된 결함 수, 미해결 결함 수 등)
	  ✓ 품질목표 평가: 정의된 품질목표를 달성하였는지 평가
	  ✓ 시험 커버리지 평가: 시험 계획서에 정의한 시험 커버리지 기준을 만족했는지 평가
	  ✓ 결함분석 및 평가: 결함 유형 분석, 결함 심각도 분석, 결함 추세도 분석
	  ✓ 결함 유형의 활용: 결함 유형 중에서, 개발자 영역 이외에(예: 공통 영역, 인프라 영역 등) 연관성이 있는 유형을
	    발견하여 조치하도록 가이드
	(사후관리)
	• 시험수행 중 발생한 오류 및 상황에 대한 기록 관리 점검
	• 통합시험결함목록의 시정조치 내용과 조치완료 예정일, 조치완료 여부 및 완료일을 확인
	• 통합시험결함목록의 내용과 변경요청서의 내용을 대조하여 확인
	• 잔존 오류 또는 수정에 의한 추가 발생 오류 현황이 관리되고 있는지 확인하고, 지속적인 오류수정 이력관리 점검
	• 미처리 결함이 있는 경우 그 사유가 타당한지 검토

⑥ 시스템 테스트 수행방안

목적	대상 프로젝트의 구성 요소들(애플리케이션, HW, 도입 SW 등)이 프로젝트 수행에 필요한 요구사항을 충족하는지 검증하고 시스템의 성능 목표를 달성하는 데 있음

(시스템 테스트 수행 대상)

테스트 유형	테스트 수행 방안
성능테스트	소프트웨어의 효율성을 테스트하는 것으로 응답 속도, 처리량, 처리 속도 등을 검증
장애복구테스트	시스템 운영 시 발생할 수 있는 장애 상황을 미리 테스트하여 그 대응 절차를 수립하고, 장애발생시 지속적인 서비스 제공이 가능한지를 검증
보안테스트	외부로부터 공격 등 보안상 문제점이 없는지 검증

- 성능 테스트 수행 방법은 어떤 방식으로 수행할지 기준 수립 필요
- 주요 업무 트랜잭션의 처리 능력을 검증하여 공인된 성능 테스트 툴을 사용하여 테스트 필요

구분		테스트 수행 방안
온라인 성능 테스트	대상	사용량 기준 주요 업무
	측정항목	시스템 처리량 및 자원 사용량 → TPS (Transaction Per Second) → 응답시간
	테스트방식	발주사 지원을 통해 테스트 시나리오, 스크립트 작성 및 입력 데이터 준비 부하측정기 등을 이용하에 주요 업무 화면에 대해 Peak Time 기준의 부하를 발생시킴
배치 성능 테스트	대상	주요 배치작업
	측정항목	배치작업 소요 시간(배치작업 전체 소요 시간 및 단위 배치작업 소요 시간)
	테스트방식	작업관리에 자동작업으로 등록된 배치작업을 주기적으로 구동

5.3 테스트 진단 사례(산출물 서식 작성 예시)

※ 한국정보화진흥원 CBD 「SW개발 표준산출물 관리가이드」

<사례 297> 총괄테스트계획서 작성 사례

D6		총괄시험 계획서		
시스템명		서브시스템명		
단계명	설계	작성일자		버전

1 시험 대상 시스템
1.1 시스템 개요
1.2 하드웨어 구성도

1.3 응용 목표시스템 구성도

2. 가정 또는 제약사항

3. 시험 전략
3.1 시험 범위

구분	시험항목

3.2 개발 단계별 수행할 시험 종류
3.2.1 단위시험
3.2.2 통합시험
3.2.3 시스템시험
3.2.4 인수시험

4. 시험 실행 계획
4.1 시험 수행 절차
4.2 발견된 문제점(결함)에 대한 수정 절차
4.3 시험 툴 사용 계획
4.4 시험 환경
4.4.1 시험 사이트
4.4.2 하드웨어
4.4.3 소프트웨어
4.4.4 기타 시험 환경
4.5 시험 교육
4.6 시험 조직 및 역할
4.6.1 시험 조직
4.6.2 책임 및 역할
4.7 시험 수행 일정
4.8 시험 산출물

---

1. 시험 대상 시스템
1.1 시스템 개요 (Overview of Application)

정보연계시스템의 응용시스템 개발부문은 2부문으로 구성되어있다.

공통업무통합처리시스템 구축
응용업무통합처리시스템은 A사무에서 운용중인 업무중 유사/공통성이 있는 업무를 선정하여 민원인이 업무처리를 위해 4개 기관을 각각 방문하여 처리하던 현행 민원처리절차의 문제점을 개선하고, 허번의 신고와 관련업무가 모두 처리될 수 있는 민원신고 말함과 체계를 구축한다.

1.2 하드웨어 구성도

1.3 응용 목표시스템 구성도

2. 가정(Assumptions) 또는 제약사항(Constraints)

- 시스템 개발 범위(scope)에 큰 변동이 없는 것을 가정한다. 즉, 사업 수행 계획서에 정의된 개발 범위를 준수하는 것을 가정한다.
- 성능시험 시 운영환경과 동일한 환경에서 시험이 가능할 것을 가정한다.
- 본 문서는 A사무 프로젝트의 응용시스템(소프트웨어)에 대한 시험 계획을 기술하고 있으며 하드웨어, 네트워크, 기타 기반 환경에 대한 시험은 본 시험 계획과는 별도로 수행한다.......

3.2.2 통합시험
신규 어플리케이션 프로그램들간의 인터페이스를 시험하여 프로그램 그룹 또는 인터페이스 한 프로그램들이 기능대로 수행되는지 검증한다. 통합시험은 단위시험을 통해 시스템의 단위 결함이 걸러진 후 이루어지며, 각 개발담당자가 시험 요원을 선발하여 본사 시험담당자의 지도 아래 구현이 완료된 전체 시스템의 통합 기능을 시험한다..........

3.2.3 시스템시험
신규 어플리케이션 프로그램들과 H/W, S/W를 포함하는 전체시스템을 대상으로 스트레스(Stress), 성능 등의 기능 외적 요인을 시험한다.

3.2.4 인수시험
사용자인수시험은 개발된 시스템에 대해 운영 환경으로 전환하기 위한 준비를 완료하고, 운영환경과 동일한 환경하에서 실제 사용자가 요구한 사항을 시스템이 전체적으로 만족시키는지를 사용자 주

	단위시험	통합시험	시스템시험	인수시험
시험대상	모듈, 함수	서브시스템 시스템(주요요소)	전체 시스템	전체시스템
목적	프로그램(모듈)이 기능에 부합하는 경우	인터페이스 검증	고객과 합의(최종 사용을 만족하는지 여부 결정	시스템 인수 결정
참여자	시험담당자	시험담당자	시험담당자	고객
시험도구	테스트 프로그램 명세서	시험 담당자	업무시험담당자	거래내 포함 절차서
시험환경	개발 환경	개발 환경	운영 환경	운영 환경

---

3. 시험 전략 (Test Strategy)
3.1 시험 범위 (scope)

시험 범위는 A업무 프로젝트 4개 부분시스템 (공통업무, 사회보험 포탈, 공통DB 구축, 제공기관연계)의 요구사항 정의서에 기술된 개발 범위를 대상으로 한다. 단, 정보연계 시스템의 경우 1단계 개발 (3월4일~5월3일) 범위 내에 해당되는 개발항목만을 시험 대상으로 한정한다. 각 부분시스템의 상세 시험 항목은 아래표와 같다.

구분	시험 항목
공통업무 통합처리 시스템	• 사업장등록 = 사업장 등록접수/이동/처리결과반영, 적용가입자 등록 접수 / 이동 / 처리결과반영, 자격가입자 등록접수 / 이동 / 처리결과 반영 • 가입자(장애)등록 = 접수 / 이동 / 처리결과반영, 자격가입자 등록접수 / 이동 / 처리 / 결과반영, 장비접수 표목

3.2 개발 단계별 수행할 시험 종류
3.2.1 단위시험

단위시험은 개발되는 시스템 특성에 맞게 적절한 크기의 시스템 단위(unit)를 선정하고, 각각의 단위가 하나의 독립적인 단위로서 그 기능을 적절히 수행하는지에 대하여 시험을 수행한다. 4대모델의 단위시험은 크게 2단계로 이루어진다. 1차 단위시험은 응용시스템 개발자가 스스로 작성한 프로그램에 대하여 오류 단위로 시험을 수행하고, 1차 단위시험이 완료되면 프로젝트 시험팀과 고객(실무수요단위)의 2차 단위시험을 수행하여 1차에서 발견되지 못한 남아있는 결함들을 추가적으로 찾아낸다.........

4. 시험 실행 계획
4.1 시험 수행 절차
업무 프로젝트 시험은 다음과 같은 절차에 따라 수행한다.

구분	프로젝트/시험팀	품질관리팀	테스트환경구축팀	산출물
단위시험준비	단위시험계획 단위시험 도출 시험요건			단위시험계획서
단위시험	단위시험 시나리오작성 단위시험 수행 단위시험 결과보고 결과 >= 통과	단위시험결과 검토		단위시험시나리오 단위시험결과서
통합시험	통합시험 시나리오/테스트케이스 통합시험 수행 통합시험 결과보고 결과 >= 통과	통합시험결과 검토		통합시험시나리오 통합시험결과서
시스템시험	시스템시험 시나리오작성 시스템시험 수행 시스템시험 결과보고 결과 >= 통과	시스템시험결과 검토		시스템시험시나리오 시스템시험결과서
단위시험	단위시험 시나리오작성 단위시험 수행 단위시험 결과보고 결과 >= 통과	단위시험결과 검토		단위시험시나리오 단위시험결과서

※단위시험 결과 프로젝트/시험팀에게 결과 전달

4.2 발견된 문제점(결함)에 대한 수정 절차

1) 시설 결과 오류 발생 또는 부적합이라고 판정시 테스터는 이를 기록하여 시설 결함내역을 기록한다.
2) 개발자들과 테스터가 참석한 결함검토회를 열어 개발자 및 관련자에게 시설 결과 도출된 오류 및 문제점들을 설명하고 결함 원인을 요의한다.
3) 개발자는 오류의 원인이 파악되면 해결방안을 찾아내어 결함이 수정, 보완될 수 있도록 한다.
4) 오류 분석 결과 설계 변경이 필요한 경우 프로젝트관리 절차에 따라 변경을 실시한다.
5) 수정이 완료된 후 담당자는 시설을 재실시하여 결함이 적절하게 수정되었는지 여부와 수정과정 중에 추가로 발생된 결함은 없는지를 확인한다.............

4.3 시설 룰 사용 계획

기능 시설 룰은 xxxx사의 Team Test와 oooe IO Test를 사용하고, 성능시설 룰은 xxxx사의 Performance Studio 2001P와 oooy사의 Loader를 사용한다...............

4.4 시설 환경 (Environmental Needs)

시설에 필요한 하드웨어, 소프트웨어, 시설 도구 등에 대한 환경 요구 사항은 아래와 같다.

4.4.1 시설 사이트
- 옹지로 업무 개발사이트
- 프로젝트 5개 주간 기간

4.3.2 하드웨어

위치	구성요소	모델명	수량	주요사항
정보연계센터	Web 서버	xxx P660-6H1	2	CPU : Memory : HDD :
	WAS 서버	xxx P660-S85		CPU : Memory : HDD :
	DB 서버	xxx P660-6M1	2	CPU : Memory : HDD :
	EAI 서버	xxx P660-6M1	2	CPU : Memory : HDD :
	SSO 서버	xxx P660-6M1	2	CPU : Memory : HDD :
	통합관술	xxx 270	1	CPU : Memory : HDD :
5개 연계기관	I/F 서버	xxx P660-6H1	1	CPU : Memory : HDD :
	집임집단 서버	000 E420R		CPU : Memory : HDD :
	집임집지 서버(Sensor용)	800 LH6000R		CPU : Memory : HDD :

4.7 시험 수행 일정

순번	주요활동	시험일자	완료일자
1	총괄시험 계획	2011.00.00	2011.00.00
2	시험교육	2011.00.00	2011.00.00
3	시스템시험 시나리오 작성	2011.00.00	2011.00.00
4	통합시험 시나리오 작성	2011.00.00	2011.00.00
5	단위시험 케이스 작성	2011.00.00	2011.00.00
6	단위시험 환경구축	2011.00.00	2011.00.00
7	단위시험 수행	2011.00.00	2011.00.00
8	단위시험 결함수정 및 결과확인	2011.00.00	2011.00.00
9	통합시험 환경구축	2011.00.00	2011.00.00
10	통합시험 수행	2011.00.00	2011.00.00
11	통합시험 결함수정 및 결과확인	2011.00.00	2011.00.00
12	시스템시험 환경구축	2011.00.00	2011.00.00
13	시스템시험 수행	2011.00.00	2011.00.00
14	시스템시험 결함수정 및 결과확인	2011.00.00	2011.00.00
15	인수시험 시나리오 작성	2011.00.00	2011.00.00
16	인수시험 환경구축	2011.00.00	2011.00.00
17	인수시험 수행	2011.00.00	2011.00.00
18	인수시험 결함수정 및 결과확인	2011.00.00	2011.00.00

4.8 시험 산출물

시험유형	산출물	작성자	작성시점
전체	총괄시험계획서	시험 관리자	설계단계
단위시험	시험케이스	응용개발팀 프로젝트 시험팀	설계단계
	단위시험 결과서	응용개발팀	구현단계
통합시험	시험시나리오	프로젝트 시험팀	설계단계
	통합시험 결과서		시험단계
시스템시험	시험시나리오 시험실행로그 시험결과서	프로젝트 시험팀	시험단계
인수시험	시험시나리오 시험결과서	프로젝트 시험팀 고객	시험단계

4.4.3 소프트웨어

위치	시스템소프트웨어	내역 / 수량
정보연계센터	Web 서버	xxx HTTP Server 3식
	Web Application Server	000 Web server 3식
	Web 개발도구	Visual age for Java
	EAI	EAI Adapter 10식
	CMS	Active Content 1식
	RDBMS	xxx DBMS 3식
	SMS	oppo Framework 1식
	백업 S/W	uuuu 6식
	SSO	SSO Policy Server 2식 SSO Server Agent 2식
5개 연계기관	Web 서버	HTTP Server 1식
	Web Application Server	xxxx WebShpere 1식
	EAI	EAI Adapter 1식
	RDBMS	eeee DBMS 1식

4.5 시설 교육 (Training)

본시설 실은 시험자들과 개발팀 내 시설 담당자들의 시설 기술 향상(skill up)을 위해 다음과 같은 교육을 지향한다.

교육명: 단위시설 수행 방법, 시설 수행절차, 시설 산출물 작성법
일시: 2002년 4월22일
시간(Duration): 2시간
장소: 옹지로 S업무 개발 사이트
교육대상: 시험에 참여하는 모든 개발자
교육자: 총길동계장.............

4.6 시설 조직 및 역할

4.6.1 시설 조직

4.6.2 책임 및 역할

구분	상세업무	담당자
총괄시험 계획	시험 전략 및 수행방침 수립 시험 조직 구성 시험 전체 일정 수립 총괄시험 계획서 작성	시험 관리자
단위시험 계획	응용개발팀별 단위시험 케이스 도출 개발결과와 단위시험 검토	프로젝트시험팀
통합시험 계획	통합시험시나리오작성	프로젝트시험팀
시험 교육	단위시험 수행 방법 S업무 시험 수행 절차 교육 시험 산출물 작성 방법 교육	프로젝트시험팀
단위시험	시험 환경 준비 - SW 준비 - 시험 데이터 준비 단위 시험 설행 결함 수정 결함 수정여부 재검사	응용개발팀 기반팀 프로젝트시험팀 응용개발팀 프로젝트시험팀
통합 시험	통합시험 설행 결함수정 결함검사	부시시험팀 응용개발팀 응용개발팀
시스템시험	시스템시험 계획 시스템시험 설계 시스템시험 설행 시스템시험 결과보고 시스템시험 보완및잔시항 보완	프로젝트시험팀 프로젝트시험팀 프로젝트시험팀 프로젝트시험팀 프로젝트시험팀
인수시험	인수시험 설행 인수시험 설행 인수시험 결과보고	인수개발팀 프로젝트시험팀 고객

<사례 298> 단위테스트계획서 작성 사례

D11			단위시험 케이스				
시스템명				서브시스템명			
단계명		설계		작성일자			버전
단위시험ID	KK_UT_TS_030						
설명	커뮤니티사용자와 커뮤니티관리자가 업무 영역별 게시판에 게시물을 등록/수정/삭제/조회 한다. - 게시판, FAQ, Q&A 유형을 모두 포함한다. - 장애업무자료, 장애중점개선사항, 장애중대사고사례, 전자계약FAQ..........						
관련 컴포넌트 ID	KK_CO_110			관련 프로그램 ID		ULOSZ8I,1,1,1	
케이스ID	케이스명	적용범위	시험데이터	시험항목 및 처리절차		예상결과 및 검증방법	시험결과
TC_01_010	게시판목 록조회-일반	전체	게시물데이터 (오늘, 이전일 데이터)	1.메뉴에서 화면 선택 2.초기화면에 게시판목록 Display 확인 :오늘일자가 게시기간에 포함된 것..		화면에 목록 디스플레이 SQL로 DB확인 SELECT * FROM 게시판 WHERE ~~........	
TC_01_020	게시판목 록조회-데이터없음	전체	데이터없음	1.메뉴에서 화면 선택 2.초기화면에 게시판목록 Display 확인		해당데이터 없음 메시지 표기 SQL로 DB확인 SELECT * FROM 게시판	

<사례 299> 통합테스트결과서 작성 사례

시험시나리오 ID		LL_IT_TS_030					
시험시나리오명		결제 조회					
시험시나리오설명		지급결제내역을 조회 한다.					
관련 유스케이스ID		SS_UCD_010-01					
시험케이스 ID	시험케이스 설명	시험절차			시나리오 설명		비고
LL_IT_TC_030	실시간조회	1. 실시간 지급결제 조회 2. 결제리스크 조회			지급결제내역 및 결제리스크의 실시간 모니터링		
LL_IT_TC_040	수시조회	1. 지역결제자료 조회 2. 대거래현황 조회			시스템별 결제별 결제현황 조회		

2. 시험케이스

차수		1차						
시험시나리오 ID		LL_IT_TS_030						
시험시나리오명		결제 조회						
시험케이스 ID		LL_IT_TC_030						
순번	업무처리내용	시험 항목	사전조건	입력자료	예상결과	확인ID	시험결과	비고
1	실시간 지급결제 조회	실시간 모니터링	지급결제 수행결과 저장....	[거래일자] [지급종류] "1" [이체시스템] "1"	데이터 결과 조회...!	LL_UC_020		
2	결제리스크 조회	실시간 결제리스크 모니터링	[거래일자] 시험일자..........	데이터결과 조회,..	LL_UC_020			

<사례 300> 시스템 테스트시나리오 작성 사례

시스템명				서브시스템명			
단계명		설계		작성일자			버전
시험 유형		성능					
관련 요구사항 ID		SS_RQ03002					
시험시나리오 ID	시험시나리오명	시험절차		판독기준		시험결과	비고
JJ_ST_050	입하실적 리포트 조회 기능 실행	- 100개의 품목에 대하여 총 3,000건의(30일 X 100개/1일) 입하를 등록한 후 30일(3,000건 조회), 7일(700건 조회), 1일(100건 조회)재에 대한 입하실적 리포트 조회 기능을 실행...........		● 응답 시간 ◆ 3,000건 데이터 조회: 4초 ◆ 700건 데이터 조회: 1초 ◆ 100건 데이터 조회: 0.5초 ● CPU 사용률 3,000건 조회시 최대 40% 이내 ● 메모리 사용량 3,000건 조회시 최대 50MB 이내.........		자동화도 구 사용(응답시험 계획참조)

5.4 테스트 진단 Tool

소프트웨어 개발 시 소프트웨어 개발 생명주기(SDLC) 전반에 걸쳐 테스트 관련 지원 도구를 활용하여 테스트 진행 상황 또는 테스트 결과에 대한 리포트를 생성한다. 또한 테스트 관리에 대한 최적화된 정보를 생성하기 위해 다른 도구와 연계해서 사용하기도 한다.

<표 215> 테스트 관리 지원 도구, 정적 테스트 지원 도구, 테스트 및 로깅 지원 도구

구분		도구명	설명
테스팅 관리 지원 도구	테스트 관리 도구	Redmine	프로젝트 관리와 버그 추적 기능 제공
		Mylyn	이슈와 task를 관리할 수 있는 이클립스 기반의 도구
	결함관리 도구	Bugzilla	웹 기반으로 버그 등록, 통지, 추적하여 관리할 수 있음
		Mantis	웹 기반으로 버그 및 이슈를 관리할 수 있음
		Tra	웹 기반의 위기 및 이슈를 관리할 수 있음
정적 테스트 지원 도구	리뷰 도구	Gerrit	Git Repository의 소스파일을 대상으로 웹 기반으로 코드 리뷰를 할 수 있도록 지원하는 오픈 소스 도구
	정적분석 도구	SonarQube	Java 언어로 작성된 소스코드 코딩 규칙에 대한 위반 분석 도구
		CheckStyle	Java 언어로 작성된 소스코드 코딩 규칙에 대한 위반 분석 도구
		CppCheck	C/C++ 작성된 소스코드 정적분석 수행 도구
		PMD	Java, Javascript, JSP 언어의 소스코드 정적분석 수행 도구
테스트 실행 및 로깅 지원 도구	테스트 실행 도구	Selenium	웹 애플리케이션을 위한 고이식성 테스트 지원 도구
	테스트 하네스 도구	soapUI	서비스 지향 아키텍처 및 웹서비스에 대한 테스트 응용프로그램을 지원하는 도구
	단위 테스트 프레임워크 도구	Junit	Java 기반 테스트를 위한 프레임워크로 단위 모듈의 구현 여부를 확인할 수 있는 도구
		NUnit	.NET(C#, C++)에 대한 테스트 프레임워크로 단위모듈의 구현 여부를 확인할 수 있는 도구
	커버리지 측정 도구	Emma	Java 프로그램에 대한 코드 커버리지 측정을 지원하는 도구
		Cobertura	클래스 파일을 기분으로 코드 커버리지 측정을 지원하는 도구

\<테스트 진단 도구 소개\>

테스트 관리 도구 (Redmine)

진단 도구 특성	• Redmine은 프로젝트 관리와 버그 추적 기능을 제공하는 오픈 소스 도구 • 화면 기반의 프로젝트 관리에 도움이 되도록 간트 차트를 통한 일정 관리 기능 및 프로젝트 관리 기능, 이슈 추적, 여러 가지 형상관리 기능을 제공 • 설치 환경은 웹서버, DBMS, Ruby가 준비되어 있어야 하며, 설치 과정이 복잡하지만 모든 구성 요소를 한 번에 설치할 수 있는 Bitnami Redmine Stack 이용 가능함
진단 도구 활용예시	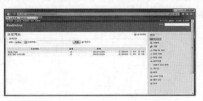  • 프로젝트 관리 기능을 통해 다수의 프로젝트를 등록하여 관리할 수 있고, 프로젝트별로 사용자 지정할 수 있음 　• 프로젝트 work에 대한 작업 및 이슈관리, 상태관리가 가능하며 우선순위, 시작 시각, 완료 시간, 작업자 등을 지정할 수 있음  • 등록된 work 또는 이슈에 대한 작업 내역에 대한 간트 차트, 달력 등 다양한 형태로 일정 확인할 수 있음  

결함관리 도구(Bugzilla)	
진단 도구 특성	• 웹 기반으로 버그를 등록, 통지, 추적하여 관리할 수 있도록 하는 오픈 소스 도구 • 버그에 대한 심각도와 우선순위를 관리할 수 있으며 관련 통계 및 보고서, 차트를 지원함
진단 도구 활용예시	• 버그를 등록하는 경우 관련 컴포넌트, 심각도, 하드웨어나 OS 정보를 같이 등록하여 관리 가능 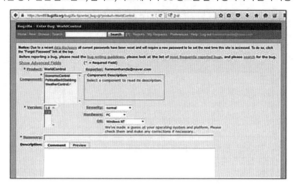 • 버그의 처리 상황에 따라 상태를 수정할 수 있으며, 상태가 변경되면 버그 등록자에게 메일로 통보  • 버그에 대한 다양한 형태의 표와 차트 형태의 통계 자료 확인 가능 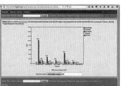 • 등록된 버그를 다양한 조건을 통해 검색 가능 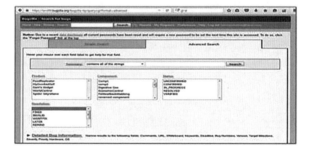

정적분석 도구(PMD)	
진단 도구 특성	• Java, Javascript, JSP 언어로 작성된 소스코드의 정적분석을 수행하는 오픈 소스 도구임 • 코딩 스타일과 불필요한 코드 등 규칙을 기반으로 위반사항을 찾고 해당 리포트를 제공 • 이클립스 플러그인 형태로 설치 후 사용 가능
진단 도구 활용예시	• 정의된 룰에 대해 소스코드에서의 위반 내역을 분석 후 결과 리포트로 제공하며, 룰 위반 발생 라인 위치도 확인 가능 

• 에러 메시지를 클릭하면 해당 결함이 발생한 위치의 소스코드 확인 가능

• 각 룰별로 위반 회수, 위반 출현율에 대한 통계 자료 제공

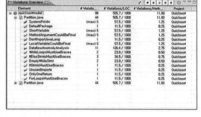

• 중복코드를 찾기 위해 CPD를 실행하며, Copy & Paste & Detect로 중복코드 확인 처리함

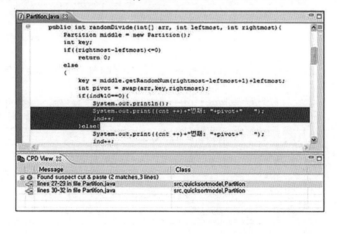

테스트 도구(Selenium)	
진단 도구 특성	• 웹 애플리케이션을 위한 고이식성 테스트를 지원하는 오픈 소스 도구 • 테스팅에 대한 기록 및 재생을 지원하며 웹 화면상의 필드에 대한 지능형 선택 기능을 지원하고 디버그 및 중단 지점 설정도 가능함 • 개발환경 라이브러리는 Java, C#, Ruby, Python을 지원
진단 도구 활용예시	• 웹브라우저를 통한 테스트 동작에 대한 레코딩을 지원(레코딩된 테스트 동작에 대해 target과 value 값 조정 가능하고, 스크립트 소스도 확인할 수 있음)  • 개발환경 라이브러리를 이용하여 Selenium Server에 대한 Selenium Client Driver를 제공(해당 Driver를 이용하여 테스트 케이스를 소스코드로 개발하여 테스트하는 모듈 생성)  • Selenium Client Driver를 통한 테스트 결과는 IDE에서 plugin 기능을 통해 시각화하거나 콘솔에 텍스트 형태로 제공됨 

단위테스트 프레임워크 도구(Junit)	
진단 도구 특성	• Java 기반 테스트를 위한 프레임워크로 단위 모듈의 구현 여부를 확인할 수 있는 오픈 소스 도구 • 메소드와 같은 단위 모듈별 테스트 가능, 타 모듈에 의존하지 않고 원하는 모듈만 임의로 테스트 가능
진단 도구 활용예시	• 테스트 케이스를 등록하면 테스트할 수 있는 테스트 클래스가 생성되고 검증 내용 구현 가능(테스트 케이스 등록 및 테스트 메소드 설정) 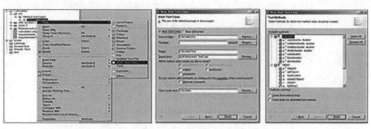 • 테스팅 클래스를 선택하여 Test Suite를 생성하면 해당 클래스 생성   • 테스팅을 수행하면 테스팅 결과를 확인 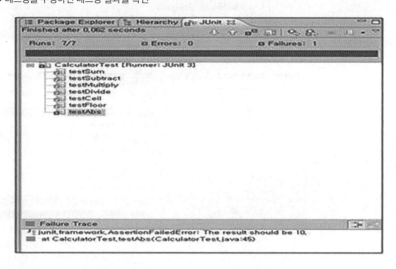

커버리지 측정 도구(Emma)	
진단 도구 특성	• Java 프로그램에 대한 코드 커버리지 측정을 지원하는 오픈 소스 도구 • 클래스, 메소드, 라인, 블록 단위로 코드 커버리지를 측정하며 Overhead가 매우 낮음 • 결과는 Text, Html, XML 등으로 출력 가능 • Emma의 기능을 이클립스의 plugin 형태로 사용 가능
진단 도구 활용예시	• 프로그램 사용이나 Unit 테스트하고 나면 자동으로 커버리지 분석 결과를 출력 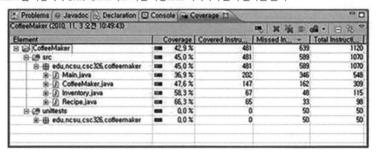 • 테스트 수행 부분, 일부 수행 부분, 테스팅이 되지 않은 부분을 초록, 노랑, 빨강 하이라이트로 표시  • Export 기능이 있고 커버리지 측정 결과를 Html, XML 등 형태로 저장 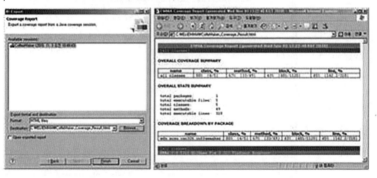

6 데이터베이스 컬럼 무결성 진단

6.1 개요

프로젝트에 적용된 데이터베이스의 진단 영역은 아래와 같이 여러 분야를 실시할 수 있다. 우선 데이터베이스와 관련된 진단(아키텍처, 파라미터, 로그파일, 데이터베이스 모니터링, 데이터 모델 역공학, 오브젝트 관리(테이블, 테이블 스페이스 등) 내용, SQL)과 데이터 모델 일관성/정합성 진단 그리고 데이터베이스에 담긴 데이터 품질진단 등이다.

1) 정의

데이터베이스 컬럼 무결성 진단은 상기 내용 중에서 '데이터 모델 일관성/정합성 진단'을 대상으로 접근한다. 다시 말해 데이터베이스의 단계 및 단계별 진단내용 중에서 설계단계의 진단 활동이다. 데이터 모델 일관성/정합성 진단은 구성된 데이터베이스 모델(논리 또는 물리)의 컬럼 구성에 대하여 아래와 같이 구성된 데이터베이스의 테이블 내 컬럼 무결성을 진단하는 활동이다.

- 컬럼명(논리명) 기준 무결성 점검
- 컬럼ID(물리명) 기준 무결성 점검
- 컬럼ID(물리명) 기준 데이터 타입 무결성 점검
- 컬럼ID(물리명) 기준 Null 허용 무결성 점검
- PK 무결성 점검
- FK 무결성 점검

2) 목적

데이터베이스 컬럼 무결성 진단의 점검 대상별 주요 내용(목적)은 <그림 231>과 같다.

<그림 231> 점검 대상별 주요 진단내용

구분	주요 진단내용
컬럼명(논리명) 기준 무결성 점검	동일 컬럼명에 대한 상이한 컬럼ID 존재 유무 점검
컬럼ID(물리명) 기준 무결성 점검	동일 컬럼ID에 대한 상이한 컬럼명 존재 유무 점검

구분	주요 진단내용
컬럼ID(물리명) 기준 데이터 타입 무결성 점검	동일 컬럼ID에 대한 상이한 데이터 타입 존재 유무 점검
컬럼ID(물리명) 기준 Null 허용 무결성 점검	동일 컬럼ID에 대한 상이한 Null 허용 존재 유무 점검
PK 무결성 점검	개별 테이블 단위로 1개 이상 PK컬럼 존재 유무
FK 무결성 점검	점검 대상 테이블 전체를 대상으로 FK컬럼에 대한 타 테이블 존재 여부

4) PMO 중점 관리항목

DB 컬럼 무결성 진단의 중점 관리항목은 적용 데이터베이스 테이블이 표준에 맞도록 테이블 내의 각종 컬럼 무결성이 유지되도록 하는 것이다. PMO는 아래 사항이 유지되는지 점검한다.

- 상위 메타 데이터 표준에 맞도록 테이블 내 컬럼 무결성 유지
- 자체 메타 표준이 존재하지 않는 경우, 적용된 테이블 내의 일관성 유지
- 점검 결과 일정 수준 이상의 불일치율을 개선하기 위하여 개발 중인 프로그램 영향도
- 프로그램 영향도에 따라 불일치율 개선이 곤란할 경우 대응방안 수립
- 점검 대상 테이블 중에서, 기존 레거시에서 운영 중인 테이블이 섞여 있는 경우 확인 및 불일치 사항 개선의 범위 결정

6.2 데이터베이스 컬럼 무결성 진단 절차

1) 기준

데이터베이스 컬럼 무결성 진단 기준은 프로젝트에서 개발된 프로그램이 데이터베이스 무결성이 적용되기 위해, 단계별 무결성 사전 진단 활동을 이행했는지 점검하는 것이다. 또한 이행 결과로서 컬럼 무결성이 준수된 프로그램이 개발되도록 하는 것에 있다. 이를 통하여 시스템이 표준에 기반한 데이터베이스 무결성을 확보토록 한다.

2) 데이터베이스 진단(컬럼 무결성) 평가지표

측정지표는 진단항목별 Zero Defect 준수율을 유지토록 하는 것이다.

3) 진단 절차

데이터베이스 컬럼 무결성 진단은 진단 대상 테이블 준비, 진단 도구 실행 조건에 따른
진단 기초 정보입력, 도구 실행 및 결과 확인, 결과분석 및 정리 등의 절차를 거친다.

<그림 232> 데이터베이스 컬럼 무결성 진단 절차

6.3 데이터베이스 컬럼 무결성 진단 사례

(1) 데이터베이스 설계 결과 정합성 확보 및 산출물 완성도 제고 측면에서 개선사항이 발견되므로 보완 필요

<현황 및 문제점>
(가) 데이터베이스설계서 기준으로 데이터 모델 설계 현황은 다음과 같음
  - 데이터 모델 설계 현황 점검 결과, 모바일 앱 DB 2개 업무영역에서 총 41개 테이블이 설계된 것으로 확인됨
  - ***** 업무영역은 기간계 시스템 기반의 25개 테이블을 설계하였으며, ***** 업무영역은 **** 관리를 위한 16개 테이블을 설계함
  - 인덱스 정의 내용 확인 결과 PRIMARY 및 FOREIGN KEY 설정 관련 엔티티 및 참조 무결성 위배 사례는 없는 것으로 확인됨
  - 설계단계 감리 시점 기준 일부 데이터 모델 설계가 진행 중인 것으로 파악됨

데이터 모델의 명확성 및 완전성 측면에서 엔티티/프로세스 간 또는 테이블/프로그램 간 상관관계 분석을 권고함

<사례 301-1> 데이터 모델 설계 현황(단위: 개)

업무 구분	논리 모델		물리 모델		
	엔티티	속성	테이블	컬럼	인덱스
A업무	25	914	25	914	25
B업무	16	196	16	196	16
계	41	1,110	41	1,110	41

(나) 물리 모델 테이블 41개의 컬럼 1,110개 기준으로 컬럼 무결성의 점검 결과는 일부 불일치 사례가 발견됨(컬럼 무결성 점검 결과는 수행사 담당자에게 별도 제공함)

<사례 301-2> 컬럼 무결성 점검 집계표

검증 유형	중복	불일치 컬럼 수	불일치율 (%)
동일한 한글 컬럼명에 대하여 영문 컬럼명이 다른 경우	허용	69	69/1110 = 6.21%
	제거	26	26/721 = 3.61%
동일한 영문 컬럼명에 대하여 한글 컬럼명이 다른 경우	허용	286	286/1110 = 25.74%
	제거	60	60/678 = 8.85%
동일한 영문 컬럼명에 대하여 Data Type이 다른 경우	허용	211	211/1110 = 18.99%
	제거	42	42/678 = 6.19%
동일한 영문 컬럼명에 대하여 Not Null check가 다른 경우	Null check 누락으로 인하여 점검 제외함		

[증적 1] 동일한 한글 컬럼명에 대하여 영문 컬럼명이 다른 경우 사례

테이블명	테이블ID	컬럼명	컬럼ID	Datatype	PK	FK
892	불량상환신청	TBAP123	기업체번호	CSTNO	char(8)	Y
865	기한연장신청	TBAP121	기업체번호	CSTNO	varchar(18)	Y
870	기한연장 조회	TBAP122	기업체번호	CSTNO	char(8)	Y
109	재무상담신청서	TBAP104	기업체번호	BSNC_NO	char(9)	
779	자가진단	TBAP119	대출금_연체_4회_여부	LOAN_AMT_DLY_4GHL_YN	char(1)	
249	무방문상담	TBAP108	대출금_연체_4회_여부	LOAN_AMT_DLY_4_TRN_YN	char(1)	
958	권한유저그룹관리	TBAP203	메뉴권한	MENU_ATH	varchar(1)	
1031	메뉴권한	TBAP209	메뉴권한	MENU_AUTH	varchar(1)	
269	무방문상담	TBAP108	배우자_성명	REP_SPS_NAME	varchar(300)	
801	자가진단	TBAP119	배우자_성명	SPS_NAME	varchar(20)	
270	무방문상담	TBAP108	배우자_주민_번호	REP_SPS_RES_NO	char(13)	
802	자가진단	TBAP119	배우자_주민_번호	SPS_RES_NO	char(13)	
769	자가진단	TBAP119	부적격_코드	NOT_OLFC_CD	char(4)	
234	무방문상담	TBAP108	부적격_코드	ITV_SEQ	char(9)	
114	재무상담신청서	TBAP104	사업자등록번호	COMP_NO	varchar(10)	
151	신용보증상담신청서	TBAP106	사업자등록번호	COMP_NO	char(13)	
1093	로그인정보	TBAP215	사업자등록번호	RGSTNO	varchar(100)	
260	무방문상담	TBAP108	사업장_실세	BUSI_PLC_MMTX	numeric(17)	
811	자가진단	TBAP119	사업장_실세	VUSI_PLC_DNJFTX	numeric(17)	
643	보증진행과정	TBAP115	상담_순번	ITV_SEQ	varchar(18)	Y
201	상담예약신청	TBAP107	상담_순번	ITV_SEQ	char(9)	
235	무방문상담	TBAP108	상담_순번	NOT_OLFC_CD	char(4)	
768	자가진단	TBAP119	상담_순번	ITV_SEQ	char(9)	
652	상담	TBAP116	상담_순번	ITV_SEQ	char(9)	Y
720	상담예약	TBAP117	상담_예약_신청_순번	ITV_RTV_OFFR_SEQ	char(3)	
200	상담예약신청	TBAP107	상담_예약_신청_순번	ITV_RVT_OFFR_SEQ	char(3)	Y

↑ 동일한 한글 컬럼명에 대하여 영문 컬럼명이 다른 경우

[증적 2] 동일한 영문 컬럼명에 대하여 한글 컬럼명이 다른 경우 사례

테이블명	테이블ID	컬럼명	컬럼ID	Datatype	PK	FK
96	재무상담내용	TBAP103	총소요금자금-자가자금	ADDR	varchar(100)	
157	신용보증상담신청서	TBAP106	사업장 소재지	ADDR	varchar(500)	
39	고객	TBAP101	주소	ADDR	varchar(100)	
868	기한연장신청	TBAP121	신청보증기한일	APP_GRT_AMT	varchar(18)	
877	기한연장 조회	TBAP122	신청보증금액	APP_GRT_AMT	NUMERIC(18)	
878	기한연장 조회	TBAP122	신청보증기한	APP_GRT_LMT_DT	char(8)	
869	기한연장신청	TBAP121	사이버조건변경승인	APP_GRT_LMT_DT	varchar(18)	
677	상담	TBAP116	전_년도_매출_액	BF_YY_SELL_AMT	numeric(17)	
500	품의서	TBAP111	전년도_매출_액	BF_YY_SELL_AMT	numeric(17)	
460	품의서	TBAP111	기업체_번호	BSNC_NO	char(9)	Y
766	자가진단	TBAP119	기업체_번호	BSNC_NO	char(9)	Y
336	보증서	TBAP101	기업체_번호	BSNC_NO	char(9)	Y
30	고객	TBAP101	기업체_번호	BSNC_NO	char(9)	
1	기업체	TBAP100	기업체_번호	BSNC_NO	char(9)	Y
848	동의	TBAP120	기업체_번호	BSNC_NO	char(9)	Y
199	상담예약신청	TBAP107	기업체_번호	BSNC_NO	char(9)	Y
651	상담	TBAP116	기업체_번호	BSNC_NO	char(9)	Y
232	무방문상담	TBAP108	기업체_번호	BSNC_NO	char(9)	Y
718	상담예약	TBAP117	기업체_번호	BSNC_NO	char(9)	Y
729	연대보증인	TBAP118	기업체_번호	BSNC_NO	char(9)	Y
109	재무상담신청서	TBAP104	기업체번호	BSNC_NO	char(9)	Y
284	접수	TBAP109	기업체_번호	BSNC_NO	char(9)	Y
71	대표자	TBAP102	기업체_번호	BSNC_NO	char(9)	Y Y
642	보증진행과정	TBAP115	기업체_번호	BSNC_NO	varchar(18)	
881	기한연장신청	TBAP122	사이버조건변경순번	CBR_CNDCHG_SN	NUMERIC(10)	
867	기한연장신청	TBAP121	신청보증금액	CBR_CNDCHG_SN	varchar(18)	
784	자가진단	TBAP119	신보_금액	CGI_AMT	numeric(17)	
240	무방문상담	TBAP108	기술_신보_금액	CGI_AMT	numeric(17)	

↑ 동일한 영문 컬럼명에 대하여 한글 컬럼명이 다른 경우

[증적 3]	동일한 영문 컬럼명에 대하여 데이터 타입이 다른 경우 사례

테이블명	테이블ID	컬럼명	컬럼ID	Datatype	PK	FK
96 재우상담내용	TBAP103	총소요금자금-자기자금	ADDR	varchar(100)		
157 신용보증상담신청서	TBAP106	사업장 소재지	ADDR	varchar(500)		
38 고객	TBAP101	주소	ADDR	varchar(100)		
868 기한연장신청	TBAP121	신청보증기한일	APP_GRT_AMT	varchar(18)		
877 기한연장 조회	TBAP122	신청보증금액	APP_GRT_AMT	NUMERIC(18)		
878 기한연장 조회	TBAP122	신청보증기한	APP_GRT_LMT_DT	char(8)		
869 기한연장신청	TBAP121	사이버조건변경순	APP_GRT_LMT_DT	varchar(18)		
1056 첨부파일	TBAP211	첨부파일순번	ATTCH_FILE_SEQ_NO	NUMERIC(4)	Y	
1068 첨부파일(히스토리)	TBAP212	첨부파일순번	ATTCH_FILE_SEQ_NO	int4(4)	Y	
460 품의서	TBAP111	기업체_번호	BSNC_NO	char(9)	Y	
766 자가진단	TBAP119	기업체_번호	BSNC_NO	char(9)	Y	
336 보증서	TBAP110	기업체_번호	BSNC_NO	char(9)	Y	
30 고객	TBAP101	기업체_번호	BSNC_NO	char(9)		
1 기업체	TBAP100	기업체_번호	BSNC_NO	char(9)	Y	
848 동의	TBAP120	기업체_번호	BSNC_NO	char(9)	Y	
199 상담예약신청	TBAP107	기업체_번호	BSNC_NO	char(9)	Y	
661 상담	TBAP116	기업체_번호	BSNC_NO	char(9)	Y	
232 무방문상담	TBAP108	기업체_번호	BSNC_NO	char(9)	Y	
718 상담예약	TBAP117	기업체_번호	BSNC_NO	char(9)	Y	
729 연대보증인	TBAP118	기업체_번호	BSNC_NO	char(9)	Y	
109 재우상담신청서	TBAP104	기업체번호	BSNC_NO	char(9)		
284 접수	TBAP109	기업체_번호	BSNC_NO	char(9)	Y	
71 대표자	TBAP102	기업체_번호	BSNC_NO	char(9)	Y	Y
642 보증전행결정	TBAP115	기업체_번호	BSNC_NO	varchar(18)	Y	
881 기한연장 조회	TBAP122	사이버조건변경순번	CBR_CNDCHG_SN	NUMERIC(10)		
857 기한연장신청	TBAP121	신청보증금액	CBR_CNDCHG_SN	varchar(18)		
449 품의서	TBAP110	센터_사용자_명	CNTR_USER_NM	char(10)		
599 품의서	TBAP111	센터_사용자명	CNTR_USER_NM	varchar(10)		

동일한 영문 컬럼명에 대하여 Data Type이 다른 경우

[증적 3]	동일한 영문 컬럼명에 대하여 데이터 타입이 다른 경우 사례

엔티티 ID	엔티티 명 (설명)		길이
TBAP109	접수		617

연번	항목ID	항목_명	길이	유형	NULL	Default 값	비고
1	BSNC_NO	기업체_번호	9	char			
2	RECP_SEQ	접수_순번	10	char			
3	LOAN_OFFR_AMT	대출_신청_금액	17	numeric			
4	GURT_KIND_CD	보증_종류_코드	2	char			
5	PT_GURT_RTO	부분_보증_비율	17	numeric			
6	GURT_AMT	보증_금액	17	numeric			
7	SPCL_GURT_KIND_CD	특별_보증_종류_코드	2	char			
8	PLY_FND_CLAS_CD	정책_자금_분류_코드	3	char			
9	SMTN_AID_YN	동시_지원_여부	1	char			
10	FND_AID_RECP_SEQ	자금_지원_접수_순번	10	char			
11	EXCP_GURT_KIND_CD	이별_보증_종류_코드	1	char			
12	CONT_MNG_NO	계약_관리_번호	50	varchar			
13	CONT_CONT_NM	계약_계약_명	100	varchar			
14	CONT_CONT_CONTRT_DAY	계약_계약_체결_일자	8	char			

Null check 누락됨

<개선 방향>

(다) 데이터 설계 관련 아래와 같은 개선 권고사항에 대한 보완이 필요함

- 상기 (가)항의 컬럼 무결성 점검 집계표를 참조하여 컬럼 무결성 결여 여부를 재검토하고, 재검토를 통하여 문제점으로 식별된 사항은 개선 조치하여 데이터 설계 측면의 완전성 제고가 필요함
- 데이터 모델의 명확성 및 완전성 측면에서 엔티티/프로세스 간 또는 테이블/프로그램 간 상관관계 분석을 권고함(권고사항)

6.4 데이터베이스 컬럼 무결성 진단 Tool

제품명	비고
RDBCheck	동일한 컬럼명에 대한 상이한 컬럼ID 존재 유무, 동일한 컬럼ID에 대한 상이한 컬럼명 존재 유무, 컬럼ID(물리명) 기준 데이터 타입 무결성 점검, 컬럼ID(물리명) 기준 Null 허용 무결성 점검, 개별 테이블 단위로 1개 이상 PK 컬럼 존재 유무, FK 무결성 체크하는 설계단계의 컬럼 무결성 점검 도구이다.

7 데이터베이스 품질진단

7.1 개요

1) 정의

공공기관의 데이터베이스 품질관리 지침에서 '데이터베이스 품질'이란 데이터베이스의 최신성, 정확성, 상호연계성 등을 확보하여 사용자에게 유용한 가치를 줄 수 있는 수준이다. 또한 '데이터베이스 품질관리'란 데이터베이스 품질을 확보하기 위한 목표 설정, 진단·개선 등 일련의 활동이다. 데이터베이스 품질진단은 데이터베이스 품질관리 활동 중 해당 조직이 운영·관리하는 정보시스템에 저장된 정형·비정형 데이터의 품질을 측정하여 현재의 수준을 평가하고 품질 저하의 요인을 분석하여 개선사항을 제안하는 절차이다.

2) 목적

본 장에서는 데이터베이스 품질진단 활동 중 일부 도구 적용이 가능한 데이터베이스 표준화와 데이터값 품질 부분의 절차 및 관련 도구를 소개한다. 또한 공공데이터 품질관리 수준평가 항목을 통해 데이터베이스 품질진단 항목을 이해하는 것이다. 위 내용을 통해 신규 구축 및 운영되는 데이터베이스에 대한 품질 확보에 목적이 있다.

3) 데이터베이스 관련 법령

법령/예규/지침/가이드	소관 부처
공공데이터의 제공 및 이용 활성화에 관한 법률(약칭: 공공데이터법) [시행 2020. 12. 10] 공공기관이 보유·관리하는 데이터의 제공 및 이용 활성화에 관한 사항을 규정함으로써 국민의 공공데이터에 대한 이용권을 보장하고, 공공데이터의 민간 활용을 통한 삶의 질 향상과 국민경제 발전에 이바지함을 목적으로 한다.	행정안전부

법령/예규/지침/가이드	소관 부처
행정기관 및 공공기관 정보시스템 구축·운영 지침 [시행 2022. 4. 21.] * 관련 근거: 전자정부법 　행정기관이 정보시스템을 구축, 운영하면서 준수해야 할 기준, 표준 및 절차와 상호운용성 기술평가에 관한 사항 제시 　정보시스템 구축 시 기본원칙 제시: 데이터의 무결성, 일치성, 기밀성, 가용성 등을 고려	행정안전부
소프트웨어사업 관리 감독에 관한 일반기준 [시행 2018. 2. 5.] * 관련 근거: 소프트웨어산업 진흥법 　소프트웨어사업 추진 시 소프트웨어사업 영향 평가 실시에 필요한 사항, 소프트웨어사업의 세부적인 요구사항 분석 제시, 사업관리 및 산출물의 품질 등을 관리 감독하기 위한 절차 제시 　소프트웨어사업 상세 요구사항별 세부 내용 작성 기준 제시 및 기능점수(FP)기반 적정 개발기간산정표, 소프트웨어사업 영향평가 검토결과서 제시	과학기술 정보통신부
공공기관의 데이터베이스 표준화 지침 [시행 2021. 6. 7.] * 관련 근거: 전자정부법, 공공데이터의 제공 및 이용 활성화에 관한 법률 　공공기관이 구축, 운영하려는 데이터베이스의 표준화에 필요한 세부 사항 제시 　표준 수립 및 적용: 표준용어, 표준단어, 표준도메인, 표준코드정의서 작성 　산출물의 작성 및 관리: 논리데이터모델다이어그램 등 7종류 　공공데이터베이스 표준화 관리 매뉴얼('21. 6. 7) : 표준화 관리, 공통표준용어 관리, 메타 데이터 관리	행정안전부
공공데이터 관리지침 [시행 2021. 10. 26.] * 관련 근거: 공공데이터의 제공 및 이용 활성화에 관한 법률 　효율적인 공공데이터 제공정책 시행을 위해 공공기관이 준수해야 할 관리 원칙과 기준 　공공데이터의 생성, 수집, 처리, 등록, 제공, 사후관리 단계별 원칙 및 기준 수립 　공공데이터 품질관리를 위한 계획수립 및 체계구축 　공공데이터 품질관리 매뉴얼('18. 10. 26): 품질관리 단계(계획, 구축, 운영, 활용)별 주요활동, 품질진단/개선 절차, 품질산정기준 　공공데이터 품질관리 수준평가 매뉴얼('21. 6. 7): 공공데이터 품질관리 수준평가 지표 및 배점 제시	행정안전부

4) PMO 중점 관리항목

데이터베이스 품질진단의 중점 관리항목은 '공공데이터 품질관리 수준평가'의 두 영역인 데이터 관리체계와 데이터값 관리이다. 「공공기관의 데이터베이스 표준화 지침」과 「공공기관의 데이터 표준관리 절차」를 준수해서 데이터베이스를 설계했는지, 구축·운영 중인 데이터베이스의 데이터값 품질은 적정한지 진단한다.

<데이터 표준화 관점>

- 데이터 표준화 정의 및 계획수립
- 메타 데이터 관리시스템 운영 적정성 확인
- 데이터관리 지침 준수 여부 검증
- 오류 정비유형, 정비방안 등의 방법론 수립

<데이터 품질 관점>

- 각 업무 분야별로 업무 규칙(BR)을 도출하여 해당 업무 규칙(BR) 준수 여부 확인

• 도메인별 데이터 패턴, 허용범위, 코드값, 무결성, 표준 정의를 점검하여 오류율 확인

7.2 데이터베이스 품질진단 절차

1) 기준

공공기관의 데이터베이스 표준화 지침과 해당 기관의 데이터 표준관리절차서를 기준으로 데이터베이스가 구축되고 운영되는지 평가한다.

2) 데이터베이스 품질 평가지표

데이터베이스 품질평가는 공공데이터 품질관리 수준평가 매뉴얼의 평가지표를 참고하여 관리항목을 선정하여 평가한다. 평가에는 자동 진단 도구를 활용할 수 있으나, 정확한 진단을 위해 전문가에 의한 수동 평가도 병행되어야 한다.

<표 216> 공공데이터 품질관리 수준평가 지표

영역	지표	측정기준	관련 산출물
데이터 관리체계	01. 품질관리 계획수립	기관이 공공데이터의 체계적 품질관리를 위해 품질관리 계획을 수립하고 이행했는지 여부	-
	02. 예방적 품질관리 진단	정보시스템(DB) 구축 계획수립 시 사업계획서, 제안요청서에 DB 품질수준 확보를 위한 요구사항 포함 여부를 사전 진단했는지 여부	-
	03. 데이터 표준 확산	기관이 품질관리 수준평가 대상 DB에 대하여 기관표준 및 범정부 표준을 적용하여 데이터 표준을 정의하였는지 여부	DB 및 기관 표준용어·표준도메인·표준코드정의서
	04. 데이터 구조 안정화	평가 대상 DB의 데이터 구조 관련 산출물인 데이터베이스정의서, 테이블정의서, 컬럼정의서 및 ERD(또는 관계정의서)를 관리하고 있는지 여부 평가 대상 DB의 구조 산출물이 실제 DB의 구조에 맞게 현행화하여 관리하고 있음	데이터베이스정의서, 테이블정의서, 컬럼정의서, 물리데이터모델다이어그램(ERD) 또는 관계정의서, 데이터구조산출물 현행화율 산정 내역
	05. 데이터 연계 관리	내외부기관의 정보시스템(DB)과 연계되어 송수신하는 데이터의 목록을 정의하여 관리하는지 여부	연계 데이터 목록 정의서 또는 자료 연계 데이터 관리현황 보고 자료
데이터값 관리	06. 데이터 품질진단	DB 품질진단 수행에 필요한 대상 테이블과 컬럼을 식별하고, 진단 대상 컬럼에 대한 진단기준을 정의하여 품질진단을 수행하였는지 여부	진단결과보고서 및 업무품질 진단규칙(BR)명세서
	07. 품질진단 결과 조치	데이터 품질진단에 따른 오류의 원인을 분석하고, 오류 정제를 위한 개선계획을 수립하고 있음	데이터 품질 개선 계획
	08. 데이터 오류율	범정부 데이터 품질진단 기준에 의한 진단 대상 DB의 데이터 오류율	품질진단 최종결과보고서

영역	지표	측정기준	관련 산출물
데이터값 관리	09. 오류 신고 요구사항 분석 및 개선	기관이 개방 중인 데이터를 활용하는 수요자로부터 신고·접수된 데이터 품질 오류 내역 및 처리결과 분석, 요구사항을 파악하여 문제점을 발굴하고 개선하는 활동을 수행하는지 여부	문제점개선보고서
	10. 개방 데이터셋 오류조치	범정부 데이터 품질진단 기준을 적용하여 공공데이터 포털에 등록된 개방 데이터셋의 오류를 진단하고, 진단 결과 식별된 오류를 개선하였는지 여부	-
	11. 개방 표준 데이터셋 현행화 관리	공공데이터 개방 표준으로 고시된 개방 표준 데이터셋의 주관기관이 소관 개방 표준 데이터셋을 공공데이터 포털에 등록하고 현행화하여 제공하고 있는지 아닌지 확인	-

3) 절차

데이터베이스 품질진단 절차는 정보시스템 구축 시 설계단계에서 데이터베이스 표준화 부분과 종료단계 시점의 데이터값 품질 부분으로 <그림 233>과 같이 구분하여 수행한다.

<그림 233> 데이터베이스 품질진단 절차

	데이터 표준화			데이터 품질	
1	데이터 표준 현황 분석	- DB산출물 및 카탈로그 정보 수집/조사	1	데이터 표준 진단대상 선정	- DB산출물 수집/조사 - 중요테이블/칼럼 선정
2	데이터 표준 진단대상 선정	- 표준진단 이슈 조사 및 기초 자료 생성	2	진단 규칙(스크립트) 도출	- 일자, 번호, 명칭, 분류, 코드 등 - 업무규칙에 따른 BR 도출
3	데이터 표준 진단	- 표준 원칙/단어/용어/도메인/코드 진단	3	데이터 프로파일링	- 통계적 기법 데이터 검사 - 진단 툴 및 스크립트 활용
4	표준진단 결과 분석	- 주요사례 분석 및 진단 대상별 결과 분석	4	오류 추정 사례정리	- 지표별 오류 데이터 도출 - 진단 대상별 결과 분석
5	개선 방향성 수립	- 시사점 도출 및 개선 방향성 제시	5	품질진단 결과종합	- 시사점 도출 - 개선 방향성 제시

7.3 데이터베이스 품질진단 사례

1) 데이터 표준화 사례

[데이터 표준화]

(1) 일관된 데이터 형식 및 규칙 적용으로 인한 데이터 품질 향상을 위하여 데이터 표준 미준수사항에 대한 개선을 권고

<현황 및 문제점>

(가) (점검개요) 본 사업의 설계단계 데이터 품질 점검은 기관의 데이터 표준관리 절차서와 공공기관의 데이터베이스 표준화 지침을 기준으로 아래 내용을 점검함

- 데이터 표준 관리 정의
- 데이터 표준 수립
- 데이터 표준 준수 여부

(나) (데이터 표준 관리 정의) 본 사업은 개발표준정의서의 '5. 데이터 표준 관리'에서 '기관의 데이터관리절차서, 데이터표준관리절차서, 데이터구조관리절차서를 준수하며 전사표준메타시스템을 활용하여 관련 모델을 설계한다.'라고 정의함. 데이터 표준 관리는 전사 데이터 표준메타 관리 담당을 통해 진행함

(다) (데이터 표준 수립) 감리시점 제출된 단어목록, 도메인목록, 용어목록, 코드목록을 통해 점검을 수행함
  - 아래는 데이터 표준 수립 현황임

<사례 302-1> 데이터 표준 수립 현황

구분	작성내용	작성건수	제출 산출물
표준용어정의서	용어명, 용어 영문명, 도메인명, 표준 여부, 용어설명 등 항목으로 작성됨	82,953	용어목록
표준단어정의서	기본어, 분류어, 유사어로 단어유형 분류함	8,103	단어목록
표준도메인정의서	도메인명, 도메인그룹, 논리데이터타입, 길이, 길이(소수점) 등 항목으로 작성됨	11,683	도메인목록
표준코드정의서	코드명, 코드, 코드명, 코드설명 등 항목으로 작성됨	83,896	코드목록
		71	1단계, 2단계 코드정의서

(라) (점검내용) 제출된 표준 산출물에 대하여 중복 여부, 데이터 표준관리 절차서에 따라 작성이 됐는지 확인함
  - 표준단어, 표준용어, 표준도메인, 표준코드 중복된 값은 발견되지 않음

(마) (데이터 표준 준수) 제출된 1, 2단계 테이블구조정의서가 수립된 데이터 표준을 준수 했는지 점검함
  - 아래는 데이터 표준 준수 점검 현황임
  - 표준 단어 조합은 컬럼 물리명의 각 단어에 매핑되는 표준단어를 조합한 명임
    • 예: A_B_NO -> [에이] [비] [번호]
  - 중복제거 식별 건수 기준은 표준용어 미등록은 컬럼 물리명이고, 나머지는 컬럼 논리명임

<사례 302-2> 데이터 표준 준수 점검 현황

구분	설명	식별 건수	중복제거 건수	비고
표준용어 미등록	테이블구조정의서의 컬럼(물리명)이 표준용어에 등록되지 않은 경우	2,077	915	
표준용어 미준수	표준용어와 컬럼 논리(속성)명이 불일치한 경우	483	212	대상: 5,204(표준용어 등록 컬럼 물리명 개수)
표준도메인 미준수	테이블구조정의서의 데이터 타입이 표준도메인을 미준수한 경우	991	-	대상: 5,204(표준용어 등록 컬럼 물리명 개수)
표준코드 미등록	코드 목록 및 코드정의서에 등록되지 않은 컬럼 논리(%코드)명	630	175	대상: 1,064('%코드'로 끝나는 컬럼 (논리)명 개수)

<개선방향>

(바) 데이터 품질 향상을 위해서 아래 발견사항을 검토하여 개선을 권고함

<사례 302-3> 데이터 표준화 점검 발견사항

구분	발견사항		비고
데이터 표준 수립	- 표준용어 구성 미흡(분류어로 종결되지 않은 용어) - 코드목록에 포함되지 않은 코드정의서 일부 코드 • 설비유형코드 • 설비구분코드		- 참고
데이터 표준 준수	- 표준용어 미등록 - 표준용어 미준수	- 표준도메인 미준수 - 표준코드 미등록	- 별도 점검파일 • (점검결과)데이터표준화.xlsx

2) 데이터 품질 사례

[데이터 품질]

(1) 데이터 품질 점검결과, 오류 추정 데이터에 대한 정제 계획을 수립하여 데이터 품질을 개선하고, 정기적인 품질점검 권고

<현황 및 문제점>

(가) 해당 시스템의 데이터 품질 점검은 종료단계 감리 계획에 따라서 아래와 같은 환경 및 기준에 따라 수행함
 - 데이터 품질 점검을 위한 점검 환경 등 제약사항은 아래와 같음

<사례 303-1> 데이터 품질 점검 환경 등 제약사항

구분	상세내역	참고
점검 환경	테스트 서버: 서버명, DB명	계정: VSYS
점검 도구	- 오류데이터 점검: CAS 점검 도구 - DBMS: 오라클 11g	자체 개발 도구
점검 기준	- 공공데이터 품질관리 수준평가 데이터 품질진단 지표 - 공공데이터 품질관리 매뉴얼 V2.0	진단항목 중 도메인 항목 7개에 대해 점검
점검 방법	- 데이터 프로파일링을 통한 컬럼별 도메인을 정의 - 도메인별 컬럼에 대해 진단 쿼리를 생성하여 점검	
점검 대상	- 해당 시스템의 신규 테이블 및 컬럼 선정	데이터 품질 점검 신규 컬럼 현황
전제 조건	- 신규 테이블 및 컬럼을 기준으로 점검 - 코드 도메인은 사업자가 제시한 코드 매핑 정의가 존재하는 코드에 대하여 점검 - 임시/미사용/복제/로그/백업/시스템관리 테이블 등은 진단 대상 제외	진단 대상 컬럼중 설명/비고/사유 등 내용 도메인, 등록자 ID/등록일시 시스템 속성 등은 CTQ 제외

 - 데이터 품질은 신규로 생성된 테이블 및 컬럼을 대상하여 점검함
 - 데이터 품질 진단기준은 아래 도표의 공공데이터 품질관리 수준평가 데이터 품질진단의 범정부 진단기준 점검항목 중 도메인 항목인 여부, 날짜, 금액, 수량, 율, 코드, 번호의 7개 항목을 대상으로 점검함

<사례 303-2> 데이터 품질 진단 기준(예시)

진단 구분	물리 항목	진단 기준 내역	비고
여부	%_YN	'여부'분류 컬럼의 저장된 값이 유효값의 범위를 벗어나는 오류 측정	도메인
날짜	YYYYMMDD	날짜 컬럼 중 데이터값이 유효값의 범위를 벗어나는 오류 측정	
금액	%_OAT	숫자로 저장된 금액 컬럼의 값이 유효값의 범위를 벗어나는 오류 측정	
수량	%_VALUE	숫자로 저장된 수량 컬럼의 값이 유효값의 범위를 벗어나는 오류 측정	
율	%_RT	숫자로 저장된 율 컬럼의 값이 유효값의 범위를 벗어나는 오류 측정	
코드	%_CD	동일한 의미의 코드값으로 일관되게 적용하고 있지 못한 코드 컬럼의 데이터 오류 측정	
번호	%_NO ZIP	번호생성 규칙이 존재하는 번호 컬럼의 데이터값이 정확하게 저장되고 있는지 측정	

- 데이터 담당자와 협의 및 검토를 거쳐 도메인 규칙을 정의함

(나) 데이터값 품질을 점검한 결과, 데이터값 유효성 관련한 도메인별 오류추정 데이터가 존재함
- 여부 도메인은 y를 사용하여 발생한 추정 오류 데이터임
- 율 도메인은 범위를 벗어나는 값이 존재함

<사례 303-3> 도메인별 데이터값 점검결과 요약

도메인 구분		컬럼수	전체건수	오류추정 건수	오류추정(%)	비고
	여부 도메인	17	16,466	45	0.27	규칙 미준수
	날짜 도메인	16	1,509	0	0	규칙 미준수
	금액 도메인	32	17,404	0	0	음수값
	수량 도메인	1	0	0	0	음수값
	율 도메인	3	2,576	8	0.31	범위 벗어나는 값
	코드 도메인	9	2,804,345	0	0	코드 미준수
번호	사업자 등록번호	2	1,109	0	0	규칙 미준수
	우편번호	1	5	0	0	규칙 미준수
합 계		81	2,843,414	53	0.002	정합률 99.998%

- 여부 도메인에서는 Y/N 이외의 비표준 여부값이 사용된 사례가 존재함

<사례 303-4> 여부 도메인 오류추정 데이터 사례

테이블ID	컬럼ID	컬럼명	오류추정값	건수	비고
TABLE ID	SUPPORT_YN	대상여부	y	45	비표준 여부값

- 율 도메인에서는 컬럼값이 범위를 벗어나는 값을 사용하는 사례가 존재함

<사례 303-5> 율 도메인 오류추정 데이터 사례

테이블ID	컬럼ID	컬럼명	오류추정값	건수	비고
TABLE ID	EMI_RED_RT	장치보유비율	105	8	범위를 벗어나는 값

<개선 방향>

(다) 도메인 유형별 데이터 오류 결과를 검토하여 오류 데이터에 대한 정제 계획을 수립하여 데이터 품질을 개선하고, 오류 데이터 방지를 위한 정기적인 점검을 권고함

 - 데이터값 프로파일링에서 발견된 오류추정 데이터는 주관기관과 오류 여부를 식별하고 해당 오류 데이터에 대한 원인을 파악하여 정제하기 바람

7.4 데이터베이스 품질진단 진단 Tool

제품명	비고
da#	DB 모델링 작성 및 다른 모델링 도구(Erwin, Power Designer) 작성된 파일 불러오기, DB 표준등록(표준단어, 용어, 도메인 등록), DB 표준적용(표준 분류 체계에 따른 표준을 적용), 표준 준수 검사 및 준수도를 확인하는 도구이다.
dbeaver Community	다양한 DBMS에 접속하여 DB 메타 데이터를 조회하고, 테이블 생성, 사용자 SQL 등을 작성 및 수행하는 Free DB 관리 도구이다.

1) DA#

진단 방법	DA# 및 다른 모델링 도구(Erwin, Power Designer) 작성된 파일을 불러와 DB 모델링 정합성을 점검하고, 데이터 표준 준수 검사 및 준수도를 확인할 수 있다.
진단 예시	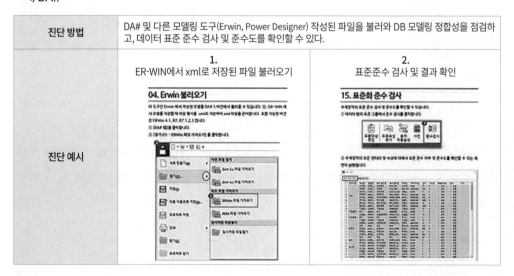

<table>
<tr><td></td><td align="center">1.
ER-WIN에서 xml로 저장된 파일 불러오기</td><td align="center">2.
표준준수 검사 및 결과 확인</td></tr>
</table>

2) DBeaver Community

진단 방법	Database Navigator을 통한 DB스키마 정보를 확인할 수 있고, 복잡한 코드 혹은 비즈니스 룰(업무 규칙) 점검을 위해 작성된 검증 SQL(사용자정의 SQL)를 수행 및 결과값을 확인할 수 있다.	
진단 예시	**1.** DBeaver 실행 및 Database Navigator통한 스키마 정보 확인	**2.** SQL편집기 수행 후 SQL문 실행 및 결과 확인

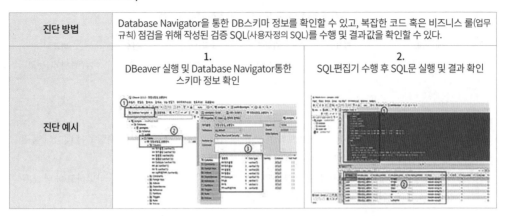

8 성능진단

8.1 개요

1) 정의

성능진단은 특정 워크로드에서 애플리케이션의 안정성과 속도, 확장성 및 반응성이 어떻게 유지되는지를 판별하는 비기능적 소프트웨어 테스트 기법이다.

2) 목적

서비스 응답 속도에 있어 가장 중요한 것은 사용자의 체감 속도이다. 서비스 유형 및 환경에 따라 사용자 체감 속도가 달라질 수 있으므로 상세 기준을 설정 후 진단을 통해 목표로 정한 응답 속도가 적절한지 확인하는 데 목적이 있다.

3) PMO 중점 관리항목

성능진단은 별도의 기준 및 표준 지표가 없으므로, 일차적으로 계획수립 시 서비스 특성을 고려하여 성능 목표를 수립한다. PMO는 <표 217>과 같은 진단항목의 정의 및 목적 달성 여부를 검증한다.

진단항목	진단내용 (예시)	진단 방법
웹사이트 응답 속도 최소화	웹사이트 메인화면은 적절한 속도(3초 이내)로 로딩되는가?	자동 진단
	웹사이트 메인화면의 용량은 적절한 크기(3MB)로 제공되고 있는가?	자동 진단
웹사이트 링크 관리	웹사이트 링크 정보는 링크가 단절(Dead link)되는 곳이 없도록 관리하고 있는가?	자동 진단

8.2 성능진단 절차

1) 기준

성능진단은 시스템의 목적, 사용계층 등의 특성에 따라 매우 큰 차이를 보인다. 일반적인 점검은 환경적인 요소를 고려하여 동시사용자를 추정 후 서비스 가능한 상호합의된 응답 속도의 충족 여부를 확인하는데 큰 의미가 있다. 따라서 시스템 가용성 점검을 위해 스트레스 테스트를 통한 시스템의 안전성을 확인한다.

2) 측정지표

성능진단의 측정은 단순히 서비스 응답 속도 및 사용자 수에 대한 수용 여부 등 단편적인 점검결과를 통해 확인한다. 그러다 보니 한계가 있다. PMO는 <표 218>과 같이 한국지능정보사회진흥원(NIA)의 「정보시스템 하드웨어 규모산정 지침」 연구의 규모산정 성능 기준을 기반으로 서비스 사용자에 대한 동시사용자 기준을 참고하여 점검한다.

<표 218> 규모산정 성능 기준

구분	User 수	계산식
전체 사용자 수	시스템 등록 사용자 수 혹은 불특정 다수	대상시스템에 등록된 전체 사용자로서 일반적으로 접속할 수 있는 권한을 가진 사용자 혹은 웹의 경우 불특정 다수를 포함하여 추정
Concurrent User(동시접속자 수)	내부 업무 포털 및 대국민서비스	전체 사용자 수 * (1~10%)
Active User (동시사용자 수)	내부 업무 포털	동시접속자 수 * (10~20%)　　※ 일반값은 10%
	대국민서비스	동시접속자 수 * (5~10%)　　※ 일반값은 5%

3) 절차

성능진단 수행 절차는 현행 시스템의 베이스라인 성능 데이터를 기준으로 성능 세부 진단항목에 근거하여 진단하며, 조치방안을 포함한 진단보고서를 작성한다.

<사례 304> 성능진단 단계별 Task

단계	진단준비	데이터 수집	진단/분석	결과보고
세부 활동	**요구사항 수집** • 요구사항 일반정보 • 시스템 구성정보 • 시스템 성능정보 • 프로젝트 일정정보 • 조직구성 및 R&R 정보	**성능진단 환경 준비** • 선정된 면담 대상자와 인터뷰 수행 • 성능관리 현황 조사 • 현행시스템 성능과 부하량 분석 • 시스템환경 분석	**성능분석 및 진단** • 수집된 데이터의 가공 및 통합 • 가용성 및 성능진단 • 과거 장애이력 분석 • 시스템 간 호환성/운영 안정성 진단 • 성능 문제점 진단	**성능분석 및 진단** • 보고서 리뷰 및 보완 • 최종 보고서 발표 • 향후 운영방안 협의
	진단정보 수집 • 현황조사/인터뷰 템플릿 준비 • 인터뷰 대상자 선정 • 인터뷰 일정 계획 수립 • 모니터링 및 데이터 수집도구 설치 • 데이터 수집 일정 계획 작성	**분석데이터 수집** • 자원 사용량, 네트워크 부하량 • 과거 장애이력 • WEB/WAS 성능데이터 • 애플리케이션, DBMS 성능데이터 • 각종 인프라 설정 정보	**결과보고서 작성** • 대상 분야별 진단 및 평가 • 시스템 자원 활용도 • 운영 관리 방안 • 성능개선 방안/장애해결 방안 도출	

산출물	• 프로젝트 진행 계획서
	  -진단 지원조직 -진단 지원 일정
	  -조직원의 R&R
	• 현황조사서
	  -인터뷰 항목 -현황 조사 항목
		• 성능 진단 기초 데이터
		  -현황 자료 및 인터뷰 자료
		  -자원 사용률 데이터
		  -네트워크 트래픽 데이터
		  -현 시스템의 성능과 부하량
		  -시스템 장애 이력
		  -각종 시스템 로그 데이터
			• 성능진단 보고서
			  -성능 및 가용성 분석 보고서
			  -진단 및 평가 결과 보고서	

단계	세부 활동	주요 산출물 (예시)
준비	• 진단 범위 선정 및 고객 요구 파악 • 진단 일정 계획 및 지원 인력의 역할 분담 • 현황조사 템플릿/인터뷰 템플릿 작성	• 사업수행계획서 • 성능진단계획서 • WBS
수집	• 현 시스템 환경 점검 및 현황조사 • 진단 도구 설치 및 시스템 로그 수집 • 시스템 성능 데이터 수집	• 성능진단계획서 • 현황조사 자료 • 성능진단 환경분석서 • 인터뷰 자료 • 성능분석 기초데이터
분석	• 필요 로그/데이터 추출 및 통합 • Tool을 이용한 로그 분석 • Tool을 이용한 성능 데이터 분석 • 가용성 및 성능 분석, 분석 결과 리뷰 • 보완점 및 개선사항 도출	• 성능진단계획서 • 분석 상세 자료 • 시스템 성능 분석데이터 • 대상별 분석보고서 및 상세 결과보고서
결과보고	• 최종보고서 검증 • 결과보고서 발표	• 성능 및 가용성 분석보고서 • 성능 및 가용성 개선을 위한 권고안 • 진단 및 평가 결과 보고서

8.3 성능진단 사례

성능테스트결과서를 검토한 결과 응답시간 3초 이내를 만족하지 못하는 프로그램(메뉴)을 튜닝한 후 재테스트 수행이 필요하다. 여건상 품질목표를 미달성한 경우는 주관기관과 협의 후 결정된 사항에 따라 이행을 수행해야 한다.

\<현황 및 문제점\>
(가) 성능테스트 계획서 주요 내용은 아래와 같음

<사례 305-1> 성능테스트계획서의 성능테스트 목표 현황

* 성능테스트 목표
일자리 안정지원 시스템의 현재 사용률을 기준으로 예상 동시사용자(Availablet User) 수를 산출하고, 목표 동시사용자 수와 응답목표는 아래와 같습니다.

◎ 성능테스트 목표(요구사항)

요구사항 고유번호		PER-007
요구사항 명칭		성능 요구사항 > 동시사용자 접속자 수
요구사항상세설명	정의	동시사용자 접속에 관한 사항
	세부내용	• 동시사용자 수 300명이 동시에 사용하는 상태에서 조회/등록/수정/ 삭제 등 각각의 응답시간은 3초 이내이어야 함 * 동시접속자는 최근 5분 이내에 서비스를 사용한 전체이용자

◎ 성능테스트 User 산정(APM기준)

구분	수치	단위
1일 전체 방문자(재접속 포함)	2,086	명
1일 전체 요청처리 건수	1,841,316	건
초당 최대 처리건수(TPS)	31	Transaction/sec
요구사항 목표 동시사용자(Available User)	300	명
성능테스트 목표 사용자(Active User)	300	명

◎ 성능테스트 조건

운영서버 온라인업무의 조회처리 수행	3초 이내 (여건상 3초 초과건 협의하여 결정)
온라인 처리화면 (통계 등 대량데이터 제외)	
페이지 평균 응답시간	

(나) 수행사 성능테스트결과서 검토 결과 주요 내용은 같음

- 운영 서버에서 54개 프로그램(메뉴)을 대상으로 성능테스트를 수행한 결과, 아래와 같이 3개의 프로그램(메뉴)의 평균 응답시간이 3초 이내를 만족하지 못하였음
- 응답시간 3초 이내 미만족 프로그램(메뉴): 가상계좌수납내역조회, 자격변동내역조회, 정기심사대상사업장조회

<사례 305-2> 성능테스트결과서 평균 응답시간 결과 현황

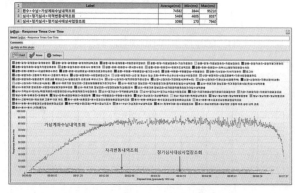

- 성능시험 관련 WBS 일정은 아래와 같이 2018년 6월 4일부터 6월 19로 계획되어 있음

<사례 305-3> WBS의 성능시험 일정 현황

구분	업무	단계	활동	작업	시작 날짜	완료 날짜
일자리안정지원시스템 구축 사업					2017년 11월 2일 목요일	2018년 7월 3일 화요일
			성능시험		2018년 6월 4일 월요일	2018년 6월 19일 화요일
				성능시험 계획수립	2018년 6월 4일 월요일	2018년 6월 8일 금요일
				성능시험	2018년 6월 11일 월요일	2018년 6월 15일 금요일
				성능시험 결과	2018년 6월 18일 월요일	2018년 6월 19일 화요일

출처: JSS_PM_A0301_WBS(20180531)

- 수행사 담당자와 면담 결과, 응답시간 3초를 만족하지 못한 프로그램을 튜닝 후 재테스트 수행 (2018년 6월 11일에 수행할 예정), 아래와 같이 '단, 여건상 3초가 초과되는 결과가 예상되는 것은 발주 기관과 협의를 하여야 하며, 최종 허용 시간은 발주기관에서 정한다.'라는 내용을 근거하여 최종 허 용 시간을 정할 예정임

<사례 305-4> 제안요청서의 성능 요구사항(PER-007) 세부 내용 현황

요구사항 고유번호		PER-007
요구사항 명칭		성능 요구사항 > 동시사용자 접속자 수
요구사항 상세설명	정의	동시사용자 접속에 관한 사항
	세부 내용	• 동시사용자 수 300명이 동시에 사용하는 상태에서 조회/등록/수정/삭제 등 각각의 응답시간은 3초 이내여야 함 - 단, 여건상 3초가 초과되는 결과가 예상되는 것은 발주기관과 협의를 하여야 하며, 최종 허용시간은 발주기관에서 정한다 - 동시접속자는 최근 5분 이내에 서비스를 사용한 전체이용자
산출정보		성능테스트결과서
관련 요구사항		

(다) 성능 실증 점검을 개발 서버를 대상으로 성능 대상 프로그램(메뉴)을 샘플링(12개)하여 수행한 결과, 아래와 같이 수행사 성능테스트결과서의 내용과 유사한 결과를 보임
- 다만, [1] 가상계좌수납내역조회는 검색 조건을 수행사 테스트 수행 조건 중 관리 지사 코드를 서울 지방고용노동청(9200) 설정하여 테스트를 수행한 결과이므로 수행사 성능테스트결과서와 상이함 (수행사 성능테스트 시 관리 지사 코드는 공단본부(1000)임)

<사례 305-5> 성능 실증 점검 응답시간 결과표

구분	최소 응답시간	최대 응답시간	평균응답시간	비고
[1] 가상계좌수납내역조회	0.027	0.069	0.035	검색조건 다름
[2] 자격변동내역조회	9.881	17.992	10.567	
[3] 문서접수관리	0.057	0.146	0.077	
[4] 지원사업장 총괄카드	0.026	0.119	0.043	
[5] 인사/노무/회계분리사업장관리	0.054	0.13	0.07	
[6] 지사/지청관리	0.069	0.137	0.092	
[7] 압류등록	0.056	0.202	0.074	
[8] 예금압류	0.08	0.234	0.123	
[9] 지원신청서(상용)	0.08	0.192	0.119	
[10] 체납현황조회	0.043	0.102	0.056	
[11] 부정수급실지조사	0.042	0.142	0.06	
[12] 독촉장내역관리	0.101	0.246	0.148	

<사례 305-6> 성능 실증 점검 응답시간 결과 그래프

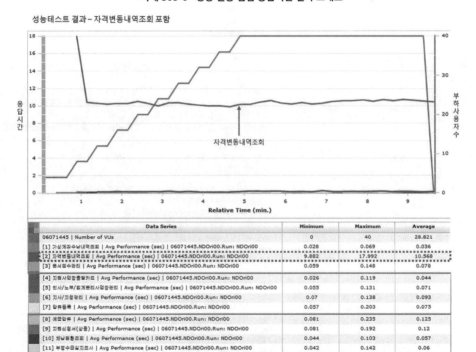

성능테스트 결과 – 자격변동내역조회 포함

Data Series	Minimum	Maximum	Average
06071445	Number of VUs	0	40	28.821
[1] 가상계좌수납내역조회	Avg Performance (sec)	06071445.NDOri00.Run: NDOri00	0.028	0.069	0.036
[2] 자격변동내역조회	Avg Performance (sec)	06071445.NDOri00.Run: NDOri00	9.882	17.992	10.568
[3] 문서접수관리	Avg Performance (sec)	06071445.NDOri00.Run: NDOri00	0.059	0.148	0.078
[4] 지원사업장총괄카드	Avg Performance (sec)	06071445.NDOri00.Run: NDOri00	0.026	0.119	0.044
[5] 인사/노무/회계분리사업장관리	Avg Performance (sec)	06071445.NDOri00.Run: NDOri00	0.055	0.131	0.071
[6] 지사/지청관리	Avg Performance (sec)	06071445.NDOri00.Run: NDOri00	0.07	0.138	0.093
[7] 압류등록	Avg Performance (sec)	06071445.NDOri00.Run: NDOri00	0.057	0.203	0.075
[8] 예금압류	Avg Performance (sec)	06071445.NDOri00.Run: NDOri00	0.081	0.235	0.125
[9] 지원신청서(상용)	Avg Performance (sec)	06071445.NDOri00.Run: NDOri00	0.081	0.192	0.12
[10] 체납현황조회	Avg Performance (sec)	06071445.NDOri00.Run: NDOri00	0.044	0.103	0.057
[11] 부정수급실지조사	Avg Performance (sec)	06071445.NDOri00.Run: NDOri00	0.042	0.142	0.06
[12] 독촉장내역관리	Avg Performance (sec)	06071445.NDOri00.Run: NDOri00	0.103	0.248	0.15

<개선 방향>

(라) 상기 현황 및 문제점에서 기술한 내용에 대해 아래 내용을 참고하여 보완이 필요함

<사례 305-7> 성능 관련 개선 방향

구분	현황 및 문제점	개선 방향
성능테스트 결과	수행사 성능테스트 수행 결과 응답시간 3초 이내를 만족하지 못한 프로그램(메뉴) 3개(가 상계좌수납내역조회, 자격변동내역조회, 정기심사대상사업장조회)가 점검됨	수행사 성능테스트 결과 응답시간 3초 이내를 만족하지 못한 프로그램(메뉴)을 튜닝 후 재테스트 수행을 통해 품질목표 달성 여부 확인 또는 '단, 여건상 3초가 초과되는 결과가 예상되는 것은 발주기관과 협의를 하여야 하며, 최종 허용 시간은 발주기관에서 정한다.'에 따라 이행이 필요함

8.4 성능진단 Tool

웹의 최적화, 즉 성능을 측정하는 데 사용할 수 있는 도구는 다수 존재한다. 그러므로 운영하는 웹사이트의 성격, 측정이 필요한 값, 환경 등에 따라 적절한 도구를 선택한다. 활용 가능한 도구 예시는 아래 표로 정리하였다.

< 표 219> 성능진단 Tool

순서	도구 명	진단	기능 및 특징
1	JMeter	부하 및 성능	• JMeter는 부하 테스트 및 성능 측정을 지원하는 오픈 소스 도구이며, Http, FTP, Smtp, Pop3, LPAD, JMS, SOAP, TCP 등 다양한 프로토콜 지원 • 다수의 쓰레드(Thread)가 동시에 테스트 데이터 추출 • Http Request 기능으로 웹페이지의 접속 가능 여부를 확인하는 테스트 수행
2	LoadUI	웹서비스 부하 테스트	• 웹서비스에 대한 부하 테스트를 지원하는 오픈 소스 도구 • Http, SOAP 등 다양한 프로토콜을 지원하며 직관적이고 세련된 UI를 통해 진행 상황 파악이 용이함
3	Pingdom https://tools.pingdom.com/	온라인	• 파일 크기 로딩 시간, 전반적인 웹페이지의 세부 사항을 보고 • 100점 기준의 속도 평가 • Yslow와 GooglePagespeed의 방식 사용 • 정보 정렬 및 필터 기능 • 폭포수 차트(Waterfall chart)로 결과 제공 • 성능 등급과 팁을 검사할 때, 다양한 지역을 고려 • 페이지 분석에서는 HTTP 서버 응답 코드와 로딩 시간, 페이지 크기와 요청사항을 제공 • 성능 히스토리 추적과 시간의 흐름에 따른 사이트 속도 개선을 확인할 수 있음
4	G.T Metrix https://gtmetrix.com/	온라인	• 보고서 히스토리와 사이트 폭포수 차트 제공 • 보고서를 PDF 버전으로 제공 • GooglePageSpeed 등급과 Yslow 등급을 사용하여 앞단의 성능을 평가 • 정확한 문제의 위치를 찾을 수 있는 비디오 제공(Playback) • 웹사이트에 광고가 없을 경우, 응답성을 알 수 있도록 광고 차단 기능을 제공 • 웹사이트 데이터를 일간, 주간, 월간으로 보고하고 경고를 설정할 수 있는 옵션 • URLwhitelist/blacklist, 쿠키 세션, 절약보고서 데이터, 광고 차단 등과 같은 고급 기능 제공 • 서로 다른 기기와 스크린 해상도에서 페이지를 시뮬레이션할 수 있는 개발자 Tool kit 제공 • 요소에 대해 F에서 A까지 등급을 산출함 • 큰 이미지 최적화 기능 제공 ※ 7개 지역에서 평가

순서	도구 명	진단	기능 및 특징
5	Keycdn https://tools.keycdn.com/speed	온라인	• 사용자에게 개별적인 링크를 제공하고 결과에 대한 공개 여부 선택 가능 • 보고서에 폭포수 차트와 미리보기 포함 • HTTP 요청수에 대해 알 수 있음 • 14개의 서로 다른 핑(Ping)을 이용한 검사와 지연시간 검사를 수행 • IP 위치 찾기 도구를 통해 IP주소와 호스트 네임을 확인할 수 있음 • HTTP 상대코드와 DNS 등을 포함 • HTTP/2 테스트 ※ 전 세계 16개 지역에서 평가하며 가볍고 단순
6	Webpagetest http://www.webpagetest.org/	온라인	• 성능 리뷰, 상세 내용, 요약, 콘텐츠 분석, 스크린샷으로 구성 • 사이트 성능에 관한 부가적인 정보를 위해 자원로딩보고서와 폭포수 차트 제공 • 개선사항에 대한 확인 및 제안 • 다중 URL 비교 가능 • 색상을 이용하여 서로 다른 콘텐츠 요소를 구분 • SSL인증, 다중단계 트랜잭션, 콘텐츠차단, 자바스크립트 사용 안함, 비디오캡쳐 등의 고급 기능 제공 • F-A의 등급 체계 ※ first view, repeat view를 고려, 40개 지역, 모바일을 포함한 25개 브라우저에서 테스트
7	Dotcom Monitor https://www.dotcom-tools.com/website-speed-test.aspx	온라인	• 요소 중 가장 빠른 10%와 가장 느린 10% 안내 • 주요 보고서는 폭포수 차트 형태로 제공 • SSL은 데이터 송수신 간 암호화 제공 • 오류에 대한 검사와 속도 개선 진단 • 핑테스트로 네트워크 연결성 검사 ※ 23개 지역에서 검사하며 7개 브라우저에 대해 선택적 테스트 가능
8	Load Impact https://loadimpact.com/	온라인	• 단일 대상 호스트로부터 다중 동시 TCP 연결 사용 • 사전 스크립팅과 자동 스크립팅 • 사용하기 쉬운 시나리오 녹화 • HTTP 기반 애플리케이션 서비스 지원 • 60초 내에 사용자를 0에서 100,000까지 증가 • Opera, Chrome, Firefox와 같은 브라우저 에뮬레이션 가능 ※ 전 세계 다양한 10개 지역에서 테스트를 진행하고 매트릭이 매우 상세
9	Uptrends https://www.uptrends.com/	온라인	• 최종 보고서는 폭포수 차트, 도메인 그룹 섹션으로 구성 • 실제 사용자에 대한 모니터링을 통해 실제 사이트 방문자로부터 데이터를 수집 • API 제어를 위한 다중단계 API 모니터링 • 웹사이트 성능 향상을 위한 종합적 모니터링 • 전체 페이지 확인을 통한 서드파티 모니터링 ※ 세계 184개 지역에서 측정, 성능 평가에 웹사이트, 모바일 기기 모두 사용 ※ 서드파티 스크립트에서 발생하는 병목현상을 확인하기 좋음

<진단 도구 활용예시>

JMeter	• Http Request Testing 설정화면
	• 부하 테스트를 위해 Thread Group 설정에서 Loop Count 회수를 목표치에 맞게 설정
	• 테스트 결과 그래프 확인

• 특정 응답 결과 확인(Response Assertion 설정)

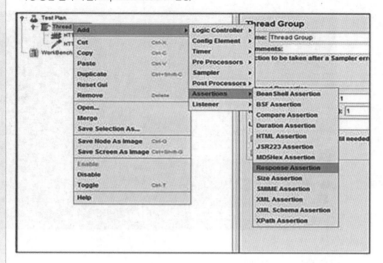

• 지정 시간 내의 응답 확인(Duration Assertion 설정)

JMeter

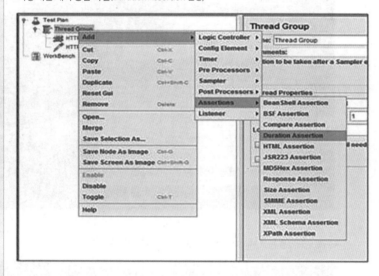

LoadUI

- 프로젝트 생성 후 URL 정보 및 테스트 횟수를 등록

- 부하 테스트 진행 내역 확인

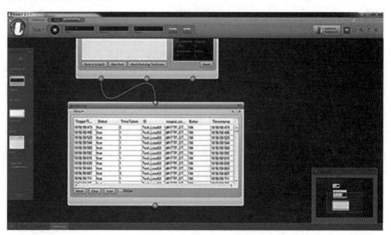

- 차트 디자인을 통해 부하 테스트 결과 통계 원하는 형태로 확인

<웹사이트 응답 속도 최소화 - 로딩 속도>
1. 진단할 웹사이트 주소 입력, 검사 지역 및 브라우저 선택 후 검사

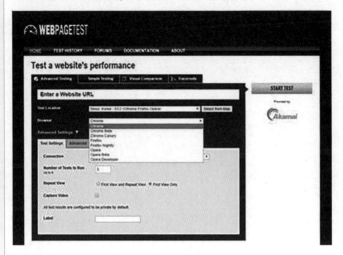

2. 결과 확인

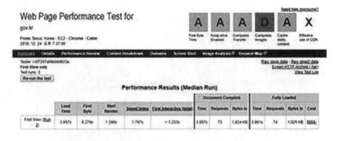

3. 확인 사항: 진단 결과에서 'Fully Loaded > Time' 항목을 확인하여 웹사이트 메인화면이 3초 이내로 로딩되고 있는지 확인한다.
  참조 사이트: WEBPAGETEST: https://www.webpagetest.org/

<웹사이트 응답 속도 최소화 – 페이지 용량>
 - 웹사이트 메인화면의 용량은 적절한 크기(3MB)로 제공되고 있는가?

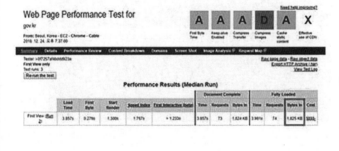

WEBPAGETEST
(자동 진단)

<웹사이트 응답 속도 최소화 – 페이지 용량>
 - 웹사이트 메인화면의 용량은 적절한 크기(3MB)로 제공되고 있는가?

1. 평가가 필요한 웹사이트 접속 후, 브라우저 개발자도구 실행 네트워크(Network) 탭에서 Ctrl + E를 눌러 네
   트워크 활동 기록

2. 웹사이트의 캐시 기록을 삭제하고 새로 고침

3. 창 하단에 표시되는 전송 파일 크기 검사

4. 확인 사항 : 웹사이트 메인화면 용량이 3MB 이하로 제공되고 있는지 확인한다.

9 웹 표준(UI·UX)

9.1 개요

1) 정의

웹 표준(UI·UX)은 전자정부 웹사이트 사용자의 사용 경험 향상을 위해 적용해야 할 기본사항들을 정의한 것이다. 행정기관 등의 전자정부 웹사이트 운영 및 개발자를 위한 사용자경험 적용 가이드와 세부 방안을 숙지 가능토록 가이드라인이 제시되었다. 전자정부 웹사이트 UI·UX 가이드는 아래와 같이 구성되어 있다.

- **UI·UX 설계 원칙:** 전자정부 웹사이트 구축 시 사용자경험 설계를 위해 기본적으로 이해해야 하는 전자정부 웹사이트 사용자경험 디자인의 기본 원칙 제공
- **UI·UX 설계 기준:** 전자정부 웹사이트의 사용자경험 특징을 이해함으로써 전자정부 서비스에 맞는 사용자경험 설계
- **UI·UX 설계 가이드:** 주요 UI·UX 설계 시 전자정부 웹사이트에 적합한 고려사항, 제약사항, 권장 사항 제공
- **UI·UX 품질 진단서:** 설계/개발 완료 시점에 사용자경험을 위한 최소한의 사항들이 잘 준수되어 설계/개발되었는지 점검함으로써 전자정부 웹사이트의 UI·UX 품질 검증

2) 목적

웹 표준(UI·UX) 준수는 전자정부 웹사이트 개발 시 적용해야 할 사용자경험 표준안과 가이드를 준수함으로써, 전자정부 서비스를 효율적으로 제공할 수 있는 사용자경험 설계를 지원하고, 궁극적으로 사용자들에게 최적의 사용 경험을 제공하는 데 그 목적이 있다.

<표 220> 웹 표준(UI·UX) 관련 법령

법령/예규/지침/가이드	소관 부처
행정·공공기관 웹사이트 구축·운영 가이드 제4장 개발·구축 제5장 운영 방안	행정안전부
모바일 전자정부 서비스 관리지침(개정 2017. 8. 8. 행정안전부 예규 제5호)	행정안전부
모바일 전자정부 사용자 인터페이스 설계 지침(개정 2014. 1. 21. 행정안전부 고시 제2014-6호)	행정안전부

3) PMO 중점 관리항목

행정기관 등의 전자정부 웹사이트 개발 시 다음의 사용자경험 적용 가이드와 세부 방안을 숙지하고 가이드라인에서 제시하는 사항을 고려하여 개발되었는지 점검한다.

<표 221> 행정기관 웹사이트 개발 가이드

구분	발주자	개발자	운영자
UI·UX 설계 원칙	• 발주 시 요구사항에 포함	• 관련된 모든 팀원에 대해 내부 교육에서 활용	
UI·UX 설계 기준	• 발주 시 요구사항에 포함 • 프로젝트 방향성 수립단계의 주요 요구사항에 포함	• 프로젝트 요구사항정의서에 포함 • 핵심 질문, 해야 할 일 중심으로 프로젝트 관리항목에 포함	
UI·UX 설계 가이드	• 프로젝트 UI설계 단계의 요구사항에 포함 • UI설계 승인단계에서 검수 리스트로 활용	• 프로젝트 요구사항정의서에 포함 • UI설계 단계에서 내부 지침으로 활용	• 프로젝트 요구사항정의서에 포함 • 상시적인 개선사항 도출에 활용
UI·UX 품질 진단서	• 자체적인 검수 및 진단 기준으로 사용 • 전문가의 외부 평가, 일반인의 만족도 조사 등 설문의 기준으로 활용	• 단위테스트, 통합테스트 등의 단계에서 주요 테스트 항목으로 활용	• 월간, 분기 등 정기적인 품질 모니터링에 활용 • 상시적인 현황 분석 및 개선사항 도출에 활용

9.2 웹 표준(UI·UX) 진단 절차

1) 기준

웹 표준(UI·UX)은 전자정부 웹사이트의 UI·UX 가이드라인을 참고하여 웹사이트의 설계 및 구현, 진단 및 개선 두 가지 과정에서 서로 다른 방식으로 적용한다.

- 웹사이트의 설계 및 구현단계에서는 UI·UX 설계 원칙, 설계 기준, 설계 가이드 모두를 집중적으로 활용
- 진단 및 개선단계에서는 일차적으로 품질진단서 하위의 품질점검표, 품질평가표를 활용한 평가 결과에 기반하되 상세 개선 과정을 반복

< 사례 306> 전자정부 웹사이트의 UI·UX 가이드라인

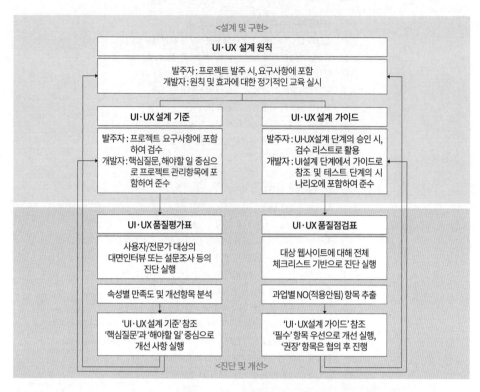

2) 측정지표

① UI·UX 품질점검표: 웹사이트 UI·UX 설계의 품질을 과업별 체크리스트 기반으로 점검한다. UI·UX 품질점검표에서 필수사항은 반드시 'YES' 항목으로 체크한다. 그리고 필수사항의 미적용 시, 서비스 시작 전 반드시 수정 절차를 거친다.

<표 222> UI·UX 품질점검표

진단지표		구분	진단 내용
1. 브랜드 영역	헤더	권장	핵심적인 정보만을 간결하게 제공하고 있다.
		필수	전자정부 공식 웹사이트 안내 영역을 페이지 최상단에 배치하고 있다.
		필수	로고와 웹사이트 이름을 좌측 상단에 배치하고 있다.
		권장	메인메뉴와 검색은 웹사이트의 목적에 맞도록 배치하고 있다.
	푸터	필수	개인정보 처리방침을 표시하고 있다.
		필수	전자상거래가 포함된 경우, 이용약관을 표시하고 있다.
		권장	웹사이트 내부 링크는 좌측에 외부링크는 우측에 배치하고 있다.
		권장	사용자들이 빈번하게 찾는 링크를 배치하고 있다.

진단지표	구분		진단 내용
2. 탐색	메인메뉴	권장	링크를 우선순위에 따라 배치하고 있다.
		필수	링크의 활성화 상태가 명확히 구분되도록 표현하고 있다.
		권장	링크명에 이해하기 쉬운 용어를 사용하고 있다.
		권장	링크는 최소한으로 사용하고 있다.
		필수	메인메뉴를 숨기지 않은 상태로 제공하고 있다.
	서브 메뉴	권장	메뉴의 길이를 적절하게 제공하고 있다.
		필수	메뉴의 계층구조를 명확하게 구분하여 표현하고 있다.
	탭	필수	동일한 수준의 탭은 일관성 있게 표현하고 있다.
		필수	선택된 탭의 표현을 강조하고 있다.
		필수	선택되지 않은 탭의 내용도 확인할 수 있도록 표현하고 있다.
		권장	탭 메뉴를 단일행으로 제공하고 있다.
	브레드 크럼	필수	각각의 경로를 링크로 제공하고 있다.
		필수	모든 페이지에서 일관된 위치에 배치하고 있다.
		권장	적절한 기호와 이미지를 활용하여 경로 간 관계를 표시하고 있다.
		권장	가장 하위수준의 경로를 명확하게 구분하여 표현하고 있다.
	사이트맵	필수	링크 목록은 사이트 구조에 맞게 계층화하여 표현하고 있다.
		필수	외부 사이트나 새 창으로 연결되는 링크를 분명하게 구분하고 있다.
3. 검색	통합 검색	필수	통합 검색 기능은 검색 상자와 검색 버튼으로 제공하고 있다.
		필수	검색이라는 의미를 보편적으로 인식할 수 있는 레이블과 아이콘을 사용하고 있다.
		필수	통합 검색은 웹사이트의 모든 페이지에서 접근 가능하도록 제공하고 있다.
		권장	검색창 내에 검색어에 대한 안내를 제공하고 있다.
	고급 검색	권장	조건검색이 기본 옵션으로 포함되지 않도록 제공하고 있다.
		권장	자동완성 기능을 제공하고 있다.
		권장	개인화 검색기능을 제공하고 있다.
	검색 결과	필수	검색 결과 페이지에 검색창이 유지되고 있다.
		권장	검색어와 일치하는 항목을 강조하여 표현하고 있다.
		필수	입력한 검색어와 검색 결과 수를 표시하고 있다.
		필수	검색 결과가 없는 경우, 결과를 명확하게 알리고 적절한 대안을 제공하고 있다.
4. 콘텐츠	목록 보기	필수	중요한 항목은 목록의 상단에 배치하고 있다.
		권장	항목을 의미 있는 단위로 구분하고 논리적인 순서에 따라 정렬하고 있다.
		권장	강조를 위한 시각적 표현을 적절하게 사용하고 있다.
		권장	긴 목록은 페이지 등으로 단위를 나누어 제공하고 있다.
		필수	규모가 큰 목록에 필터링 또는 검색기능을 제공하고 있다.
	콘텐츠 작성/ 업로드	필수	작성 방법은 플레이스홀더가 아닌 텍스트로 제공하고 있다.
		필수	버튼을 용도 및 기능을 기준으로 분명하게 구분하고 있다.
		필수	등록 가능한 텍스트 및 파일 크기를 표시하고 있다.
		필수	입력 세션 유지 시간을 표시하고 있다.
	상세 내용 보기	필수	콘텐츠의 작성자, 작성일, 출처, 저작권을 표시하고 있다.
		권장	제목은 다른 요소들과 분명하게 구분되도록 표현하고 있다.
		권장	콘텐츠 요소들 사이의 계층구조를 명확하게 구분하고 있다.
		권장	문단과 문장은 최대한 간단명료하게 구성하고 있다.
		권장	핵심 주제를 첫 문단, 첫 문장에 제공하고 있다.
		권장	인포그래픽, 사진, 동영상 등의 콘텐츠를 적절하게 활용하고 있다.

진단지표	구분		진단 내용
4. 콘텐츠	댓글 남기기/ 읽기	필수	댓글 입력에 사용하는 텍스트 입력필드의 크기를 적절하게 제공하고 있다.
		필수	텍스트 입력필드를 콘텐츠 주변에 제공하고 있다.
		권장	댓글을 적절하게 구조화하여 표현하고 있다.
		필수	작성자/관리자가 남긴 댓글을 다른 댓글과 분명하게 구분하고 있다.
		권장	페이징을 적절하게 사용하고 있다.
		필수	관리자가 댓글을 삭제할 경우, 삭제 이유를 명확하게 제공하고 있다.
	공유/ 공감	필수	공유/공감 아이콘은 관련된 대상 주변에 제공하고 있다.
		권장	여러 가지 방식의 공유 기능을 제공하고 있다.
		권장	공감 수 기준의 정렬 기능을 제공하고 있다.
		필수	공감을 표시한 사용자의 정보가 다른 사용자에게 표시되지 않도록 하고 있다.
	관련 콘텐츠	권장	사용자의 목표나 선호와 관련 있는 콘텐츠를 제공하고 있다.
		필수	관련 콘텐츠 목록의 제목을 적절하게 제공하고 있다.
		필수	상세 내용 주변에 관련 콘텐츠 목록을 배치하고 있다.
		권장	관련 콘텐츠 목록 주변에 광고 배너 또는 시선을 끄는 요소가 배치되지 않도록 하고 있다.
5. 회원	회원 가입	권장	최소한의 정보만 요구하고 있다.
		필수	입력이 필요한 데이터의 용도를 명확하게 설명하고 있다.
		필수	아이디, 비밀번호 입력양식에 대해 사전에 정확하게 안내하고 있다.
		권장	비밀번호 입력 필드에 입력한 문자를 확인할 수 있도록 표시하고 있다.
		권장	비밀번호의 보안 수준을 적절하게 설정하고 있다.
		권장	오류 메시지는 제출 버튼을 누르기 이전에 실시간으로 표시하고 있다.
		권장	회원 가입 이외에 공개인증(OAuth)을 이용한 인증 수단을 제공하고 있다.
	약관 동의	권장	제출 버튼의 레이블에 구체적인 행동을 반영하여 제공하고 있다.
		필수	동의하지 않음 옵션을 제공하고 있다.
		권장	동의함/동의하지 않음 옵션은 다른 요소와 명확하게 구분하여 표현하고 있다.
	로그인/ 인증	권장	로그인은 반드시 필요한 상황에서만 유도하고 있다.
		필수	아이디 형식에 대한 단서를 사전에 제공하고 있다.
		필수	로그인 양식 주변에 아이디/비밀번호 찾기 링크를 제공하고 있다.
		권장	로그인 정보를 저장할 수 있는 옵션을 제공하고 있다.
		권장	로그인 상태로의 전환을 명확하게 표시하고 있다.
		필수	로그아웃할 방법을 분명하게 표시하고 있다.
	주소 찾기	필수	주소 찾기 팝업 버튼의 레이블을 명확하게 제공하고 있다.
		필수	별도의 팝업을 통해 주소를 입력하는 경우, 주소 입력필드의 비활성화 상태를 명확하게 표현하고 있다.
		필수	입력받을 주소체계를 명확하게 표시하고 있다.
6. 신청 / 조회 / 발행	신청서 작성	필수	레이블과 설명은 입력 필드 주변에 제공하고 있다.
		필수	입력 필드의 크기는 적절하게 제공하고 있다.
		필수	필수 입력 요소, 편집 가능한 요소가 명확하게 구분되도록 표현하고 있다.
		필수	입력값의 단위를 표시하고 있다.
		필수	사용자가 잘못 입력/선택한 값을 자동으로 삭제하지 않고 있다.
		필수	초기화 버튼은 다른 버튼과 명확하게 구분하고 있다.
	신청 내역 확인 / 취소	필수	내역을 적절하게 구조화하여 제공하고 있다.
		필수	정렬 기능을 제공하고 있다.
		권장	일괄 선택 기능을 제공하고 있다.
		필수	신청취소 버튼을 명확하게 구분할 수 있도록 표현하고 있다.

진단지표	구분		진단 내용
7. 구매 / 결제	제품 상세 정보 보기	권장	제품의 상세 정보를 적절한 양으로 제공하고 있다.
		권장	적절한 품질의 제품 상세 이미지를 제공하고 있다.
		필수	제품의 이용 가능 상태를 사전에 표시하고 있다.
		권장	제품 옵션에 대한 도움말을 제공하고 있다.
		필수	버튼은 서로 명확하게 구분되도록 표현하고 있다.
	장바구니 확인	필수	제품의 주요 정보를 요약하여 제공하고 있다.
		필수	제품 상세 페이지로 이동할 수 있는 링크를 제공하고 있다.
		필수	제품 삭제 버튼을 명확하게 표현하고 있다.
		권장	제품 상세 옵션을 변경할 수 있는 수단을 제공하고 있다.
		필수	전체 제품에 관한 요약된 정보를 제공하고 있다.
		필수	다음 단계로 이동하는 버튼을 분명하게 표현하고 있다.
	주문/ 결제 정보 입력	필수	관련된 정보를 동일한 섹션으로 구분하여 제공하고 있다.
		필수	주문자, 배송, 결제 주소 정보는 동일한 기본값으로 설정하고 있다.
		필수	가격, 배송지 정보 및 구매 버튼 영역을 화면 우측이나 하단에 고정하여 제공하고 있다.
		권장	회원 가입이나 로그인 없는 구매 방법을 제공하고 있다.
		권장	다양한 결제 수단을 제공하고 있다.
8. 안내	모달	필수	모달과 주변 영역을 명확하게 구분하고 있다.
		권장	모달에 스크롤이 생성되지 않도록 제공하고 있다.
		권장	모달은 단계적이지 않고, 단순한 정보를 전달하는 데 사용하고 있다.
		권장	하나의 모달이 다른 모달을 실행하지 않도록 제공하고 있다.
		권장	행위 관련 버튼은 최대 2개만 제공하고 있다.
	확인	권장	확인은 심각하거나 취소가 어려운 행동에 사용하고 있다.
		필수	상황에 대한 명확하고 간결한 설명을 제공하고 있다.
		필수	행동을 확정, 취소할 수 있는 버튼을 모두 제공하고 있다.
		권장	버튼의 레이블에 행동을 구체적으로 설명하고 있다.
	오류	필수	빠르게 인지할 수 있도록 표현하고 있다.
		필수	발생한 오류 및 문제를 명확하게 설명하고 있다.
		필수	오류를 수정할 수 있는 방법을 제공하고 있다.
		권장	정중한 문체를 사용하고 있다.
9. 지원 / 기타	직원 검색	필수	직원 목록에 직원의 이름, 부서, 담당업무, 연락처를 표시하고 있다.
		권장	검색 입력폼과 전체 직원 목록을 함께 제공하고 있다.
		권장	담당업무는 쉬운 용어로 간결하게 제공하고 있다.
	기관 위치 확인	필수	모든 정보는 정확하게 제공하고 있다.
		필수	기관의 위치를 표시한 약도나 지도를 제공하고 있다.
		권장	약도는 위치 및 주변 정보를 적절하게 도식화하여 제공하고 있다.
		권장	다양한 접근방법을 알기 쉽게 구조화하여 표현하고 있다.
		권장	위치 확인에 참고할 수 있는 유용한 링크를 제공하고 있다.
	도움말 찾기	권장	제목은 사용자가 겪는 문제점을 반영하여 제공하고 있다.
		필수	목록을 유형별로 분류하여 제공하고 있다.
		필수	관리자에게 직접 문의할 수 있는 링크를 제공하고 있다.

② UI·UX 품질평가표: 전자정부 웹사이트의 총체적인 사용자 경험을 정성적(定性的, qualitative)인 만족도를 기준으로 진단하는 도구 5점 척도 문항을 사용하여 응답 결과 산정 후 목표점수 이하의 웹사이트는 반드시 개선 절차를 거친다.

<표 223> 항목별 배점

매우 만족	만족	보통	불만족	매우 불만족
(5점)	(4점)	(3점)	(2점)	(1점)

<표 224> 품질평가표의 각 항목 대응 설계 기준

품질 평가표 항목 번호	UI·UX 설계 기준
1~3	1. 사용자에게 필요한 정보와 기능을 제공한다.
4~7	2. 작업 소요시간과 단계를 최소화한다.
8~14	3. 직관적이고 일관성 있게 만든다.
15~18	4. 사용자가 원하는 방식으로 이용할 수 있게 만든다.
19~22	5. 사용자가 실수하지 않게 만든다.
23	6. 모든 유형의 사용자가 이용할 수 있게 만든다.
24~26	7. 원하는 서비스와 정보를 쉽게 찾을 수 있게 만든다.

<표 225> UI·UX 품질평가표

번호	항목	매우 그렇다	그렇다	보통이다	그렇지 않다	매우 그렇지 않다
1	웹사이트의 콘텐츠 및 기능은 유용하다.	⑤	④	③	②	①
2	웹사이트에서 제공하는 콘텐츠와 기능은 내가 원하는 작업을 완료하기에 충분하다.	⑤	④	③	②	①
3	원하는 작업에 필요한 콘텐츠와 기능을 쉽게 이용할 수 있다.	⑤	④	③	②	①
4	웹사이트가 나의 행동에 반응하는 속도는 적절하다.	⑤	④	③	②	①
5	필요한 콘텐츠와 기능에 빠르게 접근할 수 있다.	⑤	④	③	②	①
6	동일한 작업을 반복하지 않고 원하는 작업을 빠르게 수행할 수 있다.	⑤	④	③	②	①
7	나의 목표와 관련 없는 행동은 하지 않아도 된다.	⑤	④	③	②	①
8	콘텐츠의 구성과 제공 순서는 이해하기 쉽다.	⑤	④	③	②	①
9	웹사이트에 사용된 문장과 단어는 이해하기 쉽다.	⑤	④	③	②	①
10	단어/명칭은 웹사이트 전체에서 일관성이 있다.	⑤	④	③	②	①
11	웹사이트의 전반적인 스타일과 레이아웃은 일관성이 있다.	⑤	④	③	②	①
12	기능이 작동하는 방식은 일관성이 있다.	⑤	④	③	②	①
13	웹사이트를 이용하기 위해 새로 배워야 할 내용이 거의 없다.	⑤	④	③	②	①
14	작업을 수행하는 데 도움이 되는 정보를 필요할 때 확인할 수 있다.	⑤	④	③	②	①
15	웹사이트 이용 중 예상하지 않은 동작이 실행되지 않는다.	⑤	④	③	②	①
16	웹사이트에서 사용할 장비나 도구를 자유롭게 선택할 수 있다.	⑤	④	③	②	①

번호	항목	매우 그렇다	그렇다	보통이다	그렇지 않다	매우 그렇지 않다
17	내가 원하는 대로 웹사이트의 설정이나 특성을 바꿀 수 있다.	⑤	④	③	②	①
18	웹사이트는 내가 필요하거나 관심 있는 내용을 적절하게 보여준다.	⑤	④	③	②	①
19	웹사이트에서 제공하는 정보나 기능은 혼동되거나 헷갈리지 않는다.	⑤	④	③	②	①
20	웹사이트는 내가 실수하지 않도록 충분히 도와준다.	⑤	④	③	②	①
21	오류를 빠르고 쉽게 알아볼 수 있다.	⑤	④	③	②	①
22	필요한 경우, 작업을 취소하거나 쉽게 이전 상태로 돌아갈 수 있다.	⑤	④	③	②	①
23	다른 사람들이 이용하는 것과 동일한 정보와 기능을 사용할 수 있다.	⑤	④	③	②	①
24	원하는 페이지나 위치로 이동할 수 있는 수단이 충분하다.	⑤	④	③	②	①
25	원하는 페이지나 위치로 이동하는 것이 쉽다.	⑤	④	③	②	①
26	중요한 정보를 더 빠르게 찾을 수 있다.	⑤	④	③	②	①

3) 절차

웹 표준(UI·UX) 적용은 프로젝트 단계별(착수단계, 개발·구축단계, 검사단계)로 수행한다.

- **착수단계**: UI·UX 가이드라인의 준수를 요구사항에 포함하고, 관련된 모든 프로젝트 참여자에 대해 배포 및 교육 진행 여부 점검
- **개발·구축 단계**: UI·UX 가이드라인의 설계 기준, 설계 가이드를 중심으로 참고하여 웹사이트의 UI·UX 설계 여부 점검
- **검사단계**: 단위테스트, 통합테스트 등의 단계에서 주요 검사 항목으로 포함한 UI·UX의 품질 검사

9.3 웹 표준(UI·UX) 진단 사례

1) (UI·UX) 전자정부 웹사이트 UI·UX 가이드라인 품질점검표 기준 미처리 대상은 발주기관 협의 후 권장 사례 참조 후 조치 필요

<현황 및 문제점>

(가) (점검 대상) 홈페이지 및 업무 플랫폼 재구축을 통해 사용자 중심으로 서비스를 개편하고 고객 친화적인 서비스 제공을 목표로 본 사업의 웹사이트를 대상으로 검토하였으며 오류가 발생하는 부분과 미개발된 부분은 점검 대상에서 제외함

(나) (점검 기준) UI·UX 검토는 「전자정부 웹사이트 UI·UX 가이드라인」의 품질점검표를 기준으로 점검하였으며, 점검영역은 본 사업 특성을 고려하여 대상을 아래와 같이 지정함

<사례 307-1> UI·UX 품질점검표의 점검영역

점검영역	점검영역 정의 및 평가 방향	점검 대상여부
브랜드	독립적인 전자정부 웹사이트의 일관성뿐만 아니라 전체 전자정부 웹사이트에 일관성 있는 사용자 경험을 제공할 수 있도록 설계되어야 함	포함
탐색	사용자가 웹사이트와 상호작용하며 의사소통할 수 있는 가장 기본적인 수단이므로 사용자가 원하는 장소로 이동하는 행동을 촉진할 수 있게 상황에 맞는 적절한 유형의 탐색 메뉴를 제공	포함
검색	사용자는 단어나 문구를 직접 입력하여 검색함으로써 원하는 정보에 빠르게 접근되어야 하므로, 탐색 시스템에서 원하는 정보를 찾지 못한 사용자가 정보를 찾기 위한 수단으로 활용되어야 함	포함
콘텐츠	사용자는 콘텐츠를 통해 웹사이트와 의사소통하기 때문에 콘텐츠를 효과적으로 전달할 수 있도록 설계되어야 함	포함
회원	웹사이트의 콘텐츠를 공유하고, 웹사이트에 기여하고 싶어 하는 사용자의 욕구를 충족시킬 수 있도록, 회원의 패턴을 잘 설계하여 웹사이트와 사용자 간에 원활한 상호작용이 발생할 수 있도록 해야 함	포함
신청/조회/발행	전자정부의 행정서비스 특성에 따라 정보를 입력하고 제출하는 과정에서 사용자는 필요에 따라 어떤 정보를 제출했는지 내역을 확인하거나 제출 자체를 취소하기도 함으로 원하는 결과를 얻기 위한 행위가 원활하게 진행되도록 해야 함	포함
구매/결제	구매/결제를 수행하는 동안 사용자는 많은 양의 정보를 확인하고 비교해야 하는 한편, 결제를 위해 다양한 형태의 데이터를 입력해야 하고, 사용자가 이와 같은 복잡한 과정에서 실수하지 않고 최대한 빠르게 목표를 달성할 수 있게 만들어야 함	미포함 (대상 없음)
안내	발생 가능한 문제를 미리 알려 오류를 방지하고, 요청한 동작이 제대로 수행되고 있는지, 어느 정도의 시간이 소요될 것인지를 알려주며, 발생한 오류를 수정하여 목표한 행동을 완료할 수 있게 도움을 주어야 함	포함
지원/기타	사용자는 '지원/기타' 패턴을 이용하여, 전자정부 웹사이트에서 제공하는 기관의 전반적인 정보를 확인할 수 있으며, 웹사이트 이용 과정에서 겪는 문제를 해결하는 데 필요한 정보를 탐색할 수 있어야 함	포함

(다) (점검결과) UI·UX 검토 결과 요약은 다음과 같으며, 상세 항목별 감리 의견은 아래 상세 내역 도표의 항목별 확인 내역 참고 요청함

  - 대체로 각 영역별 점검 체크리스트가 준수되어 구축된 것으로 보여지나 회원 및 신청/조회/발생 영역 등 일부 점검항목에서 미준수 내역이 집중된 것으로 확인됨
  - 항목점검과 관련된 기능이 미포함된 항목도 다수 확인됨

<사례 307-2> 항목별 UI·UX 평가 결과

점검 영역	필수			권장		
	YES	NO	N/A	YES	NO	N/A
브랜드(8)	2	-	2	4	-	-
탐색(17)	9	1	-	7	-	-
검색(11)	6	-	-	5	-	-
콘텐츠(29)	4	2	9	9	-	5
회원(19)	4	5	-	8	2	-
신청/조회/발행(19)	4	5	-	8	2	-
안내(13)	6	-	-	6	1	-
지원/기타(11)	4	-	1	3	1	2
합계(127)	39	13	12	50	6	7

<개선 방향>

(라) 점검 결과 확인된 개선 대상은 본 사업 및 기관 특성을 고려하여 발주기관 협의를 우선 수행 후 개선 여부를 결정한 뒤 조치할 것을 요청함

  - 점검 결과보다 발주기관 협의 결과를 우선으로 함
  - 가급적 필수요건은 준수할 것을 요청함

10 웹 호환성

10.1 개요

1) 정의

웹 호환성은 표준 웹 기술을 사용하여 특정한 운영체제나 브라우저에 종속되지 않도록 웹페이지를 제작하는 기법이다. 웹사이트 사용 시 운영체제 및 브라우저 간 같은 결과가 나오도록 웹 상호운용성의 개념에 웹 표준의 준수를 포함하는 개념이다. 웹 호환성 필요성은 아래와 같다.

- 웹 환경이 점차 다양해지고 복잡해짐에 따라 사용자들은 서로 다른 유형의 브라우저, 플랫폼, 기기로 사이트에 접속 가능
- 사용자가 이용하는 여러 브라우저 간 웹사이트 소스코드 해석 방식에는 차이로 인한 호환성 문제 발생
- 웹사이트의 시각적 차이에서 시작하여 브라우저별로 작동될 수 있는 기능의 차이 발생

2) 목적

전자정부 웹사이트 사용자들에게 일관성 있는 사용 경험을 전달할 수 있도록 웹 호환성 진단지표를 활용하여 사용자 환경과 무관하게 동등한 화면을 표시하고 기능이 구동하게 하는 데 목적이 있다.

<표 226> 웹 호환성 관련 법령

법령/예규/지침/가이드	소관 부처
행정·공공기관 웹사이트 구축·운영 가이드 제4장 개발·구축 제5장 운영 방안	행정안전부
모바일 전자정부 서비스 관리지침(개정 2017. 8. 8. 행정안전부 예규 제5호)	행정안전부
전자정부법(법률 제14914호, 2017. 10. 24.) 제50조(표준화) 전자정부법 시행령(대통령령 제28211호, 2017. 7. 26.) 제59조(표준화)	행정안전부
전자정부서비스 호환성 준수지침 (개정 2017. 12. 29. 제2017-26호) 제4조(웹사이트 호환성 확보) 제7조(모바일 서비스 호환성 확보)	행정안전부

3) PMO 중점 관리항목

전자정부 웹사이트 품질진단 기준에 따른 웹 표준을 준수하고 웹 호환성을 확보했는지 점검한다.

<표 227> 전자정부 웹사이트 품질진단 기준 진단지표

진단지표		진단 내용
1.웹 표준 준수	1.1 (X)HTML 표준 준수	웹페이지의 문법은 기술 표준((X)HTML)을 준수하고 있는가?
		최신 웹 표준(HTML5)을 적용하고 있는가?
	1.2 CSS 표준 준수	웹페이지의 시각적 속성(크기, 색채, 배치, 정렬 및 여백 등)은 기술 표준(CSS)을 준수하고 있는가?
	1.3 문자(한글) 부호화 준수	웹페이지에서 문자를 부호화하는 방식을 UTF-8로 적용하고 있는가?
	1.4 제어 기능의 표준 준수	웹페이지의 동적으로 구성하고 제어하는 기술 표준(DOM, ECMA-262 등)을 적용하고 있는가?
	1.5. 비표준 기술 제거	「공공 웹사이트 플러그인 제거 가이드라인」(행정안전부 배포)을 준수하고 있는가? ※ 표준 기술사용을 위한 비표준 기술 제거 점검 - 웹 표준이 아닌 방식으로 멀티미디어(플래시, 실버라이트, 자바 애플릿, 미디어플레이어 등)를 사용하는 경우 - 개인정보 보호, 정보보안을 위해 액티브X, 실행파일(EXE파일) 등을 사용하는 경우
2.웹 호환성 확보	2.1 기능 호환성 확보	웹페이지를 동적으로 구성하고 제어하는 기능은 모든 브라우저에서 동등하게 동작하는가?
		브라우저 부가 기능을 이용하여 해당 페이지에서 사용된 Javascript 오류나 DOM 경고가 발생하고 있는가? ※ Javascript가 의도한 기능의 정상 동작 여부 확인
	2.2 화면표시 호환성 확보	웹페이지가 다양한 브라우저에서 동등하게 표현되는가? ※ 웹브라우저별 고유 특성에 의한 차이(폰트, 픽셀 등)는 예외

10.2 웹 호환성 진단 절차

1) 기준

웹 호환성은 다양한 환경에서도 정보서비스가 가능하도록 표준 웹을 적용한 기술이다. 웹 호환성을 준수하기 위해서는 일반적인 기준과 함께 대상 프로젝트의 서비스 발주기관과 사용자 등 환경적인 요건과 시스템 환경을 고려하여 발주기관과 사전 협의한다. 그리고 점검 효율성을 고려하여 도구를 활용한다. 또한 실제 환경에서의 사용자 진단도 병행한다.

2) 측정지표(자가진단지표)

「전자정부서비스 호환성 준수지침」의 6개 진단기준에 따라 평가(측정)한다.

진단지표		진단기준	진단 방법
웹 호환성	웹 표준 문법 준수	표준 (X)HTML문법을 준수하는가?	수동 진단
		표준 CSS문법을 준수하는가?	
	웹 호환성 확보	다양한 웹브라우저에 따른 기능 호환성을 확보하였는가?	다양한 웹브라우저 를 활용한 수동 진단
		다양한 웹브라우저에서 화면표시가 동등하게 구현되었는가?	
	비표준 기술제거	비표준 기술(액티브X 등) 없이 웹사이트의 모든 기능이 동작하는가?	자동 진단
		최신 웹 표준 기술(HTML5)을 활용하여 웹사이트를 운영하고 있는가?	수동 진단

3) 절차

① 웹 표준 문법 준수(HTML)

진단 기준	표준 (X)HTML 문법을 준수하는가?
진단 방법	- W3C Markup Validation Service를 활용한 전문가 수동 진단 1. 웹사이트 주소 입력(URI), 마크업 파일 업로드, 마크업 텍스트 직접 입력 방법 중 하나를 선택하여 실행 ※프레임 사용, HTTPS, 방화벽 등의 보안기술이 자주 사용되는 공공기관 웹사이트의 특성상, URI 방식으로 진단할 경우는 결과가 정확하지 않을 수 있으므로 마크업 파일을 업로드하거나 직접 입력하여 진단하는 것을 권장 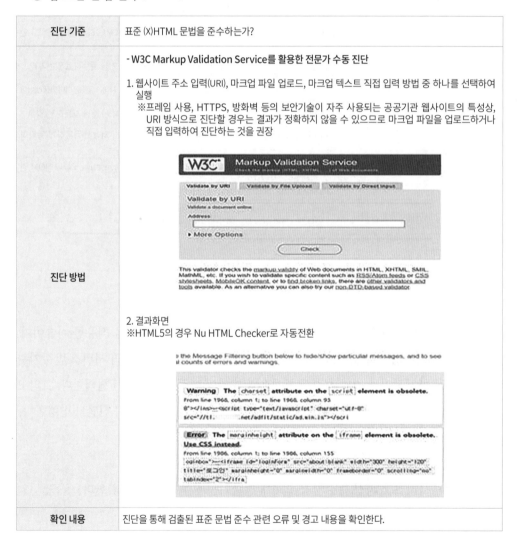 2. 결과화면 ※HTML5의 경우 Nu HTML Checker로 자동전환
확인 내용	진단을 통해 검출된 표준 문법 준수 관련 오류 및 경고 내용을 확인한다.

② 웹 표준 문법 준수(CSS)

진단 기준	표준 CSS 문법을 준수하는가?
진단 방법	**- W3C CSS Validator를 활용한 전문가 수동 진단** 1. 웹사이트 주소, 스타일시트 파일, 마크업 텍스트 직접 입력 방법 중 하나를 선택하여 실행 ※프레임 사용, HTTPS, 방화벽 등의 보안기술이 자주 사용되는 공공기관 웹사이트의 특성상, URI 방식으로 진단할 경우는 결과가 정확하지 않을 수 있으므로 마크업 파일을 업로드하거나 마크업 내용을 직접 입력하여 진단할 것을 권장 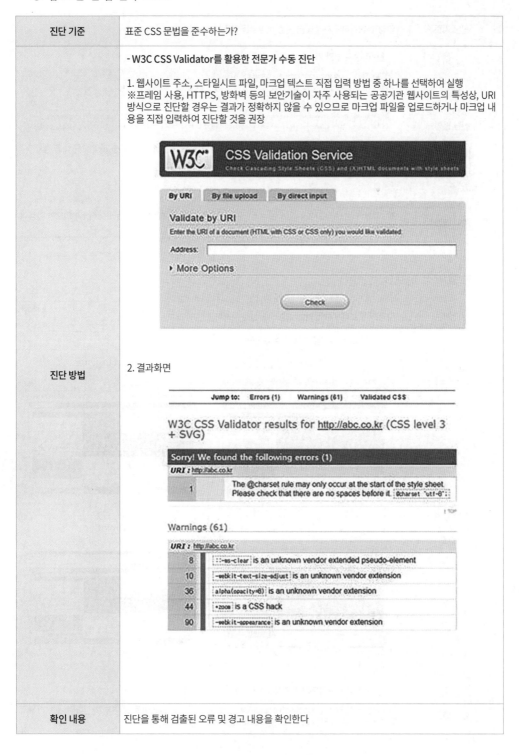 2. 결과화면
확인 내용	진단을 통해 검출된 오류 및 경고 내용을 확인한다

③ 웹 호환성 확보(기능)

진단 기준	다양한 웹브라우저에 따른 기능 호환성을 확보하였는가?
진단 방법	**- 웹브라우저 부가 기능을 이용한 수동 진단** 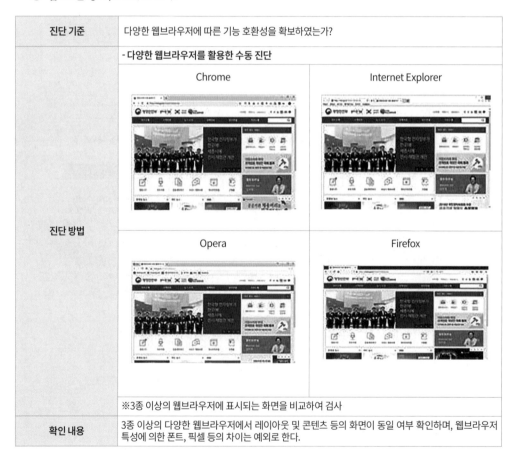 ※개발자도구를 실행하여 'Console' 탭에서 출력되는 Javascript, DOM 경고 및 오류 내용 검사 **- 기능 동작 여부에 대한 수동 진단**
확인 내용	3종 이상의 웹브라우저에서 Javascript 오류 및 DOM 경고를 확인하고, Javascript가 의도한 기능이 정상적으로 동작하는지를 확인한다.

④ 웹 호환성 확보(화면표시)

진단 기준	다양한 웹브라우저에 따른 기능 호환성을 확보하였는가?
진단 방법	**- 다양한 웹브라우저를 활용한 수동 진단** Chrome / Internet Explorer Opera / Firefox ※3종 이상의 웹브라우저에 표시되는 화면을 비교하여 검사
확인 내용	3종 이상의 다양한 웹브라우저에서 레이아웃 및 콘텐츠 등의 화면이 동일 여부 확인하며, 웹브라우저 특성에 의한 폰트, 픽셀 등의 차이는 예외로 한다.

⑤ 비표준 기술 제거

진단 기준	비표준기술(액티브X 등) 없이 웹사이트의 모든 기능이 동작하는가?
진단 방법	**- KOREA HTML5를 활용한 자동 진단** 1. 웹사이트 주소 입력, 마크업 파일 업로드 중 하나를 선택하여 웹 표준 진단 실행 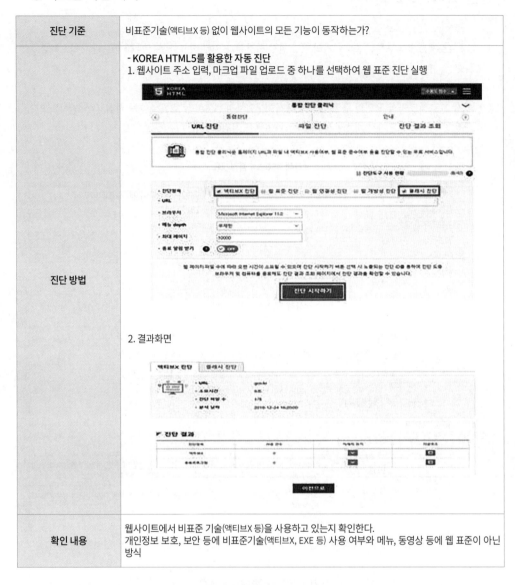 2. 결과화면
확인 내용	웹사이트에서 비표준 기술(액티브X 등)을 사용하고 있는지 확인한다. 개인정보 보호, 보안 등에 비표준기술(액티브X, EXE 등) 사용 여부와 메뉴, 동영상 등에 웹 표준이 아닌 방식

⑥ 비표준 기술 제거(최신 기술 사용)

진단 기준	최신 웹 표준 기술(HTML5)을 활용하여 웹사이트를 운영하고 있는가?
진단 방법	- W3C HTML Validation Service를 활용한 전문가 수동 진단 ① 웹 표준 문법 준수(HTML) 참조
확인 내용	3종 이상의 다양한 웹브라우저에서 레이아웃 및 콘텐츠 등의 화면이 동일 여부 확인하며, 웹브라우저 특성에 의한 폰트, 픽셀 등의 차이는 예외로 한다.

10.3 웹 호환성 진단 사례

1) 대상 프로젝트에서 구현한 홈페이지의 웹 호환성 점검결과, 일부 미흡한 부분에 대한 보완이 필요하다.

\<현황 및 문제점>
(가) 대상 프로젝트에서 구현한 홈페이지에 대하여 「전자정부서비스 호환성 준수지침」(행정자치부 고시, 개정 2016.6.28)에 근거하여 호환성 지침 준수 여부를 점검하였음

<사례 308-1> 점검개요

점검 기준	전자정부서비스 호환성 준수지침(행정자치부 고시, 제2016-20호, 개정 2016.6.28)
점검 일자	2017.11.20.~ 2017.11.22
점검브라우저	Ie11, Edge, Chrome, Firefox 4종
점검대상	~~~~~~~
점검 페이지 선정	주관기관 선정
점검환경	운영환경

<사례 308-2> 점검 방법

분류	검사항목		진단 방법
웹 호환성	웹 표준 문법 준수	표준 HTML 문법 준수	- W3C Markup Validator를 활용한 HTML문법 오류 자동 진단
		표준 CSS 문법 준수	- W3C CSS Validation를 활용한 CSS 문법 오류 자동 진단
	웹 호환성 확보 (3종이상 브라우저에서 수동진단)	동작 호환성	- 스크립트 오류 또는 DOM 경고 - 콘텐츠가 화면에 정상적으로 로딩되지 않거나 변화가 없는 경우 - 기타 기능이 누락되거나 동작하지 않는 경우
		레이아웃 호환성	- 텍스트 깨짐, 겹침, 레이어 겹침 등으로 가독이 어려운 경우 - 이미지, 버튼, 입력 서식 등 구성 요소의 위치가 상이한 경우
	웹 표준 기술 준수	비표준 기술 제거	- Active-X, NP-API 등 비표준 기술 제거 여부 수동 점검(로그인, 보안, 구간암호화, 공인인증 / 영상, 멀티미디어플래시, 실버라이트, 그래프, 리포트 등/ 파일 송수신)
		최신웹표준 기술사용	- 최신 웹 표준 기술(HTML 5) 사용 여부 점검(호환성 확보를 위한 대체 수단의 경우 기술 사용 여부 점검)

(나) 대상 사이트의 점검 페이지 목록은 다음과 같으며 페이지 선정은 주관기관과 수행사의 협의로 선정되었음

<사례 308-3> 점검페이지 목록

번호	페이지	URL
1	메인	https://www.narastat.kr/ies/iep/index.do?sysId=001000611267&prdctnId=1200010&svyOdr=11
2	공지 사항	https://www.narastat.kr/gps/bbs/selectBbsList.do?leftMenuId=0010006112678329083291&menuId=0010006112678329083291&bbsId=NARA2508&sysId=001000611267&prdctnId=1200010&svyOdr=11&pageType=S&menuGubun=1
3	질의응답	https://www.narastat.kr/gps/bbs/selectBbsList.do?leftMenuId=0010006112678329083292&menuId=0010006112678329083292&bbsId=NARA2509&sysId=001000611267&prdctnId=1200010&svyOdr=11&pageType=S&menuGubun=1

번호	페이지	URL
4	인터넷 조사 참여	https://www.narastat.kr/ies/iel/intnetExaminLogin.do?leftMenuId=0010006112678329083293&men uId=0010006112678329083293&bbsId=&sysId=001000611267&prdctnId=1200010&svyOdr=11&page Type=S&menuGubun=1
5	비밀번호 변경	https://www.narastat.kr/esc/isp/indvdlinfoSearchView.do?indvdlinfoSearchId=00100061126702&ind vdlinfoSearchOrdr=1
6	비밀번호 찾기	https://www.narastat.kr/esc/isp/indvdlinfoSearchView.do?indvdlinfoSearchId=00100061126703&ind vdlinfoSearchOrdr=1
7	지원 메인	http://www.narastat.kr/gps/eem/index.do?menuId=0010001100912493&leftMenu Id=0010001100912493
8	채용공고	http://www.narastat.kr/gps/eem/epr/selectUserEmpmnPblancList.do?menuId=00100011009124932 510&leftMenuId=0010001100912493&bbsId=
9	공지 사항	http://www.narastat.kr/gps/bbs/selectBbsList.do?menuId=00100011009124932537&leftMenuId=001 0001100912493&bbsId=NARA141
10	로그인	http://www.narastat.kr/gps/eem/login/eemLoginUsr.do?menuId=00100011009124932517&leftMenuI d=0010001100912493&msg=3

(다) 대상 사이트의 웹 호환성 점검 결과는 다음과 같음

- 표준 문법 자동 진단 결과 HTML 문법 오류가 다수 발견되었고 CSS 오류는 없었음
- 동작 호환성에서는 공통으로 DOM 경고가 발견되었음
- 레이아웃 호환성은 4종 브라우저에서 모두 정상 작동하였음
- 비표준 기술인 Active X 등이 사용되지 않았고 HTML 4.0이 사용되었으며 나라통계시스템의 개발
  당시(2011년)는 HTML 4.0의 환경이었으므로 점검 제외하였음

<사례 308-4> 전자정부서비스 호환성 준수지침 진단표

번호	페이지	웹 표준 문법 준수		웹 호환성 확보					비표준 기술 제거	
		표준 (X)HTML 문법 오류수	표준 CSS 문법 오류수	동작 호환성 확보	레이아웃 호환성(크로스브라우징)				비표준 기술 제거 여부	최신 웹 표준 기 술 사용 여부
					Ie 10	Edge	Chrome	Firefox		
1	메인	167	default.css (0개)	○	○	○	○	○	○	N/A
2	공지 사항	57		○	○	○	○	○	○	N/A
3	질의응답	57	board.css (0개)	○	○	○	○	○	○	N/A
4	인터넷 조사 참여 [인터넷조사표입력]	133	step.css (0개)	○	○	○	○	○	○	N/A
5	비밀번호 변경	133	contents .css(0개)	○	○	○	○	○	○	N/A
6	비밀번호 찾기	133		○	○	○	○	○	○	N/A
7	조사원채용 지원 메인	2	layer.css (0개)	○	○	○	○	○	○	N/A
8	채용공고	0	menu.css (0개)	○	○	○	○	○	○	N/A
9	공지 사항	0		○	○	○	○	○	○	N/A
10	로그인	0		○	○	○	○	○	○	N/A

(○: 오류 없음, X: 오류 있음, N/A: 점검 제외)

<개선 방향>

(라) 웹사이트의 호환성 오류에 대하여 다음의 내용을 참고하여 수정해야 함

- 다음 붙임 자료를 참조하여 발견된 HTML 문법 오류를 수정하고 표준 문법 준수로 호환성을 확보
  해야 함

11 웹 접근성

11.1 개요

1) 정의

정보통신접근성(웹 접근성)은 「지능정보화 기본법」에 따라 장애인이나 고령자들이 웹사이트에서 제공하는 정보를 비장애인과 동등하게 접근하고 이용할 수 있도록 보장토록 하는 것이며, 이는 법적 의무사항이다.

2) 목적

국가기관 등이 정보통신망을 통해 정보나 서비스를 제공하는 경우, 장애인이나 고령자 등이 웹사이트와 이동통신 단말장치에 설치되는 응용소프트웨어 등 유·무선 정보통신을 쉽게 이용할 수 있도록 접근성을 보장하는 데 목적이 있다.

<표 229> 웹 접근성 관련 법령

법령/예규/지침/가이드	소관 부처
지능 정보화 기본법 [시행 2020. 12. 10] 　제46조(장애인·고령자 등의 지능정보서비스 접근 및 이용 보장) 　제48조(정보통신 접근성 품질인증의 신청 등) 　제70조(과태료) **지능 정보화 기본법 시행령 [시행 2020. 12. 10]** 　제34조(장애인·고령자 등의 지능정보서비스 접근 및 이용 보장) 　제36조(정보통신 접근성 품질인증 기준) 　제40조(정보통신 접근성 품질인증의 절차 등)	행정안전부
장애인차별금지 및 권리구제 등에 관한 법률 (약칭: 장애인차별금지법) [시행 2020. 12. 10] 　제20조(정보 접근에서의 차별금지) 　제38조(진정) 　제49조(차별행위) 　제50조(과태료)	행정안전부
국가정보화 기본법(법률 제15369호, 2018. 2. 21.) 　제31조(정보격차 해소 시책의 마련) 　제32조(장애인·고령자 등의 정보 접근 및 이용 보장)	과학기술 정보통신부
장애인 복지법 [시행 2020. 6. 4] 　제22조(정보에의 접근)	보건복지부
행정·공공기관 웹사이트 구축·운영 가이드 　제4장 개발·구축 　제5장 운영 방안	행정안전부

법령/예규/지침/가이드	소관 부처
장애인·고령자 등의 정보 접근 및 이용 편의 증진을 위한 고시(제2017-7호, 2017. 8. 24) 제17조(웹사이트 인식의 용이성) 제18조(웹사이트 운용의 용이성) 제19조(웹사이트 이해의 용이성) 제20조(웹사이트 견고성) 제21조(모바일 애플리케이션 인식의 용이성) 제22조(모바일 애플리케이션 운용의 용이성) 제23조(모바일 애플리케이션 이해의 용이성) 제24조(모바일 애플리케이션 견고성)	과학기술 정보통신부
장애인, 고령자 등의 정보 접근 및 이용 편의 증진을 위한 지침 (제2016-35호, 2016. 3. 29) 제17조(웹사이트 인식의 용이성) 제18조(웹사이트 운용의 용이성) 제19조(웹사이트 이해의 용이성) 제20조(웹사이트 견고성)	미래창조과학부

3) PMO 중점 관리항목

웹 접근성 진단의 중점 관리항목은 '법에서 요구하는 내용 준수' 여부와 법에서 보호하고자 하는 대상자(고령자, 장애인 등)가 일반인과 동등하게 정보에 접근할 수 있도록 하는 것이다. 즉, 웹 접근성 분야의 아래 내용이 적절하게 구축하도록 해야 한다. PMO는 아래와 같이 웹 접근성 준수 관점을 기준으로 점검한다.

- **시각:** 실명, 색각 이상, 다양한 형태의 저시력을 포함한 시각 장애
- **운동:** 이동성 파킨슨병, 근육병, 뇌성마비, 뇌졸중과 같은 조건으로 인한 근육 속도 저하, 근육 제어 손실로 말미암아 손을 쓰기 어렵거나 쓸 수 없는 상태
- **청각:** 영상, 음성 콘텐츠에 자막, 원고, 수화 등의 대체 수단 부재로 인한 인식이 불가능한 상태
- **인지:** 문제 해결과 논리 능력, 집중력, 기억력에 문제가 있는 정신지체 및 발달 장애, 학습 장애(난독증, 난산증 등)

11.2 웹 접근성 진단 절차

1) 기준

웹 접근성 진단기준은 측정지표별 진단항목을 준수하여 모든 사람이 정보통신 기기나 서비스를 손쉽게 활용할 수 있도록 만드는 것이다.

2) 측정지표(자가진단지표)

웹 접근성은 「한국형 웹 콘텐츠 접근성 지침」(KWCAG2.1, TTAK.OT-10.0003/R2)을 기준으로 하며, 웹 접근성 자가진단지표는 총 24개의 진단지표와 하위 진단기준으로 구성되어 있다. 평가에는 자동진단 도구를 활용할 수 있으나 정확한 진단을 위해 전문가에 의한 수동 평가가 반드시 병행되어야 한다.

<표 230> 웹 접근성 진단지표

구분	진단지표	진단기준	진단 방법
1. 인식의 용이성	대체 텍스트 제공	텍스트 아닌 콘텐츠에는 대체 텍스트를 제공하는가?	수동 진단
	멀티미디어 자막 제공	동영상, 음성 등 멀티미디어 콘텐츠를 이해할 수 있도록 자막, 대본 또는 수화를 제공하는가?	수동 진단
	색에 무관한 콘텐츠 인식	콘텐츠(그래프, 차트, 지도, 필수 입력항목 등)는 색에 무관하게 인식될 수 있도록 제공하는가?	수동 진단
	명확한 지시사항 제공	지시사항은 모양, 크기, 위치, 방향, 색, 소리 등에 무관하게 인식될 수 있도록 제공하는가?	수동 진단
	텍스트 콘텐츠의 명도 대비	텍스트 콘텐츠와 배경 간의 명도 대비는 4.5:1 이상을 만족하는가?	수동 진단
	자동 재생 금지	3초 이상 자동으로 소리가 재생되는 콘텐츠를 제공하지 않는가?	수동 진단
	콘텐츠 간의 구분	이웃한 콘텐츠가 여백, 테두리, 구분선, 명도 대비 등을 이용하여 구별되는가?	수동 진단
2. 운용의 용이성	키보드 사용 보장	모든 기능은 키보드만으로도 사용할 수 있는가?	수동 진단
	초점 이동	키보드에 의한 초점은 논리적으로 이동해야 하며 시각적으로 구별할 수 있는가?	수동 진단
	조작 가능	사용자 입력 및 컨트롤은 조작 가능하도록 제공되는가?	수동 진단
	응답시간 조절	시간제한이 있는 콘텐츠는 응답시간을 조절할 수 있는가?	수동 진단
	정지 기능 제공	시간에 따라 자동으로 변경되는 콘텐츠는 정지, 이전, 다음 기능 등 움직임을 제어할 수 있는가?	수동 진단
	깜빡임과 번쩍임 사용 제한	초당 3~50회 주기로 깜빡이거나 번쩍이는 콘텐츠를 제공하지 않는가?	수동 진단
	반복 영역 건너뛰기	콘텐츠의 반복되는 영역은 건너 뛸 수 있는가?	수동 진단
	제목 제공	페이지, 프레임, 콘텐츠 블록에는 적절한 제목을 제공하는가?	수동 진단
	적절한 링크 텍스트	링크 텍스트는 용도나 목적을 이해할 수 있도록 제공하는가?	수동 진단
3. 이해의 용이성	기본 언어 표시	기본 언어 표시 속성을 사용하여 주로 사용하는 언어를 명시하고 있는가?	수동 진단
	사용자 요구에 따른 실행	사용자가 의도하지 않은 기능(새 창, 초점 변화 등)은 실행되지 않는가?	수동 진단
	콘텐츠의 선형 구조	콘텐츠는 논리적인 순서로 제공하는가?	수동 진단
	표의 구성	표는 이해하기 쉽게 구성되어 있는가?	수동 진단
	레이블 제공	입력 서식에 대응하는 레이블을 제공하고 있는가?	수동 진단
	오류 정정	입력 오류를 정정할 수 있는 방법을 제공하는가?	수동 진단
4. 견고성	마크업 오류 방지	마크업 언어의 요소는 열고 닫음, 중첩 관계 및 속성 선언에 오류 없이 제공하는가?	수동 진단
	웹 애플리케이션 접근성 준수	웹 애플리케이션은 자체 접근성을 준수하였거나 대체 콘텐츠를 제공하고 있는가?	수동 진단

3) 절차

최근의 웹 접근성 프로세스는 기존의 사전, 사후 진단으로 한정되었던 방법에서 탈피하여 분석/설계/개발/테스트 및 이행단계 전 과정에서 작업자 교육, 가이드/체크리스트 제공, 결과물 진단 보완, 이행 후 운영진 교육 등 전 부문에 걸쳐 수행된다.

<사례 309> 웹 접근성 진단 프로세스

11.3 웹 접근성 진단 사례

1) 웹 접근성
웹 접근성 국가표준인 24개 검사항목을 수동 진단한 결과, 발견된 미준수 사례에 대한 시정조치를 실행하거나 개선방안 수립을 권고한다.

<현황 및 문제점>
(나) 본 사업의 웹 접근성 준수 현황을 수동 진단한 결과는 다음과 같음
 - 금번 사업에 대한 전반적인 웹 접근성 준수는 미흡 수준이며 다수 콘텐츠에 대한 보완이 필요함

<사례 310-1> 전반적인 웹 접근성 진단 결과

전반적인 상태(결과)		의견
( )양호	(V)미흡	다수 보완 필요

(다) 웹 접근성 국가표준 4개 원칙별 진단 결과는 다음과 같음

인식의 용이성(Perceivable) 이미지에 대해 대체 텍스트를 제공하고 있으나 미흡하거나 부적절한 부분이 일부 있어 보완이 필요함. 멀티미디어 콘텐츠 제공, 색상정보 제공, 지시사항 제공, 배경음 사용, 콘텐츠 간의 구분 항목에 대한 준수가 우수하나 콘텐츠 명도 대비 구현 항목에 부적절한 부분이 일부 있어 인식의 용이성이 미흡 수준임

운용의 용이성(Operable) 키보드만 이용 시 대부분 콘텐츠로 접근이 가능하며 이용이 용이하나 미흡한 부분이 일부 있어 보완이 필요함. 조작 가능, 자동 변경 콘텐츠 제공, 시간제한 콘텐츠 제공, 깜빡임과 번쩍임 사용 제한 항목에 대한 준수가 우수하나 초점 이동, 스킵 내비게이션 제공, 제목 정보 제공, 링크 텍스트 제공 항목에 부적절한 부분이 일부 있어 운용의 용이성이 미흡 수준임

이해의 용이성(Understandable) 제공되는 페이지에 대해 디자인 요소를 CSS로 분리하여 논리적인 접근을 배려하고 있으나 미흡한 부분이 일부 있어 보완이 필요함. 주언어 사용 명시, 의도하지 않은 기능 미제공, 입력 오류 정정 제공 항목에 대한 준수가 우수하나 표 제공, 온라인서식 제공 항목에 부적절한 부분이 일부 있어 이해의 용이성이 미흡 수준임

견고성(Robust) 부가 웹 애플리케이션을 제공한 부분이 없으나 열고/닫음, 중첩 관계, 속성 선언에 대한 마크업 오류가 일부 발견되어 견고성이 미흡 수준임

<사례 310-2> 웹 접근성 4개 원칙별 진단 결과

원칙(검사항목)	결과	진단 결과(검사항목)			발견사례		조치 완료
		양호	미흡	대상 제외	미준수	권고	
인식의 용이성(7개)	미흡	5개	2개	0개	7건		
운용의 용이성(9개)	미흡	4개	5개	0개	9건		
이해의 용이성(6개)	미흡	3개	3개	0개	6건		
견고성(2개)	미흡	1개	1개	0개	3건		
결과(24개)		13개	11개	0개	25건		

(라) 웹 접근성 국가표준 24개 검사항목별 진단 결과는 다음 도표와 같음

456

<사례 310-3> 웹 접근성 24개 검사항목별 진단 결과

1	대체 텍스트	( )	(V)	( )	2건		
2	자막 제공	(V)	( )	( )			
3	색에 무관한 콘텐츠 인식	(V)	( )	( )			
4	명확한 지시사항 제공	(V)	( )	( )			
5	텍스트 콘텐츠의 명도 대비	( )	(V)	( )	5건		
6	배경음 사용 금지	(V)	( )	( )			
7	콘텐츠 간의 구분	(V)	( )	( )			
8	키보드 사용 보장	( )	(V)	( )	2건		
9	초점 이동	( )	(V)	( )	2건		
10	조작 가능	(V)	( )	( )			
11	응답시간 조절	(V)	( )	( )			
12	정지기능 제공	(V)	( )	( )			
13	깜빡임과 번쩍임 사용 제한	(V)	( )	( )			
14	반복 영역 건너뛰기	( )	(V)	( )	1건		
15	제목 제공	( )	(V)	( )	3건		
16	적절한 링크텍스트	( )	(V)	( )	1건		
17	기본 언어 표시	(V)	( )	( )			
18	사용자 요구에 따른 실행	(V)	( )	( )			
19	콘텐츠의 선형화	( )	(V)	( )	1건		
20	표의 구성	( )	(V)	( )	3건		
21	레이블 제공	( )	(V)	( )	2건		
22	오류 정정	(V)	( )	( )			
23	마크업 오류 방지	( )	(V)	( )	3건		
24	웹 애플리케이션 접근성 준수	(V)	( )	( )			
	결과별 합계	13개	11개	0개	25건		

(마) 웹 접근성 준수 진단 결과를 바탕으로 주요 장애 유형별 이용가능도를 예측한 결과는 다음과 같음

<사례 310-4> 장애 유형별 이용가능도 예측

장애 유형	이용가능도			
	대부분 이용 가능	일부분 이용 불편	일부분 이용 불가	대부분 이용 불가
시각장애인(전맹)	( )	( )	(V)	( )
시각장애인(저시력)	( )	(V)	( )	( )
지체장애인(상지)	( )	( )	(V)	( )
청각장애인	(V)	( )	( )	( )

NO	미준수 사례
1	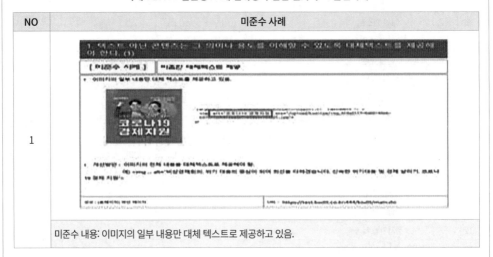
	미준수 내용: 이미지의 일부 내용만 대체 텍스트로 제공하고 있음.

<개선 방향>

(사) 별도로 첨부되는 웹 접근성 미준수 사례집을 검토하여 디자인 및 소스코드의 수정이 필요한 항목에
대하여 수정 보완을 실행하거나 개선방안을 마련하고 조치결과서를 작성할 것을 권고함(조치결과서
는 별첨되는 미준수 사례집을 활용하여 화면이나 소스를 캡처하여 기재하면 됨. 별첨 자료는 사업자에게 제공됨)

11.4 웹 접근성 진단 Tool

제품명	비고
OpenWAX	OpenWAX는 전체 24개의 진단지표 중 12개 항목을 진단하는 데 활용할 수 있는 웹 접근성 자동 평가 도구이다.
Colour Contrast Analyser	텍스트, 콘텐츠 요소와 배경 사이 등의 명도 대비를 확인할 수 있는 설치형 진단 도구이다.
Color Contrast Checker	텍스트, 콘텐츠 요소와 배경 사이 등의 명도 대비를 확인할 수 있는 설치형 진단 도구이다. (프로그램 설치가 어려운 환경인 경우, 온라인에서 검사를 진행할 수 있는 장점이 있다.)
웹브라우저 개발자도구	웹브라우저에 내장되어있는 개발자용 도구이다.
기타 웹 접근성을 지원하는 도구	스크린 리더 소프트웨어 화면 확대 도구 음성 인식 도구 키보드 오버레이

1) OpenWAX

진단 방법	OpenWAX는 전체 24개의 진단지표 중 12개 항목을 진단하는 데 활용할 수 있는 웹 접근성 자동 평가 도구이다. 「한국형 웹 콘텐츠 접근성 지침 2.1」을 기준으로 진단 결과를 제공하기 때문에 준수 여부를 손쉽게 확인할 수 있다.		
진단 예시	**1.** 크롬브라우저 웹 스토어에서 OpenWAX 검색→확장 프로그램 추가	**2.** 진단 대상 웹사이트 접속 후, 브라우저 툴바에서 도구 실행	**3.** 진단기준을 클릭하여 준수 여부 확인

2) Colour Contrast Analyser

진단 방법	텍스트, 콘텐츠 요소와 배경 사이 등의 명도 대비를 확인할 수 있는 설치형 진단 도구이다. '1. 색에 무관한 콘텐츠 인식, 2. 텍스트 콘텐츠의 명도 대비' 지표를 진단하는 데 사용된다. 확인이 필요한 색상 값을 입력하여 명도 대비 기준을 충족하는지를 확인할 수 있다.	
진단 예시	**1.** Colour contrast Analyser 웹사이트를 방문하여 설치파일(exe)	**2.** 확인이 필요한 콘텐츠 요소의 색상을 직접 입력하거나 화면에서 선택하여 검사 실행
	* Colour contrast Analyser: https://developer.paciellogroup.com/resources/contrastanalyser/	

3) Color Contrast Checker

진단 방법	Color Contrast Checker는 앞서 소개한 Colour Contrast Analyser와 동일한 기능을 제공한다. 프로그램 설치가 어려운 환경인 경우, 온라인에서 검사를 진행할 수 있는 장점이 있다. 명도 대비 기준을 통과하지 못하였을 때, 색상 슬라이더를 움직여 동일한 색상 범주 내에서 기준을 충족하는 색상을 빠르게 찾을 수 있다.	
진단 예시	**1.** Color contrast Checker 웹사이트를 방문하여 확인이 필요한 색상값 입력 또는 선택	**2.** 검사 실행 및 결과 확인
	* Color Contrast Checker: https://webaim.org/resources/contrastchecker/	

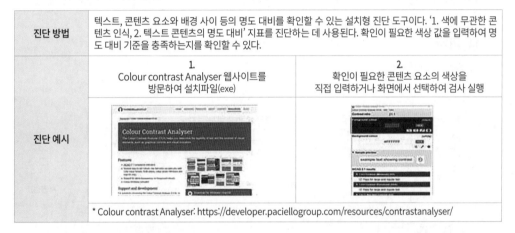

4) 웹브라우저 개발자도구

진단 방법	웹브라우저에 내장되어있는 개발자도구를 활용하면 다양한 웹 접근성 문제를 보다 정확하게 파악할 수 있다. HTML, CSS 코드에 사용된 속성이나 값 등을 직접 확인함으로써 웹 접근성 문제가 어느 위치, 어떤 측면에서 발생했는지를 알 수 있다.	
진단 예시	**1.** Chrome 웹브라우저의 개발자도구 (F12, Ctrl + Shift + I, 또는 웹페이지 우클릭 후 검사 클릭)	**2.** Internet Explorer 웹브라우저의 개발자도구 (F12 또는 설정-개발자도구 실행)
	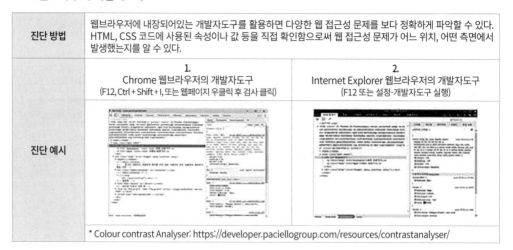	
	* Colour contrast Analyser: https://developer.paciellogroup.com/resources/contrastanalyser/	

11.5 기타

1) 웹 접근성 인증심사

<사례 311> 웹 접근성 인증심사 절차도

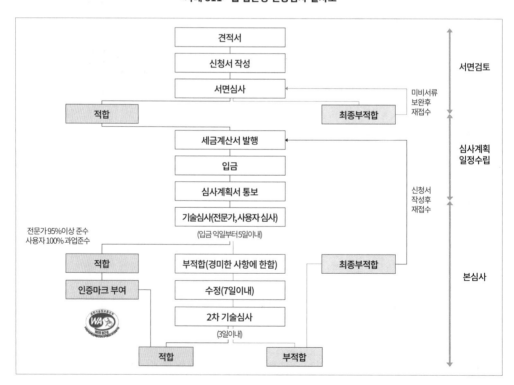

※ 총 심사일은 영업일 기준 최대 15일 소요한다(2차 심사까지 포함된 경우).

※ 인증심사 적합 판정 후 6개월 이내 사후관리(모니터링)를 실시한다.

\<사례 312\> WA 인증마크 세부 심사 절차

절차	내용	
서면 심사	신청서	
기술 심사	전문가 심사	전문가 3인으로 구성
	사용자 심사	전맹, 저시력, 지체 또는 뇌병변장애인
현장 심사	웹사이트에 접근권한이 제한되는 등 현장을 방문해서 심사를 진행해야 할 필요성이 있는 경우	
갱신심사	인증의 유효기간 만료일 이전에 유효기간의 연장을 목적으로 인증기관이 실시하는 인증심사	
사후관리	인증이 유효한 기관이 웹 접근성 수준을 지속적으로 유지하고 있는지에 대하여 반기에 한번 모니터링을 한다.	

■ 재심사 대상

기술 심사는 본심사만 실시하는 것을 원칙으로 한다. 다만, 다음의 경우에 재심사를 진행한다.

- 전문가 심사 결과 18개 이상의 검사항목이 95% 이상 준수한 경우
- 전문가 심사 결과 전체 검사항목 평균 준수율이 85% 이상인 경우
- 사용자 심사 결과 과업 성공률이 85% 이상인 경우
  ※ 위의 세 가지를 모두 충족하여야 함
  ※ 재심사는 본심사에서 정한 샘플링의 20% 이상의 페이지 또는 콘텐츠를 신규 선정하여 심사함

■ 사후관리(모니터링)
- 인증획득기관이 품질인증 기준을 유지하고 있는지를 인증발급일로부터 6개월 이내 실시
- 모니터링은 자동점검 도구를 이용해 10페이지 이상 실시를 권장하고, 필요시 메인 페이지와 서브 페이지를 포함해 대표적인 유형 3페이지에 대해 전문가 심사원 1인 이상이 수동으로 평가할 수 있다.
- 모니터링 후 개선사항 발생 시

- 개선사항 시정조치 요구: 웹사이트 변동률에 따른 갱신 또는 신규 심사로 전환 조치 없는 경우 인증 취소함

사이트 변동률	심사 전환	인증유효 기간
20% 이하	모니터링으로 수정 안내	기존 인증 기간 유지
20% 초과 - 50% 이하	갱신심사로 재심사 전환	갱신심사 인증일로부터 1년
50% 초과	신규 심사로 재심사 전환	신규 심사 인증일로부터 1년

2) 고려사항

웹 접근성 평가 시 일부 기준은 자동 진단 도구를 이용한 진단이 가능하다. 대부분의 자동 진단 도구는 진단기준에 근거하여 특정 태그, 속성 등의 사용 여부를 확인하지만, 내용의 적절성은 판단하지 않으므로 웹 접근성 전문가의 부가적인 확인을 필수적으로 진행해야 하며, 자동 진단 도구를 보조 도구로 활용이 필요하다.

12 개인정보 보호

12.1 개요

1) 정의

개인정보 보호활동은 개인정보 처리자가 개인정보 처리 과정에서 개인정보 침해를 예방하고 자기 결정권 등 정보주체의 권리를 보장하기 위하여 관리적/기술적/물리적 안전성 확보 등 관련 보호 조치들이 수행되었는지 점검하기 위한 활동을 말한다. 개인정보 보호 관련 유사 용어는 아래와 같이 정의 내릴 수 있다.

• **개인정보 보호 실태점검:** 개인정보보호위원회에서 안전한 개인정보 이용환경 조성을 위해 개인정보 관리실태 현장점검을 실시하고 법 위반 시 행정처분을 한다. 인터넷에 노출된 개인정보 탐지·삭제와 침해 신고 민원 처리 등 예방 활동도 수행한다. 종류로는 침해 우려가 큰 취약 분야를 대상으로 하는 예방적 차원의 기획점검, 침해 신고나 민원 접수 등 침해사고가 발생할 때 실시하는 특별점검, 개인정보 관리실태를 자체적으

로 점검하여 제출하는 서면 점검이 있다.

- **개인정보 영향평가:** 개인정보를 활용하는 새로운 정보시스템의 도입 및 기존 정보시스템의 중요한 변경 시, 시스템의 구축·운영이 발주기관의 민원인은 물론 국민의 프라이버시에 미칠 영향에 대하여 미리 조사·분석·평가하는 체계적인 절차다. 영향평가 주관부서 담당자, 개인정보 보호책임자, 개인정보 보호담당자 등으로 영향평가팀을 구성하여, 개인정보 처리 시스템 구축 전(前) 단계인 분석 또는 설계단계에 실시한다. 설계단계에서부터 개인정보 침해 위험성을 검토하고 개선함으로써 시스템 구축·운영 시 발생할 수 있는 침해위협을 최소화하고 효과적인 대응책을 마련하기 위함이다. 개인정보 영향평가의 대상은 개인정보를 전자적으로 처리할 수 있는 개인정보 파일로서 다음 각호의 어느 하나에 해당하는 개인정보 파일을 말한다.
  ① 구축·운용 또는 변경하려는 개인정보 파일로서 5만 명 이상의 정보주체에 관한 민감정보 또는 고유 식별 정보의 처리가 수반되는 개인정보 파일
  ② 구축·운용하고 있는 개인정보 파일을 해당 공공기관 내부 또는 외부에서 구축·운용하고 있는 다른 개인정보 파일과 연계하려는 경우로서 연계 결과 50만 명 이상의 정보주체에 관한 개인정보가 포함되는 개인정보 파일
  ③ 구축·운용 또는 변경하려는 개인정보 파일로서 100만 명 이상의 정보주체에 관한 개인법 제33조제1항에 따른 개인정보 영향평가(이하 '영향평가'라 한다)를 받은 후에 개인정보 검색체계 등 개인정보 파일의 운용체계를 변경하려는 경우 그 개인정보 파일의 영향평가 대상은 변경된 부분으로 한정함

- **개인정보 관리수준 진단:** 「개인정보 보호법」 제11조(자료 제출 요구 등) 제2항에 근거하여 중앙행정기관 및 산하 공공기관, 지방자치단체, 지방공기업을 대상으로 공공기관의 개인정보 관리체계 및 유출 예방 활동 등을 진단하여 국민의 개인정보가 안전하게 관리될 수 있도록 기반 조성을 유도하기 위한 제도다.

2) 목적

개인정보 보호활동의 목적은 첫째, 개인정보처리자가 개인정보 처리 과정에서 개인정보 침해를 예방한다. 둘째, 개인정보주체에게 주어진 자기 결정권 등 개인정보주체의 권리

를 보장한다. 셋째, 개인정보 침해 위험성을 검토하고 개선함으로써 시스템 구축·운영 시 발생할 수 있는 침해위협을 최소화하고 효과적인 대응책을 마련한다. 마지막으로 개인정보처리자가 개인정보 처리 과정에서 법적 의무사항의 미준수 또는 개인정보 안전성 확보조치의 미확보로 인하여 발생할 수 있는 행정처분을 사전에 방지하기 위함이다.

<사례 313> 행정처분과 공표

3. 행정 처분과 공표
- 개인정보 보호법은 법을 위반한 개인정보처리자 또는 그 밖의 자에 대하여 과태료 및 과징금 부과, 시정조치 명령, 개선권고, 징계권고, 공표 등을 행사하여 행정 질서를 바로잡으려는 행위입니다. - 개인정보 보호법에는 대부분 개인정보처리자를 처분의 대상으로 하고 있으나, 영상정보처리기기 설치·운영에 대해서는 위반한 모든 사람을 처분 대상으로 하고 있습니다.

● 개인정보 보호법_제61조(의견제시 및 개선권고)	● 제64조(시정조치 등)
① 보호위원회는 개인정보 보호에 영향을 미치는 내용이 포함된 법령이나 조례에 대하여 필요하다고 인정하면 심의의결을 거쳐 관계 기관에 의견을 제시할 수 있다. < 개정 2013.3.23., 2014.11.19., 2017.7.26., 2020.2.4.> ② 보호위원회는 개인정보 보호를 위하여 필요하다고 인정하면 개인정보처리자에게 개인정보처리 실태의 개선을 권고할 수 있다. 이 경우 권고를 받은 개인정보처리자는 이를 이행하기 위하여 성실하게 노력하여야 하며, 그 조치 결과를 보호위원회에 알려야 한다.	① 보호위원회는 개인정보가 침해되었다고 판단할 상당한 근거가 있고 이를 방치할 경우 회복하기 어려운 피해가 발생할 우려가 있다고 인정되면 이 법을 위반한 자(중앙행정기관, 지방자치단체, 국회, 법원, 헌법재판소, 중앙선거관리위원회는 제외한다)에 대하여 다음 각 호에 해당하는 조치를 명할 수 있다.

출처: 개인정보 보호 법령 및 지침·고시 해설

3) PMO 중점 관리항목

개인정보보호 중점 관리항목은 감리기준이나 감리 수행 가이드 등에서 정해진 바가 없이 해당 발주기관이나 프로젝트에 따라서 유동적으로 정하여 점검을 수행하는 실정이다. 다만, 개인정보 보호는 2011년 「개인정보 보호법」 발효 이후 일관되게 요청되는 준수항목을 근간으로 설정한다면, 아래와 같이 정리할 수 있다. 이외에 해당 발주기관이나 프로젝트의 성격에 따라서 이슈 사항 항목에 추가하여 점검 활동이 가능할 것이다. 중점 관리항목 세부 항목은 측정지표라고 할 수 있으므로 측정지표 부분에서 제시하기로 한다.

- 과업 이행 여부
- 법적 의무사항 준수의 적정성
- 개인정보 보호 관리체계 정립의 적정성
- 개인정보 생명주기별 처리의 적정성

- 개인정보 기술적 안전성 확보 조치의 적정성
- 기타 개인정보 보호 이슈 사항

12.2 개인정보 보호 진단 절차

1) 기준

개인정보 보호활동 기준은 개인정보 보호 생명주기별로 수립되거나 수행된 개인정보 보호 관리체계와 관리산출물 및 개발산출물을 확보하는 것이다. 아래와 같은 기준을 제시할 수 있다.

- 개인정보 처리 과정에서 법적 의무사항은 준수되었는지
- 개인정보가 침해되었는지, 개인정보주체의 권리가 보장되었는지
- 관리적/기술적/물리적 안전성 확보 조치가 확보되었는지
- 시스템 구축·운영 시 발생할 수 있는 침해위협을 최소화하고 효과적 대응책 마련 여부

<사례 314> 시스템 감리 시 개인정보 보호 점검 강화 계획

4	개인정보처리시스템 개발 내실화

1	개인정보 영향평가의 실효성 확보

- **(영향평가 대상 확대)** 영향평가 대상에 **질적 기준을 추가**
  *(현행) 개인정보 보유량 -> (개선) 개인정보 민감도 · 중요도, 취급자 수 등 추가
- **(예산 반영 의무화)** 영향평가 대상인 개인정보처리시스템 구축 · 변경 시 **영향평가 예산을 필수 반영토록** 조치
- **(영향평가 제재 강화)** 영향평가 미이행 시 과태료 부과 처분("22.1. 의원입법안 발의)
  - **영향평가 요약본 공개** 의무화 및 영향평가 **이행 여부 주기적 점검**
  ※ (영향평가 지원 병행) 영향평가 안내서 제작 배포, 담당자 교육 등
- (영향평가 결과 반영 여부 점검 강화) 영향평가 결과 개선사항으로 지적된 부분에 대한 이행 계획 및 실적의 적절성을 점검

➡ 『개인정보 보호법』 개정: '24

2	시스템 감리 시 개인정보 보호 점검 강화

- **(감리기준에 개인정보 보호 반영)** 공공부문 정보시스템 감리기준가이드에 개인정보 보호에 관한 사항 반영
  - 감리(전자정부법 제2조제14호) : 제3자의 관점에서 정보시스템의 효율성 향상 및 안전성 확보를 위해 정보시스템의 구축 · 운영 등을 종합적으로 점검하고 문제점을 개선하도록 하는 것

출처: 공공부문 개인정보 유출 방지 대책 보고서

2) 측정지표

측정지표는 중점 관리항목의 세부 항목을 측정지표라고 할 수 있다. 개인정보 보호활동 부분은 전문가가 실시하고, 통상 종료단계에 행해지므로 종료단계 지표로 정의한다.

① 과업 이행 여부 지표는 사업관리 및 품질보증, 응용이나 DB 분야와 마찬가지로 요구사항이 최종 이행되었는지를 점검하는 것이다. 종료단계에서는 통상 검사기준서를 이용하여 기능의 이행 여부를 테스트 결과 등의 증빙으로 점검하고, 비기능의 이행 여부는 증빙문서 또는 관련 산출물로 점검한다. 점검 방법은 서면 점검이 일반적이지만 인터뷰나 해당 사이트 스크리닝(홈페이지나 시스템 확인)과 현장 실사를 할 수도 있다.

<표 231> 개인정보 보호 분야 비기능 요구사항 과업 이행 여부 점검 사례

요구사항ID	요구사항 정의	검사기준	완료여부	적/부판정	관련 증빙
SER-001-002	ISMS-P (정보보호 및 개인정보 보호 관리체계 인증) 통제항목 준수	ISMS-P (정보보호 및 개인정보 보호 관리체계 인증) 통제항목 준수 여부 확인	완료	적합	기술협상서(10페이지), 보안관리계획서 (5~8페이지)
SER-001-003	해당 사업과 관련한 관리적, 물리적, 기술적 보안대책을 수립 및 수행하고 보안 관리 책임자를 지정함	해당 사업과 관련한 관리적, 물리적, 기술적 보안대책을 수립 및 수행하고 보안 관리 책임자를 지정했는지 확인	완료	적합	보안관리계획서 (4~8페이지)
SER-001-004	사업이 개인정보 영향평가 대상(개인정보를 취급하는 시스템의 신규 구축 또는 변경 사업)에 해당시 반드시 시행하여야 하며, 시행 사업자는 정보보호서비스 전문 업체이면서 개인정보 영향평가 기관에 해당할 것	사업이 개인정보 영향평가 대상(개인정보를 취급하는 시스템의 신규 구축 또는 변경 사업)에 해당시 반드시 시행하여야 하며, 시행 사업자는 정보보호서비스 전문 업체이면서 개인정보 영향평가 기관에 해당되는지 확인	완료	적합	개인정보영향평가 결과서, 정보보호 서비스 전문 업체리스트, 개인정보 영향평가 수행기관 리스트
SER-001-005	개인정보취급자의 경우 00기관에서 제안하는 법정 의무교육을 이수해야함	개인정보취급자의 경우 00기관에서 제안하는 법정 의무교육을 이수했는지 확인	완료	적합	온라인 교육 이수증
SER-001-301	통합 운영사업 제안내용과 동일하게 적용	통합 운영사업 제안내용과 동일하게 적용되었는지 확인	완료	적합	기술협상서,제안서
SER-001-302	ISMS-P 통제항목 준수를 위하여, "ISMS-P 인증 유자격자" 투입을 통해 사전 점검 및 보완을 실시하여야 하며, 이에 대한 세부 계획을 사전 제출할 것	ISMS-P 통제항목 준수를 위하여, "ISMS-P 인증 유자격자" 투입을 통해 사전 점검 및 보완을 실시하여야 하며, 이에 대한 세부 계획을 사전 제출했는지 확인	완료	적합	기술협상서 (10페이지)

② 법적 의무사항 준수의 적정성 지표

법적 의무사항 준수의 적정성 지표는 개인정보처리자가 개인정보 처리 과정에서 법적 의무사항의 미준수 또는 개인정보 안전성 확보 조치의 미확보로 인하여 발생할 수 있는 행정처분(참조: 사례 313 행정처분과 공표)을 사전에 방지하기 위하여 준수 여부를 점검하는 것이다. 준수 여부는 증빙 문서 또는 관련 산출물로 점검한다. 점검 방법은 법적 의무사항 위반 여부를 체크하는 것으로 해당 법률이나 시행령을 파악한 후, 관련 증빙자료를 체크하는 것이 일반적이지만 인터뷰나 해당 사이트 스크리닝(홈페이지나 시스템 확인), 현장 실사를 할 수도 있다.

\<표 232\> 법적 의무사항 준수의 적정성 지표 내역

분야(개인정보 보호법 조항)	체크사항(법적 의무사항 위반행위)	위반시 과태료	비고
제15조 (개인정보의 수집·이용 동의)	1. 온오프라인 회원가입 시 동의 위반	1천만 원 이하	
	2. 정보주체 동의 시 필수 고지 항목(4개*) 고지 위반	3천만 원 이하	
제16조 (최소 수집 및 서비스제공 거부)	3.최소한 정보 외의 개인정보 수집에 대한 미동의를 이유로 재화 또는 서비스 제공 거부 위반	3천만 원 이하	
제17조 (개인정보의 제공)	4. 제3자에게 개인정보 제공 시 정보주체 동의 위반	5년 이하 징역 또는 5천만 원 이하 벌금	
	5. 정보주체 동의 시 필수 고지 항목(5개*) 고지 위반	3천만 원 이하	
제18조 (개인정보의 이용·제공 제한)	6. 개인정보 수집 당시 정보주체의 이용·제공 동의 범위를 초과하여 이용·제공 위반	5년 이하 징역 또는 5천만 원 이하 벌금	
	7. 동의에 의한 목적 외 이용, 목적 외 제3자 제공 시 필수 고지 항목(5개*) 고지 위반	3천만 원 이하	
제21조 (개인정보의 파기)	8. 보유기간 경과, 처리 목적(제공받은 경우 제공받은 목적) 달성 후 지체없이 개인정보 파기 위반	3천만 원 이하	
	9. 법령에 따라 보존할 경우 별도 분리 보관 위반	1천만 원 이하	
제22조 (동의를 받는 방법)	10. 최소 개인정보와 그 외의 개인정보 구분 동의 위반	1천만 원 이하	
	11. 동의가 필요한 정보(필수정보)와 동의 없이 처리할 수 있는 정보(선택정보)의 구분 동의 위반		
	12. 만 14세 미만 아동의 개인정보를 처리하기 위하여 법정대리인의 동의를 받았는지 위반	5천만 원 이하	
	13. 선택항목 및 홍보 권유 정보의 미동의를 이유로 재화 또는 서비스 제공 거부 위반	3천만 원 이하	
제23조 (민감정보의 처리 제한)	14. 사상, 정치, 건강 등 민감정보의 동의에 의한 수집 및 제공 시 구분 동의 위반	5년 이하 징역 또는 5천만 원 이하 벌금	
제24조 (고유식별정보의 처리 제한)	15. 고유식별정보*의 동의에 의한 수집 및 제공 시 구분 동의 위반, 주민등록번호 수집 시 법령 근거 마련 위반 *고유식별정보:주민등록번호, 여권번호, 운전면허번호, 외국인등록번호	5년 이하 징역 또는 5천만 원 이하 벌금	
	16. 주민등록번호 외 회원가입 방법 제공 위반	3천만 원 이하	
제25조 (영상정보처리 기기의 설치·운영 제한)	17. 영상정보처리기기 설치·운영시 기준 준수 위반	3천만 원 이하	
	18. 안내판 설치 등 조치의무	1천만 원 이하	

분야(개인정보 보호법 조항)		체크사항(법적 의무사항 위반행위)	위반시 과태료	비고
제26조 (업무위탁에 따른 처리 제한)		19. 위탁 시 필수사항(7) 포함한 문서(계약서)에 의한 계약 위반 *목적 외 처리금지, 기술·관리적 보호 조치, 목적·범위, 재위탁 제한, 접근제한 등 안전조치, 관리·감독사항 등	1천만 원 이하	
		20. 수탁자 공개 위반	1천만 원 이하	
제29조 (안전조치 의무)	내부관리 계획 수립·시행	21. 내부 관리 계획 수립·시행 위반	3천만 원 이하	
	접근권한 관리 및 접근 통제	22. 시스템에 대한 접근권한을 필요 최소한의 범위로 업무 담당자에 따라 차등 부여 위반		
제29조 (안전조치 의무)	개인정보의 암호화	23. 개인정보 암호화계획 수립·시행 위반	3천만 원 이하	
		24. 고유식별정보의 내부 저장 시 암호화 조치 또는 그에 상응하는 조치 적용 위반		
	접속기록의 보관	25. 취급자의 접속기록을 최소 1년 이상 보관·관리 및 월 1회 이상 점검 위반	3천만 원 이하	
		26. 접속기록이 위·변조 및 도난, 분실되지 않도록 접속기록의 안전하게 보관 위반		
	보안프로그램 설치·운영	27. 보안 프로그램의 설치·운영 위반	3천만 원 이하	
	물리적 접근 방지	28. 개인정보가 포함된 서류, 보조저장매체 등을 잠금장치가 있는 안전한 장소 보관 위반	3천만 원 이하	
제30조 (개인정보 처리방침의 수립· 공개)		29. 개인정보 처리방침의 수립 및 공개 위반	1천만 원 이하	
제31조 (개인정보 보호책임자의 지정)		30. 개인정보 보호책임자 지정 위반	1천만 원 이하	
제35조 (개인정보의 열람)		31. 개인정보주체의 열람 요구시 해당 개인정보를 열람할 수 있도록 조치위반	3천만 원 이하	
		32. 정보주체의 열람 요구 거부 시 통지의무 불이행	1천만 원 이하	
제36조 (개인정보의 정정·삭제)		33. 개인정보의 정정·삭제 요구에 대한 필요한 조치를 취하지 않고, 개인정보를 계속 이용하거나 제3자에게 제공한 경우	2년 이하 징역 또는 1천만 원 이하의 벌금	
		34. 정보주체의 정정·삭제 요구에 따라 필요조치를 취하지 아니한 경우	3천만 원 이하	
		35. 정보주체의 정정·삭제 요구 거부 시 통지의무 불이행	1천만 원 이하	

③ 개인정보 보호 관리체계 정립의 적정성 지표

개인정보 보호 관리체계 정립의 적정성은 보안 분야의 관리적 보안과 같이 개인정보 보호를 추진하기 위한 틀을 정립하였는지를 점검한다. 주요 점검항목은 조직 및 인력과 예산부터 개인정보 영향평가 수행까지 8개 항목을 포함하고 있다. 점검 방법은 서면 점검이 일반적이지만 인터뷰나 해당 사이트 스크리닝(홈페이지나 시스템 확인), 현장 실사를 할 수도 있다.

<표 233> 개인정보 보호 관리체계 정립의 적정성 지표 내역

항목	내용	증빙자료
개인정보파일 관리	개인정보파일 등록 및 공개, 개인정보 파일 대장 관리	개인정보 보호 포털에 개인정보파일 등록 내역, 개인정보파일 관리대장
개인정보 보호 기반 마련	개인정보 보호 인력 및 예산	개인정보 보호 전담 조직 및 업무 분장, 예산 편성 내역
개인정보 보호 조직	개인정보 보호책임자의 지정, 개인정보 보호책임자 역할수행	개인정보 보호책임자 지정 문서, 내부관리 계획 이행 실태점검 등 개인정보 보호책임자 수행 실적
개인정보 보호 계획	내부관리 계획 수립, 개인정보 보호 연간계획수립	해당 기관 내부관리 계획, 개인정보 보호 연간계획
개인정보 침해대응	침해사고 신고 방법 안내, 유출사고 대응	해당 기관 개인정보 침해사고 대응 절차서
정보주체 권리보장	정보주체 권리보장 절차 수립, 정보주체 권리보장 방법 안내	해당 기관 개인정보 보호 지침
개인정보취급자 관리	개인정보취급자 지정, 개인정보취급자 관리·감독	해당 기관 개인정보취급자 지정 문서, 개인정보 취급자 교육실적, 개인정보보호 서약서 징구 실적
개인정보 영향평가 수행	개인정보 영향평가 수행, 개인정보 영향평가 결과보고서 제출, 개선사항 이행확인서 제출	개인정보 영향평가 결과보고서, 개선사항 이행 확인보고서

④ 개인정보 생명주기별 처리의 적정성 지표

개인정보 생명주기별 처리의 적정성은 개인정보 수집부터 파기에 이르기까지의 과정을 마치 사람이 태어나서 사망에 이르는 과정에 비유한 것이다. 그 전체 과정에서 개인정보주체가 자기 결정권에 의한 권리를 보장받았는지, 침해는 없었는지 등을 체크한다. 점검 방법은 서면 점검이 일반적이지만 대부분 온라인으로 처리되므로 해당 사이트 스크리닝(홈페이지나 시스템 확인)이 바람직할 수 있다. 물론, 인터뷰나 현장 실사를 할 수도 있다.

<표 234> 개인정보 생명주기별 처리의 적정성 지표 내역

항목	내 용	증빙자료
개인정보 수집	- 개인정보 수집 최소화 준수 여부 - 개인정보 수집 및 이용 동의 시 4가지 필수사항안내 여부: 수집 및 이용목적, 수집 및 이용 항목, 보유 및 이용 기간, 거부권리 - 민감정보 수집 시 별도 동의 여부 • 일반 개인정보 수집 및 이용 동의와 구분하여 수집 - 개인정보 수집 명확화 적용(수집 및 이용 동의 시 중요사항의 표시 방법 적용) 여부 • 글씨는 9포인트 이상의 크기로 하되 다른 내용보다 20% 이상 크게 함 • 다른 색의 글씨, 굵은 글씨 또는 밑줄 등을 사용하여 명확히 드러나게 함 • 중요한 내용이 많은 경우에는 정보주체가 해당 내용을 쉽게 확인할 수 있도록 별도로 요약하여 제시	개인정보 보호 지침, 개인정보 수집 및 이용동의서

항목	내 용	증빙자료
개인정보 보유	보유기간 산정 근거 마련 여부	보유기간 산정 근거
개인정보 이용제공	- 개인정보 제3자 제공 시 5가지 필수사항 안내 여부 　• 제공받는 자, 제공 목적, 제공 항목, 보유 및 이용 기간, 거부권리 - 개인정보 제공의 적합성, 목적 외 이용·제공 제한, 제공 시 안전성 확보 여부	제3자 제공 및 목적 외 이용 절차서, 제3자 제공동의서, 제3자 제공 및 목적 외 이용 대장
개인정보 처리 위탁	위탁현황 관리	위탁현황 공개 내역
	위탁의 문서화	개인정보 처리 위탁계약서
	수탁사 관리·감독	수탁사 교육 및 실태점검보고서
개인정보 파기	파기 계획수립, 분리보관 계획수립, 파기 관리대장 기록 및 관리	파기 계획, 분리보관 실적, 파기 관리대장

⑤ 개인정보 안전성 확보 조치의 적정성 지표

　개인정보 안전성 확보 조치의 적정성은 「(개인정보보호위원회) 개인정보의 안전성 확보 조치 기준」에서 제시하고 있는 법적 의무 준수사항을 점검하는 것이다. 다만, 내부관리 계획수립 여부와 개인정보 파기 여부처럼 중첩된 경우는 중복 방지를 위해 각각 해당하는 부분에서 점검하는 것이 바람직하다. 한편, 안전성 확보 조치 기준 고시는 개인정보처리자 및 개인정보 보유량에 따른 유형 <그림 234>처럼 개인정보 처리자 유형을 구분하여 적용하여야 하지만, 여기 가이드에서는 모든 경우의 수를 가정하여 제3유형을 근간으로 검토하기로 한다. 대부분의 PMO가 중앙부처나 공공기관에서 수행되므로 이러한 가정이 적정할 것으로 판단된다. 점검 방법은 서면 점검이 일반적이지만 Wire Shark처럼 관련 Tool에 의한 점검이나 인터뷰, 해당 사이트 스크리닝(홈페이지나 시스템 확인), 현장 실사를 할 수도 있다.

<그림 234> 개인정보처리자 유형 및 개인정보 보유량에 따른 유형 구분 내역

유형	적용 대상
유형 1(완화)	• 1만 명 미만의 정보주체에 관한 개인정보를 보유한 소상공인, 단체, 개인
유형 2(표준)	• 100만 명 미만의 정보주체에 관한 개인정보를 보유한 중소기업 • 10만 명 미만의 정보주체에 관한 개인정보를 보유한 대기업, 중견기업, 공공기관 • 1만 명 이상의 정보주체에 관한 개인정보를 보유한 소상공인, 단체, 개인
유형 3(강화)	• 10만 명 이상의 정보주체에 관한 개인정보를 보유한 대기업, 중견기업, 공공기관 • 100만 명 이상의 정보주체에 관한 개인정보를 보유한 중소기업, 단체

<표 235> 개인정보 안전성 확보 조치의 적정성 지표 내역

항목	내 용	증빙자료
제4조 내부 관리 계획의 수립·시행	- 15개 항목을 포함하는 내부관리 계획을 수립·시행하고 이행실태를 연 1회 이상으로 점검·관리	내부관리 계획 및 이행실태 점검 보고서
제5조 접근권한의 관리	- 개인정보처리시스템에 대한 접근권한을 업무 수행에 필요한 최소한의 범위로 업무 담당자에 따라 차등 부여 하여야 함 - 전보 또는 퇴직 등 인사이동이 발생하여 개인정보취급자가 변경되었을 경우 지체없이 개인정보처리시스템의 접근권한을 변경 또는 말소하여야 함 - 권한 부여, 변경 또는 말소에 대한 내역을 기록하고, 그 기록을 최소 3년간 보관하여야 함 - 개인정보처리시스템에 접속할 수 있는 사용자계정을 발급하는 경우 개인정보취급자 별로 사용자계정을 발급하여야 하며, 다른 개인정보취급자와 공유되지 않도록 하여야 함 - 개인정보취급자 또는 정보주체가 안전한 비밀번호를 설정하여 이행할 수 있도록 비밀번호 작성규칙을 수립하여 적용하여야 함	접근권한 관리정책
제5조 접근권한의 관리	- 권한 있는 개인정보급자만이 개인정보처리 시스템에 접근할 수 있도록 계정 정보 또는 비밀번호를 일정 횟수 이상 잘못 입력한 경우 개인정보처리 시스템에 대한 접근을 제한하는 등 필요한 기술적 조치를 하여야 함	접근권한 관리정책

제6조 접근통제	- 개인정보처리자는 정보통신망을 통한 불법적인 접근 및 침해사고 방지를 위해 다음 각 호의 기능을 포함한 조치를 하여야 함
	  1. 개인정보처리시스템에 대한 접속 권한을 IP(Internet Protocol)주소 등으로 제한하여 인가받지 않은 접근을 제한
	  2. 개인정보처리시스템에 접속한 IP(Internet Protocol)주소 등을 분석하여 불법적인 개인정보 유출 시도 탐지 및 대응
	- 개인정보취급자가 정보통신망을 통해 외부에서 개인정보처리 시스템에 접속하려는 경우 가상사설망(VPN : Virtual Private Network) 또는 전용선 등 안전한 접속 수단을 적용하거나 안전한 인증수단을 적용하여야 함
	- 취급중인 개인정보가 인터넷 홈페이지, P2P, 공유설정, 공개된 무선망 이용 등을 통하여 열람 권한이 없는 자에게 공개되거나 유출되지 않도록 개인정보처리시스템, 업무용 컴퓨터, 모바일 기기 및 관리용 단말기 등에 접근 통제 등에 관한 조치를 하여야 함
	- 고유식별정보를 처리하는 개인정보처리자는 인터넷 홈페이지를 통해 고유식별 정보가 유출·변조·훼손되지 않도록 연 1회 이상 취약점을 점검하고 필요한 보완 조치를 하여야 함
	- 개인정보처리시스템에 대한 불법적인 접근 및 침해사고 방지를 위하여 개인정보 취급자가 일정 시간 이상 업무처리를 하지 않는 경우에는 자동으로 시스템 접속이 차단되도록 하여야 함
	- 별도의 개인정보처리시스템을 이용하지 아니하고 업무용 컴퓨터 또는 모바일 기기를 이용하여 개인정보를 처리하는 경우에는 제1항을 적용하지 아니할 수 있으며, 이 경우 업무용 컴퓨터 또는 모바일 기기의 운영체제(OS : Operating System)나 보안프로그램 등에서 제공하는 접근통제 기능을 이용할 수 있음
	- 업무용 모바일 기기의 분실·도난 등으로 개인정보가 유출되지 않도록 해당 모바일 기기에 비밀번호 설정 등의 보호조치를 하여야 함
		보안정책 중 접근통제 방안

제7조 개인정보의 암호화	- 개인정보처리자는 고유식별정보, 비밀번호, 바이오정보를 정보통신망을 통하여 송신하거나 보조저장매체 등을 통하여 전달하는 경우에는 이를 암호화하여야 함 - 개인정보처리자는 비밀번호 및 바이오정보는 암호화하여 저장하여야 한다. 다만, 비밀번호를 저장하는 경우에는 복호화되지 아니하도록 일방향 암호화하여 저장하여야 함 - 개인정보처리자는 인터넷 구간 및 인터넷 구간과 내부망의 중간 지점(DMZ : Demilitarized Zone)에 고유식별정보를 저장하는 경우에는 이를 암호화하여야 함	암호화 정책

항목	내 용	증빙자료
제7조 개인정보의 암호화	- 개인정보처리자가 내부망에 고유식별정보를 저장하는 경우에는 다음 각 호의 기준에 따라 암호화의 적용 여부 및 적용 범위를 정하여 시행할 수 있음 　1. 법 제33조에 따른 개인정보 영향평가의 대상이 되는 공공기관의 경우에는 해당 개인정보 영향평가의 결과 　2. 암호화 미적용시 위험도 분석에 따른 결과 - 개인정보처리자는 제1항, 제2항, 제3항, 또는 제4항에 따라 개인정보를 암호화하는 경우 안전한 암호 알고리즘으로 암호화하여 저장하여야 함 - 개인정보처리자는 암호화된 개인정보를 안전하게 보관하기 위하여 안전한 암호 키 생성, 이용, 보관, 배포 및 파기 등에 관한 절차를 수립·시행하여야 함 - 개인정보처리자는 업무용 컴퓨터 또는 모바일 기기에 고유식별정보를 저장하여 관리하는 경우 상용 암호화 소프트웨어 또는 안전한 암호화 알고리즘을 사용하여 암호화한 후 저장하여야 함	암호화 정책
제8조 접속기록의 보관 및 점검	- 개인정보취급자가 개인정보처리시스템에 접속한 기록을 1년 이상 보관·관리하여야 함. 다만, 5만 명 이상의 정보주체에 관하여 개인정보를 처리하거나, 고유식별정보 또는 민감정보를 처리하는 개인정보처리시스템의 경우에는 2년 이상 보관·관리하여야 함 - 개인정보처리자는 개인정보의 오·남용, 분실·도난·유출 ·위조·변조 또는 훼손 등에 대응하기 위하여 개인정보처리 시스템의 접속기록 등을 월 1회 이상 점검하여야 함. 특히 개인정보를 다운로드한 것이 발견되었을 경우에는 내부관리 계획으로 정하는 바에 따라 그 사유를 반드시 확인하여야 함 - 개인정보취급자의 접속기록이 위·변조 및 도난, 분실되지 않도록 해당 접속기록을 안전하게 보관하여야 함	접속기록 보관 내역, 점검보고서
제9조 악성프로그램 등 방지	- 악성프로그램 등을 방지·치료할 수 있는 백신 소프트웨어 등의 보안프로그램을 설치·운영하여야 하며, 다음 각 호의 사항을 준수하여야 함 　1. 보안프로그램의 자동 업데이트 기능을 사용하거나, 일 1회 이상 업데이트를 실시하여 최신의 상태로 유지 　2. 악성프로그램 관련 경보가 발령된 경우 또는 사용 중인 응용프로그램이나 운영체제 소프트웨어의 제작업체에서 보안 업데이트 공지가 있는 경우 즉시 이에 따른 업데이트를 실시 　3. 발견된 악성프로그램 등에 대해 삭제 등 대응 조치	내PC지키미 점검 실적
제10조 관리용 단말기의 안전조치	- 개인정보 유출 등 개인정보 침해사고 방지를 위하여 관리용 단말기에 대해 다음 각 호의 안전조치를 하여야 함 　1. 인가받지 않은 사람이 관리용 단말기에 접근하여 임의로 조작하지 못하도록 조치 　2. 본래 목적 외로 사용되지 않도록 조치 　3. 악성프로그램 감염 방지 등을 위한 보안조치 적용	관리용 단말기 안전조치 증빙자료
제11조 물리적 안전조치	- 전산실, 자료보관실 등 개인정보를 보관하고 있는 물리적 보관 장소를 별도로 두고 있는 경우에는 이에 대한 출입 통제 절차를 수립·운영 - 개인정보가 포함된 서류, 보조저장매체 등을 잠금장치가 있는 안전한 장소에 보관 - 개인정보가 포함된 보조저장매체의 반출·입 통제를 위한 보안대책을 마련	출입통제 절차, 보조저장매체 반출·입 대장 등
제12조 재해·재난 대비 안전조치	- 화재, 홍수, 단전 등의 재해·재난 발생 시 개인정보처리시스템 보호를 위한 위기대응 매뉴얼 등 대응절차를 마련하고 정기적으로 점검 - 재해·재난 발생 시 개인정보처리시스템 백업 및 복구를 위한 계획을 마련	재해·재난 위기대응 매뉴얼
제13조 개인정보의 파기	- 개인정보를 파기할 경우 다음 각 호 중 어느 하나의 조치를 하여야 함 　1. 완전 파괴(소각·파쇄 등) 　2. 전용 소자 장비를 이용하여 삭제 　3. 데이터가 복원되지 않도록 초기화 또는 덮어쓰기 수행 - 개인정보처리자가 개인정보의 일부만을 파기하는 경우, 상단의 방법으로 파기하는 것이 어려울 때에는 다음 각 호의 조치를 하여야 함 　1. 전자적 파일 형태인 경우: 개인정보를 삭제한 후 복구 및 재생되지 않도록 관리 및 감독 　2. 제1호 외의 기록물, 인쇄물, 서면, 그 밖의 기록매체인 경우: 해당 부분을 마스킹, 천공 등으로 삭제	파기관리계획, 파기관리대장

⑥ 개인정보 보호 이슈 사항 지표

개인정보 보호 이슈 사항 지표는 개인정보 보호 현안 사항이나 발주기관에서 추가적으로 컨설팅 또는 점검을 요청한 사항이다. PMO가 발주기관으로부터 요구사항 외에 대응 지원요청을 받는 경우가 이러한 사항들에 해당한다. 물론 이들 사항은 발주기관이 중앙부처로부터 요청받거나 개인정보보호위원회로부터의 진단 대상으로 선정된 항목들이다.

<표 236> 개인정보 보호 이슈 사항 지표 내역

이슈 항목	내용	비고
개인정보 처리방침 작성 및 게시 지원	- 2022.3월에 개정된 개인정보보호위원회의 「개인정보 처리방침 작성지침」에 따른 개인정보 처리방침의 작성작업 • 이번 가이드에는 그림 형태의 라벨링과 공공기관의 경우 그 특성상 정보주체의 권리 보호와 대민 신뢰도 향상 등을 위해 개인정보 처리방침에 반드시 기재하여야 하는 사항 이외에도 공공기관 개인정보 관리수준 진단 평가 결과, 개인정보 영향평가 수행 결과, 개인정보 보호인증 취득 현황 등을 공개하는 것도 권장됨	
개인정보 관리 수준 진단 지원	- 공공기관('21년 795개)의 안전한 개인정보 처리 및 관리수준 향상을 위해 매년 개인정보 관리체계 및 침해예방·대응활동을 개인정보보호위원회 주관으로 2008년부터 추진해 오고 있는 제도 - 기관에서 등록·제출한 실적을 기반으로 진단위원회를 통한 진단 후 이의신청 내역 재검증 및 최종결과 확정·안내 ※ ('08년~'14년) 중앙부처·광역자치단체 중심 자율진단 → ('15년) 「법 제11조제2항」 시행에 따라 자율진단 체계를 '관리수준 진단(의무)'으로 강화 → ('15년~) 대상 공공기관 확대 실시	
개인정보 보호 교육 지원	- 「개인정보 보호법」에 의하면 개인정보 취급자를 대상으로 의무적으로 개인정보 보호 교육을 실시해야 하고, 개인정보 관리수준 진단에서도 개인정보 보호 교육 실시 여부를 평가하므로 개인정보보호 교육 의뢰를 받을 수 있음	
개인정보 보호 실태점검 지원	- 개인정보 실태점검은 당초 행정안전부에서 실시해오다가 개인정보 업무가 개인정보보호위원회로 일원화됨에 따라 이제는 개인정보보호위원회에서 실시하고 있는 제도임 - 안전한 개인정보 이용환경 조성을 위해 개인정보 관리실태 현장점검을 실시하고 법 위반 시 행정처분을 실시함은 물론, 인터넷에 노출된 개인정보 탐지·삭제와 침해신고 민원처리 등 예방 활동도 수행 - 종류로는 침해 우려가 큰 취약 분야를 대상으로 실시하는 예방적 차원의 기획점검, 침해 신고나 민원 접수 등 침해사고가 발생할 때 실시하는 특별점검, 개인정보 관리실태를 자체적으로 점검하여 제출하는 서면점검이 있음	
개인정보보호의 날 행사 지원	- 개인정보보호의 날 행사는 통상 매월 1일에 해당 기관의 직원들을 대상으로 개인정보 보호 인식 제고를 위해서 수행되는 행사로서 다양한 아이템으로 치러짐 - 아이템 발굴에 애로를 겪고 있으므로 신규 아이템에 대한 아이디어 제공 요청을 받을 수 있음. 특히 직원들 대상으로 메일을 송부하는 '인포그래픽 작성'에 대한 도움 요청을 받을 수 있음	
내부관리 계획 이행실태 점검 지원	- 개인정보 안전성 확보 조치 기준 제4조에 의거 개인정보 보호책임자는 1년에 1회 이상 내부관리계획의 이행실태를 점검하도록 되어 있는바, 이에 따라 실시하는 제도임 - 15개 항목에 대하여 실시한 후 결과보고서를 작성함	
개인정보영향평가 이행점검 지원	- 개인정보를 활용하는 새로운 정보시스템의 도입 및 기존 정보시스템의 중요한 변경 시, 시스템의 구축·운영이 기업의 고객은 물론 국민의 프라이버시에 미칠 영향에 대하여 미리 조사·분석·평가하는 체계적인 절차를 말하며, 영향평가 주관부서 담당자, 개인정보 보호책임자, 개인정보 보호 담당자 등으로 영향평가팀을 구성하여, 개인정보처리시스템 구축 전(前) 단계인 분석 또는 설계 단계에 실시함. 설계단계에서부터 개인정보 침해 위험성을 검토하고 개선함으로써 시스템 구축·운영시 발생할 수 있는 침해위협을 최소화하고 효과적인 대응책을 마련하기 위함	

이슈 항목	내용	비고
개인정보영향평가 이행점검 지원	- 개인정보 영향평가의 대상은 개인정보를 전자적으로 처리할 수 있는 개인정보파일로서 구축·운용 또는 변경하려는 개인정보파일로서 5만 명 이상의 정보주체에 관한 민감정보 또는 고유식별정보의 처리가 수반되는 개인정보파일, 구축·운용하고 있는 개인정보파일을 해당 공공기관 내부 또는 외부에서 구축·운용하고 있는 다른 개인정보파일과 연계하려는 경우로서 연계 결과 50만 명 이상의 정보주체에 관한 개인정보가 포함되는 개인정보파일, 구축·운용 또는 변경하려는 개인정보파일로서 100만 명 이상의 정보주체에 관한 개인정보파일, 법 제33조제1항에 따른 개인정보 영향평가(이하 '영향평가'라 한다)를 받은 후에 개인정보 검색체계 등 개인정보파일의 운용체계를 변경하려는 경우 그 개인정보파일이 해당됨(이 경우 영향평가 대상은 변경된 부분으로 한정함) - 개인정보 영향평가 이행점검 지원이란 개인정보 영향평가 결과보고서를 제출한 날로부터 1년 이내에 이행점검 확인서를 개인정보보호위원회에 제출하도록 되어 있는 바, 이러한 미흡사항의 조치와 관련된 이행점검 시에 발주기관을 지원하는 것을 말함	

3) 절차

절차는 일반 컨설팅 절차와 유사하다. 다만, 다른 점이 있다면 자료수집 단계에서 관련 Tool에 의한 확인 과정이 다르다. 사전 조사 → 자료요청 → 자료수집(Tool에 의한 확인) → 분석 → 보고서 초안 작성 → 검토 및 조정 → 최종 보고서 확정 단계를 거쳐서 작업을 수행한다. 필요시 전후 단계를 합쳐서 하거나 생략할 수도 있다.

12.3 개인정보 보호 진단 사례

① 전문가 감리수행 결과보고서 작성 사례

<사례 315> 개인정보 보호전문가 감리수행 결과보고서 작성 사례

나. 상세 점검결과
[개인정보 보호 진단]
(7) 비기능 요구사항 과업을 적정하게 이행하고, 개인정보 보호 관리체계 정립부터 안전성 확보조치까지 적정하게 이행함

<현황 및 문제점 >
(가) (점검 사항) 공정산출물 검토 및 면담을 통해 개인정보 보호 분야 요구사항에 대한 전반적인 이행상태와 적정성 여부를 점검함
- 과업 이행여부
- 개인정보 보호 관리체계 정립의 적정성
- 개인정보 생명주기별 처리의 적정성
- 개인정보 안전성 확보 조치의 적정성
- 개인정보처리방침, 동의서 등의 적정성 등 개인정보 보호 이슈

(나) (과업이행 여부) 요구사항정의서와 관련 산출물 검토 및 면담을 통해 개인정보 보호 분야 비기능 요구사항에 대한 과업이행 여부를 점검함
- 개인정보보호 분야 요구사항 6건에 대한 과업이행 여부 점검 결과, 완료된 과업이 5건으로 파악되었고, 완료된 과업 6건은 모두 적합으로 확인되어 부적합 사항은 없음

② 개인정보 처리방침 작성 사례

<사례 316> 개인정보 처리방침 작성 사례

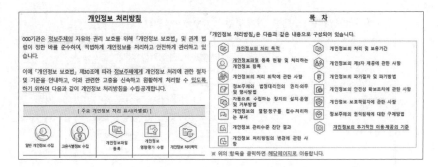

③ 개인정보 관리수준 진단 사례

<사례 317> 개인정보 관리수준 진단 사례

④ 개인정보 보호 교육자료 사례

<사례 318> 개인정보 보호 교육자료 사례

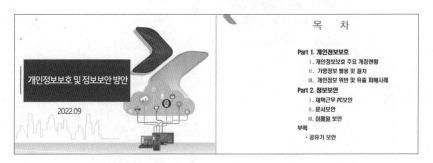

⑤ 개인정보 실태점검 사례

<사례 319> 개인정보 실태점검 사례

⑥ 개인정보보호의 날 행사 사례

<사례 320> 개인정보보호의 날 행사 사례

⑦ 내부 관리계획 이행 실태점검 사례

<사례 321> 내부 관리계획 이행 실태점검 사례

⑧ 개인정보 영향평가 이행점검 지원 사례

<사례 322> 개인정보 영향평가 이행점검 지원 사례

12.4 개인정보 보호 점검 Tool

<그림 235> 개인정보 보호 분야 점검 도구명

도구명	역할	비고
wire shark	네트워크 패킷을 캡처하고 분석하는 오픈 소스 도구로 암호화 여부 체크 가능	
구글핵	구글 검색을 통해 특정 자료나 치명적인 자료를 찾거나 구하는 방법, 해킹 취약점을 찾는 방법 등에 관해 데이터베이스화 시켜 놓은 서비스	
개인정보 필터	PC 내 민감·개인정보 포함 문서 및 이미지 파일을 검사하고 암호화, 완전 삭제 등 기술적 보호 조치가 가능하며 실시간 모니터링을 통해 민감·개인정보 노출 위험을 사전 예방함. 고객사 규모 및 환경에 따라 선택이 가능한 구축형, 클라우드형, USB형 진단 도구 등 다양한 형태의 제품이 있음	
업무용 PC 개인정보 보호 조치 점검도구 2.0	개인정보 암호화, 비밀번호, 접근 통제, 백신 등 보안프로그램 업데이트	KISA 배포
내PC돌보미	원격근무, 재택근무 등 인터넷을 이용하는 가정용 개인PC, 모바일 기기(안드로이드 OS), IoT 기기를 대상으로 원격 보안점검을 실시하며, 점검결과에 따른 안전조치를 지원	

제3부
PMO 응용

1 CBD 방법론 개요

1.1 CBD 방법론 목적

CBD(Component-Based Software Development)는 기존 개발된 컴포넌트를 조립하여 소프트웨어를 개발하는 방식이다. 기본원칙에 충실하게 SW의 품질을 향상하고 원가를 절감하자는 노력에서 시작된 개발 기술 및 개발방법론의 진화된 형태다.

1.2 CBD 방법론 등장 배경 및 차이점

CBD 방법론은 기존 개발방법론의 기법, 원칙, 사례, 산출물을 발전시킨 진보된 개발방법론으로 기존 방법론의 한계에서 출발했다.

<그림 236> 정보공학과 객체지향 비교

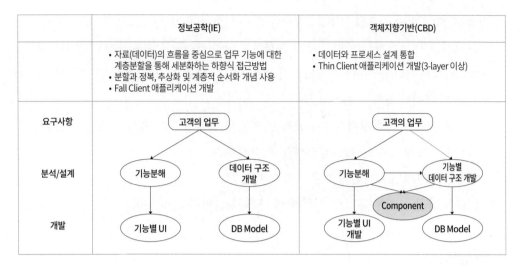

	정보공학(IE)	객체지향기반(CBD)
	• 자료(데이터)의 흐름을 중심으로 업무 기능에 대한 계층분할을 통해 세분화하는 하향식 접근방법 • 분할과 정복, 추상화 및 계층적 순서화 개념 사용 • Fall Client 애플리케이션 개발	• 데이터와 프로세스 설계 통합 • Thin Client 애플리케이션 개발(3-layer 이상)

<그림 237> 정보공학과 객체지향 특징

비교영역	특징	
	정보공학(IE)	객체지향기반(CBD)
절차 진행	• 구조적 방법론 기반의 Water-fall 접근 • 선형적(Linear) 개발 및 프로젝트 관리	• 개발 및 프로젝트 관리의 반복적 접근 • 반복적(iterative) 개발 및 프로젝트 관리
모델링 기법	• 데이터 중심의 모델링 기법 • ERD(Entity Relationship Diagram) • DFD(Data Flow Diagram) • PHD(Process Hierarchy Diagram) • Entity-Process Matrix • Context Diagram	• 데이터 및 프로세스 모델링 기법의 병렬적 활용 • 유스케이스 다이어그램(UseCase) • 클래스 다이어그램(Class) • 시퀀스 다이어그램(Sequence) • 콜라보네이션 다이어그램(Collaboration) • 액티비티 다이어그램(Activity) • 상태 차트 다이어그램(State) • 컴포넌트 다이어그램(Component) • 배포 다이어그램(Deployment)
핵심 산출물	• 데이터 중심의 산출물 • 데이터베이스(DB) 모델	• 프로세스 중심 산출물 + 데이터 중심 산출물 • 유스케이스 모델(프로세스에 초점) • 클래스 모델(데이터에 초점) • 아키텍처 중심의 산출물 • 소프트웨어 아키텍처 설계
적용 시스템	• 메인프레임, 클라이언트-서버 중심	• 웹 애플리케이션 중심 • 표준 플랫폼(J2EE / .NET / CORBA) 준수

1.3 CBD 방법론 특징

현재 공공기관에서 사용하는 객체지향 및 CBD 개발의 산출물 관리체계로서 다음과 같은 특징을 가지고 있다.

- 산출물 방법론은 CBD(객체지향)로 하고 표기 방법은 UML로 함
- 총 25개의 필수 산출물 「CBD SW개발 표준 산출물 관리 가이드 소개」를 도출함. 단, 프로젝트 특성에 따라 관련 업무가 존재하지 않는 경우는 산출물을 생략할 수 있음
- 예: 초기 데이터 구축내용이 없고, 전환 데이터가 없는 프로젝트에서는 '데이터 전환 및 초기 데이터 설계서' 생략 가능
- 산출물 간의 체계를 정립하고 산출물 간 연관성 및 산출물 내 항목의 연관성을 정립하여 방법론으로서의 일관성, 완전성 및 추적성 확보
- 산출물은 양식별로 다음과 같은 구조를 가짐
- 산출물 양식 → 작성 목적 → 작성 방법 → 항목 설명 → 작성 사례

1.4 방법론 비교

발주기관이나 수행사에 따라 CBD가 아닌 다른 방법론으로 수행하는 정보시스템 구축 사업에서는 산출물과 활동이 일부 달라 적용하기 어려운 측면이 발생할 수 있다. 이를 위해 「CBD SW개발 표준 산출물 관리 가이드 소개」에서 제시된 CBD 공정 단계별 개발 표준 산 출물 25종과 구조적 방법 및 객체지향 방법의 주요 산출물을 비교하여 정보시스템 구축사 업에서도 방법론을 커스터마이징하여 사용할 수 있도록 한다. 방법론 간 주요 산출물은 < 표 237>과 같다.

<표 237> 방법론 간 주요 산출물 비교표

단계	CBD 방법(행정안전부 산출물 표준)	구조적 방법(method/1)	객체지향 방법(UML 기반)
분석	사용자요구사항정의서	사용자요구사항정의서	사용자요구사항정의서
	유스케이스 명세서	업무절차 모델	유스케이스명세서(유스케이스 다이어그램)
	요구사항추적표	요구사항추적표	요구사항추적표
설계	클래스명세서	속성유형설명서, 엔티티 유형설명서	클래스명세서(클래스 다이어그램)
	사용자 인터페이스설계서	사용자 인터페이스설계서	사용자 인터페이스 객체구조설계서
	컴포넌트설계서	자동화 프로세스설계서(실행 프로그램 설명서)	컴포넌트 다이어그램, 패키지 다이어그램 프로세스 다이어그램, 배치 다이어그램
	인터페이스설계서	응용아키텍처 자동화 프로세스설계서	시스템 인터페이스 객체설계서 시스템 인터페이스 객체구조설계서

단계	CBD 방법(행정안전부 산출물 표준)	구조적 방법(method/1)	객체지향 방법(UML 기반)
설계	아키텍처설계서	응용 아키텍처 구조 시스템 아키텍처보고서	기술 아키텍처보고서 시스템 분산모델
	총괄시험계획서	시험계획서(총괄)	시험계획서
	시스템시험시나리오	시험계획서(시스템)	시스템시험계획서
	엔티티 관계모형설계서	데이터모형설계서	데이터 객체구조정의서
	데이터베이스설계서	논리 및 물리 데이터베이스설계서	데이터베이스명세서
	통합시험시나리오	시험계획서(통합)	통합시험계획서
	단위시험케이스	시험계획서(단위)	단위시험계획서
	데이터 전환 및 초기 데이터설계서	전환계획서 및 전환결과서	데이터 전환 계획 및 초기 데이터설계서
구현	프로그램 소스	프로그램 소스프로그램 목록	프로그램 소스프로그램 목록
	단위시험결과서	시험결과서(단위)	단위시험결과서
	데이터베이스테이블	데이터베이스테이블	데이터베이스테이블
시험	통합시험결과서	시험결과서(통합)	통합시험결과서
	시스템시험결과서	시험결과서(시스템)	시스템시험결과서
전개	사용자지침서	사용자지침서	사용자지침서
	운영자지침서	운영자지침서	운영자지침서
	시스템 설치결과서	시스템설치결과서	시스템설치결과서
	인수시험시나리오	시험계획서(사용자)	인수시험시나리오
	인수시험결과서	시험결과서(사용자)	인수시험결과서

출처: 전자정부사업 품질관리 매뉴얼 v1.0(한국정보화진흥원)

2 CBD 개발 프로세스

2.1 개발방법론 표준 프로세스

많은 공공기관이 개발방법론으로 CBD 방법론을 사용하고 있다. 프로세스는 개발 준비, 분석, 설계, 구현, 시험, 전개 및 인도 등 6단계로 구성되어 있다.

PP. 개발준비	AN. 분석	DE. 설계	CO. 구현
PP. 개발준비	**요구사항 분석**	**아키텍처 설계**	**구현준비**
사업TFT 구성	요구사항 수집	SW아키텍처 설계	개발환경구성
방법론테일러링	요구사항 정의	시스템아키텍처 설계	**개발**
개발사전준비	유스케이스 기술	**애플리케이션 설계**	프로그램 개발
특허청정보화 개발준비	요구사항추적	**애플리케이션 설계**	**단위테스트**
	업무/데이터 분석	클래스 설계	단위테스트
	업무분석	사용자인터페이스 설계	**구현단계 점검**
	데이터 분석	컴포넌트 설계	웹 표준점검
	아키텍처 분석	인터페이스 설계	소스 품질검사
	현행 아키텍처 분석	배치프로그램 설계	구현단계 산출물 점검
	분석단계 테스트 계획	사용자 웹 구성 설계	
	총괄테스트 계획	**요구사항 분석**	
	분석단계 점검	개념DB모델 설계	
	분석단계 산출물 점검	논리DB모델 설계	
		물리DB모델 설계	
		데이터흐름도 작성	
		특허데이터 검증식 작성	

TE. 시험	IM. 전개	**데이터전환설계**	TO. 인도
테스트	**리허설**	데이터전환/검증계획	**인수인계**
테스트 준비작업	리허설 준비작업	데이터정비계획	인수인계계획
통합테스트	최종점검 및 리허설	**설계단계테스트계획**	EA현행화
사용자테스트	**전개**	단위테스트 케이스 작성	매뉴얼작성
시험단계	전개 준비작업	통합테스트 시나리오 작성	산출물현행화
시험단계 산출물 점검	최종점검 및 전개	시스템테스트 시나리오 작성	산출물인계인수
		사용자테스트 시나리오 작성	**교육**
		설계단계점검	교육준비및교육
		설계단계 산출물 점검	

출처: 소프트웨어 개발방법론

2.2 표준 프로세스별 산출물

개발방법론 표준 프로세스는 단계 7개, 활동 23개, 작업 52개와 산출물 74개로 구성되어 있다.

단계(Phase)	활동(Activity)	작업(Task)	산출물
PP. (Project Planing) 개발 준비	PP10. TFT 구성 및 테일러링	PP11. 사업TFT 구성	PP11-1. TFT 구성계획서
		PP12. 방법론 테일러링	PP12-1. 방법론테일러링결과서
	PP20. 개발 사전 준비	PP31. 특허청 정보화 개발 준비	-
AN. (Analysis) 분석	AN10. 요구사항 분석	AN11. 요구사항 수집	AN11-1. 인터뷰계획서
			AN11-2. 인터뷰결과서
		AN12. 요구사항 정의	AN12-1. 요구사항정의서
		AN13. 유스케이스 기술	AN13-1. 유스케이스명세서
		AN14. 요구사항 추적	AN14-1. 요구사항추적표
	AN20. 업무/데이터 분석	AN21. 업무 분석	AN21-1. 현행비즈니스프로세스정의서
			AN21-2. 현행비즈니스업무흐름도
			AN21-3. To-Be 비즈니스프로세스정의서
			AN21-4. To-Be 비즈니스업무흐름도
		AN22. 데이터 분석 AN22. 데이터 분석	AN22-1. 현행데이터분석서
			AN22-2. 현행표준사전정의서
			AN22-3. 전환대상업무 및 범위정의서
	AN30. 아키텍처 분석	AN31. 현행 아키텍처 분석	AN31-1. 현행아키텍처분석서
	AN40. 분석단계 테스트 계획	AN41. 총괄테스트 계획	AN41-1. 총괄테스트계획서
	AN50. 분석단계 점검	AN51. 분석단계 산출물 점검	AN51-1. 분석단계점검결과서
			AN51-2. 분석단계점검조치결과서
DE. (Design) 설계	DE10. 아키텍처 설계	DE11. SW 아키텍처 설계	DE11-1. SW아키텍처설계서
		DE12. 시스템 아키텍처 설계	DE12-1. 시스템아키텍처설계서
	DE20. 애플리케이션 설계	DE21. 클래스 설계	DE21-1. 클래스설계서
		DE22. 사용자 인터페이스 설계	DE22-1. 사용자인터페이스설계서
		DE23. 컴포넌트 설계	DE23-1. 컴포넌트설계서
		DE24. 인터페이스 설계	DE24-1. 인터페이스설계서
		DE25. 배치 프로그램 설계	DE25-1. 배치프로그램설계서
		DE26. 사용자 웹 구성 설계	DE26-1. 사용자 인터페이스 웹구성도
	DE30. DB 설계	DE31. 개념 DB모델 설계	DE31-1. 개념데이터모델(EFD)
		DE32. 논리DB 설계	DE32-1. 논리데이터요소정의서
			DE32-2. 물리데이터요소정의서
			DE32-3. 논리/물리 엔티관계다이어그램(ERD)
			DE32-4. 표준데이터사전정의서
		DE33. 물리DB 설계	DE33-1. Object 정의서
			DE33-2. 데이터베이스설계서

단계(Phase)	활동(Activity)	작업(Task)	산출물
DE. (Design) 설계	DE30. DB 설계	DE34. 데이터흐름도(DFD) 작성	DE34-1. 데이터흐름도(DFD)
		DE35. 특허데이터검증식(BR) 작성	DE35-1. 특허데이터검증식(BR)정의서
	DE40. 데이터 전환설계	DE41. 데이터 전환/검증계획	DE41-1. 데이터전환계획서
			DE41-2. 데이터전환매핑정의서
			DE41-3. 데이터전환프로그램명세서
			DE41-4. 데이터검증프로그램명세서
		DE42. 데이터 정비계획	DE42-1. 데이터정비계획서
	DE50. 설계단계 테스트 계획	DE51. 단위테스트 케이스 작성	DE51-1. 단위테스트케이스
		DE52. 통합테스트 시나리오 작성	DE52-1. 통합테스트시나리오
		DE53. 시스템테스트 시나리오 작성	DE53-1. 시스템테스트시나리오
		DE54. 사용자테스트 시나리오 작성	DE54-1. 사용자테스트시나리오
	DE60. 설계단계 점검	DE61. 설계단계 산출물 점검	DE61-1. 설계단계점검결과서
			DE61-2. 설계단계점검조치결과서
CO. (Construction) 구현	CO10. 구현준비	CO11. 개발환경 구성	CO11-1. 개발환경구성계획서
	CO20. 개발	CO21. 프로그램 개발	CO21-1. 프로그램 소스
	CO30. 단위테스트	CO31. 단위테스트	CO31-1. 단위테스트결과서
	CO40. 구현단계 점검	CO41. 웹 표준 점검	CO41-1. 웹접근성점검보고서
			CO41-2. 웹호환성점검보고서
		CO42. 소스 품질검사	CO42-1. 소스품질검사보고서
			CO42-2. 보안약점진단결과서
		CO43. 구현단계 산출물 점검	CO43-1. 구현단계점검결과서
			CO43-2. 구현단계점검조치결과서
TE. (Test) 시험	TE10. 테스트	TE11. 테스트 준비작업	
		TE12. 통합테스트	TE12-1. 통합테스트결과서
		TE13. 사용자테스트	TE13-1. 사용자테스트결과서
	TE20. 시험단계점검	TE21. 시험단계 산출물 점검	TE21-1. 시험단계점검결과서
			TE21-2. 시험단계점검조치결과서
IM. (Implementation) 전개	IM10. 리허설	IM11. 리허설 준비작업	IM11-1. 전개전리허설계획서
		IM12. 최종점검 및 리허설	IM12-1. 리허설체크리스트
			IM12-2. 리허설결과서
			IM12-3. 시스템테스트결과서(리허설)
	IM20. 전개	IM21. 전개 준비작업	IM21-1. 전개계획서
		IM22. 최종점검 및 리허설	IM22-1. 전개체크리스트
			IM22-2. 전개결과서
			IM22-3. 시스템테스트결과서(전개)

단계(Phase)	활동(Activity)	작업(Task)	산출물
TO. (Take Over) 인도	TO10. 인수인계	TO11. 인수인계 계획	TO11-1. 인수인계계획서
		TO12. EA 현행화	TO12-1. 특허청FA정보
			TO12-2. 특허청FA연관정보
		TO13. 매뉴얼 작성	TO13-1. 운영자매뉴얼
			TO13-2. 사용자매뉴얼
			TO13-3. 기반운영매뉴얼
		TO14. 산출물 현행화	
		TO15. 산출물 인수인계	
	TO20. 교육	TO21. 교육준비 및 교육	TO21-1. 인수인계교육참석자명단

출처: 소프트웨어 개발방법론

2.3 범정부 EA 메타 정보와 연관관계

CBD 방법론의 단계별 산출물과 범정부 EA 메타 정보 간 연관관계를 정의하며, EA 현행화 작업(TO12) 수행 시 연관정보를 참고하여 EA 메타 정보 산출물을 작성한다.

<사례 324> 범정부 EA 메타 정보와 연관관계

단계 (Phase)	활동(Activity)	산출물	범정부 EA 메타 정보	
			EA 정보	EA 연관정보
PP. 개발준비	PP10. TFT 구성 및 테일러링	PP11-1. TFT 구성계획서		
		PP12-1. 방법론테일러링결과서		
AN. 분석	AN10. 요구사항분석	AN11-1. 인터뷰계획서		
		AN11-2. 인터뷰결과서		
		AN12-1. 요구사항정의서		
		AN13-1. 유스케이스명세서		
		AN14-1. 요구사항추적표		
AN. 분석	AN20. 업무/데이터분석	AN21-1. 현행비즈니스프로세스정의서		
		AN21-2. 현행비즈니스업무흐름도		
		AN21-3. To-Be 비즈니스프로세스정의서		
		AN21-4. To-Be 비즈니스업무흐름도		
		AN22-1. 현행데이터분석서		현행 정보시스템 데이터참조모델맵
		AN22-2 현행표준사전정의서		
		AN22-3 전환대상업무 및 범위정의서		

단계 (Phase)	활동(Activity)	산출물	범정부 EA 메타 정보	
			EA 정보	EA 연관정보
AN. 분석	AN30. 아키텍처 분석	AN31-1 현행아키텍처분석서	현행 정보시스템	현행 정보시스템 목표정보시스템맵, 현행 정보시스템 소프트웨어맵, 현행 정보시스템 하드웨어맵
	AN40. 분석단계 테스트계획	AN41-1. 총괄테스트계획서		
	AN50. 분석단계점검	AN51-1 분석단계점검결과서		
		AN51-2 분석단계점검조치결과서		
DE. 설계	DE10. 아키텍처 설계	DE11-1. SW아키텍처설계서	현행 정보시스템 목표 정보시스템 서비스전달채널 소프트웨어	현행 정보시스템 목표정보시스템맵, 현행 정보시스템 소프트웨어맵, 하드웨어 소프트웨어맵, 소프트웨어기술 참조모형, 서비스전달채널 현행 정보시스템맵
		DE12-1. 시스템아키텍처설계서	통신장비 하드웨어 소프트웨어	하드웨어 기술참조모형맵, 하드웨어 소프트웨어맵, 기술참조모형 통신장비맵
	DE20. 어플리케이션 설계	DE21-1. 클래스설계서		
		DE22-1. 사용자인터페이스설계서	응용기능	
		DE23-1. 컴포넌트설계서		목표정보시스템 공통컴포넌트맵, 현행 정보시스템 공통컴포넌트맵
	DE20. 어플리케이션 설계	DE24-1. 인터페이스설계서	연계정보시스템	연계정보시스템 현행 정보시스템맵
		DE25-1. 배치프로그램설계서		
		DE26-1. 사용자인터페이스 웹구성도		
	DE30. DB 설계	DE31-1. 개념데이터모델(EFD)		
		DE32-1. 논리데이터요소정의서	데이터	데이터DB맵
		DE32-2. 물리데이터요소정의서		
		DE32-3. 논리/물리 엔티티관계다이어그 램(ERD)		목표정보시스템 데이터참조모델맵
		DE32-4. 표준데이터사전정의서		
		DE33-1. Object정의서		
		DE33-2. 데이터베이스설계서	DB	DB 현행 정보시스템맵
		DE34-1. 데이터흐름도(DFD)		
		DE35-1. 특허데이터검증식(BR)정의서		

단계 (Phase)	활동(Activity)	산출물	범정부 EA 메타 정보	
			EA 정보	EA 연관정보
DE. 설계	DE40. 데이터전환설계	DE41-1. 데이터전환계획서		
		DE41-2. 데이터전환매핑정의서		
		DE41-3. 데이터전환프로그램명세서		
		DE41-4. 데이터검증프로그램명세서		
		DE42-1. 데이터정비계획서		
	DE50. 설계단계 테스트계획	DE51-1. 단위테스트케이스		
		DE52-1. 통합테스트시나리오		
		DE53-1. 시스템테스트시나리오		
		DE54-1. 사용자테스트시나리오		
	DE60. 설계단계점검	DE61-1. 설계단계점검결과서		
		DE61-2. 설계단계점검조치결과서		
CO. 구현	CO10.구현준비	CO11-1. 개발환경구성계획서		
	CO20. 개발	CO21-1. 프로그램 소스		
	CO30.단위 테스트	CO31-1. 단위테스트결과서		
	CO40. 구현단계 점검	CO41-1. 웹접근성점검보고서		
		CO41-2. 웹호환성점검보고서		
		CO42-1. 소스품질검사보고서		
		CO42-2. 보안약점진단결과서		
		CO43-1. 구현단계점검결과서		
		CO43-2. 구현단계점검조치결과서		
TE. 시험	TE10. 테스트	TE12-1. 통합테스트결과서		
		TE13-1. 사용자테스트결과서		
	TE20. 시험단계점검	TE21-1. 시험단계점검결과서		
		TE21-2. 시험단계점검조치결과서		
IM. 전개 TO. 인도	IM10. 리허설	IM11-1. 전개전리허설계획서		
		IM12-1. 리허설체크리스트		
		IM12-2. 리허설결과서		
		IM12-3. 시스템테스트결과서(리허설)		
	IM20. 전개 TO10. 인수인계	IM21-1. 전개계획서	소프트웨어	
		IM22-1. 전개체크리스트		
		IM22-2. 전개결과서		
		IM22-3. 시스템테스트결과서(전개)		
		TO11-1. 인수인계계획서		
		TO12-1. 특허청FA정보		
		TO12-2. 특허청FA연관정보		
		TO13-1. 운영자매뉴얼		
		TO13-2. 사용자매뉴얼		
		TO13-3. 기반운영매뉴얼		
	TO20.교육	TO21-1. 인수인계교육참석자명단		

출처: 소프트웨어 개발방법론

③ CBD 핵심 산출물

3.1 유스케이스명세서

3.1.1 유스케이스명세서 구성

유스케이스명세서는 시스템의 기능적인 요구사항을 액터와 유스케이스로 표현하여 이들 관계에 대해 상세히 기술하는 산출물이다. 유스케이스명세서에는 개요, 서브 시스템 목록, 액터 목록, 유스케이스 목록, 유스케이스 상세 정의로 구성된다.

<그림 239> 유스케이스명세서 구성

1. 개요

2. 서브 시스템 목록

OOO 시스템		

서브시스템ID	서브시스템명	서브시스템 설명

3. 액터 목록

NO	시스템	서브시스템명	액터ID	액터명	액터 유형	액터 설명
					(주액터,보조액터)	

4. 유스케이스 목록

NO	시스템	서브시스템명	유스케이스 ID	유스케이스명	유스케이스 설명	주액터 ID	보조액터 ID	관련요구 사항ID

5. 유스케이스 상세 정의

5.1. 유스케이스 다이어그램

작성자		작성일	
유스케이스 다이어그램 작성			

5.2 유스케이스 기술서

작성자		작성일	
① 주액터 ② 이해관계자와 관심 사항 ③ 전제조건 ④ 종료 조건 ⑤ 기본이벤트 흐름 ⑥ 대안 이벤트 흐름 ⑦ 비기능적 요구사항 ⑧ 화면/보고서 프로토타입 ⑨ 업무 규칙 ⑩ 구현 시 고려사항			

출처: 소프트웨어 개발방법론 표준가이드

3.1.2 유스케이스명세서 상세 설명

1) 개요

유스케이스명세서의 작성 목적 및 배경 등 일반적인 개요를 기술한다(생략 가능).

2) 서브 시스템 목록

해당 과업에 대한 서브 시스템(또는 서브 업무)을 작성한다.

- **시스템**: 서브 시스템이 시스템별로 구분이 되는 경우 구분하여 기재

  예: OOO 정보시스템, 고객관리 시스템

- **서브시스템ID**: 과업에 대한 서브 시스템 고유번호를 기술한다.

  예: [업무 구분] + '-' + [일련번호 3자리]

- **서브시스템명**: 서브 시스템의 명칭을 기술한다.

- **서브 시스템 설명**: 서브 시스템의 설명을 간략히 기술한다.

3) 액터 목록

유스케이스에서 도출된 액터 목록을 기술한다.

- **NO:** 1번부터 순서를 기술한다.
- **시스템:** 서브 시스템이 시스템별로 구분이 되는 경우 구분하여 기재

  예: OOO 정보시스템, 고객관리 시스템
- **서브시스템명:** 서브 시스템의 명칭을 기술한다.
- **액터ID:** 액터ID의 고유번호를 기술한다.

  예: AC + '-' + [서브 업무ID] + '-' + [일련번호 4자리]
- **액터명:** 액터ID의 명칭을 기술한다.
- **액터 유형:**

  – 주액터: 사용자의 목적을 수행하는 능동적인 입장의 액터

  – 보조액터: 시스템의 요청에 따라 작업을 하거나, 수신하는 액터(예: CD기)
- **액터 설명:** 액터의 역할 등 설명을 기술한다.

4) 유스케이스 목록

수행 과업에서 도출된 유스케이스 목록을 모두 작성한다.

- **NO:** 1번부터 순서를 기술한다.
- **시스템:** 서브 시스템이 시스템별로 구분이 되는 경우 구분하여 기재

  예: OOO 정보시스템, 고객관리 시스템
- **서브시스템명:** 서브 시스템의 명칭을 기술한다.
- **유스케이스ID:** 유스케이스의 고유번호를 기술한다.

  예: UC + '-' + [서브 업무ID] + '-' + [일련번호 3자리]
- **유스케이스명:** 유스케이스의 명칭을 기술한다.
- **유스케이스 설명:** 유스케이스의 설명을 간략히 기술한다.
- **주액터ID:** 유스케이스를 사용하는 액터ID를 기술한다.
- **보조액터ID:** 유스케이스가 사용하는 보조액터ID를 기술한다.
- **관련요구사항ID:** 관련된 제안요청서의 요구사항ID를 기술한다.

5) 유스케이스 다이어그램

서브 시스템 범위를 나타내는 직사각형 박스 안에 유스케이스를 그린다. 서브 시스템의 유스케이스가 너무 많은 경우(예: 10개)에는 해당 서브시스템을 더 나누거나 패키지로 묶는다.

- **서브 시스템명:** 직사각형 박스의 상단에 작성하는 유스케이스 이름을 기술한다.
- **UCD ID:** 유스케이스명 뒤에 괄호( ) 안에 UCD의 고유번호를 기술한다.

  예: UD + '-' + [서브시스템ID] + '-' + [일련번호 4자리]
- **UCD명:** UCD의 명칭을 기술한다.

유스케이스의 정의는 '유스케이스는 액터에게 측정 가능한 가치를 제공하는 시스템에 의하여 수행되는 활동의 순서를 나타낸다.'는 것이다. 따라서 액터에게 의미 있는 유스케이스를 정의하여야 하며, 입력, 수정, 삭제, 조회가 있을 경우는 하나의 유스케이스로 포함하고, 입력을 주 이벤트 흐름으로, 나머지는 필요한 경우에 대안 이벤트 흐름으로 정의한다.

UCD의 명칭은 영어의 표기법에 따라 동사 + 목적어 형식, '책을 주문한다. order book'의 형식이나 협의하여 '책 주문' 형식을 택할 수 있다.

- **작성자:** 유스케이스 다이어그램의 작성자를 기술한다.
- **작성일:** 유스케이스 다이어그램의 작성일자를 기술한다.

<그림 240> 유스케이스 다이어그램 작성 예시

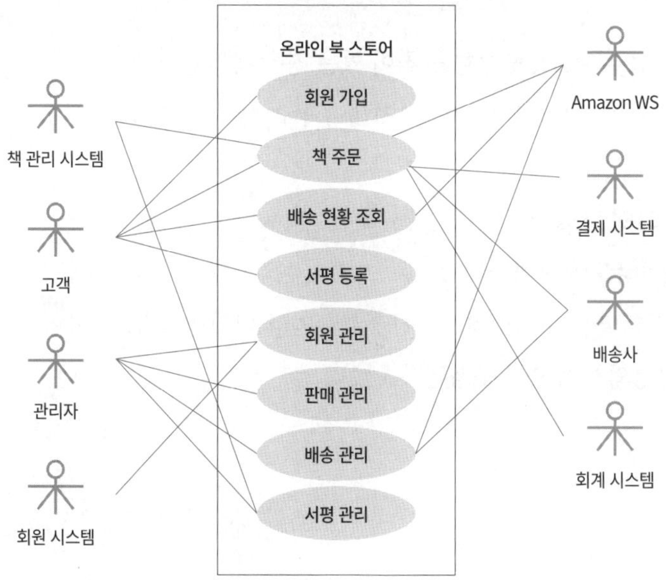

6) 유스케이스 기술서

서브 시스템에 속하는 유스케이스에 대한 기술서를 빠짐없이 순서에 따라 작성한다.

① **주액터**: 목적을 수행하는 시스템의 서비스를 호출하는 주된 액터를 기술한다.

② **이해관계자와 관심사항**: 유스케이스 내에 있어야 하는 사람, 조직, 컴퓨터 시스템들과 이들이 시스템에 대하여 요구하는 사항을 기술한다.

③ **전제조건**: 시나리오가 유스케이스에서 시작되기 전에 항상 '참'이어야 하는 조건을 기술한다.

④ **종료 조건**: 유스케이스의 주요 성공 시나리오나 다른 대안 경로의 성공적인 완료 후에 '참'이어야 하는 조건을 기술한다.

⑤ **기본이벤트 흐름**: 이해관계자의 관심사항을 충족시키는 일반적인 성공 경로를 기술한다. 이벤트 흐름에는 화면(버튼, 클릭 등)을 포함한 설계에 결정될 기술적인 용어는 안 된다. 이벤트 흐름은 업무 분석을 위한 개념적인 업무 흐름을 나타내는 것으로, 설계 단계 화면 이벤트는 아니다.

⑥ **대안 이벤트 흐름**: 성공과 실패의 경우에 관한 이벤트 흐름이나 분기를 기술한다. 주요 성공 시나리오 항목보다 확장 항목이 더 길고 복잡한 경우가 대부분이다.

⑦ **비기능적 요구사항**: 해당 유스케이스에 직접 관련된 성능, 보안, 사용성 등 비기능 요구사항이 있는 경우 작성한다.

⑧ **화면/보고서 프로토타입**: 업무 이해를 위해 필요한 경우 화면/보고서 프로토타입을 작성한다.

⑨ **업무 규칙**: 업무수행에 필요한 규칙이 있는 경우 정의한다.

⑩ **구현 시 고려사항**: 제약사항, 기타 고려해야 할 사항 기술(필요시)

3.2 논리 데이터 모델

3.2.1 논리 데이터 모델 구성

논리 데이터 모델은 주제영역, 주제영역별 논리 데이터 모델 다이어그램, 엔티티정의서, 엔티티속성정의서 등으로 구성된다.

1. 주제영역

주제영역1	주제영역2	주제영역3	주제영역4
주제영역5	주제영역6	주제영역7	주제영역8
주제영역9	주제영역10		

2. 주제영역별 논리 데이터 모델 다이어그램

주제영역	등록일	담당자	버전	설명
논리 데이터 모델 다이어그램				
(예시)				

3. 엔티티정의서

주제영역	엔티티명	수퍼타입 엔티티명	엔티티 설명
	엔티티1		

4. 엔티티속성정의서

엔티티명						
속성명	도메인명	데이터타입	길이	필수입력여부	식별자 참여정보	속성 설명

출처: 소프트웨어 개발방법론 표준가이드

3.2.2 논리 데이터 모델 상세 설명

1) 주제영역

서로 연관성이 높은 데이터군을 묶어 주제영역으로 나눠서 데이터 모델을 작성한다. 주제영역은 시스템의 데이터가 많은 경우에 매우 유용한 도구이며, 데이터 보안 통제 기준의 출발점이 될 수 있다.

표 238 데이터 모델 항목 정의 및 작성 지침

<표 238> 데이터 모델 항목 정의 및 작성 지침

항목	항목 정의 및 작성 지침
주제영역	○ 범정부데이터참조모형(DRM) 또는 공공기관의 데이터참조모형(DRM)의 분류체계를 참조하여 적정한 레벨에서 주제영역을 선정하여 기재 ※ DRM이 없는 경우나 데이터 모델을 효과적으로 관리하기 위해 별도의 주제영역을 정의할 필요가 있다고 판단되는 경우 주제영역 분류기준을 별도로 수립하여 적용 가능

2) 주제영역별 논리 데이터 모델

주제영역별 논리 데이터 모델 단계에서는 주제영역별로 데이터 모델 다이어그램을 작성하고, 주제영역에 속한 엔티티정의서와 엔티티속성정의서를 정의한다.

<그림 242> 주제영역별 논리 데이터 모델 사례

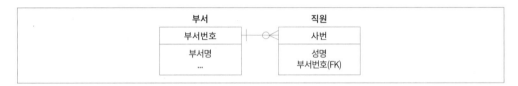

<표 239> 주제영역별 논리 데이터 모델 작성 지침

항목	항목 정의 및 작성 지침
주제영역	○ 범정부데이터참조모형(DRM) 또는 공공기관의 데이터참조모형(DRM)의 분류체계를 참조하여 적정한 레벨에서 주제영역을 선정하여 기재 ※ DRM이 없는 경우나 데이터 모델을 효과적으로 관리하기 위해 별도의 주제영역을 정의할 필요가 있다고 판단되는 경우 주제영역 분류기준을 별도로 수립하여 적용 가능
등록일	○ '논리데이터모델 다이어그램'에 대한 버전을 승인한 날짜
담당자	○ 작성된 '논리데이터모델 다이어그램'에 대한 소유권(오너십)을 갖는 공공기관 담당자 이름
버전	○ '논리데이터모델 다이어그램'의 버전(예: Version 1.0, Version 1.1 등) ※ '논리데이터모델 다이어그램'의 개정 이력을 관리하기 위해 승인 절차를 통한 버전 관리 필요
설명	○ '논리데이터모델 다이어그램'에 대한 간략한 설명을 기재 ※ '논리데이터모델 다이어그램'의 개정 시 주요 개정 이력을 기재
논리데이터모델 다이어그램(ERD)	○ 논리데이터모델을 도식화하여 표현한 것으로, '엔티티', '속성', '관계', '식별자' 등을 포함하여 작성 ※ 논리데이터모델을 표현하는 표기법은 공공기관에서 도입한 '모델링 도구(CASE TOOL)'에 따라 다를 수 있으므로 해당 모델링 도구의 표기법을 준수하여 작성

3) 엔티티정의서

주제영역별 엔티티, 엔티티명, 엔티티 설명을 작성한다.

<표 240> 엔티티정의서 작성 양식

주제영역	엔티티명	수퍼타입 엔티티명	엔티티설명

<표 241> 엔티티정의서 작성 지침

항목	항목 정의 및 작성 지침
주제영역	○ 정부기능분류체계(BRM)의 기능별 분류 대분류 수준에 해당하는 코드 문자열을 사용 ○ 엔티티가 속한 주제영역을 별도로 마련하여 분류할 필요가 있는 경우 사용자가 정의한 주제영역을 기술
엔티티명	○ 엔티티의 이름으로 '표준용어정의서'에 등록된 용어를 사용하여 한글로 기재 ○ 수퍼-서브타입 관계에 있는 서브타입 엔티티의 경우 서브타입 엔티티 이름만 기재함

수퍼타입
엔티티명
	○ 해당 엔티티가 수퍼-서브타입 관계에 있는 서브타입 엔티티인 경우에 한하여 상위에 존재하는 수퍼타입 엔티티의 이름을 기재
	※ (참조) 수퍼타입 엔티티, 서브타입 엔티티 개념
	  - 논리 모델링 단계에서 엔티티가 갖는 특성이 유사한 엔티티들을 구분하여 표현하고자 할 때, 수퍼타입 엔티티, 서브타입 엔티티의 개념을 도입
	  - 예를 들어, 직원이라는 엔티티를 세분화하여 정규 직원, 시간제 직원, 촉탁 직원으로 구분하고자 할 경우, 직원 엔티티를 수퍼타입 엔티티로 정의하고, 하위에 서브타입 엔티티로 정규 직원, 시간제 직원, 촉탁 직원을 정의
	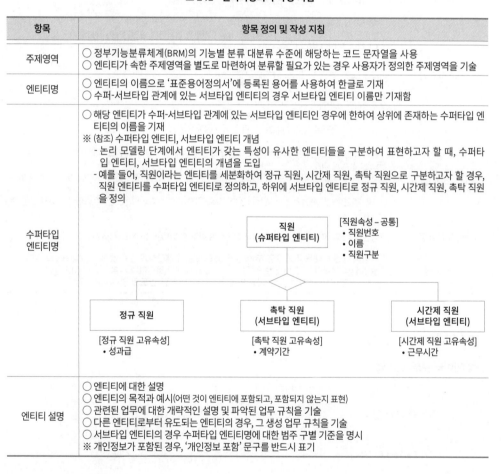

엔티티 설명	○ 엔티티에 대한 설명 ○ 엔티티의 목적과 예시(어떤 것이 엔티티에 포함되고, 포함되지 않는지 표현) ○ 관련된 업무에 대한 개략적인 설명 및 파악된 업무 규칙을 기술 ○ 다른 엔티티로부터 유도되는 엔티티의 경우, 그 생성 업무 규칙을 기술 ○ 서브타입 엔티티의 경우 수퍼타입 엔티티명에 대한 범주 구별 기준을 명시 ※ 개인정보가 포함된 경우, '개인정보 포함' 문구를 반드시 표기

4) 엔티티속성정의서

주제영역별 엔티티에 대한 속성을 정의한다.

<표 242> 엔티티속성정의서 작성 양식

엔티티명		엔티티				
속성명	도메인명	데이터 타입	길이	필수 입력 여부	식별자 참여 정보	속성 설명

<표 243> 엔티티속성정의서 작성 지침

항목	항목 정의 및 작성 지침
엔티티명	○ 속성이 속한 엔티티의 이름
속성명	○ 속성의 이름으로 '표준용어정의서'에 등록된 용어를 사용
도메인명	○ 속성이 참조하는 도메인명 또는 속성이 가질 수 있는 값의 영역을 기재 ○ 분석단계에서 정의하는 것이 바람직하나, 발주기관과 협의하여 설계단계에 작성할 수도 있다. 　 DE31-3. 도메인정의서
데이터 타입	○ 속성값이 저장되는 데이터 타입을 기재 　- '도메인정의서'의 데이터 타입 설명을 참조
길이	○ 속성값을 표현하기 위한 최대 길이 　- '도메인정의서'의 데이터 길이 설명을 참조 　※ 날짜나 시간처럼 데이터 타입에 따라 길이가 정해져 있는 경우는 생략 가능
필수 입력 여부	○ 엔티티 인스턴스가 생성되는 시점에 속성값의 존재 여부를 판단하여, 반드시 존재해야 하는 경우 'M' 　또는 '필수'로 기재 ○ 다른 속성의 값에 따라 필수 입력이 결정되는 경우는 'C' 또는 '조건부 필수'로 기재하고, 조건부 필수 　에 해당하는 조건은 속성 설명에 기재 　- 예: '결혼 여부' 속성의 값('기혼', '미혼')에 따라 '결혼기념일' 속성의 값이 필수이거나 그렇지 않을 수 　　있음
식별자 참여 정보	○ 속성이 식별자에 해당하는 경우는 식별자 참여 여부를 'YES' 또는 'Y'로 기재
속성 설명	○ 속성에 대한 이해를 돕기 위한 추가 설명, 코드 값이나 계산식과 같은 값 영역에 대한 정보 제공 ○ 필수 입력 여부가 '조건부 필수'인 경우 속성 설명에 해당 조건이나 세부 내용을 기술 　- 예: '결혼 여부' 속성의 값이 '기혼'인 경우 '결혼기념일'은 반드시 입력되어야 함

3.2.3 데이터 모델 작성법

1) 데이터 모델 표기법

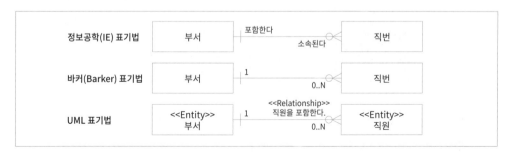

2) 데이터 모델링 도구

구분	대상시스템	표기법	사용도구(Tool)
개념, 논리 모델	정보시스템	바커, 정보공학 표기법	DA#, ER-Win, ERD Editor 등
클래스 다이어그램	정보시스템	UML	UML Editor, StarUML 등

- 객체지향을 적용하는 프로젝트에서는 클래스다이어그램을, 정보공학을 적용하는 프로젝트에서는 ERD(Entity Relationship Diagram)를 작성한다. ERD와 클래스다이어그램을 동시에 작성해서는 안 되며, 2개의 모델은 상호 대체가 가능하다.
- 클래스다이어그램을 작성하는 경우 엔티티클래스만을 대상으로 한다.
- 개념 데이터 모델과 논리 데이터 모델은 분리하여 작성하는 것이 원칙이나, 실무에서는 구분하는 실익이 크지 않다. 초기 논리 데이터 모델을 개념 데이터 모델로 받아들이고, 정련을 통해서 논리 데이터 모델을 완성해 나갈 것을 권장한다.
- 논리 데이터 모델은 정규화 규칙을 준수하는 데이터 모델로서, 데이터의 정합성을 보장한다. 데이터 정규화 규칙은 다음 그림과 같이 1차 정규화, 2차 정규화, 3차 정규화, 4차 정규화 등이 있다.

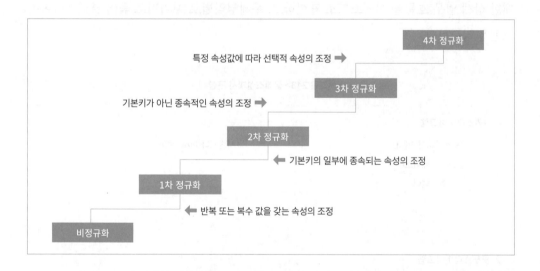

- 데이터 성능 확보를 위한 집계 테이블, 개발하는 애플리케이션의 개발자 편의를 위한 코드(파라미터) 테이블 등은 정규화된 논리 데이터 모델을 완성한 후 설계단계에서 아키텍처 의사결정에 따라 추가해야 한다.

3) 데이터 모델(클래스다이어그램) 작성 지침

- 데이터 모델은 도구를 사용하여 작성하고, 데이터 모델 산출물 생성이 필요한 경우에는 도구를 통하여 산출물을 자동 생성한다.
- 데이터 모델의 수정이 필요한 경우에는 반드시 도구의 저장소 데이터를 변경한 후 산출물을 다시 자동 생성한다.
- 정보공학을 적용할 경우에는 ERD을 작성하고, 객체지향(CBD포함)인 경우에는 클래스다이어그램을 작성한다. 분석단계에서는 ERD 또는 클래스다이어그램 하나만 작성한다. 두 다이어그램은 상호 대체 가능해야 한다.
- 정보시스템별 데이터관리지침서(또는 관련 문서)를 참조하여 바커 표기법에 따라 DA# TOOL 등을 사용하여 작성한다.

3.3 클래스설계서

3.3.1 클래스설계서 개요

분석단계 데이터 분석에서 작성한 데이터 모델(객체지향일 경우 클래스다이어그램과 동일)을 상세화하는 작업이다. 분석단계의 유스케이스명세서를 참고하여 주요 유스케이스에 대한 상세 업무 흐름을 시퀀스도로 표현하고, 주제영역별로 패키지로 묶어 클래스다이어그램을 정련한다.

<그림 243> 클래스설계서 구성

1. 시퀀스다이어그램

시퀀스다이어그램ID		시퀀스다이어그램명	
관련 유스케이스ID			
주요 액터			

2. 클래스다이어그램

클래스다이어그램명 또는 패키지명	
설명	

3. 클래스 정의

패키지명	클래스명(영문)	클래스명(한글)	클래스 설명

3.1 클래스명

클래스명				
속성				
속성명	제어자	타입	기본값	설명
오퍼레이션				
오퍼레이션명	제어자	매개변수	리턴타입	설명

3.3.2 클래스설계서 상세 설명

1) 시퀀스다이어그램

주요 유스케이스 주액터의 중요한 시나리오에 대한 시퀀스다이어그램을 작성한다. 간단한 유스케이스에 대한 시퀀스다이어그램은 작성할 필요가 없고, 주요 유스케이스에 대해서는 여러 개의 시퀀스도가 필요할 수도 있다.

- 중요하고, 복잡한 도메인 객체 간의 메시지 흐름에 대하여 시퀀스도를 그린다. 분석단계에서는 액터만을 시퀀스도에 나타내고, 설계단계에서는 액터 대신 객체(클래스)로 대체하여야 한다.
- 아키텍처 의사결정에 의해 추가되는 레이어(ex, view, control, DAO 등)를 나타내는 시퀀스도와 클래스다이어그램은 아키텍처설계서 또는 중요한 일부 화면을 대상으로만 작성한다. * SD + '-' + [구분] + '-' + [일련번호 4자리]

2) 클래스다이어그램

엔티티 클래스만을 대상으로 분석단계에서 작성한 클래스다이어그램을 정련한다. 패키지를 사용할 때 최상위 다이어그램은 패키지만을 나타내고, 패키지별로 클래스다이어그램을 작성한다. 패키지명 또는 클래스다이어그램명은 시퀀스다이어그램에서 도출된 객체(클래스)를 패키지로 묶어 클래스 간의 관계를 클래스다이어그램으로 표현한다.

 * CD + '-' + [구분] + '-' + [일련번호 4자리]

3) 클래스 정의

패키지별로 클래스 목록을 작성한다. 클래스명은 '클래스 목록'의 작성 클래스에 대하여 클래스를 정의한다.

- **클래스 타입:** 클래스 접근제어 타입을 기술한다.
- **속성:** 클래스 멤버의 이름, 접근제어, 타입 등을 기술한다.
- **오퍼레이션:** 클래스의 메소드(method)에 대한 이름, 접근제어, 매개변수 등을 기술한다.

4 CBD 방법론과 PMO의 역할

PMO는 발주기관과 사업 특성에 따라 방법론을 어떻게 적용할지 테일러링 기준을 만든다. 방법으로는 정보화 구축사업의 규모 및 개발기간 또는 사업 특성(신규 구축, 고도화, 솔루션 적용 등)에 따라 사업 규모(대규모, 중규모, 소규모 등)로 구분하고 규모별 필수·선택 프로세스 및 산출물을 정의한다. <사례 325>은 특허청의 정보화사업의 규모를 기준으로 한 사례다.

<사례 325> 특허청 사업 규모 구분 사례

규모구분	구분 기준		비고
	사업비	개발기간	
대규모	10억 이상	6개월 이상	사업비 AND 기간 만족시
소규모	10억 미만	6개월 미만	사업비 OR 기간 만족시

<사례 326> 사업 규모별 표준 프로세스 적용 사례

○: 필수, △: 선택, ▲: 사업 특성에 따라 선택

단계 (Phase)	활동 (Activity)	작업 (Task)	산출물	사업규모	
				대	소
PP. 개발준비	PP10. TFT 구성 및 테일러링	PP11. 사업TFT구성	PP11-1. TFT 구성계획서	○	○
		PP12. 방법론 테일러링	PP12-1. 방법 테일러링결과서	○	○
	PP20. 개발 사전 준비	PP31. 특허청 정보화 개발준비	-	○	○

단계 (Phase)	활동 (Activity)	작업 (Task)	산출물	사업규모	
				대	소
AN. 분석	AN10. 요구사항 분석	AN11. 요구사항 수집	AN11-1. 인터뷰계획서	○	○
			AN11-2. 인터뷰결과서	○	○
		AN12. 요구사항 정의	AN12-1. 요구사항정의서	○	○
		AN13. 유스케이스 기술	AN13-1. 유스케이스명세서	○	○
		AN14. 요구사항 추적	AN14-1. 요구사항추적표	○	○
	AN20. 업무/데이터 분석	AN21. 업무 분석	AN21-1. 현행비즈니스프로세스정의서	○	△
			AN21-2. 현행비즈니스업무흐름도	○	△
			AN21-3. To-Be 비즈니스프로세스정의서	○	○
			AN21-4. To-Be 비즈니스업무흐름도	○	○
		AN22. 데이터 분석	AN22-1. 현행데이터분석서	○	△
			AN22-2. 현행표준사전정의서	○	△
			AN22-3. 전환대상업무 및 범위정의서	○	▲
	AN30. 아키텍처 분석	AN31. 현행 아키텍처 분석	AN31-1. 현행아키텍처분석서	○	▲
	AN40. 분석단계 테스트 계획	AN41. 총괄테스트 계획	AN41-1. 총괄테스트계획서	○	○
	AN50. 분석단계 점검	AN51. 분석단계 산출물 점검	AN51-1. 분석단계점검결과서	○	○
			AN51-2. 분석단계점검조치결과서	○	△
DE. 설계	DE10. 아키텍처 설계	DE11. SW 아키텍처 설계	DE11-1. SW아키텍처설계서	○	○
		DE12. 시스템 아키텍처 설계	DE12-1. 시스템아키텍처설계서	○	○
	DE20. 애플리케이션 설계	DE21. 클래스 설계	DE21-1. 클래스설계서	○	○
		DE22. 사용자 인터페이스 설계	DE22-1. 사용자인터페이스설계서	○	○
		DE23. 컴포넌트 설계	DE23-1. 컴포넌트설계서	○	○
		DE24. 인터페이스 설계	DE24-1. 인터페이스설계서	○	▲
		DE25. 배치 프로그램 설계	DE25-1. 배치프로그램설계서	○	▲
		DE26. 사용자 웹 구성 설계	DE26-1. 사용자인터페이스 웹구성도	○	△
	DE30. DB 설계	DE31. 개념DB 모델 설계	DE31-1. 개념데이터모델(EFD)	○	○
		DE32. 논리DB 설계	DE32-1. 논리데이터요소정의서	○	○
			DE32-2. 물리데이터요소정의서	○	○
			DE32-3. 논리/물리 엔티티관계다이어그램(ERD)	○	○
			DE32-4. 표준데이터사전정의서	○	○
		DE33. 물리DB 설계	DE33-1. Object정의서	○	○
			DE33-2. 데이터베이스설계서	○	○
		DE34. 데이터흐름도(DFD) 작성	DE34-1. 데이터흐름도(DFD)	○	▲
		DE35. 특허데이터검증식(BR) 작성	DE35-1. 특허데이터검증식(BR)정의서	○	▲
	DE40. 데이터전환설계	DE41. 데이터 전환/검증계획	DE41-1. 데이터전환 획서	○	▲
			DE41-2. 데이터전환매핑정의서	○	▲
			DE41-3. 데이터전환프로그램명세서	○	▲
			DE41-4. 데이터검증프로그램명세서	○	▲
		DE42. 데이터 정비계획	DE42-1. 데이터정비계획서	○	▲
	DE50. 설계단계 테스트 계획	DE51. 단위테스트 케이스 작성	DE51-1. 단위테스트케이스	○	○
		DE52. 통합테스트 시나리오 작성	DE52-1. 통합테스트시나리오	○	○
		DE53. 시스템테스트 시나리오 작성	DE53-1. 시스템테스트시나리오	○	○
		DE54. 사용자테스트 시나리오 작성	DE54-1. 사용자테스트시나리오	○	○
	DE60. 설계단계 점검	DE61. 설계단계 산출물점검	DE61-1. 설계단계점검결과서	○	○
			DE61-2. 설계단계점검조치결과서	○	△

단계 (Phase)	활동 (Activity)	작업 (Task)	산출물	사업규모 대	사업규모 소
CO. 구현	CO10. 구현준비	CO11. 개발환경 구성	CO11-1. 개발환경구성계획서	○	○
	CO20. 개발	CO21. 프로그램 개발	CO21-1. 프로그램 소스	○	○
	CO30. 단위테스트	CO31. 단위테스트	CO31-1. 단위테스트결과서	○	○
	CO40. 구현단계 점검	CO41. 웹 표준 점검	CO41-1. 웹접근성점검보고서	○	○
			CO41-2. 웹호환성점검보고서	○	○
		CO42. 소스 품질검사	CO42-1. 소스품질검사보고서	○	○
			CO42-2. 보안약점진단결과서	○	▲
		CO43. 구현단계 산출물 점검	CO43-1. 구현단계점검결과서	○	○
			CO43-2. 구현단계점검조치결과서	○	△
TE. 시험	TE10. 테스트	TE11. 테스트 준비작업		○	○
		TE12. 통합테스트	TE12-1. 통합테스트결과서	○	○
		TE13. 사용자테스트	TE13-1. 사용자테스트결과서	○	○
	TE20. 시험단계 점검	TE21. 시험단계 산출물 점검	TE21-1. 시험단계점검결과서	○	○
			TE21-2. 시험단계점검조치결과서	○	△
IM. 전개	IM10. 리허설	IM11. 리허설 준비작업	IM11-1. 전개전리허설계획서	○	○
		IM12. 최종점검 및 리허설	IM12-1. 리허설체크리스트	○	○
			IM12-2. 리허설결과서	○	○
			IM12-3. 시스템테스트결과서(리허설)	○	○
	IM20. 전개	IM21. 전개 준비 작업	IM21-1. 전개계획서	○	○
		IM22. 최종점검 및 리허설	IM22-1. 전개체크리스트	○	○
			IM22-2. 전개결과서	○	○
			IM22-3. 시스템테스트결과서(전개)	○	○
TO. 인도	TO10. 인수인계	TO11. 인수인계 계획	TO11-1. 인수인계계획서	○	○
		TO12. EA 현행화	TO12-1. 특허청FA정보	○	○
			TO12-2. 특허청FA연관정보	○	○
		TO13. 매뉴얼 작성	TO13-1. 운영자매뉴얼	○	○
			TO13-2. 사용자매뉴얼	○	○
			TO13-3. 기반운영매뉴얼	○	○
		TO14. 산출물 현행화		○	○
		TO15. 산출물 인수인계		○	○
	TO20. 교육	TO21. 교육준비 및 교육	TO21-1. 인수인계교육참석자명단	○	○

출처: 소프트웨어 개발방법론

제10장 IT 거버넌스와 PMO

제10장

1 IT 거버넌스 개요

1.1 IT 거버넌스(Governance) 정의

IT를 포함한 조직의 모든 활동은 전략적(strategic), 전술적(tactical), 운영적(operational) 수준으로 계층화할 수 있다. 조직이 원활하게 운영되려면 이처럼 계층화된 활동들이 서로 유기적으로 연계될 필요가 있다. 한편, IT 활동은 수직적 연계에 더하여, 비즈니스 활동과 수평적으로도 연계되어야 한다. 다시 말해, IT 전략과 비즈니스 전략, IT 전술과 비즈니스 전술, IT 운영과 비즈니스 운영이 연계될 때 조직의 가치 창출 능력은 극대화될 수 있다.

IT와 비즈니스 간 전략적 연계에 초점을 맞춘 IT 활용 개념을 IT에 대한 기업 거버넌스 또는 IT 거버넌스라고 한다. IT 거버넌스에 대한 정의는 <표 244>와 같이 다양하지만, 공통으로 IT가 비즈니스 전략을 어떻게 밀접하게 지원할 것이냐에 초점을 맞춘다.

<표 244> IT 거버넌스에 대한 다양한 정의

주체	정의
가트너	조직이 목표 달성을 위해 IT를 효과적이고 효율적으로 사용하도록 보장하는 프로세스
ITIL	조직이 비즈니스 전략 및 목표를 IT 서비스, IT 인프라 및 환경과 일치시킬 수 있도록 하는 프로세스, 도구 및 방법론
COBIT	전사 거버넌스의 일부분으로서 조직의 IT가 조직의 전략과 목표를 유지하고 확장하도록 보장하는 리더십, 조직구조 및 프로세스
ISO 38500	IT의 현재 및 미래 사용을 지시하고 통제하는 시스템
IT Governance Institute(ITGI)	이사회와 경영진의 책임하에 수행되는 Corporate Governance의 일부로서 IT가 조직의 전략과 목표를 유지하고 확장할 수 있게 하는 리더십, 조직구조, 프로세스로 구성됨

1.2 IT 거버넌스 주요 내용

IT 거버넌스의 궁극적 주체는 이사회 또는 이에 준하는 역할을 하는 주체(거버넌스 기구, Governance Body)이다. 거버넌스 기구는 주주 또는 조직의 설립자(정부, 창업자 등)로부터 권한을 부여받은 이사(director)들로 구성되며 이사들은 집단으로 조직의 전략적 방향을 제시하고 조직 활동을 감시 및 평가한다. 이러한 활동을 기업 거버넌스(Corporate Governance 또는 Enterprise Governance)라고 하는데, IT 거버넌스는 기업 거버넌스의 일환이다. 이러한 일련의 개념을 ISO 38500에서는 <그림 244>과 같이 도식화한다.

<그림 244> ISO 38500 기반 IT 거버넌스 개념도

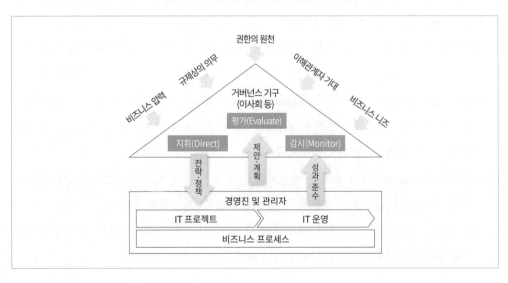

2 IT 거버넌스 체계 수립

2.1 IT 거버넌스 수립 기본원칙(ISO 38500)

거버넌스의 주체는 이사회이고 관리(management, 경영)의 주체는 CEO를 포함한 임원들로서 거버넌스와 관리는 구분되는 활동이다. 여러 개념 모델에서 관리는 계획(P)-실행(D)-평가(C)-조치(A)로 구분되는 활동 주기를 따르는 데 비해, ISO38500 등의 모델에서 거버넌스는 지휘-감시-평가로 구분되는 활동 주기를 따른다.

- **지휘(Direct)**: 조직의 전략적 목표와 방향 및 비전을 제시한다. 이때 조직 환경에서 부과되는 비즈니스 압력, 규제, 이해관계자 기대, 비즈니스 니즈(needs) 등을 고려한다.
- **감시(Monitor)**: 일련의 측정 및 보고 체계에 따라 조직의 활동 및 의사결정을 지속적으로 감시한다. 적법성, 윤리성, 전략 목표, 이해관계 등의 관점에서 적정성을 검토한다.
- **평가(Evaluate)**: 전략 목표 및 계획 대비 성과를 평가하고 중요한 불일치나 위반에 대하여 필요한 조치나 조정사항을 향후 지휘 활동에 반영한다.

한편, ISO 38500에서 IT 거버넌스 구현과 관련한 원칙을 다음과 같이 제시한다.

- **책임(Responsibility)**: 조직 내 개인과 집단은 IT의 공급 및 수요와 관련한 각자의 책임을 이해하고 수용해야 한다. 행위의 책임이 있는 주체에게는 그러한 행위를 수행할 수 있는 권한(authority)도 부여해야 한다.
- **전략(Strategy)**: 조직의 비즈니스 전략은 조직의 현재 및 미래의 IT 역량을 고려해야 한다. IT 전략계획은 조직의 비즈니스 전략의 현재 및 지속적 니즈를 만족해야 한다.
- **획득(Acquisition)**: IT 획득은 적절하고 지속적인 분석을 바탕으로 타당한 이유와 명확하고 투명한 의사결정을 통해 이루어져야 한다. 단기 및 장기적으로 편익, 기회, 비용 및 위험 간 적절한 균형을 이루어야 한다.
- **성과(Performance)**: IT는 조직을 지원하고 현재 및 미래의 비즈니스 요구사항을 만족하는 데 필요한 서비스(구성, 수준, 품질)를 제공하는 데 적합해야 한다.
- **준거(Conformance)**: IT는 모든 강제적 법률 및 규정을 준수해야 한다. 정책 및 실무는 명확하게 정의되며, 실행 및 강제되어야 한다.

- **인적 행동(Human Behavior):** IT 정책, 실무 및 의사결정은 인적 행동(관련된 모든 사람의 현재 및 변화하는 니즈 포함)에 대한 존중이 표현되어야 한다.

2.2 정보화 관리 원칙에 대한 세부 사항

6가지 원칙을 지휘-감시-평가 활동단계에 각각 어떻게 적용할 수 있는지 세부적인 지침을 살펴보면 다음과 같다.

2.2.1 책임

구분	세부 사항
지휘	- 할당된 IT 책임에 따라 계획이 실행되도록 지휘한다. - 이사회가 책임을 완수하는 데 필요한 정보를 얻을 수 있도록 지휘한다.
감시	- 적절한 IT 거버넌스 매커니즘이 수립되어 있는지 확인한다. - IT 거버넌스 관련 책임자가 자신의 책임을 이해하고 수용하는지 확인한다. - IT 거버넌스 관련 책임자들의 성과를 감시한다.
평가	- 책임 할당을 개선안(대안)이 있는지 평가한다. - 책임이 부여된 사람들의 역량을 평가한다.

2.2.2 전략

구분	세부 사항
지휘	- 조직이 발전된 IT의 효익을 얻도록 계획과 정책을 수립·실행하도록 지휘한다. - 조직이 새로운 기회나 도전에 대응하고 새로운 비즈니스 또는 개선 프로세스를 추진할 수 있도록 IT의 혁신적인 활용을 제안하도록 장려한다.
감시	- 승인된 IT 제안이 주어진 일정 및 자원으로 목적을 달성하는지 감시한다. - IT 활용이 기대한 효과를 가져오는지 감시한다.
평가	- IT가 미래 비즈니스 니즈를 지원하도록 IT 및 비즈니스 프로세스 발전 현황을 평가한다. - IT 활동이 조직 목적과 연계되고 우수한 실무를 고려하며 주요 이해관계자의 요구사항을 만족하는지 평가한다. - IT 활동에 대한 적절한 위험평가를 수행한다.

2.2.3 획득

구분	세부 사항
지휘	- IT 시스템 및 인프라가 필요한 기능을 확보하고, 구입 과정이 적절한 방법을 따르도록 지휘한다. - 공급 계약이 조직의 비즈니스 니즈를 지원하도록 지휘한다.
감시	- 구매한 IT가 요구기능을 제공하도록 IT 투자를 감시한다. - 조직 및 공급자가 IT 구매 목적에 대한 공통 이해를 하는지 감시한다.
평가	- 승인된 제안이 투자의 위험과 가치 간 균형을 유지하면서 실현될 수 있도록 IT 제공 방안(대안)을 평가한다.

2.2.4 성과

구분	세부 사항
지휘	- IT가 조직의 니즈를 만족할 수 있도록 합의된 우선순위 및 예산에 따라 충분한 자원이 할당되도록 지휘한다. - 책임자들에게 비즈니스 목적상 데이터가 필요한 때에 정확한 최신 데이터를 제공하여 IT가 비즈니스를 지원하도록 지휘한다.
감시	- IT가 비즈니스를 지원하는 정도를 감시한다. - 비즈니스 목적에 따른 우선순위에 따라 자원과 예산이 할당되는지 감시한다.
평가	- 관리자들이 IT가 필요한 기능과 용량을 갖추고 비즈니스 프로세스를 지원할 수 있도록 제안한 수단들을 평가한다. - IT 활동으로 야기되는 비즈니스 운영의 연속성과 관련한 위험을 평가한다. - 정보의 무결성 및 IT 자산의 보호와 관련한 위험을 평가한다. - 비즈니스 목표를 지원하기 위한 IT 활용에 대한 효과적이고 시기적절한 의사결정을 내리기 위한 대안들을 평가한다. - 조직의 IT 거버넌스 체계의 효과와 성과를 주기적으로 평가한다.

2.2.5 준거

구분	세부 사항
지휘	- 책임자들이 IT의 활용이 책임, 표준, 지침을 준수하기 위한 매커니즘을 수립하도록 지휘한다. - 조직이 IT 활용에 있어 내부 책임을 만족하는 정책이 수립되고 집행되도록 지휘한다. - IT 인력이 전문가로서의 행동 및 계발에 관련된 지침을 따르도록 지휘한다. - IT 관련 행동을 윤리적으로 지휘한다.
감시	- 검토가 내부 책임의 충족도를 평가하는 데 시기적절하고, 종합적이며, 적절하게 이루어질 수 있도록 관리자들이 IT 준수를 검토하는 방법을 감시한다. - 환경, 프라이버시, 기타 관련 책임을 만족하도록 자산 및 데이터의 폐기를 포함한 IT 활동을 감시한다.
평가	- IT가 책임을 만족하는지 주기적으로 평가한다. - IT 거버넌스 시스템의 내부적인 준수를 주기적으로 평가한다.

2.2.6 인적 행동

구분	세부 사항
지휘	- IT 활동이 식별된 인간공학적 요인과 일관성을 이루도록 지휘한다. - 모든 사람이 언제나 위험, 이슈, 우려 사항을 제기할 수 있도록 지휘한다.
감시	- 식별된 인간공학적 요인이 유효하고 적절히 고려되는지 IT 활동을 감시한다. - 작업 실무가 적절한 IT 활용과 일관성을 이루는지 감시한다.
평가	- 인간공학적 요인을 식별하고 적절히 고려하는지 IT 활동을 주기적으로 평가한다.

2.3 IT 거버넌스 운영모델

IT 거버넌스 활동을 IT 관리 및 실무 활동과 일관성 있게 연계하려면 개념 수준에서 제안된 표준 IT 거버넌스 모델을 조직 특성에 맞게 조정하고 수행 활동을 단계적으로 구체화할 필요가 있다. 예를 들어 <그림 245>에서는 IT 거버넌스 일반 개념을 바탕으로 IT 실무

영역을 차상위 수준까지 구체화하였다. 이러한 방법으로 IT 활동을 최하위 활동까지 구체적으로 정의한 다음, 각 활동을 위한 절차 개발, 문서화, 도구 및 기법 선정 등을 수행한다면 성숙도 높은 IT 거버넌스를 전개할 수 있다.

<그림 245> IT 거버넌스 프레임워크에 기반한 운영모델 사례

출처: KOTRA IT 거버넌스 적용 사례

2.4 IT 거버넌스 접근 방향

조직의 IT 거버넌스 체계를 수립하고 저변으로 확산하려면 이사회 및 경영진의 승인과 적극적인 지원이 절대적으로 필요하다. 이를 전제할 때, IT 거버넌스는 다음과 같은 접근법을 통해 체계적으로 구축 및 향상할 수 있다.

- **IT 거버넌스 프레임워크 수립**: IT 거버넌스 구성요소 및 상호 유기적인 관계를 정의한 조직의 표준 IT 거버넌스 프레임워크를 정의해야 한다. ISO 38600, ISACA의 COBIT 모델 등의 모델을 참조하되, 전술한 바와 같이 조직의 특성에 맞게 적절히 조정하는 것이 바람직하다.
- **정보화 조직**: IT의 효율적 관리와 운영을 위하여 CIO, BRM(Business Relationship Management), 내부 PMO, 정보화 협의체 등을 통해 전문화된 조직 모델을 정의한다. 역할과 책임(R&R)을 명확하게 정의하고 전략적 가치, 리스크, 비용, 효율성, 역량 강화 등을 고려하여 적절한 IT 아웃소싱 방안을 수립한다.

- **정보화 프로세스:** 생명주기(Life cycle) 전체를 커버하는 IT 활동 기반의 프로세스 맵을 정의한다. 그런 다음 IT 거버넌스 원칙, 조직구조, R&R 등을 고려하여 표준업무 절차를 정의하고 매뉴얼을 제작한다.
- **정보화 규정 및 지침:** 정보화 조직, R&R, 프로세스, 역량 등을 제도화하기 위한 정보화 규정 및 지침을 개정하고 제정한다. 신구대조표를 작성하고 버전 관리를 한다.
- **성과 및 평가:** 유지보수 등급 및 대가산정 방식을 개선하고, 정보화 서비스 평가체계를 수립하고, IT 운영성과의 측정방안을 수립한다.

2.5 IT 거버넌스 수립 절차

여전히 많은 조직에서 IT는 비즈니스가 아닌 순수한 기술 차원의 이슈로만 간주하고 있으며 심지어 IT 거버넌스의 개념 자체가 없는 조직도 적지 않다. 하지만 IT 거버넌스의 중요성과 필요성에 대한 인식이 커지면서 IT 거버넌스를 수립하기 위한 전사적 노력을 기울이는 조직도 늘고 있다. IT 거버넌스 수립(개선) 절차는 <그림 246>과 같이 IT 거버넌스의 현재 수준을 정확히 파악하기 위한 현황분석에서 출발한다. 그런 다음 목표 수준 및 영역별 개선 기회를 도출하기 위한 목표 모델과 이행계획을 수립하게 되는데, 이때 IT 거버넌스 성숙도 모델을 활용할 수도 있다.

<그림 246> IT 거버넌스 수립 절차

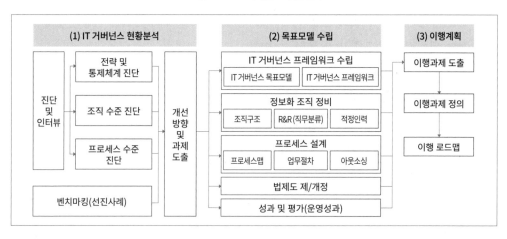

3 IT 거버넌스 프로세스 정립

3.1 IT 거버넌스 프로세스 개요

IT 거버넌스 프로세스는 앞선 <그림 245>에 예시한 바와 같이 크게 아키텍처 관리, 프로젝트·프로그램 관리, 서비스 관리로 구분할 수 있다. 이를 다시 서브 프로세스로 분할 하면, 보안관리, 포트폴리오 관리, 표준관리, IT 자원관리, IT 투자관리, IT 성과관리, 인력관리로 나눌 수 있다. IT 거버넌스 프로세스 정립을 위해서는 상위 수준에서의 프로세스 구성 체계를 정의하고 현황분석을 수행한 다음 프로세스 재정립을 위한 추가적인 상세 분석과 프로세스 재설계를 수행하게 된다. 다음은 대표적 IT 프로세스를 위한 핵심 내용이다.

3.2 정보화 예산 수립

정보화 예산 수립은 <그림 247>과 같이 정보전략 수립에서 도출된 실행과제를 바탕으로 사전 투자 효과분석을 통해 차년도 예산을 확정하고, 사업 타당성 등의 기준에 따라 연 단위 사업계획 및 운영계획을 수립하는 것이다.

<그림 247> 정보화 예산 수립 사례

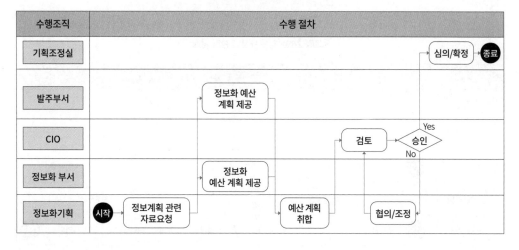

3.3 정보화 성과관리

정보화 성과관리는 <그림 248>과 같이 당해 연도에 완료된 정보화사업에 대해 사후 투자효과 평가 및 응용시스템 활용성 평가 등을 통해 해당 시스템의 효과를 측정하여 차년도 예산에 반영하기 위한 프로세스를 수립하는 것이다.

<그림 248> 정보화 성과관리 사례

수행조직	수행 절차
기획조정실	취합 → 종료
CIO	검토/승인
정보화 부서	성과 제공 · 성과 · 성과보고서
정보화기획	시작 → 성과 관련 자료 요청 → 성과 취합/보고 → 보완/제출
정보시스템	

3.4 정보화사업 관리

정보화사업 관리는 <그림 249>와 같이 정보화 계획을 통해 확정된 사업을 보안 검토 후 사업발주 및 계약을 진행한다. 또한 수행사의 사업수행을 관리하여 사업 결과를 확인하고 검증하는 활동 프로세스를 수립하는 것이다.

<그림 249> 정보화사업 관리 사례

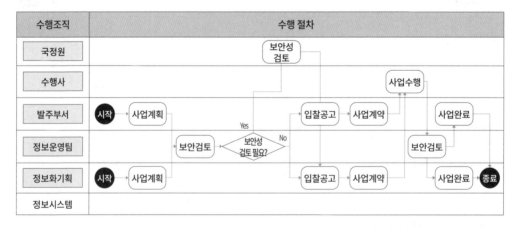

수행조직	수행 절차
국정원	보안성 검토
수행사	사업수행
발주부서	시작 → 사업계획 · 입찰공고 → 사업계약 · 사업완료
정보운영팀	보안검토 · 보안성 검토필요? (Yes/No) · 보안검토
정보화기획	시작 → 사업계획 · 입찰공고 → 사업계약 · 사업완료 → 종료
정보시스템	

3.5 서비스 요청관리

서비스 요청관리는 발주부서에서 발생하는 서비스 문의, 시스템 기능개선, 데이터 제공 등의 서비스 요청을 접수하여 분류·응대하는 프로세스를 수립하는 것이다.

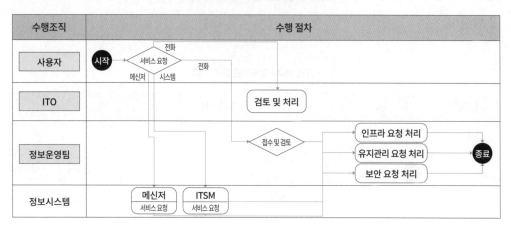

<그림 250> 서비스 요청관리 사례

3.6 정보자원 관리

정보자원 관리는 <그림 251>과 같이 하드웨어 자산과 소프트웨어 자산, 애플리케이션 자산 등 모든 기술 자산에 대해 도입, 설치, 운영, 폐기에 이르는 자산 생명주기 이력을 관리하는 프로세스를 수립하는 것이다.

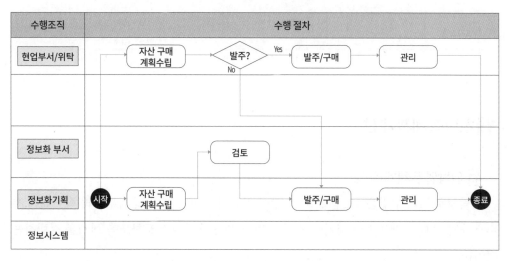

<그림 251> 정보자원 관리 사례

3.7 표준화 관리

표준화 관리는 <그림 252>와 같이 표준화 요청에 기존 표준확인 및 영향도 평가 등을 고려하여 표준 수립 및 수립된 표준에 정보화추진위의 승인을 거쳐서 표준을 확정하는 것을 말한다.

<그림 252> 정보자원 관리 사례

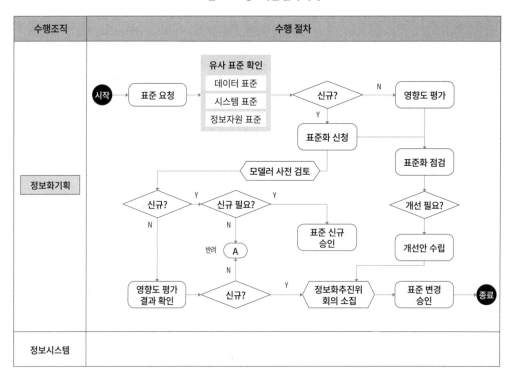

4 서비스 체계 개선

4.1 위탁업무 체계 수립

위탁업무 체계 수립은 <그림 253>과 같이 위탁업무 단계 강화 및 사후관리 측면에서 서비스 수행에 대한 객관적인 평가 결과가 서비스 수준 개선을 유도하도록 체계를 정립하는 것이다.

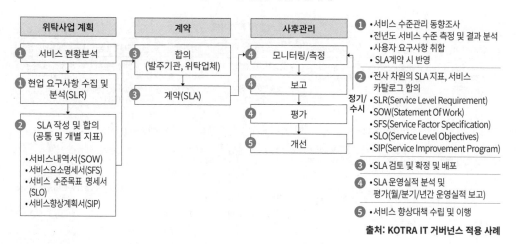

<그림 253> 위탁업무 체계 수립 사례

위탁사업 계획	계약	사후관리

위탁사업 계획
- ① 서비스 현황분석
- ① 현업 요구사항 수집 및 분석(SLR)
- ② SLA 작성 및 합의 (공통 및 개별 지표)
  - 서비스내역서(SOW)
  - 서비스요소명세서(SFS)
  - 서비스 수준목표 명세서 (SLO)
  - 서비스향상계획서(SIP)

계약
- ③ 합의 (발주기관, 위탁업체)
- ③ 계약(SLA)

사후관리
- ④ 모니터링/측정
- ④ 보고
- ④ 평가
- ⑤ 개선

정기/수시

- ① 서비스 수준관리 동향조사
  - 전년도 서비스 수준 측정 및 결과 분석
  - 사용자 요구사항 취합
  - SLA계약 시 반영
- ② 전사 차원의 SLA 지표, 서비스 카탈로그 합의
  - SLR(Service Level Requirement)
  - SOW(Statement Of Work)
  - SFS(Service Factor Specification)
  - SLO(Service Level Objectives)
  - SIP(Service Improvement Program)
- ③ SLA 검토 및 확정 및 배포
- ④ SLA 운영실적 분석 및 평가(월/분기/년간 운영실적 보고)
- ⑤ 서비스 향상대책 수립 및 이행

출처: KOTRA IT 거버넌스 적용 사례

4.2 서비스 수주 협약(SLA) 체계

서비스 수주 협약(SLA) 체계는 SLA의 현실화, SLA를 통한 사용자 만족도 향상을 위한 SLA 프로세스를 개선하여, 서비스 코스트 감소 및 서비스 질 향상을 목표로 하여 수립한다.

<그림 254> 서비스 수주 협약(SLA) 사례

4.3 서비스 수주 협약(SLA) 측정지표

SLA 측정지표는 <그림 255>와 같이 SLA 측정지표 설정가이드를 만들고, 이에 따라 측정지표를 분류하고 측정지표정의서를 작성한다.

<그림 255> SLA 측정지표 설정 가이드 사례

지표별 수준 설정 가이드

달성가능성	측정가능성	이해가능성	상호성	가치성	통제가능성	비용타당성
측정지표와 수준이 달성 가능한가?	서비스 수준이 측정 가능한가?	측정지표가 이해 가능한가?	측정지표는 현업과 서비스제공자 상호간에 도움이 되는가?	측정지표는 SLA 가치를 추적 가능한가?	서비스수준이 손쉽게 Monitoring/통제가 가능한가?	서비스수준은 비용타당성이 있는가?

측정 지표 분류 기준

구분	핵심 서비스 수준 (Critical Service Level)	주요 서비스 수준 (Key Service Level)
정의	• 업무기능에 심각한 영향을 미치는 서비스 수준으로서, 서비스 성과 판정이 명확한 서비스 수준	• 업무에 중요한 영향을 미치는 서비스수준 • 업무에 심각하고 중요한 영향을 미치고 있지만 서비스 성과에 대한 서비스 제공자의 책임을 묻기가 어려운 서비스 - 과거 측정치가 없어 적정한 서비스수준 설정 곤란 - 측정결과 신뢰성 부족 - 불가항력 요인 발생
차이	• 성과 수준에 따라 Credit 적용/ 개선계획 제출 • 사용자 관점에서 서비스 성과에 대한 객관적인 측정값 제공 가능	• 정기적으로 측정/보고는 하나, 성과 수준에 대한 패널티 미적용. 단 성과수준 미달 시 개선 계획 제출 및 실행 해야 하며, 미이행 시 패널티 적용 • 고객의 관심사항을 SLA에 반영할 수 있음
지표	Critical (평가 지표)	Key (관리지표)

측정지표정의서 작성

구분	내용		
지표명	프로젝트 적시 완성도	영역	개발생산성
정의	프로젝트가 계획된 기간 내에 완료된 프로젝트 비율을 측정하는 지표		
목적	프로젝트 납기 관리		
측정 범위	모든 프로젝트		
산출식	(Σ연간 계획 기간 내 완료된 프로젝트 수 / 연간 수행 완료한 프로젝트 수) * 100		
측정도구	N/A	측정 주기	년
		보고 주기	년
목표수준	N/A		
전제조건	N/A		
책임정의	OOO기획	OOO팀	
	정기적인 결과 검토개선대책 협의 및 실천	측정결과 보고개선대책 수립 및 실천	
담당책임자	정보전략기획 담당	측정결과 검증, 데이터 관리, 고객 보고, 개선대책 수립	
특기 사항	N/A		

4.4 정보화 서비스 평가체계

정보화 서비스 평가체계는 <그림 256>과 같이 전사 차원의 다양한 형태의 서비스 수준 관리 요소로부터 SLA 관리 지표를 하나의 시스템으로 관리하여 서비스 관리 수준 향상 및 사용자의 서비스 만족도를 극대화하도록 수립한다.

<그림 256> 정보화 서비스 평가체계 수립 사례

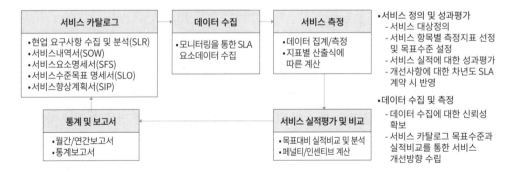

5 IT 거버넌스와 PMO의 역할

IT 거버넌스 프로세스는 <사례 327>와 같이, 아키텍처 관리, 프로젝트·프로그램 관리, 서비스 관리, 보안관리, 포트폴리오 관리, 표준관리, IT 자원관리, IT 투자관리, IT 성과관리, 인력관리 등으로 구성된다.

<사례 327> IT 거버넌스 프로세스 구성 사례

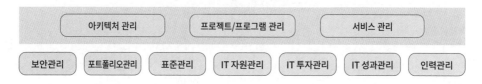

각 프로세스에는 기준과 절차가 있다. PMO는 발주기관이 가지고 있는 IT 거버넌스 기준과 프로세스를 확인하고, 수행 시 거버넌스가 제대로 지켜지고 있는지 점검한다. 만약 지켜지지 않고 있다면 지켜질 수 있도록 발주기관과 수행사 간 협의를 통해 조정한다.

IT 거버넌스의 역량 성숙도가 높은 조직은 PMO의 역량 성숙도가 높을 가능성이 크다. PMO 역량 성숙도를 개선하면 조직의 IT 거버넌스 역량 성숙도도 역시 향상된다. 정보화사업에서 PMO 조직은 발주기관의 IT 거버넌스 프로세스와 성숙도 수준을 고려하여 PMO 활동 방식과 절차를 조정해야 한다.

PMO대상사업의 목적과 특성만이 아니라 발주기관의 비즈니스 목적, IT 전략, IT 거버넌스 프로세스가 내재된 보편적 요구사항을 반영할 때 만족도 높은 서비스를 제공할 수 있기 때문이다. 예를 들어, IT 거버넌스 성숙도가 높은 조직은 PMO 보고를 고위 임원 및 이사회까지 확장할 것을 요구할 수 있다. 그리고 성과 지표, 측정 방법, 자동화 관리 툴 등을 결정할 때 조직의 표준을 적용할 수 있다. 반대로 발주기관의 IT 거버넌스의 성숙도가 낮을 경우, 발주기관의 자체적 IT 프로세스가 불명확하여 자체 판단에 따른 사업관리를 거의 하지 않고 PMO대상사업 수행사에 지나치게 의존하는 경향이 생길 수 있다. 이 경우 PMO 조직은 발주기관과 수행사 간의 중립적 입장을 견지하되 발주기관의 이익을 도모할 수 있도록 사업관리 표준을 제시하고 합의된 절차에 따라 사업이 관리되도록 해야 한다.

1 범정부 EA 수립체계 개요

1.1 EA 정의

정보기술 아키텍처(EA, Enterprise Architecture)란 일정한 기준과 절차에 따라 업무, 응용, 데이터, 기술, 보안 등 조직 전체의 구성 요소들을 통합적으로 분석한 뒤 이들 간의 관계를 구조적으로 정리한 체제 및 이를 바탕으로 정보화 등을 통하여 구성 요소들을 최적화하기 위한 방법이다(전자정부법 제2조(정의) 12호, 법률 제14474호).

한편 자크만 프레임워크(Zachman Framework)에서 "EA는 조직의 전략적인 목표 및 정보자원 관리 목표에 도달하기 위하여 기업의 IT와 비즈니스 관계를 총괄하여 설명하는 청사진이다."라고 설명하고 있다.

1.2 공공분야 EA 적용 목적

공공분야 EA 적용 목적은 '원활한 통합과 연계', '업무와 IT의 유기적 결합', 'IT 투자관리' 등을 위함이다.

1) 원활한 통합과 연계

공공분야 EA 도입은 원활한 통합 연계를 하게 한다. 첫째, 기존 시스템을 최대한 재활용하면서 시스템 미개발 분야 업무에 대한 시스템을 추가 구축하여 통합 운영하는 것이다. 이는 비즈니스(업무 아키텍처) 절차 및 정보(데이터 아키텍처) 분석을 통해서 상호운용성 및 LISI(정보시스템 상호운용성 수준: Level of Information System Intercoperability)를 높인다.

둘째, 다양한 시스템 환경에서 같은 업무를 수행하고 있는 조직(기관)에 대한 정보시스템을 구축 및 연계하는 것이다. 이는 현행 시스템(프로그램) 및 기반 체계, 시스템 연계 방안 분석을 통해 정보의 시스템적 통합을 통한 적시적 정보를 제공한다. 또한 의사결정 지원 및 정보 공유를 통한 정보의 격차를 해소하도록 한다.

마지막으로 향후 시스템 기능 추가 개발, 신규 시스템 연계 소요 발생 등을 위한 표준을 정의하는 것이다. 이는 재원 조달, 법/제도/조직 미지원 등으로 인한 점진적 개발 시 표준관리를 하고, 완벽한 전자정부의 구현을 위한 정부 표준 EA 프레임워크 작성 단계에 적용한다.

2) 업무와 IT의 유기적 결합

공공분야 EA 도입은 업무 현황분석 결과에 대한 비약 또는 주관의 개입을 배재하고 프레임워크에 의한 미래 아키텍처 설계를 통해 업무와 IT의 유기적 결합을 도모할 수 있다. 또한 업무의 소통 정보 분석을 통해 비즈니스모델과 데이터에 대한 아키텍처를 구성하고 프레임워크에 따라 응용 및 기술 아키텍처를 작성할 수 있게 한다. 한편 IT 기술 발전에 따른 비즈니스 아키텍처의 변화 형태를 수렴 가능케 한다.

3) IT 투자관리

공공분야 EA 도입은 사업계획의 수립 및 시스템 규모 산정을 위한 체계적인 근거를 제공함으로써 IT 투자관리의 효율성을 높인다. 또한 성능개량, 고도화 사업 등의 사업 시 추가적인 계획 수립의 규모를 절감할 수 있게 한다.

1.3 범정부 EA 환경변화

최초 범정부 EA 프레임워크에서 현재 표준등록항목(메타모델) EA 산출물은 제외되고 필수 정보자원 등록항목 위주로 간소화되게 진화하고 있다. 「범정부 ITA 산출물 메타모델 정의서 v1.0」에서는 산출물 메타모델 항목을 총 37종으로 정의하였다. 한편, 「범정부 EA

메타모델 적용 가이드 v2.0」에서는 메타모델 항목이 88종으로 늘어났다. 다시 「범정부 EA 표준등록 항목 정의서 v2.1」에서는 범정부 기준정보 13종, 개별기관 입력정보 11종, 연관 정보 40종 등 총 64종으로 줄었다.

<그림 257> 범정부 EA 환경변화

	방향 및 지침	CV1 조직의 비전 및 미션 CV2 정보기술아키텍처 원칙 CV3 용어표준				
범정부ITA 산출물 메타모델 정의서 v1.0 ('06년 9월)	참조모형	RV1 업무참조모형, RV2 서비스컴포넌트 참조모형, RV3 데이터 참조모형, RV4 기술참조모형/표준프로파일, RV5 성과참조모형				
		업무	응용	데이터	기술기반	보안
	CEO/CIO	BV1 조직구성도/정의서 BV2 업무구성도/정의서	AV1 응용시스템구성도/정의서	DV1 데이터 구성도/정의서	TV1 기반구조구성도/정의서	SV1 보안정책 SV2 보안구성도/정의서
	책임자	BV3 업무기능 관계도/기술서 BV4 업무기능 분할도/기술서	AV2 응용시스템관계도/기술서 AV3 업무기능분할도/기술서	DV2 개념데이터 관계도/기술서 DV3 데이터교환기술서	TV2 기반구조관계도/기술서	SV3 보안관계기술서
	설계자	BV5 업무절차설계도/설계서	AV4 응용기능 설계또/설계서	DV4 논리데이터모델 DV5 데이터교환설계서	TV3 기반구조설계도/설계서 TV4 시스템성능설계서	SV4 관리보안설계서 SV5 물리보안설계서 SV6 기술보안설계서
	개발자	BV6 업무매뉴얼	AV5 응용프로그램 목록	DV6 물리데이터모델	TV5 제품목록	SV7 보안매뉴얼

구분	산출물 메타모델 항목(총 37종)	
	필수 산출물	보조 산출물
공통 관점	8개	-
업무 관점	4개	2개
응용 관점	3개	2개
데이터 관점	3개	3개
기술기반 관점	2개	3개
보안 관점	3개	4개

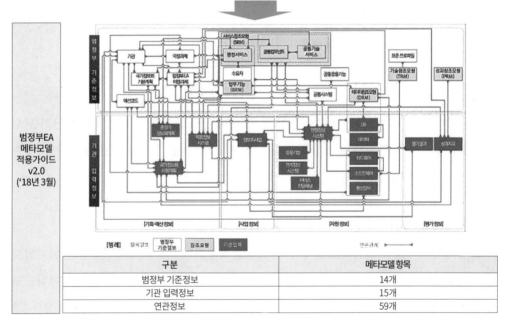

구분	메타모델항목
범정부 기준정보	14개
기관 입력정보	15개
연관정보	59개

(범정부EA 메타모델 적용가이드 v2.0 ('18년 3월))

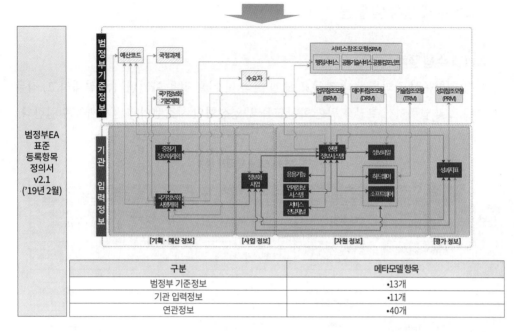

구분	메타모델 항목
범정부 기준정보	•13개
기관 입력정보	•11개
연관정보	•40개

출처: 범정부 EA 표준 등록항목 정의서 v2.1

1.4 범정부 EA 프레임워크: 산출물 기준

범정부 EA 프레임워크는 방향·지침, 참조모형, 업무 아키텍처, 응용 아키텍처, 데이터 아키텍처, 기술 아키텍처, 보안 아키텍처로 구성된다. 산출물은 역할자별 그리고 아키텍처별로 정의되어 있다. 이 역할자별, 아키텍처별 산출물은 기관의 특성에 따라 조정이 가능하다.

<그림 258> 범정부 EA 프레임워크 – 산출물 사례

방향·지침	비전/미션, EA 원칙				
참조모형	성과 참조모형	업무 참조모형	서비스 참조모형	데이터 참조모형	기술 참조모형
구 분	현행/목표 업무	현행/목표 응용	현행/목표 데이터	현행/목표 기술	현행/목표 보안
CEO/CIO	•조직구성도/정의서 •업무구성도/정의서	•응용시스템구성도/정의서	•데이터구성도/정의서	•기반구조구성도/정의서	•보안정책 •보안구성도/정의서
책임자	•업무기능관계도/기술서 •업무기능분할도/기술서	•응용시스템관계도/기술서 •응용기능분할도/기술서	•개념데이터관계도/기술서 •데이터교환기술서	•기반구조관계도/기술서	•보안관계도/기술서
설계자	•업무절차설계도/설계서	•응용기능설계도/설계서	•논리 데이터 모델	•기반구조설계도/설계서	•관리보안설계서 •물리보안설계서 •기술보안설계서
개발자	•업무매뉴얼	•응용프로그램 목록	•물리 데이터 모델	•제품목록	•보안매뉴얼

2 EA 수행 절차 및 활용

2.1 EA 수행 절차

환경·현황분석 결과를 토대로 목표 모델 정의 및 기술 적용 아키텍처를 설계하고, 직무 역량 제고 및 업무혁신 추진을 위한 화상교육 및 영상회의 시스템의 추진체계를 수립한다.

<그림 259> EA 수행 절차 사례

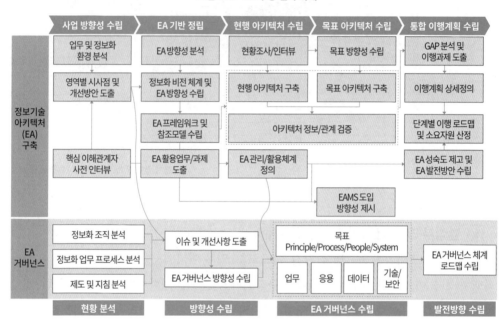

2.2 정보화 업무 프로세스에 EA 정보 활용

EA 활용은 IT 프로세스 진행단계인 정보화 계획수립, 사업수행, 운영 및 유지보수, 성과 관리 단계에서 활용될 수 있다. 중장기 정보화 계획수립 시 EA 정보를 참조한다. 또한 연간 정보화 계획수립 시 사업 타당성 검토(성과, 예산, 기간, 중복업무 등)를 한다. 사업수행단계에 서는 제안요청서(RFP) 작성 및 분석/설계 시 EA 정보를 참조하여 작업을 한다.

사업종료 시에는 표준 및 원칙의 준수 여부를 확인한다. 운영/유지보수단계에서는 SR(Service Request) 분석 또한 EA 정보를 참조한다. 정보자원 구매 검토 시 EA를 참조하여 중복투자, 공동 활용, 기술 표준 등에 활용한다. 성과관리단계에서는 정보자원의 운영성과 측정 시 EA 정보를 활용한다.

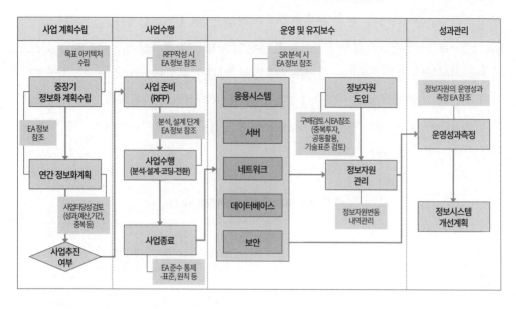

<그림 260> 정보화 업무 프로세스에 EA 정보 활용 사례

사업 계획수립	사업수행	운영 및 유지보수	성과관리

목표 아키텍처 수립

중장기 정보화 계획수립

EA정보 참조

연간 정보화계획

사업타당성검토 (성과,예산,기간, 중복 등)

사업추진 여부

RFP작성 시 EA정보 참조

사업 준비 (RFP)

분석, 설계 단계 EA정보 참조

사업수행 (분석-설계-코딩-전환)

사업종료

EA준수 통제 -표준, 원칙 등

응용시스템

서버

네트워크

데이터베이스

보안

SR분석 시 EA정보 참조

정보자원 도입

구매검토시EA참조 (중복투자, 공동활용, 기술표준 검토)

정보자원 관리

정보자원변동 내역관리

정보자원의 운영성과 측정 EA참조

운영성과측정

정보시스템 개선계획

3 GEAP 활용

3.1 GEAP(범정부 EA 포털)

범정부 EA 기반의 정보자원 관리와 정보화사업 진행을 위한 사전협의, 범부처 전자정부 사업의 추진 성과를 종합적으로 분석하고 진단하기 위한 시스템이다.

<그림 261> GEAP 메뉴 구성

정보화 현황	사업관리	자원관리	성과관리	참여소통
정보화 현황	예산관리	정보등록	운영성과	공지사항
정보화 분석	계획관리	정보등록 관리	전자정부성과	질의하기
정보화 통계	사전협의	연계정보 관리	공공앱 성과측정	자료실
	사업관리	조사플랫폼	실태조사	교육마당
	성과/평가 관리		전자정부수준진단	설문조사
			역량측정	

3.2 범정부 GEAP 표준등록항목

정보화사업을 추진하는 모든 공공기관은 범정부 EA 표준등록항목에 따라 매년 범정부 EA 포털(GEAP)에 정보자원 현황정보를 등록하여 개별기관의 차원에서 관리할 수 있도록 기능을 지원한다. 표준등록항목 범정부 기준정보, 기관 입력정보, 서비스 참조모형으로 구성되어 있다. 기관입력정보는 중장기 정보화 계획, 국가정보화 시행계획, 정보화사업, 현행 정보시스템, 응용 기능, 연계 정보시스템, 서버시 전달체계, 데이터베이스, 하드웨어, 소프트웨어, 성과지표 등이 있다.

<그림 262> 범정부 EA 표준등록항목 v2.1

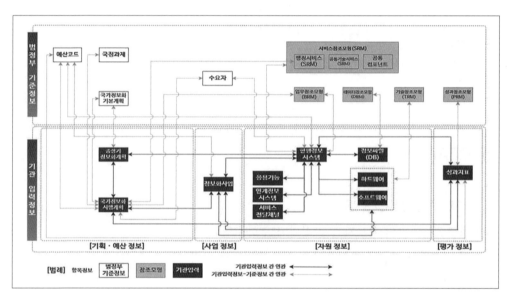

3.3 범정부 GEAP 등록 대상 정보: 기관입력 정보

범정부 GEAP 등록 대상 정보 중 기관입력 정보는 기획·예산, 사업추진, 운영·평가 등 기관별 정보화 추진 과정에서의 개별기관이 공통으로 관리 및 등록해야 하는 등록항목의 그룹으로 11종이다.

<表 245> 개별기관 입력정보

No	등록항목		등록항목 설명
	종류	항목명	
1	기획·예산 정보	성과지표	정보화사업/정보시스템에 대한 성과지표
2		중장기 정보화계획	개별기관이 향후 3~5년간 추진하고자 하는 정보화과제 정보
3		국가정보화 시행계획	각 기관이 연단위로 추진하기 위해 작성하는 국가정보화시행계획 정보(공공기관이 연단위로 추진하기 위해 작성하는 정보화계획 정보 포함)
4	사업 정보	정보화사업	① 정보화 예산으로 발주·계약된 사업 ② 일반예산으로 발주·계약된 정보시스템과 직접적 관계있는 사업 상기 ①, ② 해당 사업으로 ISP, EA 등 기획 사업, 통신망, 보안체계 등 신규 기반구축 및 고도화, 정보시스템 신규구축 및 고도화, 유지보수, 정보지원 사업 등 해당
5	자원정보	현행 정보시스템	현재 기관에서 운영하고 있는 시스템을 의미하며, 데이터의 입력, 처리, 출력, 저장, 통제와 피드백을 통한 서비스가 주요 기능임(서버 등 장비, 솔루션 등 상용SW는 제외)
6		응용 기능	현행 정보시스템이 제공하는 세부기능(2레벨 이상으로 구성)
7		정보파일	정보가 데이터베이스화되어 조회·검색이 가능한 정보 집합물
8		연계정보시스템	현행 정보시스템과 연계되어 있는 타 정보시스템(입력정보를 기준)
9		서비스 전달채널	웹사이트/모바일앱/모바일웹 등 현행 정보시스템이 서비스 제공을 위해 별도로 운영하는 서비스 전달방식

3.4 범정부 GEAP 등록 대상 정보: 연관관계 정보

개별기관 입력정보 등록항목을 중심으로 등록항목 간 관계 정보에 대한 관리가 필요한 정보 그룹(40종)은 <표 246>과 같다.

<표 246> 개별기관 입력정보 간 연관관계

등록항목(연관항목 수)		연관 등록항목 Target (★:선택, ☆:조건필수)	연관 관계 설명
등록항목 Source			
유형	등록항목명		
기획·예산 정보	중장기 정보화계획 (3)	국가정보화 시행계획	기관 중장기 정보화계획과 관련된 국가정보화 시행계획
		현행 정보시스템(☆)	기관 중장기 정보화계획과 관련된 현행 정보시스템
		국가정보화 기본계획(★)	기관 중장기 정보화계획과 관련된 국가정보화 기본계획
	국가정보화 시행계획 (9)	수요자	국가정보화 시행계획과 관련된 수요자
		업무참조모형(BRM)	국가정보화 시행계획과 관련된 업무참조모형
		행정서비스(SRM)	국가정보화 시행계획과 관련된 행정서비스(SRM)
기획·예산 정보	국가정보화 시행계획 (9)	성과지표	국가정보화 시행계획에 대해 사전에 정의된 성과지표
		예산코드	국가정보화 시행계획과 관련된 예산코드
		중장기 정보화계획	국가정보화 시행계획과 관련된 중장기 정보화계획
		정보화사업(★)	국가정보화 시행계획과 관련된 정보화사업
		국정과제(★)	국가정보화 시행계획과 관련된 국정과제
		국가정보화 기본계획(★)	국가정보화 시행계획과 관련된 국가정보화 기본계획

등록항목(연관항목 수)			연관 관계 설명
등록항목 Source		연관 등록항목 Target (★:선택,☆:조건필수)	
유형	등록항목명		
사업 정보	정보화사업 (6)	예산코드	정보화사업과 관련된 예산코드
		성과지표	정보화사업에 대한 성과지표
		국가정보화 시행계획(☆)	정보화사업과 관련된 국가정보화 시행계획
		현행 정보시스템(☆)	정보화사업으로 구축·운영·유지보수되는 정보시스템
		하드웨어(☆)	정보화사업을 통해 도입·관리 되는 하드웨어
		소프트웨어(☆)	정보화사업을 통해 도입·관리 되는 소프트웨어
자원정보	현행 정보시스템 (16)	수요자	현행 정보시스템을 통해 제공되는 서비스의 수요자
		업무참조모형(BRM)	현행 정보시스템이 지원하는 업무참조모형
		행정서비스(SRM)	현행 정보시스템을 통해 제공되는 행정서비스(SRM)
		응용기능	현행 정보시스템에서 제공하는 응용기능
		하드웨어	정보시스템이 탑재되어 있는 하드웨어
		소프트웨어	정보시스템 구동을 위해 적용되어 있는 소프트웨어 요소
		정보파일(DB)	현행 정보시스템과 관련된 정보파일(DB)
		정보화사업(☆)	현행 정보시스템과 관련된 정보화사업
		예산코드(☆)	현행 정보시스템과 관련된 예산코드
		서비스전달채널(★)	현행 정보시스템과 관련된 서비스전달채널
		연계정보시스템(★)	현행 정보시스템과 관련된 연계정보시스템
		공통기술서비스(SRM)(★)	현행 정보시스템을 통해 제공/사용하는 공통기술서비스(SRM)
		공통컴포넌트(★)	현행 정보시스템에서 활용하는 공통컴포넌트
		성과지표(★)	현행 정보시스템과 관련된 성과지표
		국가정보화기본계획(★)	현행 정보시스템과 관련된 국가정보화기본계획
		국정과제(★)	현행 정보시스템과 관련된 국정과제
	연계 정보시스템 (1)	현행정보시스템	정보시스템에 전자적으로 데이터를 제공하고 있는 타 정보시스템
	하드웨어 (1)	기술참조모형	하드웨어와 관련된 기술참조모형
	소프트웨어 (1)	기술참조모형	소프트웨어와 관련된 기술참조모형
	정보파일(DB) (1)	데이터참조모형	정보파일(DB)과 관련된 데이터참조모형
평가 정보	성과지표 (2)	성과참조모형	성과지표와 관련된 성과참조모형
		예산 코드(★)	성과지표가 활용되는 계획/사업/정보시스템과 관련된 예산 코드

4 EA와 PMO의 역할

4.1 정보화사업 중복·연계에 대해서 검토: 기획단계

PMO는 기획단계에서 정보화사업 중복·연계에 대해서 검토한다. 이는 발주기관에서 추진하는 정보화사업의 투자 효율성 제고를 위해 전자정부사업/지역정보화사업에 대한 타 정보시스템 등과의 중복성·연계성 등을 체계적으로 검토하기 위함이다.

4.1.1 대상 기관 및 적용업무

- **대상 기관:** 중앙행정기관(대통령 소속 기관과 국무총리 소속 기관 포함)과 그 소속 기관, 지방자치단체, 공공기관
- **적용업무:** 전자정부사업 및 지역정보화사업의 계획 수립 및 시행 등 정보화 추진 단계별로 중복·연계 검토 수행 업무에 적용
- **활용대상자:** 기관 사전협의 업무 담당자, 사업 담당자 등

4.1.2 정보화사업 중복·연계 검토 절차

정보화사업 중복·연계 검토 절차는 사업 기본정보 확인, 중복·연계 대상사업 확인(EA 정보 기반 검색), 유관 시스템 중복·연계 식별, 검토 결과 도출 및 반영 등 4단계로 이루어진다.

<그림 263> 중복·연계 검토 절차

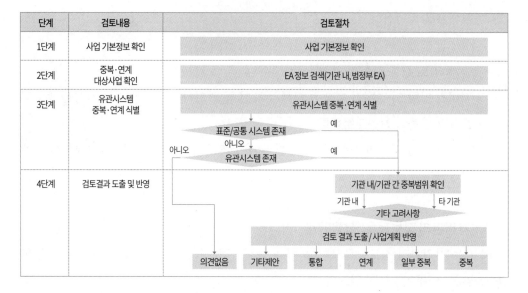

- ■ 1단계: 사업 기본정보 확인
  - 대상사업에 대한 사업계획서, 시행계획, 예산요구서, EA 입력정보 등을 통해 사업

기본정보를 확인한다.

- 대상사업에 대한 국회·감사 등 지적사항, 법적 추진 근거, 사전협의 검토 결과 등을 확인한다.
- 사업계획서, EA 입력정보 등을 통해 사업 기본정보 확인이 어려운 경우 보완 및 추가 작성 후 확인 작업을 한다.

■ 2단계: 중복·연계 대상사업 확인(EA 정보 기반 검색)
- 1차적으로 기관 EA 시스템의 EA 정보 검색을 통해 기관 내 사업의 중복성 검토를 한다.
- 범정부 EA 포털(GEAP)을 통해 서비스, 수요자, 데이터 등을 기준으로 EA 정보 검색을 하여 중복·연계 대상사업 목록 및 정보시스템 목록을 선정한다.

■ 3단계: 유관 시스템 중복·연계 식별
- 범정부 EA 포털 등을 통해 선정된 중복·연계(예비) 대상사업 목록, 표준/공통시스템 목록 등과 비교 검토를 통해 중복 여부 및 연계 필요성 등을 식별한다.
- 중복 가능성이 있는 사업에 대하여 기관 내 및 타 기관 사업과의 상세 중복범위 및 중복내용을 확인한다.

■ 4단계: 검토 결과 도출 및 반영
- 서비스 영향도, 경제적·기술적·정책적 측면 등을 고려하여 중복 및 연계성을 종합적으로 판단하여 최종결정한다.
- 중복·연계가 필요한 사업의 경우, 기관 내 조정을 하고 그 결과를 사업계획서 등에 반영한다.

4.2 자원관리 정보등록: 집행단계

PMO는 자원관리 정보등록, GEAP 상세 품질점검, 사업종료 시 정보자원별 필수 등록 등이 제대로 이루어지는지 검토한다.

4.2.1 자원관리 정보등록

GEAP 정보등록 상시 등록 관리 가이드를 참조한다. 발주기관은 자원관리-정보등록 화면을 통해 EA 속성정보와 연관정보를 등록한다. EA 정보 상시 등록 관리는 아래 내용을 고려한다.

- 속성정보와 연관정보는 범정부 EA 포털의 품질측정기준에 따라 각각의 품질이 계산됨
- 기관담당자는 필수 등록항목을 정확하게 입력하여 품질을 100% 유지해야 함

  ※ EA 정보자원별 필수 등록항목은 부록 [정보자원별 필수 등록 항목] 참고

상시 등록 관리체계는 계약정보, 사업 완료, 시스템 품질점검, 상세 품질점검 등 4개 영역으로 구성한다.

<표 247> 상시 등록 관리체계

구분	계약정보	사업완료	시스템 품질점검	상세 품질점검
내용	계약 체결된 정보화사업의 등록	완료된 정보화사업의 연관정보 등록	EA 정보 자동 품질점검	입력값의 정확성·일관성 점검
요청 시기	나라장터에 등록된 조달정보 계약체결일	등록된 정보화사업의 사업종료 연월 1개월 경과	매월 초	10개월(예정)
보완 기간	21일 이내	30일 이내	21일 이내	21일 이내
점검 주체	범정부 EA 포털(자동)			범정부관리자(수동)

※ 보완 기간 이후 정비 시 [정보자원관리 수준 측정]의 자원관리영역 점수 차감

출처: GEAP 정보등록 상시 등록 관리 가이드

4.2.2 GEAP 상세 품질점검 절차

상세품질 점검은 연 1회 범정부 EA 포털 관리자에 의해 요청된다. 보완요청부터 완료까지 관리자의 검토를 거쳐 승인된다. 최초 보완요청부터 소명 인정까지 21일 이내에 처리해야 한다.

<그림 264> GEAP 상세 품질점검 절차

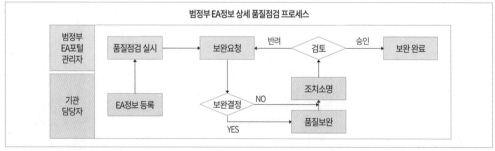

출처: GEAP 정보등록 상시 등록 관리 가이드

4.2.3 정보자원별 필수 등록항목 관리

PMO는 대상사업 종료 시 EA 수행사가 정보자원별 필수 등록항목을 작성하여 발주기관에 제출하는지 점검한다. 대상 산출물은 아래와 같다.

- 현행 정보시스템
- 서비스 전달 채널
- 응용기능
- 데이터베이스
- 연계정보시스템
- 하드웨어
- 소프트웨어
- 정보화사업
- 국가정보화시행계획
- 중장기정보화계획
- 성과지표

제12장 BPR과 PMO

1 업무재설계(BPR) 수립 개요

1.1 BPR의 정의

정보공학에서의 업무재설계(BPR: Business Process Re-engineering)는 '경영혁신과 정보 처리 기술의 유기적 결합을 통한 업무 과정의 재구축'으로 정의(Thomas Davenport & James Martin, 1990)하고 있다. 또한 경영혁신기법의 하나로, 조직의 활동이나 업무의 전반적인 흐름을 분석하고, 경영 목표에 맞도록 조직과 사업을 최적으로 다시 설계하여 구성하는 것이라 정의할 수 있다.

1.2 BPR의 목표

BPR의 궁극적인 목표는 '기존 프로세스의 문제점을 개선하여 변화된 업무를 반영한 정보화의 추진'이라 할 수 있으며, 이를 세분화하면 다음과 같다.

<표 248> BPR 목표의 세부 내용 ISP·ISMP 검토를 위한 주요 구성항목 및 내용

기존 프로세스의 문제점 개선			변화된 업무를 반영한 정보화 추진	
•고객 위주 경영 •원가 절감	•품질 개선 •서비스 향상	•수익성 증대	•정보기술의 적정한 활용	•경쟁력 있는 정보시스템 구축

1.3 프로세스 혁신 사례

BPR을 적용한 국내 대표적인 프로세스 혁신 사례를 살펴보면 다음과 같다.

<표 249> 국내 프로세스 혁신 사례 예시

사례	내용
우편번호 자동 분류 시스템	• 과거 1명이 하루 평균 2,000~3,000건 분류 • 1대의 자동화 시스템으로 하루 3~5만 건 처리, 20명의 업무 처리 기능 • 분류 작업을 하던 인력을 배송 업무에 투입, 배송 시간 단축 가능
ATM (Automated Teller Machines)	• 1대의 ATM이 창구 직원 여러 명의 역할 • 단순 업무는 ATM으로 대체하고 기존 창구 직원은 대출·상담 등 좀 더 중요한 업무에 투입
이마트 (e-mart)	• 1993년 창동 1호점에서 한국 최대 유통업체로 성장 • 첨단 물류시스템의 적용을 통해 지점별로 정보를 분석하고 매장별로 차별화된 상품 배치를 통해서 경쟁사 대비 뛰어난 핵심 경쟁력을 갖춤
세븐일레븐 (7-ELEVEN)	• 1만 개의 체인점과 총 7만 개의 컴퓨터로 연결된 네트워크망 • 하루 3회 주문과 공급을 받을 수 있는 프로세스 및 시장 정보를 입력할 수 있도록 훈련된 20만 명의 직원 구축, 매년 매장 상품의 70%를 고객의 요구에 맞춰 신규 상품으로 변경해 세계 톱5 유통업체로 성장

1.4 BPR에서의 IT의 역할

BPR 방법론의 4개 단계(Phase), 10개 활동(Activity), 32개 작업(Task) 등 수행과정에서 IT의 역할이 개입되어야 하는 작업을 식별하면 다음과 같다.

<표 250> BPR에서의 IT 역할 필요 작업 식별

활동	세부 내용	IT 역할 필요 작업
수행계획 수립	고객 요구사항 확인	
	프로젝트 요구사항 정의	
	프로젝트 목적 및 목표 설정	
	프로젝트 진행 일정 및 방법 결정	
수행 활동 정의 및 조직 구성	프로젝트 수행 활동 정의	
	프로젝트 수행 활동 조직 구성	

활동	세부 내용	IT 역할 필요 작업
수행계획 검토 및 승인	프로젝트 계획 검토	
	프로젝트 계획 보고	
	프로젝트 계획 승인	
문제 분석	자료수집 대상 및 방법 수립	
	환경 분석	
	현행 프로세스 분석 및 IT 분석	●
	목표/문제점 분석	●
핵심 프로세스 정의	프로젝트 대상 핵심 프로세스 선정	●
	핵심 프로세스와 연관 프로세스들의 관계 파악	●
	핵심 프로세스의 중요도 우선순위 파악	●
문제 대안 도출	도출 문제점별 대안 및 필수 성공 요인 파악	●
	문제점별 개선 기회 도출	●
	장기적/단기적 해결 방안 도출	●
대안 도출	비전 수립	●
	To-Be 프로세스 재설계	●
	조직 재설계	●
	정보시스템 재설계	●
최적 대안의 설정	변경 영향 분석	●
	비용 효과 및 위험 분석	●
	달성 목표 확인 및 조정	●
대안 실행	통합 이행계획 수립	●
	프로토타이핑 수행	●
	변화 관리 수행	●
대안 성과 평가	성과 지표 수립	
	성과 평가 프로세스 수립	
	수행 결과에 대한 성과 평가	

1.5 BPR과 정보화전략계획(ISP)의 차이

BPR은 경영혁신기법의 하나로, 조직의 활동이나 업무의 전반적인 흐름을 분석하고, 경영 목표에 맞도록 조직과 사업을 최적으로 다시 설계하여 구성하는 것으로 ISP와 부문별 차이를 살펴보면 <표 251>과 같다.

<표 251> BPR과 ISP의 차이

부문	업무재설계(BPR)	정보화전략계획(ISP)
목적	• 경영혁신과 정보처리 기술의 유기적 결합을 통한 업무 과정의 재구축 • 경영혁신기법의 하나로, 조직의 활동이나 업무의 전반적인 흐름을 분석하고, 경영 목표에 맞도록 조직과 사업을 최적으로 다시 설계하여 구성하는 것	• 조직 내의 전략적 정보 요구를 식별하고, • 업무 활동과 이에 대한 자료영역을 기술하며, • 정보시스템 개발을 위한 통합된 프레임워크를 제공하고, • 구현을 위한 통합 정보시스템 계획을 작성하는 체계적 접근방법
범위	• 기존 프로세스의 문제점 개선 • 변화된 업무를 반영한 정보화 추진	• 전사, 서비스 또는 부서 대상 정보화 전략

536

부문	업무재설계(BPR)	정보화전략계획(ISP)
주요 활동	• 수행계획 수립 • 수행 활동 정의 및 조직 구성 • 수행계획 검토 및 승인 • 문제 분석 • 핵심 프로세스 정의 • 문제 대안 도출 • 대안 도출 • 최적 대안의 설정 • 대안 실행 • 대안 성과 평가	• 경영환경분석(조직, 유관기관 및 고객 특성 분석 등) • 최근 정보기술 동향 분석 • 업무 분석(조직 내부 활동과 현행 프로세스 분석) • 정보시스템 구조 분석 • 정보전략 및 정보관리체계 수립 • 미래 업무 프로세스 및 정보시스템 구조 설계
주요 산출물		• 경영환경분석 및 정보기술 동향 분석보고서 • 업무/정보시스템 분석보고서 • IT 비전 및 전략 • 이행 과제 및 로드맵

2 BPR 방법론

2.1 BPR 프레임워크

BPR 방법론 프레임워크의 4개 단계, 10개 활동, 32개 작업은 <그림 265>와 같다.

<그림 265> BPR 방법론 프레임워크

2.2 BPR 단계별 추진 내용

2.2.1 수행기획 단계

수행기획 단계에서는 '수행 계획수립'외 2개 활동과 '고객 요구사항 확인' 등 9개 작업을 수행한다.

<표 252> 수행기획 단계 세부 내용 및 세부 설명

활동	세부 내용	세부 설명
수행 계획수립	고객 요구사항 확인	BPR 프로젝트에 요구되는 고객들의 요구사항 파악 (수집 및 분석)
	프로젝트 요구사항 정의	BPR 프로젝트 수행 후 개선되어야 할 사용자 요구사항 및 개선 내용 등을 정의
	프로젝트 목적 및 목표 설정	BPR 프로젝트의 최종 목적과 실현 가능한 목표 설정
	프로젝트 진행 일정 및 방법 결정	BPR 프로젝트 수행을 위한 프로젝트 진행 일정, 비용, 인력 투입 계획 및 BPR 프로젝트 진행을 위한 관리 및 통제 방법 결정
수행 활동 정의 및 조직 구성	프로젝트 수행 활동 정의	BPR 프로젝트 수행 활동과 이에 수반되는 세부 작업 정의
	프로젝트 수행 활동 조직 구성	BPR 프로젝트 수행 조직 구성 및 구성원의 역할 정의
수행계획 검토 및 승인	프로젝트 계획 검토	BPR 프로젝트 계획 검토
	프로젝트 계획 보고	BPR 프로젝트 계획 보고
	프로젝트 계획 승인	BPR 프로젝트 계획 승인

2.2.2 현행 모델 분석(As-Is)단계

현행 모델 분석단계에서는 '문제 분석' 등 3개 활동과 '자료수집 대상 및 방법 수립' 등 10개 작업을 수행한다.

<표 253> 현행 모델 분석(As-Is) 단계 세부 내용 및 세부 설명

활동	세부 내용	세부 설명
문제 분석	자료수집 대상 및 방법 수립	• BPR 프로젝트 요구사항에 적절한 자료수집 대상을 설정 • 자료별로 수집 방법을 정의(인터뷰, 서면 조사, 벤치마킹)
	환경분석	• 고객/구매자 분석 • 거시적/미시적 사업 환경분석 • 조직 능력 분석
	현행 프로세스 분석 및 IT 분석	• 현행 프로세스의 체계적 정리 • 현행 정보시스템에 대한 체계적 분석(지원 프로세스 및 방법, 정보 인프라: 하드웨어, 소프트웨어, 인적 자원)
	목표/문제점 분석	• 설정된 목표별로 문제점을 도출하여 체계적으로 정리

활동	세부 내용	세부 설명
핵심 프로세스 정의	프로젝트 대상 핵심 프로세스 선정	• 핵심 프로세스 선정 기준
	핵심 프로세스와 연관 프로세스들의 관계 파악	• 핵심 프로세스와 연관이 있는 관련 프로세스들을 파악하고 연관 관계를 체계적으로 정립
	핵심 프로세스의 중요도 우선 순위 파악	• 도출된 핵심 프로세스들에 대해 목표/문제점 분석 결과를 고려한 중요도 우선순위를 파악
문제 대안 도출	도출 문제점별 대안 및 필수 성공 요인 파악	• 고객 만족도, 작업 활동과 순서, 투자 소요 자원 및 시간, 의사소통 경로
	문제점별 개선 기회 도출	• 도출된 문제점별로 개선 기회를 도출하여 우선 적용해야 하는 기회들을 체계적으로 정리
	장기적/단기적 해결 방안 도출	• 문제점별로 장기적으로 해결해야 하는 것과 단기적으로 해결해야 하는 방안을 도출하여 변화에 적응할 수 있도록 진행

2.2.3 개선 모델 개발(To-Be)단계

개선 모델 개발단계에서는 '대안 도출' 등 2개 활동과 '비전 수립' 등 7개 작업을 수행한다.

<표 254> 개선 모델 개발(To-Be) 단계 세부 내용 및 세부 설명

활동	세부 내용	세부 설명
대안 도출	비전 수립	• BPR 프로젝트 수행 이후의 비전에 대한 제시(비전을 육하원칙에 의거 정리)
	To-Be 프로세스 재설계	• 핵심 프로세스를 중심으로 한 프로세스의 재설계 • 조직 구조에 따른 기능 중심이 아닌 프로세스 중심의 재설계 • 프로세스의 상세 설계 수행 및 문서화
	조직 재설계	• 프로세스 중심의 조직 구조 재편
	정보시스템 재설계	• 새로운 정보기술을 포함한 정보시스템의 재설계 • 목적을 달성할 수 있는 정보시스템 설계
최적 대안의 설정	변경 영향 분석	• As-Is와 To-Be 모델을 비교하여 변경이 미치는 영향 분석
	비용 효과 및 위험 분석	• 재설계에 따른 투자 비용 효과 및 위험 요소를 파악
	달성 목표 확인 및 조정	• BPR 프로젝트 목표를 재확인하고 도출된 재설계를 대상으로 한 목표의 재설정 또는 변경

2.2.4 통합이행 단계

통합이행 단계에서는 '대안 실행' 등 2개 활동과 '통합이행 계획수립' 등 6개 작업을 수행한다.

<표 255> 통합이행 단계 세부 내용 및 세부 설명

활동	세부 내용	세부 설명
대안 실행	통합이행 계획수립	• 구현 프로세스를 포함하여 전반적인 이행 계획수립 • 전문가 집단이 참여하는 이행 계획수립 • 통합이행에 따르는 장애 요소의 파악 및 이에 따른 대안 도출
	프로토타이핑 수행	• 프로토타이핑을 수행하여 프로젝트 성공에 대한 확신 • 교육 훈련을 통한 자질 향상 • 테스트 수행 및 예상 결과 도출
	변화 관리 수행	• 대안 실행 과정에 발생하는 모든 변화 내용을 체계적으로 수행
대안 성과평가	성과 지표 수립	• 지속적인 향상을 추구할 수 있는 성과 지표 도출
	성과평가 프로세스 수립	• 수립 성과 지표에 따른 평가 프로세스의 수립
	수행 결과에 대한 성과평가	

3 BPR 수행 사례

BPR 방법론을 적용하여 수행한 한 BPR 사업의 단계별 산출물 사례를 발췌하여 제시하면 다음과 같다.

3.1 수행기획 단계

<그림 266> 수행기획 단계 - 프로젝트 수행 조직 구성 산출물 예시

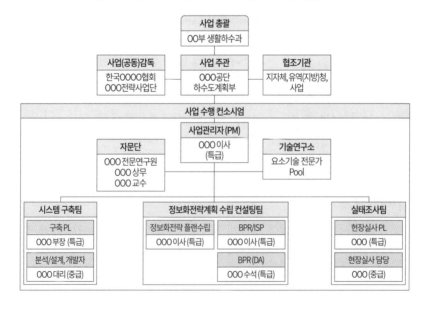

3.2 현행 모델 분석(As-Is)단계

<그림 267> 현행 모델 분석(As-Is)단계 - 현행 프로세스 분석 및 IT 분석 산출물 예시 1

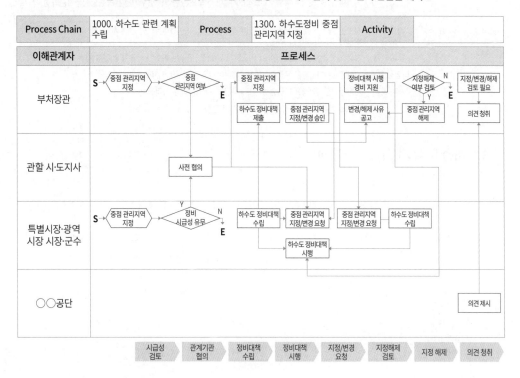

Process Chain	1000. 하수도 관련 계획 수립	Process	1300. 하수도정비 중점 관리지역 지정	Activity	

<그림 268> 현행 모델 분석(As-Is)단계 - 현행 프로세스 분석 및 IT 분석 산출물 예시 2

기능 분류			기능설명
대	중	소	
하수도 관련계획 수립	국가 하수도 종합계획 수립		환경부장관은 10년 단위의 국가하수도 종합계획(이하 '종합계획'이라 함)을 수립
		협의	환경부장관이 종합계획을 수립 또는 변경하려는 경우에는 미리 관계 중앙행정기관의 장 및 시·도지사와 협의
		자료제출 요구	환경부장관은 종합계획을 수립 또는 변경하고자 할 때에는 관계기관의 장 및 시·도지사에게 관련 자료의 제출을 요구
		자료 제출	자료제출을 요구 받은 관계기관의 장 및 시·도지사는 환경부장관에게 관련 자료를 제출
		통보	환경부장관은 종합계획이 수립 또는 변경된 경우에 관계 기관의 장 및 시·도지사에게 통보
		타당성 검토	환경부장관은 종합계획이 수립된 날부터 5년이 경과한 때에는 그 타당성 여부를 검토
		계획 변경	환경부장관은 종합계획이 수립된 날부터 5년이 경과한 때에는 그 타당성 여부를 검토하여 필요한 경우에 이를 변경
	유역하수도 정비계획 수립		지방환경관서의 장은 공공하수도의 중복 설치 방지와 효율적인 운영·관리를 위하여 종합계획을 바탕으로 환경부령으로 정하는 권역별로 하수도의 설치 및 통합 운영·관리에 관한 20년 단위의 유역하수도정비계획을 수립
		관할구역 중복	둘 이상의 지방환경관서의 장의 관할구역에 걸치거나 그 밖의 특별한 사유가 있을 때에는 환경부령으로 정하는 지방환경관서의 장이 해당 유역하수도정비계획을 수립

기능 분류			기능설명
대	중	소	
하수도 관련계획 수립	유역하수도 정비계획 수립	협의	지방환경관서의 장은 유역하수도정비계획을 수립 또는 변경하려면 미리 환경부장관, 관계 중앙행정기관의 장, 시·도지사 및 관계 시장·군수와 협의
		통보	지방환경관서의장은 유역하수도정비계획이 수립 또는 변경된 경우에는 관계 중앙행정기관의 장, 시·도지사 및 관계 시장·군수에게 통보
		자료제출 요구	지방환경관서의장은 유역하수도정비계획을 수립 또는 변경하려면 관계 시·도지사 및 시장·군수에게 필요한 자료의 제출을 요구
		자료 제출	자료 제출의 요구를 받은 관계 시·도지사 및 시장·군수는 특별한 사유가 없으면 해당 자료를 제출
		타당성 검토	지방환경관서의장은 유역하수도정비계획이 수립된 날부터 5년마다 그 타당성을 검토
		계획 변경	지방환경관서의장은 타당성을 검토하여 필요한 경우에는 계획을 변경
		고시	권역별 세부 단위 유역은 환경부장관이 정하여 고시

3.3 개선 모델 개발(To-Be)단계

<그림 269> 개선 모델 개발(To-Be)단계 - 비전 수립 산출물 예시 1

정부 정책	디지털화	데이터 전주기 인프라	비대면 서비스	5G등 네트워크	AI및 융합확산	
국가하수도 종합계획	도시안전 확보	생활주변 불편 해소	강우 시 하수 관리 강화	유역 중심의 관리	신성장 동력창출	지속 가능한 서비스 / 자산관리
정부 정책	지속가능	환경친화적	환경정의	국민참여	환경책임 실현	과학적 기반
○○공단	환경개선		환경친화적		생활밀착형	
국가정보화 기본계획	지능화	데이터 경제	디지털	지속 가능한	지능정보사회	안전한 지능망

(1안, 선정) 환경친화적이고 안전한 하수도 서비스 제공	(2안) 지능형 모니터링 및 지속 가능한 스마트 하수도 체계 구현	(3안) 환경정의 실현을 위한 스마트 하수도 서비스 구현

<그림 270> 개선 모델 개발(To-Be)단계 - 비전 수립 산출물 예시 2

비전	환경친화적이고 안전한 하수도 서비스 제공		
정보화 추진목표	지능형 데이터 분석기반의 효율적인 관리체계 구현		
정보화 추진전략	하수도업무 전반 정보화 체계 확장	지능형 하수도 안전관리체계 구축	과학적 하수도 운영체계 구축
개선과제	스마트 하수도 빅데이터 플랫폼 기반 구축		국가하수도 정보센터 설치
세부과제	스마트 하수도 빅데이터 플랫폼 구축	위치기반 스마트 지리정보 시스템 구축	정보센터 설치운영을 위한 법제도 정비
	스마트 하수도 관리체계 구축	IoT 기반 스마트 시설운영 모니터링 체계 구축	국가하수도정보센터 조직 구성방안 수립
	DB기반 스마트 하수도 정보서비스 제공	수요자 중심의 스마트 정보분석 플랫폼 제공	센터의 업무 설계 및 운영방안 수립
	유역하수도 이행관리 지원 및 평가	관리대행업 관리 및 평가시스템 구축	대민 서비스 강화 "생활 속 스마트 하수도 정보"

<그림 271> 개선 모델 개발(To-Be)단계 - 비전 수립 산출물 예시 3

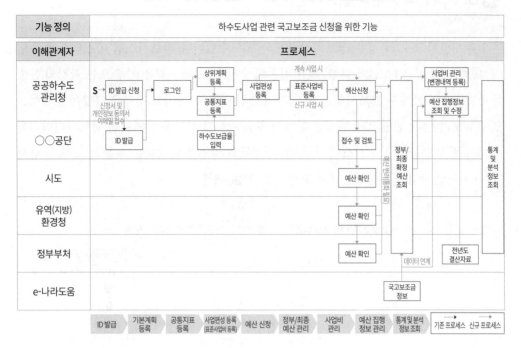

<그림 272> 개선 모델 개발(To-Be)단계 - 비전 수립 산출물 예시 4

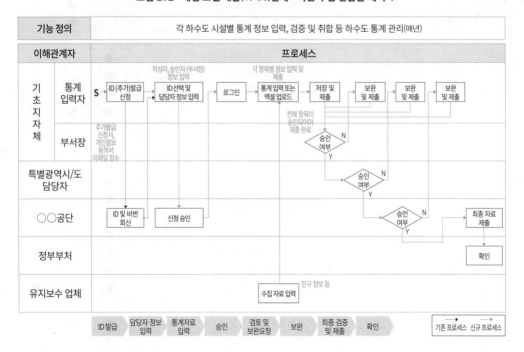

4 BPR과 PMO의 역할

업무재설계(BPR)의 경우 정보화전략계획(ISP) 수립이나 정보시스템 마스터플랜 수립(ISMP)에서와 같은 PMO의 역할, 즉 방법론의 수정(Tailoring) 적용 여부 또는 각각의 산출물에 대한 기획재정부 검토사항 도출 여부에 대한 검증 및 가이드와 같은 역할은 상대적으로 중요도가 낮다. 반면 BPR 방법론 단계의 주요 활동과 작업을 살펴보면 정보화전략계획(ISP) 수립 방법론과 정보시스템 구축(SI) 방법론의 작업과 일치하는 부분이 있다. 따라서 PMO는 이런 작업과 일치하는 부분을 중심으로 검토한다.

<그림 273> BPR 방법론의 작업별 ISP 및 SI 구축 방법론과의 관계

활동	세부 내용	타 방법론 유사 Task		
		ISP	ISMP	SI
수행계획 수립	고객 요구사항 확인	●		
	프로젝트 요구사항 정의	●		
	프로젝트 목적 및 목표 설정	●		
	프로젝트 진행 일정 및 방법 결정		●	
수행 활동 정의 및 조직 구성	프로젝트 수행 활동 정의		●	
	프로젝트 수행 활동 조직 구성		●	
수행계획 검토 및 승인	프로젝트 계획 검토		●	
	프로젝트 계획 보고		●	
	프로젝트 계획 승인	-		
문제 분석	자료수집 대상 및 방법 수립	●		
	환경 분석	●		
	현행 프로세스 분석 및 IT 분석	●	●	●
	목표/문제점 분석	●	●	
핵심 프로세스 정의	프로젝트 대상 핵심 프로세스 선정	●		
	핵심 프로세스와 연관 프로세스들의 관계 파악	●		
	핵심 프로세스의 중요도 우선순위 파악	●		
문제 대안 도출	도출 문제점별 대안 및 필수 성공 요인 파악	●		
	문제점별 개선 기회 도출	●		
	장기적/단기적 해결 방안 도출	●		
대안 도출	비전 수립	●		
	To-Be 프로세스 재설계	●		●
	조직 재설계	●		
	정보시스템 재설계	●		●
최적 대안의 설정	변경 영향 분석			
	비용 효과 및 위험 분석	●	●	
	달성 목표 확인 및 조정	●		

활동	세부 내용	타 방법론 유사 Task		
		ISP	ISMP	SI
대안 실행	통합 이행 계획 수립	●		
	프로토타이핑 수행			
	변화 관리 수행			●
대안 성과 평가	성과 지표 수립	●		
	성과 평가 프로세스 수립	●		
	수행 결과에 대한 성과평가	-		

제13장	ISP와 PMO

1 정보화전략계획(ISP) 수립 개요

정보화전략계획(ISP: Information Strategy Plan)은 '정보시스템 피라미드' 최상위의 전략 기획으로 경쟁력 확보를 위한 정보전략 수립을 통하여 기업의 전략적 비전 확립과 업무영역을 설정하는 것이다. ISP 수립은 조직 내의 전략적 정보요구를 식별하고, 업무 활동과 이에 대한 자료영역을 기술하며, 정보시스템 개발을 위한 통합된 프레임워크를 제공하는 것이다. 또한 정보시스템 구현을 위한 통합 정보시스템 계획을 작성하는 체계적 접근방법이다.

1.1 ISP 수립의 배경 및 필요성

그동안 정보공학 고유의 ISP 수립 필요성은 경쟁력 확보를 위한 정보전략 수립을 통하여 기업의 전략적 비전 확립 및 업무영역의 설정이었으나, 최근 중앙행정 및 공공기관의 ISP 수립 배경 및 필요성은 다음과 같다.

1) 공공기관의 ISP 수립의 배경

현재 공공기관은 구축사업 대가산정 부적정, 데이터 표준화 미준수, 정보시스템 활용률

저조 등 정보화사업 구축·운영에 대한 문제를 가지고 있다. 또한 기존 정보시스템 재활용 미흡, 중복구축 사업추진 등 사업계획단계에서 사전 차단할 수 있는 예산 낭비 요인이 발생하고 있다. 이런 문제를 해결하기 위해 ISP/ISMP 수립 절차 정립과 산출물 검토를 통한 정보화사업 계획단계의 내실화 및 정보화 분야 투자관리의 효율화를 도모하고자 「예산안 편성 세부지침」 및 「예산 집행지침」을 개정하였다. 이에 따라 시스템 구축·재구축 예산은 원칙적으로 ISP 또는 ISMP 수립 완료 이후에 요구하도록 하고, 신규 구축사업 예산안 편성의 내실화를 위해 ISP/ISMP 수립 과정 전반에 대한 기획재정부의 검토를 강화한 것이 ISP 수립의 정책적 배경이라 할 수 있다.

2) 공공기관의 ISP 수립의 필요성

위와 같은 ISP 수립의 정책적 배경에 따라 중앙행정 및 공공기관에서는 정보시스템의 구축·재구축을 위한 중장기 예산의 확보를 위해서는 적정한 ISP/ISMP 예산의 확보와 ISP/ISMP 사업의 외부 위탁을 통하여 수립한 ISP/ISMP 산출물을 'ISP/ISMP 최종산출물 검토신청서'와 함께 기획재정부에 제출하여 검토 신청을 요청하여야 한다.

- **적정한 ISP/ISMP 예산:** ① ISP 또는 ISMP 수립 예산을 요구하여 국회에서 확정된 또는 ② 기획재정부장관과 사전 협의되어 전용된 예산
- **적정한 ISP/ISMP 사업:** 계약서상 사업 기간이 종료된 ISP 또는 ISMP 사업

<표 256> ISP/ISMP 관련 법·제도

구분	관련 조항 조문 및 내용
국가재정법	[시행 2023.1.1.] [법률 제1858호, 2021.12.21, 일부개정] 【제29조 예산 편성 지침의 통보】 ① 기획재정부장관은 국무회의의 심의를 거쳐 대통령의 승인을 얻은 다음 연도의 예산안 편성지침을 매년 3월 31일까지 각 중앙관서의 장에게 통보하여야 한다.
예산안 편성 및 기금운용계획안 작성 세부 지침	[7. 정보화사업] 1. 적용 대상 ○ 정보를 생산·유통 또는 활용하여 사회 각 분야의 활동을 가능하게 하거나 효율화를 도모하는 사업 2. 세부 지침 ○ 정보시스템 구축은 원칙적으로 BPR 및 ISP 또는 ISMP 수립 완료 이후에 예산을 요구 - 국회에서 확정된 예산 혹은 기획재정부장관과 사전 협의되어 전용된 예산으로 수행된 경우에 한함 - ISMP 수립 관련 구체적인 내용은 「ISP/ISMP 수립 공통가이드」 참고 ○ 각 중앙관서의 장은 「ISP 수립 공통가이드」에 따라 정보시스템 구축 예산에 앞서 ISP 최종산출물에 대한 검토를 기획재정부에 요청 - 기획재정부는 ISP 산출물 검토 등에 대해 전문기관(한국지능정보사회진흥원)의 의견을 참작할 수 있음

1.2 ISP 수립 과정

ISP 수립 과정은 <그림 274>와 같이 정보공학 고유의 ISP 수립 과정 또는 「ISP/ISMP 수립 공통가이드」의 기본 구성 내용에 기초한 단계(Phase)와 활동(Activity)의 수립 과정을 수행하는데, 다음은 그 한 사례이다.

<그림 274> ISP 수립 과정 예시

Phase1 환경분석	Phase2 현황분석	Phase3 목표모델 설계	Phase4 통합이행 계획수립
1. 내외부 환경분석 　1.1 외부 환경분석 　1.2 내부 환경분석 2. 선진사례 분석 　2.1 벤치마킹 대상 선정 　2.2 유사 및 선진사례 분석 　2.3 차이(GAP) 분석 3. 정보기술 동향분석 　3.1 최신 ICT 산업 동향 　3.2 주요 정보기술 동향 분석 　3.3 정보기술 적용성 분석 4. 시사점 도출 5. 핵심성공요소 도출 　5.1 SWOT 요인 도출·분석 　5.2 핵심성공요소(CSF) 도출	1. 법·제도 분석 　1.1 폐기물 관련 법·제도 분석 　1.2 정보화 관련 법·제도 분석 2. 업무 현황분석 　2.1 조직 및 업무체계 분석 　2.2 업무 프로세스 및 요건 분석 3. 정보시스템 현황분석 　3.1 응용시스템 분석 　3.2 데이터 분석 　3.3 인프라 및 연계 분석 　3.4 기술 및 보안구조 분석 　3.5 IT 조직 분석 4. 이해관계자 분석 　4.1 이해관계자 식별 　4.2 이해관계자 분석 방안 5. 요구사항 분석 　5.1 요구사항 그룹핑·정리 　5.2 주요 정보화 요구사항(CIR) 도출 6. 개선과제 도출 　6.1 이슈 통합 및 시사점 그룹핑 　6.2 개선과제 도출	1. 정보화 비전 및 전략 수립 　1.1 비전 키워드 도출 및 그룹핑 　1.2 비전 체계 및 전략 수립 2. 개선과제 상세화 　2.1 개선과제 개요서 작성 3. 업무 미래모형 설계 　3.1 업무 프로세스 설계 　3.2 업무 요건 정의 4. 정보시스템 미래모형 설계 　4.1 응용서비스 구조 설계 　4.2 데이터 구조 설계 　4.3 인프라 구조 설계 　4.4 기술 및 보안구조 설계 　4.5 IT 조직 전략 도출 5. 법·제도 개선방안 도출 　5.1 법·제도 개선방안 도출 　5.2 법·제도 준수사항 제시	1. 이행계획 수립 　1.1 이행과제 도출·확정 　1.2 우선순위 평가 　1.3 이행단계별 추진목표 수립 　1.4 중장기 로드맵 수립 2. 이행과제 정의 　2.1 이행과제 정의서 작성 3. 총 사업비 산출 　3.1 총 사업비 　3.2 응용소프트웨어 개발비 　3.3 장비 및 솔루션 도입비 　3.4 운영 유지보수비 　3.5 기타 소요비용 4. 효과 분석 　4.1 정성적 효과 분석 　4.2 정량적 효과 분석 5. 변화 관리 　5.1 변화관리 방안 제시 6. 제안요청서 작성 　6.1 제안요청서 작성 및 검토

1.3 ISP 수립의 기대효과

ISP 수립의 일반적인 기대효과는 '국가 정보화 정책 및 기술 환경 변화에 선제적으로 대응하고 IT 투자를 효율적으로 관리할 수 있는 중장기 정보화계획을 추진함으로써 종합적이고 체계적인 중장기 정보화 구현을 가능하게 함'으로 볼 수 있다. 이에 더하여 최근의 ISP/ISMP 산출물을 기획재정부에 검토신청을 요청하는 절차를 통해 예산 낭비 요인을 저감한다. 사업을 계획할 때부터 기존 정보시스템 재활용 미흡과 중복구축 사업추진 등으로 발생할 수 있는 예산 낭비 요인을 파악한다. 이러한 과정을 통해 ISP/ISMP 수립 절차 정립과 산출물 검토를 통한 정보화사업 계획단계의 내실화 및 정보화 분야 투자관리의 효율화를 도모할 수 있을 것이 추가적인 기대효과라 할 수 있다.

2 ISP 방법론

ISP 수립 방법론은 정보공학 고유의 ISP 방법론과 각 ISP 컨설팅 회사의 방법론, 그리고 「ISP/ISMP 수립 공통가이드」의 기본 구성 내용에 기초한 단계와 활동을 적용하는 것이 일반적이다.

2.1 ISP 방법론의 범위 및 체계

ISP 방법론의 범위는 일반적으로 4개 단계와 그 하위에 여러 개의 활동, 그리고 그 하위에 여러 개의 작업으로 구성되어 있으며, 총괄 추진체계의 예시는 다음과 같다.

<그림 275> ISP 방법의 체계 예시

2.2 ISP 수립 단계별 추진 내용

ISP 수립 단계는 크게 환경분석, 현황분석, 목표모델 설계 및 통합 이행계획의 4개 단계로 수행되며, 단계별 추진 내용은 다음과 같다.

2.2.1 환경분석

환경분석 단계에서는 '내외부 환경분석' 등 5개 활동과 11개 작업의 수행을 통하여 외부 환경 요인과 경영전략 분석을 통해 변화를 유발하는 요인에 대응하기 위한 시사점을 도출하고 환경분석 결과에 따른 시사점을 종합하여 정보화 방향성을 도출한다.

<그림 276> 환경분석 체계 및 절차 예시

<표 257> 환경분석 추진 내용 및 산출물 예시

활동	추진 작업	세부 추진 내용	산출물
내외부 환경분석	외부환경(PEST) 분석	정치, 경제, 사회, 기술 측면의 다양한 현황과 이슈 조사·분석을 통해 대상 사업을 추진하는 과정에서 영향을 미칠 수 있는 요인들을 분석하고 시사점을 도출하여 미래모형 설계에 반영	경영환경 분석서
	내부환경(SPOT) 분석	경영전략, 주요 업무 및 서비스, 조직구조, 정보화 현황 등 SPOT 분석을 통한 내부 핵심역량을 파악하여 본 사업 방향성 수립에 반영	
선진사례 분석	벤치마킹 대상 선정	벤치마킹 대상(항목)을 선정한 후, 유사 및 선진 사례 조사 분석을 통하여 본 사업에 적용 가능한 모범사례와 적용 기술을 식별하여 도출	선진사례 분석서
	유사 및 선진 사례 분석		
	차이(GAP) 분석	선진사례의 업무절차 및 정보기술 요건을 도출하여 기도출된 정보화 요건과의 차이를 분석하여 과제의 보완 작업 및 개선 방향을 설정	차이 분석서
정보기술 동향 분석	최신 정보기술 동향 분석	국내외 정보화 기술 및 ICT 기술 추세 조사를 통해 각 적용 사례별 장단점과 시사점을 도출하고, 대상 사업에 참고가 될 정보기술의 적용 방향 설정과 기대효과 등을 제시	정보기술 동향 분석서
	정보기술 적용성 분석		
시사점 도출	시사점 그룹핑	내외부 환경분석 결과 도출된 시사점을 그룹핑하고 정리	시사점
핵심성공 요소 도출	SWOT 분석	정책적, 사회적, 경제적, 기술적 외부 환경 분석을 통한 기회와 위협 요인, 주관 기관의 내부역량 분석을 통한 강점과 약점 요인을 토대로 SWOT 분석을 수행	SWOT 분석서
	핵심성공요소 도출	SWOT 분석 결과를 바탕으로 핵심성공요소(CSF)를 도출하여 본 정보화전략 계획 수립의 타당성을 검증하고 방향성을 정의	

550

2.2.2 현황분석

현황분석 단계에서는 '업무 현황분석' 등 약 6개 활동과 약 16개 작업의 수행을 통하여 조직 역할 및 업무체계 분석으로 업무절차맵(Process Modeling), 업무기능(Activity)정의서 등을 작성하고 조직과 업무 체계상의 문제점 및 개선 요구사항을 도출하여 개선과제에 반영한다.

<그림 277> 현황분석 체계 및 절차 예시

<표 258> 현황분석 추진 내용 및 산출물 예시

활동	추진 작업	세부 추진 내용	산출물
법·제도 분석	업무 관련 법·제도 분석	목표시스템의 구축 과정에서의 저해 요인을 사전에 식별하고 구축 정보시스템의 운영성 확보를 위한 법·제도적 고려사항을 도출하기 위하여 업무 관련 법·제도와 국내 정보화 관련 법·제도를 분석	법·제도 분석서
	정보화 관련 법·제도 분석		
업무 현황 분석	조직 및 업무체계 분석	조직의 역할 및 업무체계를 분석한 후, 업무 프로세스 및 업무요건을 작성하여 현행 조직과 업무 체계상의 문제점 및 개선 요구사항을 도출	업무현황 분석서
	업무 프로세스 및 요건분석		
정보시스템 현황분석	응용시스템 분석	주요 정보시스템의 현황분석을 통해 운영상 문제점 분석 및 기존 시스템 재활용, 그린 IT 방안 제시	정보시스템 현황 분석서
	데이터 분석	데이터 현황을 분석·진단하여 문제점 및 개선 요구사항을 도출	
	인프라 분석	하드웨어, 소프트웨어, 네트워크, 스토리지 등 현행 인프라를 분석·진단하여 문제점 및 개선 요구사항을 도출	
	연계 분석	현행 정보시스템 운영 현황을 분석하여 대내외 정보시스템 연계 방안 제시	
이해관계자 분석	이해관계자 식별	내외부 이해관계자를 식별하고 이해관계자들의 요구사항을 파악하기 위하여 요구사항 분석기법(설문조사, 인터뷰, 프로토타이핑, 브레인스토밍, 문서분석, 설계서 분석 등)을 통한 기능적/비기능적 요구사항 분석방안을 마련	이해관계자 분석서
	이해관계자 분석 방안		
요구사항 분석	정보화 요구사항 도출	내외부 이해관계자에 대한 인터뷰를 통하여 파악한 부문별 요구사항을 연계 매핑하여 주요 정보화 요구사항(CIR)을 도출하고 이를 핵심성공요소(CSF)와의 연관성 분석 등을 통하여 개선방안의 타당성을 검토	주요정보화 요구사항 (CIR)
개선과제 도출	시사점 그룹핑	현황분석을 통해 발췌한 이슈 및 시사점을 바탕으로 실질적 개선 중심의 과제를 도출하여 사업의 성공적 수행을 지원	개선과제
	개선과제 도출		

2.2.3 목표모델 설계

목표모델 설계단계에서는 '정보화 비전 및 전략 수립' 등 약 5개 활동과 '비전 체계 수립' 등 약 12개 작업의 수행을 통하여 환경분석과 현황분석 결과를 연계하여 정보화 비전, 목표, 단계별 실행전략 등을 수립하고 업무 및 정보시스템에 대한 미래모형을 설계한다.

<표 259> 목표모델 설계 추진 내용 및 산출물 예시

활동	추진 작업	세부 추진 내용	산출물
정보화 비전 및 전략 수립	비전 및 키워드 도출	정보화 비전 키워드와 환경/현황분석을 통해 도출된 키워드를 고려하여, 정보화 방향성 및 세부 추진과제를 도출	정보화전략 정의서
	비전 체계 및 전략 수립	환경분석과 현황분석 결과를 연계하여 정보화 비전, 목표, 단계별 실행전략 등을 수립하고 정보시스템 구축 원칙과 정보시스템에 적용할 기술 요건 및 정보관리 전략을 수립	
개선과제 상세화		To-Be 개선과제에 대하여 정의, 목적 및 필요성, 현황 및 문제점, 개선 방향, 고려사항 등 상세 정보에 대한 개요서를 작성	개선과제 정의서
업무 목표 모델 설계	업무 프로세스 설계	개선과제 내역, 선진사례, IT 개선방향을 종합적으로 고려하여 최적화된 To-Be 업무 프로세스 설계	To-Be 업무 프로세스설계서
	업무요건 정의	To-Be 업무프로세스 내 IT 지원 업무기능 단위의 시스템 개발을 위한 기능 요건 상세 정의	
정보시스템 목표모델 설계	응용서비스 구조 설계	전략적 정보시스템 구축을 위한 이상적인 응용서비스(Application) 구조를 정립	To-Be 정보시스템 설계서
	데이터 구조 설계	정립된 정보시스템을 효율적으로 운용할 수 있는 데이터 관리체계를 설계	
	인프라 구조 설계	목표 인프라 아키텍처 설계, HW 용량 산정, HW, SW, NW 구성 설계	
정보시스템 목표모델 설계	기술 및 보안구조 설계	전략적 정보시스템 구축을 위한 필요 기술 요소 및 보안구조 설계	To-Be 정보시스템 설계서
	IT 조직 전략 도출	기능 중심, 업무 중심, 기술 중심, 콘텐츠 중심 조직구조 등으로 정보화 조직구조를 구분 설계	
법·제도 개선 사항 도출	법·제도 개선사항 제시	목표시스템의 구축 과정에서의 저해 요인을 사전에 식별하고 구축 정보시스템의 운영성 확보를 위한 법제도적 고려사항을 도출하기 위하여 업무관련 법·제도 개선사항과 준수사항 제시	법·제도 개선사항
	법·제도 준수사항 제시		

2.2.4 통합이행 계획수립

통합이행 계획수립 단계에서는 '이행 계획수립' 등 약 4개 활동과 '우선순위 평가' 등 약 13개 작업의 수행을 통하여 환경분석과 현황분석 결과를 연계하여 정보화 비전, 목표, 단계별 실행전략 등을 수립하고 업무 및 정보시스템에 대한 미래모형을 설계한다.

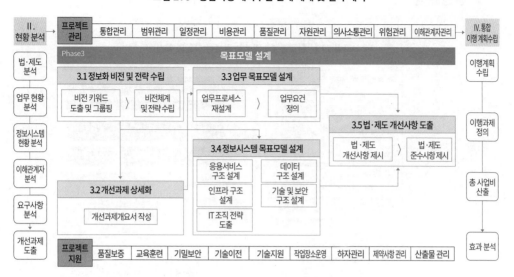

<그림 278> 통합이행 계획수립 단계 체계 및 절차 예시

<표 260> 통합이행 계획수립 추진 내용 및 산출물 예시

활동	추진 작업	세부 추진 내용	산출물
이행계획 수립	이행과제 도출·확정	목표모델 수립을 통하여 도출된 개선과제를 바탕으로 대상사업 구현을 위한 이행 관점에서의 과제를 도출 및 확정	이행계획 수립서
	우선순위 평가	대상사업을 위한 실행계획 수립을 위하여 각 과제별 시행의 용이성 및 전략적 중요성에 대한 점수를 산정하고, Portfolio quadrant 분석을 통하여 우선순위 평가를 수행	
	이행단계별 추진 목표 수립	우선순위와 선·후행 관계가 정의된 이행과제를 기반으로 정보화 비전 및 전략목표에 일관되도록 이행단계별 추진 목표를 수립	
이행계획 수립	중장기 로드맵 수립	우선순위와 선·후행 관계가 정의된 이행과제를 기반으로 정보화 비전 및 전략목표에 일관되도록 이행단계별 중장기 전략을 수립	이행계획 수립서
이행과제 정의	이행과제정의서	수립된 이행과제별로 과제명, 배경 및 필요성, 과제 정의, 제약건, 기대효과 등의 항목으로 정의서를 작성	이행과제 정의서
총사업비 산출	총사업비	시스템 구축 사업계획 수립을 위해 업무기능을 명세하고, FP 기반의 개발비, 솔루션, 하드웨어 등의 소요 자원을 산정 FP 산정이 불가능한 이행과제에 한하여 투입공수(MM) 기반으로 산정하며, 구축 후 시스템 구축 연차별 운영 및 유지 보수비를 산정	총사업비
	소프트웨어개발비		
	인프라 도입비		
	운영유지보수비		
	기타 소요비용		
효과 분석	정량적 효과분석	통합이행 계획수립 단계에서는 대상 정보화사업 수행에 따라 예상되는 정성 및 정량적 기대효과 분석 결과를 제시	효과 분석서
	정성적 효과분석		

3 ISP 사례

현재까지 기술한 ISP 수립 방법론을 적용하여 수행한 ISP 수립 사업의 단계별 산출물 사례를 발췌하여 제시하면 다음과 같다.

<그림 279> 환경분석 - 외부 환경분석 산출물 예시

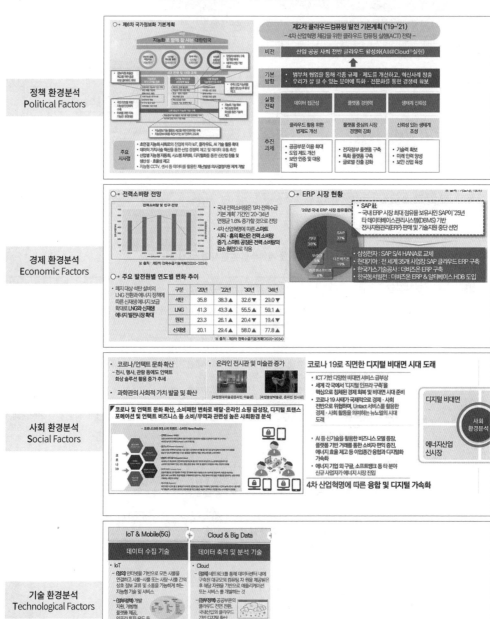

Strategy(경영 전략)

미션	청소년의 건강한 성장과 행복한 꿈의 실현을 위한 상담복지서비스 제공
비전 2030	청소년이 행복한 오늘, 청소년이 꿈꾸는 미래의 든든한 파트너

핵심 가치 (KYCI4U)	맞춤포용 (U 24)	안전성장 (U safe)	소통협력 (U&I)	지속혁신 (U lift)

경영철학	청소년 보호	청소년 참여	청소년 자립

Process(업무/서비스)

주요 업무
- 청소년 상담 및 복지와 관련된 정책의 연구
- 청소년 상담·복지 사업의 개발 및 운영·지원
- 청소년 상담기법의 개발 및 상담자료의 제작·보급
- 청소년 상담·복지 인력의 양성 및 교육
- 청소년 상담·복지 관련 기관 간의 연계 및 지원
- 청소년상담복지센터, 청소년복지시설 및「학교 밖 청소년 지원에 관한 법률」제12조에 따른 학교 밖 청소년 지원센터에 대한 지도 및 지원
- 청소년 가족에 대한 상담·교육
- 통합정보시스템의 운영
- 청소년 안전망 시스템 운영
- 그 밖에 청소년상담원의 목적을 수행하기 위하여 필요한 부수사업

SPOT

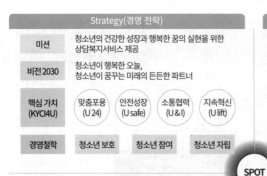

조직구조 (Organization 조직 구조)

- 이사장
- 감사실

경영기획 본부	통합지원 본부	상담역량 개발본부	복지지원 본부
기획전략부 경영지원부 혁신성과부 정보전략부	청소년안전망지원부 미디어중독대응부 청소년사이버상담센터	상담복지연구부 청소년상담연수부 청소년폭력예방부	학교밖 청소년지원부 청소년복지시설지원부

국립청소년 인터넷 드림마을	국립 중앙청소년 디딤센터	국립 대구청소년 디딤센터
기획운영부 캠프운영부 사업관리부	사무국 경영관리부 치료재활부 치료사업부	기획조정부 상담교육부

정보시스템 현황
○ 정보화 현황
- 한국청소년상담복지개발원은 청소년상담복지에 대해 전문적이고 체계화된 정보서비스 제공(대국민 정보제공, 민원처리, 편의 증진 등)을 목적으로 약54개의 정보자원을 관리
○ 주요 시스템
- CYS-Net 종합정보망 전산시스템, 청소년쉼터·자립 회복행정지원시스템, 청소년사이버상담센터시스템, 소년상담사시스템, 이러닝시스템, 인터넷·스마트폰 이용습관
- 전수진단시스템, 본원 운영 홈페이지시스템, 솔리언 또래상담 홈페이지, 교육정보시스템/그룹웨어 시스템 등
○ 정보자원 현황(2021.1월 기준)

합계	서버	스토리지	네트워크	보안장비	백업장비
54	30	-	10	13	1

Organization(조직 구조) / Technical(정보화 현황)

한국교육학술정보원 - 클라우드 기반 교육정보 플랫폼

개요	• 온라인 학습 확대에 따른 교육정보서비스의 탄력적 운영을 위한 클라우드 기반 교육 정보 플랫폼 구축
주요내용	• 디지털교과서 플랫폼 서비스 운영을 위한 클라우드 서비스 임차 -「클라우드 컴퓨팅법」에 따른 이용 활성화 정책 수용 • KERIS 전산센터와 안정적인 서비스 연계를 위한 보안장비 운영 ○ 안정적탄력적 운영이 가능한 클라우드 기반 서비스 검토
주요 시사점	• 민간 클라우드 도입을 통한 인프라 도입 유연성·가변성 확보 • 서비스 가용성, 안정성 확보 위한 재해 복구체계 수립

국토교통진흥원 - 스마트 워크 환경 구현

개요	• 코로나 시대와 디지털 정부 혁신에 대비하고, 사이버 보안 등 정부 정책에 부합하는 스마트워크 환경을 공공기관 최초로 구축, 운영
주요내용	• 한 대의 PC로 업무 망과 인터넷 망에 접속해 업무처리가 가능하게 함으로써 코로나시대 재택근무 환경을 구현하고, 비용 절감과 업무 효율성을 향상 • 지정된 회사 PC 또는 노트북에 OTP (One Time Password) 및 생체인식 등 2차 인증방식 적용, 사이버 보안 강화
주요 시사점	• 비대면 시대, 원격 근무 확대에 대비한 스마트 워크 환경 구축 사례로 참고 • 원격 근무 환경 제공과 민감 데이터에 대한 보안 이슈 해소 위한 방안 벤치마킹 필요

국립해양조사원 - 웹사이트 통합 및 고도화

개요	• 국립해양조사원 대국민 웹사이트 정비 및 강화
주요내용	• UI 개선, 감성 디자인 적용 및 반응형 웹기술 사용으로 기기별 최적화된 UI 제공 • 안정적이고 체계적인 서비스 제공을 위해 웹사이트 통폐합 • 서비스 중인 통합이행 계획수립 현행화 및 필수 기능 보안·강화 • 웹 호환성 및 웹 접근성(웹 표준) 준수
주요 시사점	• 웹사이트 총량제 준수 하에서 최적의 홈페이지 통합 및 고도화 방안 도출 • 시스템 통폐합 및 개선 통한 개발원 정보화 시스템 체계 정립

<그림 282> 환경분석 - 차이(GAP) 분석 산출물 예시

프로세스 차이 분석	정보요건 차이 분석	정보시스템 개선방향 도출
업무 프로세스 부문 즉, 업무가 수행되는 방식의 차이를 분석	정보요건에 있어서 이상적 수준과 현행 정보시스템 차이 분석	차이 분석 결과를 바탕으로 정보시스템의 개선방향 정립
• 분석 대상분야 선정 • 분야별 선진사례 대비 차이 분석 • 조직, 업무 프로세스 목표 및 역할 정의	• 분석 대상분야 선정 • 분야별 선진사례 대비 차이 분석 • 신규 정보시스템 요건 정의	

GAP 분석 방법

유형	정량적 분석	정성적 분석
방법	• 수준차이 정도 규명	• 수준차이 발생 원인 해석
측정대상	• 선진수준과의 절차 • 성과측정치 선정 • 목표 수준의 설정	• 실행 동인 (실무) • 사용기법 • 조직/체계 • 정보시스템 • 환경/문화/법제도
고려사항	• 비교 가능한 상태로 환원시킨 후 비교 • 절대비교에 집착 불필요 • 계산의 정확성보다 방향성 있고 실행할 수 있는 수준의 정확성 추구 필요 • 필요한 추정에 대한 강한 의지 필요	

GAP 분석 결과

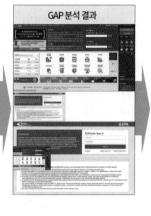

- 근무 환경 변화에 대비한 최신 기술 적용 방안
- 클라우드 기반 인프라 전환 및 재해복구체계 마련
- 안정적인 청소년 안전망 시스템 지원 체계 구축
- 업무 프로세스를 효과적으로 지원할 수 있는 정보화 시스템 구축 방안

<그림 283> 환경분석 - 최신 정보기술 동향 분석 산출물 예시

디지털 기술로 촉발되는 초연결 기반의 지능화 혁명(4차 산업혁명)	
XR&메타버스	**5G&디지털 통합이행 계획수립**
사용자 경험(UI/UX) 기술	네트워크와 디지털 통합이행 계획수립 기술

XR(Extended Reality)
- (정의) 확장현실(Extended Reality, XR)은 가상현실(Virtual Reality, VR), 증강현실(Augmented Reality, AR), 그리고 혼합현실(Mixed Reality, MR)을 모두 아우르는 개념으로 광범위하고 다양한 수준의 초실감형 기술 및 서비스

메타버스
- (정의) 메타버스란 현실의 나를 대리하는 아바타를 통해 일상 활동과 경제생활을 영위하는 3D 기반 의 가상세계로, 현실 세계가 가상공간과 결합하여 마치 현실이 가상공간으로 확장된 것을 의미하며, 4가지 유형으로 분류 가능

구분	증강현실 세계	라이프로깅 세계	거울 세계	가상 세계
정의	현실 공간 위에 가상의 물체를 덧씌워 보여주는 모습	사물과 사람에 대한 일상적인 경험과 정보를 캡처하고 저장 하고 묘사하는 기술	실제 세계를 가능한 사실적으로 반영하되, 정보적으로 확장된 가상 세계	현실과 유사하거나 대안적인 세계를 디지털 데이터로 구축
특징	가상 세계에 대한 거부감을 줄이고 몰입감을 높여줌	센서, 카메라, SW 기술을 활용하여 사물과 사람의 정보기록·가공·재생산 공유	3차원 가상지도, 위치식별, 모델링	아바타를 통해 현실 세계의 경제적, 사회적 활용을 유사하게 유지
활용 분야	차량 HUD, 구글글래스	웨어러블 디바이스	지도기반 서비스	소셜 가상 세계
사례	포켓몬고, HUD, 알함브라 궁전의 추억(드라마)	인스타그램, 페이스북	에어비앤비, 배달의민족, 구글어스	제페토, 로블록스, 마인크래프트, 리니지, 퀘스트2

5G
- (정의) 5세대 모바일 네트워크를 의미하며, 이전 네트워크에선 불가능했던 서비스를 지원하도록 대역폭 및 대기시간이 업그레이드된 기술
- (정부정책) 미래 이동통신 산업 발전 전략, 20배 빠른 5G

적용 가능 주요 기술

확장가능한 OFDM 기반 무선 인터페이스	유연한 슬롯 기반 프레임 워크	첨단 채널 코딩	대용량 다중입출력	모바일 밀리미터파
확장가능한 OFDM Numerology	유연한 설계법 (Self-contained) 슬롯 구조	MS-LDPC & CA-Polar	정밀 포제싱 기반 MU-MIMO	빔포밍 및 빔 추적

디지털 통합이행 계획수립
- (정의) 기존의 아날로그적 통합이행 계획수립을 디지털화하여 문자, 음성, 음향, 이미지, 그리고 영상과 같은 통합이행 계획수립을 디지털의 형식으로 제작 혹은 가공한 기술
- (정부정책) 디지털 통합이행 계획수립 산업 육성 지원계획, 통합이행 계획수립 산업 3대 혁신전략

<그림 284> 환경분석 - 정보기술 적용성 분석 산출물 예시

클라우드	인공지능(AI)	빅데이터	디지털 트윈
기술의 특성 - 디지털 뉴딜의 핵심인프라로 데이터, 인공지능 활성화를 위한 기반 기술 - 가상의 네트워크 공간에 IT 자원을 구축해 이용자에게 신축적으로 제공 하는 온디맨드 방식의 서비스 체계	**기술의 특성** - 인간이 가진 지적 능력을 컴퓨터를 통해 구현하는 기술로 IoT, 빅데이터 등 타 기술과 접목을 통해 활용 - 인공신경망, 머신러닝, 딥러닝, CNN 등의 기술이 있음	**기술의 특성** - 데이터의 양, 유형, 요구사항의 변화로 기존의 데이터 관리체계를 벗어나 실시간 유연한 데이터 분석 기술로 구현 - 하둡(Hadoop), HDFS, 맵리듀스, NoSQL 등의 기술이 있음	**기술의 특성** - 산업현장에서 생산성, 경제성, 안전성 등 확보를 위한 주요 기술 - 물리적 객체에 대한 디지털 복제로 생명주기 전체에 걸쳐 대상 객체 요소들의 속성/상태를 유지하며 동적 성질을 묘사하는 가상의 모델
적용가능 서비스 - 클라우드를 통한 관리체계 구현을 통해 속도, 효율성, 유연성 등 확보 가능(AI 등 타 기술과의 접목을 통한 서비스 가능)	**적용가능 서비스** - 기계학습을 적용한 운전 최적화 체계 구현 - 인공지능을 적용한 안전진단 솔루션 개발	**적용가능 서비스** - 센서 등에서 실시간으로 측정된 현장 데이터를 수집하여 현장 안전을 위한 체계 구축 가능 - 실시간 문제 해결을 위한 챗봇 서비스 구현 가능	**적용가능 서비스** - 디지털 트윈을 적용한 현장안전 예측 및 대응체계 구축(현장에서 발생할 수 있는 상황을 예측하거나 운영 최적화 조건 정보 제공 가능)

사물인터넷(IoT)	RPA	5G	모바일
기술의 특성 - 사람과 사물, 사물과 사물간 지능통신 서비스로 언제 어디서나 실시간 이용가능한 통신 서비스 - 스마트 센서, 스마트 계량기, 센서간 통신 등 기술이 있음	**기술의 특성** - 로봇 프로세스 자동화로 업무 수행 중 반복적이고 단순한 업무 프로세스에 소프트웨어를 적용해 자동화 체계 구현 - 업무 자동화 및 디지털화를 위한 필요기술로 시장이 확대되고 있음	**기술의 특성** - 무선통신 환경 한계 극복을 통해 제조혁신 가속화와 경쟁력 제고를 위한 핵심 인프라 - 정부에서는 5G 기반 스마트 공장 고도화 및 보급 확산을 위한 사업 수행	**기술의 특성** - 사물인터넷, 클라우드, 빅데이터 등과 함께 정보화 시대 핵심기술(ICBM)로 정의 - 분리된 기술의 관점이 아닌 통합적 시각에서 기술 활용
적용가능 서비스 - 센서를 적용한 언택트 접근제어 및 스마트 워치 등을 활용한 작업자 안전관리체계 구축 - IoT를 적용한 환경감시 및 재난 모니터링체계 구현	**적용가능 서비스** - 회계처리업무 등 정형화된 단순 업무 수행에 대한 자동화 구현 - 한국남부발전에서는 RPA 기반의 사내 업무 체계 구축하여 활용	**적용가능 서비스** - 현장 설비를 원격에서 정비 지원 및 관리 가능(현장 영상정보를 5G망으로 실시간 전송하고 증강현실 기술을 활용하여 정보를 상호 교환)	**적용가능 서비스** - 통합원격검침, 수도/가스/전기 등 제어 등 모바일을 활용한 원격 조종 및 감시 서비스 구현 가능

<그림 285> 환경분석 - SWOT 분석 산출물 예시

내부역량 외부환경	강점(S, Strength) - (S1) 서부발전 뉴딜정책을 수립하여 신기술을 접목한 스마트 그린에너지 기업으로의 전환 진행 - (S2) 뉴딜 정책 수립을 위한 전문 조직 및 업무 수행을 위한 협업체계 구축 - (S3) 최초 수소생산 기반 구축 등 환경을 위한 경영 수행 - (S4) IGCC 설비 무고장 연속운전 세계 기록 경신	약점(W, Weakness) - (W1) 현장 안전 및 환경오염 등 현장 상황 실시간 모니터링 체계강화 필요 - (W2) SAP 사 ERP 사용에 따른 ERP 교체 및 전환을 위한 대응전략 수립 필요 - (W3) 시설 연속운영보장을 위한 예방책 강화 필요 - (W4) 업무 효율성 향상을 위한 IT 신기술 적용 확대 필요
기회(O, Opportunity) - (O1) '한국판 뉴딜' 등 정부 정책에 따른 산업별 디지털/자동/지능화 추진과 활용가능 IT 기술 다양화 - (O2) 스마트 공장 확대는 전력 소비량 감소 요인으로 작용 - (O3) 디지털화, 자동화 지원을 위한 정부 정책 및 예산 증가 - (O4) 재난재해 등에 따른 기업 BCP 시장 확대 - (O5) 공공부문 기관별 클라우드 전환 추진	**SO** - (S1 & S2 & O1) 내부전문조직 및 외부기관과의 협업을 통한 '한국판 뉴딜' 수행 추진 - (S1 & O2 & O3) 소비 전력 절약을 위한 스마트 그린 플랜트 구축 추진 - (S4 & O1 & O3) 설비 무고장 연속운전 등 노하우를 접목한 서부발전 디지털 및 지능화 수행	**WO** - (W1 & O1) 신기술을 융합한 현장 모니터링체계 구축을 통한 안전 및 환경오염 관리 수행 - (W2 & O5) 클라우드 기반의 ERP전환 방안 마련 - (W3 & O4) 유사분야 BCP 적용 및 활용 사례 분석을 통하여 재난재해에 대비한 최적의 업무 연속성체계 구축 - (W4 & O1 & O3) 신기술을 활용한 업무 디지털화 및 자동화 체계 구현
위협(T, Threat) - (T1) 지속적인 전력 수요 증가, 분산에너지 및 신재생 에너지 비중 확대 등 발전산업 분야 환경변화 - (T2) SAP 사 기존 ERP 제품 25년 판매 및 기술 지원 중단 - (T3) 코로나 19 등에 따른 디지털 비대면 시대 도래 - (T4) 작업장에서의 산재사고 반복에 따른 국민 관심 증대	**ST** - (S1 & S3 & T1) 환경경영 목표 달성을 위한 스마트 그린 플랜트 구축 추진 - (S1 & S2 & T3 & T4) 디지털 뉴딜 추진을 통하여 현장 안전체계와 비대면 체계 구축 방안 수립 - (S3 & T1) 환경경영을 기반으로 분산에너지, 신재생에너지 확충을 위한 체계 구축 수행	**WT** - (W2 & W4 & T3) 클라우드, IoT 등을 적용한 비대면 자동화 체계 구축을 통하여 코로나 확산에 대한 대비책 마련 - (W2 & T1 & T2) 전력수요증가, 신규에너지 도입에 따른 업무 증가 등을 고려한 서부발전에 적합한 ERP 도입을 통하여 업무 효율성 강화

<그림 286> 환경분석 - 핵심성공요소(CSF) 도출 산출물 예시

SWOT 매트릭스 분석 결과

	SWOT 매트릭스 분석 결과
S O	- 내부전문조직 및 외부기관과의 협업을 통한 '한국판 뉴딜' 수행 추진 - 소비 전력 절약을 위한 스마트 그린 플랜트 구축 추진 - 설비 무고장 연속운전 등 노하우를 접목한 서부발전 디지털 및 지능화 수행
W O	- 신기술을 융합한 현장 모니터링체계 구축을 통한 안전 및 환경오염 관리 수행 - 클라우드 기반의 ERP 전환 방안 마련 - 유사분야 BCP 적용 및 활용 사례 분석을 통하여 업무 연속성 확보 - 신기술을 활용한 업무 디지털화 및 자동화 체계 구현
S T	- 환경경영 목표 달성을 위한 스마트 그린 플랜트 구축 추진 - 디지털 뉴딜 추진을 통하여 현장 안전체계와 비대면 체계 구축 방안 수립 - 환경경영을 기반으로 분산에너지, 신재생에너지 확충을 위한 체계 구축 수행
W T	- 클라우드, IoT 등을 적용한 비대면 자동화 체계 구축을 통하여 코로나 확산에 대한 대비책 마련 - 전력수요증가, 신규에너지 도입에 따른 업무 증가 등을 고려한 서부 발전에 적합한 ERP 도입을 통하여 업무 효율성 강화

핵심성공요소(CSF) 도출

	핵심성공요소(CSF) 도출
1	서부발전의 스마트 플랜트 도입을 위한 신기술 적용 전략 수립
2	국내외 사례분석을 통하여 서부발전 ERP 고도화 및 인프라 개선방안 마련
3	서부발전 업무연속성 확보를 위하여 재난재해에 대비한 BCP 체계 수립
4	코로나 확산에 대비한 IT 기술 기반의 비대면 자동화 체계 구축
5	현장 안전 및 환경오염 관리를 위한 신기술 기반의 현장 모니터링 자동화 체계 구축
6	서부발전의 설비 연속운전 노하우를 반영한 지능형 설비 예측진단 및 정비 시스템 도입

3.2 현황분석

<그림 287> 현황분석 - 요구사항 분석 산출물 예시

	영역별 요구 사항 종합
업무	- 현행 개발원 및 유관기관 업무시스템 진단 및 분석, 최신 기술 적용 방안 도출 - 업무 시스템 정보화 수준 분석, 디지털 혁신 추진 위한 과제 도출
표준화	- 범정부 표준 및 여성가족부 표준화 준수에 대한 현황분석 통한 문제점을 토대로 개선 기회 도출
데이터	- 빅데이터 분석과 관련한 이행과제가 도출되는 경우 "빅데이터 공통기반 플랫폼(혜안)" 활용방안 마련 - 현 데이터 구조(논리, 물리)에 대한 현황분석 및 개선과제 도출 - 일관성, 데이터의 종속성, 무결성, DB성능 등 데이터 구조설계 (모델링) 원칙 및 가이드 마련 - 데이터 관리체계 개선방향 수립 및 목표체계 제시
연계	- 데이터 공동활용에 필요한 연계정보 항목 및 연계절차 수립 - 공공데이터 현황 및 개방과 관련한 관리방안 수립 - 현황분석에 기반하여 개방데이터 서비스 연속성 확보 방안 제시
인프라	- 정보자원(HW, SW) 구성 및 운영 현황 분석 - 서버, 네트워크, 정보보안 등 IT 인프라 운영 현황 및 문제점 분석
조직	- IT 조직, 역할, 자원 운영 현황 및 업무체계 분석 - 운영조직 및 체계 등 개발원의 정보화 운영역량 진단
프로세스	- IT업무 분석/진단을 통한 문제점 및 개선사항 도출 - 각 정보시스템의 운영 이슈 도출 및 개선방향 제시

주요 정보화 요구사항(CIR)
1. 최신 IT 기술의 개발원 업무 적용 방안 도출
2. 디지털 혁신 추진 위한 세부 과제 도출
3. 공공 및 민간 클라우드 전환 방침에 따른 도입 및 운영 방안 마련
4. 재해복구체계 수립 및 정보보안 인프라 구축 방안 마련
5. 여가부 청소년 안전망 시스템 연계 및 안정적인 시스템 운영 체계 구축
6. 웹페이지 총량제 기준 적용한 개발원 홈페이지 통합 및 고도화
7. 범정부 표준 및 여가부 표준 준수에 따른 데이터 관리 방안 마련
8. 정보화 시스템 개선에 따른 IT 거버넌스 체계 마련

<그림 288> 현황분석 - 법·제도 분석 산출물 예시

과학관 관련 법·제도 분석

구분	과학관 관련 법규 및 행정규칙
법규	• 과학관의 설립·운영 및 육성에 관한 법률 • 과학관의 설립·운영 및 육성에 관한 법률 시행령 • 과학관의 설립·운영 및 육성에 관한 법률 시행규칙
행정규칙	• 국가중요과학기술자료 등록에 관한 고시 • 국립과학관협의회 운영규정

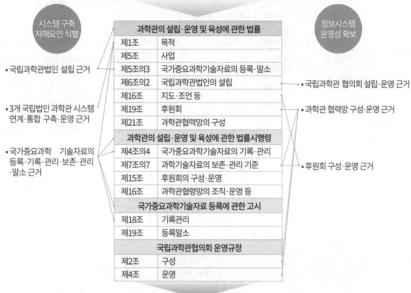

시스템 구축 저해요인 식별

• 국립과학관법인 설립 근거

• 3개 국립법인 과학관 시스템 연계·통합 구축·운영 근거

• 국가중요과학 기술자료의 등록·기록·관리·보존·관리 ·말소 근거

정보시스템 운영성 확보

• 국립과학관 협의회 설립·운영 근거

• 과학관 협력망 구성·운영 근거

• 후원회 구성·운영 근거

과학관의 설립·운영 및 육성에 관한 법률	
제1조	목적
제5조	사업
제5조의3	국가중요과학기술자료의 등록·말소
제6조의2	국립과학관법인의 설립
제16조	지도·조언 등
제19조	후원회
제21조	과학협력망의 구성

과학관의 설립·운영 및 육성에 관한 법률시행령	
제4조의4	국가중요과학기술자료의 기록·관리
제7조의7	과학기술자료의 보존·관리 기준
제15조	후원회의 구성·운영
제16조	과학관협령망의 조직·운영 등

국가중요과학기술자료 등록에 관한 고시	
제18조	기록관리
제19조	등록말소

국립과학관협의회 운영규정	
제2조	구성
제4조	운영

목표시스템

응용시스템 구성도   DB 아키텍처   소프트웨어 아키텍처   인프라 아키텍처

정보화 관련 법·제도 분석

구분	정보화 관련 법제도
법	• 국가정보화 기본법 • 공기관의 정보공개에 관한 법률 • 개인정보 보호법 • 소프트웨어산업 진흥법 • 인터넷주소자원에 관한 법률 • 전자서명법 • 전자정부법 • 정보통신기반 보호법 • 정보통신망 이용촉진 및 정보보호 등에 관한 법률 • 통신비밀보호법 • 국가를 당사자로 하는 계약에 관한 법률 • 하도급거래 공정화에 관한 법률 • 지방자치단체를 당사자로 하는 계약에 관한 법률

구분	정보화관련 고시 지침
고시/ 지침/ 기준	• 공공기관 홈페이지 개인정보노출방지 가이드라인(행정안전부) • 국가 사이버안전 매뉴얼(국가사이버안전센터) • 공공기관의 데이터표준화 지침(행정안전부) • 개인정보의 기술적·관리적 보호조치 기준(방송통신위원회고시) • 개인정보의 안전성 확보조치 기준(행정안전부고시) • 보안업무규정(대통령령) • 소프트웨어 개발보안 가이드(행정자치부) • 소프트웨어 기술성 평가기준(과학기술정보통신부고시) • 소프트웨어 품질인증의 세부기준 및 절차(과학기술정보통신부고시) • 전자정부서비스 호환성 준수지침(행정안전부) • 장애인·고령자 등의 정보접근 및 이용 편의 증진을 위한 지침(과학기술 정보통신부고시) • 전자서명인증업무지침(과학기술정보통신부고시) • 전자정부서비스 호환성 준수지침(행정안전부고시) • 정보보호시스템 공통평가기준(과학기술정보통신부고시) • 정보보호시스템 평가·인증 지침(과학기술정보통신부고시) • 정보보호조치에 관한 지침(과학기술정보통신부고시) • 정보보호 관리체계 인증 등에 관한 고시(과학기술정보통신부고시) 등

<그림 289> 현황분석 - 업무 현황분석 산출물 예시

조직 및 업무체계 분석

buyKOREA	• 국내 B2B e-마켓플레이스인 buyKOREA(buyKOREA.or.kr)를 통해 전 세계 바이어와 한국 공급업체 연결 지원 • 한국 상품의 해외 홍보, 해외바이어의 구매정보 제공, 거래대금 온라인결제(KOPS, Paypal), 국제배송(EMS, DHL) 등 거래 프로세스 지원

구분	조직	관련 주요업무	비고
buyKOREA 총괄 운영	혁신성장본부	• buyKOREA 정보화 전략계획 • buyKOREA 관련 기획, 마케팅 • 지표관리(바잉오퍼 발굴 및 성약) • buyKOREA 운영 및 관리	• 디지털무역팀 주요 업무 중 하나로 총13명(팀장, 휴직자 제외)중 4명 이상이 buyKOREA 운영 및 관리 업무 수행
buyKOREA 추진 TF	중소중견기업본부	• GP 플랫폼 구축 관련 프로젝트 진행 • 중소기업 지원을 위한 협업 니즈 제공	• TF 구성원을 통하여 업무 수행에 있어 필요로 하는 이해관계자 니즈 파악 가능 • KOTRA 빅데이터 정보와의 연계를 통해 맞춤형 정보 생성 등 TF 부서와의 협업을 통한 통합 이행계획 수립 수집 및 활용 필요
	경제통상협력본부	• 중소기업 지원을 위한 협업 니즈 제공	
시스템 구축 및 기술 지원	무역기반본부	• 대외서비스 시스템 운영 지원 • 보안관련 자문 및 점검	• 정보시스템 기술 지원 및 자문 관련 전문 조직 보유
국외 무역관		• buyKOREA 마케팅	• 현장 마케팅 및 홍보 등 현장 마케팅 업무지원을 위한 필요 기능 파악 및 구현 필요
지방 지원단			

업무 프로세스 분석

Process Chain	상품관리	Process	수출상품 등록

구분	프로세스

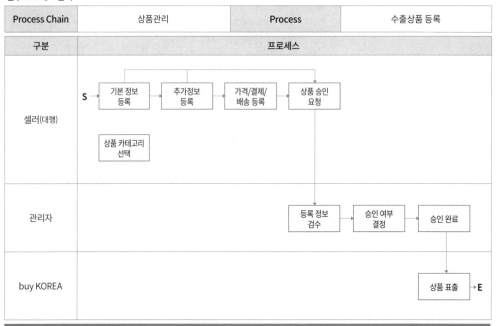

구분	프로세스
셀러(대행)	
관리자	
buy KOREA	

주요 이슈 및 시사점
• 카테고리 세분화, 대-중-소 단계별 선택, 카테고리 정의 부재 등으로 상품 카테고리 선택에 어려움이 있으므로 상품 품목 입력을 통한 자동 카테고리 설정이나 기존 등록된 상품 품목정보를 활용한 카테고리 추천 기능 등 셀러를 위한 등록 편의 기능 구현 필요 • 상품 소개 등 한글정보 입력 시 영문 자동전환, 주요 사용 문장에 대한 영문 제공, 사진 업로드 시 자동 정렬 제공 등 시스템에서 자동으로 수행할 수 있는 셀러를 위한 편의 기능 구현 필요 • 관리자가 직접 수행하고 있는 검수 기능을 시스템을 통하여 기초 검수할 수 있도록 기능 구현 필요(누락 정보, 영문 외 언어 사용 여부, 개인 정보 입력 여부 등에 대한 1차 검수 지원)

업무 시스템 분석

• 주요 정보시스템의 현황 분석을 통해 운영상 문제점 분석 및 기존 시스템 재활용, 그린 IT 방안 제시

사업 운영 시스템

Smart CRM	
고객정보관리	콜센터
해외마케팅	고객만족도 평가
마일리지	투자사업관리
캠페인	통합 VOC
상담주선관리	
사업관리	상담설정
상담주선	체류 / 동선관리
상담결과	

주요 기능	고려사항
• Smart CRM: 고객(국내외) 기본 정보 • 상담주선관리 : 사업관리	• 데이터마이닝, AI활용한 빅데이터 분석 기법 고도화로 체계적이고 맞춤형 마케팅 서비스 제공 필요 • 코로나 19등에 대응하기 위한 O2O, O4O 화상상담 기능 등 고도화 필요 높음

연계 현황 분석

• 현행 정보시스템 운영 현황을 분석하여 대내외 정보시스템 연계 방안 제시

연계정보 관리 시 예상되는 문제점
표준 연계 정보 관리 항목 미정의
전사적인 연계 현황 파악의 어려움
기관별, 시스템별 데이터 연계의 품질, 성능에 대한 정량적 평가 불가
상세한 연계 정보 관리 미비로 연계 개발이나 수정 시 생산성 저하 현상

표준 연계 정보 관리 항목 정의			
정보정의	항목정의	항목출처	오너십정의
• 정보구분 • 정보명 • 연계주기	• 항목명 • 항목설명 • 연계항목 데이터타입 • 연계항목 데이터길이	• DB명 • DB계정 • 테이블명 • 컬럼명	• 제공기관 • 활용기관

비고
• 연계 정보 관련 제공기관과 활용기관간의 연계 관련 행정적 사항 기록
• 연계 정보 관련 연계 형식, 연계 방법 등의 기술적 사항 기록

데이터 분석

• 현행 운영 정보 시스템의 DB를 분석, 정규화 작업 수행

※ 데이터베이스 표준은 행정안전부에서 제시하고 있는 공공 기관의 데이터베이스 표준화 지침과 고시를 적용

데이터 품질관련 지침 현황분석
• 데이터 관리 생명주기 관점에서 지침 현황 분석 및 상호관계 이해
• 현행 제도의 미비점, 개선이나 보완이 필요한 영역을 파악하여 미래모형 설계 참고

유관기관 데이터 연계 현황분석
• 유관기관의 지침·가이드의 데이터연계에 대한 적용 적합성을 분석하여 미래모형에 활용
• 유관 정보화 사업과의 관계를 정의하여 미래모형 수립 시 참고

데이터 생성	행정기관의 코드표준화 추진지침	행정표준코드의 변경
		행정표준코드 적용

제도·지침간 상호관계 분석

데이터 저장, 이용, 공유	전자정보 지원사업 관리지침	지원사업 선정 / 확정
		성과관리...

데이터 폐기	행정정보 데이터베이스 표준화지침	행정DB의 운영 및 관리
		행정DB의 품질관리...

보완 필요 영역 도출

인프라 분석

• HW, SW, NW, 스토리지 등 현행 인프라를 분석·진단하여 문제점 및 개선 요구사항을 도출

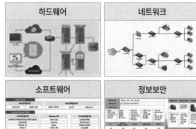

하드웨어 / 네트워크 / 소프트웨어 / 정보보안

중점 분석 부문	
현행시스템의 정보자원 확장 가능성 분석	업무망 및 외부망 연계 위협/이슈 도출
정보시스템 서버 보안 적정성 분석	시스템 연계의 네트워크 보안 및 보안 취약점 분석
시스템 사양 선정 및 활용방안 분석	

<그림 291> 현황분석 - 이해관계자 분석 산출물 예시

이해관계자 분석 절차

이해관계자 영역 정의	인터뷰·현황 자료 분석	전략적 중요도 평가	대응방안 도출
• 정보시스템 사용자 및 관련 업무 수행 내외부 이해관계자 식별 • 내외부 이해관계자 정의 및 IT 지원 서비스/현업 지원 범위 분석	• 핵심 이해관계자 선정 (중요단위로 대상 그룹화) • 인터뷰, FGI, 설문조사를 통해 협의가 필요한 대상 기관/조직 선별 및 이해 관계 파악	• 핵심 이해관계 분석 수행 결과 검토 및 문헌 분석 • 분석 결과를 토대로 이해 관계자의 현재 영향도 및 미래중요도 분석	• 주요 이해관계자별 기대 Benefit 및 전략적 대응 방안 도출 • 정보시스템 구현을 위한 주요 요구사항 정의

내외부 이해관계자 식별

업무 구분		이해관계자
청소년상담 복지개발원업무 담당자		• 청소년상담복지개발원 내부 조직 운영, 행정 운영 업무 담당자 • 업무별 담당자
업무별 구분	청소년 안전망사업	• 지자체 담당공무원, 사례관리사, 상담복지센터 상담사, 청소년동반자 등
	청소년 쉼터	• 청소년 쉼터 보호·상담원, 거리상담전문요원, 야간보호상담원
	학교밖 청소년지원센터	• 학교밖 청소년지원센터 종사자
	청소년 치료재활센터	• 청소년치료재활센터 생활지도자
	미디어과 의존치유센터	• 국립청소년인터넷드림마을 상담사
	사이버상담센터	• 청소년사이버상담센터 담당자, 사이버 상담사
일반 사용자		• 청소년, 학부모, 교사 등

이해관계자 의견 수렴을 위한 인터뷰 질의 항목 및 내용(예시)

	질의 영역	주요 내용
1	업무	Q. 현행 업무 수행 시, 가장 큰 어려움 및 근본적인 원인 Q. 현행 업무 중, 시스템이 아닌 오프라인으로 수행하여 불편한 부분 및 시급한 개선 필요 부분 Q. 현행 업무 중, 업무 지연이 이루어지는 구간
2	정보시스템	Q. 현행 시스템 운영 중 이슈 사항 Q. 시스템 고도화에 따른 사용자 필요성 의견 및 반드시 반영되었으면 하는 내용
3	데이터	Q. 현행 데이터 관리 현황(품질관리, PK 중복 여부 등) Q. 데이터 활용 현황 및 애로사항
4	연계	Q. 타 시스템 연계 현황 및 문제점, 추가로 연계가 필요한 정보시스템 존재 여부
5	서비스 품질	Q. 대상 시스템 사용자의 현행 시스템 만족도 - 전반적인 만족 수준, 만족도가 높은 서비스 - 불만사항 등 개선 요구 서비스
6	인프라 환경	Q. 현행 시스템의 안정적 운영에 필요한 서버 등 인프라 확보 현황 - 장비 노후화, 장애발생, 장비 운영관리, 자원의 충분성 등 인프라 운영상의 이슈
7	목표시스템방향성	Q. 즉시 대응 서비스 - 사용자 즉시 대응이 필요한 업무 및 방안에 대한 의견 수렴
비고		※ 인터뷰·이해관계자 미팅 전 담당자와 인터뷰 항목 검토 및 조율 수행으로 최적 이해관계자 영역별 분석 진행

시사점	개선 과제	
buyKOREA e커머스 전체 cycle을 지원할 수 있는 글로벌 B2B e커머스 플랫폼으로 고도화 필요	buyKOREA e커머스 전 cycle을 지원할 수 있는 글로벌 B2B e커머스 플랫폼 고도화	글로벌 e커머스 수준의 차세대 B2B 플랫폼 고도화
정보 공유 및 활용을 위한 기관(시스템) 간 데이터 및 기능 연계 필요	사업분야확장 및 다양한 참여자 유입을 위한 플랫폼 확대	
KOTRA 빅데이터 분석 시스템 연동 및 AI 알고리즘을 적용한 서비스 고도화 필요	O2O/O4O 서비스 고도화 및 신규사업모델 수립	
	3대 공공 B2B 플랫폼 연계를 통한 플랫폼 개방성 강화	
서비스 제공 채널 확대, 다국어 지원, 직관적 UI/UX 등 사용자 편의성 강화 필요	KOTRA 빅데이터 플랫폼 연동을 통한 분석 체계 구축	
챗봇 기술을 활용한 실시간 상담, AR/VR을 통한 온라인 전시회 등 디지털 혁신기술을 활용한 서비스 강화	buyKOREA 고도화 서비스 상호운용성 확보를 위한 CRM 연동 기능 강화	제약 없는 서비스를 위한 사용자 편의성 강화
자동 카테고리 설정, 카테고리 추천 기능 등 seller를 위한 등록 편의 기능 구현 필요	사용자 편의를 위한 고객 응대서비스 강화(챗봇을 적용한 실시간 상담 등)	
빅데이터, AI 등 최신 지능화 기술을 적용한 고객편의 중심의 콘텐츠 확대 필요	시공간/언어의 제약 없는 플랫폼 서비스 제공(다국어 지원 확대, 모바일 서비스 확장, UI/UX개선 등)	
바이어 및 다양한 사용자(3rd party 등)유입을 위한 마케팅 채널 확대 및 첨단 기술을 탑재한 콘텐츠 제공 필요	콘텐츠 통합관리 를 위한 CMS 기능 고도화	신기술 적용 및 콘텐츠 확대
	AI 알고리즘을 적용한 추천/매칭 서비스 혁신	
국제표준을 적용하여 사용자가 이해하기 쉬운 상품 카테고리 분류체계 설정 필요	신기술 적용한 콘텐츠 다양화(라이브스트리밍, AR/VR 적용 등)	
상품 카테고리를 활용한 콘텐츠 구성 및 제공으로 콘텐츠 일원화 및 활용성 제고 필요	국내기업, 바이어 및 다양한 사용자(3rd party 등)의 유입 확대를 위한 콘텐츠 강화	상품 카테고리 재정립
O2O 서비스 관련 신규사업 모델을 도출하여 플랫폼 활용성 확대방안 모색 필요	상품 카테고리 분류체계 재정립 방안 및 카테고리 활용 콘텐츠 구성	디지털혁신 기술지원을 위한 데이터 및 인프라 기반 구축
	오프라인 주요정보의 데이터베이스 구축 및 데이터 거버넌스 체계 정립	
신기술을 적용한 디지털 혁신기술 제공을 위해 인프라 확대 구축 필요	디지털 혁신기술 제공을 위한 인프라 확대방안 마련	

3.3 목표모델 설계

<그림 293> 목표모델 설계 - 정보화 비전 전략 수립 산출물 예시

정보화 비전 Keyword 도출

최신 IT 기술 적용
공공기관 클라우드 전환
재해복구체계 구축
디지털 혁신 추진
홈페이지 통합 및 고도화
IT 운영 관리 체계 정비
위탁운영 시스템 관리 방안
데이터 및 관리체계 표준화
데이터 품질 관리
비대면 업무 지원 기능 강화
데이터 분석 기능 강화

비전 Keyword 그룹핑

Scope
대내외 정보화시스템 영역

Focus
: 디지털 혁신 추진 위한
최신 IT 기술 기반 정보화 시스템
구축 계획 수립

Image
통합 업무 지원 기반 마련

비전 체계 및 전략 수립

비전	최상의 상담복지 서비스를 제공하는 디지털 혁신 기반 정보화 체계 제공
추진 목표	한국청소년상담복지개발원 IT 발전방안 수립을 위한 중장기 정보화 계획 수립
추진 과제	• 최신 IT 기술 개발원 업무 적용 방안 도출 • 공공 및 민간 클라우드 도입·전환에 따른 방안 마련 • 재해복구 및 보안에 관한 인프라 설계 • 디지털 혁신 추진 위한 세부 과제 도출 • 개발원 홈페이지 통합 및 고도화(총량제 준수) • 정보화시스템 구축에 따른 IT 거버넌스 정비 • 여성가족부 청소년 안전망 시스템 구축 후 연계 방안 도출 • 범정부 표준 및 여성가족부 표준화 준수에 따른 개선방향 및 과제도출 • 데이터 공유 및 개방에 따른 데이터 표준화 및 품질 관리 • 데이터 분석을 통한 청소년 상담복지업무 의사결정 지원

<그림 294> 목표모델 설계 - 개선과제 상세화 산출물 예시

	개선과제 2. 공공 및 민간 클라우드 도입·전환에 따른 방안 마련		개선과제 3. 재해복구 및 보안에 관한 인프라 설계
개선과제 정의	• 4차 산업혁명 기반 기술 및 최신 ICT 기술의 개발원 업무 적용 타당성 분석·검토하고 정보화 시스템 반영 방안 수립	개선과제 정의	• 개발원 시스템에 대한 재해복구체계 수립 및 망분리, 사이버 보안 침해 위협 대비 인프라 설계
목적 및 필요성	• 포스트 코로나 시대 대비한 업무 환경 변화 적극적 대응, 복지상담 사용자 확대 및 사용자 편의성 향상 필요	목적 및 필요성	• 개발원 시스템 고도화에 따른 최적의 재해복구 및 정보 보안 체계 도입 필요
현황 및 문제점	• 현행 개발원 시스템은 필요에 따라 개발된 특정 업무 한정 시스템으로 제한된 기능만 제공하고 있음 • 시스템 노후화에 따라 사용자 불편, 중복 처리 및 매뉴얼 처리 업무 다수 존재	현황 및 문제점	• 현행 노후화된 시스템 재해복구 및 정보 보안 체계 미흡으로 사이버 보안 위험 항시 노출 • 스마트 업무 환경 전환에 따른 원격 근무 등 지원 위한 정보 보호 인프라 설계 필요
개선방향	• 현행 개발원 및 유관 기관 시스템 현황분석 • 스마트워크, 메타버스 및 ICBM 기술의 적용 타당성 검토 및 선진 사례 벤치마킹 통한 적용 대상 기술 및 업무 서비스 도출	개선방향	• 재해복구 국제표준 가이드 기반 유사기관 사례 참조한 재해복구체계 방안 마련 • 네트워크 망분리 및 정보보안 아키텍처 수립
고려사항	• 스마트 업무 환경, 비대면 서비스 관련 선진 사례 조사 통한 기술 적용 타당성·보편성·향후 활용성의 객관성 확보 • 다양한 이해관계자 면담 통한 필요 기능 조사 및 반영	고려사항	• 클라우드 전환(국가정보자원관리원 또는 민간)시 위탁업체 재해복구체계 기준에 준한 BCP 수립 • CC인증 기준 정보보호 솔루션 최신 기술 준용

<그림 295> 목표모델 설계 - 업무 목표모델 설계/응용서비스 구조 설계 산출물 예시

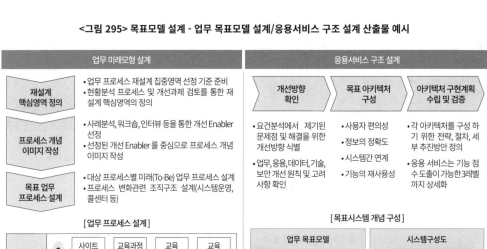

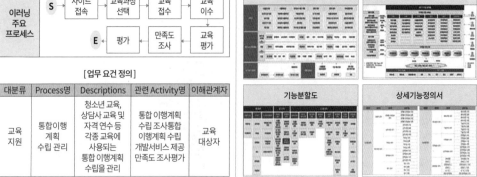

<그림 296> 목표모델 설계 - 데이터 모델 설계/인프라 구조 설계 산출물 예시

데이터 모델 설계		인프라 구조 설계		

데이터 모델 설계

데이터 개선방향 확인
- 데이터 현황분석에서 제기된 문제점 및 개선방향 식별
- 추진방향 및 전략 수립

데이터 설계 기준수립
- 주제영역 정의
- 대상데이터 선정

데이터 모델 설계 및 검증
- 목표 데이터 모델 정의
- 개념 데이터 모델 정의
- 논리 데이터 모델 정의

인프라 구조 설계

인프라 개선방향 확인
- IT 인프라 현황분석에서 제기된 문제점 및 개선방향 식별

인프라 설계기준 수립
- 인프라 구조의 효율성
- 인프라 구조의 가용성
- 인프라 구조의 관리용이성

인프라 설계 및 검증
- 목표 인프라 아키텍처 설계
- HW 용량 산정
- HW, SW, NW 구성 설계

[주제영역 작성 방법]

키 데이터 주제 영역
- 업무 주체, 객체(자원, 대상), 장소와 관련된 정보를 대상으로 데이터 내용상 중복을 배제하여 정의

메인 데이터 주제 영역
- 키와 데이터 간의 관계성을 바탕으로 방법, 행위, 결과, 상태 등을 설명하기 위한 정보를 대상
- 기능목적과 정보속성에 따라 분류

[주제영역 도출대상 데이터]

지속성 있는 데이터	• 지속성 있는 데이터만 고려 • 임시로 생성되거나 지속적으로 관리되지 않는 데이터는 제외
업무 데이터	• 업무기능을 지원하기 위하여 필요한 데이터만 고려 • 시스템 기술적인 기능 지원을 위한 데이터는 제외
원천 데이터	• 원천 데이터를 대상으로 수행 • 다른 데이터로 유도될 수 있는 데이터는 제외

[인프라 구조 설계]

인프라(HW,SW,NW) 설계 산출물

인프라 구조 개선안

<그림 297> 목표모델 설계 - 기술 및 보안구조 설계/IT조직 구성/법·제도 개선사항 도출 산출물 예시

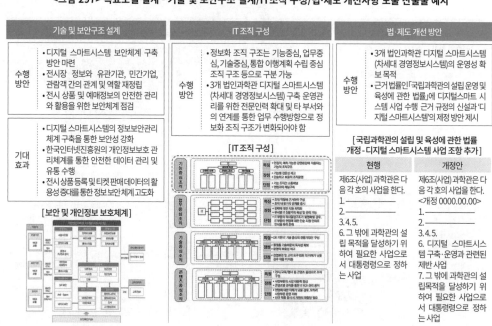

기술 및 보안구조 설계	IT 조직 구성	법·제도 개선 방안

기술 및 보안구조 설계

수행 방안
- 디지털 스마트시스템 보안체계 구축 방안 마련
- 전시장 정보와 유관기관, 민간기업, 관람객 간의 관계 및 역할 재정립
- 전시 상품 및 예매정보의 안전한 관리와 활용을 위한 보안체계 점검

기대 효과
- 디지털 스마트시스템의 정보보안관리 체계 구축을 통한 보안성 강화
- 한국인터넷진흥원의 개인정보보호 관리체계를 통한 안전한 데이터 관리 및 유통 수행
- 전시 상품등록 및 티켓 판매 데이터의 활용성 증대를 통한 정보보안 체계 고도화

[보안 및 개인정보 보호체계]

IT 조직 구성

수행 방안
- 정보화 조직 구조는 기능중심, 업무중심, 기술중심, 통합 이행계획 수립 중심 조직 구조 등으로 구분 가능
- 3개 법인과학관 디지털 스마트시스템(차세대 경영정보시스템) 구축 운영관리를 위한 전문인력 확대 및 타 부서와의 연계를 통한 업무 수행방향으로 정보화 조직 구조가 변화되어야 함

[IT 조직 구성]

법·제도 개선 방안

수행 방안
- 3개 법인과학관 디지털 스마트시스템(차세대 경영정보시스템)의 운영성 확보 목적
- 근거 법률인「국립과학관의 설립 운영 및 육성에 관한 법률」에 디지털스마트 시스템 사업 수행 근거 규정의 신설과 '디지털 스마트시스템'의 제정 방안 제시

[국립과학관의 설립 및 육성에 관한 법률 개정 - 디지털 스마트시스템 사업 조항 추가]

현행	개정안
제6조(사업) 과학관은 다음 각 호의 사업을 한다. 1. ——————— 2. ——————— 3. 4. 5. 6. 그 밖에 과학관의 설립 목적을 달성하기 위하여 필요한 사업으로서 대통령령으로 정하는 사업	제6조(사업) 과학관은 다음 각 호의 사업을 한다. <개정 0000.00.00> 1. ——————— 2. ——————— 3. 4. 5. 6. 디지털 스마트시스템 구축·운영과 관련된 제반사업 7. 그 밖에 과학관의 설립목적을 달성하기 위하여 필요한 사업으로서 대통령령으로 정하는 사업

<그림 298> 통합이행 계획수립 - 이행과제 도출·확정 산출물 예시

개선 과제
사용자 편의성 및 프로세스 중심의 UI/Portal 개선
SAP 권한 재설계를 통한 라이선스 관리 방안 수립
데이터 표준화 및 품질관리 체계 구축
정보 통합·공유 촉진을 위한 정보 체계 간 효율적 연계 방안
클라우드 기반의 전사 문서 및 통합 이행계획 수립 통합관리 체계 구축
사용자 중심의 시나리오 작성 기반 BCP 체계 고도화
IT 표준 산출물 통합관리 및 현행화 방안 수립
사용자 불편 해소를 위한 Quick-Win 과제 실행
조직 성과관리시스템 재구축
BW 데이터 정합성 확보 및 데이터의 전략적 활용 제고 방안
도면 자료 정비 및 도면 검색 기능 고도화
현장 업무 효율성 강화를 위한 모바일 서비스 환경 구축
정보시스템 운영성과관리를 위한 기반 재정비
사이버보안 관리 체계 고도화
인프라 자원 운영 효율화 방안 수립

이행 과제
1 ERP 고도화 ERP 수준 진단, ERP 기능 개선 및 프로세스 고도화 수행
2 인프라 고도화 ICT 인프라 수준 진단 및 인프라 생명주기 관리 프로세스
3 신기술 적용 다양한 4차 산업혁명 신기술 정보화시스템에 적용
4 DR센터 고도화 BIA 및 BCP 수립에 따른 DR센터 구축 및 고도화

<그림 299> 통합이행 계획수립 - 우선순위 평가 수행 예시

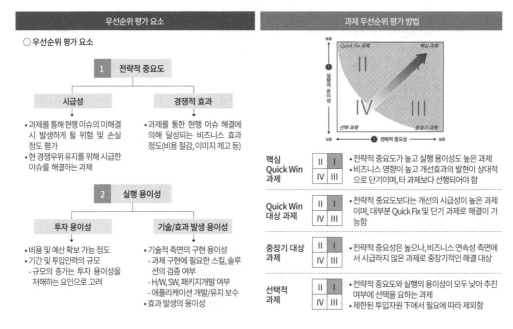

우선순위 평가 요소	과제 우선순위 평가 방법

○ 우선순위 평가 요소

1 전략적 중요도

시급성
- 과제를 통해 현행 이슈의 미해결 시 발생하게 될 위험 및 손실 정도 평가
- 현 경쟁우위 유지를 위해 시급한 이슈를 해결하는 과제

경쟁적 효과
- 과제를 통한 현행 이슈 해결에 의해 달성되는 비즈니스 효과 정도(비용 절감, 이미지 제고 등)

2 실행 용이성

투자 용이성
- 비용 및 예산 확보 가능 정도
- 기간 및 투입인력의 규모
  - 규모의 증가는 투자 용이성을 저해하는 요인으로 고려

기술/효과 발생 용이성
- 기술적 측면의 구현 용이성
  - 과제 구현에 필요한 스킬, 솔루션의 검증 여부
  - H/W, SW, 패키지개발 여부
  - 애플리케이션 개발/유지 보수
- 효과 발생의 용이성

핵심 Quick Win 과제
- 전략적 중요도가 높고 실행 용이성도 높은 과제
- 비즈니스 영향이 높고 개선효과의 발현이 상대적으로 단기이며, 타 과제보다 선행되어야 함

Quick Win 대상 과제
- 전략적 중요도보다는 개선의 시급성이 높은 과제이며, 대부분 Quick Fix 및 단기 과제로 해결이 가능함

중장기 대상 과제
- 전략적 중요성은 높으나, 비즈니스 연속성 측면에서 시급하지 않은 과제로 중장기적인 해결 대상

선택적 과제
- 전략적 중요도와 실행의 용이성이 모두 낮아 추진 여부에 선택을 요하는 과제
- 제한된 투입자원 下에서 필요에 따라 제외함

<그림 300> 통합이행 계획수립 - 단계별 추진 목표 수립 및 중장기 로드맵 작성 산출물 예시

단계	1단계 (2022년)	2단계 (2023년)	3단계 (2024년)
추진 목표	• 최신 IT 기술 기반 전자보증시스템 선진화 추진을 위한 업무 도출 및 기능 개발 • 보안성 및 관리 용이한 대내외 기관 연계 방안 도출 • 데이터 표준화 및 품질관리 방안 수립 • 전자상거래 데이터 분석 및 활용 방안 도출 • 데이터 개방 관련 분석 및 조사	• 전자보증 시스템 고도화 • 대내외 기관 연계 확대 • 데이터 표준화 및 품질관리 • 데이터 분석을 통한 의사결정 지원 시스템 구축 • 전자상거래 데이터 기반 신상품 개발 및 공공데이터 개방	• 전자보증시스템 안정화 • 전자보증시스템 기능개선 및 유지관리

최신 IT 기술 기반 전자보증시스템 선진화 추진 위한 업무 기능 개발	전자보증시스템 고도화		
대내외 기관 연계 방안 도출	대내외 연계 기관 확대		
데이터 표준화 및 품질관리	데이터 공유 확대 및 의사결정 지원시스템 구축	전자보증 시스템의 안정적 운영	
데이터 분석 및 활용 방안 도출	전자상거래 데이터 기반 신상품 개발 및 공공데이터 개방	전자보증 시스템의 유지관리	

접근방안 — 신용보증기금 전자보증시스템 선진화

단계별 과제 도출

추진 우선순위 선정

실행계획 수립

PHASE 1 : 전자보증시스템 선진화 (2022)

PHASE 2 : 전자보증시스템 고도화 (2023)

PHASE 3 : 시스템 안정화 (2024 이후)

	PHASE 1 (2022)	PHASE 2 (2023)	PHASE 3 (2024 이후)
업무 범위	신용보증 대내외 연계 업무 프로세스 설계 최신 ICT 기술 적용 방안 도출	데이터 공유 확대 적용 업무 도출 데이터 분석을 통한 상품 개발 및 정책 지원 업무 도출	데이터 활용 서비스 확대 방안 도출
관리 범위	전자보증시스템 선진화(1단계)	전자보증시스템 고도화(2단계)	시스템 안정화
데이터 범위	데이터 활용성, 공공 데이터 개방 고려한 DB 설계 및 구축	표준화 품질관리를 통한 데이터 관리체계 구축 의사결정 지원을 위한 데이터 분석방안 마련	지속적인 데이터 관리 방안 수립
계획서 (산출물)	연차별 목표/예산/실행계획		

<그림 301> 통합이행 계획수립 - 이행과제 상세화 산출물 예시

업무방식 변화 방향성	• 글로벌 리서치 기관들은 다양한 비대면 현상 중 비대면 협업 증가를 전망하며, 일자리 안정 · 산업 생산성 확보를 위한 근무환경 및 업무방식의 디지털 전환을 강조하고 있음

비대면 협업지원 기술 및 특징	• 초기에는 이동전화, 이메일, VoIP 등의 기술을 도입하여 업무에 단순 활용하였으나, 최근에는 정보 공유를 넘어 교류하는 형태로 기술이 변화하고 있음 • 다양한 기술과 스마트 기기를 활용하여 비대면 서비스 효율을 높이기 위해 핵심 기능들을 하나의 플랫폼 형태로 통합하는 비즈니스 허브로 진화함

1세대 태동기 (~2000년)	2세대 발전기 (2000년~2010년)	3세대 성숙기 (2010년~2020년)	4세대 융합 확장기 (2020년~)
이동전화, 이메일	VoIP	클라우드 서비스화	5G, AI, AR/VR
• 이동전화의 등장으로 텔레프레즌스 시대시작 • 이메일을 우편을 주고 받는 시간을 단축시켜 업무 효율을 비약적으로 높임	• 아날로그 시대에서 디지털 시대로 넘어가는 시기 • 디지털 기술을 바탕으로 다자간 원격회의 및 협업 도구 사용 보편화	• 스마트기기확산으로 UC&C 시장 확대 • 클라우드 기반의 원격 근무서비스가 UC&C 생태계 주도	• 신기술과 UC&C 서비스의 융합 확장 가속화 • UC&C가 사용자 중심 통합 플랫폼 및 통합 비즈니스 허브로 발전
연결		공유	

※ 출처 : 기업의 디지털 전환을 위한 비대면 SW 동향(NIPA 이슈리포트 2020-13호)

국내 공공분야 비대면 업무 시스템 활용 현황	• 정부의 코로나 확산방지를 위한 정책 수행 등으로 공공기관에서는 비대면 시스템인 GVPN(정부원격근무지원시스템)에 접속하여 업무를 처리하고, 필요한 자료를 G드라이브에서 정보를 수집 및 공유하며, 웹오피스를 통해 여러명이 원격에서 문서를 작성 및 편집하는 업무체계로 변화하고 있음 • '20년 5월 기준 영상회의, GVPN 등 비대면 업무시스템 활용율은 '20년 1월 대비 약 300~800% 급증함

<그림 302> 통합이행 계획수립 - 소요 자원 산정 산출물 예시

기능흐름도 작성	기능 요구사항 도출	FP 도출	소요자원 산정
미래모형 기반	3단계 기능 요구사항	기능 요구사항 FP 도출	개발, HW, SW 도입비
• 기능흐름도 작성	• 응용시스템, 데이터에 대한 3단계 기능 요구사항 정의	• 기능 및 데이터베이스 요구사항 FP 도출	• FP기반의 개발비 산정 • HW, SW 도입비 산정

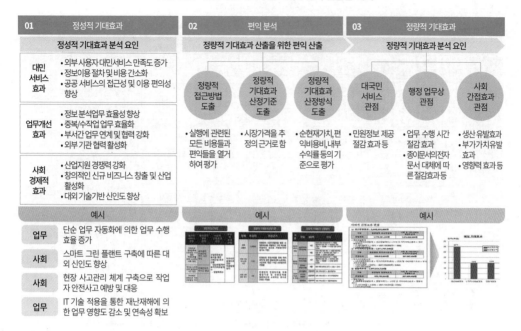

4 ISP와 PMO의 역할

4.1 ISP 방법론의 적합한 수정 적용 여부에 대한 검증 및 가이드

ISP 수립 사업은 ISP 방법론의 적용만으로는 주관기관의 요청사항에 대한 누락 없는 수용을 보장하고 사업의 특성을 산출물로 도출하기가 어렵다. 따라서 PMO는 ISP 대상 업무 특성에 따라 방법론 적용을 위한 수정(테일러링, Tailoring)을 지원한다.

4.2 ISP 방법론의 수정 사례

4.2.1 제안사 방법론 및 ISP/ISMP 수립 공통가이드의 사업 범위 대조·병합

제안사의 방법론과 「ISP/ISMP 수립 공통가이드」 제안요청서의 사업 범위를 대조·병합하여 방법론을 1차 수정한다.

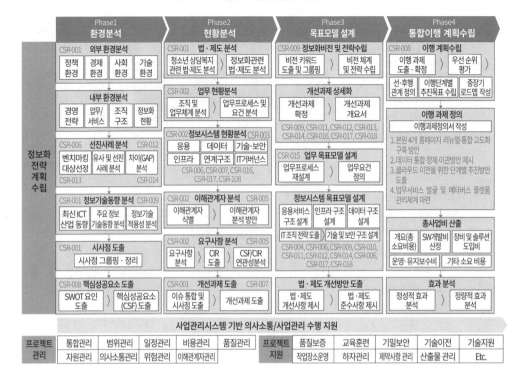

4.2.2 1차 수정 방법론과 상세 요구사항 대조·병합

1차 수정 방법론과 주관기관이 제시한 상세 요구사항(제안요청서)의 상세 요구사항을 대조·병합하여 방법론을 2차 수정한다. 이후 2차 수정 방법론의 각 단계와 활동에 해당하는 제안요청서의 상세 요구사항을 매핑함으로 주관기관의 제안요청 내용이 누락 없이 적용된 방법론에 따라 ISP 수립 사업을 수행한다.

4.3 기획재정부 검토사항 도출 여부에 대한 검증 및 가이드

ISP 수립 사업을 통해서 도출된 산출물은 기획재정부의 검토과정을 거쳐서 적합성을 인정 받은 경우에 한하여 정보시스템 구축 예산을 배정받을 수 있다. 이에 PMO는 ISP 수립의 각 단계에서 기획재정부의 총 3개 분야, 7개 항목에 대한 근거가 산출물로써 도출되었는지에 대하여 검증과 보완하는 절차를 거쳐야 한다.

<표 261> 기획재정부 검토 항목

분야		검토 항목	
분야	• 사업 타당성 • 실현 가능성 • 규모 적정성	검토 항목	• 필요성 • 시급성 • 중복성 • 사업추진 여건 • 기술 적정성 • 디지털 서비스 도입 가능성 • 총구축비 적정성

<표 262> ISP/ISMP 검토를 위한 주요 구성항목 및 내용

분야	구성 항목	주요 내용
1. 사업 타당성	① 필요성	[①-1] 현행 업무 수행상 문제점이나 개선하고자 하는 사유를 제시
		[①-2] 이행과제(세부사업)를 사업 목표와 일관성 있도록 작성
	② 시급성	[②-1] 차년도에 추진하여야 하는 시급한 사유를 제시
	③ 중복성	[③-1] 기관 내외부 타 시스템과의 중복 가능성을 점검하고 통합·연계 검토 결과를 기술
2. 실현 가능성	① 사업추진 여건	[①-1] 사업추진 및 신규 서비스 운영을 위한 조직 구성과 인력 확보방안을 기술
		[①-2] 유관기관과 연계·통합이 필요한 경우, 각 기관별 역할과 수행업무 등 협조체계를 기술
		[①-3] 신규 서비스 시행을 위한 단계별 법·제도 정비방안을 사업계획과 연계하여 제시
	② 기술 적정성	[②-1] 적용된 기술이 사업 목표 달성을 위한 필수 요소 여부 및 적용 가능성을 분석
		[②-2] 적용된 기술의 실용화 사례를 조사·분석
	③ 디지털 서비스 도입 가능성	[③-1] 정보시스템 구성 방안으로 클라우드컴퓨팅 서비스 등 디지털서비스 도입·전환 가능성을 분석하고, 소요 비용을 산출
3. 규모 적정성		[①-1] 총구축비의 모든 구성요소를 「SW사업 대가산정 가이드」 등을 활용하여 빠짐없이 산출하고, 모든 이행과제들의 비용 합과 일치하도록 산정
		[①-2] 「정보시스템 하드웨어 규모산정 지침」(TTA)을 준수하여 시스템 용량 산정
		※ ISP 또는 ISMP 최종산출물 제출 시, 총구축비 산출 근거자료를 필수 제출 (예: SW개발비 간이법 산정 엑셀 파일, HW·SW 견적서 등)

※ 「SW사업 대가산정 가이드」, 「정보시스템 하드웨어 규모산정 지침」 등 관련 규정지침은 ISP/ISMP 수행 시점의 최신판을 준용

1 정보화시스템 마스터플랜(ISMP) 개요

정보시스템 마스터플랜(ISMP: Information System Master Plan)은 특정 SW 개발사업에 대한 상세 분석과 제안요청서(RFP)를 마련하기 위해 비즈니스(업무) 및 정보기술에 대한 현황과 요구사항을 분석하고 기능점수 도출이 가능한 수준까지 기능적/기술적 요건을 상세히 기술하며, 구축 전략 및 이행계획을 수립하는 활동이다.

1.1 ISMP 정의

조직에 적합한 정보화사업을 도출한다는 측면에서 ISMP는 정보전략계획(ISP)과 유사한 면을 보인다. 일반적으로 ISP는 조직의 경영 목표 전략을 효과적으로 지원하기 위한 정보화 전략 및 비전을 정의하고, IT사업(과제) 도출 및 로드맵(Road-map)을 수립하는 활동이다. 따라서 ISP는 수행범위에 있어 전사 정보시스템을 포괄하므로 특정 소프트웨어 구축사업에 대한 요구사항 분석 및 제안요청서 작성과 직접적으로 연관되지 않는다. 이에 반해 ISMP는 특정 소프트웨어 구축사업에 대한 요구사항을 상세히 기술함으로써 제안요청서 작성 및 구축사업 계획을 수립한다는 점에서 차이를 보인다. ISMP는 대부분의 공공부문 소프트웨어 구축사업에 적용해야 하나, 후속 구축사업의 비용 및 업무 측면에서 효율성을 평가하여 적용 여부를 결정한다.

1.2 ISMP 특징

ISMP는 정보시스템 구축사업에 대한 제안요청서를 마련하기 위해 목표시스템을 개념적으로 구조화하는 수준에서 나아가, 관련 업무 및 정보기술 현황을 체계적으로 파악하고, 이용자 요구사항을 상세하게 분석하여 목표시스템의 기능적·기술적·비기능적(성능, 품질, 보안)프로젝트 지원 요구사항을 상세히 도출하는 활동으로, 해당 사업의 규모 및 복잡도의 정확한 산정이 가능하다.

1.3 ISMP와 정보화전략계획(ISP)의 차이

ISMP는 특정 소프트웨어 구축사업에 대한 요구사항을 상세히 기술함으로써 제안요청서 작성 및 구축사업 계획을 수립한다는 점에서 차이가 있다.

<표 263> 부문별 ISMP와 ISP와의 차이

부문	ISMP	ISP
범위	• 단위 프로젝트, 단위 프로젝트의 묶음	• 전사, 서비스 또는 부서 대상 정보화 전략
주요 활동	• 정보시스템 구축 범위 및 방향 수립 • 정보시스템에 대한 기능적/기술적 (데이터 및 트랜잭션 기능, 성능, 테스트 등) 요건 도출 • 정보시스템 구조 및 요건 상세 기술 • 정보시스템 구축사업 이행계획 수립 • 정보시스템 예산 산정 및 업체 선정 • 평가 지원	• 경영환경분석(조직, 유관기관 및 고객 특성 분석 등) • 최근 정보기술 동향 분석 • 업무 분석 (조직 내부 활동과 현행 프로세스 분석) • 정보시스템 구조 분석 • 정보전략 및 정보관리체계 수립 • 미래 업무 프로세스 및 정보시스템 구조 설계
주요 산출물	• 제안요청서 • 정보시스템 예산	• 경영환경분석 및 정보기술 동향 분석보고서 • 업무/정보시스템 분석보고서 • IT 비전 및 전략 • 이행 과제 및 로드맵

ISMP		
단계	**활동**	**수행 활동**
프로젝트 참여 및 착수자 결정	경영진 지원 조직 형성	• 프로젝트 관련 조직 파악 • 경영진 지원조직 확립 활동 수행	• 경영진 의사결정권자 결정
	프로젝트 수행조직 편성	• 프로젝트 수행 필요 역할 정의 • 프로젝트 수행조직 인력 결정	• 리더십 확보를 위한 활동 수행
	프로젝트 계획 수립	• 프로젝트 수행 계획 수립 • 의사소통 계획 수립	• 프로젝트 수행 및 의사소통 계획 검토
정보 시스템 방향성 수립	정보화 전략 검토	• 정보화 전략 및 방향 검토 • 정보시스템 사업 이해	• 정보시스템 관련 과제 식별
	벤치마킹 분석	• 벤치마킹 조사 대상 선정 • 벤치마킹 준비	• 벤치마킹 실시
	정보시스템 추진범위 및 방향 정의	• 정보시스템 구축 범위 정의 • 벤치마킹 준비	• 벤치마킹 실시
	정보시스템 추진범위 및 방향 검토	• 정보화 전략과의 방향 일치 검토 • 정보시스템 추진 범위 검토	
업무 및 정보기술 요건 분석	업무 및 정보기술 현황 분석	• 업무 프로세스 분석 • 응용 아키텍처 분석	• 데이터 아키텍처 분석 • 기술기반 아키텍처 분석
	업무 요건 분석	• 업무 요건 분석 준비 • 최종 사용자 요구사항 도출	
	정보기술 요건 분석	• 도입 대상 장비 요건 분석 • 데이터 요건 분석 • 애플리케이션 성능 요건 분석 • 표준화 요건 분석 • 테스트 요건 분석	• 보안 요건 분석 • 시스템 운영 요건 분석 • 교육 및 기술지원 요건 분석 • 하자·유지보수 요건 분석
	업무 및 정보기술 요건 검토	• 업무 및 정보기술 요건 최종 검토 • 업무 및 정보기술 요건 우선 순위 평가	
정보 시스템 구조 및 요건 정의	정보시스템 아키텍처 정의	• 정보시스템 To-Be 아키텍처 정의 • 재사용 가능한 구성요소 파악	
	정보시스템 요건의 이행 연관성 식별	• 정보시스템 요건 연관성 분석 • 이행 연관성을 고려한 구축 사업계획 권고사항 도출	
	정보시스템 요건 기술서 작성	• 정보기술 요건 표준 정의 • 측정범위와 애플리케이션 경계 식별 • 시스템 요건 기술 • 기능 요건 기술 • 성능 요건 기술	• 보안 요건 기술 • 품질 요건 기술 • 인터페이스 요건 기술 • 데이터 요건 기술 • 시스템 운영요건 기술 • 제약사항 기술
	정보시스템 요건 기술서 검토	• 정보시스템 요건 기술서 점검 • 정보시스템 요건 기술서 최종 검토	
정보 시스템 구축사업 이행방안 수립	정보시스템 구축사업 계획 수립	• 정보시스템 구축 범위 확정 • 정보시스템 기대효과 및 추진전략 수립	• 정보시스템 추진 조직 정의 • 정보시스템 구축사업 일정 계획
	분리발주 가능성 평가	• 관련 패키지 조사 • 분리발주 가능성 분석 • 패키지 수정 및 추가개발 범위 분석	
	정보시스템 예산 수립	• 정보시스템 예산 산정	
	제안요청서(RFP) 작성	• 제안요청서 목차 수립 • 제안요청서 세부 내용 작성	• 제안안내서 작성 • 제안요청서 검토

정보화전략계획(ISP)				
단계	**활동**	**수행 활동**		
환경분석	경영 환경분석	• 외부환경(PEST) 분석 • 내부환경(SPOT) 분석		
	법령·제도 분석	• 업무관련 법·제도 분석 • 정보화관련 법·제도 분석		
	정보기술(IT) 환경분석	• 최신 정보기술 동향 분석 • 정보기술 적용성 분석		
현황분석	업무 현황분석	• 조직 및 업무체계 분석 • 업무 프로세스 및 요건 분석		
	정보시스템 현황분석	• 응용시스템 분석 • 데이터 분석 • 인프라 분석	• 연계 분석 • IT 거버넌스 분석	
	선진사례 분석	• 벤치마킹 대상 선정 • 유사 및 선진사례 분석 • 차이(GAP) 분석		
	핵심성공요소 도출	• SWOT 분석 • 핵심공요소(CSF) 도출		
목표모델 설계	정보화 비전 전략수립	• 비전 및 키워드 도출 • 비전 체계 및 전략 수립		
	개선과제 상세화	• 개선과제정의서 작성		
	업무 목표모델 설계	• 업무 프로세스 설계 • 업무요건 정의		
	정보시스템 목표모델 설계	• 응용서비스 구조 설계 • 데이터구조 설계 • 인프라 구조 설계	• 기술 및 보안구조 설계 • IT 조직전략 도출	
	법·제도 개선사항 도출	• 법·제도 개선사항 제시 • 법·제도 준수사항 제시		
통합이행 계획수립	이행 계획수립	• 이행과제 도출·확정 • 우선순위 평가	• 이행단계별 추진 목표 수립 • 중장기 로드맵 수립	
	이행과제 정의	• 이행과제정의서 작성		
	총사업비 산출	• 총사업비 • 소프트웨어개발비 • 인프라 도입비	• 인프라 도입비 • 기타 소요비용	
	정성적 효과분석	• 정량적 효과분석 • 정성적 효과분석		

2 ISMP 방법론

ISMP 방법론은 구축사업 수주를 위한 사전단계에서 논의된다. SI 기업이 ISP를 저가에 수행하면서 ISP 내용을 활용하지 않고 제안요청서를 작성하는 낙후된 관행을 없애고자 작성되었다. ISMP 방법론은 소프트웨어와 업무 분야별 전문성을 가진 전문가들이 ISMP 수립에 참여함으로써 사업의 전체 모습을 설계하고, 구축 시스템이 제공할 서비스의 명확한 기능 및 관련 기술 요구사항 명세를 개발하는 체계로 변화시키고자, 해외 선진 기획 체계를 참고하여 특정 소프트웨어 사업에 대한 상세 분석 및 요구사항 기술, 구축 전략 및 계획수립에 도움이 되는 지침을 제공하는 것을 목적으로 정보통신산업진흥원(NIPA)을 중심으로 작성(2009.12)되었다.

2.1 ISMP 방법론 총괄 체계

사업수행 시 적용된 ISMP 방법론의 총괄 체계 예시는 다음과 같다.

<그림 305> ISMP 방법론 체계 예시

프로젝트 착수 및 참여자 결정	정보시스템 방향성 수립	업무 및 정보기술 요건 분석	정보시스템 구조 및 요건 정의	정보시스템 구축사업 이행방안 수립

| 정보시스템 마스터 플랜 수립 |

프로젝트 관리: 통합관리 / 범위관리 / 일정관리 / 비용관리 / 품질관리 / 자원관리 / 의사소통관리 / 위험관리 / 이해관계자관리

프로젝트 지원: 품질보증 / 교육훈련 / 기밀보안 / 기술이전 / 기술지원 / 작업장소운영 / 하자관리 / 제약사항 관리 / 산출물 관리 / Etc.

사업관리시스템 기반 의사소통/사업관리 수행 지원

2.2 ISMP 단계별 추진 내용

2.2.1 프로젝트 착수 및 참여자 결정 단계

프로젝트 착수 및 참여자 결정 단계에서는 <표 265>와 같이 경영진 지원조직 형성, 프

로젝트 수행조직 편성, 프로젝트 계획 수립 등 프로젝트 운영 및 관리에 대한 전체적인 가이드라인을 도출한다.

<표 265> 프로젝트 착수 및 참여자 결정 단계 세부 내용 및 산출물 예시

단계	활동	수행 활동	산출물
프로젝트 참여 및 착수자 결정	경영진 지원 조직 형성	• 프로젝트 관련 조직 파악 • 경영진 지원조직 확립 활동 수행 • 경영진 의사결정권자 결정	• 프로젝트 관련 부서/조직
	프로젝트 수행조직 편성	• 프로젝트 수행 필요 역할 정의 • 프로젝트 수행조직 인력 결정 • 리더십 확보를 위한 활동 수행	• 프로젝트 수행조직 및 역할 정의서
	프로젝트 계획 수립	• 프로젝트 수행 계획 수립 • 의사소통 계획 수립 • 프로젝트 수행 및 의사소통 계획 검토	• 프로젝트계획서 • 의사소통계획서

2.2.2 정보시스템 방향성 수립 단계

정보시스템 방향성 수립 단계에서는 <그림 306>과 같이 정보화 전략검토, 벤치마킹 분석, 정보시스템 추진범위 및 방향 정의, 정보시스템 추진범위 및 방향 검토 등 정보시스템 추진범위와 목표 및 방향을 정의한다.

<그림 306> 정보시스템 방향성 수립 단계 세부 내용 및 산출물 예시

단계	활동	수행 활동	산출물
정보 시스템 방향성 수립	정보화 전략 검토	• 정보화 전략 및 방향 검토 • 정보시스템 사업 이해 • 정보시스템 관련 과제 식별	• 정보시스템 추진 배경 및 필요성 • 정보시스템 사업에 대한 이해 • 관계자의 기대효과 및 구축 방향 • 정보시스템 관련 과제
	벤치마킹 분석(Optional)	• 벤치마킹 조사대상 선정 • 벤치마킹 준비 • 벤치마킹 실시	• 벤치마킹 분석서
	정보시스템 추진 범위 및 방향 정의	• 정보시스템 구축 범위 정의 • 정보시스템 사용자 그룹 정의 • 정보시스템 추진 방향 및 목표 정의	• 정보시스템 추진범위 • 정보시스템 사용자 및 관리자 • 정보시스템 추진 목표 및 추진 방향
	정보시스템 추진 범위 및 방향 검토	• 정보화 전략과의 방향 일치 검토 • 정보시스템 추진범위 검토	• 정보시스템 추진범위, 목표, 방향

2.2.3 업무 및 정보기술 요건 분석 단계

업무 및 정보기술 요건 분석 단계에서는 <그림 307>과 같이 업무 및 아키텍처 구조, 관련 시스템 및 애플리케이션을 파악하고, 최종사용자 및 관련 시스템 담당자를 대상으로 요구사항 분석을 통해 목표모델에 대한 요구사항을 도출한다.

<그림 307> 업무 및 정보기술 요건 분석 단계 세부 내용 및 산출물 예시

단계	활동	수행 활동	산출물
업무 및 정보기술 요건 분석	업무 및 정보기술 현황분석	• 업무 프로세스 분석 • 응용 아키텍처 분석 • 데이터 아키텍처 분석	• 업무 프로세스 현황 • 정보기술 현황
	업무요건 분석	• 업무요건 분석 준비 • 최종사용자 요구사항 도출	• 업무 요구사항
	정보기술 요건 분석	• 도입 대상 장비 요건 분석 • 보안 요건 분석 • 데이터 요건 분석 • 시스템 운영 요건 분석 • 애플리케이션 성능 요건 분석 • 교육 및 기술지원 요건 분석 • 표준화 요건 분석 • 하자·유지보수 요건 분석 • 테스트 요건 분석	• 정보기술 요구사항
	업무 및 정보기술 요건 검토	• 업무 및 정보기술 요건 최종 검토 • 업무 및 정보기술 요건 우선순위 평가	• 업무 요구사항 • 정보기술 요구사항

2.2.4 정보시스템 구조 및 요건 정의 단계

정보시스템 구조 및 요건 정의 단계에서는 <표 266>과 같이 정보시스템 아키텍처 정의, 정보시스템 요건의 이행 연관성 식별, 정보기술 요건기술서 작성, 정보시스템 요건서 검토 등 정보시스템에 대한 목표모델을 정의하고, 비즈니스 및 정보기술 요건을 상세히 기술한다.

<표 266> 업무 및 정보기술 요건 분석 단계 세부 내용 및 산출물 예시

단계	활동	수행 활동	산출물
정보 시스템 구조 및 요건 정의	정보시스템 아키텍처 정의	• 정보시스템 To-Be 아키텍처 정의 • 재사용 가능한 구성요소 파악	• 정보시스템 To-Be 모델 • 도입 대상 장비 요건
	정보시스템 요건의 이행 연관성 식별	• 정보시스템 요건 연관성 분석 • 이행 연관성을 고려한 구축사업계획 권고사항 도출	• 정보시스템 요건기술서
정보 시스템 구조 및 요건 정의	정보시스템 요건기술서 작성	• 정보기술 요건 표준 정의 • 측정범위와 애플리케이션 경계 식별 • 시스템 요건 기술 • 기능 요건 기술 • 성능 요건 기술 • 보안 요건 기술 • 품질 요건 기술 • 인터페이스 요건 기술 • 데이터 요건 기술 • 시스템 운영 요건 기술 • 제약 사항 기술	• 정보시스템 요건기술서
	정보시스템 요건기술서 검토	• 정보시스템 요건기술서 점검 • 정보시스템 요건기술서 최종 검토	• 정보시스템 요건기술서

2.2.5 정보시스템 구축사업 이행방안 수립

정보시스템 구축사업 이행방안 수립 단계에서는 <표 267>과 같이 이행방안 수립, 분리 발주 가능성 평가 및 정보시스템 예산 수립, 제안요청서 작성 등 정보시스템 구축 전략 및 세부 이행방안을 수립하고 정보시스템 구축에 필요한 자원 및 예산을 파악하여 구축업체 및 패키지 선정에 대한 가이드라인을 제시한다.

<표 267> 정보시스템 구축사업 이행방안 수립 단계 세부 내용 및 산출물 예시

단계	활동	수행 활동	산출물
정보시스템 구축 사업 이행방안 수립	정보시스템 구축 사업계획 수립	• 정보시스템 구축 범위 확정 • 정보시스템 기대효과 및 추진전략 수립 • 정보시스템 추진 조직 정의 • 정보시스템 구축사업 일정 계획	• 정보시스템 구축 범위 및 정보시스템 기대효과 • 정보시스템 추진 목표 및 추진전략 • 정보시스템 추진 체계 • 정보시스템 구축사업 계획
	분리발주 가능성 평가	• 관련 패키지 조사 • 분리발주 가능성 분석 • 패키지 수정 및 추가개발 범위 분석	• 분리발주 가능성 평가 결과 • 패키지 수정 및 추가개발 범위
	정보시스템 예산 수립	• 정보시스템 예산 산정	• 정보시스템 예산
	제안요청서 작성	• 제안요청서 목차 수립 • 제안요청서 세부 내용 작성 • 계약조건 정의 • 제안요청서 검토	• 제안요청서(제안안내서, 기술제안요청서)
	정보시스템 구축 업체 선정·평가 지원	• 정보시스템 구축업체 선정·평가 준비 • 정보시스템 구축업체 선정·평가 수행	• 구축업체 선정·평가 기준

3 ISMP 수행 사례

현재까지 기술한 ISMP 방법론을 적용하여 수행한 ISMP 수립 사업의 단계별 산출물 사례를 발췌하여 제시하면 다음과 같다.

3.1 프로젝트 착수 및 참여자 결정

<그림 308> 프로젝트 착수 및 참여자 결정 - 경영진 지원 조직 형성 활동 수행 및 산출물 예시

수행 주체	대상	수행 업무	
용역 수행자	경영진	배경 및 필요성 설명	- 프로젝트 추진 배경 및 필요성을 이해할 수 있는 활동 수행
용역관리 담당자 및 용역수행자	경영진	경영진 지원 조직 수립	- 프로젝트 필요 자원 제공 및 최종 의사결정권자인 경영진 지원 조직 수립
용역 수행자	경영진	활동 지원 확약	- 실무자의 시간 할당 확약 - 본 사업 관련 유관부서 현업지원팀의 운영 협조 및 활동 지원
용역관리 담당자	용역 수행자	협조 및 활동 지원	- 업무 및 요구사항 설명, 요구사항 검토 및 유관부서 의견 수렴 활동 등 현업지원팀 운영 협조 및 활동 지원

➡️ **경영진 지원 조직 구성 및 의사결정권자 결정 방안**

프로젝트 수행 시 필요 자원 및 업무 협조를 위하여 정보화조직 의사결정권자를 중심으로 경영진 지원 조직 수립

의사결정권자 역할 및 권한	- 의사결정권자는 프로젝트에 대한 스폰서십 지원 - 사업 대상 시스템의 구축 방향 등 마스터 플랜 수립에 대한 의사결정 권한 보유
의사결정권자 자질	- 의사결정권자는 상위 경영진으로 조직의 비전 및 정보화 전략을 이해하고 있어야 함 - 커뮤니케이션 능력이 뛰어나며, 적극적이고 변화에 대한 긍정적인 지도자인 자질이 있어야 함

경영진 지원 조직 구성안

정보화담당 임원

IT기획 IT기획 팀장	IT운영 IT운영 팀장	업무수행 유관업무 담당 부서장	경영지원 경영 지원 팀장	운영지원 운영 지원 팀장
업무담당자	업무담당자	업무담당자	업무담당자	업무담당자

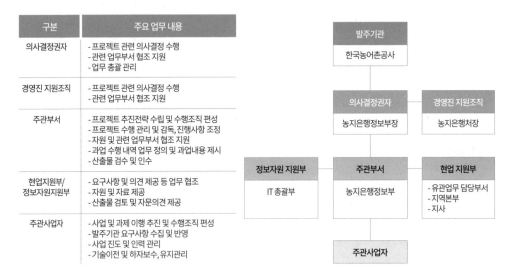

<그림 309> 프로젝트 착수 및 참여자 결정 - 프로젝트 수행조직 편성 활동 수행 및 산출물 예시

구분	주요 업무 내용
의사결정권자	- 프로젝트 관련 의사결정 수행 - 관련 업무부서 협조 지원 - 업무 총괄 관리
경영진 지원조직	- 프로젝트 관련 의사결정 수행 - 관련 업무부서 협조 지원
주관부서	- 프로젝트 추진전략 수립 및 수행조직 편성 - 프로젝트 수행 관리 및 감독, 진행사항 조정 - 자원 및 관련 업무부서 협조 지원 - 과업 수행 내역 업무 정의 및 과업내용 제시 - 산출물 검수 및 인수
현업지원부/ 정보자원지원부	- 요구사항 및 의견 제공 등 업무 협조 - 자원 및 자료 제공 - 산출물 검토 및 자문의견 제공
주관사업자	- 사업 및 과제 이행 추진 및 수행조직 편성 - 발주기관 요구사항 수집 및 반영 - 사업 진도 및 인력 관리 - 기술이전 및 하자보수, 유지관리

발주기관
한국농어촌공사

의사결정권자 — 농지은행정보부장 / 경영진 지원조직 — 농지은행처장

정보자원 지원부 (IT 총괄부) / 주관부서 (농지은행정보부) / 현업 지원부 (- 유관업무 담당부서, - 지역본부, - 지사)

주관사업자

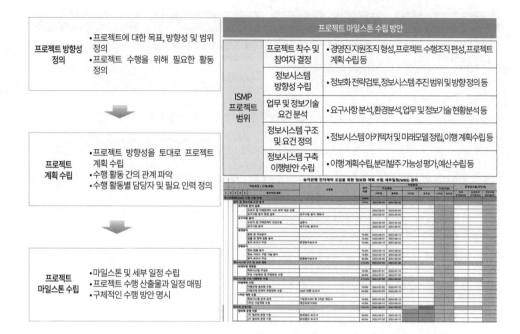

3.2 정보시스템 방향성 수립

<그림 311> 정보시스템 방향성 수립 - 정보화 전략검토 수행 및 산출물 예시

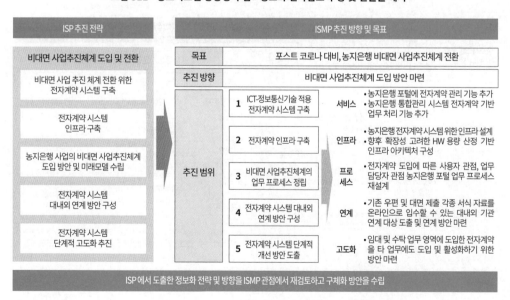

<그림 312> 정보시스템 방향성 수립 - 벤치마킹 분석 활동 수행 및 산출물 예시

계획 수립(Plan)	자료수집(Do)	자료 분석(See)	프로세스의 개선(Act)
• 주요 성공요인 선정 • 벤치마킹 주제 선정 • 벤치마킹 대상 선정(Matrix 분석)	• 내부 자료 수집 • 2차 자료 조사 • 1차 외부 조사 및 자료 수집	• 전략적, 업무적, 운영적, 정보 기술적 측면에서의 성과차이 분석(GAP 분석) • 실행동인 파악 • 벤치마킹 결과 보고	• 개선 사항 선택 • 개선 목표 설정 • 개선 성과의 파악 및 성공 조건 점검 • 주기적인 재조사

[벤치마킹 주제 선정 및 자료 분석 통한 프로세스 개선 방향 도출]

	부동산거래 전자계약시스템 구현 사례	한국관광공사 전자계약시스템 구축 사례
개요	• 부동산거래 전자계약시스템은 기존 종이 방식의 부동산계약의 관행에서 '전자계약'을 도입하여 부동산계약을 안전하고 투명하게 체결할 수 있도록 제공	• 기존 대면 수기계약, 비표준화되어 있는 계약 프로세스의 문제점을 개선하고자 디지털 기반의 계약행정업무 시스템 구축
주요 내용	• (전략적 측면) 서울 서초구 등 일부 지역을 시범으로 운영하고 전국으로 확대 시행하고 있음 • (운영적 측면) 전자계약 관련 불안감, 이용자 자발적 참여 유인 부족, 거래정보 세원 노출 우려 등으로 사용 및 참여율이 저조함 • (정보기술적 측면) 관련 기술적용 시 보편적 표준 기술을 사용하여 서비스 안정성 및 확장성 고려하여 구축	• (업무적 측면) 수작업 업무의 전산화 및 전자결재 간소화 가능, 계약유형별 표준화된 서식 및 관련 부속서류 관리가 가능해짐 • (운영적 측면) 계약관련 인건비 및 사회적 비용이 절감했으며, 연간 약 3천만 원 정도의 인지세 절감 효과가 발생함 • (정보기술적 측면) 보안 SW로는 접근제어, 서버보안, DB 암호화, 파일 암호화, 백신, 키보드 보안, 화면 캡처 방지 SW 등을 사용
주요 시사점	• 단계적 확대 운영으로 시스템 운영의 안정성을 확보함 • 유관시스템 연계를 통한 관련서류 자동제출로 편의성을 제고함 • 이용자들의 참여율 확보를 위한 불안감 해소 및 편리성에 대한 홍보 방안 마련 필요	• 본사, 지사 관계없이 계약유형별 표준화된 데이터가 구축될 수 있도록 기존 서식 및 데이터 표준화가 필요함 • 보안에 대한 피해가 없도록 철저한 보안체계 구축이 필요함

<그림 313> 정보시스템 방향성 수립 - 시스템 추진범위 및 방향 정의 수행 및 산출물 예시

정보시스템 구축 범위 정의	• 발주기관 담당자와 협의를 통해 정보시스템이 제공하고자 하는 업무 및 서비스 정의 • 업무 및 서비스, 제반 시스템, 적용 기술 표준 정의
정보시스템 사용자 그룹 정의	• 정보시스템 구축 범위를 기반으로 사용자 및 관리자 그룹 정의 • 설문 및 인터뷰 대상 실무자 식별
정보시스템 추진 방향 및 목표 정의	• 정보시스템 목적, 주요 서비스, 사용자, 필요성 정의 • 비즈니스 목표 정의 • 정보시스템 목표 달성을 위한 기술적/관리적/정책적/표준화/법제도 측면에서 추진방향 수립

농지은행 전자계약시스템 추진범위 및 방향 정의

목표	신속하고 안정적 농지은행 비대면 사업지원체계 수립
추진 방향	기술적 측면 관리적 측면 정책적 측면 표준화 측면 법제도 측면

목표 시스템

외부 사용자 → 농지은행포털 → 농지은행통합관리시스템 → 전자계약시스템

외부 사용자	내부 사용자
• 농업인 • 전업농 육성 대상자 • 농업법인 • 청년창업 • 귀농인 • 연금 신청자 (고령농업인) • 일반사용자	• 농지은행처 업무 담당자 ○ 농지기획부 ○ 농지사업부 ○ 농지연금부 ○ 농지은행정보부 ○ 농지정책개발부 • 농지은행처시스템 관리자 • 지역본부 및 지사

전자계약시스템: 전자계약관리 / 인증 및 서명 관리 / 전자계약관리 / 서식관리 / 신고관리 / 전자계약서 관리 / 관리기능

관련 업무	농지 매입 관련 사업	농지 임차 관련 사업	농지 매도 관련 사업	농지 임대 관련 사업	농지연금 관련 사업

<그림 314> 정보시스템 방향성 수립 - 정보시스템 추진범위 및 방향 검토 수행 및 산출물 예시

		농지은행 전자계약시스템 구축 범위 검토 사항 및 방안
정보화 전략과의 방향 일치 검토	• 기존 목표 및 구축 방향이 정보화 전략 과 일치하는지 검토 • 이해관계자 기대 목표 달성 가능 여부 검토 • 전사 아키텍처 표준 및 요건 위배 여부 검토	
	정보화 전략 및 방향성 검토	• 기존 ISP자료, 담당자 인터뷰 등을 통해 추진방향 및 정보화 전략 파악 • 기존 수립된 방향에 대한 변화 유무 확인 • 정보시스템을 통해 기대하는 비즈니스 목표 및 추진 방향 정의 • 정보시스템 구축 방향이 정보화 전략 목표 달성을 지원할 수 있는지 검토
정보시스템 추진 범위 검토	• 프로젝트 수행 조직, 정보시스템 담당자, 업무 담당자와 서비스, 업무, 서브시스템, 애플리케이션 범위 결정 • 정보시스템 관련 과제 중복 범위 검토	
	전자계약시스템 구축 범위 검토 및 확정	• 한국농어촌공사 실무자와 협의하여 정보시스템에서 제공할 업무서 비스 정의 • 제반 기술요소, 애플리케이션, 네트워크를 정의하되, 기능 중복과 다양 성을 피하고 단일화나 통합할 수 있는 방향 정의 • 정보시스템 사용자 및 관리자 그룹을 정의하고 실무자 매핑 수행 • 정보시스템 구축 방향이 정보화 전략 목표 달성을 지원할 수 있는지 검토결과를 바탕으로 수행조직과 협의 수행
정보시스템 추진 범위 확정	• 기존 수립된 방향에 대한 변화 유무 확인 • 정보시스템 추진 범위, 목표, 방향 확정 • 추진범위를 기준으로 현황 및 요구사항 분석 수행	
	네트워크 및 보안체계 구축 범위 검토	• 국가정보보안기본지침(국가정보원), IoT 보안 가이드라인(행정안전부), 안전한 정보통신 환경 구현을 위한 네트워크 구축 가이드라인(NSRI) 등에 따른 구축론 정의 • 상위기관 및 국가정보원의 보안성 검토 및 보안적합성 검토에 준하도록 정보시스템 목표 및 정의

3.3 업무 및 정보기술 요건 분석

조직 및 업무체계 분석

buyKOREA	• 국내 B2B e-마켓플레이스인 buyKOREA(buyKOREA.or.kr)를 통해 전 세계 바이어와 한국 공급업체 연결 지원 • 한국 상품의 해외 홍보, 해외바이어의 구매정보 제공, 거래대금 온라인결제(KOPS, Paypal), 국제배송(EMS, DHL) 등 거래 프로세스 지원

구분	조직	관련 주요업무	비고
buyKOREA 총괄 운영	혁신성장본부	• buyKOREA 정보화 전략계획 • buyKOREA 관련 기획, 마케팅 • 지표관리(바잉오퍼 발굴 및 성약) • buyKOREA 운영 및 관리	• 디지털무역팀 주요 업무 중 하나로 총13명(팀장, 휴직자 제외)중 4명 이상이 buyKOREA 운영 및 관리 업무 수행
buyKOREA 추진 TF	중소중견기업본부	• GP 플랫폼 구축 관련 프로젝트 진행 • 중소기업 지원을 위한 협업 니즈 제공	• TF 구성원을 통하여 업무 수행에 있어 필요로 하는 이해관계자 니즈 파악 가능 • KOTRA 빅데이터 정보와의 연계를 통해 맞춤형 정보 생성 등 TF 부서와의 협업을 통한 통합 이행계획 수립 수집 및 활용 필요
buyKOREA 추진 TF	경제통상협력본부	• 중소기업 지원을 위한 협업 니즈 제공	〃
시스템 구축 및 기술 지원	무역기반본부	• 대외서비스 시스템 운영 지원 • 보안관련 자문 및 점검	• 정보시스템 기술 지원 및 자문 관련 전문 조직 보유
국외 무역관		• buyKOREA 마케팅	• 현장 마케팅 및 홍보 등 현장 마케팅 업무지원을 위한 필요 기능 파악 및 구현 필요
지방 지원단			

업무 프로세스 분석

Process Chain	상품관리	Process	수출상품 등록

구분	프로세스
셀러(대행)	S → 기본 정보 등록 → 추가정보 등록 → 가격/결제/배송 등록 → 상품 승인 요청 / 상품 카테고리 선택
관리자	등록 정보 검수 → 승인 여부 결정 → 승인 완료
buy KOREA	상품 표출 → E

주요 이슈 및 시사점
• 카테고리 세분화, 대-중-소 단계별 선택, 카테고리 정의 부재 등으로 상품 카테고리 선택에 어려움이 있으므로 상품 품목 입력을 통한 자동 카테고리 설정이나 기존 등록된 상품 품목정보를 활용한 카테고리 추천 기능 등 셀러를 위한 등록 편의 기능 구현 필요 • 상품 소개 등 한글정보 입력 시 영문 자동전환, 주요 사용 문장에 대한 영문 제공, 사진 업로드 시 자동 정렬 제공 등 시스템에서 자동으로 수행할 수 있는 셀러를 위한 편의 기능 구현 필요 • 관리자가 직접 수행하고 있는 검수 기능을 시스템을 통하여 기초 검수할 수 있도록 기능 구현 필요(누락 정보, 영문 외 언어 사용 여부, 개인 정보 입력 여부 등에 대한 1차 검수 지원)

<그림 316> 업무 및 정보기술 요건 분석 - 정보기술 현황 분석 수행 및 산출물 예시

업무 시스템 분석

• 주요 정보시스템의 현황 분석을 통해 운영상 문제점 분석 및 기존 시스템 재활용, 그린IT방안 제시

사업운영시스템	Smart CRM	
	고객정보관리	콜센터
	해외마케팅	고객만족도 평가
	마일리지	투자사업관리
	캠페인	통합 VOC
	상담주선관리	
	사업관리	상담설정
	상담주선	체류 / 동선관리
	상담결과	

주요 기능	고려사항
• Smart CRM: 고객(국내외) 기본 정보 • 상담주선관리 : 사업관리	• 데이터마이닝, AI활용한 빅데이터 분석 기법 고도화로 체계적이고 맞춤형 마케팅 서비스 제공 필요 • 코로나 19등에 대응하기 위한 O2O, O4O 화상 상담 기능 등 고도화 필요 높음

연계 현황 분석

• 현행 정보시스템 운영 현황을 분석하여 대내외 정보시스템 연계 방안 제시

연계정보 관리 시 예상되는 문제점

| 표준 연계 정보 관리 항목 미정의 |
| 전사적인 연계 현황 파악의 어려움 |
| 기관별, 시스템별 데이터 연계의 품질, 성능에 대한 정량적 평가 불가 |
| 상세한 연계 정보 관리 미비로 연계 개발이나 수정 시 생산성 저하 현상 |

표준 연계 정보 관리 항목 정의

정보정의	항목정의	항목출처	오너십정의
• 정보구분 • 정보명 • 연계주기	• 항목명 • 항목설명 • 연계항목 데이터타입 • 연계항목 데이터길이	• DB명 • DB계정 • 테이블명 • 컬럼명	• 제공기관 • 활용기관

비고
• 연계 정보 관련 제공기관과 활용기관간의 연계 관련 행정적 사항 기록
• 연계 정보 관련 연계 형식, 연계 방법 등의 기술적 사항 기록

데이터 분석

• 현행 운영 정보 시스템의 DB를 분석, 정규화 작업 수행

※ 데이터베이스 표준은 행정안전부에서 제시하고 있는 공공 기관의 데이터베이스 표준화 지침과 고시를 적용

데이터 품질관련 지침 현황분석	• 데이터 관리 생명주기 관점에서 지침 현황 분석 및 상호관계 이해 • 현행 제도의 미비점, 개선이나 보완이 필요한 영역을 파악하여 미래모형 설계참고
유관기관 데이터 연계 현황분석	• 유관기관의 지침·가이드의 데이터연계에 대한 적용 적합성을 분석하여 미래모형에 활용 • 유관 정보화 사업과의 관계를 정의하여 미래모형 수립 시 참고

데이터 생성	행정기관의 코드표준화 추진지침	행정표준코드의 변경	제도·지침간 상호관계 분석
데이터 저장, 이용, 공유		행정표준코드 적용	
	전자정보 지원사업 관리지침	지원사업 선정 및 확정	
		성과관리…	
데이터 폐기	행정정보 데이터베이스 표준화 지침	행정DB의 운영 및 관리	보완 필요 영역 도출
		행정DB의 품질관리…	

인프라 분석

• HW, SW, NW, 스토리지 등 현행 인프라를 분석·진단하여 문제점 및 개선 요구사항을 도출

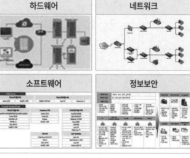

하드웨어　네트워크　소프트웨어　정보보안

중점 분석 부문	
현행시스템의 정보자원 확장 가능성 분석	업무망 및 외부망 연계 위협/이슈 도출
정보시스템 서버 보안 적정성 분석	시스템 연계의 네트워크 보안 및 보안 취약점 분석
시스템 사양 선정 및 활용방안 분석	

구분	요건 세부 구분	분석 내용 및 추진 방향
기능적 요건	장비 요건 분석	• 정보시스템 구축을 위한 도입대상 HW, SW, NW 등 구성도와 기능 요건(스펙) 도출 • 기존 장비와의 호환성 점검 결과 및 특정 장비 필요 여부 파악(사유 명시) • 「정보시스템 HW 규모산정 가이드라인」 등의 기초자료 활용하여 정보시스템 아키텍처 형태에 따라 적절한 참조모델 선택 후, 기타 정보(보정치, 여유율 등)를 파악하고 도입대상 장비 최종 규모 산정
	데이터 요건 분석	• DB이관을 위한 대상, 크기, 건수, 예상자료량, 자료형태, 자료위치 등 파악 • 대용량 테이블의 성능 및 관리를 고려한 구조 개선 요건데이터의 표준화 작업에 있어 제약사항이 존재하는 지 파악
	애플리케이션 성능 분석	• 정보시스템 동시접속 사용자, 응답시간, 응용 에러율 및 에러 복구 시간 등 목표시스템 성능 요건 파악 • 전자정부프레임워크 기반 개발 프레임워크 적용 요건 파악 • DB SQL 처리 모듈의 개선 요건 파악
	보안 요건 분석	• 보안 담당자와 협의하여 정보시스템 구축 사업과 관련하여 생성된 문서, 통신, 시스템 접근, 개인정보 등에 대한 기밀 유지 요건 사항 파악 • DB 관리자 및 사용자의 역할과 권한에 대한 보안 요건 조사 • 개인정보 등의 암호화해야 할 보안성 데이터 필드 파악 • 사용자 통합인증, 서버-클라이언트간 데이터 암호화, PKI 기반 인증 로그인, SSL 암호화 통신 등의 적용할 보안 요건 정의 • 통합관리시스템 구축 참여자에 대한 보안 교육 및 발생한 데이터, 문서 보안 정책 등의 관리적 보안 요건 도출
	상용 소프트웨어 분석	• 사용 중인 상용 소프트웨어의 개발 가능 요건 파악 • 상용 소프트웨어 도입 최소화를 위한 개발 구축 요건 파악 • 개발 대체 시, 운영·유지관리를 포함한 비용 편익 분석 및 개발 대체 요건 도출
	정보통신 기술 요건 분석	• 정보통신 기술 분석, 정보보안 기술 및 장비분석, IoT망 전송 통신 기술 분석, 정보통신 아키텍처 정의 정보보안 아키텍처 정의, IoT망 전송 통신 아키텍처 정의
비기능적 요건	표준화 요건 분석	• 업무 프로세스, 업무용 코드, 각종 서식, 사업관리를 위한 지침 등을 참고하여 표준화 대상 및 적용 영역 파악
	테스트 요건 분석	• 정보시스템 구축단계에서 발생하는 단위·통합·성능·사용자 테스트 등에 대한 테스트 대상, 일정, 방법, 인력, 절차, 사용 데이터에 대한 요건 파악
	시스템 운영 요건 분석	• 정보시스템 관리 및 운영 조직의 업무를 정의하고 시스템 관리, 장애처리, 모니터링, 백업·복구, 작업 처리 등에 필요한 요건 분석
	교육 및 기술 지원 요건 분석	• 응용 개발에 필요한 교육 내용, 대상, 기간, 방법, 비용 등의 교육 관련 요구사항 파악 • 시스템 운영관련 기술지원 대상 범위, 내용, 수준, 매뉴얼 등의 기술적 지원이 필요한 사항 도출
	하자 및 유지보수 요건 분석	• HW, SW, NW 하자·유지보수 활동을 위한 지원범위, 지원 방법, 지원인력 등의 요건 파악

<그림 318> 업무 및 정보기술 요건 분석 - 업무 및 정보기술 요건 검토 수행 및 산출물 예시

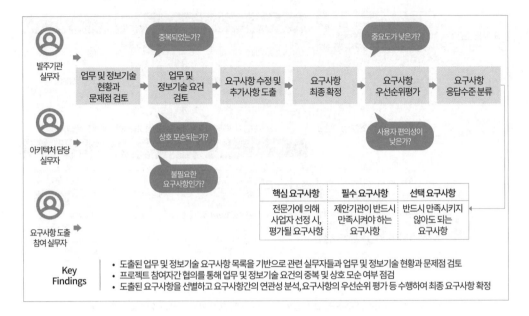

3.4 정보시스템 구조 및 요건 정의

<그림 319> 정보시스템 구조 및 요건 정의 - 정보시스템 아키텍처 정의 수행 및 산출물 예시

<그림 320> 정보시스템 구조 및 요건 정의 - 정보시스템 요건의 이행 연관성 식별 수행 예시

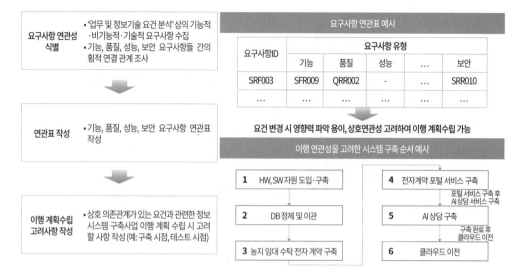

요구사항 연관성 식별	• '업무 및 정보기술 요건 분석' 상의 기능적 ·비기능적·기술적 요구사항 수집 • 기능, 품질, 성능, 보안 요구사항들 간의 횡적 연결 관계 조사

요구사항 연관표 예시

요구사항ID	요구사항 유형				
	기능	품질	성능	...	보안
SRF003	SFR009	QRR002	-	...	SRR010
...	...	...	...	...	...

연관표 작성	• 기능, 품질, 성능, 보안 요구사항 연관표 작성

요건 변경 시 영향력 파악 용이, 상호연관성 고려하여 이행 계획수립 가능

이행 연관성을 고려한 시스템 구축 순서 예시

1 HW, SW 자원 도입·구축
2 DB 정제 및 이관
3 농지 임대 수탁 전자 계약 구축

4 전자계약 포털 서비스 구축
  포털 서비스 구축 후 AI상담 서비스 구축
5 AI 상담 구축
  구축 완료 후 클라우드 이전
6 클라우드 이전

이행 계획수립 고려사항 작성	• 상호 의존관계가 있는 요건과 관련한 정보 시스템 구축사업 이행 계획 수립 시 고려 할 사항 작성 (예: 구축 시점, 테스트 시점)

<그림 321> 정보시스템 구조 및 요건 정의 - 정보시스템 요건 기술서 작성 수행 및 산출물 예시

	요구사항 ID	내용
기능	① 기능 요구사항	• 목표시스템이 반드시 수행해야 하거나 목표시스템을 이용하여 사용자가 반드시 수행할 수 있어야 하는 기능(동작)에 대하여 기술 • 개별 기능 요구사항은 전체 시스템의 계층적 구조 분석을 통해 세부 기능별 상세 요구사항을 작성해야 하며, 기능 수행을 위한 데이터 요구사항과 연계를 고려하여 기술
비기능	② 성능 요구사항	• 목표시스템의 처리속도 및 시간, 처리량, 동적·정적 용량, 가용성 등 성능에 대한 요구사항을 기술
	③ 시스템 장비 구성 요구사항	• 목표사업 수행을 위해 필요한 HW, SW, NW 등의 도입 장비 내역 등 시스템 장비 구성에 대한 요구사항을 기술
	④ 인터페이스 요구사항	• 목표시스템과 외부를 연결하는 시스템 인터페이스와 사용자 인터페이스에 대한 요구사항을 기술(타 소프트웨어, 하드웨어, 통신 인터페이스, 타 시스템들과의 정보교환에 이용되는 프로토콜과의 연계도 포함) • 단, 인터페이스 요구사항의 경우 사용자 편의성, 사용자 경험 등의 사용자 중심의 요구사항을 기술
	⑤ 데이터 요구사항	• 목표시스템의 서비스에 필요한 초기자료 구축 및 데이터 변환을 위한 대상, 방법, 보안이 필요한 데이터 등 데이터를 구축하기 위해 필요한 요구사항을 기술
	⑥ 테스트 요구사항	• 구축된 시스템이 목표 대비 제대로 운영되는지 테스트하고 점검하기 위한 요구사항을 찾아내어 기술 • 목표시스템의 테스트 유형(단위, 통합, 시스템 및 성능 테스트 등), 테스트 환경, 방법, 절차 등에 대한 요구사항을 기술
	⑦ 보안 요구사항	• 정보 자산의 기밀성과 무결성을 확보하기 위해 목표 시스템의 데이터 및 기능, 운영 접근을 통제하기 위한 요구사항을 기술
	⑧ 품질 요구사항	• 목표사업의 원활한 수행 및 운영을 위해 관리가 필요한 품질 항목, 품질 평가 대상 및 목표에 대한 요구사항을 기술 • 신뢰성, 사용성, 유지보수성, 이식성, 보안성으로 구분하여 기술
	⑨ 제약사항	• 목표시스템 설계, 구축, 운영과 관련하여 사전에 파악된 기술 ·표준·업무·법제도 등 제약조건 등을 파악하여 기술
	⑩ 프로젝트 관리 요구사항	• 프로젝트의 원활한 수행을 위한 관리 방법 및 추진 단계별 수행방안에 대한 요구사항을 기술
	⑪ 프로젝트 지원 요구사항	• 프로젝트의 원활한 수행을 위해 필요한 지원 사항 및 방안에 대한 요구사항을 기술 • 시스템/서비스 안정화 및 운영, 교육훈련 및 기술지원, 하자보수 또는 유지관리 요구사항 등을 기술

<그림 322> 정보시스템 구조 및 요건 정의 - 정보시스템 요건 기술서 검토 수행 및 산출물 예시

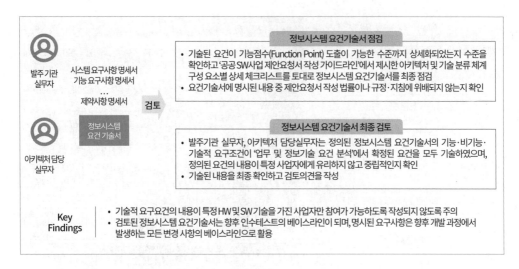

3.5 정보시스템 구축사업 이행방안 수립

<그림 323> 정보시스템 구축사업 이행방안 수립 - 정보시스템 구축 사업계획 수립 수행 및 산출물 예시

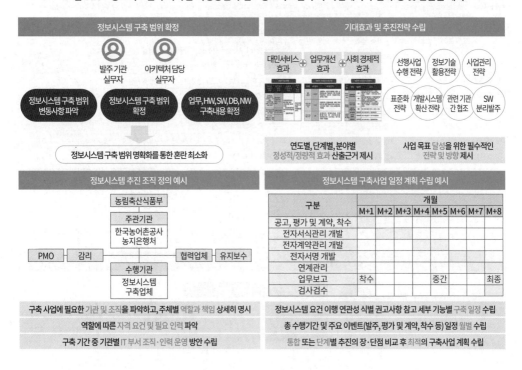

관련 SW 패키지 조사	• 정보시스템 기능 제공 SW 조사 - 전자조달 사이트, 우수SW정보제공 사이트 활용, GS 인증 제품인지 확인 • 단일 SW에 대해 3개 견적가격 산술평균으로 추정가격 결정 • 성공적 구축사례가 있는 SW조사

분리발주 가능성 분석	• 정보시스템 총 사업 규모, 단일 SW 가액, GS 인증 제품 여부 확인하여 분리 발주 여부 결정 • 분리 발주 영향을 분석하여 부정적인 영향을 미친다고 판단된 경우 일괄발주 및 근거 제시 • 소프트웨어 품질성능 평가시험(BMT) 대상 분리발주 SW도입 세부계획 제시 • 응용SW 개발에 적용된 시스템SW 도입 방안 제시

패키지 수정 및 추가개발 범위 분석	• SW 제공업체로부터 SW패키지 지원 영역과 추가 개발 범위 및 개발 가능 여부 파악

분리발주 가능성 평가

분리발주 대상 사업 및 SW	1차 조건	• 국가기관 등이 발주하는 SW사업의 총 사업규모가 5억 원 이상(VAT 포함)인 사업
	2차 조건	• 조달청 종합쇼핑몰 등록 SW가 포함된 경우(5천만 원 미만 포함) • SW가격이 단일 5천만 원 이상 또는 동일 SW의 다량구매로 5천만 원을 초과하고, SW품질인증(GS), 정보보호시스템(CC), 신제품(NEP), 신기술(NET) 국가인증을 획득한 SW 또는 국가정보원 검증/지정 SW가 포함된 경우

분리발주 가능성 평가 결과 예시

대분류	중분류	소분류	기능	품목	추정가격	HW	SW	App.	제품	개발	GS인증	분리발주의견
패키지 SW	응용 SW	시스템SW	WAS	6천만원			티베로	중			인증	분리발주 대상
패키지 SW	응용 SW	기업 SW	EDMS	1억			ALTIBASE		상		비인증	SW사업 품질로 인해 일괄발주 권고

패키지 수정 및 추가개발 범위 분석 결과 예시

요구사항ID	요구사항 내용	SW 지원 수준	커스터마이징 정도
SER-003	비밀번호 등록 시 암호화하여 저장됨	4	10줄 이하의 간단한 소스코드 변경으로 가능
...	...	...	...

SW개발비

대가산정 유형	대가산정 방법	비용 구성
소프트웨어 개발	기능점수 방식에 의한 방법	① 개발원가 ② 이윤 = 개발원가 x 25% ③ 직접경비: 시스템 사용료, 개발도구 사용료 등

기능점수 방식에 의한 예산 산정 절차

1. 사전 준비	• 개발 대상업무와 요구사항을 명확히 정의하고, 개발규모(기능점수) 산정방법(상세법 또는 간이법) 결정
2. 개발 대상 SW 기능 점수 산정	• 요구사항에 근거하여 개발 대상 소프트웨어의 기능을 식별하고, 복잡도를 고려하여 기능점수 산정
3. 보정 전 개발원가 산정	• 산정된 기능점수에 기능점수당 단가를 곱하여 보정 전 개발원가 산정
4. 보정 후 개발원가 산정	• 소프트웨어사업 특성을 고려하여 보정 요소별로 보정계수 식별
5. 직접경비 및 이윤 산정	• 해당 소프트웨어 개발에 관련된 직접경비 산정(* 이윤은 개발원가의 25% 이내에서 산정)
6. 소프트웨어 개발비 산정	• 소프트웨어 개발비 = 개발원가 + 직접경비 + 이윤

DB 구축비		시스템 운영환경 구축비	
대가산정 핵심요소	비용 구성	예산 산정 절차	
투입공수	① 직접인건비 ② 제경비 = 직접인건비의 76% 이하 ③ 이윤 = (직접인건비 + 제경비)의 10% 이하 ④ 직접경비	기본설계	시스템 요구사항 분석 → 시스템 구축요건 설정 → 시스템 구축 기본계획서 작성
		실시설계	설계 조건의 검토 → 분산처리 시스템 설계 → 시스템 구축 설계 → 네트워크 소프트웨어의 기능 검토 → 네트워크 도입 계획

기능점수 도출 관련 산출물(예시)

<그림 326> 정보시스템 구축사업 이행방안 수립 - 정보시스템 예산 수립 수행 및 산출물 예시 2

하드웨어 규모 산정 방법 및 성능 기준치

구축방향 및 기초자료 조사	기초자료 및 업무분석	참조모델 결정 및 서버 규모산정	참조모델별 가중치 적용
• ISP나 시스템 구축에 대한 기본 계획 등 자료를 통해 구축될 시스템에 대한 아키텍처 구성 및 정보 흐름 파악	• 기초자료를 바탕으로 업무 분석 수행 • 업무별 예상 부하 결정 및 기준 부하 산정	• 대상 시스템에 대한 참조모델과 보정치 결정 • 서버별 HW 구성요소에 대한 규모 산정	• 각 아키텍처 참조 모델별 가중치를 적용하여 최종 규모 확정

하드웨어 규모 산정 방법 및 성능 기준치

구분	개념	장점	단점
수식 계산법	사용자 수 등 규모산정을 위한 요소를 토대로 용량 수치를 계산하고, 보정치를 적용하는 방법	규모 산정의 근거를 명확하게 제시할 수 있으며, 다른 방법에 비해 간단하게 산정할 수 있음	보정치가 잘못되었을 경우 원하는 값과 차이가 발생하며, 보정치에 대한 정확한 근거 자료 제시가 어려움
참조법	업무량에 따라 기본 데이터를 토대로 대략적인 시스템 규모를 비교하여 비슷한 규모 산정	기구축되어 있는 업무시스템과 비교가 가능하여 비교적 안전한 규모 산정 가능	계산에 의한 방법이 아닌 비교에 의한 것이므로 근거 제시 미약
시뮬레 이션법	대상 업무에 대한 작업부하를 모델링하고 이를 시뮬레이션하여 규모 산정	상대적으로 정확한 값을 얻을 수 있음	시간과 비용이 많이 소요됨

장비 도입 비용 관련 산출물(예시)

<그림 327> 정보시스템 구축사업 이행방안 수립 - 제안요청서 작성 수행 및 산출물 예시

제안요청서 목차 수립	제안요청서 세부내용 작성	제안요청서 검토
• 「공공 SW사업 제안요청서 작성 매뉴얼」과 정보시스템 사업 유형 및 업무 특성 고려 제안요청서 목차와 구성내용 정의 • 제안안내서, 기술제안요청서 구분하여 작성	• 제안서 목차, 세부지침, 참고 서식 정의 (「행정기관 및 공공기관 정보시스템 구축·운영 지침」의 서식, 지침 준용) • 제안업체 책임과 의무를 계약 조건으로 정의	• 작성한 제안요청서가 관련 법령, 규정, 지침에 부합하는지 검토 • 제안요청서 작성 점검사항을 토대로 모든 사항 기입되었는지 확인

	주요 목차	구성 내용	구분	점검사항	O	X	비고
제 안 안 내 서	I. 제안안내 1. 사업개요 2. 주요일정 3. 입찰관련 정보	- 사업명, 사업예산 및 기간 등 사업 관련 정보 - 입찰 및 제안, 계약 체결, 사업 추진 일정 - 입찰 참가자격 및 입찰서류, 제안서 제출 안내	일반	사업예산 20억 원 이상인 SW 개발사업, 정보전략계획 사업에 대해 제안서 보상제도 적용을 명시했는가?			SW사업의 제안서 보상기준 등에 관한 운영규정(지식경제부 고시)
			…	…			…
	II. 제안요청서 용어 및 계약조건 1. 용어 표준 정의 2. 계약조건	- 제안요청서에서 사용한 용어 개념 정의 - 제안기관이 인지해야 할 계약조건	입찰 가격	공동계약의 이행방식인 공동이행방식 또는 분담이행방식 중 1개 또는 혼합방식을 명시하였는가?			공동계약운용요령(회계예규)
	III. 제안서 평가 및 선정 안내 1. 제안서 평가 방법 2. 협상적격자선정및협상방법	- 제안서 평가 기준 및 방식 - 협상적격자 선정 및 협상순서, 협상 방법 및 기준	…	…			…
			제안서 평가· 선정	낙찰방식을 기재하였는가?			국가를 당사자로 하는 계약에 관한 법률
	IV. 제안서 작성안내 1. 제안서 작성 요령 2. 입찰 및 제안서 관련 서식	- 제안서 목차 및 제안서 작성 시 유의사항 - 입찰 및 제안에 필요한 서식	…	…			…
	V. 기타 1. 기타 제안관련 정보	- 기타 입찰 및 제안에 필요한 정보	계약 조건	계약목적물의 지적재산권은 상호협의하여 결정하는 것으로 하였는가?			용역계약 일반조건(회계예규)

	주요 목차	구성 내용	구분	점검사항	O	X	비고
기술제안내서	I. 사업개요 　1. 추진배경 및 필요성 　2. 서비스 내용 　3. 사업 범위 　4. 기대효과	- 사업이 추진되어야 할 배경과 필요성 - 사업완료 후 제공될 서비스와 효과 - 개발내용 및 개발범위 - 서비스 개발 및 제공으로 발생되는 기대효과	1	제안 요청사항이 목표시스템 구축 후 그 결과가 확실하게 정성적, 정량적으로 나올 수 있는 가?			
	II. 현황 및 문제점 　1. 업무현황 　2. 정보화 현황 　3. 문제점과 개선방향	- 사업범위 내에 포함된 업무 정의 - 관련부처 및 조직간 정보교환 및 상호 연계성 도식화, 현행시스템구성도 및 현재의 정보화 현황 - 정보화 측면에서의 문제점과 개선방안	2	제안요청사항이 현재의 IT, SW 등의 기술수준으로 실현 가능한 수준으로 되어 있는가?			
	III. 사업 추진방안 　1. 추진목표 　2. 추진전략 　3. 추진체계 　4. 추진일정	- 사업추진에 대한 최종목표 및 단계별 추진목표 - 사업의 목표달성을 위한 필수 전략 및 방향 - 추진 조직도 - 월별, 업무별 추진일정	3	테스트, 검사 등으로 기술적인 검증이 가능한 것이 제안요청 되었는가?			
	IV. 제안요청 내용 　1. 시스템 요구사항 　2. 기능 요구사항 　3. 성능 요구사항 　4. 보안 요구사항 　5. 품질 요구사항 　6. 인터페이스 요구사항 　7. 데이터 요구사항 　8. 시스템 운영 요구사항 　9. 제약사항 　10.프로젝트 지원 요구사항	- 목표시스템 HW, SW, NW 구성도 및 구성요건 - 목표시스템을 통해 수행하고자 하는 기능의 요건 - 목표시스템의 최고 또는 최저 능력 등 성능요건 - 목표시스템의 보안 요구사항 - 목표시스템의 품질 요구사항 - 목표시스템의 인터페이스 요구사항 - 초기자료 구축과 데이터 전환 요건 - 목표시스템 운영 요구사항 - 시스템 구축에 필요한 제약사항 - 프로젝트 수행 및 향후 지원 요구사항	4	새로운 기술이나 기법을 제안하도록 하였는가?			

<그림 328> 정보시스템 구축사업 이행방안 수립 - 정보시스템 구축업체 선정·평가 지원 수행 및 산출물 예시

구축업체 선정·평가 준비 단계

- 정보시스템의 요구분석과 사업의 특성 및 목적, 내용 등을 고려하여 '소프트웨어 기술성 평가기준'에서 구축업체 평가요소 선정
- 사업 유형별 필수 및 선택 평가 항목 확인
- 개발 부문의 기능 및 비기능 요구사항 중 핵심 요구사항 수행능력 평가가 가능하도록 평가요소 선정
- 평가위원의 자격 정의

소프트웨어 개발 및 데이터베이스 구축 사업 평가 요소				
유사사업 경험	요구사항 충족도	개발 방법론	품질관리	일정관리

구축업체 선정·평가 수행 단계

- 제안서 평가 이전에 평가위원에 사업에 대한 이해도를 높이기 위한 교육 실시, 제안서 평가 질의나 평가 결과에 대한 논의 등 구축업체 선정·평가 직·간접적으로 수행

 컨설턴트 　 사업내용 교육 　 평가 질의 및 결과 논의 　 평가위원

평가부문	평가항목	평가기준
전략 및 방법론	사업 이해도	사업의 특성 및 목표에 부합하는 사업전략을 제시하고 있는지를 평가한다.
	추진 전략	개발업무 수행 시 일정 및 위험요소를 고려하여 얼마나 타당한 추진 전략을 수립하였는지 평가한다.
	적용 기술	사업에서 적용하고자 하는 기술이 향후 확장성을 고려하였는지, 현실적으로 실현 가능한지 여부를 평가한다.
	표준 프레임워크 적용	표준 프레임워크 적용 여부와 적용 시 예상되는 문제점을 구체적으로 기술하고 실현 가능한 대응방안을 제시하였는지 평가한다.
	개발방법론	사업에 적정한 개발방법론이 제시되었는지 평가하고, 실제 적용 사례 및 경험을 바탕으로 단계별 산출물이 제시되었는지 여부를 평가한다.
기술 및 기능	시스템 요구사항	요구 규격을 충족하는 장비 제안 여부와 현 시스템과의 인터페이스 및 확장 가능성 여부를 평가한다. 또한 도입 장비의 설치 및 공급 계획, 유지관리에 대한 방안이 구체적으로 기술되어 있는가를 평가한다.
	기능 요구사항	기능 요구사항 · 기대사항 · 제약사항 등을 파악한 후 구현 방안이 구체적으로 기술되어 있는지를 평가한다. 또한 제안한 방안 및 기술이 적용 가능한지를 평가한다.
	보안 요구사항	요구사항 및 시스템 분석을 바탕으로 보안 요구사항의 적용 방안이 구체적으로 기술되었는지 평가한다. 또한 제안한 방안과 기술의 설계단계 반영 여부 및 구현단계까지의 적용 가능성을 평가한다.
	데이터 요구사항	데이터 요구사항 분석을 바탕으로 데이터 전환 계획 및 검증 방법, 데이터 오류 발생 시 처리 방안이 구체적으로 제시되어 있는지를 평가한다.
	시스템 운영 요구사항	시스템 운영 요구사항에 맞는 운영 절차 및 방법을 제시하였는지 평가한다. 또한 운영 중 비상사태 발생 시 대응방안이 구체적으로 제시되고 있는지를 평가한다.
	제약 사항	목표시스템의 설계, 구축, 운영과 관련하여 제약조건을 충족시키기 위한 구체적인 구현 방안 및 테스트 방안이 수립되었는지 평가한다.
성능 및 품질	성능 요구사항	요구 성능 충족을 위한 구현 및 테스트 방안이 구체적으로 기술되어 있는지, 이를 위한 방법론 및 분석도구가 기술되어 있는지 평가한다. 제안한 방안 및 기술을 통해 성능 요구사항을 충족시킬 수 있는지를 평가한다.
	품질 요구사항	제공되는 개발 도구 및 구현 방안, 테스트 방안 등이 품질 요구사항에 부합되는지 평가하고, 분석 · 설계 · 구현·테스트 등 각 단계별 품질 요구사항 점검 및 검토 방안이 구체적으로 계획되어 있는가를 평가한다.
	인터페이스 요구사항	시스템 인터페이스: 타 시스템과의 연계에 대한 장단점 분석을 통해 가장 적합한 시스템 인터페이스 구축 방안을 도출하였는지를 평가한다. 사용자 인터페이스: 사용자 편의성을 고려하여 사용자 인터페이스의 분석/설계/구현/테스트 방안과 검토 계획을 구체적으로 기술하였는가를 평가한다.
프로젝트 관리	관리 방법론	일정관리, 사업위험(이슈) 관리, 보안관리, 산출물의 형상 · 문서 관리 등 사업수행에 필요한 관리 방법론이 구체적으로 제시되어 있는지를 평가한다. 또한 문제 발생 시 보고 체계 및 위험관리 방안이 구체적으로 제시되어 있는지 평가한다.
	일정 계획	사업수행에 필요한 수행기간과 세부일정이 구체적으로 제시되었는지 평가한다. 또한 각 활동에 필요한 일정 계획이 적절히 수립되었는지를 평가한다.
	개발 장비	개발에 필요한 개발환경의 구성이 구체적으로 제시되었는지 평가하고, 라이선스 등의 문제가 없는지 여부를 평가한다.
프로젝트 지원	품질 보증	제시된 품질보증 방안이 해당 사업의 수행에 적합한지, 사업자가 「소프트웨어 진흥법」 제21조의 소프트웨어 프로세스 품질인증(SP인증) 등 대외적으로 인정받을 만한 품질보증 관련 유효한 인증을 제시하는 경우 확인하고 평가한다. 이 경우 유효한 SP인증을 보유하고 있는 경우에는 우대할 수 있다.
	시험 운영	시스템 공급자가 개발된 시스템의 시험운영을 위해 필요한 각종 시험운영 방법 등을 구체적으로 제시하였는지 평가한다.
	교육 훈련	시스템 공급자가 시스템 운영 및 관리자를 위해 필요한 각종 교육훈련의 방법, 내용, 일정 등을 구체적으로 제시하였는지 평가한다.
	유지 관리	시스템 공급자가 제시하는 유지관리 계획, 조직, 절차, 범위 및 기간과 이와 관련된 기타의 활동 및 제한사항에 대해 평가한다.
	하자 보수 계획	시스템 공급자가 제시하는 하자보수 계획, 절차, 범위 및 기간과 이와 관련된 기타의 활동 및 제한사항에 대해 평가한다.
	기밀 보안	사업 추진 동안 악영향을 미치는 일련의 불순 활동들로부터 기밀을 보호함과 동시에 원활한 사업의 수행을 보장하기 위한 체계 및 대책에 대하여 평가한다.
	비상 대책	시스템 공급자가 안정적인 시스템 운영을 위해 필요한 각종 백업/복구 및 장애대응 대책을 구체적으로 제시하였는지 평가한다.

평가부문	평가항목	평가기준
상생협력	상생협력	공동수급체 구성을 통한 입찰참가 시, 사업 참가자 중 중소기업인 소프트웨어사업자의 참여비율(지분율)에 따라 등급을 평가한다. 단, 중소기업인 소프트웨어사업자가 단독으로 입찰에 참가한 경우 최고 등급을 부여하고, 중소기업인 소프트웨어사업자의 참여 지분이 없는 경우는 "0"점을 부여한다.
하도급 계획 적정성	하도급계획 적정성	소프트웨어사업 하도급계획서상의 하도급에 참가하는 자의 전체 하도급 금액 비율(100분의 50미만), 재하도급 여부, 개별 하도급 금액 비율(100분의 10이하) 등을 고려하여 「소프트웨어 진흥법」에 따라 적정하게 계획하였는지를 평가한다. 다만, 하도급을 하지 않는 경우 최고등급을 부여할 수 있다.

4 ISMP와 PMO의 역할

4.1 ISMP 방법론의 적합한 수정 적용 여부에 대한 검증 및 가이드

ISMP 사업은 ISMP 방법론의 적용만으로는 주관기관의 요청사항에 대한 누락 없는 수용을 보장하고 사업의 특성을 산출물로 도출하기가 어렵다. 따라서 PMO는 ISP 대상 업무 특성에 따라 방법론 적용을 위한 수정(테일러링, Tailoring)을 지원한다.

4.2 ISMP 방법론 수정 사례

4.2.1 ISMP 방법론(NIPA)과 추진전략, 세부 추진방안, 주요 사업내용 대조·병합

ISMP 방법론(NIPA)과 제안요청서의 세부 사업내용과 컨설팅 요구사항을 대조·병합하여 방법론을 수정한다.

ISMP 방법론 (NIPA)

Step / Activity

Ⅰ. 프로젝트 착수 및 참여자 결정
1. 경영진 지원조직 형성
2. 프로젝트 수행조직 편성
3. 프로젝트 계획 수립

Ⅱ. 정보시스템 방향성 수립
1. 정보화 전략 검토
2. 벤치마킹 분석(Optional)
3. 정보시스템 추진범위 및 방향 정의
4. 정보시스템 추진범위 및 방향 검토

Ⅲ. 업무 및 정보기술 요건 분석
1. 업무 및 정보기술 현황 분석
2. 업무 요건 분석
3. 정보기술 요건 분석
4. 업무 및 정보기술요건 검토

Ⅳ. 정보시스템 구조 및 요건 정의
1. 정보시스템 아키텍처 정의
2. 정보시스템 요건의 이행 연관성 식별
3. 정보시스템 요건 기술서 작성

Ⅴ. 정보시스템 구축 사업 이행방안 수립
1. 정보시스템 구축사업 계획 수립
2. 분리발주 가능성 평가
3. 정보시스템 예산 수립
4. 제안요청서(RFP) 작성
5. 정보시스템 구축업체 선정·평가 지원

세부 사업내용

1. 기수행 ISP 보완 및 현행화
1.1 기수행 ISP 산출물 및 검토 의견서 분석
1.2 기산출물 정보 보완 및 현행화

2. 요구사항 분석
2.1 대내외 환경 및 정보기술 동향 분석
2.2 벤치마킹 분석 및 시사점 도출
2.3 요구사항 및 요소기술 분석

3. 구축방향 분석 및 정의
3.1 구축방향 및 목표모델 정의
3.2 구축범위 및 이행단계 기능, 기술요건 분석

4. 정보기술요건 분석 및 정의
4.1 기능, 단계, 구조, 기술요건 분석
4.2 각 정보기술 요건별 세부 요건 정의
4.3 업무 및 정보기술연계요건 분석

5. 구현 모델 및 이행계획 설계
5.1 구축 아키텍처 정의 및 설계
5.2 구축 요건의 이행 연관성 정의 및 설계
5.3 구현 모델 및 정보기술요건 기술서 설계
5.4 정보시스템 구축요건 및 이행계획 설계

6. 구축방안 및 이행계획 제시
6.1 정보시스템 구축 및 이행계획 제시
6.2 HW, SW, 개발, 분리발주 구현계획 제시
6.3 구축 규모, 예산, 일정계획 제시
6.4 제안요청서 제시

7. 과업 수행 산출물 최종 결과 보고
7.1 과업 산출물 검토(평가) 결과 보고

상세 요구사항 (Requirement) - 제안요청서

Step / Activity

고유번호	요구사항 명칭
CNR-001	농지은행 전자계약시스템 구축 ISP 산출물 갱신 및 보완
CNR-002	농지은행 전자계약 도입 추진 방안 제시
CNR-003	ISMP 수립을 위한 최적의 컨설팅 방법론 제시
CNR-004	정보시스템 구축 사례에 대한 시사점 도출·반영
CNR-005	정보시스템 구축 목표, 구축 범위, 방향성 정의
CNR-006	국가기관의 보안 가이드라인을 준수하여 보안 안전성 확보
CNR-007	업무 프로세스, 응용·데이터·기술기반 아키텍처 분석
CNR-008	정보화 요건 분석 및 사용자 요구사항 도출
CNR-009	도입대상 장비의 데이터, 응용 등 정보기술 요구사항
CNR-010	표준화·테스트·시스템 운영 요건 등 정보기술 요구사항 분석
CNR-011	업무 및 정보기술 요건 검토를 통한 요구사항 확정
CNR-012	정보시스템 To-Be 아키텍처 정의 및 재사용 가능한 구성요소 파악
CNR-013	정보시스템 요건 연관성 분석을 고려한 구축 사업 계획 권고사항 도출
CNR-014	정보시스템 요건 기술 표준 및 분야별 요건 정의
CNR-015	정보시스템 요건기술서 검토 및 확정
CNR-016	정보시스템 구축 발주부터 개발완료까지 사업 계획 수립
CNR-017	SW분리발주 가능성 평가, 패키지 수정, 추가개발 범위 분석
CNR-018	시스템 SW 도입 방안 및 공개 SW 도입 가능성
CNR-019	정보시스템 요건을 토대로 정보시스템 예산 산정
CNR-020	정보시스템 구축 사업을 위한 제안요청서 작성
CNR-021	성공적인 정보시스템 구축을 위한 구축 업체 선정 지원
CNR-022	국가기관 보안 가이드라인 준수 네트워크, 시스템 구축 방안 제시

수정방법론 1.

Step / Activity	컨설팅 요구사항

Ⅰ. 프로젝트 착수 및 참여자 결정
1. 경영진 지원조직 형성
2. 프로젝트 수행조직 편성
3. 프로젝트 계획 수립

Ⅱ. 정보시스템 방향성 수립

Step / Activity	컨설팅 요구사항
1. 정보화 전략 검토	CNR-001, 002
2. 요구사항 검토	CNR-004, 007, 009, 022
3. 정보시스템 추진 범위 및 방향 정의	CNR-005, 006
4. 정보시스템 추진 범위 및 방향 검토	CNR-005, 006

Ⅲ. 업무 및 정보기술 요건 분석

Step / Activity	컨설팅 요구사항
1. 업무 및 정보기술 현황 분석	CNR-007
2. 업무 요건 분석	CNR-008
3. 정보기술 요건 분석	CNR-009, 010, 022
4. 업무 및 정보기술 요건 검토	CNR-011

Ⅳ. 정보시스템 구조 및 요건 정의

Step / Activity	컨설팅 요구사항
1. 정보시스템 아키텍처 정의	CNR-012
2. 정보시스템 요건의 이행연관성 식별	CNR-013
3. 정보시스템 요건 기술서 작성	CNR-014, 022
4. 정보시스템 요건서 검토	CNR-015

Ⅴ. 정보시스템 구축 사업 이행방안 수립

Step / Activity	컨설팅 요구사항
1. 정보시스템 구축사업계획 수립	CNR-012
2. 분리발주 가능성 평가	CNR-013
3. 정보시스템 예산 수립	CNR-014, 022
4. 제안요청서(RFP) 작성	CNR-015
5. 정보시스템 구축업체 선정·평가지원	CNR-021

<그림 330> 도출 수정 방법론 총괄 체계 사례

Phase1
정보시스템 방향성 수립
Phase2
업무 및 정보기술 요건 분석
Phase3
정보시스템 구조 및 요건 정의
Phase4
정보시스템 구축 사업 이행방안 수립
정보시스템 마스터 플랜 수립
CNR-001 정보화 전략 검토 CNR-002
기수행ISP산출물 및 검토의견서 분석
기산출물 정보 보완 및 현행화
정보시스템 관련 과제식별
CNR-004 요구사항 분석 CNR-007
대내외 환경 및 정보기술 동향 분석
CNR-009
벤치마킹 분석 및 시사점 도출
CNR-022
요구사항 및 요소기술 분석
정보시스템 추진범위 및 방향 정의
정보시스템 구축 범위 정의
CNR-005
사용자 그룹 정의
CNR-006
추진방향 및 목표 정의
정보시스템 추진범위 및 방향 검토
정보화 전략과의 방향 일치 검토
CNR-005
정보시스템 추진 범위 검토
CNR-006
업무 및 정보기술 현황 분석
업무 프로세스 분석
응용 아키텍처 분석
데이터 아키텍처 분석
기술기반 아키텍처 분석
CNR-001~CNR-007, DAR-009~DAR-010
정보화 요건 분석
정보화 요건분석
CNR-008
최종 사용자 요구사항 도출
정보기술 요건 분석
도입대상 장비 요건, 데이터, 애플리케이션 성능 요건, 보안 요건, 상용 소프트웨어 개발 대체 요건, 정보통신 기술 요건, 표준화 요건, 테스트 요건, 시스템 운영 요건, 교육 및 기술 지원 요건, 하자·유지보수 요건 분석
CNR-001~CNR-007, DAR-009~DAR-010
업무 및 정보기술요건 검토
업무 및 정보기술 요건 최종 검토
CNR-011
업무 및 정보기술 요건 우선순위 평가
정보시스템 아키텍처 정의
정보시스템 To-Be 아키텍처 정의
CNR-012
재사용 가능한 구성요소 파악
정보시스템 요건의 이행 연관성 식별
정보시스템 요건 연관성 분석
CNR-013
이행 연관성을 고려한 구축사업계획 권고사항 도출
정보기술 요건 기술서 작성
정보시스템 요건 기술 표준 정의
측정범위와 어플리케이션 경계 식별
시스템 요건 기술
성능 요건 기술
보안 요건 기술
품질 요건 기술
인터페이스 요건 기술
시스템 운영 요건 기술
제약사항 기술
프로젝트 지원 요건 기술
CNR-014, CNR-015, CNR-022
정보시스템 요건서 검토
정보시스템 요건 기술서 최종 검토
CNR-015
CNR-016 정보시스템 구축사업 계획수립
정보시스템 구축사업 계획 수립
정보시스템 기대효과 및 추진 전략 수립
정보시스템 추진 조직 정의
정보시스템 구축사업 일정 계획
CNR-017 분리발주 가능성 평가 CNR-018
관련 패키지 조사
분리발주 가능성 분석
패키지 수정 및 추가개발 범위 분석
CNR-019 정보시스템 예산수립
정보시스템 기능 점수 산정
정보시스템 예산 검토
CNR-016 정보시스템 구축사업 계획수립
제안요청서(RFP) 목차 수립
제안요청서(RFP) 세부 내용 작성
제안안내서 작성
제안요청서(RFP) 검토
CNR-021 정보시스템 구축업체 선정·평가 지원
정보시스템 구축업체 선정·평가 준비
정보시스템 구축업체 선정·평가 수행
사업관리시스템 기반 의사소통/사업관리 수행 지원
프로젝트 관리
통합관리
범위관리
일정관리
비용관리
품질관리
자원관리
의사소통관리
위험관리
이해관계자관리
프로젝트 지원
품질보증
교육훈련
기밀보안
기술이전
기술지원
작업장소운영
하자관리
제약사항 관리
산출물 관리
Etc.

4.2.2 기획재정부 검토 사항 도출 여부에 대한 검증 및 가이드

정보화전략계획(ISP) 수립 사업을 통해서 도출된 산출물은 기획재정부의 검토과정을 거쳐서 정보시스템 구축 예산을 배정받을 수 있다. 따라서 PMO는 ISP 수립의 각 단계에서 기획재정부의 총 3개 분야, 7개 항목에 대한 근거가 산출물로써 도출되었는지에 대하여 검증과 보완하는 절차를 거쳐야 한다.

<표 268> 기획재정부 검토 항목

분야	• 사업 타당성 • 실현 가능성 • 규모 적정성	**검토 항목**	• 필요성 • 시급성 • 중복성 • 사업추진 여건	• 기술 적정성 • 디지털서비스 도입 가능성 • 총구축비 적정성

<표 269> ISP/ISMP 검토를 위한 주요 구성항목 및 내용

분야	구성 항목	주요 내용
1. 사업 타당성	① 필요성	[①-1] 현행 업무 수행상 문제점이나 개선하고자 하는 사유를 제시
		[①-2] 이행과제(세부사업)를 사업 목표와 일관성 있도록 작성
	② 시급성	[②-1] 차년도에 추진하여야 하는 시급한 사유를 제시
	③ 중복성	[③-1] 기관 내외부 타 시스템과의 중복 가능성을 점검하고 통합·연계 검토 결과를 기술
2. 실현 가능성	① 사업추진 여건	[①-1] 사업추진 및 신규 서비스 운영을 위한 조직 구성과 인력 확보방안을 기술
		[①-2] 유관기관과 연계·통합이 필요한 경우, 각 기관별 역할과 수행업무 등 협조체계를 기술
		[①-3] 신규 서비스 시행을 위한 단계별 법·제도 정비방안을 사업계획과 연계하여 제시
	② 기술 적정성	[②-1] 적용된 기술이 사업 목표 달성을 위한 필수 요소 여부 및 적용 가능성을 분석
		[②-2] 적용된 기술의 실용화 사례를 조사·분석
	③ 디지털 서비스 도입 가능성	[③-1] 정보시스템 구성 방안으로 클라우드컴퓨팅 서비스 등 디지털서비스 도입·전환 가능성을 분석하고, 소요 비용을 산출
3. 규모 적정성		[①-1] 총구축비의 모든 구성요소를 「SW사업 대가산정 가이드」 등을 활용하여 빠짐없이 산출하고, 모든 이행과제들의 비용 합과 일치하도록 산정
		[①-2] 「정보시스템 하드웨어 규모산정 지침」(TTA)을 준수하여 시스템 용량 산정
		※ ISP 또는 ISMP 최종산출물 제출 시, 총구축비 산출 근거자료를 필수 제출 (예: SW개발비 간이법 산정 엑셀 파일, HW·SW 견적서 등)

※ 「SW사업 대가산정 가이드」, 「정보시스템 하드웨어 규모산정 지침」 등 관련 규정지침은 ISP/ISMP 수행 시점의 최신판을 준용

제15장

IT 아웃소싱과 PMO

1 IT 아웃소싱(ITO) 개요

1.1 IT 아웃소싱의 정의

조직의 전략적 목표를 달성하기 위하여 자산의 이전을 포함하여 정보시스템 요소의 일부 또는 전부를 외부 전문업체에 위탁하여 운영하게 하는 장단기 계약이다(한국전산원, 1999). 미국 예산관리국은 IT 아웃소싱은 "운영조직으로부터 사업자로의 자산(컴퓨터, 네트워크, 인적자원 등)의 이전으로, 사업자와 장기계약을 체결하여 아웃소싱 활동을 인계하여 책임을 지게 하는 것"이라고 말한다.

1.2 IT 아웃소싱 배경 및 필요성

기관이 IT 아웃소싱을 고려하는 이유는 비용 절감과 위험 분산 그리고 정보시스템의 성과 향상을 통해 기관 운영의 생산성과 효율성을 극대화하여 고유의 핵심 업무에 집중할 수 있도록 지원하는 데 있다.

1.3 IT 아웃소싱 목표

IT 아웃소싱의 목표는 경영전략 측면, 서비스 품질 측면, 비용 측면 등이 있으며, 내용은 아래와 같다.

- **경영전략 측면:** 핵심역량의 집중화, 예산구조의 유연성 확보, 환경변화에 신속한 대응, 경쟁력 향상, 위험 공유 및 분산, 한정된 지원의 전략적 활용 확보
- **서비스 품질 측면:** SLA를 통한 서비스 수준의 체계적인 관리, 시스템 가용성 수준 유지 (100%), 신기술을 활용한 정보기술 기반 구축, 최적의 기술 유지 및 방법론 적용, 전문 가에 의한 IT 서비스 및 품질수준 향상, 정보시스템 전문성과 경험 활용 확보
- **비용 측면:** 비용 대비 고품질의 IT 역량 확보, 통합 구매 및 관리를 통한 비용 절감, 인력 관리 및 변화관리의 비용 최소화, 비용에 대한 예산 수립 및 통제 가능

2 IT 아웃소싱 추진 절차

2.1 IT 아웃소싱 형태

IT 아웃소싱 대상이 되는 정보시스템 기능 전체를 하나의 사업자에게 위탁하는 일괄적 (Total) 아웃소싱과 여러 사업자에게 위탁하는 선택적(Selective) 아웃소싱이 있다.

<표 270> IT 아웃소싱 형태 비교

구분	일괄적 아웃소싱	선택적 아웃소싱
장점	책임소재의 명확성 의사소통 창구 일원화 친밀감 형성으로 기관 요구사항 파악 용이 낮은 아웃소싱 관리 비용	영역별 전문성 확보로 양질의 서비스 선택 정보화 수준 저하 방지 경쟁에 의한 나태함 방지 계약에 따른 업체 변경 등 용이
단점	선택범위의 감소 서비스 제공업체에 기술적 종속 우려 자기만족에 의한 안일한 업무처리	책임소재의 불명확성 공급사(Vendor)들의 기관 요구 파악 미비 많은 공급사(Vendor)에 따른 높은 관리비용 시스템의 일관성 및 통합성 유지 어려움

2.2 IT 아웃소싱 프레임워크

IT 아웃소싱 추진 프로세스는 '사업계획 수립, 발주 및 계약, 서비스 이전관리, 서비스 수

행관리, 계약관리 및 정산'의 5단계(Phase), 10개의 활동(Activity)과 34개의 작업(Task)으로 구성된다.

<그림 331> IT 아웃소싱 추진 프로세스

출처: 「IT 아웃소싱 운영관리 매뉴얼2.0」, 행정안전부

2.3 IT 아웃소싱 추진 프로세스 주요 내용

2.3.1 사업계획 수립 프로세스

1) 운영 및 유지보수 업무 정의

운영 및 유지보수 업무 정의 단계에서는 IT 아웃소싱 서비스 유형 분류, 소프트웨어 유지보수 유형을 정의한다.

■ IT 아웃소싱 서비스 유형 분류

소프트웨어 관점에서 IT 아웃소싱 서비스 유형을 소프트웨어 운영, 소프트웨어 유지보수, 소프트웨어 재개발의 3가지 유형으로 분류하여 정의한다. 소프트웨어 운영은 개발 완료 후, 인도된 소프트웨어에 대해 기능 변경을 제외한 운영기획 및 관리, 모니터링, 테스트, 사용자 지원을 포함한 소프트웨어의 정상적인 운영에 필요한 제반 활동이다.

소프트웨어 유지보수는 개발한 시스템을 편리하게 사용하고 활용할 수 있도록 유지하고 보수하는 행위다. 제도, 양식, 절차, 조직 등 업무처리의 절차 변경으로 인하여 발생하는 소프트웨어의 변경, 하드웨어나 OS 및 네트워크 등 기술적 발전에 대응하기 위한 변경, 알고리즘으로의 수정 또는 기능상의 보완 그리고 소스코드의 설명을 충실하게 함으로써 프로그램 이해와 변경을 쉽게 하고자 한다.

소프트웨어 재개발은 개발된 소프트웨어의 부문을 다시 개발하거나, 발주자가 보유한 소프트웨어 자산을 재사용한 개발을 말한다. 소프트웨어 재개발비는 재사용 대상 소프트웨어의 기능점수로부터 재개발 소프트웨어 기능점수를 구한 다음 소프트웨어 개발비 선정 절차와 같게 재개발 원가와 직접경비 그리고 이윤을 더하여 산출한다.

(소프트웨어 재개발비 = 재개발 원가 + 직접경비 + 이윤)

■ 소프트웨어 유지보수 유형

소프트웨어 유지보수 유형은 하자보수, 용역 유지보수, 상용 소프트웨어 유지보수 등 3가지로 분류한다.

<그림 332> 소프트웨어 유지보수 유형

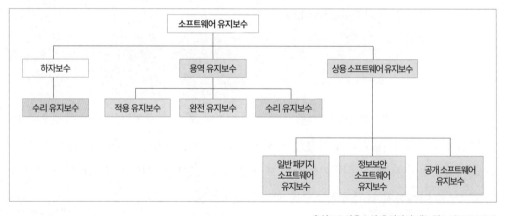

출처: IT 아웃소싱 운영관리 매뉴얼2.0(행정안전부)

하자보수(Corrective Maintenance)는 하자보증기간 중, 소프트웨어에서 발견되는 소프트웨어의 결함을 수정하는 것이다. 요구사항 변경 및 환경의 변화에 따른 기능 변경은 포함되지 않는다. 하자보수의 범위로는 일반적으로 프로그램의 비정상 종료, 부적당한 정보를 출력하는 처리상의 에러 수정, 평균 응답시간의 개선, 트랜잭션 처리, 에러 발생률 등 프로그램 표준 기준에 부적합 사항 등에 대한 보완에 해당하는 보수 등이다. 하자보수의 범위는 아래와 같다,

- 프로그램 비정상 종료, 부적당한 정보를 출력하는 처리상의 에러 수정
- 평균 응답시간의 개선, 트랜잭션의 에러 발생 등 프로그램 표준 기준에 부적합 사항 보완
- 기능 사양과 설계내용이 일치되지 않을 경우 소프트웨어 작성 에러 수정
- 단, 하자 보수기간 경과 후에 발견된 소프트웨어 결함에 대한 보수(수리보수)는 유지보수의 수리 유지보수에 해당

용역 유지보수에는 적응 유지보수(Adaptive Maintenance)와 완전 유지보수(Perfective Maintenance) 등이 있다. 적응 유지보수는 소프트웨어 사용에 따른 하드웨어, OS, 네트워크 등의 환경변화에 대응하기 위한 프로그램 수정, 데이터 분류 코드의 변경, 데이터베이스의 변경 등에 따른 보수다.

- 소프트웨어 변경(환경변화에 대응 등)
- 데이터 변경
- 운영환경의 변경 등

완전 유지보수는 더 좋은 알고리즘으로 변경하거나 보다 효율적인 사용을 목적으로 하는 변경을 말한다. 더 편리하게 사용할 수 있게 하기 위한 출력형식(Format)의 개선 및 새로운 출력정보의 추가 등 이른바 기능상의 보완 또는 소스코드의 설명을 충실하게 함으로써 프로그램을 이해하기 쉽고 유지보수를 쉽게 하는 보수다.

- 성능, 기능 개선
- 데이터의 정확도 개선
- 사용자 인터페이스 개선 등

2) 사업추진 방안 수립

사업추진 방안 수립은 IT 아웃소싱 유형 정의, 사업자 결정, 단년도 계약과 다년도 계약 등을 고려한다. IT 아웃소싱 유형은 일괄적 아웃소싱, 다중 아웃소싱, 선택적 아웃소싱의 3 가지이다. 아웃소싱 유형을 정하기 위해서는 내부적인 정책 검토가 필요하다.

- **일괄적 아웃소싱**: 단일 공급업체에 아웃소싱 대상 전체를 일괄적으로 위탁하는 방식
- **다중 아웃소싱**: 서비스 영역별로 전문업체에 아웃소싱하는 방식
- **선택적 아웃소싱**: 아웃소싱 대상을 여러 부문으로 구분하고 대상별로 분야별 전문업체에 위탁하는 아웃소싱 방식

사업자 결정은 업체의 수와 그 구조에 따라 단일 서비스 사업자 활용 전략, 복수 사업자 활용 전략, 주계약자 활용 전략 등을 고려한다. 아웃소싱을 수행하는 사업자의 수를 결정하는 것은 추진 조직의 역량 및 제공 서비스의 중요도와 과거 경험 등에 의하여 결정될 수 있다.

다음으로 고려되어야 할 사항은 단년도 계약과 다년도 계약을 선택하는 것이다. 단년도 계약에 따른 비효율성과 서비스 수준 향상에 있어 아래와 같은 한계가 있다.

- 단년도 계약을 체결하면 운영 개선을 통한 운영 효율성 증대를 기대하기 어려우며, 체계적으로 단계별 서비스 수준의 관리가 어려움
- 중장기적인 데이터 분석과 단계적 대응을 통한 운영 효율성 증대가 필요하나, 단년도 계약은 계약자에게 서비스 수준 향상 동기부여가 곤란함

다년도(장기) 계약에 따른 운영 효율성 및 서비스 개선 효과는 아래와 같다.

- 장기적으로 축적된 노하우를 기관과 공유함으로써 전체적인 시스템 안정성 제고와 운영 선진화에 기여
- 기존 인건비 기준관리 방식보다 생산성 향상 동기가 유발됨
- 종전에는 운영비가 인건비 중심으로 되어있어 생산성이 향상되어도 비용 절감 효과가 발생하지 않음

- 국내외 선진 민간기업의 경우 통상 IT 아웃소싱은 3년에서 5년, 길게는 10년의 장기 계약을 체결하는 사례가 있음
- 다년도 계약이 보장되어야 사업자는 업무 이관 시 시스템 효율화, 시스템 관리를 위한 관리시스템 투자, 고급 인력을 투입하여 시스템 안정화 및 성과 향상, 비용 절감 노력 등과 같은 업무를 안정적으로 추진할 수 있음

3) 사업 대가산정

IT 아웃소싱 사업 대가산정에는 하자보수 대가산정, 용역 소프트웨어 유지보수 대가산정, 상용 소프트웨어 유지보수 대가산정, 정보보안 소프트웨어 유지보수 대가산정, 공개 소프트웨어 유지보수 대가산정 등이 있다.

■ 하자보수 대가산정

하자보수 대가산정은 하자보수 기간에 발생하는 하자보수는 무상으로 수행한다. 하자보수 기간의 경과 후 발생한 하자보수 대가는 소프트웨어 용역 유지보수 사업 대가산정 기준에 따라 산출한다. 요구사항 변경 및 환경의 변화에 따른 기능 변경은 하자보수 영역에 포함되지 않는다.

■ 용역 소프트웨어 유지보수 대가산정

용역 소프트웨어 유지보수 대가산정은 「소프트웨어사업 대가의 기준」 '제6장 소프트웨어 유지보수비 및 운영비 산정기준'의 제20조(용역 유지보수 대가산정)에 따라 유지보수 계약 시점의 현재 가치로 산출한 소프트웨어개발비 산정가의 10~15% 선에서 대가를 산정한다. 다시 말해, 용역 소프트웨어 유지보수 대가 산출은 계약된 소프트웨어개발비에 준거하여 산출하는 것이 아니라, 용역 소프트웨어 유지보수 계약 시점에 보유하고 있는 총 기능점수를 현재 가치의 소프트웨어개발비로 계산하여 적용한다.

- 각각의 유지보수 대상 시스템 특성에 따라 단순, 보통, 복잡을 판정하고, 판정된 기준에 준하는 점수의 총합계(TMP)를 산출한다. 산출된 총합계를 토대로 유지보수 난이도를 산출(유지보수 난이도(%) = 10 + (5 × TMP/100))
- 같은 소프트웨어가 여러 기관(장소)에 설치되어 사용되고 있으며 또한 계약이 통합

발주되어 유지보수를 수행하는 경우, 용역 유지보수비는 유지보수해야 하는 기관(장소)의 수에 따라 발주자와 수주자 간의 협의 판단하여 조정할 수 있음

<표 271> 유지보수 대상 시스템 특성

유지보수 대상 시스템의 특성	단순		보통		복잡	
	기준(년간)	점수	기준(년간)	점수	기준(년간)	점수
유지보수 횟수	4회 이하	0	12회 이하	20	12회 초과	35
자료처리 건수	10만 미만	0	10~50만	10	50만 초과	25
타 시스템 연계	없음	0	1~2시스템	5	3개 이상	10
실무지식 필요	별도 지식 불필요	0	기초지식 이해 필요	5	전문 실무 능력 필요	10
분산처리 여부	실시 않음	0	통합하의 분산처리	10	순수분산 처리	20

- 상용 소프트웨어 유지보수 대가산정

상용 소프트웨어 유지보수는 특정 업무에 가장 적합하게 계획되고 개발된 소프트웨어를 구매하여 사용하는 소프트웨어의 유지보수를 말한다. 구매한 소프트웨어의 사용 목적 및 유지보수 난이도 등의 특성을 고려하여 일반 패키지 소프트웨어 유지보수, 정보보안 소프트웨어 유지보수, 공개 소프트웨어 유지보수로 구분하여 대가를 산정한다.

상용 소프트웨어 도입 시, 수정 보완한 기능, 다시 말해 커스터마이징 기능에 대한 유지보수 대가는 해당 판매업체와 협의하여 정한다. 상용 소프트웨어는 정보보안 소프트웨어 및 공개 소프트웨어에 포함되지 않는 소프트웨어로 이용도가 높은 프로그램이나 업종·업무에 적합한 프로그램을 묶어서 상품으로 제공하는 소프트웨어다. 일반 패키지 소프트웨어 유지보수 대가는 요율제, 정액제, 콜베이스제 등으로 구분할 수 있다.

일반 패키지 소프트웨어 유지보수 대가 지불 방법 선택은 발주자의 정보시스템 운영전략 및 구매한 소프트웨어 제품 및 서비스 특성을 고려하여 선택한다. 일반 패키지 소프트웨어 유지보수 대가산정 시 고려사항은 유지보수 서비스의 성격과 방법에 따라 발주기관과 업체가 협의하여 결정한다.

<표 272> 일반 패키지 소프트웨어 유지보수 대가 종류

구분	고려사항
요율제	적용 요율 및 라이선스 금액은 제품 표시가(List Price)를 우선으로 발주자와 업체가 협의하여 결정한다. 유지보수 서비스 요율은 제공 기업의 서비스 정책에 따라 다를 수 있으므로, 구매한 패키지 소프트웨어 제품 및 서비스의 특성을 검토하여 선택
정액제	라이선스와 유지보수 서비스의 내용 및 형태를 각각 검토하여 선택
콜베이스제	제품의 특징, 요구되는 서비스의 종류 및 수준, 서비스 투여 시간 및 인건비 등에 따라 건별로 다르게 책정(Call Base). 따라서 발주자는 이들 사항을 검토한 후, 업체가 제공하는 서비스 선택

출처: IT 아웃소싱 운영관리 매뉴얼2.0(행정안전부)

■ 정보보안 소프트웨어 유지보수 대가산정

정보보안 소프트웨어는 보안업데이트, 모니터링/로그 분석, 정책지원 등 정보보호 및 정보보안과 관련된 소프트웨어다. 정보보안 소프트웨어 유지보수 서비스의 구매 시 고려사항은 일반 패키지 소프트웨어 유지보수 서비스와 같으나, 정보보안 소프트웨어의 특성상 보안업데이트, 모니터링/로그 분석 및 정책지원 등 추가적인 서비스 지원 등에 대한 대가는 별도로 상호협의하여 결정한다.

■ 공개 소프트웨어 유지보수 대가산정

공개 소프트웨어는 저작권자가 소스코드를 개방하여 소스코드의 수정, 재배포가 자유로운 소프트웨어다. 공개 소프트웨어 유지보수 서비스의 구매 시 고려사항은 일반 패키지 소프트웨어 유지보수 서비스와 같으나, 공개 소프트웨어의 특성상 다음 사항의 내용을 추가 검토하여 대가 산정한다.

- 공개 소프트웨어의 개발 방법상 사용자의 기능개선 의견수렴이 빠르고 소프트웨어 버그나 보안, 호환성의 문제로 패치나 업데이트가 자주 그리고 신속하게 진행되는 경우가 많이 발생하므로 서비스 지원 주기 및 지원의 신속성을 검토함
- 공개 소프트웨어는 단순 설치와 하자보수의 해결을 위한 서비스도 유료로 제공됨으로, 단순 설치와 하자보수에 대한 제공 여부를 검토하여야 함
- 공개 소프트웨어는 제품가격이 별도로 존재하지 않는 경우가 대부분이기에 요율제가 아닌 정액제 혹은 콜베이스제 방식으로 지불하는 것이 일반적임. 정액제 방식의 경

우 제품에 대한 서비스 기간, 종류 및 수준에 따라 가격이 다양하게 존재하므로 해당
공급업체와 협의를 통해 서비스 수준과 가격을 조정하여야 함

2.3.2 서비스 수행관리 프로세스

서비스 수행관리는 서비스 수준 관리(SLM: Service Level Management), 서비스 데스크
관리, 고객 서비스 요청 관리(CSR: Customer Service Request), 변경 산출물 검토관리, 테스
트 관리, 운영 이관관리, 신규 시스템 운영 및 유지보수 관리, 장애/이벤트 관리, 형상관리
등이 있다.

■ 서비스 수준 관리(SLM)

SLA 주요 절차와 내용은 아래와 같다.

<표 273> SLA 주요 내용

절차	주요 내용
요구사항 조사 및 분석	• 서비스 사용자 요구사항을 조사 및 분석
서비스수준협약서 초안 정의	• 수행사는 사업 범위, 계약 내용, SOW(업무기술서, Statement of Work) 초안 및 사용자 요구사항을 검토
서비스수준협약서 (SLA: Service Level Agreement) 초안 정의 내용	• 서비스 수준 관리 단위(조직별 또는 업무 단위별) • 서비스 수준 측정항목(지표) • 측정항목(지표)별 상세 지표(지표명, 정의, 산식, 측정 방법, 측정 시기, 측정 주기, 전제 사항 등) 정의서 • 서비스 성과평가 방법 　·지표별 중요도 따른 평가 가중치 부여 　·보상(Reward) 및 제재(Penalty)전략 　·보상 및 제재 부과 기준면제(EAM back)기준 　·성과 데이터 수집/분석/보고 방안 • SLA 운영 회의체 운영 방안 • 서비스수준 관리 변경 관리 방안
서비스 수준 측정항목 정의	• 사업자는 측정항목을 선정하기 위한 기준 및 측정항목 후보군을 구성한 다음, 후보군에서 SLA 측정 항목(지표)를 선정하여 이를 발주기관에서 합의 및 승인함 • 확정된 측정항목별로 상세정의서를 작성하고 이를 확정함
측정 항목(지표)별 서비스 측정기준 정의	• 수행사는 항목별 초기값을 측정하여 발주기관에 보고하며, 발주기관은 과거 측정값을 보유한 경우는 사업자에 제공함 • 수행사는 측정항목의 목표 수준 설정 방법을 정의하고 발주기관과 협의 및 확정함 • 수행사는 과거 측정값 또는 초기값 등을 토대로 측정항목별 목표를 정의하고 발주기관은 이를 승인함
서비스 성과평가 방법 정의	• 수행사는 요구사항정의서, 측정항목정의서 등을 참조하여 측정항목별로 가중치를 부여하고 평가 방법의 유형을 선택하여 서비스 평가방법정의서를 작성하고 발주기관은 측정항목 중요도에 따라 최종적으로 가중치 부여 및 평가 방법을 확정함 • 수행사는 계약서 내용 및 사례 등을 참조하여 보상 및 제제 기준을 작성하여 발주기관과 협의하여 확정함 • 수행사는 외부적 요인에 의한 예외 사항 발생 시 평가 방법을 정의하고, 발주기관은 이를 승인함

■ 서비스 데스크 관리

서비스 데스크 관리 프로세스는 IT 사용자의 서비스 요청사항에 대하여 접수부터 최종
처리 완료까지를 관리하여 양질의 서비스를 사용자에게 신속하게 제공하는 것을 목표로
한다.

<표 274> 서비스 데스크 관리 프로세스 주요 내용

절차	주요 내용
서비스 요청사항의 유형을 사전에 정의	• 단순문의(사용법, 프로세스, 데이터, 기타 문의) • 장애 처리 요청(데스크탑, 주변기기, 소프트웨어, 네트워크 등) • CSR 요청(시스템 개선/데이터 추출/데이터 전환/권한설정 등)
서비스 요청	• 전화/이메일/ITSM 시스템 등을 통해 요청 • 요청사항 관리항목 　·서비스 요청번호(자동 부여), 요청일시, 요청자 이름, 부서, 전화번호, 서비스 요청내용, 서비스 요청 납 　기, 기타 사항(첨부파일)
접수/분류/기록	• 서비스 데스크에서 해결 가능한 요청사항은 즉시 처리함 　·FAQ(Frequentlyᄂ Asked Question) 　·장애 DB 또는 장애 대장 　·서비스 요청 처리결과 DB
즉시 해결	• 사업자는 측정항목을 선정하기 위한 기준 및 측정항목 후보군을 구성한 다음, 후보군에서 SLA 측정 항 목(지표)를 선정하여 이를 발주기관에서 합의 및 승인함 • 확정된 측정항목별로 상세정의서를 작성하고 이를 확정함
2선 이관	• 서비스 데스크에서 처리 불가한 요청사항은 2선 조직으로 이관 　·2선 조직: 사업자의 소프트웨어/서버/네트워크 등 운영 유지보수 담당 조직
3선 조직 이관 또는 반려	• 2선 조직에서 처리할 수 없으면 사업자 이외의 제3의 조직(벤더)의 도움이 필요할 경우 해당 조직으로 처 리를 이관 • 2선 조직이 최종 처리 조직이며 처리가 불가한 요청사항의 경우 처리 불가 사유를 기재해 발주기관 서비 스 요청자에게 반려
해결 가능 시간 통지	• 서비스 데스크는 발주기관 서비스 요청자에게 처리 현황을 통지함 　·주관 조직(2선 또는 3선) 　·예상 처리시간
처리결과 확인 및 만족도 조사	• 서비스 데스크는 계획 시간 내 처리 불가할 경우 필요시 상위 보고 기준에 따라 사업자와 발주기관에 보고 • 최종 완료 시 만족도 조사 실시 • 만족도 조사 주요 항목 　·서비스 제공 납기의 적절성 　·서비스 제공 내용의 정확성 　·서비스 제공 태도의 친절성 • 만족도 조사 점수 기준 　·5점 매우 만족, 4점 만족, 3점 보통, 2점 불만, 1점 매우 불만
서비스 제공 성과분석 및 보고	• 서비스 데스크 서비스 성과보고서 작성 주기는 최소 1개월 단위로 작성되어야 함 • 보고서에는 최소한 다음의 내용을 포함하고 있어야 함 • 서비스 데스크 관리지표(SLA 지표 등) 당월 실적 • 관리지표 월간 실적 추이 • 서비스 수준 미달 시 목표와 실적의 차이 분석 • 서비스 성과평가 결과 • 서비스 수준 목표치 미달 시 개선계획 및 활동 결과 • 기타 서비스 제공상의 이슈 사항

절차	주요 내용
서비스 성과검토 및 승인	• 발주기관 필수 검토사항 　· 서비스 데스크 성과보고서 데이터의 정합성 　· 목표와 실적의 차이 발생 원인에 대한 분석의 적절성 　· 개선 활동의 적절성 및 실현 가능성 　· 개선 활동 결과의 효과성 　· 기타 이슈 해결 현황 　· 지원이 필요한 사항
개선방안 수립 및 이행	• 서비스 데스크 관련한 관리지표의 서비스 수준 미달 사항에 대해서는 개선방안이 수립되어야 함 　· 수립 시기: 서비스 데스크 SLA 목표치 미달 시 　· 이행방안 수립: 서비스 목표 수준의 미달 정도에 따라 서비스 개선 범위를 결정 프로세스 개선, 인력에 대한 교육 등의 다양한 차원에서 접근이 필요함 　· 이행방안 검토: 위탁운영 사업자의 서비스 데스크 관리자 및 발주기관의 서비스 수준 관리자에게 검토를 받음 　· 이행: 검토된 이행방안에 대해서 타 프로세스와 연계하여 개선방안을 이행
이행 결과 확인	• 발주기관은 개선안의 이행을 통해 개선 목표를 달성하였는지 확인 • 여전히 개선되지 않을 경우는 다른 방식으로 접근해 해결할 수 있도록 관리하며 필요시 적절한 지원을 하여야 함

■ 고객 서비스 요청관리(CSR)

CSR 관리 프로세스는 사용자 서비스 요청사항을 처리하기 위해 유형별 처리기준을 명시하고 단계별 처리방안을 기술한 프로세스다. 목적은 사용자의 요청사항을 누락이나 결함 없이 기한 내에 효과적으로 처리하기 위함이다.

■ 변경 산출물 검토관리

변경 산출물 검토관리는 CSR로 변경되는 소프트웨어 유지보수 및 개발의 각 단계 수행 시 적절한 검토 방법을 사용하여 작업 산출물의 결함을 제거하는 프로세스다. 작업 산출물의 부적합 사항 및 결함을 조기에 발견하고 제거하여 작업 산출물의 품질을 확보한다.

■ 테스트 관리

테스트 관리는 변경된 시스템 또는 프로그램을 실행하여 고객 서비스 요청사항의 적합성을 확인하는 프로세스이다. 목적은 테스트 결함을 사전에 발견하기 위함이다.

■ 운영 이관관리

운영 이관관리는 CSR 처리 시 테스트 완료된 형상관리 항목을 개발 또는 테스트 환경에서 운영환경으로 이관 시, 형상관리 항목의 적절성을 확인하여 이관을 수행하며, 수행된 결과에 대하여 검증하는 프로세스이다. 목적은 이관 통제 활동을 통하여 운영환경의 무결성을 확보하기 위함이다.

■ 신규 시스템 운영 및 유지보수 관리

신규 시스템 운영 및 유지보수 관리는 프로젝트 종료 후 해당 시스템을 운영 및 유지보수 사업자에게 이관하는 프로세스이다. 목적은 체계적인 운영 및 유지보수 이관 절차를 제공하여 업무의 효율성을 높이고 안정적인 운영 및 유지보수를 수행하기 위함이다.

■ 장애/이벤트 관리

장애관리는 장애에 대한 등급 및 보고 기준을 수립하고, 장애가 발생할 경우 해당 장애를 분류하고 해결안을 도출하여 신속하게 보고 및 처리한다. 근본 원인이 파악되지 않은 장애의 근본 원인을 도출하고 해결한다.

■ 형상관리

형상관리(Configuration Management)는 서비스 제공 대상 형상 항목을 식별하여 기준선(Baseline)을 설정하고, 형상 항목을 통제하여 체계적으로 관리하는 형상 항목에 대한 검증 및 점검을 수행하는 것이다. 형상관리의 목적은 제공되는 서비스에 대한 형상 항목을 식별하고 관리하여 형상 항목 변경 과정에서 항목 간의 일관성과 추적성을 유지·보장하기 위함이다.

3 IT 아웃소싱과 PMO의 역할

PMO는 기획단계에서 발주기관과 협의하여 ITO SLA 평가를 위한 서비스 수준 평가 기준 지표, 측정항목, 가중치 등이 적절한지 점검한다. <표 275>는 서비스 수준 지표를 '서비스 가용성', '요청관리', '서비스 품질', '사용자 만족도'의 4대 지표로 분류한 사례다.

서비스 수준 지표	측정항목		가중치
서비스 가용성 (30)	장애 시간		매월 : 25
	장애 발생 선제적 인지율		매월 : 5
요청관리 (30)	1선 처리 효율 개선	1선 처리율	매월 : 10
		재처리율	매월 : 5
	서비스요구 적시 처리율		매월 : 15
서비스 품질 (30)	핵심 운영 절차 준수		매월 : 10
	기한 업무 이행		매월 : 10
	품질수준 유지율		매월 : 10
사용자 만족도 (10)	서비스 요청 처리 만족도		01월~05월 : 10, 07월~11월 : 10
	주관부서 체감 만족도		06월 : 5, 12월 : 5
	정보화사업 지원 만족도		06월 : 5, 12월 : 5
합계			100

또한 서비스 수준 측정항목별 측정 방법이 적절한지 점검한다. 측정항목은 장애 시간, 장애 발생 선제적 인지율, 1선 처리 효율 개선(1선 처리율, 2선 재처리율 등), 서비스요구 적시 처리율, 핵심 운영 절차 준수, 기한 업무 이행, 품질수준 유지율, 서비스 요청 처리 만족도, 주관부서 체감 만족도, 정보화사업 지원 만족도, 보안 사고 발생, 보안지침 위반, 수검 이행, 개인정보 점검, 보안점검, 해킹 메일 대응훈련, 운영인력 유지 등이 있다. <표 276>은 장애 시간 서비스 수준 측정 방법 사례다.

<표 276> 장애 시간 서비스 수준 측정 방법 사례

항 목	내 용
정의 설명	• 정보시스템의 측정대상에 대해 서비스가 정상 운영되지 않는 시간을 측정
측정치 정의	Σ(서비스 중단 시간 + 서비스 지연 시간) (월)
변수정의	• 서비스 중단시간: 정보시스템 서비스 중단 시작시각과 종료시각의 차이 • 서비스 지연시간: 정보시스템 서비스 지연 시작시각과 종료시각의 차이 • 서비스 중단 시작시각은 SMS, NMS 시스템로그의 장애발생 일시, 고객의 통보일시 또는 장애처리보고서의 발생일시 중 가장 빠른 일시로 함 • 서비스 중단 종료시각은 SMS, NMS 시스템로그의 정상작동 일시 또는 장애처리보고서의 처리일시 중 가장 늦은 일시로 함 • 서비스 지연 시작시각은 사용자 또는 운영자가 인지한 시간 중 가장 빠른 일시로 함 • 서비스 지연 종료시각은 응답지연현상의 종료를 RM 또는 ITO관리자에게 구두보고하는 일시로 함

항 목	내 용
측정치 서비스목표	• 목표수준: 2시간 미만(달성도 1.0) • 기본수준: 2시간 이상 ~ 5시간 미만(달성도 0.9) • 최저허용: 5시간 이상 ~ 7시간 이하(달성도 0.8) • 최저허용 초과: 7시간 초과(달성도 0.0)
가중치	• 25
측정도구	• 운영감시시스템(SMS/ MS), 장애처리보고서
계약상대자 책임자	• 프로젝트관리자(PM)
측정 / 보고빈도	• 매월
측정대상	• [붙임2] 정보시스템 측정대상 리스트의 A,B,C

기 타	• 장애발생 판단 기준
	  - 원인불명의 경우에도 장애로 판단함
	  - 정보시스템의 부분 서비스장애도 장애로 판단함
	  - 서비스 응답지연은 비정상적 응답지연(1분 이상 지연되는 경우 등)이 발생되는 경우 장애로 판단함
	  - 동일 장애 판단은 장애보고서의 장애 내용을 근거로 함
	• 서비스 중단 및 지연시간 제외기준
	  - HW 장애로 인한 부품교체 시 부품교체에 소요되는 시간은 정보시스템 중요도에 따라 SLA 적용시간에
	   서 제외 함(A: 3시간, B: 4시간, C: 5시간)
	  - 동일 원인의 장애로 인해 여러 서비스 제공 불가 시 SLA 장애 적용 시간은 장애시간이 가장 긴 서비스를
	   대상으로 적용함
	  - 근무시간 외(주말, 야간, 공휴일등)에 발생되는 현장 도착이 반드시 필요한 장애는 현장 도착시간 2시간을
	   장애시간에서 제외함
	• 고객과 합의하에 특정 서비스 중단 및 지연시간은 제외할 수 있음
	• 장애관리는 최초보고 : 2시간이내, 장애처리 : 4시간이내, 장애처리완료 : 8시간이내 처리되어야 함(장애보고서
	  작성)
	• 서비스 중단 및 지연시간의 가중치를 부여
	  - 정보시스템 중요도 A는 장애시간의 30% 가중치 적용
	  - 동일장애 2회 이상 장애시간의 10% 가중치 적용
	  - 동일장애 3회 이상 장애시간의 30% 가중치 적용
	• 서비스 중단시간은 시간 단위로 산정하고 월간 분 단위 합계 / 60의 결과를 소수점 3째 자리에서 버림

출처: 전산통합 위탁운영(IT 아웃소싱) 서비스 수준 합의서(SLA)

또한 PMO는 집행 단계에서 ITO 사업자가 서비스 수준 평가 및 보고가 적절하게 이루어지는지 점검한다. 서비스 수준 평가의 항목별 측정 결과에 따라 달성도를 분류하여 관리하는지 살펴본다. 더하여 서비스 수준 평가는 매월 계약자와 계약상대자가 평가하여 월간운영 보고 시, 보고되는지 검토한다.

<표 277> 서비스 수준 평가표 사례

측정 결과	목표 수준 이상	기본수준 이상	최저허용 수준 이상	최저허용 수준 미만
달성도	1.0	0.9	0.8	0

※항목별 평가점수 = 항목별 가중치 × 항목별 측정 결과 달성도

종합평가 점수	95점 초과	90점~ 95점 미만	80점~ 90점 미만	70점~ 80점 미만	70점 미만
평가등급	S(탁월)	A(우수)	B(보통)	C(미흡)	D(심각)

※종합평가 점수는 항목별 평가점수의 합으로 산정

PMO는 ITO 사업자가 발주기관에 다음 사항을 주기적으로 보고하고 관리하는지 점검한다.

- 발주기관의 SLA 관리자와 ITO 사업자 PM은 서비스 수준 종합평가보고서에 서명하였는지
- ITO 사업자는 서비스 수준 종합평가보고서를 익월 정해진 일자 이내 제출하였는지
- ITO 사업자는 서비스 수준에 미달한 근본 원인을 분석하고 재발하지 않도록 서비스 개선 조치방안을 수립하여 보고서 제출 후 1주 이내에 계약자에게 서면 보고하였는지
- ITO 사업자는 서비스 수준 종합평가 결과를 익월 정해진 일자 이내에 보고하였는지

제16장

정보화사업 성과와 PMO

1 정보화사업 성과

1.1 개념 정의

정보화사업 성과는 전자정부사업에서 정보시스템 구축, 소프트웨어 개발 등을 위한 정보화 프로젝트를 대상으로 정보화사업의 성과목표 및 지표 등이 포함된 성과계획에 따라 성과측정이 되었는지 확인하고 점검하는 등의 제반 활동이다.

1.2 성과

성과는 양적 측면의 능률성과 질적 측면의 효과성을 합친 개념이다. 능률성은 일의 결과를 산출물에 기초하여 파악한다. 산출물의 규모를 투입물에 기초하여 표준화함으로서 '단위 비용/인력당 산출물 규모' 또는 '단위 산출물당 소요 자원 규모'를 측정한다. 이는 단위 인력, 단위 노동시간 또는 단위 비용당 산출물에 널리 사용된다.

효과성은 기관 활동 또는 서비스를 통해 행정기관이 의도한 목적에 대한 실현 정도, 조직 활동의 결과물인 산출물이 목표로 제시한 상태를 실질적으로 성취한 정도를 의미하는 것이다.

1.3 성과관리

성과관리는 조직이나 팀, 개인이 조직의 비전과 전략에 기초하여 목표와 활동 계획을 수립하여 시행하게 한다. 또한 성과를 평가하여 정책 및 기관관리에 환류시킴으로써 성과를 극대화하려는 일련의 과정과 장치, 노력 등을 의미한다. 따라서 성과관리는 기관 운영 및 관리를 효과적으로 도모하기 위해 성과를 평가하고 그 정보를 다양한 측면에서 활용하는 것으로 이를 위해 사전에 목표와 사업계획 등을 설정하여 기준으로 활용한다.

1.4 성과평가

성과평가는 사전에 설정된 성과지표에 근거하여 수행하며, 평가된 성과정보를 자원 배분, 업무수행, 보상 연계 등 다양한 측면에서 활용한다.

2 성과관리 프로세스

2.1 성과관리 프로세스 주요 내용

공공기관 정보화사업 성과평가를 위한 성과관리 프로세스의 주요 내용은 다음과 같다.

<표 279> 정보화사업 성과관리 주요 프로세스

단계	주요 내용	시행 주체	제출기관
성과계획서 수립	- 기관의 미션, 비전, 전략의 도출 - 위와 연계한 정보화 성과목표의 도출 - 성과목표에 대한 측정 가능한 성과지표 및 목표 달성치와 지표별 측정(검증) 방법 제시	사업주관기관	기획재정부 (한국지능정보사회 진흥원)
사전타당성 평가	- 조직의 미션, 임무, 비전과 정보화 성과목표의 일관성 분석 - 정보화 성과지표의 타당성, 실현 가능성, 측정 가능성 분석	한국지능정보 사회진흥원	기획재정부
투자 결정 및 예산 배분	- 부문별·부처별 정보화 포트폴리오 구성 - 사전타당성 평가에 근거하여 부문별·부처별·사업별 정보화 예산 심의·배분	기획재정부	각 부처 사업주관 기관
사업 집행 및 성과 실현	- 배분된 예산을 활용하여 성과목표 및 성과지표 달성을 위한 정보화사업 집행 - 주요 성과지표의 실현을 위한 관리 및 통제	사업 주관기관	
사업 완료 및 성과측정, 성과보고서 작성	- 정보화 예산집행 완료, 정보화사업 완료 - 주요 성과지표별로 성과달성도 측정 - 정보화 성과계획 대비 달성도 중심의 성과보고서 작성 - 미진한 성과달성도에 대한 원인분석	사업 주관기관	기획재정부 (한국지능정보사회 진흥원)

단계	주요 내용	시행 주체	제출기관
성과평가 및 환류	- 사업 주체가 제출한 성과보고서를 바탕으로 사업별로 정보화 성과계획 대비 성과달성도 평가 - 성과평가 결과를 사업주관기관에 환류하여 차년도 정보화 촉진 시행 계획수립, 정보화사업 성과계획서 작성에 반영 - 성과평가 결과를 기획재정부에 환류하여 차년도 정보화 예산 과정에 반영 - 성과평가 결과를 정보통신전략위원회에 환류하여 차년도 국가정보화 계획수립에 반영	정보화 평가위원회 (한국전산원)	기획재정부 각 부처 정보통신 전략위원회

2.2 성과관리의 기본절차

공공기관 정보화사업 성과관리의 기본절차와 내용은 다음과 같다.

<표 280> 정보화사업 성과관리 기본절차와 내용

성과 관리단계	주요활동	주요 산출물	주요 내용
1단계	목표설정	전략계획서	- 기관의 사명 및 장기전략 목표설정 - 전략목표와 성과목표의 관계 - 목표 달성과 연관된 외부요인 - 프로그램 평가와 장래 평가계획
	성과측정 수단 개발	성과계획서	- 프로그램 당년도 성과목표의 구체화 - 성과목표의 달성을 평가할 평가지표의 개발 - 평가자료의 검증 방법
2단계	예산투입/사업 진행	(해당 없음)	(해당 없음)
3단계	자료수집 및 분석 결과 보고 및 활용	성과보고서	- 성과계획서의 목표와 당년도 성과자료의 비교 - 목표 달성 실패의 원인분석 및 장래 달성 계획 기술, 미달성 이유 파악 - 목표 달성을 위한 추후 계획 - 목표가 비현실적인 경우는 그 원인과 해결책 - 당년도에 시행된 프로그램 평가의 요약

2.3 성과관리에서 평가의 역할

공공기관 정보화사업의 성과관리에서의 평가자의 역할은 다음과 같다.

<표 281> 정보화사업 성과관리의 평가자 역할

성과관리 프로세스	예산 프로세스	평가유형	평가목적	항목 및 내용
성과계획서 작성	예산 심의·배분	사전평가 (타당성 분석)	성과평가를 위한 기준(지표)의 확립	- 성과목표, 성과지표의 명확성·구체성 - 전략목표·성과목표·성과지표 간 일관성·체계성 - 성과목표(지표)의 검증(측정) 가능성

성과관리 프로세스	예산 프로세스	평가유형	평가목적	항목 및 내용
성과계획서 작성	예산 심의·배분	사전평가 (타당성 분석)	예산 심의·배분의 합리성 제고	- 기대 성과(성과목표)의 적절성, 타당성 성과 목표의 실현 가능성

성과실현 과정
통제·관리
	예산집행	집행 점검평가
		(집행점검,
		모니터링)
			성과목표의 실현
			과정 통제·관리
				- 성과계획의 성과지표 달성도 점검
				- 성과계획의 달성도 제고를 위한 자원관리
				  (조직, 인력, 예산)
				- 성과계획 달성도 제고를 위한 리스크관리
				  (일정, 외부 영향, 요구변경 등)

			차기 예산 수립을 위한 정보 제공	- 사업의 축소·확대·폐지·변경 여부
성과보고서 작성	결산(n년) 예산 수립(n+1)	사후 성과평가	목표달성도 확인	- 계획 대비 목표 달성도 - 성과미달의 원인, 문제점 파악 - 향후 대책, 개선방안
			차기 예산 수립을 위한 정보 제공	- 성과달성도 향후 성과달성을 위한 기관의 역량

3 성과평가

3.1 재정 자율 평가

3.1.1 재정사업 성과관리 제도

재정 성과관리 제도는 기관의 임무 목표와 연계하여 사업별로 성과목표와 이를 측정할 수 있는 성과지표를 설정하고, 성과지표의 목표치 달성 여부를 평가하여, 그 평가 결과를 재정 운용에 활용하는 제도다.

<표 282> 재정 성과목표 관리의 기본구조

성과계획 수립		재정 운용		성과 보고 및 환류
성과계획서 작성 (성과목표 및 지표 등 설정)	⇨	성과계획에 따른 예산 배분 및 집행	⇨	성과보고서 작성 평가 결과 공표 및 환류

3.1.2 재정사업 자율 평가제도

1) 도입 배경

성과목표 관리제도는 성과목표와 지표 중심의 성과관리 제도 도입을 통하여 사업의 특성, 추진 현황 및 문제점, 추진 성과 등 내용을 파악하여 예산편성 시 활용하는 것이다. 2016년부터 그동안 일반재정, R&D, 지역사업 등 분야별로 운영되던 각종 재정사업 평가를 통합하여 기관 단위의 종합적 평가를 하고 있다. 재정사업 자율 평가제도는 부처의 자율성을 재고하여 책임성을 강화하도록 기관 자체평가로 전환하여 자율적 예산 운용성과에 대한 모니터링 및 예산 환류의 수단으로 운영하고 있다.

2) 재정사업 자율 평가지표

공공기관 정보화사업에 대한 재정사업의 평가는 「재정사업 자율 평가지침」(기획재정부)를 기준으로 실시한다. 재정사업의 평가항목은 사업계획 및 성과계획의 적절성, 사업관리의 적절성, 성과 달성 및 사업평가 결과의 환류 등으로 구성된다. 자율 평가에는 정보시스템의 운영성과의 측정 및 관리도 포함된다. 재정사업 자율 평가의 핵심은 성과계획의 적정성과 성과지표의 달성 및 환류로서 정보화 추진 기관의 종합적 성과관리이다.

3.1.3 재정사업 심층 평가제도

재정사업 심층 평가제도는 재정사업 자율 평가를 대상으로 일부 문제가 제기되는 사업에 대하여 전문적이고 객관적인 성과평가를 수행하는 것이 목적이다. 자율 평가 결과 추가적인 평가 필요 사업, 예산 낭비 소지 사업, 지출 효율화 필요 사업, 국회나 언론 등의 문제 제기 등 사업추진 성과를 점검할 필요가 있는 사업을 대상으로 선정한다. 사업평가는 정보시스템의 운영성과, 정보자원의 활용, 사후적 성과평가 등을 종합하여 적절성, 효과성, 효율성, 효용성, 지속 가능성의 5가지 평가 기준으로 심층 평가한다.

3.2 정보화사업 성과관리 체계

3.2.1 정보화사업 성과관리 현황

공공기관 정보화사업의 성과관리는 「재정사업 자율 평가지침」과 「정보시스템 운영 성과관리 지침」을 근거로 재정사업 자율 평가를 기본으로 성과평가를 하고 있으며, 정보화사업 생명주기(Life-cycle) 전 단계에 대하여 성과평가를 한다.

3.2.2 정보화사업 성과계획 수립 방법

공공기관 성과계획서 작성은 예산요구서 작성 시 다음해 예산의 성과계획서를 기획재정부장관에게 제출하며 성과계획서 작성 지침과 작성 양식에 따라 성과목표 체계 수립 방법, 성과지표 및 목표치 설정 등을 작성한다.

중앙행정기관은 매 5년 주기로 성과관리 전략계획을 수립하고, 성과관리 시행계획은 매년 수립한다. 성과지표 선정은 업무성과와 고객 만족 성과를 나타낼 수 있는 지표로 자율적으로 수립하도록 하고 있다. 정부 업무평가위원회에서는 중앙행정기관의 성과목표 체계와 성과지표의 적절성을 검토 조정한다.

3.2.3 정보화사업 성과계획 수립 절차
3.2.3.1 기획단계: 정보화 기본계획 수립

1) 환경분석
- **정보화 기본계획 수립:** 해당 기관의 중장기 정보화 비전과 기본 방향을 제시하고, 사업추진 전략을 수립하기 위한 내외부 환경분석과 정보화 현황분석을 수행한다.

2) 정보화 전략 수립
- **정책 목표 설정:** 조직의 비전과 임무, 중장기 정책 목표와 전략, 핵심성공요인 등을 파악하고 목표 기간까지 정보화를 통해 달성 가능한 정보화 정책 목표를 수립한다.
- **중점과제 도출:** 정보화 정책 목표를 달성하는 데 필요한 중점과제를 도출하고 정책 수단의 실천 가능성, 중요성, 시급성 등을 고려하여 우선순위를 부여한다.
- **정보화 추진전략 수립:** 정보화 중점과제의 목표를 달성할 수 있도록 정보화 추진전략을 수립한다.

3) 이행전략 수립
이행전략 수립은 우선순위 부여와 정보화 추진 계획수립으로 이루어진다.

- **우선순위 부여:** 중점과제의 목표 및 단계별 세부 추진 목표에 따라 세부 추진 과제를 도출하고 과제 내용을 기술한다. 세부 과제에 따라서 개선 가치와 시급성에 따라 우선순위를 부여한다.
- **정보화 추진 계획수립:** 중점과제의 단계별 세부 추진 목표와 세부 추진 과제의 우선순위에 따라 단계별로 구분하여 정보화 추진 계획을 수립한다. 중점 정책과제와 세부 과제의

소요 예산을 재원별·사업별로 작성(일반예산, 기금, 자체 예산, 민자, 기타 등)하여 수립한다.

3.2.3.2 계획단계: 정보화 시행계획 수립

정보화 시행계획 수립은 정보화를 효율적으로 추진하기 위해 전년도의 정보화 추진실적을 평가하고, 차기 연도의 정보화 중점 추진 방향과 목표를 설정한다.

1) 수요 제기

정보화 시행계획 수립에서 수요 제기는 임무 수요 분석과 기능 요구사항 정의로 구성된다.

- **임무 수요 분석:** 현재와 미래의 성과를 달성하기 위해 현재 보유하고 있는 정보자원의 역량을 평가하는 작업으로, 역량으로 인한 성과 격차를 분석한 후 그 격차를 해소하는 방안을 모색한다.
- **기능 요구사항 정의:** 성과 격차가 측정 및 평가된 이후에 이를 보완하고 달성해야 하는 기능 요구사항을 정의한다.

2) 대안 분석

- **실현 가능성 분석:** 시장조사와 선진사례 등을 통해 현재의 문제점을 해결할 수 있는 대안을 모색하고, 벤치마킹을 통해 고려하는 대안을 다른 기관이나 민간기업 혹은 기관 내의 다른 부서에서 활용하고 있는 유사한 과정을 비교한다.
- **비용 편익 분석:** 체계적인 분석 도구를 사용하여 예상되는 편익과 비용을 구체적으로 분석한다. 비용 편익 분석의 궁극적인 목적은 비용을 최소화하여 편익을 극대화하도록, 공식적이고 구체적인 의사결정을 통해 자원 할당의 효율성을 개선하는 것이다.
- **위험분석:** 기대되는 투자 효과를 계량적으로 표현할 때 편익과 비용은 불확실하기에 위험성 분석을 통해 어떤 불확실성이 존재하는지, 해소하기 위한 작업은 무엇인지를 명확히 한다.

3) 대상사업 선정

- **대안 우선순위 결정:** 모든 사업의 비용, 편익, 위험에 대한 정보가 조사되고, 타당성이 입증된 이후에 각 사업의 상대적인 비중에 따라 가중치를 부여하여 우선순위를 결정한다.
- **자금조달 대상사업 선정:** 최종적으로 자금을 조달할 사업을 선정하여 조직의 정보화사업

포트폴리오를 결정한다. 제안된 사업들은 조직의 요구사항, 사업 목표와 최상으로 연계되어 있음을 제시할 필요가 있다.

- **사업 검토 일정 수립:** 자금조달에 관한 의사결정이 이루어진 이후 선정된 각 사업에 대한 검토 일정을 수립하거나 현재의 검토 일정을 평가하여 갱신한다.

4) 사업계획 수립

- **범위 정의:** 사업계획이 실행 가능하고, 구체성을 가지느냐의 여부는 업무 범위가 명확하고 세분화하여 정의되는가에 좌우된다. 따라서 범위 정의는 구체적인 추진 목표 및 전략을 설정하고, 시스템 구축 내용을 명확하게 정의한다.
- **추진 일정 수립:** 정보화사업에서 수행되어야 할 활동들을 파악하고, 이를 토대로 전체 일정을 수립한다.
- **위험관리 계획수립:** 위험을 식별하고 이에 대한 회피 및 감소 방법을 개발하고 대안을 평가하고 위험회피, 위험 감소 활동 등의 수행 시기를 포함하여 계획을 수립한다.
- **운영관리 계획수립:** 사업의 결과로 인도되는 정보시스템의 운영 방안과 확대 발전방안을 수립한다.

5) 정보화 성과계획 수립

- **성과목표 및 지표 개발:** 조직의 성과목표를 정의하고, 이를 효과적으로 측정할 수 있도록 성과지표 개발을 한다. 지표는 산출(output) 척도와 성과(outcome) 척도를 조합하여 효과적인 평가가 가능하다.
- **성과측정 방안 작성:** 지표의 신뢰성과 유효성을 검증하고 측정 가능 여부와 측정 방법을 정의한다. 측정 비용이 과도하지 않은지를 검토한다.
- **기준선 정의 및 목표값 설정:** 성과목표와의 차이를 식별하고, 향후 진척 정도를 측정하기 위하여 현재 수준에서 기준선을 설정하고 연차별 성과목표의 목표값을 설정한다.

6) 사전타당성 분석

- **사업의 필요성 분석:** 사업의 필요성과 시급성을 파악하기 위한 것으로 사업의 수요, 신규 시스템의 도입 필요성, 사업추진의 시급성, 정보화 기본계획과의 부합성, 관련 정보화사업과의 상승효과 등을 분석한다.

- **사업의 기대효과 분석:** 대상사업의 비용 편익 비율을 사용하는 경제성 분석으로 정량화하기 힘든 사업의 효과를 사업의 전체 효과에 반영하기 위해 경제성 분석에서 반영되지 못한 비계량적인 개선 효과를 분석한다.
- **사업의 위험성과 대응방안 분석:** 사업추진 과정에서 예상되는 위험 요인을 도출하여 발생 가능성, 대응방안, 발생 시 피해 등을 종합적으로 고려하여 위험분석을 한다.

7) 시행계획 상정

- **시행계획 상정:** 대상사업의 사업계획서를 취합한 기관의 정보화시행계획(안)을 기관장의 승인을 얻어 정보화추진위원회와 기획재정부에 상정한다.
- **시행계획 검토 및 조정:** 상정된 시행계획을 정보화추진위원회에서 심의 조정한 이후에 그 결과를 검토하고 반영한다. 기획재정부의 심의·조정을 거쳐 국회에서 최종 예산안이 확정된 이후에는 계획의 수정이 불가하다.

3.3 성과관리

3.3.1 성과평가 대상사업 유형

정보화사업은 사업유형에 따라 자율 평가와 성과관리 활동으로 구성된다.

<표 283> 정보화사업 성과평가 대상사업 유형

활동	작업	세부 작업	사업유형			
			기획	시스템 구축	운영/유지보수	상품 구매
1. 자율 평가	1.1 재정 자율 평가	재정 자율 평가	O	O	O	
	2.1 1차 성과측정	1차 성과측정			O	
2. 성과관리	2.2 2차 성과측정	2차 성과측정			O	
	2.3 정보자원 처리방안 결정	정보자원 처리방안 결정			O	

3.3.2 재정 자율 평가

성과평가는 재정사업에 대한 자율 평가로 이루어진다. 재정사업 자율 평가는 사업 수행 부처가 정보화사업을 자율적으로 평가하고 기획재정부가 확인 점검한 평가 결과를 재정 운영에 활용하는 제도이다. 평가 대상은 성과목표 중 1/3을 선정하여 성과목표에 포함된 전체 단위사업을 포함한다.

3.3.3 1차 성과측정

정보시스템 운영 성과관리 지침에 따라 정보시스템 운영의 비용 측면과 업무 측면으로 구성되며 관점별 측정을 통해 정보시스템에 대한 유지, 재개발, 기능 고도, 폐기 검토의 유형을 식별하고 폐기 대상 정보시스템에 대한 유형별 재분류를 통하여 통폐합, 전면 재개발, 폐기 등의 상세 유형을 식별한다.

3.3.4 2차 성과측정

1차 성과측정을 통하여 폐기 검토로 분류된 정보시스템에 대한 유형별 재분류와 지원 효율성 측정을 수행한다. 이후 개선 재개발 및 통폐합 등의 투자가 필요한 정보시스템에 대한 상세 분석을 수행한다.

3.3.5 정보자원 처리방안 결정

정보자원 시스템 운영의 성과측정 결과, 유지 관리 유형이 폐기, 통폐합, 재개발로 분류된 정보시스템의 정보자원에 대하여 재활용과 폐기 절차 및 기준을 제시한다.

4 정보화사업 성과평가와 PMO

PMO는 기획단계에서 발주기관이 성과계획서 수립을 하는 데 지원한다. 주요 내용으로는 기관의 미션, 비전, 전략의 도출, 이와 연계한 정보화 성과목표의 도출, 성과목표에 대한 측정 가능한 성과지표 및 목표 달성치와 지표별 측정(검증) 방법 제시 등에 대한 지원활동을 한다.

또한 사후관리단계에서 성과평가와 환류에 관계된 내용을 지원한다. 사업성과를 측정·통제·관리하여 성과 개선 가능성을 파악하고, 신규 구축 또는 전면 개편 후 3년이 지난 발주기관 정보시스템 대상으로 운영 유지보수 비용 및 업무 관련 성과가 객관적으로 측정되는지 검토 지원한다. PMO가 지원해야 하는 내용은 아래와 같다.

- 사업 주체가 제출한 성과보고서를 바탕으로 사업별로 정보화 성과계획 대비 성과달성도 평가
- 성과평가 결과를 사업주관기관에 환류하여 차년도 정보화 촉진 시행계획 수립, 정보화사업 성과계획서 작성에 반영
- 성과평가 결과를 기획재정부에 환류하여 차년도 정보화 예산 과정에 반영
- 성과평가 결과를 정보통신전략위원회에 환류하여 차년도 국가정보화 계획수립에 반영

1 디지털 전환

1.1 디지털 전환의 정의

디지털 전환(Digital Transformation, 이하 DT 또는 DX)은 4차 산업혁명이 본격적으로 대두된 2010년대 초 ICT 기술을 경영에 적용하는 개념에서 본격적으로 출발하였다. 지난 1990년대는 인터넷을 중심으로 한 정보 혁명이 일어났고, 2000년대 초 대중화된 인터넷을 기반으로 전자상거래가 활성화되었다. 또한 산업 전분야에서 디지털화된 제품이 출시되었으며, 기업들도 전사적 자원관리(ERP: Enterprise Resource Planning), 고객관리 시스템(CRM: Customer Relationship Management) 등 내부 운영효율 향상을 위한 프로세스 혁신과 고객관리를 위하여 많은 IT 투자를 진행하였다. 2010년대 초에는 클라우드, IoT 등 디지털 기술이 발전하여, 기존 사업 구조는 물론 산업 생태계를 근본적으로 변화시킨 파괴적 혁신(Big Bang Disruption) 기업들이 크게 성장하였다. 이에 세계경제포럼의 창시자인 클라우스 슈밥(Klaus Schwab)이 2016년 스위스 다보스에서 열린 세계경제포럼에서 키워드로 제시한 '제4차 산업혁명'도 디지털 전환의 지속적인 발전 흐름과 그 맥락을 같이 한다. 4차 산업혁명이 기술적 변화에 따른 경제, 산업, 사회의 '총체적 변화'에 초점을 두고 있다면, 디지털 전환은 디지털 패러다임에 따른 기업경영의 전략적 관점에서 프로세스, 비즈니스 모델, 조직, 기업문화의 혁신적 변화에 중점을 둔다. 디지털 전환과 4차 산업혁명 등과 더불어 최근 화두로 떠오른 스마트팩토리와 인더스트리 4.0의 특징은 다음과 같다.

<표 284> 최신 기술의 특징

스마트팩토리	인더스트리 4.0	디지털 전환	4차 산업혁명
제조공정 단위	공장 단위	기업 단위	국가, 산업 단위
디지털 기술을 접목해 데이터 가치 극대화, 운영 최적화, 통합 품질관리 구현	제조업에 디지털 기술을 적용하여 기업의 제조 전반에 관련된 프로세스를 혁신하여 생산성을 극대화	디지털 기술 기반으로 기업전략, 조직, 프로세스, 비즈니스 모델, 문화, 커뮤니케이션, 시스템을 근본적으로 변화시키는 경영전략	디지털 기술 변화로 경제, 산업, 사회, 정치, 문화 등 '총체적 변화'에 초점
제조 지능화/자동화	차별화된 경쟁력확보	고객가치 혁신	새로운 가치 창출

출처: 4차 산업혁명 시대, 디지털트랜스포메이션 전략 발표 자료(은서기, 2020)

IDC(2015)는 디지털 전환을 '기업이 새로운 비즈니스모델, 제품, 서비스를 창출하기 위하여 디지털 역량을 활용함으로써 고객이나 외부 생태계 즉 시장의 파괴적인 변화에 적용하거나 이를 추진하는 지속적인 프로세스'라고 정의한다. 그 외 해외 유수의 컨설팅기업이나 연구기관의 디지털 전환에 대한 정의를 종합하면, "기업의 미션, 비전, 전략, 핵심 가치, 조직, 서비스 등 모든 것을 디지털 기술 기반으로 전환하여 고객에게 새로운 가치를 전달하는 것"이다.

<표 285> 디지털 전환의 정의

구분	정의
Microsoft	고객을 위한 새로운 가치를 창출하기 위해 지능형 시스템을 통해 기존의 비즈니스 모델을 새롭게 구상하고 사람과 데이터, 프로세스를 결합하는 새로운 방안을 수용하는 것
IBM	기업이 디지털과 물리적인 요소들을 통합하여 비즈니스 모델을 변화시키고, 산업에 새로운 방향을 정립하는 전략
Bain & Company	디지털 엔터프라이즈 산업을 디지털 기반으로 재정의하고 게임의 법칙을 근본적으로 뒤집음으로써 변화를 일으키는 것
AT Kearney	모바일, 클라우드, 빅데이터, 인공지능, 사물인터넷 등 디지털 신기술로 촉발되는 경영환경의 변화에 선제적으로 대응하고 현재의 비즈니스 경쟁력을 획기적으로 높이거나 새로운 비즈니스를 통한 신규 성장을 추구하는 기업활동
PWC	기업경영에서 디지털 소비자 및 에코시스템이 기대하는 것을 비즈니스 모델 및 운영에 적용하는 일련의 과정

출처: 디지털 리테일

1.2 디지털 전환의 중요성

2020년 초부터 진행된 코로나 팬데믹과 디지털 기술의 비약적 발전과 확산은 전 산업에서 DX가 기업의 생존과 성장을 위한 핵심과제가 되는 결정적 계기를 제공하였다. 방위 분야에서의 美-中 간 패권 경쟁은 반도체, 소프트웨어, 사이버보안 등 첨단기술까지 확대되고 고물가, 저성장인 스태그플레이션(Stagflation)은 세계 경제에 먹구름을 드리우고 있다. 이렇듯 ① 경제침체 저성장의 장기화, ② 주력산업의 산업경쟁력 저하, ③ 저탄소 중심으로의 전환, ④ 고령화 사회의 진입 등의 경제적인 변화에 능동적으로 대처하기 위해서 정부 및 기업의 디지털 전환은 경쟁력확보를 넘어 생존의 문제가 되고 있다. 포브스(Forbes)는 코로나19 팬데믹이 디지털 전환 동향과 기술 동향이 생활 전반의 디지털화를 빠르게 촉진하고 있다고 전망했다. 이들 기술 동향은 ① 인공지능, ② 로봇, 드론, 자율주행, ③ As-A-Service 혁명, ④ 5G, ⑤ 확장 현실 등으로 디지털 전환을 촉진하는 기술 성숙도가 충분하다고 진단하고 있다. 한국지능정보사회진흥원(NIA)도 '2021년 디지털 분야 주요 이슈 및 10대 정책 방향'에서 기술의 진화로 디지털 전환의 혁신을 체감할 수 있으며, 디지털 전환이 가속화가 필요하다고 언급하고 있다. NIA가 제시하는 핵심기술 7가지 모두 이미 상용화된 기술로 5년 이내 폭발적인 수요가 일어날 것으로 예상된다. 요즘 시대는 '기술과 사회의 공진화(Co-evolution)'에서 기술이 사회를 이끄는 상황이다.

<그림 333> 2021년 7개 핵심 ICT기술

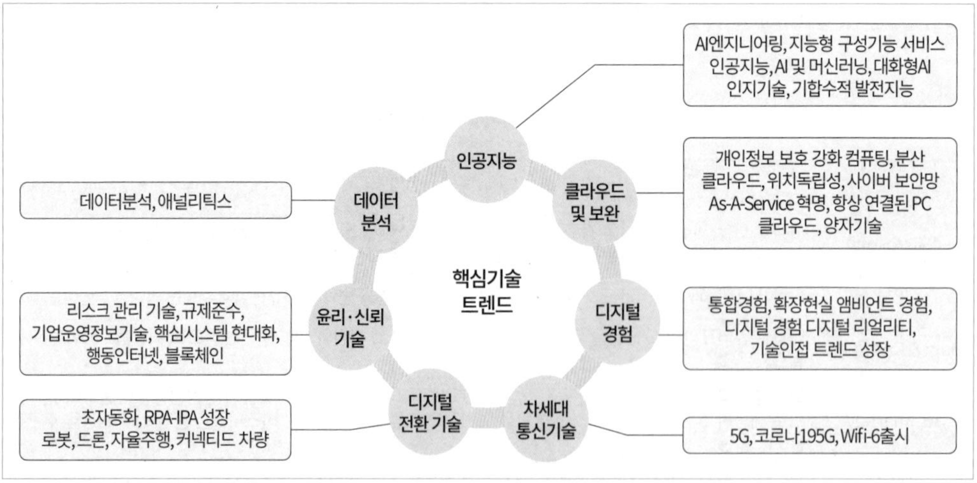

출처: 2021년 디지털 분야 주요 이슈 및 10대 정책 방향(NIA)

종합해보면, 디지털은 전 산업의 효율화 수단을 넘어 경제 생산요소의 한계를 극복·해결하여 경제 전반에 혁신을 불어넣을 수 있다. 경제의 3요소인 생산, 분배, 소비에서, 생산의 효율성 극대화, 분배의 최적화, 소비의 합리화를 가능하게 한다. 결국 경제라는 개념의 외연 확장이 가능해지게 되었다. 이런 관점에서 디지털 전환은 필연적이다.

1.3 디지털 전환을 지원하는 주요 ICT 기술

디지털 전환을 지원하는 기술들은 기업의 비즈니스 및 산업의 특성에 따라 다양하게 적용되고 있다. 이들 기술에 대한 정의도 다양하여, 21년 9월 공시된 특허청은 '4차 산업혁명 관련 신 특허 분류 체계 Z코드 및 기술설명'을 발표했다.

① 인공지능(AI, Artificial Intelligence)
- (정의) 인간의 인지능력(언어·음성·시각·감성 등)과 학습, 추론 등 지능을 구현하는 기술로, AI SW(머신러닝 등), 특화 HW(칩, 컴퓨팅 등)를 포괄
- (기술 범위) 인공지능을 구현하기 위해 AI SW/HW 기초과학이 기반이 되나, 다른 분야와의 중복성으로 인해 본 분야는 AI SW 영역에 한정

② 빅데이터
- (정의) 빅데이터를 수집, 저장, 처리 관리하기 위한 일련의 컴퓨팅 모델(알고리즘), 시스템, 또는 플랫폼 관련 기술
- (빅데이터 저장 및 처리) 빅데이터 기술에서 데이터를 저장하고 처리하기 위해 활용되는 데이터베이스는 비관계형(non-relational) 및 분산형(non-monolithic, distributed) 타입이 활용. 이는 관계형(relational) 및 일체형(monolithic) 타입의 데이터베이스가 활용되던 빅데이터 이전의 기술들과 차이가 있으며, 대표적인 빅데이터 기반 데이터 저장/처리 기술로는 MongoDB, Hadoop 등이 있음
- (빅데이터 플랫폼) 빅데이터 기술은 빅데이터를 수집, 저장, 처리/분석, 관리하기 위한 기술의 집합체이자 환경으로 플랫폼이라는 단어를 사용하여 표현됨. 따라서 이런 플랫폼은 하나의 처리 과정, 시스템으로 이루어질 수 없고, 수많은 시스템의 조합으로 구성됨

③ 클라우드 컴퓨팅

- (정의) 사용자의 요구에 따라 인터넷을 통해 가상화된 하드웨어 또는 소프트웨어를 제공하는 기술
- (기술 범위) 클라우드 컴퓨팅과 관련된 네트워크 등의 인프라, 플랫폼, 관리 기술/대상 인프라와 관련된 플랫폼, 네트워크, 장비, 가상화 및 관리 기술 등을 대상

④ 사물인터넷(IoT)

- (정의) 다음 3개의 프로세스를 실행하는 시스템
  · 네트워크에 연결된 물리 객체(사물)는 외부 환경의 내부 상태로부터 특정 데이터를 감지하고 정보를 수집
  · 객체에 의해 감지되고 수집된 정보는 네트워크 공간으로 전송되어 처리
  · 정보처리로 얻어진 결과는 객체(사물)로 피드백되거나 다른 객체 또는 장치로 출력
- (기술 범위) IoT 주요 구성 요소: 물리 객체(사물), 네트워크, 정보처리 기능

⑤ 차세대 통신

- (정의) 모든 사람·사물의 데이터가 교통 소환되는 사회시스템의 '신경망' 역할을 수행하여 새로운 비즈니스 창출과 사회혁신을 촉진하는 4차 산업혁명 시대의 핵심 인프라 기술
- (기술 범위) 5G 등 차세대 유무선 통신을 포함
- (유무선 통신) 초고속·저지연·초연결을 제공하는 5G 등 차세대 통신 네트워크 및 융합 서비스, 기지국 단말, 코어 네트워크 장비 등

⑥ 가상/증강현실

- (정의) 가상현실(VR)은 사용자와 배경, 환경 모두가 현실이 아닌 가상공간에서 가상의 이미지를 사용하여 감각인지를 확대하며, 증강현실(AR)은 현실의 이미지 또는 배경에 가상 이미지를 겹쳐서 현실 객체의 정보를 보여주는 기술
- (기술 범위) 콘텐츠, 플랫폼, 디바이스의 결합으로 생태계가 구성되며 제조, 의료, 교육 등 기존 산업과 융합하여 서비스가 제공되는 특징

⑦ 드론(무인기)

- (정의) 무인으로 원격 조종, 자동 비행, 반자동 비행을 하는 비행체와 이를 제어하는 지상 통제 장비(Ground Control Station/System), 통신장비와 지원 장비 등을 포함한 전체 시스템
- (기술 범위) 드론의 형태(부품, 제조기술 등), 드론의 제어(항법, 자율운항 등), 드론의 인프라 기술(교통관제, 운용 인프라 등) 포함

⑧ 지능형 로봇

- (정의) 외부 환경을 인식(Perception)하고 스스로 상황을 판단(Cognition)하여 자율적으로 동작(Mobility & Manipulation)하는 로봇
- (기술 범위) 외부 환경 인식을 위한 센서, 로봇을 제어 및 구동하기 위한 기술

⑨ 3D프린팅

- (정의) 잉크젯 프린터에 의해 사용되는 것과 유사하게, 한 층을 형성하는 재료를 도출하기 위한 제어된 헤드를 갖는 프린터형 장치의 사용을 포함하는 부가 제조

⑩ 블록체인

- (정의) 데이터 분산 처리 기술로, 네트워크에 참여하는 모든 사용자가 모든 거래 등의 데이터를 분산, 저장하는 기술을 지칭하는 말
- (기술 범위) 블록체인은 신뢰를 바탕으로 효율적인 정보 공유·거래·계약 및 새로운 경제 체계 구축·선도 가능
- 금융, 에너지, 콘텐츠, 재난 안전, 유통 등 산업 전 분야에 걸쳐 블록체인이 활용될 것으로 전망

⑪ RPA(Robotic Process Automation)

- (정의) 사람이 하는 정형화된 단순·반복적 업무를 소프트웨어 로봇이 정해진 절차에 따라 자동화하여 처리하는 기술
- (효과) 골드만삭스는 숙련된 전문가 15명이 4주간 걸리던 금융 데이터 분석에 RPA를 도입하여 5분 만에 처리하고 있으며, 농림축산식품부는 주요 농축산물 도매가격 동

향 분석에 RPA를 적용하여 연 1,864시간에서 연 233시간으로 약 1,631시간을 절감

1.4 디지털 전환 사례(공공분야)

4차 산업혁명과 더불어 제조업의 경우 인더스트리4.0과 스마트팩토리가 주된 화두가 되었다. 정부 차원에서는 전자정부 구현과 공공분야 데이터의 민간 개방 등 정책적인 측면과 더불어 사회문제를 해결하고 행정 및 대민서비스를 강화하기 위한 정부, 공공기관, 지자체의 적극적인 디지털 기술 적용 노력이 진행되고 있다.

<표 286> 공공부문 디지털 기술 적용 사례

적용기술/업무	사람 중심 안전 서비스	지속가능발전 지원 서비스	첨단복지 의료서비스	문화 교육 서비스	지능 행정 서비스
인공지능	- 전기화재예방 - 자동경보시스템	- 환경 오염관리 - 대형 폐기물 관리	- 질병진단 - 맞춤형 치료	- 자동번역 - 학습튜터링	- 챗봇 민원서비스 - 스마트 세정관리
빅데이터	- 범죄분석 및 예방시스템	- 기상 데이터와 농산물 생산성 예측	- 국민질병 예측 - 동물 감역병 방역	- 문화관광 축제 분석 - 버스 운행 개선 분석	- 부동산정보플랫폼 - 인사지원 플랫폼
드론	- 산불감시 및 실종자 수색 - 재난 위험지역 대응	- 건설 사업장 관리 - 환경 자원 모니터링	- 특수식별장비 사용 실종자 수색	- 레저 스포츠 - 스마트 스쿨	
사물인터넷	- 사회적 약자 안전 지원 서비스 - 국방 전장감시 등	- 수목원관리 - 스마트 쓰레기 관리	- 스마트의료 - 취약계층 복지	- 문화재 관리 - 무인도서관 서비스	- 이동식CCTV - 소포 등기 서비스
혼합현실	- 교통안전교육 - 군사모의 훈련	- 평창올림픽홍보 - 날씨예보	- 모의수술 - 재활훈련	- 예술작품전시 - 교육시스템 개발	
블록체인	- 기기, IOT보안 - 수출통관서비스	- 전력분야 - 융합서비스	- 진료증명서 서비스	- 모바일 상품권	- 가상화폐 - 온라인투표
클라우드 및 정보보호	- 안전,재난 인프라 - 지능형 정보보호		- 의료정보 네트워크	- 문화예술정보 - 교육플랫폼 인프라	- 생체인식 공공 서비스

출처: 공공서비스, 디지털 기술로 날다

1.5 기업의 준비

기업, 정부(공공기관)는 디지털 역량과 리더십 역량을 키워야 한다. 디지털 역량은 기업을 변화시킬 수 있는 디지털 기술(What)을 의미하고, 리더십 역량은 기업을 디지털 기업으로 변화를 이끌어 가는 방법(How)이라 할 수 있다.

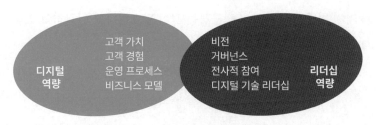

<그림 334> 디지털 역량과 리더십 역량

고객 가치
고객 경험
운영 프로세스
비즈니스 모델

비전
거버넌스
전사적 참여
디지털 기술 리더십

디지털
역량

리더십
역량

출처: 4차 산업혁명 시대, 디지털트랜스포메이션 전략 발표 자료(은서기, 2020)

그러나 디지털 역량과 리더십 역량을 단기간에 확보하기란 쉬운 일이 아니다. 디지털 전환을 위한 로드맵과 긴 여정이 필요하다. 이에 디지털 전환을 위한 첫 단계로 기업, 정부(공공기관)의 디지털 성숙도 수준 평가를 제안한다. 알티미터그룹(2021)은 기업의 디지털 성숙도를 먼저 평가하고 난 후 디지털 전환의 범위를 설정해야 한다고 얘기한다. 기본적으로 디지털 수준이 낮은데 커다란 변화를 시도하는 것은 매우 큰 도전이며, 실패 확률도 높고 위험이 매우 크다. 정확한 자가 진단은 디지털 전환을 위한 변화의 중요한 시작점이다. 디지털 성숙도에 따라 사용되는 IT 기술도 달라지기 때문이다. 0~5단계까지 6단계로 제시하고 있으며, 내용은 다음의 표와 같다.

<표 287> 디지털 성숙도 자가진단표

단계	정의
0 단계	디지털 전환은 우리에게 우선순위가 아니며, 단기간에 그렇게 될 것으로 생각하지 않음
1 단계	디지털 전환을 위한 비즈니스 사례를 구축하기 시작했음
2 단계	적용하는 디지털 기술을 개선하고, 프로세스를 통합하고, 조기에 추진동력을 확보하기 위한 여정을 파악함
3 단계	운영 업무를 디지털화하기 시작되어 플랫폼과 프로세스의 최신화는 부서별로 진행되고 있음
4 단계	운영 업무를 디지털화했으며 조직 전체에서 데이터를 전략적으로 사용할 수 있도록 통합하는데 집중
5 단계	강력한 디지털 기반을 마련했으며 통합 데이터와 AI를 활용하여 프로세스, 제품 및 서비스, 고객 경험을 최적화하는 데 중점

출처: Understanding Convergence: The Next Wave of Digital Transformation

디지털 성숙도에 대한 자가 진단 이후, 새로운 변화를 위해 기존 산업과 연계한 융합(컨버전스, Convergence)를 검토하는 것도 필요하다. 컨버전스는 산업의 혁신을 위해 다양한 개발과 노력을 의미하는 포괄적인 용어이다. 디지털 기술을 활용한 디지털 컨버전스를 위해서는 크게 4가지 범주로 분류하여 접근하는 것이 필요하다고 언급하고 있다.

<표 288> 디지털 기반 컨버전스의 4단계

컨버전스	내용
프로세스	분리되었던 프로세스와 워크플로우가 운영 효율성과 데이터 통합이라는 목표를 위해 비즈니스 전반에 연결된다.
기술	클라우드, 사물인터넷(IoT), 인공지능(AI), AR(증강현실), VR(가상현실) 등의 다양한 기술이 융합되어 새로운 활용 사례와 솔루션 준비가 가능하다.
데이터/정보	사일로(Silo) 된 데이터/정보가 통합되어 쉽게 액세스할 수 있으며 신제품 개발 및 서비스를 제공하는 데 사용된다.
산업	개별적이었던 산업이 서로 연결되어 가치 창출을 위한 새로운 기회가 만들어진다.

출처: Understanding Convergence: The Next Wave of Digital Transformation

알티미터그룹이 제공하고 있는 디지털 성숙도 자가진단표와 4단계 컨버전스는 각 기업이 손쉽게 디지털 전환에 접근할 수 있는 가이드의 예시를 제공하고 있다.

2 디지털 전환 추진 방향과 전략

2.1 전통기업에서 디지털 전환 기업으로 변화

전통기업과 디지털 기업의 주요 차이점은 무엇인가? 전통기업이 제조(Product) 중심의 사고로 자원 최적화에 우선순위를 두었다면, 디지털 기업은 고객가치 중심의 비즈니스 모델을 창출하는 기업이다.

<표 289> 전통기업과 디지털 기업의 차이

전통기업	디지털 기업
• Product Feature 중심 사고 • 고객의 가치보다 주어진 자원의 최적화에 집중 • 제품/서비스/사양/능력/디자인 등 차별화	• 고객 해결과제(Customer Job) 중심 사고 • 비즈니스 모델 혁신, 고객지향적 가치 획득 집중 • 고객에게 필요한 비즈니스 모델 창출

출처: 4차 산업혁명 시대, 디지털트랜스포메이션 전략 발표 자료(은서기, 2020)

디지털 전환 성공기업의 특징은 디지털 기술을 단지 도구로 활용하는 것이 아니라 기업의 모든 것을 디지털 대상으로 추진했다는 점이다. 삼성SDS는 '기업에 대한 모든 것'이 디지털 전환 대상이라 정의하고, 크게 다섯 개의 범주로 디지털 전환의 대상을 정의했다. 고객에 대한 이해와 분석을 시작으로 디지털 전환 전략 수립 및 최고 경영진의 리더십 확보, 신기술을 활용한 프로세스와 제품혁신, 비즈니스모델을 유지하고 활성화할 수 있도록 플랫폼 형태의 유연한 사업 운영은 물론 임직원 디지털 역량, 조직성과 및 문화까지도 디지털 전환의 대상으로 제시하고 있다.

<표 290> 디지털 전환의 5개 대상

단계	주요 내용
① Customer Understandings	• 변화는 기업이 아니라, 고객이 주도 • 고객의 경험을 향상하는 것은 디지털 전환(DT)의 중요한 목표 • 고객에 대한 이해는 디지털 전환(DT)의 시작점
② Strategy & Leadership	• 디지털 전략을 수립하여 목표와 방향성 설정 • 기업의 전략과 연결하고 비즈니스 목표에 정렬 • 최고 경영진의 혁신 리더십을 전제 • 리더십의 의지 또한 디지털 전환의 중요한 대상
③ Technology & Infrastructure	• 새로운 기술을 수용하고 변화에 적응할 수 있는 디지털 생태계 구축 • 새로운 유형의 제품과 프로세스 혁신이 가능하게 함 • 적합한 디지털 기술을 보유
④ Operations	• 비즈니스 모델을 유지 및 활성화할 수 있도록 플랫폼 형태의 유연한 사업 운영이 필요 • 제품이나 서비스를 플랫폼 형태로 전환하여 기업의 혁신성과 효율성을 크게 향상 • 최신 플랫폼 유지와 생태계를 확장하기 위해서는 파트너십을 체결하고 협력
⑤ People, Organization & Culture	• 임직원들의 디지털 역량을 확보 • 지속적인 교육 및 변화관리 • 임직원 역량, 조직성과 및 문화 등을 디지털 전환(DT)의 대상으로 검토

출처: 삼성SDS 홈페이지 참조

「하버드비즈니스리뷰(HBR, 2014)」는 전통기업의 디지털 전환에 대해 네덜란드의 의료기기 회사인 필립스(Philips)에 대해 분석을 예시로 들어 소개한다. 필립스는 가전, 조명 등의 사업을 영위하던 회사였다. 하지만, 기존 비즈니스이자 기업의 모태인 조명까지 없애고, 의료·헬스케어·데이터 회사로 전환하였다. 코로나 이전에 미래를 내다보고 제조 중심의 대기업에서 건강 기술 서비스 및 솔루션에 중심을 둔 회사로 전환한 것이다. 코로나19가 발생했을 때, 필립스는 새로운 인공호흡기를 신속하게 대량 생산했을 뿐만 아니라 환자

데이터를 공유할 수 있는 포털도 배포하였다. 지난 120년간 TV, 오디오 등 가전제품과 조명 기기로 명성을 쌓은 회사가 어느새 헬스케어 기업으로 환골탈태한 것이다. 이제는 전체 매출의 97%가 의료기기 등 헬스케어 관련 사업에서 나온다.

하우턴(Frans van Houten) 필립스 회장은 인류의 수명이 길어지면서 수요가 폭증할 것이란 판단으로 헬스케어 부분에 집중하기 시작했다. 그는 기업의 근본 체질을 바꾸기 위해 주력사업을 과감히 포기하였다. TV, 오디오, 조명을 순차적으로 처분하면서 기업의 비즈니스 모델을 바꾸기 시작했다. 그리고 외부 인재도 적극적으로 채용했다. IT 스타트업을 창업해 성공시킨 경험이 있는 타스(Jeroen Tas)를 2011년 영입해 CIO를 맡겼다. 그는 이후 헬스케어 부문 최고책임자를 맡아 변신을 주도하였다. 그리고 의료기구 제조업체인 볼케이노를 인수하고, 미국의 심혈관질환 치료기기업체 스펙트라네틱스를 인수하면서 의료기업으로 전환을 준비하였다. 무엇보다 단순히 의료기기에 대한 제조에서 머무르는 것이 아니라 의료기기에서 수집한 데이터를 인공지능(AI)으로 분석해 고객에게 맞춤형 의료서비스를 제공하고 있는 완벽한 디지털 기업으로 성장했다. 앞서 언급한 삼성SDS의 디지털 전환의 5개 대상과 비교하여 필립스의 사례를 분석하면 다음과 같다.

\<표 291\> 삼성SDS 디지털 전환의 5개 대상별 필립스의 변화

구분	내용
① Customer Understandings	• 프란스 판 하우턴은 4억 7900만 유로의 영업 적자를 낸 필립스에 취임 • 고객이 더이상 값비싼 가전 조명보다 중국의 저렴한 가전, 조명기기를 원한다는 고객분석 • 인류는 삶의 질이 높아지면서 건강에 대한 관심이 매우 높아지고 있음을 파악
② Strategy & Leadership	• 회장은 헬스케어로의 변화를 위해 혁신 • 그의 리더십이 필립스의 변화를 이끌어 냄
③ Technology & Infrastructure	• 수억 개의 의료기기와 센서를 사물인터넷(IoT)에 연결시키기 위해 아마존(Amazon)과 협력 • 필립스 시스템 중심으로 디지털 헬스 생태계 구성
④ Operations	• 현재 MRI, CT 등 필립스의 헬스케어 제품·서비스를 이용하는 사람은 세계적으로 21억 명 • 이런 헬스케어 경쟁력을 바탕으로 의료서비스 사업 • 의료기기에서 수집한 데이터를 AI(인공지능)로 분석해 맞춤형 의료서비스를 제공
⑤ People, Organization & Culture	• 필립스 헬스케어 인포매틱스의 CEO인 유로엔 타스는 하우턴 회장이 영입한 외부 인재 • IT 스타트업을 창업해 성공시킨 경험이 있는 타스를 2011년 영입해 CIO로 임명 • 헬스케어 부문 CEO를 맡아 조직, 문화 전반의 혁신주도

필립스의 디지털 전환 사례를 보면, 단순히 조명제조에서 의료기기 제조로의 전환이 전부가 아님을 알 수 있다. 의료기기들은 서로 연결되고, 연결된 데이터는 다른 산업과 연계

한다. 연계 과정에서 쌓인 수많은 데이터를 분석하고 활용한 것이다. 이것이 디지털 전환의 가장 큰 장점이다. 수많은 데이터의 축적과 분석, 활용은 다른 기업과의 경쟁에서 우위를 확보할 수 있다.

2.2 디지털 전환 추진 방향과 전략

디지털로 전환해야 하는 이유는 앞서 살펴본 것과 같이 매우 많다. 파괴적 변혁으로 돌풍을 일으키고 있는 새로운 스타트업은 디지털을 중심으로 비즈니스 전략을 세운다. 전통적인 프로세스가 이미 새로운 비즈니스 모델로 대체되고 있기 때문이다. 시대의 변화를 따라가려면 비즈니스 워크플로를 디지털 시대에 맞게 업데이트해야 한다는 뜻이다. 하지만 디지털 전환을 추진한다고 하여 경쟁에서 앞서 나간다는 의미는 아니다. 디지털 전환을 위한 전략을 수립하여 단계적으로 추진해야 한다. 일하는 방식을 바꾸지 않은 채, 기술만 덧붙이는 디지털 전환은 새로운 가치 창출이 불가능하다.

맥킨지(McKinsey)는 디지털 기술을 덧붙이기만 하면 '변화'할 것이라 예상하는 기업들에 경고하고 있다. 그들의 지적대로 신기술을 도입하는 것에만 집중하고 이를 대대적으로 홍보하여 디지털 기업 이미지를 얻고자 하는 경우도 많은 게 현실이다. 디지털 전환이란 기존의 것들을 하나하나 변화시키는 전략이다. 앞서 살펴보았듯이 디지털 전환의 대상은 '기업의 모든 것'이다. IMD(스위스국제경영개발원)의 '21가지 디지털 전환 실행전략'은 광범위하고 상세하게 소개하고 있다.

<표 292> IMD의 디지털 전환 실행전략(21개)

구분	내용
① 고객 중심의 효과적인 디지털 기술 활용	• 비즈니스 모델에서 가치를 구축하고 효율성을 높이기 위해 입증된 디지털 기술에 투자, 활용 • 올바른 디지털 기술을 찾는 것은 회사의 새로운 플랫폼과 개선된 디지털 기술을 기꺼이 사용하려는 잠재 고객과 기존 고객의 관심을 얻을 수 있음
② 전자상거래 시스템 및 금융 기술의 사이버 보안 강화	• CIO 또는 임원은 바이러스와 사이버 사고가 발생할 가능성에 대비하여 보안을 우선순위로 고려해야 함
③ 디지털 전환 시스템 연구 및 개발을 위한 예산 증액	• 연구 개발을 통해 IT 시스템을 적절하게 최대화하고 최적화 • 연구 개발은 기술과 비즈니스를 더 높은 수준으로 활용하는 훌륭한 방법 • 이러한 프로젝트에 대한 투자는 전체 비즈니스 운영에 좋은 영향을 줌
④ 최신 기술 요구사항에 맞는 경쟁력 있는 인재 채용	• 경영진은 기업 전체에서 경쟁력 있는 기술과 재능을 결합하는 것을 기본으로 해야 함 • 적합한 사람을 올바른 직무와 연결하는 것이 장기적으로 유리함
⑤ 사용자 친화적인 디지털 시스템 개발	• 디지털 시스템이 사용자 친화적으로 개발되어 고객 만족을 충족하는지 확인

구분	내용
⑥ 사용 중인 시스템 개선에 데이터 분석기법 적용	• 클라우드 및 데이터 분석은 전체 비즈니스에 대해 많은 작업을 수행 • Analytics는 시스템에 입력된 빅데이터에서 패턴을 추출하고 추세를 관찰 • 컴퓨팅 시스템에서 의미 있는 데이터를 결합하고 분석하면 비즈니스의 성공 수준을 높일 수 있음
⑦ 조직의 구성원들에 디지털 혁신마인드 독려	• 기업문화는 자주 새로운 디지털 혁신과 기술에 저항함 • 임직원이 디지털 기술의 이점을 실감하도록 노력
⑧ 다른 시스템과 연결된 통합 솔루션 개발	• 일반적으로 상호 연결되고 통합된 디지털 시스템에 적응하는 것은 거의 모든 산업에서 성장을 촉진
⑨ 디지털 혁신을 장려하는 회사 정책 수립	• 회사의 모든 구성원이 디지털 혁신을 수용하도록 동기를 부여하고 참여 • 기업문화 변화관리
⑩ 디지털 전환 연구 및 개발팀 구성	• 연구 개발의 목적은 사용 가능한 기술의 사용을 극대화하는 것 • 시장의 요구사항을 충족하고 혁신 지속
⑪ 디지털 전환 관련 세미나 및 컨퍼런스 참석	• 세미나, 회의 참석을 통한 기술습득
⑫ 디지털 전환을 성공적으로 구현한 기업의 사례 습득	• 성공 회사에 대한 벤치마킹
⑬ 레거시 기술에서 벗어나 디지털 혁신기술 수용	• 새로운 기술에 자원의 집중투자 최상의 결과를 제공
⑭ 직원에게 디지털 전환 관련한 기술 교육	• 디지털 기술에 대한 임직원 교육 실시 • 구성원의 개인적 성장 및 직업 만족도 촉진
⑮ 새로운 디지털 기술 적응 능력 향상	• 회사의 혁신 결정과 관련하여 추진팀의 공감대 여부 확인이 필수적임 • 신기술 도입에 따른 사용자 영향 매트릭, ROI 및 기타 의미 있는 상호 작용 및 트랜잭션을 측정하고 이를 근거로 기술을 개선 • 기술이 사용자 친화적인지 확인
⑯ 디지털 전환 전략에 대한 기획 및 실행 능력 개발	• 회사의 혁신 결정과 관련하여 추진팀의 공감대 여부 확인이 필수적임 • 신기술 도입에 따른 사용자 영향 메트릭, ROI 및 기타 의미 있는 상호 작용 및 트랜잭션을 측정하고 이를 근거로 기술을 개선 • 기술이 사용자 친화적인지 확인
⑰ 디지털 전환 실험 시 별도의 병렬 시스템 유지	• 디지털 전환 전략을 더욱 개선하는 방법은 실험(시범운영)을 통하는 것 • 시스템의 오류 또는 결함에 대비하여 병렬 시스템 유지
⑱ 디지털 전환 리더의 융통성 있는 리더십 발휘	• 높은 스트레스 상황과 과다한 작업량에 대한 적절한 대처 • 모든 작업을 완료하고 품질을 보장하려면 좋은 팀과 각 구성원의 지원이 필요 • 리더로서의 팀원과의 공감대 형성
⑲ 디지털 전환 추진팀과 다른 조직 간의 커뮤니케이션 라인을 유지	• 디지털 혁신은 회사 전 부서 참여 • 모든 부서 간 커뮤니케이션 라인 가동
⑳ 디지털 전략 수립 시 고객 요구 수용	• 디지털 전환 전략은 고객 경험이 반영이 중요 • 사용자 친화적인 시스템 개발 및 운영
㉑ 디지털 전환 추진 시 적합한 솔루션 벤더 선정	• 디지털 혁신의 파트너는 회사의 디지털 플랫폼 성과의 성공을 지원하는 역할도 수행 • 전략, 컨설팅, 설계 및 구현을 통해 기술 이니셔티브(Initiativte)를 가속화하는 데 도움을 줄 우수한 팀과 파트너를 보유 • 신뢰할 수 있고 균형 잡힌 관계를 유지할 수 있는 솔루션 공급업체를 찾는 것이 중요

출처: IMD Top 21 Digital Transformation Strategies

IMD의 21개 실행전략과 삼성SDS의 디지털전환 5개 대상은 경영자의 리더십, 고객 주도, 임직원의 변화, 사용자 친화적인 기술 적용 등 전반적으로 공통점이 많다. 이는 디지털 전환을 준비하는 기업에 좋은 가이드라인을 제공할 것이다. 추가로 이들을 검토하여 디지털 전환 추진 방향 및 전략을 다음과 같이 제시한다.

<표 293> 공공부문 디지털 기술 적용사례

단계	방향	전략 및 과업
1. 비전 수립(Vision)	• 조직의 최고위급 경영진이 명확한 디지털 비전과 우선순위를 제시하여 Top-Down 방식으로 추진	• 시장, 기술, 고객 등의 디지털 환경변화 분석 • 자사의 내재화된 핵심역량 파악 • 기업문화 및 조직체계 체질 개선 • 디지털 기술도입 및 지속적 R&D 혁신
2. 조직 및 인재 확보 (Organization People)	• DT 추진을 위한 CoE(Centers of Excellence) 모델의 디지털 서비스 채널 운영, 디지털 평가 및 관리 역할을 담당하는 디지털 전담 조직 신설	• DT 추진 전담 조직 신설 • 디지털 최고 임원(CDO) 임명 • 디지털 기술 및 추진 인재 확보
3. 거버넌스 체계 (Governance)	• 체계화되고 일관성 있는 DT 비전과 전략을 추진하기 위한 운영, 관리, 조정, 평가할 수 있는 거버넌스 체계 구축	• 운영, 관리, 조정, 평가 거버넌스 체계 구축 • 조직, 프로세스, 정책, 평가체계 마련 • DT 추진 위원회 설치
4. 비즈니스 모델 개발 (Business Model)	• 디지털 기술의 변화에 따른 기회와 위협에 관한 분석을 통해 디지털 기술 적용, 비즈니스 플랫폼 구축, 사업방식의 변환, 가치사슬 검토 등 신규디지털 사업모델 개발	• 기술, 비즈니스 모델, 사업방식, 가치사슬 재분석 • 산업의 컨버전스 검토 • 제품 또는 서비스 혁신 • 신규 디지털 비즈니스 모델 창출
5. 조직문화 및 R&D (Innovatio)	• DT 추진을 위한 신기술 도입, 비즈니스모델 구축, R&D 역량확보, 비즈니스 생태계 구축, 디지털 문화확산을 주도하는 혁신 및 R&D 전략 추진	• 신기술 도입 및 활용 • 비즈니스 모델 구축 • R&D 역량확보 • 비즈니스 생태계 구축 • 디지털 문화 확산

출처: 4차 산업혁명 시대, 디지털 트랜스포메이션 전략(은서기, 2020)

③ 디지털 전환에서의 PMO 역할

앞서 살펴본 바와 같이 기업의 디지털 전환은 시대적 흐름이다. PMO는 기본적으로 프로그램이나 프로젝트 단위에서 활동하는 관리조직이지만, 디지털 전환 자체가 공공기관(기업) 전반을 대상으로 추진되기 때문에, PMO가 담당해야 할 범위와 역할도 매우 커지고 있다. 또한 디지털 자가 진단을 통해 공공기관(기업)들이 도출한 디지털 결과에 따라 PMO의 역할과 관리 수준도 달라진다. 디지털 전환에서의 PMO 역할을 정리하면 다음과 같다.

<표 294> 디지털 전환에서의 PMO 역할

IMD 21대 디지털 전환 실행전략	PMO 관리영역
1. 고객 중심의 효과적인 디지털 기술 활용	③,⑧
2. 전자상거래 시스템 및 금융 기술의 사이버보안 강화	⑫
3. 디지털 전환 시스템 연구 및 개발을 위한 예산 확보	④
4. 현재 기술 요구사항에 맞는 경쟁력 있는 인재 채용	④
5. 사용자 친화적인 디지털 시스템 개발	②, ⑪
6. 사용 중인 시스템 개선에 데이터 분석기법을 적용	③
7. 조직의 구성원들이 디지털 혁신마인드 조성	⑩, ⑪
8. 다른 디지털 시스템과 연결할 수 있는 통합 디지털 솔루션 구축	③
9. 디지털 혁신을 장려하는 회사 정책 수립	③,⑧,⑪
10. 디지털 전환 시스템 연구개발팀 구성	④
11. 디지털 전환 관련 세미나 및 컨퍼런스 참석	⑧
12. 디지털 전환을 성공적으로 구현한 기업의 사례 습득	⑪
13. 레거시 기술에서 벗어나 디지털 혁신 수용	⑪
14. 직원들에게 디지털 변환 기술 사용 방법에 대해 적절하게 교육	④, ⑪
15. 새로운 디지털 비즈니스 기술에 빠르게 적응하는 능력을 향상	④, ⑪
16. 디지털 전환 전략을 진단하고 개념화하는 능력 개발	⑪
17. 디지털 전환 실험 시 별도의 병렬 시스템 2개 유지	⑥, ⑦, ⑧
18. 디지털 전환 리더의 융통성 있는 리더십 발휘	④
19. 디지털 전환 추진 팀과 다른 조직 간의 커뮤니케이션 라인 유지	⑩
20. 디지털 전략을 수립할 때 고객과 클라이언트의 요구를 수용	③, ⑦, ⑧
21. 디지털 전환 구축 시 적합한 솔루션 업체 선택	⑨

* PMO 관리영역: ① 통합관리 ② 이해당사자관리 ③ 범위관리 ④ 조직 및 자원관리 ⑤ 일정관리 ⑥ 위험관리 ⑦ 품질관리
⑧ 성과관리 ⑨ 조달관리 ⑩ 의사소통 관리 ⑪ 변화관리 ⑫ 보안관리

예시로 제시한 IMD의 21개 디지털전환 실행전략은 PMO의 핵심 관리사항이다. <표 294>에 나타난 디지털 전환에서의 PMO 역할이 디지털 전환 실행전략 내용의 기존 사업관리 분야 PMO 기능으로 지원 가능함을 알 수 있다. 공공부문은 디지털 기술 적용 사례에서 보듯 기업마다 다양한 ICT 기술의 적용에 비해 공공기관의 디지털 전환 사업에 대한 별도의 PMO 가이드나 지침은 아직은 미흡한 실정이다. 이는 디지털 전환 사업에서 적용되

는 각각의 ICT 기술의 특성을 고려하여 별도의 PMO 가이드로 정형화나 일반화하기 어렵기 때문이다. 따라서 공공기관 정보화사업 수행 시 PMO는 한국지능정보사회진흥원(NIA) 「PMO 도입 운영 가이드 2.1」을 기준으로 하되 적용될 ICT 기술의 특성을 반영하여 기술 분야의 PMO 관리 주안점을 추가하는 수정(테일러링) 과정이 필요하다.

제18장 데이터 거버넌스와 PMO

1 데이터 거버넌스

조직이 일관된 원칙과 절차에 따라 데이터를 엄격하게 관리하지 않으면 시간이 흐르면서 조직 내 축적되는 데이터의 가치와 활용성은 저하될 수밖에 없다. 예를 들어 인사시스템은 사번을 기준으로, 급여시스템은 주민등록번호를 기준으로 데이터를 관리한다고 가정해 보자. 보통은 한 명의 사원에게는 하나의 사원 번호가 주어지는 것이 일반적이지만, 소속 부서의 변경으로 사원 번호가 바뀌거나 복수의 사원 번호가 부여될 수도 있다. 이로인해 인사시스템의 사원 번호와 급여시스템의 주민등록번호 간 1:1 매칭 관계가 깨질 수 있다.

이러한 현상은 정규직, 비정규직, 계약직 등의 수가 증가하고 인사이동이 많아질수록 가속화될 것이다. 게다가 두 시스템이 사용하는 코드 체계(소속부서, 식별코드 등)마저 다르고, 같은 데이터 속성에 대해 국내외 서로 다른 데이터 유형과 길이를 부여하고 있다면 더욱 그러하다. 결과적으로 이러한 체계에서는 급여데이터를 신속하고 정확하게 산출하고 적시에 무결성을 검증하거나 기간별 급여 총액을 계산하는 것은 불가능할 것이다.

데이터 불일치, 연계 및 통합 분석의 비효율 문제를 해결하기 위해서는 조직 내 데이터 관리에 대한 일관된 원칙, 절차, 표준을 수립·적용할 필요가 있는데 이를 데이터 거버넌스 (Data Governance)라고 한다. 데이터 거버넌스는 조직 전체를 대상으로 하며 데이터의 가용성, 사용성, 무결성, 안전성 등을 확보하여 가치를 증진하는 것을 목적으로 한다. 데이터 거버넌스의 의미는 조금씩 다양하게 정의되는 데 몇 가지 사례를 살펴보면 <표 295> 와 같다.

<표 295> 데이터 거버넌스의 정의

조직	정의
가트너	데이터 거버넌스는 데이터 및 분석 정보의 값(valuation) 결정, 생성, 활용 및 통제와 관련하여 적절한 행동을 보장하기 위한 의사결정권 및 책임 추적성의 프레임워크를 상세화한 것이다.
SAP	기업 데이터에 대한 거버넌스는 조직의 데이터가 정확성을 원천적으로 확보하고 이후에 입력, 저장, 조작, 접근 및 삭제되는 동안 적절하게 처리되도록 보장하기 위해 구현되는 정책 및 절차를 망라한다.
Google	데이터 거버넌스란 데이터의 보안, 개인정보 보호, 정확성, 가용성, 사용성을 보장하기 위해 수행하는 모든 작업을 가리킨다. 여기에는 사람이 취해야 하는 조치, 따라야 하는 프로세스, 데이터의 전체 생명주기 동안 이를 지원하는 기술이 포함된다.
NIA*	데이터 거버넌스는 전사적으로 보유하고 있는 데이터에 대한 관리 정책과 지침, 표준, 전략 및 방향성을 수립하고, 데이터 관리가 가능한 조직 및 서비스를 구축하는 데이터 관점에서 정보기술 관리 체계(거버넌스)로 정의할 수 있다.

출처: 빅데이터 플랫폼 및 센터 데이터 품질관리 가이드

2 데이터 거버넌스 체계

데이터 거버넌스의 핵심 구성요소는 데이터 관리 원칙, 데이터 관리 프로세스, 데이터 관리 조직이다. 이러한 요소들을 유기적으로 결합하고 자동화된 데이터 관리 도구를 적절히 활용하면 조직 데이터 전체에 대한 표준, 구조, 품질, 연계, 정보보호를 관리하는 효과적인 거버넌스 체계를 구축할 수 있다. 이를 그림으로 표현하면 <그림 335>와 같다.

<그림 335> 데이터 거버넌스 체계

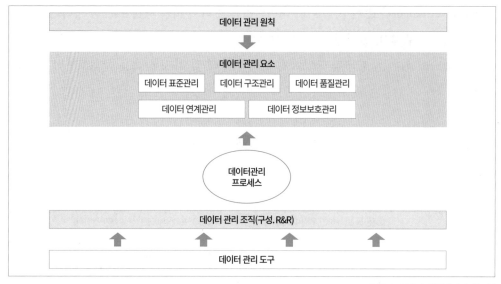

출처: 공공데이터 품질관리 매뉴얼

2.1 원칙

<그림 336>에서 설명하는 데이터 관리 프로세스와 조직(R&R)은 데이터 관리 정책에 기반하여 설계 및 구현되어야 하고, 데이터 관리 정책은 데이터 관리 원칙에 기반하여 제정되어야 한다. 그리고 사후적으로 데이터 관리 프로세스와 조직 운영이 데이터 관리 원칙과 정책을 준수하는지(Compliance) 점검하여 조치하는 과정을 통해 데이터 거버넌스가 작동하게 된다.

<그림 336> 원칙에 기반한 데이터 관리 과정

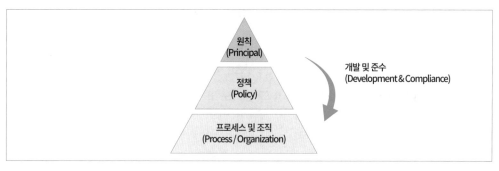

출처: 공공데이터 품질관리 매뉴얼

644

데이터 관리 원칙은 해당 조직의 데이터 관리와 관련한 법률, 규정, 목표, 핵심 이슈 등을 반영하여 바람직한 행동과 방향을 정의하거나 선언한 것이다. <표 296>은 한국지능정보사회진흥원(NIA)이 빅데이터 플랫폼 및 센터 구축사업과 관련하여 제시한 데이터 관리 원칙의 사례이다.

<표 296> 데이터 관리 원칙 사례

구분	원칙	세부 원칙
품질 관리 체계	데이터를 핵심 자산으로 한다.	- 데이터 품질 관리 담당자가 데이터 전반적인 관리를 수행한다. - 데이터 가치를 높이고 효율적 공유를 위해 데이터 품질을 높이는 정책 및 절차를 수립한다.
	빅데이터 플랫폼 및 센터를 통합적으로 관리해야 한다.	- 통합관리를 통해 데이터 중복을 최소화하고 표준화된 기준에 의해 데이터를 관리한다. - 통합관리를 위한 통제 역할의 의사결정기구를 마련하며, 단위 기능별로 관리와 책임 소재를 명확히 한다.
	지속적으로 품질관리를 수행해야 한다.	- 데이터 변경은 관련 조직간 협조로 수행하며 데이터 품질관리 담당자가 통제한다. - 측정 가능한 지표를 설정하며 데이터 품질관리 담당자를 통해 관리를 수행한다. - 데이터 품질관리 담당자의 전문성 확보를 위해 지속적인 교육을 한다.
	품질관리 활동은 PDCA 사이클을 준수하고 오너십을 부여해야 한다.	- 데이터 생명주기 전단계의 데이터 품질을 관리해야 한다. - 품질관리 활동은 목적 달성과 지속적인 개선을 위한 접근체계인 PDCA 사이클 기반으로 수행한다. - 품질 주체들 간의 상호협력을 강화하기 위해 역할 정의와 오너십을 명확히 해야 한다.
연계 관리 체계	데이터 생명주기 전단계에 걸쳐 송수신 단절이 없어야 한다.	- 데이터 생명주기 전 단계에서 데이터 송수신 단절이 없도록 관리해야 한다. - 장애 또는 오류 발생 여부를 모니터하여 조치 및 개선이 가능해야 한다.
	데이터 활용처 정보를 제공해야 한다.	- 데이터 이용 실적 및 집계 등을 위해 흐름 정보를 제공할 수 있어야 한다. - 데이터 생명주기 전단계에서 활용처 정보를 관리해야 한다.
	데이터 출처 정보를 제공해야 한다.	- 품질 이상 발생 시 원인 파악과 영향도 분석 등을 위해 추적 정보를 제공할 수 있어야 한다. - 데이터의 생명주기 전 단계에서 출처 정보를 관리해야 한다.
	연계 메타 데이터를 관리해야 한다.	- 데이터 생명주기 전단계에서 연계 메타 데이터(연계 목록, 연계 관리 항목, 출처 정보)를 관리해야 한다. - 연계 메타 데이터와 메타 데이터는 정합성을 유지해야 한다.
	연계 활동은 PDCA 사이클을 준수하고 오너십을 부여해야 한다.	- 목적 달성과 지속적인 개선을 위한 접근체계인 PDCA 사이클 기반 연계 활동을 수행한다. - 연계 주체들 간의 상호협력을 강화하기 위해 역할 정의와 오너십을 명확히 해야 한다.
	표준화 WG의 표준을 준수하여 데이터 이용 활성화에 기여한다.	- 표준 WG의 메타 데이터 항목 및 데이터 연계 규격을 준수하여 연계 및 데이터 이용 활성화를 제고한다. - 오픈 포맷의 데이터 제공을 지향한다.
정보 보호 관리 체계	기밀성, 무결성, 가용성의 3요소가 보장되어야 한다.	- 오직 인가된 자만이 접근할 수 있다. - 정보는 고의, 비인가된 우연한 변경으로부터 보호해야 한다. - 정보는 사용자가 필요로 하는 시점에 접근 가능해야 한다.
	플랫폼 정보보호 표준을 준수하여 관리되어야 한다.	- 이해관계자들의 참여, 의사결정 또는 업무 실행자, 감사 및 감독 등의 활동과 구조 모두 포함해야 한다. - 개인정보 보호, 정보보호 관련 법률 및 규제, 가이드라인을 우선 적용으로 관리해야 한다. - 정보보호 기준은 기술적, 관리적 조치 시 적용해야 한다.

구분	원칙	세부 원칙
정보 보호 관리 체계	CSUD 사이클을 준수한 보호 관리가 실행되어야 한다.	- 목표 달성과 지속적인 보호 관리를 위하여 CSUD 사이클을 기반으로 관리 수행해야 한다. - 정보 수집, 수집 목적 내 이용, 필요시 제3자 제공, 보유 기간 경과 후 파기하는 절차가 부합해야 한다.

* PDCA 사이클: 계획 (Plan)→실행 (Do)→검증 (Check)→개선 (Action)
* CSUD 사이클: 수집(Collection) - 저장(Storage) - 활용(Utilize) - 파기(Deletion)

출처: 공공데이터 품질관리 매뉴얼

2.2 조직

데이터는 활용되는 상태에 따라 저장(data at rest), 처리(data in process), 전송(data in transit)으로 구분할 수 있다. 데이터 거버넌스는 데이터가 저장 매체에 저장되어 있거나 처리 장치에서 처리되거나 전송 매체를 통해 전송되는 전체를 포괄해야 한다. 한편, 데이터의 접근 권한(access right)은 생성(Create), 활용(Read), 수정(Update), 삭제(Delete)로 구분할 수 있는데 이 중 가장 기초적인 권한은 활용(Read)이다. 나머지 접근 권한은 데이터 사용자가 수행하는 업무 책임과 권한에 부여 여부를 결정하게 된다.

이때 데이터를 생성부터 최종 폐기까지 전체 생명주기에 대한 권한과 데이터의 무결성 및 지적재산권에 대한 법적 책임까지 가지고 있는 주체를 소유자(owner)라고 한다. 데이터의 소유권은 없지만, 데이터 관리와 보호를 위한 공통적 원칙과 정책을 개발하고 이에 대한 준수를 감시하는 실무적 주체를 수택책임자(steward)라고 한다. 데이터를 물리적으로 보관하고 보호하는 주체를 보관책임자(custodian)라고 한다. 그리고 실제로 데이터를 업무나 거래 처리에 활용하는 주체를 사용자(user)라고 한다.

데이터 거버넌스가 하향식(top-down) 접근에 따라 체계적으로 구현되려면 이러한 큰 틀에 기반하여 데이터 관리에 대한 책임과 권한을 부여하고 이를 다시 구체적으로 배정하는 과정이 필요하다. 예를 들어, 한국지능정보사회진흥원(NIA)이 주관하는 빅데이터 플랫폼 및 센터 구축사업에서는 책임조직, 지원조직, 담당 조직으로 상위 수준에서 조직으로 구성한다. <그림 337>에서 볼 수 있듯이, 담당 조직은 데이터 보유 조직(owner), 데이터 품질 관리 담당 조직(steward), 정보화 담당 조직(custodian)으로 구분하여 구성하고 있다.

<그림 337> 데이터 관리 조직 구성 사례

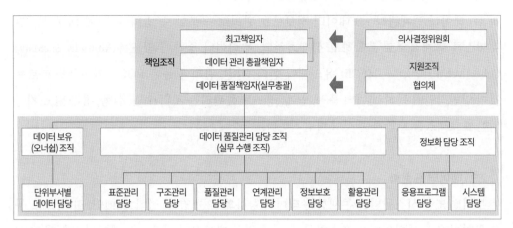

출처: 공공데이터 품질관리 매뉴얼

2.3 프로세스

<그림 338> 데이터 관리 프로세스 사례

출처: 공공데이터 품질관리 매뉴얼

데이터 관리 요소는 크게 (1) 데이터 표준관리 (2) 데이터 구조관리 (3) 데이터 품질관리 (4) 데이터 연계관리 (5) 데이터 정보보호 관리로 구분할 수 있다. 각각에 대해서는 프로세스를 단계적으로 분할하고 상세화하되, 누락이나 중복이 없도록(Mutually Exclusive Collectively Exhaustive, MECE) 유의해야 한다. 한편, 관리 활동은 PDCA 사이클을 따르는 것이 일반적인데 특히 데이터 품질, 연계, 정보보호 관리는 계획 수립, 실행, 평가 및 조치를 위한 프로세스를 포함하는 것이 바람직하다.

2.3.1 데이터 표준화

부서별 또는 시스템별로 존재하는 데이터 항목의 표준 명칭, 정의, 도메인, 길이, 코드 등을 통합하여 조직 차원에서 표준화한다. 이를 위한 대표적인 업무로는 데이터 표준 용어 설정, 명명 규칙(naming rule) 수립, 메타 데이터(meta data) 구축, 데이터 사전(data dictionary) 작성 등이 있다.

<표 297> 데이터 표준화 항목

구분	설명
데이터 표준 용어	- 표준 단어 사전, 표준도메인 사전, 표준 코드 등으로 구성함 - 사전 간 일관성을 검증하는 프로세스가 필요함
명명 규칙	- 국문, 영문 및 기타 언어별로 작성하는 것이 필요함 - 언어 간 매핑 관계를 정의하고 지속적으로 갱신해야 함
메타 데이터	- 정보자원의 구조정의, 검색, 관리를 위한 메타 데이터를 정리함 - 메타 데이터를 위한 ERD(개체관계도)를 작성하면 유용함
데이터 사전	- 데이터 모델에 포함된 데이터 항목을 빠짐없이 열거하고 설명함 - 엔티티의 식별자, 구성요소, 저장 위치, 참조 관계 등을 포함함

2.3.2 데이터 관리 체계

데이터 관리 체계는 메타 데이터 및 데이터 사전 등의 관리 원칙을 수립하고 이를 기반으로 데이터 관리 활동이 전개되어 데이터 정합성 및 활용성을 향상하는데 기여한다. 전술한 바와 같이, 일련의 데이터 관리 원칙에 따라 데이터 관리 정책을 수립하고 이에 따라 데이터 관리 프로세스와 조직을 설계하고 운영한다. 데이터 관리 체계는 조직 내 존재하는 모든 데이터 및 해당 데이터의 생명주기 전체에 적용되어야 한다.

2.3.3 데이터 저장소 관리(Repository)

메타 데이터 및 표준 데이터를 조직의 중앙 저장소에 통합 저장하여 관리하면 일관성 있는 관리와 조직 전체 차원의 참조가 수월해진다. 데이터 저장소는 데이터 관리 체계와 연동되어 데이터 관리하여 프로세스 전체를 지원해야 하며 관련 시스템들과도 연계되어야 한다. 데이터 구조가 변경될 때는 사전에 영향 평가를 수행하고 선제적 조치를 하여 불필요한 시행착오나 부작용을 최소화할 수 있다.

2.3.4 표준화 활동

데이터 거버넌스를 구축한 다음에는 데이터 관리를 위한 원칙, 정책, 표준, 프로세스가 준수되는지 점검하고 필요한 조치를 하고 상황 변화를 반영하여 최신화해야 한다. 조직의 데이터 거버넌스를 고도화하기 위한 노력은 단번에 결실을 맺기 어려우며 많은 경우 조직원의 저항이나 외면을 받을 수 있다. 따라서 지속적 홍보, 교육, 소통을 통한 변화 관리를 수행하고 조직원의 의견을 반영할 필요가 있다. 특히 관련 법령, 규제, 표준, 기술 등이 바뀜에 따라 데이터 거버넌스 구성요소를 개정하거나 수정할 필요가 있다.

3 데이터 거버넌스와 PMO의 역할

차세대 시스템 구축 및 대규모 시스템 통합·연계를 수반하는 정보화사업은 기본적으로 데이터 관리 체계의 수립 또는 재정립이 필요한 경우가 많다. 이때 데이터 거버넌스 재정립의 범위는 전사적 차원일 수도 있고 특정한 사업부나 부서 차원일 수도 있다. 그리고 데이터 거버넌스 과제의 실행은 발주기관이 주도할 수도 있으나 사실상 시스템 구축 수행사 또는 PMO가 책임져야 하는 경우도 적지 않다.

이때 PMO는 데이터 거버넌스에 대한 컨설팅 책임이 누구에게 있는지 확인해야 하며 PMO 조직에 일정한 역할과 책임이 존재할 경우는 적절한 경험과 역량을 보유한 전문가를 PMO 조직에 포함해야 한다. 유의해야 할 사항은 데이터 거버넌스 체계의 재정립은 상당한 공수와 전문성이 필요한 업무이므로 PMO 사업 예산으로 감당하기 어려운 수준의 컨설팅 범위 및 품질을 발주기관이 기대하지 않도록 해야 한다.

또한, 데이터 거버넌스 체계의 재정립과 데이터 이관(migration)은 별개의 업무라는 점도 유의해야 한다. 성공적인 데이터 이관을 위해서는 충분한 사전 계획이 필요하며 상당한 수작업과 더불어 자동화 툴 사용이 수반된다. 게다가 이관 이후에는 데이터 무결성에 대한 검증 및 확인 작업이 필요하다. 따라서 PMO는 이러한 점들을 발주기관에 전달하여 PMO 조직의 역할과 제공 서비스에 대해 잘못된 기대를 하지 않도록 유의해야 한다.

제19장 정부 클라우드서비스와 PMO

1 정부 클라우드센터 개요

1.1 정부 클라우드센터

세계 최초의 정부 통합데이터센터인 국가정보자원관리원은 4차 산업혁명 시대를 맞이하여 클라우드 인프라 서비스, 인공지능 기반 보안 서비스 등 고품질의 ICT 서비스를 제공하고 디지털정부를 선도하고 있다.

특히 국가정보자원관리원은 글로벌 수준의 최첨단 지능형 클라우드 플랫폼을 제공하고 인공지능, 클라우드, 빅데이터 등 신기술 기반의 막힘없는 디지털 정부혁신을 지원하는 미래지향 지능형 클라우드서비스 전문기관으로 도약하고 있다.

정부 클라우드센터는 소프트웨어 정의데이터센터(SDDC: Software Defined Data Center)를 지향한다. SDDC는 자원 활용을 극대화하고, 통합 운영으로 운영·유지관리 예산을 절감할 수 있다. 디도스(DDoS), 해킹 등 지능화된 사이버 위협에 대응하기 위해 사이버대피소, 방화벽 등을 서비스 체이닝(Service Chaining)으로 연계하는 보안 체계를 구축한다.

1.2 정부 클라우드센터의 사업내용

정부 클라우드센터의 사업내용은 국가기관 최초의 지능형 SDDC 기반 공공 클라우드전용 센터 구축을 통해 고품질 클라우드 서비스를 제공하는 것으로 세부 내용은 다음과 같다.

- 클라우드 공통인프라(네트워크, 스토리지, 백업, 보안, 관제, 운영관리시스템 등) 구축
- 입주 기관이 개별적으로 운영하는 정보자원을 개수센터의 클라우드 영역으로 이관하여 운영하기 위한 x86 기반 클라우드 지원 풀 구축
- 입주 기관의 업무서비스를 대구센터 클라우드로 전환, 지원 할당 및 시스템 구성
- 스마트랙(smart rack) 설치, 전원 및 통신공사 등 클라우드 전산 기반시설 구축

1.3 입주 기관이 알아야 할 사항

정부 클라우드센터에 입주하기 위해서 입주 기관이 알아야 할 사항은 첫째, 입주 기관은 다음 예산을 확보해야 한다.

- 클라우드 전환 AP 개발비
  - 클라우드 전환 시 미들웨어 등 상용 SW(WEB, WAS, DBMS 등) 변경으로 애플리케이션 기능 수정이 필요한 요소를 도출하여 재개발 비용 산정

- 사용 SW 전환 비용 확보
  - 기존 상용 SW의 클라우드 버전 라이선스 비용
  - 신규 도입이 예상되는 상용 SW(클라우드) 라이선스 비용
  - 상용 SW 재활용이 필요한 경우, 시스템 변경에 따른 라이선스 이전(BYOL) 및 클라우드 전환, 메이저 업그레이드, 시스템 이중화구성에 필요한 추가 소요 비용은 AP 전환예산에 포함하여 산정
  * BYOL(Bring Your Own License): 기존 보유 라이선스

- 회선 비용 확보
  - 입주 기관이 회선 수량, 대역폭(회선속도), 회선 구간 결정
  - 국가융합 지선 이용료, 융합망 이용료에 대한 예산 확보

둘째, 정부 클라우드센터(대구센터) 사업 일정에 맞춰 기관은 클라우드 업무 전환 및 사업 진행을 해야한다.

- AP 소스 수정 이관, (시스템 SW 및 IP 변경)서비스 영향분석, 상용 SW 이관(호환성·라이선스 확인)
- 시스템 SW는 '지능형 클라우드 SW 카탈로그' 적용이 원칙

1.4 정부 클라우드센터와 입주 기관의 역할

정부 클라우드센터 입주 시 정부 클라우드센터와 입주 기관의 역할이 다음과 같이 명확히 구분되어 있다.

- 정부 클라우드센터: 정보자원 도입을 위한 '클라우드 공통인프라 구축'
  - 서버, 시스템 SW, 공통 인프라(보안, 백업 등)
  - HW 및 시스템 SW 설치, 환경구성, DB 등 데이터 이관, 통합 시험 및 서비스 안정화 지원

- 입주 기관 : 정부 클라우드센터 사업 일정에 맞춰 입주 기관 소관 AP 전환
  - 제공된 표준 환경에 맞게 응용프로그램(AP) 및 상용 SW 전환 수행
  - AP 전환개발, 상용 SW 설치, 기타 SW 설치 환경구성, DB 프로그램 튜닝 등 최적화, 서비스 전환·안정화

<표 298> 정부 클라우드센터와 입주 기관의 역할

구분	역할 내용	정부센터	입주 기관
분석	업무 전환을 위한 As-Is HW, 시스템 SW 현황분석	◎	○
	업무 전환을 위한 AP, 기타 SW, 상용 SW 현황분석		◎
	통합자원 체계에 따라 IP 신규 설치	◎	
	IP 변경에 따른 영향도 파악(연계 기관 등) 기술지원	◎	
	OS 업그레이드 및 변경 시 AP 영향도 검토	○	◎
설계	요구사항 수집 및 분석을 통한 자원 설계	◎	○
	업무 전환을 위한 자원 할당 이관, 시험, 전환, 계획수립	◎	○
자원 할당	자원 할당 신청, 할당, 변경	◎	
	OS 업그레이드 및 변경 설치, 시스템 SW 설치 및 환경구성	◎	
	OS 업그레이드 및 변경에 따른 시스템 SW 기술지원	◎	
데이터 이관	As-Is DB 동일 구성으로 원본 데이터 이관 수행	◎	
	To-Be DB 구성 변경에 따른 데이터 이관 수행	○	◎

구분	역할 내용	정부센터	입주 기관
데이터 이관	데이터 적합성 확인(오브젝트 수, DB 계정, 설정 파일 등)	◎	
	데이터 적합성 확인(Row 데이터, 데이터 건수 등)		◎
AP 및 기타 SW 이관	기타 SW 이관 및 설치		◎
	AP 소스 수성 및 컴파일, AP 설치 및 환경구성		◎
	AP 이관 등에 필요한 HW 및 시스템 SW 설정 기술지원(필요시)	◎	
	AP 및 DB 프로그램 테스트 및 튜닝		◎
통합시험 및 서비스 개시	HW(VM), 시스템 SW 정상 작동 여부 테스트 수행	◎	
	데이터 이관 테스트	◎	○
	시스템 통합시험 계획수립 및 인프라 환경구성	◎	
	업무별 기능 요소 테스트, 연계 업무테스트 정상 확인		◎
	서비스 전환 환경구성 및 통합 업무테스트 정상 확인	○	◎
	성능목표 정의 및 성능테스트 수행, 결과반영 확인	○	◎
	업무서비스 개시 및 정상 확인	○	◎
서비스 안정화	업무 이관 후 서비스 안정화 지원(3개월)		
	업무서비스 안정화		

○: 선택, ◎: 필수

출처: 공공클라우드 지원센터(대구센터) 서비스 안내

2 클라우드 전환 설계 방향

2.1 업무시스템 설계 방향

업무시스템 설계 방향은 첫째, 장비 이전(코로케이션: colocation) 최소화를 통한 서비스 연속성을 올릴 수 있도록 다음 사항을 고려한다.

- 불가피하게 장비를 이전하는 경우, IP 및 구성 변경 등으로 장시간 업무중단이 예상되므로 입주 기관은 장비 임대 등 대책 마련
- 업무시스템을 클라우드 전환하여 정부 클라우드센터에서 제공하는 공통인프라 및 클라우드 자원 풀에 서비스 탑재

둘째, 업무시스템별 분할 설계를 통한 서비스 품질을 올릴 수 있도록 다음 사항을 고려한다.
- 업무 단위 시스템 분리를 통해 증설 및 확장이 쉽고, 단일 서비스 장애로 인해 전체 서비스 중단으로 이어지는 문제점 해결

- 3계층 구조(WEB, WAS, DB) 및 이중화 설계

<그림 339> 3계층 구조 및 이중화 설계

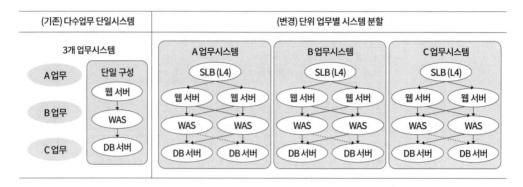

마지막으로 내외부망 망분리 설계를 통한 보안 안정성을 강화한다.

- '국가정보자원관리원 망분리 개선방안 보안성 검토 결과'(국가정보원, '18.10.19) 준수
  로 다수 기관의 정보시스템이 통합 및 운영되고 있는 환경을 고려하여 개별 기관보다
  강화된 보안정책 적용

<그림 340> 내외부 망분리 설계 유형

2.2 정보자원 인프라 설계 방향

정보자원 인프라 설계 방향으로 서버 설계, 스토리지 설계, 백업 설계, 네트워크 설계, 보안 설계, SW 설계 등 다음 사항을 고려한다.

- 서버 설계
  - 클라우드전용센터로 범용 x86 클라우드(가성 서버) 우선 설계
  - 대용량 처리 등 지능형 클라우드 표준 서버(x86)로 전환 불가가 되는 사유가 정부 클라우드센터와 협의한 경우에만 제한적으로 Unix 서버 허용
  - CPU 설계는 A유형으로 기본 설계하며, 필요한 경우 정부 클라우드센터와 협의 후 B유형으로 설계 가능

<그림 341> CPU 설계 A유형

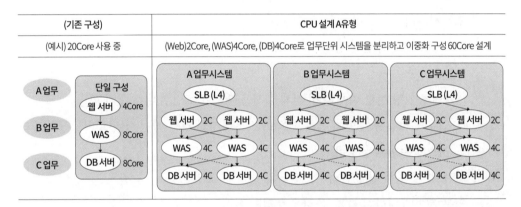

(기존 구성)	CPU 설계 A유형
(예시) 20Core 사용 중	(Web)2Core, (WAS)4Core, (DB)4Core로 업무단위 시스템을 분리하고 이중화 구성 60Core 설계

<그림 342> CPU 설계 기준

❖ **[CPU 설계 A유형]** ※ 기본 적용
  ○ 지능형 클라우드 HW 카탈로그 적용
    - (Web) 2Core, 4GB, (WAS) 4Core, 8GB, (DB) 4Core, 8GB, (기타) 4Core 8GB

❖ **[CPU 설계 B유형]** ※ 기본 적용
  ○ [To-Be] CPU Core 수 =
    [As-Is] 기존 CPU Core수 × 적정 Core비율(tpmC) × CPU최고사용률(최근1년) × 130%
    ※ 물리 Core 기준(CPU 하이퍼스레드 적용 값은 제외)

구분	CPU(core)	메모리(GB)	DISK(GB)	용도
1	2	2, 4, 8, 16	100	중소형 업무시스템
2	4	4, 8, 16, 32	100	중형 업무시스템
3	8	8, 16, 32, 64	100	중대형 업무시스템
4	16	16, 32, 64	100	대형 업무시스템

■ 스토리지 설계

• 서버당 100GB(OS 50GB, DATA 50GB) 기본 할당

• SAN, NAS 용량은 기존 '실사용량 +1년 증가량' 할당

  * 서버 이중화 구성 시, 기존 단일서버 용량을 2개 서버에 각각 할당(2배↑)

• 정부 클라우드센터 입주 전 미사용 데이터, 백업데이터(소스 백업) 등 불필요 데이터 정비(클린징)

• 업무시스템별 스토리지 할당 기준

• To-Be 스토리지 할당 용량 = As-Is 기존 전체 실사용량 / 분할된 업무시스템 수 + 1년 증가량

  ① 1년 증가량 현황 미제출 시 전체 실사용량의 10% 범위 내서 추가 할당

  ② 업무별 사용량 분할이 어려운 NAS 스토리지의 경우 메인 서버에만 할당하고 타 시스템은 할당량 공유

  ③ 용량 부족 시 정부 클라우드센터와 협의 후 조정 가능

• 업무 특성에 따라서 블록, 파일 스토리지 설계

<표 300> 업무 특성에 따른 블록, 파일 스토리지 설계 기준

구분	OS	AP	역할 내용	
블록 (SAN)	○	○	- 대부분 업무에 적합 - 시스템 루트 영역	- WEB, WAS. DBMS 설치 용도 - WAR 파일 등 AP 소스
파일 (NAS)		○	- 2개 이상의 서버가 NFS 프로그램을 이용하여 동시에 사용할 수 있는 공유 시스템이 필요한 업무 - OS, 루트 영역을 제외한 데이터 저장 용도 - 각종 첨부파일 저장 용도	

■ 백업 설계

• To-Be 서버 스토리지 할당 용량의 1.5배 용량 할당

<업무시스템 백업 할당 기준>

To-Be 백업 할당 용량 = To-Be 서버의 스토리지 할당 용량 x 1.5

* 용량 부족 시 정부 클라우드센터와 협의 후 조정 가능

• DB 서버 이중화 구성시, 메인 서버만 백업

• 다중 서버가 SAN, NAS 등 공유 스토리지 구성시 메인 서버만 백업

• 온라인 백업 소산 및 DR 구성은 공주센터 구축 이후 설계

■ 네트워크 설계

• L2, L3, L4, L7 스위치는 대구센터 공동인프라로 설계

• 웹가속기, 넷퍼널 등 구성시 입주 기관 소관으로 이전(코로케이션)

  ※ IN-LINE 모드 구성 불가, SW만 구성시 대구센터에서 VM 제공 가능

■ 네트워크 설계

• 웹 방화벽은 정부 클라우드센터에서 제공하는 공통인프라로 인터넷망 구성

  ※ AP 영향도가 높아 입주 기관 소관으로 서버인증 관리 등 운영관리를 해야 함

• 개인정보 필터링 등과 같이 보안 제품은 가상서버를 할당하여 구성

• IPSec VPN은 종단 간 동일 제조사 장비 구성이 필요하므로 To-Be 설계를 위해 기존 제조사, 제품명, 구성도 등 추가 제출 및 구성 협의

• 인터넷망, 업무망 간 자료전송 시 개인정보, 민감정보 등 데이터 중요도를 고려하여 망간 서비스 연계 구성 설계

<표 301> 망분리 구성 시 내외부 서비스 연계 방안

❖ [스트리밍 방식]

업무망 WAS → 망연계시스템 → 인터넷망 DB : 단방향 가능, 양방향 불가

업무망 DB ⇄ 망연계시스템 ⇄ 인터넷망 DB : 단방향 권고, 양방향도 가능

업무망 WAS ⇄ 망연계시스템 ⇄ 인터넷망 WAS : 제한적 허용, 단방향 권고

* 인증-민원처리 등 실시간 조회업무*에 한하여 제한적으로 전송 허용

❖ [파일전송 방식]

업무망 WAS ⇄ 망연계시스템 ⇄ 인터넷망 WAS : 단방향 권고, 양방향도 가능

업무망 DB ⇄ 망연계시스템 ⇄ 인터넷망 DB : 단방향 권고, 양방향도 가능

※ 파일전송 API를 사용하여 AP 개발 필요
※ 단방향 전송 권고임에도 양방향 전송시 명확한 사유 필요

- SW 설계
  - 시스템 SW: 공개 SW 기반 지능형 클라우드 SW 카탈로그 적용 설계
  - 시스템 SW 중 상용 SW는 제한적으로 설계되며, 입주 기관 소관으로 제조사 협의 및 추가 소요 예산 확보 및 운영유지관리 수행
    - ※ 추가 소요 예산: 버전 업그레이드, 클라우드 라이선스 전환, 라이선스 부족, 라이선스 구매 등으로 인한 비용
    - ※ WEB, WAS, DB 상용 SW의 라이선스 증서를 제출하여야 함

<표 302> 지능형 클라우드 SW 카탈로그

구분	OS	Web	WAS	DB	비고
기본	RHEL Oracle Linux, Windows	-	-	-	OpenJDK
Web	RHEL Oracle Linux	Apache	-	-	
WAS	RHEL Oracle Linux	-	JBoss		
Web, WAS	RHEL Oracle Linux	Apache	JBoss		
DB	RHEL Oracle Linux			Cubrid PostgreSQL Altibase MariaDB	

[SW 버전]
(OS) RHEL 7.x, 8.x, Oracle Linux 7.x, 8.x, Windows 2019
(Web) Apache 2.4, (WAS) JBoss 7.3, OpenJDK 11.0.8.10(1.8 권장)
(DB) Cubrid 11.x, PostgreSQL 12.x, Altibase 7.x, MariaDB 10.x
※ SW 버전은 현재기준('21.12.)으로 입주시 변경 될 수 있음

  - ※ Active-Active 구성이 필요한 DB 서버의 경우, Altibase, MariaDB로 설계
  - (기타 SW) 검색엔진, 웹리포팅, 파일 업로드 등 기타 SW는 입주기관 소관으로 전환 및 추가 라이선스 구매, 운영유지관리를 해야 함

- 기타 고려사항
  - (설계 제외) 파일서버(FTP, CIFS), 웹하드(인터넷망), DHCP, DNS, 개발 서버, 입주 기

관 사용자 지원 용도의 시스템(보안 USB, 매체 제어, 유해사이트 차단 등)

- (어플라이언스) 클라우드 전환 불가 장비는 정부 클라우드센터 이전 영역에서 배치하여 클라우드 지원풀과 연계
  - ※ 입주 기관 소관으로 이전, 데이터 이관에 필요한 예산 확보 및 정부 클라우드센터로 자산 이관 이전까지 입주 기관 소관으로 운영유지관리 수행
  - ※ 클라우드 전환 불가 장비: 대용량 배치성 업무처리를 위한 장비(DW, OLAP, unix 등), 네트워크/보안장비(웹방화벽, VPN, 웹가속기 등) 등을 의미함
- (입주 기관 망분리) 서버 관리, AP 배포 등 입주 장비 접속을 위해서는 업무망(행정기관, 공공기관)을 통해 접속되어야 하므로 입주 기관 자체 망분리
  - ※ 입주 이전 망분리 불가한 입주 기관은 방안 마련
- (상용 SW) 시스템 SW 중 상용 SW 사용이 필요한 경우, 지능형 클라우드 상용 SW 라이선스 정책을 준용해야 함
  - ※ 입주 기관 소관으로 제조사와 유지보수 계약을 체결하여 라이선스 전환, 부족분 발생 시 추가 구매하고, 데이터 이관 등을 위한 예산 확보
- 정부 클라우드센터로 자산 이관 이전까지 입주 기관에서 운영유지관리 수행
- 상용 SW 라이선스 증서를 정부 클라우드센터에 제출해야 함

<표 303> 지능형 클라우드 상용 SW 라이선스 정책

구분	내용
상용SW 라이선스 정책	클라우드 지원풀 내 사용량 기준으로 산정 자원풀(동일 클러스터) 내 가상서버 이동 허용 가상서버 기준으로 특정기간(사용 트래픽 폭증 등) 內 자원 증설 200% 허용

3 정부 클라우드서비스에서 PMO의 역할

정부 클라우드서비스에서 PMO의 역할은 <그림 343>과 같이 계획수립과 이전수행 등 두 가지로 분류된다.

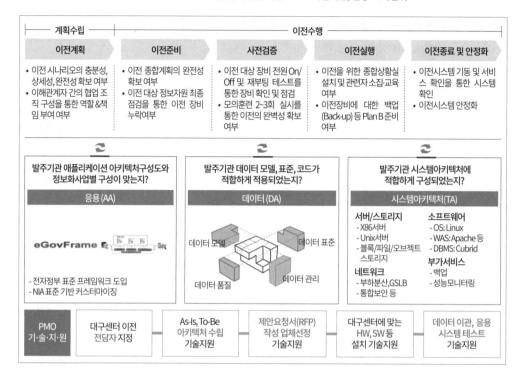

<그림 343> 정부 클라우드센터 이전을 위한 PMO 기술지원/검증 프레임워크

계획수립 단계에서는 As-Is, To-Be 아키텍처 수립 기술지원, 제안요청서(RFP) 작성 및 업체선정 기술지원을 한다. 특히 발주기관의 애플리케이션 아키텍처구성도와 정보화사업 별 구성이 맞는지, 발주기관의 데이터 모델, 표준, 코드가 적합하게 적용되었는지, 발주기 관의 시스템아키텍처에 적합하게 구성되었는지 등을 점검한다.

이전수행단계에서는 '이전 준비 → 사전 검증 → 이전실행 → 이전종료 및 안정화'의 절 차에 따라 HW/SW 설치 기술지원, 데이터 이관, 응용시스템 테스트 기술지원을 한다. 이 전 준비 단계에서는 이전종합계획의 완전성 확보 여부, 구축 대상 정보자원 최종 점검을 통 한 이전 장비 누락 여부 등을 점검한다.

사전검증단계에서는 구축 대상 장비 전원 On/Off 및 재부팅 테스트를 통한 장비 확인 및 점검, 모의훈련 실시를 통한 이전의 완벽성 확보 여부를 점검한다. 이전실행단계에서는 구축을 위한 종합상황실 설치 및 관련자 소집·교육 여부, 구축 장비에 대한 백업(Back-up) 등 Plan B 준비 여부 등을 점검한다. 이전종료 및 안정화단계에서는 구축 시스템 기동 및 서비스 확인을 통한 시스템 확인, 구축 시스템 안정화 등을 점검한다.

PMO 검토보고서

작성일: 2023년 01월 04일

과 제 명	「차세대 OOO 시스템 구축 사업」		
구 분	☐ 주관기관 요구사항 ■ 정례검토	☐ 전문기관 요구사항 ☐ 자체의견 제시사항	☐ 개발자 제시사항
검 토 자	OOO PMO	검토기간	2023.01.04
문서번호	PMO-검토보고서-001	대상 사업	차세대 OOO 시스템 구축 사업
제 목	차세대 OOO 시스템 구축 사업 - 1차 오픈(전개) 관련 산출물 점검		

1. 검토 개요

- 차세대 OOO 시스템 구축 사업의 1차 오픈 대상 산출물(8종) 작성 여부, 작성 내용, 및 PMS에 제출 여부를 점검함

2. 검토 일정 : PMO 검토(23.01.04) -> PMO 검토보고서 작성 및 전달(01.04)

3. 검토 대상 문서

- 1차 오픈(전개) 관련 산출물 : 첨부1: 1차 오픈 관련 산출물(8종) 점검 내용 참조
- 2023년 1월 04일 PMS에 등록한 산출물(8종)을 기준으로 점검하였으며, 이후에 수정된 내용은 반영하지 않았음

4. PMO 검토 내용

1) 방법론 테일러링결과서에 정의한 산출물(8종)에 대한 작성 여부 및 표준양식 적용 여부, 산출물 간 정합성, 산출물 내용 및 PMS 제출 여부 점검

▶ 개발 산출물 작성 및 PMS 제출 내용

[표 1 : 작성 산출물 수] **(2023.01.04일 PMS에 등록된 문서 기준)**

전개 단계	대상 산출물 수	PMS 등록 수	기타
1차 오픈(전개) 단계 산출물	8	8	문서 버전관리 기준 준수 요망 1) 수행사 PM 검토: v0.8 2) PMO검토: v0.9 3) 합동검토: v0.95 4) 발주부서 승인: v1.0

2) PMS에 등록된 산출물 내용을 점검한 결과 다음 산출물에서 미흡한 내용 발견
   - 전체 산출물 검토 결과, 전반적으로 양호하게 작성되었으나 일부 산출물에서 미흡한 내용 발견
   - 아래 [표 2]에 미흡 내용과 개선 사항을 정리하였음

[표 2 : 산출물 미흡 내용 및 개선 사항]

산출물명	미흡 내용	개선 사항	기타
프로그램 명세서_v1.1	요구항목 2건(SFR-40, SFR-41) 누락됨	누락된 요구항목 반영 필요	
프로그램 목록_v1.1	요구항목 2건(SFR-40, SFR-41) 누락됨	누락된 요구항목 반영 필요	
컬럼정의서_v1.0	PK 지정 안된 테이블 발견	PK 지정 필요	
테이블정의서_v1.0	보존기간에 따른 최대예상 저장량(KB), 발생 주기에 따른 예상 발생량, 초기건수 등 표기 누락	데이터 예상 발생량 표기 필요	
전개계획서_v1.0	이상없음		
전개체크리스트_v1.0	계획(시작시간, 소요시간), 수행(시작시간, 소용시간) 표기 누락	시작시간, 소요시간(분) 표기 요망	
요구사항정의서)v1.0	기능요구사항, 비기능 요구사항 모두 '수용' 여부 표기 누락	'수용' 여부 표기 필요	요건변경 건만 '수용'여부 표기됨
통합테스트결과서_통합본_v1.0	케이스 목차, 목록관리, 시험케이스에서 요구항목 누락됨	누락된 요구항목 추가 필요	

5. PMO 검토의견

1) 1차 오픈(전개) 대상 산출물 PMS에 등록됨을 확인함(단, 산출물 버전 표기 준수 필요)
2) [표 2]에 정리한 산출물 미흡 내용 및 개선 사항(프로그램명세서, 요구사항정의서 등)을 발주부서와 협의하여 보완할 필요가 있음(참조, 1차 오픈 대상 개발 산출물 점검 내용)

– 끝 –

-첨부1 : 1차 오픈 대상 개발 산출물 점검 내용

PMO 검토보고서

작성일: 2023년 01월 29일

과 제 명	「차세대 OOO 시스템 구축 사업」		
구 분	☐ 주관기관 요구사항　　☐ 전문기관 요구사항 ■ 정례검토　　　　　　☐ 자체의견 제시사항		☐ 개발자 제시사항
검 토 자	OOO PMO	검토 기간	2023.01.27~01.29
문서번호	PMO-검토보고서-002	대상 사업	차세대 OOO 시스템 구축 사업
제 목	차세대 OOO 시스템 구축 사업 - WBS 산출물 검토		

1. 검토 개요

「차세대 OOO 시스템 구축 사업」 착수에 따라 WBS 산출물 작성 내용에 대해 PMO 검토

2. 검토 일정: PMO 검토(23.01.27~28) -> PMO 검토보고서 작성 및 전달(01.29)

3. 검토 대상 문서 및 내용

▶ WBS 작성시 주요 마일스톤, 기능 요구항목/비기능 요구항목, 단계별 Task(Workpakage)가 상세하게 기술되었는지, 발주기관 정보화사업 표준가이드를 준수했는지 점검(점검항목 이용 점검)

4. PMO 검토 내용

1) PMS에 등록된 WBS에 대해 점검한 내용은 아래 표와 같음

[표 1: WBS 점검 결과]

번호	점검항목	점검결과 ○	△	X	N/A	PMO 검토의견
1	• 발주기관 소프트웨어 개발 방법론 및 방법론 테일러링 결과가 반영되었는가? - 방법론 표준가이드에서 제시하고 있는 단계(착수-분석-설계-구현-시험-인도 및 전개-종료) 및 Task 반영 여부 - 방법론 테일러링 결과 산출물 반영 여부		△			- 현재 작성된 WBS는 발주기관 방법론 표준가이드의 분류와 상이함((착수-분석-설계-구현-시험-인도 및 전개-종료) 절차에 맞게 수정 보완 필요) - 방법론 테일러링 결과의 산출물 반영 안됨
2	• 사업수행계획서 등 발주부서와 합의한 주요 마일스톤이 기술되었는가? - 주요 공정(착수/분석/설계/구현/전개/오픈/종료) 기술 여부 - 주요 보고(착수보고/중간보고/종료보고, 워크숍, 시연회, 월간/주간보고) 기술 여부 - 감리 일정(분석/설계/종료) 기술 여부 등		△			- 주요 공정 등 마일스톤이 기술되었으나 미흡함, 오픈 일자, 주요 보고일 등 명확히 할 필요가 있음

번호	점검항목	점검결과				PMO 검토의견
		○	△	X	NA	
3	• 제안요청서 및 요구사항 정의서 등에서 정의한 기능 요구사항 및 비기능 요구사항이 모두 포함되었는가? - 기능 요구사항 기술 여부 - 비기능 요구사항 기술 여부(① 성능 요구사항 ② 시스템 장비구성 요구사항 ③ 인터페이스 요구사항 ④ 데이터 요구사항 ⑤ 보안 요구사항 ⑥ 품질 요구사항 ⑦ 제약사항 ⑧ 프로젝트 관리 요구사항 ⑨ 프로젝트 지원 요구사항 등 포함 여부)		△			- 기능 요구사항에 해당하는 Task와 일부 비기능 Task는 표기하였으나, 성능 요구사항, 인터페이스 요구사항, 데이터 요구사항 등 비기능 요구사항이 Task에서 누락됨(* 왼쪽 점검항목의 비기능 요구사항 참조)
4	• Task(Work package)가 관리 가능한 수준으로 상세화(Breakdown) 되었는가? - Task별 시작일, 종료일, 작업기간, 담당자, 결과물, 진척률 등 기술 여부 - 중복 또는 누락된 Task 존재 여부 - 병행처리 가능한 Task 존재 여부 - Task간 연간 관계의 적절성 여부 - Task 작업기간의 적절 여부(80시간 법칙 – 기능하면 주간 단위로 상세화 권장) * 분석: 업무 L4(세부 단위 업무) 세분화 설계: 업무 L4~5(세부 단위 업무 또는 프로그램) 구현: 업무 L5(프로그램 단위)로 세분화 시험: 업무 L5(프로그램 단위)로 세분화		△			- 일부 Task별 결과물(산출물), 담당자 표기가 안됨(산출물, 담당자 지정 요망) - 프로젝트 관리 요구사항, 데이터 요구사항, 인터페이스 요구사항, 품질 요구사항, 보안 요구사항 등 비기능 요구사항 Task 누락됨
5	• 단계별 진행에 따라 WBS를 현행화하고 있는가? - 요구사항 추적, 변경관리 등에서 도출된 새로운 Task 반영 여부				N/A	

(O : 적합, △ : 수정/보완, X : 누락, N/A : 제외)

5. PMO 검토의견

1) WBS 검토 결과 [표 1: WBS 점검 결과]와 일부 Task 및 요구사항이 누락 되었거나 Task별 상세화 (Breakdown)가 필요함

2) 누락 사항 또는 추가 보완이 필요한 사항에 대해 수정 요망

– 끝 –

PMO 검토보고서

작성일: 2023년 01월 19일

과 제 명	「차세대 OOO 시스템 구축 사업」		
구 분	☐ 주관기관 요구사항 ☐ 전문기관 요구사항 ■ 정례검토 ☐ 자체의견 제시사항		☐ 개발자 제시사항
검 토 자	OOO PMO	검토기간	2023.01.19. ~ 01.19
문서번호	PMO-검토보고서-003	대상 사업	차세대 OOO 시스템 구축 사업
제 목	차세대 OOO 시스템 구축 사업 - 긴급 적용 관련 산출물 점검		

1. 검토 개요

차세대 OOO 시스템 구축 사업의 긴급 적용(SFR-001, SFR-002) 단계 산출물(7종) 작성 여부, 작성 내용 및 PMS에 제출 여부를 점검함

2. 검토 일정: PMO 검토('23.01.19) -> PMO 검토보고서 작성 및 전달(01.19)

3. 검토 대상 문서

- 긴급 적용(오픈) 단계 산출물: 첨부 1: 긴급 적용 단계 산출물(7종) 점검 내용 참조
- 2023년 09월 19일 메일로 수신한 산출물(7종)을 기준으로 점검하였으며, 이후에 수정된 내용은 반영하지 않았음

4. PMO 검토 내용

1) 방법론 테일러링결과서에 정의한 전개단계 산출물(7종)에 대한 작성 여부 및 표준양식 적용 여부, 산출물 간 정합성, 산출물 내용 및 PMS 제출 여부 점검
   ▶ 개발 산출물 작성 및 PMS 제출 내용
   - 전체 대상 산출물 7종을 메일로 받았음

[표 1 : 작성 산출물 수] (2023.01.19일 메일로 받은 문서 기준)

전개 단계	대상 산출물 수	PMS 등록 수	기타
긴급 전개(적용)단계 산출물	7	0	대상 산출물 보완 후 PMS 등록 요망

2) PMS에 등록된 산출물 내용을 점검한 결과 다음 산출물에서 미흡한 내용 발견됨
   - 전체 산출물 검토 결과, 전반적으로 양호하게 작성되었으나 일부 산출물에서 미흡한 내용 발견
   - 아래 [표 2]에 미흡 내용과 개선 사항을 정리하였음

[표 2 : 산출물 미흡 내용 및 개선 사항]

산출물 명	미흡 내용	개선 사항	기타
EV기능개선패치소스-목록	- 미흡 내용 없음 - PMS 등록 안됨	- PMS 등록 요망	
차세대 OOO 시스템 구축 사업_운영지원_엔티티속성 신청요청	- 미흡 내용 없음 - PMS 등록 안됨	- PMS 등록 요망	
단위테스트결과서v1.0	- 미흡 내용 없음 - PMS 등록 안됨	- PMS 등록 요망	
통합테스트결과서_통합본_v1.0	- 미흡 내용 없음, PMS 등록 안됨 - 개발자 테스트는 완료되었으나, 사업추진단 담당자 테스트는 미완료됨	- PMS 등록 요망 - 사업추진단 담당자 테스트 필요함	
화면정의서	- 화면정의서에 요구사항ID, 요구사항명, 단위테스트ID, 통합테스트ID 표기 안됨 - PMS 등록 안됨	- 화면정의서에 요구사항ID, 요구사항명, 단위테스트ID, 통합테스트ID 표기 요망 - PMS 등록 요망	
전개계획서	- 전개계획서, 전개체크리스트 작성 양식이 발주기관 표준가이드에 맞지 않음 - PMS 등록 안됨	- 발주기관 표준가이드 양식(전개계획서,전개체크리스트)에 맞게 작성요망(* 샘플 참조) - PMS 등록요망	첨부 1: 긴급 적용(오픈) 단계 개발 산출물 점검 내용 참조
반영 소스 목록	- 미흡 내용 없음, PMS 등록 안됨	- PMS 등록 요망	

5. PMO 검토의견

1) 긴급 적용(전개) 산출물 모두 수정 보완 후 PMS에 등록 요망

2) [표 2]에 정리한 산출물 미흡 내용 및 개선 사항(화면정의서, 전개계획서, 전개체크리스트 등)을 발주기관과 협의하여 보완할 필요가 있음

- 끝 -

-첨부1 : 설계단계 필수 산출물 점검 내용

PMO 검토보고서

작성일 : 2023년 01월 16일

과 제 명	「차세대 OOO 시스템 구축 사업」		
구 분	☐ 주관기관 요구사항 ■ 정례검토	☐ 전문기관 요구사항 ☐ 자체의견 제시사항	☐ 개발자 제시사항
검 토 자	OOO PMO	검토기간	2023.01.15. ~ 01.16
문서번호	PMO-검토보고서-004	대상 사업	차세대 OOO 시스템 구축 사업
제 목	차세대 OOO 시스템 구축 사업 - 분석/설계 단계 산출물 점검		

1. 검토 개요

- 차세대 OOO 시스템 구축 사업 분석/설계단계 산출물(4종) 작성 여부, 작성 내용, 및 PMS에 제출 여부를 점검함

2. 검토 일정 : PMO 검토('23.1.15~16) -> PMO 검토보고서 작성 및 전달(01.16)

3. 검토 대상 문서

- 분석/설계 단계 산출물: [표 1: 산출물 미흡 내용 및 개선 사항] 참조
- 2023년 1월14일 PMS에 등록한 산출물(4종)을 기준으로 점검하였으며, 이후에 수정된 내용은 반영하지 않았음

4. PMO 검토 내용

1) 방법론 테일러링결과서에 정의한 산출물(4종)에 대한 작성 여부 및 표준양식 적용 여부, 산출물 간 정합성, 산출물 내용 및 PMS 제출 여부 점검
   - (4종) 산출물 검토 결과, 전반적으로 양호하게 작성되었으나 일부 산출물에서 미흡한 내용이 발견됨
   - 아래 [표 1]에 미흡 내용과 개선 사항을 정리하였음

[표 1 : 산출물 미흡 내용 및 개선 사항]

산출물 명	미흡 내용	개선 사항	기타
EV-2022-차세대 OOO 시스템 구축 사업-DE22-2(프로그램 목록_v1.0)	없음	없음	
EV-2022-차세대 OOO 시스템 구축 사업-DE22-1(프로그램명세서_v1.0)	요구항목 18건(SFR-08, SFR-09, SFR-12, SFR-13, SFR-19, SFR-28, SFR-30, SFR-32, SFR-33, SFR-34, SFR-35, SFR-40, SFR-41, SFR-44, SFR-45, SFR-46, SFR-51, SFR-53) 내용이 프로그램명세서에 누락됨	누락된 요구항목 반영 필요	
EV-2022-차세대 OOO 시스템 구축 사업-DE51-1(단위테스트케이스)_v1.0	단위테스트 산출물에 유스케이스 ID 항목이 누락됨	단위테스트ID와 유스케이스ID 매핑 필요	
EV-2022-차세대 OOO 시스템 구축 사업-TE12-1(통합테스트결과서_통합본_v1.0)	통합테스트 산출물에 유스케이스 ID 항목이 누락됨	통합테스트ID와 유스케이스ID 매핑 필요	

5. PMO 검토의견

1) 분석/설계 단계 산출물(4종) 점검 결과 전반적으로 양호하게 작성되었으나, 프로그램명세서의 경우 18건의 요구항목에 해당하는 프로그램명세가 누락됨

2) [표 1]에 정리한 산출물 미흡 내용 및 개선 사항(프로그램명세서, 단위테스트 케이스, 통합테스트결과서 등)을 발주부서와 협의하여 보완할 필요가 있음

– 끝 –

PMO 검토보고서

작성일: 2023년 01월 27일

과 제 명	「차세대 OOO 시스템 구축 사업」		
구 분	☐ 주관기관 요구사항 ■ 정례검토	☐ 전문기관 요구사항 ☐ 자체의견 제시사항	☐ 개발자 제시사항
검 토 자	OOO PMO	검토 기간	2023.01.27~01.27
문서번호	PMO-검토보고서-005	대상 사업	차세대 OOO 시스템 구축 사업
제 목	차세대 OOO 시스템 구축 - 사업수행계획서 산출물 검토		

1. 검토 개요

「차세대 OOO 시스템 구축 사업」 착수에 따라 사업수행계획서 산출물 작성 내용에 대해 PMO 검토

2. 검토 일정 : PMO 검토('23.01.26~27) -> PMO 검토보고서 작성 및 전달(01.27)

3. 검토 대상 문서 및 내용

▶ 사업수행계획서에 계약문서(제안요청서, 제안서, 기술협상서)에서 정한 내용이 빠짐없이 정의되었는지, 발주기관 정보화사업 표준가이드를 준수했는지 점검(점검항목 이용 점검)

4. PMO 검토 내용

1) PMS에 등록된 사업수행계획서에 대해 점검한 내용은 아래 표와 같음

[표 1: 사업수행계획서 주요 점검 결과]

번호	점검항목	점검 결과				PMO 검토의견
		○	△	X	N/A	
1	사업명이 정확하게 작성되었는가? - 제안요청서상의 명칭과 동일 여부	○				
2	사업 기간이 정확하게 작성되었는가? - 제안요청서상의 기간과 동일 여부	○				
3	사업목적이 작성되었는가? - 제안요청서상의 과제 외 추진 배경 및 목적 작성 여부		△			제안요청서에 있는 추진 배경 및 목적을 참조하여 세부적으로 작성 요망
4	사업 범위가 명확하게 작성되었는가? - 개발 대상업무 : 계약 관련 서류(제안요청서, 제안서, 기술 협상서, 계약서 등)에서 제시한 내용이 전부 포함되었는지 여부 - 개발 및 운영환경 : 소프트웨어, 하드웨어, 네트워크, 기타 등으로 나누어 기술적인 사항을 개발 중/개발 후/운영단계로 나누어 세부적으로 기술 여부(행정기관 및 공공기관 정보시스템 구축·운영 지침 준수여부 기술) - 기타 : 인터페이스 관련 사항, 표준화, 업무절차 재구축, 초기 자료 구축 등 작성 여부		△			개발환경 및 운영환경 내용 추가 작성 요망 인터페이스 관련 사항 추가 요망 초기 데이터 구축 내용 추가 요망

번호	점검항목	점검 결과 O	△	X	NA	PMO 검토의견
5	사업추진체계가 적절하게 제시되었는가? - 총괄추진체계: 제안요청서에 제시된 발주기관과 사업자 명시 여부 - 사업자 추진체계: 사업자 조직도, 업무 분장, 참여 인력 총괄표 등의 작성 여부		△			총괄추진체계에서 감리/PMO 조직 및 역할 추가 요망
6	사업 추진 절차가 적절한가? - 발주기관 정보화사업 소프트웨어 개발 표준가이드 따라 단계별(착수/분석/설계/구현/전개/종료) 적합한 계획수립 여부(방법론 테일러링 결과반영 필요)		△			발주기관 방법론 테일러링 결과를 반영하여 현실화가 필요함
7	산출물 계획이 적절한가? - 단계별 산출물 종류, 제출 일정, 제출 부수 등 제출계획의 작성 여부	O				
8	일정계획이 적절한가? - 단위 업무 누락 여부 - 주간 단위로 단위 업무(Task)의 상세화 여부 - WBS와 일치 여부		△			일정계획을 WBS와 일치시키고, 단위 업무 상세화 필요함
9	공정별 투입인력 계획이 적절한가? - 세로(작업단계별)계: 투입직무별 MM 합계 작성 여부 - 가로(투입직무별)계: 작업단계별 MM 합계 작성 여부 (단, FP로 산정된 사업은 작성 제외)				N/A	
10	보고 계획이 구체적으로 수립되었는가? - 주간, 월간, 단계별 보고를 포함하여 품질보증 활동 보고, 위험관리 현황보고 등 전체적인 보고계획 수립 여부		△			주간/월간보고를 매주 목요일 오후 3시로 변경 요망
11	표준화 계획이 적정하게 수립되었는가? - 표준화 항목(행정 업무표준, 공통서비스)에 맞는 사업수행 내역 작성 여부 - 정보화 기반 표준(기술적용계획표 작성 여부) - 공공기관의 데이터베이스 표준화 지침 작성 여부 - 전자정부 웹사이트 품질관리 지침 작성 여부			X		표준화 계획 작성 누락됨 1) 표준화 항목 사업수행내용 추가 2) 기술적용계획표 추가 3) 데이터베이스 표준화 방안 추가 4) 전자정부 웹사이트 품질관리 방안 추가
12	품질관리계획이 적절한가? - 품질 목표, 품질조직 및 역할, 품질보증 절차, 품질 활동 계획, 보고 절차, 일정계획 수립 여부		△			품질 목표 누락됨. 추가 요망
13	위험관리 계획이 적절하게 수립되었는가? - 위험관리 목표, 추진체계, 절차 등 작성 여부		△			
14	보안대책이 적절한가? - 생성된 문서의 보관, 통신보안, 시스템 보안 등 보안대책과 개인정보보호 대책 제시 여부 - '소프트웨어 개발 보안 가이드' 준수를 위한 대책(개발자 교육, 시큐어 코딩, 보안취약점 진단, 보안조치 등) 작성 여부		△			'소프트웨어 개발 보안 가이드' 준수를 위한 대책(개발자 교육, 시큐어 코팅, 보안취약점 진단, 보안 조치 등) 추가 요망
15	교육계획이 적절한가? - 사업 완료 이전/이후를 포함한 제공 교육에 대한 교육과목, 일정, 대상, 내용, 지원사항 등 작성 여부	O				
16	발주기관 협조 요청사항이 있는가? - 사업자 입장에서 사업수행을 위해 필요한 사항 중 발주기관에서 조치해야 하는 사항(출입 조치, 작업장소, 자료조사 협조, 개발환경 구축 등) 기술 여부			X		개발환경 구축 등 발주기관의 협조가 필요한 사항 기술 요망
17	기술협상 결과가 반영되었는가?			X		기술협상 결과 반영 요망

(O : 적합, △ : 수정/보완, X : 누락, N/A : 제외)

5. PMO 검토의견

1) 사업수행계획서 검토 결과 [표 1: 사업수행계획서 주요 점검 결과]와 일부 항목에서 누락 되었거나 보완이 필요한 사항을 확인함

2) 누락 사항 또는 추가 보완이 필요한 사항을 수정 보완 후 발주부서 담당 책임자에게 승인받을 것을 권고함

- 끝 -

PMO 검토보고서

작성일: 2023년 01월 14일

과 제 명	「차세대 OOO 시스템 구축 사업」		
구 분	☐ 주관기관 요구사항 ■ 정례검토	☐ 전문기관 요구사항 ☐ 자체의견 제시사항	☐ 개발자 제시사항
검 토 자	OOO PMO	검토 기간	2023.01.14
문서번호	PMO-검토보고서-006	대상 사업	차세대 OOO 시스템 구축 사업
제 목	차세대 OOO 시스템 구축 사업 – 요구사항추적표 검토		

1. 검토 개요

「차세대 OOO 시스템 구축 사업」에 따라 요구사항추적표에 대한 PMO 검토

2. 검토 일정 : PMO 검토('23.01.14) -> PMO 검토보고서 작성 및 전달(01.14)

3. 검토 대상 문서 및 내용

▶ 요구사항추적표가 기능/비기능 요구사항에 대한 단계별(분석·설계·구현·시험/전개) 이행 여부를 추적할 수 있는지, 발주기관 정보화사업 표준가이드를 준수했는지 등 점검

4. PMO 검토 내용

1) PMS에 등록된 요구사항추적표에 대해 점검한 내용은 아래 표와 같음

[표 1: 요구사항추적표 점검 결과]

번호	점검항목	○	△	X	N/A	PMO 검토의견
1	•제안요청서 및 요구사항정의서에 정의된 기능/비기능 요구사항이 모두 기술되었는가? - 기능 요구사항의 반영 여부 - 비기능 요구사항(성능, 인터페이스, 데이터, 테스트, 품질, 보안, 제약사항, 프로젝트 관리, 프로젝트 지원 등)의 반영 여부	○				기능요구사항 53개, 비기능 요구사항 32개 모두 기술됨(요건 변경 4개 포함)
2	•기능 요구사항의 단계별(분석·설계·구현·시험/전개) 추적성이 가능한가? - 분석단계의 추적을 위해 유스케이스ID, 유스케이스명 등의 정확성 여부(누락 여부) - 설계단계의 추적을 위해 메뉴ID,메뉴명, 화면ID, 화면명, 프로그램ID, 프로그램명, 시퀀스ID, 시퀀스명 등의 정확성 여부(누락 여부) - 구현단계의 추적을 위해 단위테스트ID, 단위테스트명의 정확성 여부(누락 여부) - 시험단계의 추적을 위해 통합테스트ID, 통합테스트명 등의 정확성 여부(누락 여부)	○				

번호	점검항목	점검결과				PMO 검토의견
		○	△	X	N/A	
3	• 시스템 장비 구성 요구사항의 단계별(분석·설계·구현·시험/전개) 추적성이 가능한가? - 분석: 사업수행계획서, 아키텍처분석서, 기술협상안 등 기술 여부 - 설계: 아키텍처설계서, SW상용 설치계획서 등 기술 여부 - 구현: SW 상용 설치계획서 등 기술 여부 - 시험/전개: SW상용 설치계획서 등 기술 여부				N/A	
4	• 성능 요구사항의 단계별(분석·설계·구현·시험/전개) 추적성이 가능한가? - 분석: 총괄 테스트계획서 등 기술 여부 - 설계: 테스트시나리오(시스템) 기술 여부 - 구현: - - 시험/전개: 테스트결과서(시스템) 등 기술 여부		△			성능 요구사항을 추적할 수 있는 단계별 근거 산출물 기술(매핑) 요망(왼쪽 점검항목 참조)
5	• 인터페이스 요구사항의 단계별(분석·설계·구현·시험/전개) 추적성이 가능한가? - 분석: - - 설계: 화면설계서(시안) 등 기술 여부 - 구현: - - 시험/전개: 테스트결과서(통합) 등 기술 여부		△			인터페이스 요구사항을 추적할 수 있는 단계별 근거 산출물 기술(매핑) 요망(왼쪽 점검항목 참조)
6	• 데이터 요구사항의 단계별(분석·설계·구현·시험/전개) 추적성이 가능한가? - 분석: 데이터 현행 표준사전정의서, 논리ERD, 데이터 전환분석서, 총괄테스트계획서 등 기술 여부 - 설계: 데이터 전환계획서, 코드정의서, 개발 DB 및 환경 구축, 인덱스정의서 등 기술 여부 - 구현: 논리 ERD, 데이터 전환검증결과서(데이터 전환프로그램 명세), 코드정의서, 개발 DB 및 테스트 환경 구축, 시스템 테스트시나리오, 데이터전환 검증결과서 등 기술 여부 - 시험/전개: 시스템 테스트결과서 등 기술 여부		△			데이터 요구사항을 추적할 수 있는 단계별 근거 산출물 기술(매핑) 요망(왼쪽 점검항목 참조)
7	• 테스트 요구사항의 단계별(분석·설계·구현·시험/전개) 추적성이 가능한가? - 분석: 총괄테스트계획서 등 기술 여부 - 설계: 테스트시나리오(단위) 등 기술 여부 - 구현: 테스트결과서(단위) 등 기술 여부 - 시험/전개: 테스트결과서(단위/통합) 등 기술 여부		△			테스트 요구사항을 추적할 수 있는 단계별 근거 산출물 기술(매핑) 요망(왼쪽 점검항목 참조)
8	• 품질 요구사항의 단계별(분석·설계·구현·시험/전개) 추적성이 가능한가? - 분석: 방법론 테일러링결과서, 품질계획서, 단계별 점검결과, PMO 검토보고서, 사업수행계획, 형상관리계획서 등 기술 여부 - 설계: 단계별 점검결과, PMO 검토보고서 등 기술 여부 - 구현: 단계별 점검결과, PMO 검토보고서 등 기술 여부 등 기술 여부 - 시험/전개: 단계별 점검결과, PMO 검토보고서 하자보수계획서, 전개 계획 및 결과서 등 기술 여부 등 기술 여부		△			품질 요구사항을 추적할 수 있는 단계별 근거 산출물 기술(매핑) 요망(왼쪽 점검항목 참조)
9	• 보안 요구사항의 단계별(분석·설계·구현·시험/전개) 추적성이 가능한가? - 분석: 사업수행계획서, 보안관리계획서, 보안서류 제출, 자료제공 관리대장, 발주기관 보안점검 등 기술 여부 - 설계: 발주기관 보안 SW 설치에 따른 절차 준수, PC 필터 점검 및 증적 발주부서에 제출 등 기술 여부		△			보안 요구사항을 추적할 수 있는 단계별 근거 산출물 기술(매핑) 요망(왼쪽 점검항목 참조)

번호	점검항목	점검결과 ○	△	X	N/A	PMO 검토의견
9	- 구현: 발주기관 보안 SW 설치에 따른 절차 준수, PC 필터 점검 및 증적 발주부서에 제출 등 기술 여부 - 시험/전개: 발주기관 보안 SW 설치에 따른 절차 준수, PC 필터 점검 및 증적 발주부서에 제출 등 기술 여부		△			보안 요구사항을 추적할 수 있는 단계별 근거 산출물 기술(매핑) 요망(왼쪽 점검항목 참조)
10	• 제약사항 요구사항의 단계별(분석·설계·구현·시험/전개) 추적성이 가능한가? - 분석: 사업수행계획서, 기술적용계획표, 제안시 인증제품 증적 제출, 하도급 계획서 및 관련 서류 제출, 등 기술 여부 - 설계: 발주기관 보안 프로그램에 따른 반/출입 절차 준수 등 기술 여부 - 구현: 시큐어 코딩(소스코드 인스펙션)/웹 취약점/웹 호환성 점검결과서, 개인정보영향평가 결과서(담당 수행사), SW 상용 설치결과서, 발주기관 보안 프로그램에 따른 반/출입 절차 준수 등 기술 여부 - 시험/전개: 종료 시 발주기관 보안 절차에 따른 포맷 진행 등 기술 여부		△			제약 요구사항을 추적할 수 있는 단계별 근거 산출물 기술(매핑) 요망(왼쪽 점검항목 참조)
11	• 프로젝트 관리 요구사항의 단계별(분석·설계·구현·시험/전개) 추적성이 가능한가? - 분석: 사업수행계획서, 방법론 테일러링, PMO 검토보고서, PMS 버전관리, 주간 및 월간 보고, 위험 및 이슈관리대장, WBS, 착수/주간/월간 보고, 회의록, 분석단계 산출물점검 등 기술 여부 - 설계: 주간/월간 보고, 회의록, 설계단계 산출물점검 등 기술 여부 - 구현: 주간/월간 보고, 회의록, 구현단계 산출물점검 등 기술 여부 - 시험/전개: 주간/월간 보고, 회의록, 시험/전개 단계 산출물점검 등 기술 여부		△			프로젝트 관리 요구사항을 추적할 수 있는 단계별 근거 산출물 기술(매핑) 요망(왼쪽 점검항목 참조)
12	• 프로젝트 지원 요구사항의 단계별(분석·설계·구현·시험/전개) 추적성이 가능한가? - 분석: 변경 관리 대장, 위험 및 이슈관리대장, 사업수행계획서, 교육훈련계획서 등 기술 여부 - 설계: 변경관리대장, 위험 및 이슈관리대장 등 기술 여부 - 구현: 변경관리대장, 위험 및 이슈관리대장등 기술 여부 - 시험/전개: 교육결과서, 사업완료보고서, 하자보수계획서 등 기술 여부		△			프로젝트 지원 요구사항을 추적할 수 있는 단계별 근거 산출물 기술(매핑) 요망(왼쪽 점검항목 참조)

(O : 적합, △ : 수정/보완, X : 누락, N/A : 제외)

5. PMO 검토의견

1) 요구사항추적표 검토 결과 [표 1: 요구사항추적표 점검 결과]에 기능 요구사항 부문은 적정하게 작성되었으나, 비기능 요구사항에 대해서는 단계별(분석·설계·구현·시험/전개) 관련 근거 산출물 기술(매핑)이 안되어 요구사항 이행 여부를 추적할 수 없음

2) 비기능 요구사항에 대해서 단계별 이행 여부를 추적할 수 있는 관련 산출물을 [표 1: 요구사항추적표 점검 결과]의 왼쪽 '점검항목'을 참고하여 해당 관련 산출물을 기술(표기) 바람

– 끝 –

PMO 검토보고서

작성일: 2023년 01월 15일

과 제 명	차세대 OOO 시스템 구축 사업		
구 분	☐ 주관기관 요구사항 ☐ 전문기관 요구사항 ■ 정례검토 ☐ 자체의견 제시사항 ☐ 개발자 제시사항		
검 토 자	OOO PMO	검토 기간	2023.01.14.~01.15
문서번호	PMO-검토보고서-007	대상 사업	차세대 OOO 시스템 구축 사업
제 목	차세대 OOO 시스템 구축 사업 – 유스케이스명세서 검토		

1. 검토 개요

「차세대 OOO 시스템 구축 사업」에 따라 '유스케이스명세서'에 대한 PMO 검토

2. 검토 일정 : PMO 검토(23.01.14~15) -> PMO 검토보고서 작성 및 전달(01.15)

3. 검토 대상 문서 및 내용

▶ 분석 단계 산출물인 유스케이스명세서에 서브 시스템 목록, 액터 목록, 유스케이스 목록, 유스케이스 상세 정의(유스케이스 다이어그램, 유스케이스기술서) 등이 요구사항에 맞게 적절하게 작성되었는지, 발주기관 정보화사업 표준가이드를 준수했는지 등을 점검(점검항목 이용 점검)

4. PMO 검토 내용

1) PMS에 등록된 유스케이스명세서에 대해 점검한 내용은 아래 표와 같음

[표 1: 유스케이스명세서 점검 결과]

번호	점검항목	점검결과				PMO 검토의견
		○	△	X	N/A	
1	•유스케이스명세서 작성 개요가 적절한가? - 유스케이스 명세서의 작성 목적 및 배경의 기술 여부 (생략 가능)	○				(생략 가능)
2	•서브 시스템 목록은 도출되었는가? - 서브 시스템ID 기술 여부 - 서브 시스템명 기술 여부 - 서브 시스템의 설명 기술 여부	○				
3	•서브 시스템별 액터 목록은 도출되었는가? - 서브 시스템별 액터ID(액터 고유번호), 액터명 기술 여부 - 서브 시스템별 액터 유형(주액터, 보조액터)의 적절하게 식별되었는지 여부 ·주액터: 사용자의 목적을 수행하는 능동적 입장의 액터		△			- 액터 유형을 주액터(Primary Actor), 보조액터(Secondary Actor)로 분류 요망 - 시스템 액터(42쪽에서 사용됨) 누락됨

번호	점검항목	점검결과				PMO 검토의견
		○	△	X	N/A	
3	·보조액터: 시스템의 요청에 따라 작업을 하거나 수신하는 액터 - 액터의 설명 기술 여부		△			
4	•유스케이스 목록은 도출되었는가? - 요구사항 대비 유스케이스는 도출 누락 여부 - 서브 시스템별 유스케이스ID(유스케이스 고유번호), 유스케이스명 기술 여부 - 유스케이스별 주액터ID, 보조액터ID를 표기 여부 - 유스케이스별 관련 요구사항ID의 기술 여부		△			- 액터 표기 항목이 관련 액터 ID 하나로 표기됨(2page --> 주액터와 보조액터로 항목으로 분리 표기 요망 - 요구사항 대비 유스케이스 작성이 안된 내용 추가 요망(누락 요구사항: SFR-13, SFR-33, SFR-44, SFR-45, SFR-46, SFR-51, SFR-53)
5	•유스케이스 다이어그램은 적절한가? - 서브 시스템 정의의 적절성 여부 - 액터 식별의 적절성 여부 ·모든 사용자 역할 식별 여부 ·상호 작용하는 외부 시스템 식별 여부 - 유스케이스 식별의 적절성 여부 ·액터가 요구하는 서비스의 식별 여부 ·액터가 시스템과 상호작용하는 행위의 식별 여부 - Relation 정의 적절성 여부 ·액터와 액터의 관계의 적절성 여부 ·액터와 유스케이스와의 관계의 적절성 여부 ·유스케이스와 유스케이스와의 관계의 적절성 여부 ·Association-연관관계(유스케이스와 액터 사이의 상호 작용)의 적절성 여부(실선으로 표시) ·Include-포함관계(두 유스케이스 간 의존성)의 적절성 여부(점선으로 표시) ·Extend-확장 관계(두 유스케이스 간 확장성 : 특정 상황에서만 실행)의 적절성 여부(점선 화살표로 표시) ·Generalization-일반화 관계(부모 유스케이스와 자식 유스케이스 간의 상호관계)의 적절성 여부(삼각형 실선으로 표시) - 유스케이스 구조화의 적절성 여부 ·두 개 이상의 유스케이스에 존재하는 공통서비스의 추출 여부 ·특정 조건에서 활성화되는 유스케이스 추출 여부 - 서브 시스템 범위를 나타내는 직사각형 안에 유스케이스를 그렸는지 여부 - 액터에게 의미 있는 유스케이스 정의 여부(입력·수정·삭제·조회가 있는 경우 하나의 유스케이스로 포함) - 유스케이스 다이어그램 명칭의 적절성 여부(동사+목적어 형태로 기술)		△			- 유스케이스는 서브시스템 범위를 나타내는 직사각형 박스 안에 그려져야 함 - 19쪽 유스케이스 다이어그램에서 참여기업 세부제한 설정과 사업년도/차수비 구별설정 유스케이스간 Relation을 점선 화살표로 수정 요망 - 66쪽 유스케이스 간 Relation 유형 Association, (include, Generalization 등) 표기 누락됨 - 69쪽 유스케이스 간 relation 시 점선화살표 및 relation 유형 표기 요망
6	•유스케이스기술서는 적절하게 기술되었는가? - 주액터 기술 여부 - 이해관계자와 관심 사항(유스케이스 내에 있어야 하는 사람, 조직, 컴퓨터 시스템 등) 기술 여부 - 전제조건(시나리오가 유스케이스에서 시작되기 전에 항상 참이어야 하는 조건 등) 기술 여부 - 종료 조건 기술 및 적절성 여부 - 기본 시나리오(이벤트) 흐름의 기술 및 적절성 여부(업무분석을 위한 개념적인 업무 흐름을 표시했는지를 점검) - 대안 시나리오(이벤트) 흐름의 기술 및 적정성 여부(성공과 실패의 경우에 관한 흐름이나 분기를 적절하게 표현했는지 점검)	○				

번호	점검항목	점검결과				PMO 검토의견
		○	△	X	N/A	
6	- 비기능적 요구사항 기술 여부(해당 유스케이스에 성능, 보안, 사용성 등 비기능 요구사항이 있는 경우) - 업무 규칙 기술 여부(업무 규칙이 있는 경우) - 구현 시 고려사항 기술 여부	○				

(O : 적합, △ : 수정/보완, X : 누락, N/A : 제외)

5. PMO 검토의견

1) 유스케이스명세서 검토 결과 [표 1: 유스케이스명세서 점검 결과]에 대체적으로 발주기관 소프트웨어 개발방법론 기준에 맞게 작성이 되었으나, 요구사항 대비 유스케이스가 누락(7건)된 내용이 있고, 액터 목록/유스케이스 목록, 유스케이스 다이어그램 등에 수정사항이 발견됨

2) 액터 목록/유스케이스 목록, 유스케이스 다이어그램 등 산출물을 [표 1: 유스케이스명세서 점검 결과]의 왼쪽 '점검항목'을 참고하여 발주부서와 협의하여 보완 바람

- 끝 -

PMO 검토보고서

작성일: 2023년 01월 15일

과 제 명	「차세대 OOO 시스템 구축 사업」		
구 분	☐ 주관기관 요구사항 ■ 정례검토	☐ 전문기관 요구사항 ☐ 자체의견 제시사항	☐ 개발자 제시사항
검 토 자	OOO PMO	검토 기간	2023.01.14.~01.15
문서번호	PMO-검토보고서-008	대상 사업	차세대 OOO 시스템 구축 사업
제 목	차세대 OOO 시스템 구축 사업 – 클래스설계서 검토		

1. 검토 개요

「차세대 OOO 시스템 구축 사업」에 따라 '클래스설계서'에 대한 PMO 검토

2. 검토 일정 : PMO 검토('23.01.14~15) -> PMO 검토보고서 작성 및 전달(01.15)

3. 검토 대상 문서 및 내용

▶ 설계단계 산출물인 클래스설계서에 시퀀스 다이어그램, 클래스 다이어그램, 클래스 목록, 클래스 정의 등이 요구사항에 맞게 적절하게 작성되었는지, 발주기관 정보화사업 표준가이드를 준수했는지 등을 점검(점검항목 이용 점검)

4. PMO 검토 내용

1) PMS에 등록된 클래스설계서에 대해 점검한 내용은 아래 표와 같음

[표 1: 클래스설계서 점검 결과]

번호	점검항목	점검결과 ○	△	X	N/A	PMO 검토의견
1	• 클래스설계서 작성 개요가 적절한가? - 클래스설계서의 작성 목적 및 배경의 기술 여부(생략 가능)	○				(생략 가능)
2	• 주요 유스케이스에 대해서 시퀀스다이어그램이 적절하게 작성되었는가? - 시퀀스다이어그램 주요 정보 기술 여부 · 시퀀스다이어그램ID, 시퀀스다이어그램명, 관련 유스케이스 ID, 주요 액터, 주요 클래스 등 - 모델링의 인스턴스인 Lifeline이 객체의 관점에서 적절하게 표현되었는지 여부 - 인스턴스가 다른 인스턴스와 상호작용을 하며 활성화 되도록 Activation이 적절하게 표현되었는지 여부 - 인스턴스 간 주고받는 데이터 즉, 메시지가 적절하게 기술 여부 · 동기 메시지(Sync Message), 비동기 메시지(Async Message), 자체 메시지(Self Message), 변환 메시지(Reply/Return Message) 등의 적절성	○				

번호	점검항목	점검결과				PMO 검토의견
		○	△	X	N/A	
3	•클래스 다이어그램이 적절하게 작성되었는가? - 클래스ID, 클래스명, 클래스 설명이 포함된 클래스 목록의 정의 여부 - 클래스 내부 구성요소 및 클래스 간의 관계를 도식화하여 시스템의 특정 모듈이나 일부 또는 전체 구조화 여부 - 클래스 다이어그램에 클래스명, 관련 유스케이스 IDM 클래스 다이어그램 설명의 기술 여부 - 클래스의 이름, 속성(변수), 메소드순 나열 여부 - 인터페이스나 추상 클래스와 같은 요소를 표기를 위한 스테레오 타입의 적절성 여부(<< >>와 같은 문법을 사용하는데 이를 길러멧(guillemet)) - 추상 클래스를 나타내는 방법의 적절성 　·이탤릭체(기울어진 글씨) 또는 　·클래스 명에 {abstract}을 붙임 또는 　·길러멧으로 표시 - 클래스 간 관계 표시의 적절성 여부 　·Association: 다른 객체의 참조 (실선 화살표) 　·Inheritance: 상속 관계 (실선 삼각형 화살표) 　·Realization: 인터페이스를 상속하여 클래스에서 실제 기능을 실현화(점선 삼각형 화살표) 　·Dependency: 클래스 간 참조 관계(점선 화살표) 　·Aggregation: 집합 관계(실선 마름모 화살표)		△			클래스 목록 작성이 안됨(클래스ID, 클래스명, 클래스 설명이 포함된 클래스 목록 작성 요망)
4	•클래스 정의가 적절한가? - 클래스명 기술 여부 - 클래스 접근제어 타입 기술 여부 - 클래스 메소드에 대한 오퍼레이션 즉, 오퍼레이션 명, 제어자, 매개변수, 리턴 타입, 설명 등 기술 여부	○				

(O : 적합, △ : 수정/보완, X : 누락, N/A : 제외)

5. PMO 검토의견

1) 클래스설계서 검토 결과 [표 1: 클래스설계서 점검결과]에 대체적으로 발주기관 소프트웨어 개발방법론 기준에 맞게 작성이 되었으나, 클래스 목록이 정의되어 있지 않음

2) 시퀀스다이어그램, 클래스다이어그램, 클래스정의서 등 산출물을 [표 1: 클래스설계서 점검결과]의 왼쪽 '점검항목'을 참고하여 발주부서와 협의 후 클래스 목록을 작성 바람

– 끝 –

PMO 검토보고서

작성일: 2023년 1월 20일

과 제 명	「차세대 OOO 시스템 구축 사업」		
구 분	☐ 주관기관 요구사항 ■ 정례검토	☐ 전문기관 요구사항 ☐ 자체의견 제시사항	☐ 개발자 제시사항
검 토 자	OOO PMO	검토 기간	2023.01.19.~01.20
문서번호	PMO-확대-검토보고서-009	대상 사업	차세대 OOO 시스템 구축 사업
제 목	차세대 OOO 시스템 구축 사업 – '총괄테스트계획서' 산출물 검토		

1. 검토 개요

「차세대 OOO 시스템 구축 사업」 착수에 따라 '총괄테스트계획서' 산출물 작성 내용에 대해 PMO 검토

2. 검토 일정 : PMO 검토('23.01.19~20) -> PMO 검토보고서 작성 및 전달(01.20)

3. 검토 대상 문서 및 내용

▶ '총괄테스트계획서' 작성 시 테스트 대상시스템, 제약사항, 총괄테스트 전략, 테스트 실행계획, 테스트 일정 등이 상세하게 기술되었는지, 발주기관 정보화사업 표준가이드를 준수했는지 점검(점검항목 이용 점검)

4. PMO 검토 내용

1) PMS에 등록된 '총괄테스트계획서'에 대해 점검한 내용은 아래 표와 같음

[표 1: '총괄테스트계획서' 점검결과]

번호	점검항목	점검결과 ○	△	X	N/A	PMO 검토의견
1	•테스트 대상시스템이 기술되었는가? - 하드웨어구성도 작성 여부 - 응용 목표시스템구성도 작성 여부			X		- 테스트 대상시스템(하드웨어구성도, 응용 목표시스템구성도) 기술이 안됨 (내용 추가 필요)
2	•테스트 수행 시 고려되어야 할 제약사항이 기술되었는가? -시스템 범위에 대한 제약사항 기술 여부 -대외 연계 시스템에 대한 제약사항 기술 여부 -단계별 테스트 수행에 대한 제약사항 기술 여부			X		- 테스트 수행시 고려되어야 할 '제약사항'에 대한 기술이 없음(시스템 범위에 대한 제약사항, 단계별 테스트 수행에 따른 제약사항 등을 파악 후 기술 바람)
3	•총괄테스트 전략이 적절한가? - 테스트 범위의 명확화 여부 - 단계별 수행할 테스트 종류의 기술 여부(단위테스트, 통합테스트, 시스템테스트(가용성, 성능, 보안), 제3자테스트, 사용자/인수테스트)		△			- 단계별 테스트 종류(단위테스트, 통합테스트, 시스템테스트, 보안성테스트, 인수테스트)는 기술되어 있음 - 단, 보안성 테스트(p3~)에 대해서 명확화가 필요함(Code Inspection, 보안 약점 진단, 웹 취약점 진단 수행여부 명확화 필요(표준용어 사용 필요))

번호	점검항목	점검결과 O	△	X	N/A	PMO 검토의견
3	- 유형별 테스트 기술 여부(사용자 인터페이스테스트, 기능테스트, 상용SW테스트, 웹 표준/웹 접근성 테스트, 시스템테스트, 성능테스트, 개발소스점검 및 보안테스트(Code Inspection, 보안 약점 진단, 웹 취약점 진단))		△			- 웹 표준/웹 접근성 테스트는 대상에서 제외되는 것인지?(조정필요) - 시스템(성능)테스트(p.6~7)에 제안요청서의 성능요구사항- 처리속도 확보(PER-002) 내용 추가 요망(처리속도 확보(PER-002)) * 단, 시스템테스트(성능)계획서를 별도 제출하는 경우는 시스템테스트계획서에 포함 요망
4	•테스트 실행계획이 적절한가? - 테스트 수행절차 작성 여부(단위-통합-시스템-사용자 테스트 절차 기술 여부) - 발견된 결함에 대한 수정절차 작성 여부 - 테스트 툴 사용 계획 작성 여부 - 테스트 환경 기술여부(테스트 장소, 하드웨어구성도, 소프트웨어구성도, 테스트 대상 목표시스템구성도의 적절성 여부) - 테스트 추진체계(조직, 역할 및 책임)의 기술 여부 - 테스트 유형별 승인기준, 제약조건, 완료 조건, 수행절차 제시 여부	O				
5	•테스트 유형별 일정이 적절한가? - WBS의 마일스톤 및 일정의 일치여부 - 테스트별 세부 테스크(시나리오 작성 - 실시 – 결함조치)가 작성 여부 - 테스트에 따른 산출물 기술 여부		△			- 총괄테스트계획서의 테스트 일정(p.13)과 WBS 테스트 일정이 상이함(Tak, 명칭, 일정 등 일치 필요) 1) WBS 일정 내용 2) 테스트계획서 일정(p13) 내용 Code Inspection, 보안 약점 진단, 웹 취약점 진단 등 용어로 통일 요망(WBS, 총괄테스트계획서 모두 해당)

(O : 적합, △ : 수정/보완, X : 누락, N/A : 제외)

5. PMO 검토의견

1) 총괄테스트계획서 검토 결과 [표 1: 총괄테스트계획서 점검 결과]에 대해 미흡하거나 누락된 부문의 수정 보완이 필요함

– 끝 –

PMO 검토보고서

작성일: 2023년 2월 1일

과 제 명	「차세대 OOO 시스템 구축 사업」		
구 분	□ 주관기관 요구사항 ■ 정례검토	□ 전문기관 요구사항 □ 자체의견 제시사항	□ 개발자 제시사항
검 토 자	OOO PMO	검토 기간	2023.01.28.~02.01
문서번호	PMO-확대-검토보고서-010	대상 사업	차세대 OOO 시스템 구축 사업
제 목	차세대 OOO 시스템 구축 사업 요구사항정의서 검토		

1. 검토 개요

차세대 OOO 시스템 구축 사업 계약문서에서 정하는 업무 범위가 요구사항정의서에 빠짐없이 작성되었는지 여부 점검

2. 검토 일정 : PMO 검토('23. 01.28~02.01) -> PMO 검토보고서 작성 및 전달(02.01)

3. 검토 대상 문서 및 내용

▶요구사항정의서에 계약문서(제안요청서, 제안서, 기술협상서)와 인터뷰결과서, 회의록 등에서 정한 내용이 빠짐없이 정의되었는지 점검

▶검토 문서 : 계약문서와 PMS 등록된 요구사항정의서를 기준으로 점검함

 - 제안요청서, 제안서, 기술협상서 등
 - PN-2204-차세대 OOO 시스템 구축 사업-AN12-1(요구사항정의서(기능))-BD_v0.8.xlsx
 - PN-2204-차세대 OOO 시스템 구축 사업-AN12-1(요구사항정의서(기능))-CL_v0.8.xlsx
 - PN-2204-차세대 OOO 시스템 구축 사업-AN12-1(요구사항정의서(기능))-DS_v0.8.xlsx
 - PN-2204-차세대 OOO 시스템 구축 사업-AN12-1(요구사항정의서(기능))-PT_v0.8.xlsx
 - PN-2204-차세대 OOO 시스템 구축 사업-AN12-1(요구사항정의서(비기능))-BD_v0.8.xlsx
 - PN-2204-차세대 OOO 시스템 구축 사업-AN12-1(요구사항정의서(비기능))-CL_v0.8.xlsx
 - PN-2204-차세대 OOO 시스템 구축 사업-AN12-1(요구사항정의서(비기능))-DS_v0.8.xlsx
 - PN-2204-차세대 OOO 시스템 구축 사업-AN12-1(요구사항정의서(비기능))-PM(공통)_v0.8.xlsx
 - PN-2204-차세대 OOO 시스템 구축 사업-AN12-1(요구사항정의서(비기능))-PM_v0.8.xlsx
 - PN-2204-차세대 OOO 시스템 구축 사업-AN12-1(요구사항정의서(비기능))-PT_v0.8.xlsx
 - PN-2204-차세대 OOO 시스템 구축 사업-AN12-1(요구사항정의서(비기능))-TA_v0.8.xlsx

4. PMO 검토 내용

 1) 위 검토 문서를 기준으로 점검한 내용은 아래 표와 같음

▶기술협상 내용, 제안요청서의 요구사항이 요구사항정의서에 반영 여부를 점검한 결과 아래 표와 같이 일부 내용이 반영되지 않음
- 기능 요구사항 1개, 비기능 요구사항 8개가 요구사항정의서에 반영되지 않음

[표 1-1 기술협상, 제안요청서 반영 결과]

항목		기술 협상 요청 수	제안요청서 수	제안요청서 반영 수	제안요청서 미반영 수	내용
기능 요구사항		5	25	29	1	SFR-30
비기능 요구사항		1	45	47	8	
비기능상세	시스템 구성 요구사항		12	12	0	
	성능 요구사항		5	2	2	PER-01, PER-06
	인터페이스 요구사항		6	3	3	SIR-034 SIR-04, SIR-11
	데이터 요구사항		7	7	0	
	테스트 요구사항		5	4	1	TER-22
	보안 요구사항	1	7	6	1	SER-17
	품질 요구사항		5	5	0	
	제약사항		13	11	1	COR-03
	프로젝트 관리 요구사항		9	9	0	
	프로젝트 지원 요구사항		7	7	0	

▶요구사항 상세화 및 출처, 변경이력, 수용 여부 등을 점검한 결과는 아래 표와 같음
- 요구사항을 기능과 비기능으로 구분하여 업무별로 작성함
- 요구사항 출처는 제안요청서, 제안서, 기술협상서, 사업수행계획서, 회의록 등으로 식별됨
- 기술협상, 제안요청서, 제안서, 회의록 등의 요구사항을 반영하여 105개 요구사항을 632개로 상세화
- 전체 요구사항 631 중 수용은 575, 부분 수용 23, 미수용 14, 삭제 19로 식별됨
- 요구사항 추가, 이관, 변경, 삭제 등 변경이력을 관리하고 있음

[표 1-2 요구사항 수용 내용]

항목	기술협상	제안요청서	요구사항 정의서	수용	부분 수용	미수용	삭제
기능 요구사항	5	30	216	170	14	13	19
비기능 요구사항	1	75	415	405	9	1	
합계	6	105	631	575	23	14	19

5. PMO 검토의견

1) 제안요청서의 요구사항이 누락된 내용에 대한 추가 보완 작성이 필요함

2) 요구사항정의서에 정의된 내용 중 부분 수용, 미수용, 삭제 항목 중 근거가 누락된 부분 보완 및 타당성에 대한 검토를 합동검토 시에 논의 필요함

3) 합동검토 후에 도출된 결함이 조치가 완료된 후에 고객 승인을 취득하여 산출물 베이스라인 등록 필요

- 끝 -

별첨1: 요구사항정의서에 누락된 요구사항 내용
별첨2: 기능 요구사항 부분 수용 내용
별첨3: 기능 요구사항 미수용 내용
별첨4: 기능 요구사항(현업) 요건삭제 내용
별첨5: 비기능 요구사항 부분 수용 내용
별첨6: 비기능 요구사항 미수용 내용

별첨1: 요구사항정의서에 누락된 요구사항 내용

구분	제안요청번호	요구사항 명	기타
기능	SFR-19	반응형 웹 개선	
성능	PER-01	응답 시간	
	PER-05	안정적인 네트워크 속도 보장	
인터페이스	SIR-03	브라우저	
	SIR-04	사용자 편의성	
	SIR-06	안내 및 도움말의 표준화	
테스트	TER-05	업무 이관	
보안	SER-07	모바일 서비스 보안	
제약사항	COR-06	웹 호환성 및 웹 표준 준수	

별첨2: 기능 요구사항 부분 수용 내용

대분류	중분류	요구사항ID	요구사항 설명	RFP-ID	비고
데이터 수집 및 연계	추가 수집 및 모니터링 관리	SFR-CL-F-2806	•'OOO 클라우드 기반의 정보 활용체계'와 연계방안 검토 및 연계체계 구축 •OOO의 사업 일정에 따라 연계체계 구축완료 여부 결정	SFR-28	OOO와의 업무연락을 통해 '클라우드 기반의 정보 활용체계' 오픈 일자 검토 확인 중
데이터 표준화 및 구조화	시스템 관리 기능	SFR-DS-F-1803	•배치관리 - 정기작업, 수작업, 모든 작업에 등록이 가능해야 하며 조건별(월별, 일별, 시간별등) 배치프로그램 실행이 가능해야 함 -배치프로그램 작업 결과 표시 및 실시간 모니터링 기능	SFR-18	CMS 포탈에서 데이터셋 이관에 대한 일괄 배치프로그램 제공 배치결과 를 확인할 수 있는 VIEW제공 -PN-(인터뷰결과서)-DS(데이타표준화회의)_v0.1

별첨3: 기능 요구사항 미수용 내용

대분류	중분류	요구사항ID	요구사항 설명	RFP-ID	비고
차세대 OOO 시스템 구축 사업	포털 UI·UX개선 및 OOO 시각화 환경 구현	SFR-PT-F-420	지도 기반으로 다양한 분석 기능과 시각화기능을 제공	SFR-045	
차세대 OOO 시스템 구축 사업	포털 UI·UX개선 및 OOO 시각화 환경 구현	SFR-PT-F-445	시각화된 데이터기반 정형 보고서 생성기능	SFR-046	
차세대 OOO 시스템 구축 사업	관리 기능 개선	SFR-PT-F-817	<HS코드 관리 기능> 업데이트되는 OO코드 있을 경우 자체 관리(입력, 수정,삭제) 기능	SFR-048	시스템 유지보수-고도화 의견 전반.xlsx -1

별첨 4: 기능 요구사항(현업) 요건삭제 내용

대분류	중분류	요구사항ID	요구사항 설명	RFP-ID	비고
차세대 OOO 시스템 구축 사업	국내 시장 동향 정보 관리 기능 개선	SFR-PT-F-0902	경제정보 드림 인기 검색어 조회 기능 •CMS내 인기 검색어 조회(기간별, 지역별, 국가별 등) 기능	SFR-09	유지보수-고도화 의견전반 .xlsx-4
차세대 OOO 시스템 구축 사업	국내 시장 동향 정보 관리 기능 개선	SFR-PT-F-0914	•뉴스 중 웹 에디터 등록자료 엑셀 일괄 추출 기능	SFR-09	유지보수-고도화 의견전반 .xlsx-8
차세대 OOO 시스템 구축 사업	국내 시장 동향 정보 관리 기능 개선	SFR-PT-F-0915	뉴스 상품DB 관리기능추가 •작성 예정인 상품DB HS코드를 시스템에서 관리(등록, 승인, 반려) 할 수 있는 기능 •전체(지역별, 국가별) 상품DB 현황조회기능 및 자료작성에 연계	SFR-09	유지보수-고도화 의견전반 .xlsx-9
차세대 OOO 시스템 구축 사업	국내 시장동향 정보 관리 기능 개선	SFR-PT-F-0918	뉴스목표, 실적관리 기능 •주차별 해외시장 뉴스 목표설정 및 관리 기능 •주차별 목표 엑셀파일 일괄업로드 기능 •지역, 국가, 주차목표 및 실적 검색 기능	SFR-09	유지보수-고도화 의견전반 .xlsx-12
차세대 OOO 시스템 구축 사업	국내 시장 동향 정보 관리 기능 개선	SFR-PT-F-0938	홈페이지의 뉴스레터 발송 정보를 (시장뉴스)에 연동	SFR-09	유지보수-고도화 의견전반 .xlsx-23-9-2
차세대 OOO 시스템 구축 사업	국내 시장 동향 정보 관리 기능 개선	SFR-PT-F-0940	CMS내 마우스휠 클릭기능 활성화	SFR-09	유지보수-고도화 의견전반 .xlsx-23-11
차세대 OOO 시스템 구축 사업	국내 시장 동향 정보 관리 기능 개선	SFR-PT-F-0944	pending/fail로 평가된 자료의 수정 가능시간 표출방식 변경	SFR-09	유지보수-고도화 의견전반 .xlsx-23-14
차세대 OOO 시스템 구축 사업	국내 시장 동향 정보 관리 기능 개선	SFR-PT-F-0946	자료별 조회수를 일정기간을 설정해 확인할 수 있는 기능	SFR-09	유지보수-고도화 의견전반 .xlsx-23-16
차세대 OOO 시스템 구축 사업	국내 시장 동향 정보 관리 기능 개선	SFR-PT-F-0948	뉴스 유형에 따라 본문내용(에디터)에 작성해야 하는 항목을 소제목 형식으로 수정 불가능하게 추가하고, 모든 항목작성이 완료되어야만 결재되게 설정	SFR-09	유지보수-고도화 의견전반 .xlsx -23-18
차세대 OOO 시스템 구축 사업	국내 시장 동향 정보 관리 기능 개선	SFR-PT-F-0951	뉴스 대시보드의 배너를 1개만 등록해도 표출 가능하게 변경	SFR-09	유지보수-고도화 의견전반 .xlsx-23-21
차세대 OOO 시스템 구축 사업	국내 시장 동향 정보 관리 기능 개선	SFR-PT-F-0956	정형화된 정보는 텍스트 입력대신 엑셀파일 업로드 기능(대상 20여개 항목)	SFR-09	유지보수-고도화 의견전반 .xlsx-27
차세대 OOO 시스템 구축 사업	국내 시장 동향 정보 관리 기능 개선	SFR-PT-F-0975	수시 업데이트현황도 정시업데이트 같이 전국가를 한 번에 볼 수 있는 페이지 추가	SFR-09	유지보수-고도화 의견전반 .xlsx-33-15
차세대 OOO 시스템 구축 사업	국내 시장동향 정보 관리 기능 개선	SFR-PT-F-0979	보고서(심층) 메뉴를 자료실 API 연계를 통한 화면구현	SFR-09	유지보수-고도화 의견전반 .xlsx -36

대분류	중분류	요구사항ID	요구사항 설명	RFP-ID	비고
차세대 OOO 시스템 구축 사업	국내 시장 동향 정보 관리 기능 개선	SFR-PT-F-0981	자료별 조회수, 다운로드수를 기간을 설정해 조회하는 기능 추가 및 해당 기능만 별도권한 부여 가능하게 구현	SFR-09	유지보수-고도화 의견전반 .xlsx-38
차세대 OOO 시스템 구축 사업	보고서 등록관리 개선	RFA-PT-F-0401	게시판목록> 설명회, 세미나자료와 동일하게 게시한 자료를 미게시 처리하거나, 자료 등록 시점에서 임시저장 및 OpenAPI 연결	-	유지보수-고도화 의견전반 .xlsx-42
차세대 OOO 시스템 구축 사업	브라우저 고유기능	RFA-PT-F-0901	해당 기사가 아닌 해당 페이지가 새로운 창으로 나타나는데, 해당 기사만 새창으로 볼 수 있게 변경	-	유지보수-고도화 의견전반 .xlsx-55
차세대 OOO 시스템 구축 사업	나모웹 에디터 솔루션	RFA-PT-F-0603	자동 맞춤법 기능 필요, 에디터에 있는 기능이나 활성화 되어 있지 않음. 활성화시키거나 해당 기능 탑재 가능한지 검토	-	유지보수-고도화 의견전반 .xlsx-56
차세대 OOO 시스템 구축 사업	상세화면 재정의	RFA-PT-F-0103	뉴스 관리> 뉴스 검색 페이지가 첫화면에 나오도록 변경	-	유지보수-고도화 의견전반.xlsx -57 -[SFR-PT-F-0904] 요건에 의해 요건삭제
차세대 OOO 시스템 구축 사업	수출 정보 관리 기능 개선	SFR-PT-F-1016	정보등록/관리기능 • 하위메뉴 및 콘텐츠는 발주기관과 협의하여 선정	SFR-10	* 지능형 메뉴 -협의/설계/테스트 (산출물 포함) -설계기반 포털에서 화면구현

별첨5: 비기능 요구사항 부분 수용 내용

대분류	중분류	요구사항ID	요구사항 설명	RFP-ID	비고
빅데이터, AI 지능형 서비스 개발	전문가 검증	SFR-BD-Q-2103	데이터 생산 검수 관리 도메인전문가 검증 • AI보고서결과를 해당도메인(지역, 무역, 수출, 통관 등)의 전문가검수를 통한 품질향상 활동수행	SFR-21	
데이터 수집 및 연계	외부 기관 연계 보안	SER-CL-Q-0801	외부기관과의 연계시 전용회선 사용을 원칙으로 하되 인터넷망 사용시에는 VPN 등을 통해 소통자료 암호화 및 접근제어 실시 • 발주기관이 정보를 제공해주는 입장이거나 연계기관이 국가·공공기관일 경우 同원칙 준수, 그외의 사항일 경우 별도 협의(동원칙에 반하는 기존 연계사항도 변경추진 필요)	SER-08	PN-2204-차세대 OOO 시스템 구축 사업-AN11-2(인터뷰결과서)-CL(VPN 적용 회의)_v0.1
데이터 수집 및 연계	외부 기관 연계 보안	SER-CL-Q-0803	연계서버와 업무서버영역 간에는 침입 차단 시스템 등 보안 기능이 있는 장비를 활용하며 사전 정해진 데이터형식만 전달토록 구성	SER-08	
데이터 수집 및 연계	외부 기관 연계 보안	SER-CL-Q-0804	연계서버↔유관기관 간 VPN 등을 활용, 소통자료 암호화하고 침입 차단 시스템에서는 VPN 서버를 통해 인증받은 트래픽만 허용 • 적용할 암호화 알고리즘은 국가사이버안전센터홈페이지의 검증필 암호모듈 사용	SER-08	PN-2204-차세대 OOO 시스템 구축 사업-AN11-2(인터뷰결과서)-CL(VPN 적용 회의)_v0.1

대분류	중분류	요구사항ID	요구사항 설명	RFP-ID	비고
데이터 수집 및 연계	플랫폼 현황통계 기능	SFR-CL-Q-1601-01	플랫폼 현황통계 • 수집 데이터 통계조회 기능(수집) • 데이터 연계 현황 및 통계 조회 기능 • 데이터 용량 통계 조회 기능 • 오류 및 장애 통계 조회 기능	SFR-16	PN-2204-차세대 OOO 시스템 구축 사업-AN11-2(인터뷰결과서)-CL(요구사항정의서관련)_v0.1
데이터 수집 및 연계	시스템 관리 기능	SFR-CL-Q-1802	시스템 환경관리 • 시스템적 환경에 대한 설정 및 관리	SFR-18	솔루션(ESB, APIM) 관리 화면
인프라 구축	소프트웨어 구성 요구사항	ECR-TA-Q-0501	신규 SW는 제조사의 정품으로 기술 지원 방안을 마련하여야 하며, 라이선스는 납품시 제출하여야함	ECR-05	
인프라 구축	시스템 접근제어 에이전트 라이선스 도입	ECR-TA-Q-1101	수량 (아래 표 참조)	ECR-11	
인프라 구축	소프트웨어 구성 요구사항	ECR-TA-Q-0501	신규SW는 제조사의 정품으로 기술 지원 방안을 마련하여야 하며, 라이선스는 납품시 제출하여야함	ECR-05	

(ECR-TA-Q-1101 수량 표)

라이선스 구분	신규 도입 라이선스 수량	비고
시스템접근제어 Agent	5식	-

별첨6: 비기능 요구사항 미수용 내용

대분류	중분류	요구사항ID	요구사항 설명	RFP-ID	비고
빅데이터, AI 지능형 서비스 개발	지능형 서비스 모델 개선 및 추가개발	SFR-BD-Q-3004	빅데이터 공통기반 시스템인 공공 빅데이터 표준분석 모델활용 여부 검토	SFR-30	1. PN-2204-차세대 OOO 시스템 구축 사업-AN11-2(인터뷰결과서)-BD(통합검색, 지능형 서비스 요건 정의)_v0.1.hwp 2. PN-2204-차세대 OOO 시스템 구축 사업-CC11(회의록)_(220509-02)통합검색-지능형서비스요건정의관련.hwp

PMO 검토보고서

작성일: 2023년 01월 12일

과 제 명	「차세대 OOO 시스템 구축 사업 PMO 용역」		
구 분	☐ 주관기관 요구사항　　☐ 전문기관 요구사항 ■ 정례검토　　　　　　 ☐ 자체의견 제시사항　　　　☐ 개발자 제시사항		
검 토 자	OOO PMO	검토 기간	2023.01.9. ~ 01.12
문서번호	PMO-검토보고서-011	대상 사업	차세대 OOO 시스템 구축 사업
제 목	차세대 OOO 시스템 구축 사업 최종 산출물 검토		

1. 검토 개요

차세대 OOO 시스템 구축 사업의 최종 산출물의 작성 내용 및 PMS 등록 여부를 점검함

2. 검토 일정

- PMS 산출물 검토: '23.01.09~01.12
- 보고서 작성 및 전달: '23.01.31

3. 검토 대상 문서

- 개발 산출물(개발 준비, 분석, 설계단계 산출물)
- 사업관리 산출물
- GEAP 산출물

4. 검토 상세 내용

1) 발주기관 표준 및 방법론 테일러링결과서('PP12-1 방법론 테일러링결과서 v1.0')에 정의한 필수 산출물에 대해 작성 내용 및 PMS 등록 여부 점검.
   ▶ 착수/분석/설계/구현/시험/인도 및 전개단계 개발 및 관련 산출물, 사업관리 산출물 검토 내용 요약

(2023-01-31일 PMS 등록 문서 기준)

단계	대상 산출물 종류	PMS 등록 수	작성 확인 안됨	수정/보완필요	비고
1. 개발(응용시스템)	58종	52종	6종		
2. 사업관리	21종	19종	2종		
3. GEAP 관리	7종	0종	7종		

2) PMS의 해당 폴더 내에 등록된 산출물을 중심으로 점검하였음

5. PMO 검토의견

　1) 작성이 완료되지 않았거나, 작성이 완료되었더라도 PMS에 등록하지 않은 산출물, 그리고 수정 보완
　　 이 필요한 산출물들을 조속히 수정 및 보완, 작성하여 PMS에 등록할 필요가 있음(참조: 첨부 1. 방법론
　　 테일러링결과서 기준 PMS 산출물 점검현황)

　2) PMO 검토가 완료된 산출물의 버전은 v0.9로 변경하고, 최종 발주부서 검토가 완료된 산출물은 v1.0
　　 으로 하여 관리하여야 함

– 끝 –

-첨부 1: 방법론 테일러링결과서 기준 PMS 산출물 점검 현황

첨부 1: 방법론 테일러링결과서 기준 산출물 점검현황

1. 개발(OOO 시스템 구축)

(○: 필수, △: 선택, X: 미등록, ●: PMS 등록됨, ◐: PMS 일부 등록됨)

단계	활동	작업	산출물	사업규모 (5억이상)	적용 여부	PMS 등록 여부	테일러링 사유 및 PMO 검토의견
PP00. 개발 준비	PP10. 방법론 테일러링	PP12. 방법론 테일러링	PP12-1. 방법론 테일러링결과서	○	○	●	
AN00. 분석	AN10. 요구사항 분석	AN11. 요구사항 수집	AN11-1. 인터뷰계획서	△	○	●	
			AN11-2. 인터뷰결과서	△	○	●	
		AN12. 요구사항 정의	AN12-1. 요구사항정의서	○	○	●	
		AN13. 유스케이스 기술	AN13-1. 유스케이스명세서	○	○	●	
	AN20. 업무/ 데이터 분석	AN21. 업무 분석	AN21-1. 현행프로그램분석서	△	X		유스케이스 명세서로 같음 (2020 ISMP자료 참조)
			AN21-2. To-Be비즈니스업무흐름도	○	X		유스케이스 명세서로 같음 (2020 ISMP자료 참조)
			AN21-3. To-Be비즈니스프로세스정의서	△	X		유스케이스 명세서로 같음 (2020 ISMP자료 참조)
		AN22. 데이터 분석	AN22-1. 현행데이터분석서	△	X		데이터전환계획서에 포함
			AN22-2. 표준용어정의서	○	○	●	
			AN22-3. 논리데이터모델	○	X		
			AN22-4. 데이터전환분석서	△	X		데이터전환 계획서에 포함 가능
		AN23. 인터페이스 분석	AN23-1. 현행인터페이스분석서	△	X		
			AN23-2. To-Be인터페이스분석서	○	X		
			AN23-3. 화면 프로토타입	△	X		
	AN30. 아키텍처 분석	AN31. 현행 아키텍처 분석	AN31-1. 현행아키텍처 분석서	△	X		아키텍처설계서에 포함
			DE11-1. 아키텍처설계서(초안)	△	X		
	AN40. 분석단계 테스트 계획	AN41. 총괄테스트 계획	AN41-1. 총괄테스트계획서	△	○	●	
	AN50. 분석단계 점검	AN51. 분석단계 산출물 점검	AN51-1. 요구사항추적표	○	○	●	
			AN51-2. 분석단계 점검조치결과서	○	○	●	

단계	활동	작업	산출물	사업규모 (5억이상)	적용 여부	PMS 등록 여부	테일러링 사유 및 PMO 검토의견
DE00. 설계	DE10. 아키텍처 설계	DE11. 아키텍처 설계	DE11-1. 아키텍처설계서	○	○	●	
			DE11-2. 개발환경구성계획서	△	○		
			DE11-3. 표준가이드적용계획서(개발(코딩/웹/보안약점)표준가이드)	○	X		
	DE20. 애플리케이션 설계	DE21. 클래스 설계	DE21-1. 클래스설계서	○	○	●	
		DE22. 프로그램 설계	DE22-1. 프로그램명세서	○	○	●	솔루션 기반 시스템(프로그램 목록만 작성)
		DE23. 배치 프로그램 설계	DE23-1. 배치프로그램설계서	○	○	●	
		DE24. 사용자 웹 구성 설계	DE24-1. 사용자인터페이스 웹구성도	△	X		솔루션 기반 시스템(사용자인터페이스 설계서에 포함)
		DE25. 사용자 인터페이스 설계	DE25-1. 사용자인터페이스설계서	○	○	●	화면 설계(스토리보드)
			DE25-2. 사용자권한정의서	○	○	●	
		DE26. 인터페이스 설계	DE26-1. 인터페이스설계서	○	○	●	
	DE30. DB 설계	DE31. 논리 DB 설계	AN22-3. 논리데이터모델다이어그램	○	X		
			DE31-2. 코드정의서	○	○	●	
			DE31-3. 도메인정의서	○	○	●	
			DE31-4. 컬럼정의서	○	○	●	
			DE31-5 논리데이터모델다이어그램	○	○	●	
		DE32. 물리 DB설계	DE32-1. 테이블정의서	○	○	●	
			DE32-2. 물리데이터모델다이어그램	○	○	●	
			DE32-3. 데이터베이스정의서	○	○	●	
			DE32-4. 데이터베이스설계서	△	○	●	
			DE32-5. OBJECT 정의서	○	○	●	
			DE32-6. INDEX 정의서	○	○	●	
	DE40. 데이터 전환 설계	DE41. 데이터 전환 계획 및 프로그램 설계	DE41-1. 데이터전환 계획서	○	○	●	
			DE41-2. 데이터전환매핑정의서	△	X		현행 시스템 데이터 이관대상 없음
			DE41-3. 데이터전환프로그램명세서	△	X		현행 시스템 데이터 이관대상 없음
			DE41-4. 데이터검증프로그램명세서	△	X		데이터 검증방안을 제시해서 데이터 전환계획서에 포함
		DE42. 데이터 정비계획	DE42-1. 데이터정비계획서	△	X		주관부서의 정비기준 의사 결정에 따라 데이터 이관 시 반영하고 해당 내용을 데이터 전환계획서에 포함

단계	활동	작업	산출물	사업규모 (5억이상)	적용 여부	PMS 등록 여부	테일러링 사유 및 PMO 검토의견
DE00. 설계	DE50. 설계단계 테스트 계획	DE51. 단위테스트 계획 및 케이스 작성	DE51-1. 단위테스트케이스	○	○	●	
	DE60. 설계단계 점검	DE61. 설계단계 산출물 점검	DE61-1. 설계단계 점검조치결과서	○	○	●	
			AN51-1. 요구사항추적표	○	○	●	
CO00. 구현	CO10. 개발	CO11. 프로그램개발계획	CO11-1. 프로그램개발계획서	○	X		WBS로 관리
		CO12. 프로그램개발	CO11-2. 프로그램 소스	○	○		운영시스템
	CO20. 단위 테스트	CO21. 단위테스트	CO21-1. 단위테스트결과서	○	○	●	
	CO30. 시스템 테스트 계획	CO31. 통합테스트 시나리오작성	CO31-1. 통합테스트시나리오	○	○	●	
		CO32. 시스템 테스트 시나리오 작성	CO31-1. 시스템테스트계획서	○	○	●	
			CO31-2. 시스템테스트시나리오	○	○	●	
	CO40. 구현단계 점검	CO41. 웹 표준/호환성 점검	CO41-1. 웹접근성점검보고서	○	○	●	
			CO41-2. 웹호환성점검보고서	○	○	●	
		CO42. 소스품질검사	CO42-1. 코드인스펙션검사결과서	○	○	●	'소스품질검사 보고서'로 작성됨
			CO42-2. 보안약점진단결과서	○	○	●	'보안취약점진단 결과서'로 작성됨
			CO42-3. 웹취약점진단결과서	△	X	X	
		CO43. 구현단계 산출물 점검	CO43-1. 구현단계점검조치결과서	○	○	●	
			AN51-1. 요구사항추적표	○	○	●	
TE00. 시험	TE10. 테스트	TE11. 테스트 준비작업					
		TE12. 시스템 테스트	TE12-1. 통합테스트결과서	○	○	●	
			TE12-2. 시스템테스트결과서	○	○	●	
			TE12-3. 데이터검증결과서	○	X		데이터전환없음
	TE20. 인도 및 전개 준비	TE21. 교육준비 및 매 뉴얼 작성	TE21-1. 운영자매뉴얼	○	○	●	
			TE21-2. 사용자매뉴얼	○	○	X	산출물 표지만 있음
			TE21-3. 교육계획서	○	○		완료보고 연계하여 참석자 대상 교육 실시 (시연 포함)
		TE22. 인수인계 및 전개 준비 작업	TE22-1. 인수인계계획서	○	○	●	
			TE22-2. 전개계획서	△	○	●	
		TE23. SW사업정보저 장소 자료 및 EA 현행화	TE23-1. SW사업정보저장소자료	○	○	X	
			TE23-2. EA자료	○	○	X	산출물 표지만 있음
	TE30. 시험단계 점검	TE31. 시험단계 산출물 점검	TE31-1. 시험단계점검조치결과서	○	○	●	
			AN51-1. 요구사항추적표	○	○	●	

단계	활동	작업	산출물	사업규모 (5억이상)	적용 여부	PMS 등록 여부	테일러링 사유 및 PMO 검토의견
TO00. 인도 및 전개	TO10. 교육 및 인수인계	TO11. 교육 실시	TO11-1. 교육결과서	○	○	●	
		TO12. 인수인계	TO12-1. 인수테스트결과서	○	○	●	
			TO12-2. 인수확인서	△	X		
	TO20. 전개전개	TO21. 최종점검 및 리허설	TO21-1. 전개단계 점검조치결과서	○	○	●	전개계획서로 대체
		TO22. 전개	TO22-1. 전개체크리스트	△	○		
			TO22-2. 전개결과서	○	○		
			TE22-2. 시스템테스트결과서	○	○	●	TE12-2 문서와 동일
			TE22-3. 데이터적재결과서	○	X		
필수 산출물 (수)				60	58	52	

※ 웹 취약점 진단결과서 : 사업 규모 40억 이상(중견기업 참여기준) 대상 적용기준으로 권장하며, 기술협상 시 사업자와 협의하여야 함

2. 사업관리(OOO 시스템 구축)

(○: 필수, △: 선택, X : 미등록, ●: PMS 등록됨, ◐: PMS 일부 등록됨)

단계	산출물	표준 목록	적용 여부	PMS 등록 여부	테일러링 사유 및 PMO 검토의견
BP00. 사업계획	BP11. 제안요청서, 제안서, 요약서, 기술협상서 등	○	○	●	
	BP12. 사업수행계획서	○	○	●	
	BP13. 기술적용계획표/적용표	○	○	●	
RM00. 범위관리	RM11. 요구사항정의서	○	○	●	
	RM12. 요구사항추적표	○	○	●	
	RM13. 검사기준서	○	X		요구사항추적표 (기능,비기능)로 대체
	RM14. 과업(범위)대비표	△	○	X	
CC00. 의사소통 관리	CC11. 회의록	○	○	●	
	CC12. 착수보고	○	○	●	
	CC13. 중간보고	○	○	●	
	CC14. 종료보고	○	○		미도래
	CC15. 주간보고	○	○	●	
	CC16. 월간보고	○	○	●	
	CC17. 기타(수시)보고	△	○	●	
SC00. 일정관리	SC11. WBS	○	○	●	
RI00. 위험관리	RI11. 위험관리계획서	○	○	●	
	RI12. 이슈/리스크 관리대장	○	○	●	위험관리계획서에 포함
SM00. 보안관리	SM11. 보안관리계획서/결과서	○	○	●	

단계	산출물	표준목록	적용여부	PMS 등록여부	테일러링 사유 및 PMO 검토의견
CM00. 변경관리	CM11. 형상관리계획서/결과서	○	○	●	
	CM12. 구성변경관리	△	○	●	
QM00. 품질관리	QM11. 품질관리 계획서/결과서	○	○	●	
	QM12. 감리시정조치계획서	△	X		감리시정조치결과서로 대체
	QM13. PMO검토보고서 등	△	X		PMO가 작성
RE00. 자원관리	RE11. 자원관리 계획서/결과서(보안교육, 품질교육, 기술교육 등)	○	○	●	
필수 산출물 수		19	21	19	

3. GEAP(OOO 시스템 구축)

(○: 필수, △: 선택, X : 미등록, ●: PMS 등록됨, ◐: ITPMS 일부 등록됨)

구분	산출물	필수여부	적용여부	PMS 등록여부	테일러링 사유 및 PMO 검토의견	
GEAP	EA_서비스전달채널	○	○	X		
	EA_엔티티	○	○	X		
	EA_연계정보시스템	○	○	X		
	EA_응용기능	○	○	X		
	EA_정보파일(DB)	○	○	X		
	EA_하드웨어_소프트웨어	○	○	X		
	EA_현행정보시스템	○	○	X		
필수 산출물 수		7	7	0		

참고문헌

논문

- Al-Arabi, M. & Al-Sadeq, I. M., (2008). Establishing a project portfolio management office(PPMO)
- Casey, W. & Peck, W., (2001). Choosing the right PMO setup.
- Crawford, J. K., & Cabanis-Brewin, J., (2010). The Strategic Project Office, PM Solutions Research.
- Gerald M. Hill (2004). Evolving the Project Management Office: A Competency Continuum.
- Giraudo, Luca ., Monaldi, Emmanuele (2015). PMO evolution from the origin to the future, PA: Project Management Institute.
- Mullaly, M., (2002). Defining the Role of the PMO: The Quest for Identity.
- PMI & PwC, (2021). PMO Maturity: Lessons from the Global Top Tier.
- 간효진, 이석주 (2014). 일반 PMO와 차세대 금융 PMO의 기능 비교에 관한 연구. 2014년 추계학술대회 논문집 (2014.11), 제21권 제2호.
- 강선무, 김태완, & 이재두 (2009). EA 기반의 국가정보화 PMO제도 적용·활용 방안 연구. 제31회 한국정보처리학회 춘계학술발표대회 논문집(2009.4), 제16권 제1호.
- 강신원, 김정란, & 지경용 (1999). 국가 정보화지표 개선에 관한 연구. 전자통신동향분석(1999.4), 제14권 제2호.
- 구희현, 이석주 (2011). 조직 내 프로젝트의 성과를 개선하기 위한 PMO 활용에 관한 연구. 제35회 한국정보처리학회 춘계학술대회 논문집(2011.5), 제18권 1호.
- 김두현 (2009). 국가정보화 평가제도의 변화와 발전방안. 서울행정학회 동계학술대회 발표논문집
- 김본영, 함유근, & 박성식 (2016). 공공기관 SI프로젝트 PMO 운영사례 연구: PMO 도입 전후 성과 비교를 중심으로.
- 김봉준, 김용성, & 백승익 (2006). PMO 서비스 품질 평가모델 개발에 관한 탐색적 연구. Entrue Journal of Information Technology, Vol.5, No.2.
- 김상복 (2016). PMO 수행 인력별 역량이 프로젝트 성공요인 및 프로젝트 성과에 미치는 영향 연구. 서울과학기술대학교 산업정보시스템전공 박사학위 논문.
- 김상복 (2016). PMO 정의 및 역할과 기능.
- 김상복, 남양섭, & 장병만 (2017). 전자정부 사업관리위탁 전문가(PMO) 역량이 프로젝트 성공요인과 프로젝트 성과에 미치는 영향 연구. Journal of KIIT(Mar. 30, 2017), Vol. 15, No. 3, pp. 117-134.
- 김상열, 장윤희 (2006). 정보시스템 개발 프로젝트 성과 향상을 위한 PMO 핵심 기능과 관리수준에 관한 연구: 금융권 차세대 프로젝트 사례를 중심으로. Journal of Information Systems, 15, 1-22.
- 김상열, 김진환, & 배재권 (2008). PMO 역량에 따른 프로젝트 성과에 관한 연구. 경영정보학연구, 제18권 제1호.
- 김성근, 서배선, & 황기현 (2014). 공공부문 PMO도입 의도에 영향을 미치는 요인에 관한 연구. Journal of Digital Convergence(2014 May), 12(5): 159-169.
- 김승철, 이무건, & 부제만 (2017). PMO 기능 도입유형에 따른 프로젝트 성과의 영향 연구 : ICT 산업을 중심으로. 韓國IT서비스學會誌(2017.2), pp.61-83.
- 김종류, 윤옥수 (2011). The Effect of PMO Functions on IT Project Performance. Journal of Information Systems, 20, 129-159.
- 김주한, 이석주 (2015). 공공정보화 프로젝트 지원을 위한 PMO 주요 기능에 관한 연구. 2015년 춘계학술대회 논문집(2015.4) 제22권 제1호.
- 김충영, 남수현 (2012). 국가정보화전략 및 거버넌스의 평가와 대안. 디지털정책연구(2012.2), 제10권 제1호.
- 김태우, 이석주 (2012). 프로젝트 성공 촉진을 위한 프로젝트관리조직(PMO)에 관한 연구. 제38회 한국정보처리

학회 추계학술발표대회 논문집(2012. 11), 제19권 2호.

- 박승우 (2017). SI 프로젝트의 성공을 위한 PMO의 역할에 관한 연구. 2017년 추계학술발표대회 논문집, 제24권 제2호.
- 박현준, 이석주 (2013). 공공 정보화 부문 PMO제도 도입에 따른 관련 법제도와 표준화된 프로젝트 관리 프로세스의 적합성 비교 연구. 제39회 한국정보처리학회 춘계학술발표대회 논문집(2013. 5), 제20권 1호.
- 백인수 (2013). 데이터 강국을 위한 국가정보화사업 추진방향, 한국정보화진흥원.
- 서용원, 이덕희 (2014). PMO 대가 산정모형의 개발. Information Technology, 13, 169-188.
- 성시창, 이석주 (2017). 리스크에 기반한 전사 PMO에 관한 연구. 2017년 춘계학술발표대회 논문집(2017. 4), 제24권 제1호.
- 오민정, 오석현, & 김승철 (2018). 프로젝트 관리 전문조직(PMO)과 프로젝트 포트폴리오 성공과의 관계. 한국생산관리학회지(2018. 8), 제29권 제3호 pp. 351~375.
- 윤수재 (2017). 정부 성과관리 프로세스 진단 및 개선방안 연구(A study on analysis and improvement of performance management process). KIPA.
- 이명희, 이재두 (2017). 공공부문 IT프로젝트 발주시스템 선진화에 관한 연구. 2017년 춘계학술발표대회 논문집(2017.4), 제24권 제1호.
- 이무건 (2012). PMO 기능의 아웃소싱 효과성 연구. 한양대학교 대학원 박사학위 논문.
- 이석주, 황영록 (2014). 산업별 PMO 특성 비교에 관한 연구. 2014년 춘계학술발표대회 논문집(2014. 4), 제21권 제1호.
- 이성몽, 김은홍, & 문송철 (2013). PMO 서비스와 PMO 역량이 프로젝트 성과에 미치는 영향. JOURNAL OF INFORMATION TECHNOLOGY APPLICATIONS & MANAGEMENT.
- 이재두 (2008). 실용적 기반 국가 정보화 아키텍처 추진 방안 연구. 2008년 한국경영정보학회 춘계학술대회.
- 이재범·이재철·장윤희 (2009). 금융권 핵심 PMO 기능과 운영형태에 관한 연구. 디지털정책학회지(2009.10), 제7권 3호.
- 이현승, 이윤선 (2017). 공공SW사업 발주관리의 현황, 문제점, 개선방안., 소프트웨어정책연구소(제2017-002호).
- 정지원 (2012). 인천광역시 PMO 제도 도입방안, Local Informatization Magazine.
- 정천수, 김승렬, & 김남규 (2011). PMO 기반 프로젝트 관리 시스템의 설계 및 적용. Journal of Information Systems, 20, 119-143.
- 정호원, 최경규, & 박주석 (2006). 공공부문의 정보화사업 성과측정을 위한 BSC 모형 및 방법.

단행본
- 1기 CBD 아키텍트과정. CBD 개요 및 원리. 한국소프트웨어컴포넌트컨소시엄.
- Barbee Davis 편 (2011). 프로젝트 관리자가 알아야 할 97가지. 넥스트리 역. 지앤선.
- Bernd Bruegge, Allen H. Dutoit (2014).
- Erez Aiden ., Jean-Baptiste Michel (2015). 빅데이터 인문학 : 진격의 서막. 김재중 역. 사계절.
- Grady Booch (1999). UML 사용자 지침서. 인터비젼.
- Harold Kerzner (2012). 가치 중심의 프로젝트 관리. 한양대 PM연구팀 A13팀 역. 북파일.
- itSMF NL (2006). ITIL 기반의 IT 서비스 관리 ITSM. 감수 itSMF Korea 감수. 네모북스.
- Joseph Philips (2010). IT Project Management On Track Start to Finish.
- Karl Wiegers., Joy Beatty (2017). Software Requirement 소프트웨어 요구사항 3: 모든 프로젝트 이해관계자가 알아야 할 요구공학의 정석과 실천법. 최상호, 임성국 공역. 위키북스.
- Luke Hohmann (2009). 소프트웨어 아키텍쳐 2.0. 김인기역. 에이콘출판사.
- M.S.Leslie O., Biles, Jan.,& Createspace (2011). The PMO Practice Templates : Effective Phase Exits : Templates for Delivering Succeceful Phase Exits to the Executives Magsalay. CreateSpace Independent Publishing Platform.

- Mark Price Perry (2013). Business Driven PMO Success Stories.
- PMBok,PMI (2020). 2020 프로젝트 관리 지식 체계(PMBOK: Project Management Body of Knowledge).
- Robert C. Martin (2010). JAVA 프로그래머를 위한 UML 실전에서는 이것만 쓴다. 이용원, 정지호 공역. 인사이트.
- Takahashi, Shinya., Neuman, Andrew (2014). PMO Implementation Framework: A simple and practical guide for determining the best organization, roles, human resources, and skills necessary for y A Simple and Practical Guide for Determining the Best Organization, Roles, Human Resources, and Skills Necessary for Your Project's Success. CreateSpace Independent Publishing Platform.
- UML 패턴 자바를 이용한 객체지향 소프트웨어 공학. 김우식, 최재영, 한익주 공역. 휴먼사이언스.
- Wim Van Grembergen (2005). IT거버넌스 Strategies for IT Govenrnance. 안중호, 서한준 공역. 네모북스.
- 고광범 (2021). 한 권으로 끝내는 디지털 경영: 애자일로 트랜스포메이션하라. 넥서스 Books.
- 고석하 (2007). 소프트웨어 프로젝트 관리[개정3판]. 생능출판사.
- 김민정, 김예빈, 김지후 (2021). ICT 국제표준화 노하우 가이던스 실전편 1~11. 한국정보통신기술협회.
- 김병호 (2009). PMP PM+P 수험서. 소동.
- 김병호 (2012). 통통통 프로젝트 관리. 소동.
- 김승철 (2019). 글로벌 스탠다드 프로젝트경영[3판]. 한경사.
- 김익환, 전규현 (2011). 소프트웨어 스펙의 모든 것: 프로젝트를 성공적으로 이끄는 소프트웨어스펙 (SRS) 작성법. 한빛미디어.
- 김행기 (2008). 업무혁신(BPR)과 변화의 적용 방법론: 공공조직의 성과 및 업무가치 극대화를 위한. 한국학술정보.
- 김희천 (2020). 소프트웨어공학. 한국방송통신대학교출판문화원.
- 나피엠 (2015). PMO 가이드 : 성공적인 소프트웨어 개발 프로젝트를 위한. 비팬북스.
- 노규성 (2020). 디지털 뉴딜: 디지털경제 시대, 대한민국 미래성장전략. 비앤컴즈.
- 노규성, 김미연, 김용영, 김의창, 김진화 외 5명(2023). 빅데이터 개론. 광문각.
- 류성렬 (2013). 시스템분석과 요구공학. 한티미디어.
- 민택기 (2019). 프로젝트 관리를 알면 프로젝트가 보인다. 노드 미디어.
- 안영식 (2020). 프로젝트경영과 리더십. 범한.
- 안재성 (2021). 프로젝트 관리 실무[개정5판]. 제이에스캠퍼스.
- 안재성 (2021). 프로젝트 관리 실무[개정6판]. 제이에스캠퍼스.
- 양지윤 (2008). IT 거버넌스의 책임과 성과. 한국학술정보.
- 이동길 (2013). PMO 프로젝트 리사이클 관리. 유원북스.
- 이석주 (2016). 프로젝트 성공 2579: 프로젝트관리 실무 및 PMO 실무. 범한.
- 이석주, 리강민, 박상종,& 이승철 (2019). 성공하는 PMO: 실무 중심의 PMO 가이드 & 매뉴얼. 범한.
- 이완형 (2019). 디지털 비즈니스 트랜스포메이션: 4차 산업혁명시대의 경영 이해. 교문사.
- 이주헌 (2000). 실용 소프트웨어 공학론. 법영사.
- 전병선 (2008). CBD, What&How: J2EE와 .NET 엔터프라이즈 시스템 개발을 위한. 와우북스.
- 차훈상, 홍일유 (2021). 디지털기업을 위한 경영정보시스템[제5판]. 법문사.
- 채홍석 (2003). 객체지향 CBD 개발 Bible: J2EE .NET 대학정보시스템 프로젝트. 한빛미디어.
- 최은만 (2017). 객체지향 소프트웨어 공학. 한빛아카데미.
- 쿨 소프트웨어 코리아 (2001). UML Components 컴포넌트 기반 소프트웨어 명세를 위한 실용적인 프로세스. 공역 김경주, 조남규. 인터비전.
- 특허청 (2017). 정보화사업관리 표준가이드. JINHAN M&B.
- 한국프로젝트관리기술회, 한국전력기술주식회사. 한국의 프로젝트 매니지먼트.
- 한미글로벌 (2011). Construction Management A to Z. 보문당.

보고서
- Altimeter Group (2021). Understanding Convergence: The Next Wave of Digital Transformation.
- https://hbr.org/2021/03/digitizing-isnt-the-same-as-digital-transformation
- https://www.samsungsds.com/kr/insights/dta.html
- IMD (2022). Top 21 Digital Transformation Strategies.
- 과학기술정보통신부 (2021). 2021 정보통신산업의 진흥에 관한 연차보고서.
- 과학기술정보통신부, NIA. 인공지능 학습용 데이터셋 구축 안내서.
- 대통령직속 4차 산업혁명위원회 (2017). 혁신성장을 위한 사람 중심의 4차 산업혁명 대응계획 I-KOREA 4.0
- 은서기 (2020). 4차 산업혁명 시대, 디지털트랜스포메이션·전략.
- 은서기 (2022). ㈜씨에이에스 2022년 상반기 경영전략 보고.
- 특허청 (2021. 9). 4차산업혁명관련 신 특허분류체계 Z코드 및 기술혁명.
- 한국개발연구원 (2013). 2013년도 예비타당성조사 연구보고서 정보화부문 사업의 예비타당성조사 표준지침 연구(제2판).
- 한국전산원 (1999). 공공부문 정보시스템 아웃소싱 동향 및 추진방안.
- 한국정보보호진흥원 (2018). 4차 산업혁명 시대 ICT 진화 방향과 발전단계. IT&Future Strategy 제2호 (2018.5.30.).
- 한국정보통신기술협회 (2022). 2022 ICT 표준화전략맵 요약보고서.
- 한국정보통신기술협회 (2022). 2022 ICT 표준화전략맵 종합보고서1, D.N.A 생태계 강화.
- 한국정보통신기술협회 (2022). 2022 ICT 표준화전략맵 종합보고서2, 비대면 인프라 고도화.
- 한국정보통신기술협회 (2022). 2022 ICT 표준화전략맵 종합보고서3, 초연결 신산업 육성.
- 한국정보통신기술협회 (2022). 2022 ICT 표준화전략맵 종합보고서4, SOC 디지털화 Part.1.
- 한국정보통신기술협회 (2022). 2022 ICT 표준화전략맵 종합보고서5, SOC 디지털화 Part.2.
- 행정안전부 (2018. 10). 공공서비스 디지털기술로 날다.

법령, 매뉴얼 & 가이드
- KOSA. SW사업 대가산정 가이드 2019[2차 개정판]
- 고용노동부 (2022). 2022년도 국가정보화 시행계획.
- 과학기술정보통신부 (2017). 소프트웨어사업의 하도급 승인 및 관리 지침, [시행 2017. 8. 24.] [과학기술정보통신부고시 제2017-7호, 2017. 8. 24., 타법개정]
- 과학기술정보통신부 (2020). 소프트웨어사업 관리감독에 관한 일반기준 [시행 2020. 8. 19.] [과학기술정보통신부고시 제2020-38호, 2020. 8. 19., 일부개정].
- 과학기술정보통신부 (2020). 소프트웨어 품질성능 평가시험 운영에 관한 지침, 과학기술정보통신부고시 제2020-89호, 2020. 12. 24.
- 과학기술정보통신부 (2021). 정보보호 및 개인정보보호 관리체계 인증 등에 관한 고시, [시행 2021. 3. [과학기술정보통신부고시 제2021-27호, 2021. 3. 31., 일부개정] .
- 과학기술정보통신부, NIA, 한국정보통신기술협회. 인공지능 학습용 데이터 품질관리 가이드라인 v1.0.
- 관계부처합동 (2022). 디지털 뉴딜 2.0 초연결 신산업 육성메타버스 신산업 선도전략
- 국가정보원 (2020). 국가·공공기관 도입을 위한 블록체인 암호기술 가이드라인.
- 기획재정부 (2021). 국가를 당사자로 하는 계약에 관한 법률 시행규칙(약칭: 국가계약법 시행규칙), [기획재정부령 제867호, 2021. 10. 28., 타법개정]
- 기획재정부 (2022). 2023년도 예산안 편성 및 기금운용계획안 작성지침.
- 기획재정부. 예비타당성조사 운용지침, 기획재정부훈령 제435호.
- 대한무역투자진흥공사 (2022). KOTRA 소프트웨어 방법론 표준가이드.
- 대한무역투자진흥공사 (2022). KOTRA 소프트웨어개발 표준가이드.

- 대한무역투자진흥공사 (2022). KOTRA 정보화 사업 UI/UX 표준가이드.
- 대한무역투자진흥공사 (2022). KOTRA 정보화 사업 발주·수행 표준가이드.
- 문화체육관광부 (2020). 보안업무규정 시행세칙.
- 미래창조과학부 (2015). 한국형 웹 콘텐츠 접근성 지침 2.1.
- 미래창조과학부 (2016). SW사업 분할발주를 위한 수·발주자가이드라인(요건정의, 기본설계).
- 방송통신표준심의회 (2016). 모바일 애플리케이션 콘텐츠 접근성 지침 2.0.
- 소프트웨어 진흥법 시행규칙 [시행 2020. 12. 23.] [과학기술정보통신부령 제62호, 2020. 12. 23., 전부개정]
- 소프트웨어 진흥법, [시행 2021. 12. 30.] [법률 제17799호, 2020. 12. 29., 타법개정]
- 정보통신산업진흥원 (2019). 사례기반 소프트웨어 단계별 발주 가이드.
- 정보통신산업진흥원 (2019). 소프트웨어 단계별 발주 가이드.
- 정보통신산업진흥원 (2019). 정보시스템 마스터플랜(ISMP) 방법론.
- 정보통신산업진흥원 (2021). 공공 SW사업 법제도 관리 감독 및 지원 가이드.
- 정보통신산업진흥원 (2021). 공공 SW사업 제안요청서 작성을 위한 요구사항 상세화 실무 가이드.
- 정보통신산업진흥원 (2021). 공공SW사업 법제도 관리감독 및 지원 가이드.
- 정보통신산업진흥원 (2021). 공공부문 SW사업 하도급 승인 및 관리 가이드.
- 정보통신산업진흥원 (2021). 공공소프트웨어사업 과업심의 가이드.
- 정보통신산업진흥원 (2021). 상용SW 직접구매(구, 분리발주) 가이드(개정판).
- 정보통신산업진흥원 (2021). 소프트웨어 개발사업의 적정 사업기간 산정 가이드.
- 정보통신산업진흥원 (2021). 소프트웨어사업 영향평가 가이드라인.
- 정보통신산업진흥원 (2021). 소프트웨어사업 요구사항 분석·적용 가이드.
- 정보통신산업진흥원 부설 소프트웨어공학센터 (2016). SW사업정보 제출 및 활용 서비스 안내.
- 조달청 (2014). 공공정보화 사업유형별 제안요청서 작성 가이드.
- 통계청 (2021). 2021년도 자체평가 시행계획.
- 특허청 (2014). 소프트웨어(SW) 개발방법론.
- 특허청 (2014). 정보화사업 관리 표준가이드.
- 표준프레임워크 포털, 표준프레임워크 MSA 적용 개발 가이드 Version 1.2.0.
- 한국사회보장정보원. 정보화사업 표준가이드(SW개발방법론)
- 한국사회보장정보원. 정보화사업 표준가이드(수행관리)
- 한국소프트웨어산업협회 (2012). 소프트웨어 사업 가이드북.
- 한국소프트웨어산업협회 (2021). SW사업 대가산정 가이드.
- 한국인터넷진흥원 (2011). 모바일 대민 서비스 보안취약점 점검 가이드.
- 한국인터넷진흥원 (2011). 소프트웨어 개발보안 가이드.
- 한국인터넷진흥원 (2011). 소프트웨어 보안약점 진단 가이드.
- 한국인터넷진흥원 (2013). 정보시스템 개발·운영자를 위한 홈페이지 취약점 진단·제거 가이드.
- 한국인터넷진흥원 (2018). 온라인 개인정보 처리 가이드라인.
- 한국인터넷진흥원 (2019). 소프트웨어 보안약점 진단가이드.
- 한국인터넷진흥원 (2020). 개인정보 영향평가 수행 안내서.
- 한국인터넷진흥원. 전자정부 SW 개발·운영자를 위한 소프트웨어개발 보안 가이드.
- 한국정보통신기술협회 (2018). 정보시스템 하드웨어 규모산정 지침.
- 한국정보화진흥원 (2011). CBD SW 개발 표준 산출물관리 가이드.
- 한국정보화진흥원 (2011). IT 아웃소싱 운영 관리 매뉴얼 V2.0.
- 한국정보화진흥원 (2011). 정보화사업 PMO 운영관리 매뉴얼.
- 한국정보화진흥원 (2013). 전자정부사업 품질관리 매뉴얼 V1.0.
- 한국정보화진흥원 (2017). 정보시스템 운영 성과측정 매뉴얼.

- 한국정보화진흥원 (2017). 정보시스템감리 운영 및 유지보수 감리 점검 가이드.
- 한국정보화진흥원 (2020). 전자정부지원사업 사업관리매뉴얼 V5.3.
- 한국정보화진흥원 (2022). 정보시스템 감리 수행가이드.
- 한국정보화진흥원(2015). 전자정부지원사업 정보화전략계획(ISP) 산출물 점검 가이드 V1.0.
- 한국정보화진흥원. 정보시스템 감리지침 - 정보기술 아키텍처 구축 V1.0.
- 한국지능정보사회진흥원 (2020). 전자정부 SW 개발·운영자를 위한 표준프레임워크 보안 개발 가이드.
- 한국지능정보사회진흥원 (2021). PMO 도입 운영 가이드 2.1.
- 한국지능정보사회진흥원 (2021). 공공데이터베이스 표준화 관리 매뉴얼.
- 한국지능정보사회진흥원 (2021). 전자정보사업관리위탁(PMO) 도입-운영 가이드 2.1.
- 한국지능정보사회진흥원 (2021). 정보시스템 구축 발주자를 위한 표준프레임워크 적용가이드 Ver. 3.10.
- 한국지능정보사회진흥원 (2022). 정보시스템 감리 발주-관리 가이드.
- 한국지능정보사회진흥원. 범정부 EA포털 정보등록·상시등록관리가이드.
- 한국지능정보사회진흥원. 행정·공공기관 민간 클라우드(SaaS) 이용사례집.
- 행정안전부 (2010). 웹 접근성 향상을 위한 국가표준 기술 가이드라인
- 행정안전부 (2017). 개인정보보호 지침(개정 2017.12.12.), 행정안전부훈령 제19호.
- 행정안전부 (2017). 전자정부서비스 호환성 준수지침 전문, 행정안전부 고시 제2017-26호.
- 행정안전부 (2017). 정보기술아키텍처 도입·운영 지침, 개정, 행정안전부고시 제2017호
- 행정안전부 (2018). 행정기관 및 공공기관 정보시스템 구축·운영지침, 행정안전부 고시 제2018호(2018. 3).
- 행정안전부 (2019). 행정기관 및 공공기관 정보시스템 구축·운영 지침, 행정안전부 고시 제2019-69호.
- 행정안전부 (2020). 전자정부 웹사이트 품질관리 지침, 행정안전부 고시 제2020-38호.
- 행정안전부 (2021). 공공기관의 데이터베이스 표준화 지침 개정 고시(행정안전부고시 제2021-32호, '21.6.7.).
- 행정안전부 (2021). 공공데이터 제공·관리 실무 매뉴얼.
- 행정안전부 (2021). 웹사이트 발주자 관리자를 위한 행정 공공기관 웹사이트 구축 운영 가이드.
- 행정안전부 (2021). 전자정부 성과관리 지침(개정 2021. 2. 16), 제2021-16호.
- 행정안전부 (2021). 전자정부 웹사이트 품질관리 지침, 행정안전부 고시 제2021-19호
- 행정안전부. 공공데이터를 활용한 공공기관의 서비스 개발·제공가이드라인.
- 행정자치부 (2017). 정보화사업 중복·연계 검토 가이드.
- 허원실. 시스템 분석과 설계 개정판 효과적인 비즈니스 정보시스템 개발.

표 색인

표 색인

그림 색인

사례 색인

영문약어

AA(Application Architecture, 응용 아키텍처)
AES(Advanced Encryption Standard, 고급 암호 표준)
AHP(Analytical Hierarchy Process, 종합평가법)
AI(Artificial Intelligence, 인공지능)
ANI(automatic number identification, 발신 번호 자동 식별)
API(application programming interface, 운영체제가 제공하는 함수의 집합체)
APM(Application Performance Management, 애플리케이션 성능 관리)
ATM(Automated Teller Machines, 현금자동인출기)
BA(Business Architecture, 업무 아키텍처)
BMT(Benchmark Test, 벤치마크 테스트)
BPR(Business Process Re-engineering, 업무 재설계)
BRM(Business Relationship Management, 비즈니스 참조 모형)
BYOL(Bring Your Own License, 사용자 라이선스 사용)
CBD(Component Based Development CBD 개발방법론)
CDO(Chief Data Officer, 데이터 최고 책임자)
CDP(Continuous Data Protection, 지속 데이터 보호)
CI(Cybersecurity Information, 사이버 보안 정보)
CI/CD(continuous integration/continuous delivery, 지속적 통합/지속적 배포)
CIO(Chief Information Officer, 정보담당 최고경영자)
CISO(Chief Information Security Officer, 최고정보보호책임자)
CLI(Common Language Infrastructure, 공통 언어 기반 구조)
CM(Configuration Management, 형상관리)
CoE(Centers of Excellence)
CORBA(common ORB architecture, 코바)
CPU(Central Processing Unit, 중앙 처리 장치)
CRM(Customer Relationship Magement, 고객 관계 관리)
CRUD(Create Read Update Delete)
CSR(Customer Service Request,고객 서비스 요청)
CSUD(Collection Storage Utilize Deletion)
CSV(Comma Separated Values, 파일 형식)
CTIP(Cyber Threat Intelligence Platforms, 사이버 위험 지능형 플랫폼)
CTQ(Critical To Quality, 핵심 품질 인자)
CTS(computer typesetting system, 컴퓨터 사식 조판 시스템)
DBMS(Data Base Management System, 데이터베이스관리시스템)
DBWR(Database Writer, 데이터베이스 기록)
DES(Data Encription Standard, 데이터 암호화 표준)
DET(Data Element Type)
DET(Data Element Type)
DFD(Data Flow Diagram, 데이터 흐름도)
DMZ(DeMilitarized Zone, 외부에 오픈된 서버영역)
DNS(domain name system, 도메인 네임 시스템)
DRM(Digital Right Management, 디지털 권리 관리)
DT(Digital Transformation, 디지털 전환)

DW(data warehouse, 데이터 웨어하우스)
DW(Data Warehouse, 데이터 웨어하우스)
EA(Enterprise Architecture, 엔터프라이즈 아키텍처)
EA(Enterprise Architecture, 엔터프라이즈 아키텍처)
EAM(Enterprise Access Management, 기업 접근 관리)
EGA(Enhanced Graphic Adaptor, 고도화 도형 어댑터)
EI(External Input, 외부입력)
ELF(External Logical File, 외부논리파일)
EO(External Output, 외부출력)
EPMO(Enterprise PMO, 전사적 프로젝트 관리 조직)
EQ(External Inquiry, 외부조회)
ERD(Entity Relationship Diagram, 개체 관계도)
ERP(Enterprise Resource Planning, 전사적 자원관리)
ETCL(Extraction,Transformation, Cleansing, Loading)
FGI(Focus Group Interview, 표적집단면접법)
FP(Fuction Point, 기능점수)
FP(Function Point, 기능점수)
FSM(Functional Size Measurement, 기능규모 측정)
FTR(File Type Reference)
FTR(File Type Referenced)
GEAP(Government-wide Enterprise Architecture Portal, 범정부 EA 포털)
GID(Group-ID, 그룹 아이디)
GUI(graphical user interface , 그래픽 사용자 인터페이스)
HA(High Availability , 고가용성)
HACMP(High Availability Cluster Multi-Processing, 고가용성 솔루션)
HCI(Hyper-convergedinfrastructure, 하이퍼 컨버지드 인프라스트럭처)
HTML(hyper text markup language, 하이퍼텍스트 생성 언어)
HTTP(HyperText Transfer Protocol, 하이퍼텍스트 전송 규약)
IA(Information architecture, 정보 아키텍처)
IE(Information Engineering, 정보공학)
IEEE(Institute of Electrical and Electronics Engineers, 미국 전기전자학회)
IIS(Internet Information Server , 인터넷 정보 서버)
ILF(Internal Logical File, 내부논리파일)
IM(Issue Manager, 이슈관리자)
IoT(Internet of Things, 사물인터넷)
ISMP(Information System Master Plan, 정보 시스템 종합 계획)
ISMS-P(Personal information & Information Security Management System)
ISP(Information Strategy Plan, 정보 전략 계획)
ITO(Information Technology Total Outsourcing, IT 토털 아웃소싱)
ITS(Intelligent Transport System, 지능형교통시스템)
JDK(Java Development Kit, 자바 개발 키트)
JSP(Jackson structured programming, 잭슨 구조화 프로그래밍)

KWCAG(Korean Web Content Accessibility Guidelines, 한국형 웹 콘텐츠 접근성 지침)

LAN(local-area network, 근거리 통신망)

LBS(Location Based Service, 위치 기반 서비스)

LDAP(Lightweight Directory Access Protocol, 경량 디렉터리 액세스 프로토콜)

LISI(Level of Information System Intercoperability, 상호 운용성 수준)

LOC(Line of Code)

MDI(Multiple-document interface, 다중 문서 인터페이스)

MECE(Mutually Exclusive Collectively Exhaustive)

MIS(management information system, 경영정보 시스템)

MSA(Micro Service Architecture, 마이크로서비스 아키텍쳐)

NAT(Network Address Translation, Network Address Translation)

NFS(Network File System, 네트워크 파일 시스템)

NTP(network time protocol, 네트워크 타임 프로토콜)

ODBC(open database connectivity, 개방형 데이터베이스 접속성)

ODS(Object Directory Service, 객체 디렉터리 서비스)

OECD(Organization for Economic Co-operation and Development, 경제협력개발기구)

PDCA(Plan-Do-Check-Act)

PHD(Process Hierarchy Diagram, 프로세스 계층도)

PM(Project Manager, 프로젝트 관리자)

PMD(Polarization Mode Dispersion, 편광 모드 분산)

PMI(Project Management Institute)

PMO(Project Management Office, 프로젝트 관리조직)

QC(Quallity Control, 품질관리)

RAC(Real Application Clutster, 리렁 애플리케이션 클러스터)

RAID(Redundant Array of Independent Disks, 복수 배열 독립 디스크)

RET(Record Element Type)

RFP(Request for Proposal, 제안 의뢰서)

ROI(Return on Investment, 총자본이익률)

RPA(Robotic Process Automation, 로보틱 처리 자동화)

RPC(remote procedure call, 원격 순서 호출)

SA(Software Architecture, 소프트웨어아키텍쳐)

SAM(Secure Application Module, 보안 응용 모듈)

SDDC(Software Defined Data Center, 소프트웨어 정의 데이터센터)

SDLC(Software Development Life Cycle, 소프트웨어 개발 생명 주기)

SFS(Service Factor Specification, 서비스 팩터 규격)

SGA(System Global Area, 시스템 글로벌 영역)

SGID(Set Group-ID, 설정 그룹 아이디)

SIP(Service Improvement Program, 서비스 개선 프로그램)

SLA(Service Level Agreement, 서비스 수준 협약)

SLM(Service Level Management, 서비스 수준 관리)

SLO(Service Level Objectives, 서비스 레벨 목표)

SLR(Service Level Requirement, 서비스 수준 요구)

SMS(Short Message Service, 단문메세지)

SMTP(simple mail transfer protocol, 간이 전자 우편 전송 프로토콜)

SNMP(simple network management protocol, 간이 망 관리 프로토콜)

SOW(Statement Of Work, 작업기술서)

SPO(System Program Office, 시스템 프로그램 관리조직)

SQL(Structured Query Language, 구조화된 질의 언어)

SR(Service Request, 서비스 요청)

SSO(Single Sign-On, 싱글 사인온)

SUID(Set User-ID, 설정 사용자 아이디)

SVN(Subversion, 아파치 서브버전)

TA(Technical Architecture, 기술아키텍쳐)

TCP(transmission control protocol, 전송 제어 프로토콜)

TMP(test management protocol , 시험 관리 프로토콜)

TPS(Transaction Per Second, 초당 거래수)

UCD(Use Case Diagram, 유스케이스 다이어그램)

UI(user interface, 사용자 인터페이스)

UML(Unified Modeling Language, 통합 모델링 언어)

UPMO(Union PMO, 연합적 프로젝트 관리 조직)

UPS(power supply, uninterruptible, 무정전전원)

URL(Uniform Resource Locator, 파일식별자)

V&V(Verification & Validation)

VOC(Voice of the customer, 고객의 소리)

W3C(World Wide Web Consortium, 월드 와이드 웹을 위한 표준을 개발하고 장려하는 조직)

WAN(wide area network, 광역 통신망)

WAS(Web Application Server, 웹 애플리케이션 서버)

WBS(Work Breakdown Structure, 업무분류체계)

WVS(Web Vulnerability Scanner, 웹 볼룬터리 시스템)

XDR(Extended Detection and Response, 외부 데이터 표현 방식)

XML(extensible markup language, 확장성 생성 언어)

XML(extensible markup language, 확장성 생성 언어)

정보화사업 성공을 위한
Enterprise PMO 실무가이드 vol.2

1판 1쇄 | 2023년 9월 15일

지은이 | 은서기, 전영하, 박호순, 나정희, 원선기, 이창희
펴낸이 | 박상란
펴낸곳 | 피톤치드

디자인 | 김다은 교정 | 강지희
경영·마케팅 | 박병기
출판등록 | 제 387-2013-000029호
등록번호 | 130-92-85998
주소 | 경기도 부천시 길주로 262 이안더클래식 133호
전화 | 070-7362-3488
팩스 | 0303-3449-0319
이메일 | phytonbook@naver.com

ISBN | 979-11-92549-21-7(04320)